EN COUVERTURE :
Collage de I.A. Koudriachov
papier, aquarelle, 19,3 × 21,7
1950, détail (DR)

ISBN 2-02-019093-1
(ISBN 2-7381-0113-5, 1re publication)

Sommaire

Perspectives

Introduction

L'effort consacré à la connaissance des phénomènes macroéconomiques a été considérablement plus important au cours des trente dernières années que par le passé : l'observation statistique s'est normalisée et généralisée, conduisant à la production régulière d'indicateurs synthétiques et de comptes nationaux ; dans les administrations nationales et internationales, l'habitude a été prise d'un suivi régulier de la conjoncture économique, suivi confié à des équipes chargées également de proposer des lignes d'action et utilisant de lourds modèles ; la recherche académique, d'une intensité croissante, a poussé l'analyse théorique dans de multiples voies et a procédé à une masse de travaux économétriques.

Alors que cette activité se poursuit sans discontinuer, elle inspire moins confiance qu'il y a vingt ans. On avait alors le sentiment qu'elle opérait en bon ordre, à partir de principes peu discutables, et qu'elle conduirait progressivement à une meilleure maîtrise de la croissance, de l'inflation et de l'emploi. Les événements ont montré qu'il y avait beaucoup d'illusions dans cette croyance. Simultanément la théorie a été remise en cause de diverses manières et des doutes se sont manifestés sur la véritable signification des résultats économétriques. Certaines recherches académiques se sont même engagées dans des voies peu en rapport avec la pratique usuelle.

Face à cette situation qui conduit beaucoup d'économistes et d'autres à s'interroger, une réflexion sur les méthodes effectivement appliquées et sur d'éventuelles alternatives s'impose [1]. Il convient de prendre un certain recul et de

1. De fait la réflexion méthodologique jouit actuellement d'un regain d'intérêt chez les économistes, après une longue période durant laquelle

réexaminer les raisons d'être des divers choix méthodologiques retenus jusqu'à présent. Tel de ces choix reste-t-il aujourd'hui le mieux adapté ? Sinon, comment devrait-on le réviser ?

Ce livre propose une telle réflexion. Il ne concerne pas les techniques à proprement parler, mais les principes dont elles s'inspirent pour la conceptualisation, la modélisation ou la vérification empirique. Il se situe ainsi à un certain niveau de généralité, tout en souhaitant rester au contact de la pratique. S'il traite d'une question, c'est qu'il la considère comme importante pour la stratégie de recherche la mieux susceptible d'enrichir la connaissance des phénomènes, mais c'est aussi qu'il reconnaît qu'elle puisse être matière à discussion.

La pratique, sujet de cette réflexion, n'est pas parfaitement unifiée ; elle l'est cependant assez pour que l'on puisse l'examiner en en suivant les diverses étapes et sans avoir à distinguer systématiquement diverses écoles. Certes, à propos de telle question particulière deux ou plusieurs prises de position s'opposent ; parfois le conflit de méthode remonte loin dans le passé. Mais ces oppositions ne relèvent pas d'une incompatibilité foncière entre systèmes de pensée qui conduiraient à traiter tous les problèmes différemment. Une longue familiarité avec la macroéconomie et avec ceux qui ont à en connaître, chercheurs, fonctionnaires, ministres, syndicalistes, banquiers, etc., m'a convaincu que les analyses des uns et des autres empruntent le plus souvent les mêmes voies et que l'on est trop enclin en France à croire à l'ubiquité des idéologies.

Il y aurait évidemment beaucoup à dire si l'on se proposait de débusquer toutes les imperfections de la pratique en recherche macroéconomique. Mais tel n'est pas le véritable

---

elle les attira peu. Ouvrages et articles se multiplient qui en traitent sous divers aspects. En France par exemple trois livres ont paru récemment : C. Schmidt, *La sémantique économique en question*, Calmann-Lévy, Paris, 1985 ; A. Mingat, P. Salmon et A. Wolfelsperger, *Méthodologie économique*, Presses Universitaires de France, Paris, 1985 ; B. Walliser et C. Prou, *La science économique*, Le Seuil, Paris, 1988. La revue internationale *Economics and philosophy*, créée en 1985, consacre une place significative à la méthodologie.

propos ici. D'une part, je ne cherche pas à rendre compte des manquements que j'ai pu reconnaître par rapport à ce que le respect d'une bonne déontologie aurait supposé ; ils n'ont pas au total une grande gravité, car les spécialistes de la discipline savent les identifier. Je ne veux prêter attention qu'aux véritables difficultés, celles pour lesquelles le bon choix de méthode ne s'impose pas d'emblée. D'autre part, je suis sélectif dans les thèmes traités et privilégie ceux qui me semblent importer le plus pour l'aptitude de la recherche à aboutir à des explications fiables des phénomènes. Je mets alors un certain soin à exposer ce qui se fait couramment, avant de le soumettre à examen, car je m'adresse non seulement aux économistes mais aussi à tous ceux qui souhaitent connaître les méthodes de la macroéconomie.

Les conclusions de ce livre ne sont pas révolutionnaires. Certes la réflexion peut suggérer certaines réorientations. Mais celles-ci ne remettraient pas en cause la démarche générale adoptée par la macroéconomie depuis quarante ans. Pour l'essentiel les méthodes retenues apparaissent saines, quoique souvent trop frustes. Prenant parti sur certains débats actuels entre macroéconomistes, je me trouverai le plus souvent proche des praticiens.

C'est pourquoi certains estimeront peut-être que l'ouvrage n'a pas d'autre intérêt que didactique. La réflexion à laquelle il incite le lecteur devrait lui permettre de mieux comprendre comment et jusqu'à quel point la discipline économique est en mesure d'aboutir à une connaissance scientifique des phénomènes globaux qui appartiennent à son domaine. Ce lecteur peut être un économiste s'interrogeant sur la portée et les limites de sa discipline. Mais il peut être aussi toute autre personne soucieuse de préciser ses idées sur les possibilités de maîtrise scientifique des phénomènes macroéconomiques.

Malgré cet aspect didactique le livre suppose au lecteur un minimum de familiarité avec les notions usuelles en économie, avec la vie économique moderne et avec les modes les plus courants de l'observation macroéconomique. Il définit les méthodes principales de l'analyse et de la prévision macroéconomique, sans pouvoir toutefois introduire systématiquement toutes les particularités auxquelles il fait allusion, ce qui serait trop laborieux. Ainsi, la plus grande partie du texte devrait être aisément accessible à toute personne cultivée, mais certains passages peuvent rester obscurs aux non-économistes malgré mes efforts de présentation. A l'inverse, des parties du texte n'intéressent pas l'économiste qui en connaît déjà la matière et qui devrait d'ailleurs aisément les identifier.

Quoi qu'il en soit, il s'agit d'un ouvrage de méthodologie, ce terme étant pris dans son sens premier, d'étude logique des méthodes, plutôt que dans l'acception qu'il reçoit souvent aujourd'hui, d'ensemble des méthodes employées dans telle ou telle discipline. Ouvrage de méthodologie, non d'épistémologie. Restant délibérément proche de la pratique appliquée par les économistes dans leurs travaux ou leurs recherches, la réflexion ne prétendra pas contribuer à la philosophie des sciences, à laquelle elle fera éventuellement référence, mais vis-à-vis de laquelle elle gardera une distance respectueuse et prudente. Par rapport aux autres livres traitant de méthodologie économique, la différence sera double : une plus grande proximité du travail concret des économistes, un champ plus étroit puisqu'il s'agira seulement de la macroéconomie, et même principalement, de la macroéconomie positive.

Autant être explicite dès le départ sur le souci qui m'inspire, celui de l'efficacité à donner à la démarche de découverte scientifique. Il y a beaucoup à faire pour mieux comprendre les phénomènes économiques, même ceux apparemment simples. On sait que le progrès exige rigueur et lucidité. Mais il faut aussi trouver comment bien orienter les efforts pour aboutir à de réels résultats.

Le souci de l'efficacité me paraît impliquer notamment, en macroéconomie, qu'à chaque étape les ambitions restent raisonnablement modestes. Le progrès se fera peu à peu par une accumulation progressive de connaissances, autorisant de temps à autre l'élaboration de synthèses limitées mais assez sûres pour être longtemps valables. On doit se méfier des grandes thèses explicatives prématurées, car il y a toute chance que celles-ci se révèlent fausses et occasionnent plus de déboires que de satisfactions, comme l'histoire ancienne et récente de la discipline l'a souvent montré. Les sciences de la nature et de la vie ont connu, elles aussi, la tentation de synthèses prématurées. On s'explique donc aisément que la macroéconomie y soit sujette ; mais son état encore peu avancé devrait l'inciter tout particulièrement à s'en garder.

Le souci de l'efficacité scientifique inspirera bien des propositions de ce livre, auxquelles mon expérience de la discipline et mon jugement me conduisent. Ce souci constitue-t-il un principe suffisant ? Les conséquences que j'en tire sont-elles nécessaires ? Je laisse ces questions en suspens, souhaitant que le lecteur les garde présentes à l'esprit au long de l'ouvrage, sans préjuger des réponses à leur donner.

La connaissance actuelle des phénomènes macroéconomiques est contenue dans un ensemble de théories s'exprimant par des modèles plus ou moins formalisés et quantifiés. Ceux-ci résultent d'hypothèses suggérées par l'observation, de déductions logiques et d'inductions économétriques, poursuivies en parallèle et en continuelle interdépendance. La réflexion sur les méthodes doit donc concerner le traitement des données empiriques (chapitres 10 à 13) autant que la modélisation conceptuelle et théorique (chapitres 3 à 9). Elle doit aussi concerner la mise en œuvre des connaissances en vue de prescriptions pour la politique économique (chapitres 14 à 16). Avant d'aborder ces nombreuses questions, il convient de s'interroger sur deux choix préliminaires, celui du domaine d'investigation de la macroéconomie (chapitre 1) et celui des prédispositions intellectuelles qui conviendraient éventuellement à son abord (chapitre 2). Enfin il est bon de terminer en faisant un point d'ensemble (chapitre 17).

Les idées présentées dans ce livre et leur formulation doivent évidemment beaucoup à de nombreux collègues avec lesquels j'ai eu à travailler au cours des ans. Elles doivent aussi aux élèves auxquels j'ai enseigné la macroéconomie au Centre d'Études des Programmes Économiques et à l'École Nationale de la Statistique et de l'Administration Économique. Le texte résulte de la mise au point du cours donné au Collège de France de février 1988 à juin 1989 ; il profite des réactions de mes auditeurs. Il a été relu avec soin par Gérard Jorland dont les multiples suggestions m'ont été précieuses. Je remercie enfin Odile Jacob qui prend le risque de publication de cet ouvrage à l'abord austère.

PRÉLIMINAIRES

Chapitre 1

Domaine d'investigation

Les premières interrogations sur la démarche cognitive actuelle en macroéconomie concernent le champ que celle-ci se donne pour objet d'explorer. Il y a peu de malentendus à cet égard parmi les praticiens ; mais cela ne dispense pas d'un examen attentif. D'autant moins que, chez les économistes eux-mêmes, la tentation est souvent grande de considérer l'optique traditionnelle comme trop étroite. Le grand public pour sa part ne comprend pas toujours exactement de quoi il s'agit, ce qui montre bien l'utilité d'une clarification.

Quels phénomènes cherche-t-on à connaître ? Plus encore, pour quels objectifs recherche-t-on cette connaissance ? Peut-on traiter du macroéconomique sans étudier aussi de près le microéconomique ? Peut-on comprendre l'économique sans comprendre simultanément le social ? Telles sont les premières questions à aborder.

Quels phénomènes ?

Les préoccupations de nos contemporains se tournent souvent vers l'inflation, vers le chômage, vers l'évolution des niveaux de vie, vers les grandes tendances qui réduisent ou aggravent l'inégalité des conditions individuelles. Ces résultats sensibles de l'activité économique ont, chacun le comprend, des origines plus ou moins complexes qui remontent à un passé tantôt proche tantôt lointain. C'est pourquoi le public s'inquiète lorsque la situation lui paraît présager des difficultés futures : un déficit de la balance des paiements, une aggravation du déficit du budget de l'État, une détérioration de la rentabilité et de la solvabilité des entreprises, une baisse soudaine et importante des cours sur les marchés financiers, etc. Évoquer ces phénomènes vaut mieux que donner une définition abstraite qui prétendrait tous les embrasser.

Dans sa recherche d'une explication, l'économiste identifie évidemment bien d'autres phénomènes, à l'intérieur du système économique, qui rétroagissent entre eux et amènent les effets que le public constate. Si l'économiste veut connaître tous ces phénomènes, c'est précisément qu'il doit expliquer leur résultat final, qu'il doit même le prévoir sous diverses hypothèses. Il devrait notamment savoir bien répondre aux questions concernant les effets à attendre des changements les plus divers, tantôt dans l'environnement tantôt dans les modalités des politiques économiques, lesquelles se donnent pour objectifs de contenir ou de retourner les évolutions jugées dommageables.

Quelques exemples illustreront opportunément la multiplicité de ces phénomènes macroéconomiques, ainsi que les questions qu'ils posent aux chercheurs.

Quels effets une hausse des taux d'intérêt aura-t-elle sur le montant de l'épargne des ménages ? Et sur le volume des investissements des entreprises ? La réponse à ces questions est susceptible d'intervenir dans de nombreux raisonnements économiques. Le fait que la différence entre la valeur globale des investissements et celle des épargnes est nécessairement égale au déficit des échanges avec l'extérieur place souvent ces questions, parmi d'autres, au centre du diagnostic conjoncturel. Elles importent évidemment aussi quand on s'inquiète de l'évolution des capacités productives nationales, puisque les investissements doivent contribuer à développer celles-ci. Elles se posent encore quand on se préoccupe des tendances inégalitaires qu'une élévation des taux d'intérêt peut provoquer sur la répartition des patrimoines.

Telle qu'elle a été posée, l'une ou l'autre de ces questions évoque une réponse simple, qui pourrait même être précise si elle allait jusqu'à la quantification : l'élasticité [1] de

1. Le concept d'élasticité offre une mesure de l'effet d'une variable x sur une autre y. Pour le définir on doit considérer une petite variation relative de x (en pourcentage par exemple) et la variation relative

l'épargne par rapport à tel indicateur représentatif des taux d'intérêt aurait telle valeur, positive ou négative ; de même pour l'élasticité de l'investissement. Cette simplicité apparente est en partie trompeuse, car les effets que l'on souhaite ainsi caractériser interviennent dans un contexte qu'il convient de préciser à divers titres.

Le plus souvent d'abord il ne s'agit pas d'effet immédiat. La chose est particulièrement claire pour l'investissement qui concrétise, parfois après des années, des décisions prises antérieurement à la suite d'études dans lesquelles le coût d'immobilisation des ressources financières a été pris en compte, simultanément avec bien d'autres considérations. Il faut donc préciser : s'agit-il d'une élasticité à court terme ou à long terme ? Après une variation supposée unique et durable du taux d'intérêt, envisage-t-on l'effet sur l'investissement la même année, au bout de trois ans ou de dix ans ?

De plus le phénomène considéré n'est pas unidimensionnel. Les variations d'autres grandeurs que les taux d'intérêt affectent aussi l'épargne ou l'investissement. Il faut d'autant plus y prendre garde que ces variations peuvent accompagner celles des taux d'intérêt, parfois de façon accidentelle, mais le plus souvent de façon systématique en raison d'autres dépendances que celle sur laquelle on porte l'attention. En d'autres termes, pour définir précisément ce qu'on entend par l'effet considéré, et par la mesure qu'on en donne, il faut indiquer comment on le situe dans l'ensemble des dépendances macroéconomiques qui interfèrent avec lui.

On comprend dès lors que la clarté recommande de proposer une expression mathématique de ce dont on entend vraiment parler. Par exemple I_t peut désigner le volume de l'investissement des entreprises pendant l'année t et r_t un indicateur représentatif des taux d'intérêt pertinents durant

---

résultante de y ; soit $\frac{dx}{x}$ et $\frac{dy}{y}$ ces deux variations. Le quotient de la seconde par la première, $\frac{x}{y}\frac{dy}{dx}$, est l'élasticité de y par rapport à x. Si la dépendance entre x et y ne fait pas intervenir d'autre variable et s'exprime par $y = f(x)$ avec une fonction f différentiable, l'élasticité est le produit de la dérivée de f par x/y. Si la dépendance est plus complexe, par exemple $y = f(x,z)$, c'est la dérivée partielle par rapport à x qui aura à intervenir.

la même année (moyenne des taux à long terme). De plus z_{kt} peut désigner la valeur prise la même année par telle autre grandeur considérée comme affectant aussi l'investissement, et il peut en exister m (k = 1, 2... m). Le souci de réalisme recommande de tenir compte de ce que l'investissement décidé une année θ ne se concrétise pas en totalité la même année, mais que sa réalisation s'échelonne sur θ, θ + 1, θ + 2... θ + h. L'investissement I_t résulte alors de décisions prises pendant les années t, t-1, t-2...t-h. Ce ne sont donc pas seulement r_t et les z_{kt} qui déterminent I_t mais aussi les r_{t-i} et $z_{k,t-i}$ pour i = 1, 2...h. Enfin le même souci de réalisme oblige à reconnaître que l'on ne prétend pas pouvoir expliquer parfaitement l'investissement, même à l'aide des nombreuses variables ainsi retenues. Il subsistera un écart ε_t, positif ou négatif, entre la valeur effective I_t et celle à laquelle conduit la loi sur laquelle on fixe l'attention.

Après les considérations précédentes il se peut que l'on envisage de retenir une loi linéaire par rapport aux logarithmes de l'investissement, Log I_t, et des taux d'intérêt, Log r_{t-i}, et linéaire aussi par rapport aux variables supplémentaires $z_{k,t-i}$ et à l'écart ε_t. On sera ainsi conduit à l'équation :

$$(1) \qquad \text{Log } I_t = a + \sum_{i=0}^{h} b_i \text{ Log } r_{t-i} + \sum_{k=1}^{m} \sum_{i=0}^{h} c_{ki}\, z_{k,t-i} + \varepsilon_t$$

Dans cette équation la constante a et les coefficients, les b_i et c_{ki}, sont fixes. On voit ainsi que b_0 est l'élasticité de I_t par rapport à r_t ; on peut parler d'élasticité à court terme puisque est en cause uniquement l'effet du taux d'intérêt de l'année t sur l'investissement de la même année. L'effet complet d'une variation de r_t sur l'investissement décidé l'année t se mesure par la somme des h + 1 coefficients b_i, que l'on dénomme élasticité à long terme.

L'expression mathématique, en précisant le phénomène dont on entend parler, fait souvent apparaître des hypothèses implicites le concernant. La forme (1) donnée à « la fonction d'investissement » caractérise l'élasticité par des coefficients b_i constants. Il n'y a évidemment pas de nécessité logique à cela : l'élasticité pourrait ne pas être la même au voisinage de taux d'intérêt bas qu'à celui de taux élevés ; elle pourrait ne pas être la même suivant la valeur prise simultanément par telle autre grandeur z_{kt}. Ainsi des formes différentes, sans doute plus complexes, pourraient être envisagées pour la loi de détermination de l'investissement.

La dépendance de l'épargne et de l'investissement par rapport aux taux d'intérêt est assez représentative de bien d'autres phénomènes considérés par les macroéconomistes. Mais elle n'en illustre peut-être pas toute la diversité. Déjà, expliquer les variations des taux d'intérêt conduit à faire appel à des considérations de nature nettement différente : les déséquilibres entre les évolutions de l'offre et de la demande de capitaux, les anticipations quant au rythme de l'inflation future, les arbitrages avec les marchés financiers étrangers, les choix politiques sur le bon niveau du taux de change, etc.

Pour évoquer un dernier exemple, d'une certaine actualité, citons les effets à attendre d'une amélioration de la flexibilité du marché du travail. Rechercher cette amélioration procède de l'idée qu'elle stimulera la demande de travail par les employeurs, en leur permettant de s'adapter mieux et plus vite aux situations très diverses dans lesquelles ils se trouvent placés et à leurs évolutions parfois brusques. Pour le macroéconomiste, le problème consiste à caractériser et à évaluer l'importance de la stimulation ainsi envisagée. Il est évident qu'elle dépendra beaucoup des modalités retenues pour améliorer la flexibilité ; de sorte que cette étude suppose que l'on entre ainsi jusqu'à un certain point dans les détails.

Ces quelques exemples suffisent à rappeler de quels phénomènes l'analyse macroéconomique s'occupe. Le reste du chapitre délimite l'étendue des questions qu'on entend traiter à propos de ces phénomènes. Pour partie, il s'agit de circonscrire le sujet du livre. Mais le principal objet est de réfléchir sur ces limites en tant que telles : sont-elles opportunes pour le progrès de la connaissance objective ? Le domaine couvert ne serait-il pas trop vaste ou trop étroit ?

Le positif et le normatif

Ce livre n'entend traiter que de la connaissance positive des phénomènes. L'économiste doit s'interroger aussi sur le choix des meilleures décisions de l'autorité publique et il est souvent questionné sur ce point ; plus fondamentalement, il se demande quels principes permettent de dire que tel état de l'économie est préférable à tel autre. C'est pourquoi une grande partie de la discipline économique est consacrée à l'étude normative [2]. Pour ne pas se disperser, on ne prétendra pas traiter de ce second volet, sans éviter cependant d'y faire référence, surtout dans les derniers chapitres consacrés à l'étude des politiques macroéconomiques.

L'ambition de construire une science positive est évidemment aussi ancienne que l'économie politique. Mais beaucoup d'auteurs classiques la distinguaient mal du souci d'argumenter en faveur ou à l'encontre d'un régime économique, d'un système fiscal ou de certaines règles d'action. L'émergence de recherches purement positives a été motivée tantôt par l'évolution spontanée de la discipline vers une certaine maturité, tantôt par le souci d'étudier les faits constatés en limitant le plus possible le rôle des idées préconçues ou des intentions normatives susceptibles d'influencer l'observation et l'induction.

Dès qu'elle a dépassé les stades les plus rudimentaires, l'analyse théorique a en effet soulevé des problèmes dont la solution relevait d'une démarche positive. Ainsi, comprendre comment se déterminent conjointement dans les économies de marché les prix des divers biens et services et les taux de rémunération des divers facteurs de production a préoccupé autant Karl Marx que Léon Walras. On n'a d'ailleurs pas eu de peine à reconnaître la similitude des constructions théoriques élaborées par eux-mêmes ou leurs disciples [3].

2. L'acception d'économie normative est plus large dans ce livre que dans certains autres écrits. Elle ne concerne pas seulement l'« économie du bien-être » *(welfare economics)*, qui étudie les jugements de valeur sur divers états de l'économie, mais aussi tout ce qui a directement pour objet de guider l'action des autorités publiques.

3. Voir par exemple Gérard Maarek, *Introduction au Capital de Karl Marx*, Calmann-Lévy, Paris, 1975.

Dans le domaine macroéconomique proprement dit, d'abord John Hicks puis beaucoup d'autres poursuivaient des objectifs purement positifs quand ils élaboraient des modèles théoriques aptes à exprimer précisément le système d'analyse proposé dans l'ouvrage fameux de John Maynard Keynes, *Théorie générale de l'emploi, de l'intérêt et de la monnaie* [4]. Les cas de cette nature abondent dans les recherches économiques modernes.

De même, la préoccupation positive se voulait le plus souvent exclusive chez ceux qui ont prétendu fonder sur l'observation la connaissance des phénomènes économiques. Les plus représentatifs de cette tendance furent, d'abord, l'école historique allemande, puis le mouvement pour l'étude quantitative de la croissance économique. Soucieuse de connaissances institutionnelles précises, la première, active surtout entre 1840 et 1900, n'a guère contribué à la construction théorique qu'en faisant valoir la diversité des contextes dans lesquels l'activité économique tantôt prospère, tantôt connaît des difficultés [5]. Des hommes comme François Simiand en France ou Wesley Mitchell aux États-Unis, encore très sensibles aux aspects institutionnels, comprirent que, faute de quantification systématique, on ne saurait aboutir qu'à peu de conclusions générales [6]. Le développement des statistiques et des comptabilités nationales, notamment rétrospectives, fournit le moyen qui manquait. Tout un mouvement, dont Simon Kuznets fut souvent l'entraîneur, s'activa au cours des cinquante dernières années pour mener à bien un vaste ensemble de travaux empiriques et pour en dégager les enseignements généraux [7].

4. Traduction française, Payot, Paris, 1942. L'article de Hicks, « Mr. Keynes and the " Classics " : a suggested interpretation », parut dans *Econometrica* en 1937.

5. Sur l'école historique allemande, voir C. Gide et C. Rist, *Histoire des doctrines économiques*, 7e édition, Sirey, Paris, 1947.

6. Voir François Simiand, *Le salaire, l'évolution sociale et la monnaie*, Alcan, Paris, 1932 ; A. Burns and W. Mitchell, *Measuring business cycles*, New York, 1946.

7. Je ne connais pas d'histoire qui aurait été écrite sur ce mouvement ; mais on peut se reporter utilement sur ce sujet à J. Marczewski, *Introduction à l'histoire quantitative*, Droz, Genève, 1965. On peut dater le mouvement de la parution de l'ouvrage de S. Kuznets, *National income and its composition 1919-1938*, New York, 1941, ou même de

Modélisation théorique et recherches quantitatives témoignent de l'importance que revêt aujourd'hui la motivation positive en macroéconomie. S'inspirer de cette même motivation pour réfléchir sur la méthodologie se justifie donc fort bien. Mais cela ne signifie pas que pour progresser la connaissance positive doive être indépendante des objectifs normatifs poursuivis en économie. Seule la connaissance pertinente a de la valeur et la pertinence se juge surtout en fonction des finalités poursuivies, celles-ci se situant parfois très près de l'action, parfois dans la perspective beaucoup plus large du développement de la société humaine.

Si l'on s'intéresse à la croissance économique, c'est qu'on sait que grâce à elle un ensemble d'objectifs sociaux peuvent être atteints beaucoup plus facilement que sans elle. Si l'on s'intéresse à l'inflation et au chômage, c'est qu'on sait qu'ils comportent des coûts pour certaines personnes. Le plus souvent on s'abstiendra donc de s'interroger à nouveau sur l'opportunité d'une accélération de la croissance, d'un ralentissement de l'inflation ou d'une baisse du chômage, puisque la chose est claire. La recherche positive visera seulement à comprendre comment de telles évolutions pourraient survenir.

Néanmoins les préoccupations normatives ne sont pas, ou ne devraient pas être, perdues de vue. Cela pour deux raisons. D'une part l'attention doit se porter tout particulièrement sur les dépendances qui déterminent les résultats des diverses actions que les pouvoirs publics ont à leur disposition. Il y a plus d'urgence à bien connaître ces résultats que ceux provenant d'évolutions échappant à tout contrôle. Il est d'ailleurs bien dans la pratique de la macroéconomie, tant théorique qu'appliquée, de placer au premier plan les considérations de politique économique. Dans certains cas cela conduit même à des déviations, la prétention de traiter de la politique économique cachant la pauvreté

1937, date de la sortie du premier volume de la série des *Studies in Income and Wealth*, éditée par le National Bureau of Economic Research de New York. Pour prendre une certaine connaissance de l'aboutissement des travaux menés depuis lors, on peut consulter R. Matthews ed, *Economic Growth and Resources, vol. 2. Trends and factors*, Macmillan, London, 1980.

du modèle pour une bonne représentation du réel. C'est un des problèmes qui seront examinés dans les derniers chapitres de ce livre.

D'autre part, toute accélération de la croissance, tout ralentissement de l'inflation, toute baisse du chômage ne sont pas nécessairement favorables, alors même qu'ils n'auraient aucun contrecoup néfaste sur les deux autres grands objectifs économiques. Une accélération de la croissance peut dans certains cas nuire à l'environnement, une baisse du chômage peut dans certains cas s'accompagner d'une réduction de la liberté de choix laissée aux travailleurs en quête d'emploi (par exemple si cette baisse est obtenue en retirant les allocations de chômage aux personnes qui refusent certaines offres d'emploi). Il est donc naturel que des économistes s'interrogent sur les avantages de la croissance, comme sur les coûts de l'inflation et du chômage [8]. L'étude de ces avantages et de ces coûts doit faire apparaître à quelles conditions la stimulation de la croissance, la réduction de l'inflation ou du chômage, s'avèrent bénéfiques. Le plus souvent le macroéconomiste raisonne comme si ces conditions étaient réunies, une attitude légitime puisqu'elles apparaissent assez peu restrictives, mais dont il faut veiller à ce que la conséquence n'en soit pas un aveuglement dans certains cas sortant de la norme habituelle.

Ces avertissements donnés, on ne fera que peu référence dans ce livre aux objectifs collectifs assignés à l'activité économique, qu'il s'agisse de ceux, généraux et lointains, concernant la société ou de ceux, particuliers et prochains, que la politique économique s'assigne à tout moment. Ce serait la matière d'un autre ouvrage que d'en examiner soit les fondements, soit les principes ou les modalités d'arbitrage quand ils s'avèrent contradictoires.

8. Pour diverses discussions sur ces sujets, voir A. Sauvy, *Croissance zéro ?*, Calmann-Lévy, Paris, 1973 ; E. Malinvaud, « Costs of economic growth », dans E. Malinvaud ed, *Economic growth and resources, vol. 1. The major issues*, Macmillan, London, 1979 ; E. Lundberg ed, *Inflation theory and anti-inflation policy*, Part III, Macmillan, London, 1977.

Des références microéconomiques ?

Peut-on comprendre les phénomènes macroéconomiques indépendamment des phénomènes microéconomiques sous-jacents ? Évidemment non, mais il convient de bien savoir pourquoi et de s'interroger sur l'étendue des liens nécessaires entre les deux niveaux d'analyse [9].

On a souvent eu la tentation d'établir directement la connaissance macroéconomique sans référence à aucun élément emprunté aux théories microéconomiques. Notamment parmi ceux qui ont cherché à construire une science économique positive. Puisque les phénomènes macroéconomiques s'observent, ils estimaient pouvoir découvrir directement les lois qui les régissent [10].

Si cette conception ne peut pas être suivie, c'est en raison des formes particulières que prend l'observation dans la discipline économique par rapport à ce qui se

9. Est dite microéconomique toute théorie qui prétend respecter dans ses formulations abstraites l'individualité de chaque bien et de chaque agent. De fait on parle aussi de théorie microéconomique pour désigner la théorie des prix et de l'allocation des ressources, celle qui a pour objet principal l'étude de la détermination simultanée des prix des divers biens, ainsi que des quantités produites, échangées et consommées. Par phénomènes microéconomiques on peut dès lors entendre tantôt ceux qui concernent le comportement individuel des entreprises et des ménages, tantôt ceux qui se manifestent sur les marchés des divers biens et services.

10. Ceux qui ont posé la question en ces termes se méfiaient habituellement des théories économiques, notamment microéconomiques, qui leur paraissaient procéder trop d'idées a priori. Ainsi s'explique pour partie le succès en France de « l'analyse des données » comme technique susceptible selon certains de convenir pleinement à la connaissance des phénomènes économiques. C'est dans une inspiration voisine que se situent C. Sims, « Macroeconomics and reality », *Econometrica,* janvier 1980, et les travaux économétriques qu'il initia sur les autorégressions vectorielles. Un débat ancien sur l'articulation entre théorie et observation est toujours intéressant à lire aujourd'hui, celui qui opposa T. Koopmans et R. Vining dans la *Review of Economics and Statistics,* 1947 et 1949, à propos du gros ouvrage de A.F. Burns et W.C. Mitchell, *Measuring Business Cycles,* New York, 1946. Cet ouvrage, produit d'un effort de plusieurs années au *National Bureau of Economic Research,* se gardait de toute référence à la théorie microéconomique. L'objet de ce débat sera examiné dans le chapitre 13.

passe dans les sciences de la nature. Au niveau global, l'économiste ne peut qu'observer passivement une réalité changeante ; de ce fait, les données restent trop pauvres compte tenu de la complexité et de la variabilité des phénomènes. Mais l'économiste dispose aussi de connaissances directes sur les comportements économiques élémentaires. Examinons brièvement l'un et l'autre de ces deux aspects.

Deux difficultés fondamentales affectent l'usage que l'on souhaite faire des données observées en vue d'une meilleure connaissance des phénomènes macroéconomiques. D'une part, les nombreuses données qui proviennent aujourd'hui de l'investigation statistique rigoureusement organisée, se distinguent des résultats fournis par les expériences de laboratoire, si communes dans d'autres sciences. Ces données résultent de l'observation passive d'une réalité soumise à des influences diverses, incomplètement repérées. L'utilisation des statistiques économiques dans des inductions scientifiques souffre ainsi toujours d'incertitudes quant à l'identification du phénomène auquel on les applique. En macroéconomie beaucoup plus souvent qu'ailleurs, on devra dès lors se poser des questions telles que celle de savoir si telle corrélation observée révèle l'influence d'une grandeur sur l'autre plutôt que l'inverse, ou plutôt même que l'influence d'une tierce grandeur.

D'autre part, et ceci renforce la remarque précédente, l'activité économique s'exerce dans un contexte technique, juridique, social et politique qui varie. Entre le XVIIIe siècle à prédominance encore agricole, le XIXe siècle voyant l'essor de la grande industrie et la fin du XXe assistant à la multiplication des services, comme entre les grands pays capitalistes d'aujourd'hui, les économies administrées de l'Est européen et les nations pauvres du tiers monde, les différences sont nombreuses. Entre ce que peuvent obtenir un gouvernement et son successeur, il y a même parfois des écarts notables. Dans ccs conditions, la permanence des phénomènes économiques eux-mêmes pose souvent question. De même on s'interroge sur l'autonomie de l'économique par rapport au social et au politique, une question qui sera considérée dans la section suivante. Certes les phénomènes économiques manifestent beaucoup plus de permanence et d'autonomie qu'on ne le pense souvent, ce qui autorise une accumulation des connaissances scientifiques dans le cadre de la discipline. Néanmoins les problèmes demeurent : permanence et autonomie ne sont pas toujours acquises.

Face à ce double handicap concernant l'origine des données et les phénomènes desquels elles résultent, le macroéconomiste a toutefois un avantage par rapport à ceux qui pratiquent l'induction dans le monde physique. L'activité économique est le fait d'hommes et de femmes, d'entreprises et d'organismes construits par des êtres humains ; elle s'exerce à l'intérieur d'un cadre institutionnel défini par nous. Le savant a ainsi une connaissance directe du monde qu'il observe par ailleurs, connaissance fiable malgré les réserves que psychologues ou sociologues pourraient émettre, connaissance dont l'oubli serait dommageable à la compréhension des phénomènes.

C'est pourquoi l'économiste analyse les données dont il dispose dans un modèle exprimant sa connaissance directe, préalable des phénomènes. Les données macroéconomiques apportent la précision supplémentaire recherchée ; elles permettent de discriminer entre divers cas compatibles avec le modèle ; elles servent à l'estimation des valeurs à retenir pour les paramètres plus ou moins nombreux que comporte le modèle.

Mais une importante difficulté subsiste : le modèle a pour vocation de spécifier ce que l'on sait à l'avance sur les facteurs susceptibles de déterminer le phénomène macroéconomique et sur les dépendances entre ces facteurs ; mais la connaissance préalable dont on dispose se situe principalement au niveau microéconomique puisqu'elle concerne les conditions d'activité et les comportements des divers agents. En d'autres termes, la spécification théorique grâce à laquelle on cherche à tirer efficacement parti des résultats de l'observation, trouve l'essentiel de ses fondements dans la compréhension des phénomènes microéconomiques sous-jacents.

Il apparaît ainsi inévitable que la théorie macroéconomique ne résulte pas seulement de l'observation des grandeurs globales et des indicateurs statistiques généraux mais aussi de l'analyse de tout le fonctionnement du système économique depuis le niveau des agents individuels. La démarche usuelle, dont la réflexion menée dans cet ouvrage examinera les étapes successives, part donc tout naturellement de la théorie microéconomique. L'histoire de la méthodologie macroéconomique depuis près d'un siècle me paraît démontrer que cette démarche s'impose.

S'il en est ainsi, c'est, on l'aura compris, pour l'efficacité de la recherche dans son entreprise de compréhension du monde réel. Il ne s'agit donc pas d'un principe dogmatique qu'il faudrait suivre impérativement. L'intérêt de la référence microéconomique disparaît quand elle n'apprend rien de précis sur les relations effectives entre grandeurs macroéconomiques. Cette constatation de bon sens a été ignorée au cours des quinze dernières années par quelques économistes, surtout américains. Ceux-ci ont parfois prétendu que l'on devait disqualifier, ou au moins suspendre, le développement et l'application de toute théorie macroéconomique reposant sur certaines hypothèses dont les raisons d'être microéconomiques n'auraient pas encore été parfaitement élucidées [11].

Cette objection de principe a, par exemple, été opposée aux théories qui tiennent compte de la rigidité, ou de la viscosité, des prix et taux de rémunération et qui admettent en conséquence qu'un déséquilibre entre offre et demande puisse exister sur certains marchés. Mais l'objection tombe évidemment si la rigidité des salaires ou des prix, et le déséquilibre de certains marchés du travail ou de biens, sont établis comme faits d'observation. Nous aurons à examiner, surtout dans le chapitre 9, pourquoi il est difficile d'élucider complètement les origines microéconomiques de la rigidité des prix et taux de rémunération et dans le chapitre 10 comment l'existence de celle-ci peut néanmoins être validée par l'observation.

Ainsi la démarche usuelle en macroéconomie est confrontée à deux critiques opposées, qui de ce fait peuvent être

11. J'ai souvent entendu cet avis exprimé oralement. Préparant cette rédaction je n'ai guère trouvé de référence écrite où il apparaisse sans ambiguïté. Peut-être s'agit-il d'une de ces appréciations qui conditionnent le comportement de certains milieux humains, mais que chacun trouve au fond contestables au moment où il cherche à les formuler par écrit. Voir cependant R.E. Lucas Jr. and T.J. Sargent, « After Keynesian macroeconomics », dans leur ouvrage *Rational Expectations and econometric practice*, University of Minnesota Press, Minneapolis 1981.

considérées comme s'annulant réciproquement, mais qui surtout apparaissent comme inspirées par une vision inexacte des conditions requises pour l'efficacité du processus de compréhension des phénomènes macroéconomiques. A un extrême, certains voudraient faire abstraction de toute référence microéconomique. A l'autre extrême, certains voudraient que les références microéconomiques soient partout probantes.

Une fois la position intermédiaire acceptée, il est clair que le domaine d'investigation de la théorie macroéconomique déborde sur les phénomènes microéconomiques. Il ne recouvre cependant pas en totalité la théorie microéconomique. D'une part, les parties normatives de l'une et de l'autre théorie sont nettement distinctes puisqu'elles sont orientées l'une vers les politiques macroéconomiques, l'autre vers le régime d'organisation économique et le choix des règles ou décisions affectant dans leurs structures l'allocation des ressources et la distribution des revenus. D'autre part, dans son étude positive, la théorie macroéconomique concentre l'attention sur les comportements microéconomiques dont les conséquences importent au niveau global ; ce critère n'est certes pas très discriminant, mais il explique au moins pourquoi la théorie macroéconomique peut souvent se contenter de modèles plus frustes que ceux retenus dans les parties correspondantes de la théorie microéconomique. Nous y reviendrons.

L'économique et le social

Dans sa recherche d'une explication des phénomènes, le macroéconomiste rencontre souvent les structures sociales, les attentes et attitudes collectives, les normes conventionnelles, explicites ou implicites, les faits politiques, etc. La question se pose alors de savoir s'il ne devrait pas rechercher une explication d'ensemble recouvrant tant le social que l'économie, ou à défaut concevoir le domaine d'investigation de la macroéconomie comme débordant sur le social, et dans ce cas, jusqu'où. La question, étant délicate mais fondamentale, mérite un examen attentif qui occupera toute la fin de ce chapitre.

Les occasions de rencontre entre l'économique et le social sont multiples. Beaucoup d'entre elles concernent les finalités de l'activité économique. Quand on parle des avantages offerts par la croissance économique, des coûts du chômage ou de l'inflation, des objectifs souhaitables pour la redistribution des revenus et de nombreux thèmes analogues, on fait très vite intervenir non seulement des préoccupations sociales mais aussi des considérations positives sur les structures et les comportements sociaux. Puisque cet ouvrage ne concerne pas directement la partie normative de l'économie, il peut négliger tous ces cas mais devait les signaler [12].

Même quand l'attention se limite à la macroéconomie positive, les occasions de toucher à la démographie, à la sociologie ou à la science politique sont si nombreuses et variées qu'on ne peut pas prétendre en faire la liste. On se contentera d'en évoquer quelques-unes dont la diversité devrait assurer une certaine représentativité.

Pour expliquer le rythme plus ou moins rapide de la croissance économique, la méthode naturelle consiste à porter l'attention successivement sur l'évolution des ressources productives humaines, sur l'accumulation du capital productif, sur le degré de mobilisation de ces facteurs que la régulation conjoncturelle atteint, enfin sur l'efficacité de la mise en œuvre des facteurs dans les unités de production.

L'évolution de la population active dépend évidemment de la démographie, notamment de la natalité antérieure, liée elle-même aux comportements de procréation, et des mouvements migratoires avec l'extérieur, influencés par des décisions politiques comme par les attitudes des migrants et des non-migrants. Mais la population active dépend aussi de l'activité aux divers âges, notamment de la législation et des usages en matière de retraite et de la position des femmes adultes vis-à-vis du travail rémunéré.

La force de travail dont dispose un pays n'est d'ailleurs pas bien mesurée par l'effectif de sa population active, pas même après la prise en compte de la durée du travail, elle-même influencée par de multiples facteurs non économiques.

12. A titre d'exemple de texte dans lequel l'économie normative rencontre la sociologie on peut citer C. Mendès (éd.), *Le mythe du développement*, Le Seuil, 1977.

Il faut encore tenir compte du degré effectif de formation de la main-d'œuvre et de son attitude plus ou moins favorable à l'effort, au travail et à la collaboration efficace avec les collègues.

L'accumulation du capital dépend de la propension à l'épargne comme de l'esprit d'entreprise. La première est liée au cycle de vie des ménages et à leur attitude vis-à-vis de leurs descendants ; elle se trouve ainsi influencée par les variations dans la structure démographique et par l'évolution de la solidarité familiale ; elle dépend aussi du régime de sécurité sociale. Quant à l'esprit d'entreprise il peut être plus ou moins favorisé par les attitudes collectives, voire par la religion, s'il faut en croire Max Weber [13].

S'agissant des conditions dans lesquelles opère la régulation conjoncturelle à court et moyen terme, on ne peut pas non plus faire abstraction de faits dont l'explication déborde la sphère économique. Ainsi, la sensibilité des salaires et des prix à la pression variable de la demande sur l'offre dans les marchés concernés a diminué depuis le début du siècle, sans que cela s'explique par des raisons purement économiques ; le changement des normes collectives concernant les actions considérées comme justes y serait pour beaucoup [14]. De même, on observe que la pratique de l'indexation des salaires sur les prix et des prix sur les coûts varie d'un pays à l'autre et d'une époque à l'autre ; il est douteux que ces variations s'expliquent totalement par celles du contexte économique.

Quand on prend du recul par rapport à l'actualité, on est conduit à s'interroger aussi sur les motifs expliquant les choix de la politique macroéconomique. A deux époques différentes, ou avec deux gouvernements de tendances différentes, les mêmes choix ne sont pas faits et cela influe sur l'évolution économique. Expliquer ces variations serait nécessaire pour une explication plus complète des phénomènes ; y parvenir supposerait que soient correctement

13. M. Weber (1904), *L'éthique protestante et l'esprit du capitalisme*, traduction J. Chavy, Paris, 1964.

14. Voir par exemple R. Boyer, « Les salaires en longue période », *Économie et statistique*, septembre 1978 ; J. Sachs, « The changing cyclical behavior of wages and prices : 1890-1976 », *American Economic Review*, March 1980.

analysées les relations réciproques non seulement entre l'évolution économique et la transformation des opinions, mais aussi toute l'histoire du pays car celle-ci a laissé des traces dans la sensibilité collective vis-à-vis de risques tels que ceux de l'inflation, ou du chômage, ou encore de l'affrontement social.

Ainsi, puisque les cas sont nombreux où l'économie est influencée par le social, on en vient naturellement à s'interroger sur les causes de certaines variations subies par ces facteurs sociaux, parfois en réaction à des événements économiques. On envisage alors d'élargir le domaine de la recherche explicative au-delà de la sphère purement économique.

Le courant dominant en macroéconomie évite cet élargissement. Peut-être s'agit-il d'un aveuglement que la séparation des disciplines provoque. J'essaierai cependant de justifier ce choix en faisant valoir qu'il conduit à une meilleure stratégie de recherche que ses concurrentes. Mais il s'agit d'un choix crucial, qui demande donc réflexion. Considérons alors les voies alternatives qui ont pour ambition de couvrir un champ plus vaste.

Croissance économique, structures institutionnelles et transformations sociales

Se donner pour objectif de comprendre l'évolution des sociétés dans toutes ses dimensions vient naturellement à l'esprit. Ce fut et c'est une motivation profonde pour beaucoup d'historiens, de sociologues et d'économistes. Il suffit d'évoquer les noms de Karl Marx (1818-1883) dont les préoccupations étaient notoirement sociales, voire philosophiques, autant qu'économiques ; de Vilfredo Pareto (1848-1923), reconnu à la fois comme un grand économiste et comme un des pères fondateurs de la sociologie classique ; de Max Weber (1864-1920), un autre père fondateur de la même sociologie, auteur d'une théorie sur le rôle du protestantisme dans l'expansion économique européenne ; de Arnold Toynbee (1889-1975), écrivant l'histoire du monde en montrant quelles réponses les diverses sociétés humaines ont su ou n'ont pas su donner aux défis souvent économiques qui les confrontaient ; de Fernand Braudel (1902-1986), d'abord historien des débuts du capitalisme, puis en tirant une vision d'ensemble sur l'évolution de ce régime. Cette liste pourrait être considérablement allongée.

Chez les économistes plus proches de nous, ou plus axés sur leur discipline, on pense naturellement à l'école des institutionnalistes qui, à la suite de Thorstein Veblen (1857-1929), a reproché au courant dominant chez les économistes de négliger l'étude du contexte institutionnel, ce qualificatif recevant alors une acception très large. Les figures les plus connues de cette école sont sans doute Gunnar Myrdal (1898-1987) et John Galbraith (né en 1908). Bien que leurs positions vis-à-vis du progrès des théories aient été moins négatives, Joseph Schumpeter (1883-1950) et François Perroux (1903-1987) en étaient proches à divers égards. Enfin, au cours des années récentes, l'école française de la régulation a des préoccupations analogues.

Pour bien traiter la question qui importe ici, celle de la stratégie adéquate en vue de comprendre les phénomènes, il faut distinguer trois ambitions différentes dans les travaux de ces écoles : une ambition descriptive, une ambition critique, une ambition de théorie positive.

Beaucoup de travaux menés par ces économistes ont pour objet principal de décrire les structures économiques et sociales ainsi que les institutions régissant l'activité économique. Le plus souvent la description est comparative, qu'il s'agisse de suivre au cours du temps les évolutions les plus significatives ou d'étudier simultanément divers pays. Afin de donner plus de force à la description, il est naturel d'en tirer quelque typologie, par exemple en distinguant des étapes ou des phases dans le développement économique et social ou en regroupant les pays comparés en fonction de quelque critère simple.

De tels travaux contribuent évidemment à la connaissance des réalités économiques et sociales. Ils sont le plus souvent tout à fait valables. Mon intention n'est pas de les discréditer le moins du monde. Je les étudie avec intérêt et en tire parti de bien des façons. Ils sont d'ailleurs souvent proches de ceux émanant du mouvement pour l'étude quantitative de la croissance économique. Dans le processus de recherche explicative ils interviennent naturellement en amont, mais ils ne suffisent pas à fournir la théorie du phénomène.

L'ambition peut encore être critique à l'égard des théories existantes. Il s'agit de mettre en évidence que certaines de leurs hypothèses sur le système économique s'écartent notoirement des caractéristiques effectives de celui-ci. Certes, il est souvent arrivé que la critique ne porte pas vraiment, car elle s'attaquait à une caricature des théories visées ou elle leur supposait un domaine d'application pour lequel elles n'étaient pas conçues et qu'elles ne prétendaient pas couvrir. Néanmoins la critique a été et est souvent salutaire. Elle joue le rôle de mauvaise conscience des économistes, en leur rappelant combien leurs théories sont insuffisantes et grossières. Elle conduit à poser des questions pertinentes, précédemment ignorées. Elle peut même stimuler la naissance d'idées fructueuses pour un renouvellement théorique.

Là où se situe vraiment le nœud du problème, c'est dans la troisième ambition : découvrir les lois objectives du développement économique et social. Caressée pendant un temps par l'école historique allemande, affirmée par Marx et ses disciples, cette ambition a souvent été exprimée depuis. Pour évoquer les contextes dans lesquels elle se manifeste, quelques citations suffiront.

Par exemple, présentant l'œuvre scientifique de Wesley Mitchell, Milton Friedman mit en avant « son insistance sur l'importance que revêt l'étude de l'évolution des institutions et sa conception de l'histoire économique comme un processus de " changement cumulatif ", dans lequel une phase du développement historique ne peut être comprise qu'en termes des conditions à partir desquelles elle est née et est elle-même devenue la source d'autres changements [15] ». Pour définir sa conception des recherches à mener, Gunnar Myrdal écrit : « ... Dans la réalité il n'y a pas de problèmes économiques, sociologiques, psychologiques, mais simplement des problèmes, et ils sont tous mixtes et composites. Pour la recherche la seule démarcation permise est entre les conditions pertinentes et non pertinentes. Les problèmes

15. M. Friedman, « The economic theorist », in *Wesley Clair Mitchell – The economic scientist*, edited by A.F. Burns, National Bureau of Economic Research, New York, 1952, p. 256.

sont régulièrement aussi politiques et doivent de plus être vus dans une perspective historique [16]. » Pour Robert Boyer, le point de départ des théories de la régulation réside dans l'intention de traiter « la logique, la genèse puis le dépérissement des formes institutionnelles » comme « parties intégrantes » de la recherche [17].

L'ambition de construire des théories positives est d'ailleurs plus ou moins grande suivant l'exigence de leurs auteurs. Souvent on ne dépasse guère la pure description, on propose par exemple une explication du passage d'une phase de la croissance économique à une autre, mais sa nécessité logique n'est pas démontrée, ni sa vraisemblance empirique réellement testée. Il s'agit alors plus d'une thèse que d'une théorie.

De telles thèses ont certes leur intérêt ; elles contribuent à la culture, puisque celle-ci est faite de réflexions multiples, menées dans des contextes historiques, géographiques, sociaux et intellectuels extrêmement variés. Ces thèses peuvent stimuler l'intuition et servir de point de départ pour la construction de théories plus spécifiques. Mais dans l'état où elles se présentent le plus souvent, elles ne sont pas opératoires pour le macroéconomiste, en ce sens qu'elles ne lui permettent pas de prévoir les conséquences de changements dans l'environnement ou dans l'orientation de la politique économique.

Dans certains cas les théoriciens tentent de préciser leurs vues et de proposer des systèmes d'explication à vertu prédictive. Mais, à mon avis, les tentatives de ce type ont jusqu'à présent gardé un caractère trop hypothétique, tout au moins celles d'entre elles qui n'ont pas considérablement réduit l'étendue du domaine qu'elles prétendaient couvrir [18].

En d'autres termes, « qui trop embrasse mal étreint » ;

16. « Institutional economics », *in* G. Myrdal, *Essays and Lectures after 1975*, Keibunsha, Kyoto, 1979, p. 106.

17. R. Boyer, *La théorie de la régulation : une analyse critique*, La Découverte, Paris, 1986, p. 8.

18. Ce jugement réservé est d'ailleurs partagé par certains adeptes des écoles dont il est question ici. A. Lipietz écrit : « L'école de la régulation reste avant tout un chantier de questionnements plutôt qu'un corps de réponses » dans « La régulation : les mots et les choses », *Revue économique*, septembre 1987.

j'estime que, en macroéconomie positive, ce proverbe familier exprime une contrainte très réelle et très stricte.

Que l'on me comprenne bien. Je ne nie pas l'utilité des travaux que je viens d'évoquer ; j'en ai indiqué la valeur descriptive, culturelle et critique. Je dois de plus signaler qu'ils ont souvent d'intéressants sous-produits pour la recherche explicative, par exemple quand ils démontrent l'existence de changements institutionnels ou structurels bien localisés, ayant entraîné telle modification de comportement ou telle réaction du système économique [19]. Mais je ne crois pas, pour le moment, au succès des tentatives qui se proposent de comprendre, précisément et dans sa globalité, le développement économique et social.

Cette constatation ne signifie pas qu'il faille abandonner les efforts de compréhension des relations réciproques entre les phénomènes économiques et les autres phénomènes sociaux. Mais il faudrait, à mon avis, situer ces efforts dans des projets plus modestes. Chaque projet, traitant d'un type particulier de relation, a quelque chance d'aboutir à des résultats limités mais sûrs. La multiplication de tels projets devrait permettre d'étendre par petits pas le domaine exploré par les économistes et de réduire progressivement la zone d'incompréhension entre les spécialistes des diverses sciences sociales.

Ce processus de grignotement des frontières, ou d'invasion des « no man's land », est d'ailleurs engagé actuellement. Du côté des économistes des progrès significatifs se réalisent grâce à « l'économie des institutions » [20] ou à « l'économie de la famille » [21]. Mais ce livre en parlera peu car ces extensions du domaine usuel ne posent habituellement pas de problèmes spécifiques quant aux méthodes qu'elles mettent en jeu.

19. Un bon exemple de tels sous-produits est fourni par R. Boyer, « Les salaires en longue période », *Économie et statistique*, septembre 1987.

20. R.C.O. Matthews, « The economics of institutions and the sources of growth », *Economic Journal*, 1986.

21. D. Strauss-Kahn, *Économie de la famille et accumulation patrimoniale*, Cujas, Paris, 1977 ; R. Willis, « What have we learned from the economics of the family ? », *American Economic Review*, May 1987 ; G. Becker, « Family economics and macro-behavior », *American Economic Review*, March 1988.

Un choix de stratégie scientifique

Voici donc la thèse à laquelle adhère ce livre et qui motive une définition assez étroite de son domaine d'investigation : au stade actuel de connaissance des phénomènes macroéconomiques, il y a intérêt, pour les économistes, à concentrer la recherche sur l'étude de ces phénomènes sans prétendre viser à une compréhension plus large des structures institutionnelles et des transformations sociales à l'intérieur desquelles ils s'insèrent.

Cette thèse ne veut évidemment pas dire qu'il faille ignorer l'influence qu'exercent sur les phénomènes macroéconomiques les structures institutionnelles, les attitudes et normes collectives, les transformations sociales ou la découverte de nouvelles techniques de production. Au contraire, étudier et caractériser précisément cette influence constitue un objectif important de la recherche, comme on l'a vu. Ainsi, serons-nous amenés à déplorer que certains économistes, exagérément confiants dans le pouvoir de leur discipline, y puisent la conviction d'une grande rationalité des phénomènes économiques et négligent les résultats contraires donnés notamment par des disciplines voisines. Il ne faut pas tomber dans leur travers. En revanche, il est recommandé au macroéconomiste de circonscrire ses prétentions et de ne pas divertir son attention vers l'explication des évolutions institutionnelles, sociales ou techniques.

Ce n'est évidemment pas un interdit, mais un conseil. Il s'agit d'un choix concernant la stratégie de recherche et inspiré d'un souci d'efficacité. Toute science se constitue par progrès successifs ; la plupart des résultats n'ont qu'une portée limitée ; mais leur multiplication aboutit à une connaissance de plus en plus précise, de plus en plus étendue, du domaine considéré. De temps à autre une explication synthétique est découverte ; mais sa véracité repose sur tout le travail analytique fait antérieurement. Il arrive bien entendu que des théories englobantes soient proposées prématurément ; l'histoire des sciences montre que ces produits de l'imagination ont plus de chances de ralentir que d'accélérer le progrès de la connaissance objective.

Au stade actuel les macroéconomistes ont devant eux un immense chantier. Il y a cinquante ans, la définition de nombreux concepts essentiels se cherchait encore ; les bases de données disponibles étaient pauvres ; les modèles théoriques de la réalité microéconomique sous-jacente ne concernaient que des cas très schématisés. Depuis lors, la situation a radicalement changé sur ces trois plans. C'est bien d'ailleurs pourquoi s'effectue un important travail analytique, grâce auquel on s'y reconnaît mieux dans la grande complexité des phénomènes à comprendre et on perçoit plus clairement les insuffisances des systèmes théoriques actuels à vocation synthétique, que l'on peut dès lors chercher à réviser.

Se consacrer à ce chantier constitue aujourd'hui un objectif prioritaire, tant est grand le besoin d'établir la discipline sur des bases plus solides, tant sont réelles les chances d'aboutir à des résultats sérieux, reconnus par tous les membres de la profession. Dans un avenir sans doute assez lointain, la stratégie de recherche retenue ici pourra paraître inadéquate. Mais tel ne devrait pas être le cas pour le moment.

C'est bien d'ailleurs cette stratégie qui inspire les programmes de la grande majorité des centres de recherche où travaillent les macroéconomistes. Concentrer l'attention sur le domaine d'investigation qu'elle se donne convient donc à une réflexion sur les méthodes des macroéconomistes. L'autre choix, qui consisterait à élargir délibérément les perspectives, pourrait être fait ; mais il éloignerait des questions traitées par les praticiens.

A l'intérieur du domaine retenu, il est souvent commode de distinguer deux groupes différents de phénomènes, ou plutôt deux points de vue distincts pour l'appréhension des phénomènes : celui des évolutions à court terme et celui des tendances de longue période, avec éventuellement un troisième point de vue intermédiaire, celui du moyen terme. Les réserves que le choix stratégique retenu ici pourrait soulever concerneraient indubitablement les tendances longues. De fait, il s'agit du thème sur lequel la macroéconomie a le moins réussi à s'écarter de sa base de départ descriptive : dans leur effort pour remonter la chaîne causale, les théories explicatives dotées de spécifications précises et testées s'arrêtent tôt, ne dépassant que difficilement le niveau des causes les plus immédiates. Il s'agit aussi du thème où les interférences entre l'économique et le social risquent de jouer le plus. Sur les tendances longues, plus encore que sur les autres questions, le choix retenu doit à tout prix éviter de tourner au dogmatisme et le lecteur doit garder sa liberté d'appréciation. Mais attention, le fait qu'un thème se révèle difficile pour ceux qui y consacrent leurs efforts avec des ambitions assez modestes donne peu d'espoir qu'on le traite plus aisément en rehaussant les ambitions tout en conservant la préoccupation de trouver des explications probantes.

Derrière ce choix stratégique se manifeste ainsi l'adhésion à une autre façon de penser les évolutions macroéconomiques qu'autrefois. Il s'agissait d'abord de reconnaître un aspect de l'histoire des sociétés et de l'intégrer correctement dans la narration des événements vécus. Puis on a recherché des fils conducteurs, en particulier pour rendre intelligibles les évolutions économiques et leurs coïncidences avec des évolutions techniques et sociales. L'optique a maintenant changé : on cherche à comprendre les phénomènes et à en découvrir les véritables causes sans se contenter de la première explication qui vient à l'esprit ; on le fait avec d'autant plus de prudence que l'on est averti des erreurs auxquelles conduisirent certaines visions trop aisément acceptées et le prophétisme qui les accompagnait parfois. La macroéconomie est ainsi devenue une discipline plus proche des sciences que des lettres. Confrontée à une réalité complexe qu'elle étudie avec de plus grandes exigences, elle a été naturellement conduite à décomposer les problèmes et à circonscrire très étroitement le sujet traité à chaque étape. C'est cette discipline scientifique dont on va examiner la méthodologie.

Chapitre 2

Faut-il avoir choisi une doctrine ?

Une question se pose à toutes les étapes de l'investigation scientifique : celle du rôle des idées préalables qui orienteraient la recherche. Le souci de l'objectivité recommande que l'on évite tout préjugé. Mais celui de la pertinence conseille de prêter attention aux préoccupations environnantes et, pour stimuler l'esprit de découverte, il est bon d'avoir un fil conducteur. Afin de bien traiter divers problèmes de méthode, il convient d'avoir réfléchi avec lucidité et sans dogmatisme au dilemme. Ce chapitre se propose d'y aider. Il me permettra également d'exprimer ma position personnelle sur certaines questions fondamentales pour la recherche économique.

Le titre du chapitre met en avant le terme de doctrine dont le dictionnaire Robert donne la définition suivante : « Ensemble des notions qu'on affirme être vraies et par lesquelles on prétend fournir une interprétation des faits, orienter ou diriger l'action. » Une doctrine est donc plus que quelques idées préalables, c'est déjà un système de pensée. Le titre dramatise ainsi la question véritablement posée, ce que la forme interrogative gomme d'ailleurs un peu. Mais, s'agissant de recherche économique, le terme « doctrine » convient, car il est fréquemment arrivé que des économistes situent tous leurs travaux à l'intérieur d'un système de pensée préalablement choisi. C'est d'ailleurs le terme retenu dans l'ouvrage fameux de C. Gide et C. Rist, *Histoire des doctrines économiques* [1], auquel il est intéressant de se reporter quand on souhaite prendre le recul d'un

1. Septième édition, Sirey, Paris, 1947.

siècle ou plus pour comprendre comment les problèmes étaient autrefois perçus.

La définition du dictionnaire fait bien apparaître les deux rôles, positif et normatif, qu'une doctrine peut avoir : « fournir une interprétation des faits » et « orienter ou diriger l'action ». Ces deux rôles ont souvent été très étroitement associés chez les économistes. Ainsi Gide et Rist montrent que « l'Ordre naturel » des physiocrates avait des racines dans les faits, mais constituait aussi un objectif à atteindre. De même, Adam Smith retenait à la fois l'idée de spontanéité des institutions économiques et celle de leur caractère bienfaisant. Il y a cependant intérêt à bien les distinguer : ce qu'on fera ici.

Les deux premières sections traiteront successivement d'abord des idées préalables sur le régime économique souhaitable, ensuite de celles sur le fonctionnement effectif du système économique. La troisième section abordera le sujet sur un plan différent, qu'il faut aussi considérer, celui du rôle des idées préalables concernant la méthode adéquate pour le progrès des connaissances.

Une doctrine sur le régime souhaitable ?

Une longue démonstration n'est pas nécessaire pour révéler que l'esprit humain a souvent la tentation d'imprégner sa recherche d'idées sur ce qu'il considère comme souhaitable. Les économistes sont tout particulièrement soumis à cette tentation et beaucoup n'ont pas voulu y résister. Avec un dogmatisme plus ou moins grand suivant les individus, les libéraux d'un côté, les socialistes de l'autre, ont souvent fait preuve de parti pris.

C'est bien entendu une attitude à éviter. Mais le dire ne suffit pas à bien traiter le dilemme, sujet de cette section. Il a plusieurs aspects qu'il convient d'examiner successivement. Les idées préalables sur le souhaitable ne doivent pas toujours être refoulées, même chez les savants.

Toute recherche normative visant la réforme institutionnelle ou la politique économique poursuit un objectif assigné préalablement et qui ne doit pas être perdu de vue. Par exemple la recherche d'une moindre inégalité des conditions procédera de façon d'autant plus efficace que le but poursuivi sera mieux défini, donc que sa nature résultera plus précisément du système doctrinal auquel adhère le décideur. Ce livre ne concerne que la recherche positive et n'a donc pas à insister sur ce point.

Mais, plus indirectement, une considération voisine est de mise ici, à savoir que la sélection des questions soumises à la recherche positive dépend de la pertinence qui leur est reconnue ; or celle-ci dépend plus ou moins d'idées préalables sur les finalités à atteindre. Si le système des valeurs change d'un pays à un autre, ou d'une époque à une autre, on comprend que les thèmes privilégiés dans les programmes de recherche puissent aussi changer. Par exemple, les phénomènes de discrimination économique, entre sexes ou races, sont devenus des thèmes d'étude depuis que nos sociétés les ont trouvés répréhensibles, alors qu'autrefois ils n'intéressaient guère.

Il ne faut toutefois pas exagérer l'importance de cette remarque. Si l'orientation privilégiée des recherches économiques varie selon les époques et les régions du monde, c'est bien plus souvent parce que la situation plutôt que le système des valeurs varie. Ainsi, l'étude de l'emploi et du chômage était durant les années 1960 plus active aux États-Unis qu'en Europe occidentale, alors que l'inverse prévaut aujourd'hui. Si les économistes hongrois s'attachent depuis des années à comprendre les causes et les effets des pénuries existant sur certains marchés, ce n'est pas que celles-ci aient jamais constitué un objectif pour les pays socialistes mais qu'elles y sont fréquentes.

Une fois qu'il est bien défini, un programme de recherches ne devrait pas être influencé dans son exécution par ce qui apparaissait a priori comme souhaitable au chercheur. Or il arrive que cette règle soit mal suivie. Dans le domaine économique et social les préférences idéologiques constituent évidemment un motif, beaucoup plus fort que dans les sciences de la nature, de se réjouir ou de déplorer un résultat. La tentation est forte de le publier largement dans le premier cas et de le dissimuler dans le second ; dans les cas plus ambigus, qui sont les plus fréquents, des distorsions peuvent aussi provenir de sélections analogues pratiquées à un stade antérieur de l'investigation.

La difficulté est en effet plus subtile. C'est souvent moins le résultat lui-même qui est en cause que la portée qu'on lui attribue. Si le résultat d'une analyse théorique ou d'une étude économétrique plaît, on prétendra que l'on a « démontré de façon définitive » ou que l'on a « établi indubitablement » une propriété qui, énoncée brièvement, se trouve être beaucoup plus large que le résultat obtenu. Si le résultat déplaît, on en minimisera la signification de multiples manières, on le présentera comme « particulier » ou « spécial », comme « nécessitant bien des examens complémentaires » ou « une vérification sur d'autres données ». Ce type de comportement est fréquent chez les savants dans toutes les sciences ; I. Lakatos en a même fait un aspect des « ceintures de protection » qui entourent les « programmes de recherches » et aident à leur pérennité [2]. Mais dans les sciences sociales il est encouragé non seulement par le souci de la cohérence d'un ensemble de résultats auxquels le chercheur croit, mais aussi par ses préférences sociales et politiques.

La difficulté ne se présente pas seulement à propos des résultats théoriques ou économétriques, mais déjà au stade de la conceptualisation et de l'observation. En refusant d'utiliser une notion évoquant un aspect des choses que l'on préfère ignorer, en choisissant une dénomination à connotation émotive, en mettant en valeur une statistique plutôt qu'une autre, voire en orientant intentionnellement les programmes statistiques, on influence les idées des lecteurs ou utilisateurs. Pour ne prendre qu'un exemple dans ma vie de statisticien, celui de l'observation du chômage, je peux citer deux attitudes, idéologiquement opposées, de refus de conclusions qui paraissaient pourtant solidement établies. Certains, souhaitant ne pas nuire à l'image qui associe chômage et misère, ne voulaient pas parler de la diversité des niveaux et conditions de vie dans la population des chômeurs. D'autres, souhaitant pouvoir insister sur le « chômage volontaire » auquel ils attribuaient un rôle prédominant, refusaient d'admettre que les variations de l'effectif des chômeurs au cours du temps pouvaient être décrites,

2. I. Lakatos, *The methodology of scientific research programmes*, Cambridge University Press, 1978.

en partie, comme un phénomène de file d'attente des travailleurs en quête d'emploi.

Il s'agit clairement de questions concernant l'objectivité puisque celle-ci suppose l'impartialité et l'absence de parti pris. Or l'idéal d'objectivité est inhérent à la science puisque celle-ci vise à dégager des résultats qui s'imposent à tous et qui conduisent à une même compréhension des phénomènes. Comme tout idéal il n'est jamais parfaitement atteint ; mais cela n'affecte en rien sa nécessité. Dans les sciences sociales, l'économie en particulier, l'idéal d'objectivité doit être d'autant plus présent à l'esprit du chercheur que la tentation d'en dévier est plus grande et que toute déviation est finalement nuisible au progrès à long terme des connaissances, la seule chose qui importe vraiment.

Il y a ainsi une déontologie de la recherche qui interdit au chercheur de faire intervenir sciemment ses préférences doctrinales dans l'exécution de ses travaux et qui lui recommande de se prémunir contre les interventions inconscientes. Appliquée aux centres de recherche, où collaborent le plus souvent des chercheurs ayant des préférences idéologiques diverses, cette déontologie, admise par tous, constitue une garantie très sérieuse d'objectivité, car c'est à l'intérieur même de l'organisme et tout au long de la recherche qu'intervient le contrôle mutuel du respect de la norme.

Cela dit, il faut reconnaître que l'intrusion des choix de doctrine relatifs au souhaitable a compliqué la recherche économique et les rapports entre économistes. Les grandes controverses se sont déroulées dans un climat détestable lorsque affirmer la supériorité d'une école « de droite » sur une école « de gauche », ou l'inverse, semblait constituer le seul objectif ; les questions débattues n'étaient même pas bien posées ; quand les observateurs de ces joutes virent finalement émerger leur sujet scientifique, l'enjeu idéologique leur parut bien faible.

Ainsi la controverse entre les deux Cambridge sur la théorie du capital [3] se ramène à savoir si, dans un équilibre intertemporel de concurrence parfaite, on peut dégager

3. Voir par exemple le numéro spécial consacré à la « Cambridge-controverse sur la théorie du capital », *Revue d'économie politique*, mars-avril 1977.

certaines relations agrégées qui s'appliquent en toute circonstance : tantôt une « fonction de production » liant le volume global de la production au volume global du travail et à celui, correctement défini, du capital ; tantôt une dépendance inverse entre le taux d'intérêt et l'intensité capitalistique. Le fait que la nécessité de telles propriétés agrégées ne puisse pas être démontrée sans hypothèses supplémentaires restrictives n'a guère d'implication sur les vertus des économies de marché, quoi qu'on ait laissé entendre ; d'ailleurs il n'exclut pas que, en pratique, les agrégats en cause soient approximativement liés par des relations du type considéré.

Les controverses entre les monétaristes et les keynésiens peuvent certes être résumées par une question : le gouvernement doit-il chercher à agir sur la situation économique courante par sa politique budgétaire ou monétaire ? Mais la question est ainsi posée de façon trop sommaire. La préciser sous divers aspects, rechercher des réponses dans chaque cas, aurait été fait plus aisément s'il y avait eu moins de parti pris. Ainsi la polémique que Milton Friedman entretint avec pugnacité contre divers économistes keynésiens aurait soulevé moins de passion et plus contribué au progrès de la connaissance si son protagoniste avait déclaré d'emblée que, pour lui, l'activité économique devait s'assigner des objectifs à long terme, vis-à-vis desquels il considérait les fluctuations conjoncturelles comme négligeables [4].

En France, le risque de malentendus analogues, également contre-productifs, existe aujourd'hui à propos des recherches de l'école de la régulation. Voir en elles une alternative de gauche aux recherches des autres économistes constitue une erreur quant au véritable enjeu scientifique. Comme je l'ai indiqué, l'école de la régulation a des ambitions plus larges que celles des économistes auxquels elle aime s'opposer. Une fois que l'on a bien compris les objectifs des uns et

4. Cette insistance sur le long terme, à une époque où les économistes avaient d'ailleurs trop tendance à le négliger, était implicite dans la présentation de diverses contributions de M. Friedman, par exemple dans celle relative aux effets des anticipations sur la forme de la « courbe de Phillips à long terme ». Elle est explicite dans son article « The role of monetary policy », *American Economic Review*, March 1968, p. 11.

des autres, ainsi que le stade où chacun en est arrivé, on réalise combien sont rares les incompatibilités véritables, malgré d'inutiles différences de terminologie.

Une doctrine sur le fonctionnement de l'économie ?

Les idées préalables sur la réalité des phénomènes jouent évidemment un rôle dans la recherche positive. Confronté à des faits enchevêtrés et à des statistiques multiples, l'économiste ne s'y reconnaîtrait pas s'il ne voulait partir de rien. Il lui faut au moins des conjectures qu'il soumet à l'examen soit de la logique déductive, soit de la confrontation avec les données. Sur ce point, son cas n'est pas singulier, puisque les conjectures jouent un rôle important et reconnu dans toutes les sciences.

Aussi n'est-ce pas de ce rôle des idées préalables dans le processus tâtonnant de la recherche dont il va être question, mais plutôt de leur éventuelle fonction d'hypothèses, consciemment ou inconsciemment retenues dans toute une investigation. Elles ne figurent plus alors comme conjectures à vérifier, mais quasiment comme acquis sur lesquels on peut se reposer. Certes on n'exclut généralement pas que, à un stade ultérieur, on puisse les reconsidérer, les réviser, voire les abandonner. Mais ce stade est lointain.

Dans leur ouvrage de *Méthodologie économique,* A. Mingat, P. Salmon et A. Wolfelsperger montrent bien comment le point de départ d'une recherche est non seulement l'identification d'un problème mais aussi le cadre analytique dans lequel s'exerce la réflexion (*op. cit.*, p. 169-173). Suivant les cas, ce cadre peut être plus ou moins étroit ; le plus souvent il est très spécifique, le problème consistant à résoudre une énigme théorique ou à estimer une élasticité jouant un rôle particulier ; le réexamen des théories s'effectue au contraire dans un référentiel large.

On emprunte souvent au philosophe des sciences Th.S. Kuhn [5] le terme de « paradigme » pour désigner un système d'idées préalables ainsi adopté, à un moment donné

5. Th.S. Kuhn, *La structure des révolutions scientifiques*, Paris, Flammarion, 1972, traduction du livre paru en 1962.

et, éventuellement, par une école donnée, comme fixant la forme de toute connaissance scientifique et comme offrant le cadre à l'intérieur duquel la recherche doit s'effectuer. Les « révolutions scientifiques » sont alors ces rares cas où une discipline change de paradigme principal. En économie, la diffusion de la théorie keynésienne au milieu du siècle a constitué une révolution de ce type, le paradigme de l'équilibre temporaire basé sur l'analyse de la demande remplaçant, pour l'étude des phénomènes à court terme, un cadre beaucoup moins strict, fait d'analyses partielles empruntées au paradigme marshallien. Ce dernier, pour sa part, exprimait, sous une forme plus rigoureuse, les idées des économistes libéraux du début du siècle sur le fonctionnement des économies de marché.

Dans la définition du terme « doctrine » on identifie immédiatement la similitude mais aussi la différence avec le concept de paradigme. Il y a similitude puisqu'il s'agit dans les deux cas de « l'ensemble des notions qu'on affirme être vraies et par lesquelles on prétend fournir une interprétation des faits », ou tout au moins être en mesure d'en fournir une si la recherche aboutit. Mais la différence tient à ce que le concept de paradigme est le plus souvent exempt de connotation normative [6] alors que la doctrine prétend non seulement expliquer les faits mais aussi « orienter ou diriger l'action ». Dans cette section on considère les situations où l'économiste n'a pas d'intention normative, de sorte que le terme de paradigme correspond mieux à ce qui est en cause.

On ne peut pas reprocher au chercheur de se placer dans un cadre conceptuel, d'adhérer à un paradigme, car cela correspond à une nécessité minimale pour l'efficacité de la recherche. En revanche on peut éventuellement lui reprocher que ce cadre soit tantôt inadéquat au problème étudié, tantôt dissimulé et que la portée du résultat soit alors exagérée. L'un et l'autre reproches supposent un jugement, dont on ne s'étonnera pas qu'il ne soit pas unanimement accepté. Il y a donc matière à controverses, celles-ci tout à

6. En fait, la définition de Kuhn que voici, autorise une connotation normative : un paradigme est « tout ensemble de croyances, de valeurs reconnues et de techniques qui sont communes aux membres d'un groupe donné » (*La structure des révolutions scientifiques, op. cit.*, p. 207-208). Mais l'usage s'écarte de cette définition.

fait légitimes. On comprend que la vie quotidienne de la recherche macroéconomique en soit riche.

Pour me protéger le plus possible contre de tels reproches, il importe que j'explicite le cadre conceptuel que je retiens dans ce livre, puis que je tente de convaincre qu'il convient. Il s'agit bien entendu d'un cadre très large, plus large que celui des paradigmes exposés à des révolutions scientifiques, plus large que celui des grandes théories économiques que j'aurai de nombreuses occasions de citer. Il s'agit donc d'une conception très générale, d'ailleurs très majoritairement admise, et néanmoins substantielle, sur le fonctionnement de l'économie. La définir consiste à l'opposer aux autres conceptions également très générales qui ont inspiré et inspirent encore parfois des réflexions sur l'univers économique. Je le ferai en adoptant à peu près le vocabulaire de l'ouvrage *Méthodologie économique* (p. 358 à 366), car il paraît bien convenir quand on s'adresse à des lecteurs français.

La conception primitive du fonctionnement économique part souvent de l'idée que ce qui se passe a été voulu par un groupe social dominant. On peut la qualifier d'« intentionnalisme ». Elle vient naturellement à l'esprit des gens qui éprouvent le besoin de disposer d'une explication simple des faits qu'ils constatent, surtout quand ceux-ci leur paraissent mauvais. Elle est également naturelle chez les personnes les plus motivées politiquement pour modifier la répartition des pouvoirs dans la société : remplacer le groupe dominant par un autre, représentant mieux le plus grand nombre ou les plus déshérités, aurait directement pour résultat, imagine-t-on, de changer l'état économique à l'avantage de ceux-ci.

Cette conception a été adoptée par certains économistes, notamment marxistes. Elle a été élargie, quand on a admis que le groupe social dominant n'était pas tout-puissant, mais se heurtait à d'autres groupes sociaux. A l'intentionnalisme sous-jacent s'ajoutait alors l'idée de conflits de pouvoir, le principe explicatif devenant « le rapport de force » : un déplacement du rapport de force qui augmentait le pouvoir de tel groupe se traduisait *ipso facto* par une modification de l'état économique en faveur de ce groupe.

Lui préférer une autre conception ne signifie pas nécessairement qu'on nie tout rôle des rapports de force ou des choix politiques, car ceux-ci peuvent intervenir dans le cadre d'une autre conception générale, par exemple dans celle que retiennent la plupart des économistes. C'est l'intentionnalisme qui est en cause, c'est-à-dire la vision selon laquelle l'état économique concrétise directement les intentions des groupes dominants ou les compromis entre eux.

Une seconde conception peut être dénommée « déterminisme social ». Elle recherche l'explication des phénomènes dans l'existence de structures socioéconomiques et de règles socioculturelles qui déterminent l'état économique, indépendamment de la volonté des individus ou des groupes. Ces soi-disant agents s'illusionneraient sur leurs véritables libertés, car leurs préférences ou leurs décisions seraient conditionnées et manipulées par l'environnement social. Ces structures socioéconomiques, ces règles socioculturelles seraient elles-mêmes stables, car elles se reproduiraient spontanément. La qualité des travaux des sociologues français étudiant divers aspects de « la reproduction de la société » explique en partie l'attrait de cette conception chez les économistes de notre pays. La vision ainsi proposée manquerait de pouvoir explicatif si elle ne précisait pas le type de déterminisme qu'elle suppose. Le plus souvent elle emprunte alors au « fonctionnalisme » l'idée que le système socioéconomique poursuivrait des finalités identifiables au niveau global, par exemple l'adaptation aux conditions environnantes.

La conception très majoritaire dans la discipline économique peut être qualifiée de « systémiste » : l'état économique est le résultat conjoint d'un ensemble de décisions prises par des agents doués chacun d'une certaine autonomie et opérant à l'intérieur d'un système, siège d'interactions plus ou moins complexes. Ainsi, les intentions des agents, individus, entreprises, groupes organisés, gouvernements, etc., interviennent, mais leurs effets sont indirects. De même les structures économiques et sociales contribuent à définir le système, mais ne suffisent pas à déterminer l'état économique. Par ailleurs, le système économique peut subir des dysfonctionnements non intentionnels, dus soit à des effets spontanés des interactions soit à des interventions maladroites des autorités. Le systémisme se distingue ainsi doublement des deux autres systèmes de pensée. D'une part il ne pose pas en principe que le système économique satisferait spontanément certaines finalités qui puissent être connues a priori, tels les intérêts d'un groupe social ou la réalisation d'objectifs fonctionnels globaux. D'autre part il conçoit le système économique comme complexe et comme siège d'interactions dont le jeu simultané serait incompréhensible si on ne l'examinait pas dans le détail.

Cette conception donne un bien plus grand rôle que les deux précédentes aux recherches et aux théories proprement économiques, puisque connaître intimement le système économique et bien comprendre son fonctionnement deviennent essentiels pour expliquer l'état économique. Elle n'est d'ailleurs pas réservée au courant considéré communément comme orthodoxe en économie ; ainsi Karl Marx l'a adoptée dans de nombreux passages du *Capital* et aujourd'hui l'école de la régulation l'accepte. Mais l'adhésion peut être plus ou moins franche et, à l'intérieur de cette conception générale, les divers paradigmes économiques peuvent s'opposer.

Bien entendu, ma conviction que le systémisme offre le cadre conceptuel approprié à l'économie n'est pas indépendante de mon option en faveur d'un domaine d'investigation limité aux seuls aspects économiques des phénomènes. C'est l'importance de la tâche offerte par le systémisme qui justifie la modestie des ambitions que je me donne par ailleurs. Cela est apparu clairement dans le chapitre précédent.

Pour bien comprendre en quoi le systémisme constitue le référentiel adéquat et constater les limites qu'imposerait le recours à l'un ou l'autre des deux cadres conceptuels alternatifs, il convient de considérer plus précisément quelques-uns des problèmes familiers de la macroéconomie, par exemple l'inflation, le chômage, le déficit extérieur.

Comment étudier la détermination du rythme de l'inflation, ce mouvement général de hausse qui entraîne la plupart des prix et des taux de salaire ? Comment expliquer ses accélérations et ses ralentissements ? Face à ces questions, le déterminisme social, motivé par l'étude des structures plus que par celle de la conjoncture, a peu de réponses à offrir. Seules semblent pouvoir l'intéresser l'existence de régimes d'inflation endémiques, comme ceux observés en Amérique latine, et la présence de différences durables entre pays voisins, comme celle constatée depuis la dernière guerre entre l'Allemagne et la France. Dans un cas comme dans l'autre, le principe explicatif pourrait être le degré de cohésion sociale : là où il est faible, l'inflation interviendrait comme stabilisateur des relations sociales. Même dans ces cas, comprendre le rôle de la cohésion sociale, expliquer comment la stabilisation n'exige pas une accélération permanente de l'inflation, suppose qu'on pénètre dans le fonctionnement du système économique et social. En d'autres termes, pour certaines manifestations du phénomène considéré, mais non pour toutes, le déterminisme social propose une hypothèse explicative qui n'est pas nécessairement à rejeter mais dont la force et la portée réelle ne peuvent être appréciées que grâce au systémisme.

L'intentionnalisme semble pouvoir aller plus loin, car il peut faire état des fluctuations du rapport de force pour rendre compte des variations du rythme de l'inflation. Il lui faut alors admettre qu'un déplacement du rapport de force en faveur des salariés et de leurs syndicats accélère l'inflation, car on observe une corrélation positive entre le rythme de hausse des prix et la part des salaires dans la valeur ajoutée. Rendre ainsi les syndicats responsables de l'inflation peut ne pas plaire à de nombreux tenants de l'intentionnalisme. Mais l'essentiel est ailleurs : les déplacements du rapport de force ne suffisent pas à expliquer complètement le phénomène ; ils constituent un facteur parmi d'autres. On peut s'en rendre compte, soit en suivant une démarche théorique de type systémique, qui fait apparaître en particulier le rôle des termes de l'échange avec l'extérieur et celui de la pression des demandes sur les offres dans les divers marchés, soit en mesurant le rapport de force par le nombre des adhérents aux syndicats ou la couleur du gouvernement, puis en constatant empiriquement que la corrélation entre ces grandeurs et le rythme de l'inflation reste faible. Ainsi l'intentionnalisme propose lui aussi une hypothèse, mais en estimer le rôle exact suppose de le dépasser. C'est d'ailleurs aussi ce qu'implique le fait que l'inflation est vécue par chaque agent comme une donnée de son environnement hors de son contrôle, les hausses de coût s'imposant aux entreprises qui les répercutent approximativement dans leurs prix de vente, l'élévation du coût de la vie étant subie par les salariés qui en obtiennent plus ou moins compensation lors de la révision de leurs taux de rémunération.

S'agissant du chômage, le systémisme conduit à distinguer chômage frictionnel et chômage de déséquilibre, ce dernier mesurant la différence entre les volumes globaux de l'offre et de la demande de travail tandis que le chômage frictionnel traduirait l'effet des temps normaux de recherche d'emploi et celui de la mauvaise adéquation de la structure des offres de travail comparée à celle des demandes, par profession ou localisation (voir chapitre 3). Chacune de ces deux composantes du chômage est alors rattachée à certains facteurs du fonctionnement du système économique. Pour le chômage de déséquilibre, par exemple, la demande de travail par les entreprises joue un rôle fondamental et doit elle-même s'expliquer soit à court terme, soit à moyen terme par la demande de biens, la profitabilité de la production, le coût relatif du travail par rapport au capital, etc. L'explication devient donc nécessairement complexe mais, là où elle est bien établie, elle donne un pouvoir prédictif sur les effets de diverses mesures ou de changements exogènes affectant telle ou telle partie du système.

Ni l'intentionnalisme ni le déterminisme social ne semblent aptes à prévoir ainsi des effets précis. Ils ont parfois proposé des hypothèses explicatives du phénomène global du chômage ; il faut bien constater que celles-ci apparaissent aujourd'hui non seulement conjecturales mais douteuses. Par exemple, la réalisation du plein-emploi en Europe occidentale durant les deux décennies des années cinquante et soixante a été attribuée, vers 1970, à l'intention délibérée de l'État capitaliste de garantir les intérêts des capitalistes nationaux [7]. On ne voit pas comment cette thèse permettait de prévoir ce qui s'est passé par la suite, ni même comment on pourrait sans acrobatie la reformuler aujourd'hui pour en rendre compte. D'ailleurs M. Kalecki, qui flirtait avec l'intentionnalisme tout en travaillant dans un cadre systémique, avait expliqué avec bien d'autres en 1943 que l'État

7. Une référence étrangère évitera peut-être que mon texte paraisse animé d'intentions polémiques : W. Warren, « Capitalist planning and the state », *New Left Review*, 1972.

capitaliste devait éviter que le plein-emploi ne dure, car cela nuirait au maintien du taux de profit et à la reproduction du capital ; l'État induisait donc périodiquement des récessions [8]. Il paraît maintenant évident que ces thèses surestimaient beaucoup la précision du contrôle que l'État est capable d'exercer sur le fonctionnement du système dans les économies de marché. Comment contrôler le système, et pour cela comment connaître son fonctionnement, telles sont les vraies questions pour les économistes.

Inflation et chômage présentent un intérêt social et politique évident, de sorte qu'ils retiennent particulièrement l'attention de ceux qui sont portés à rechercher des explications teintées de sociologie ou de politique. Mais les macroéconomistes ont devant eux bien d'autres problèmes moins sensibles. On ne voit guère alors comment ceux-ci pourraient être traités sans artifice dans les deux cadres conceptuels alternatifs dont il a été question. Ainsi en est-il du déficit extérieur. Dire qu'il résulte soit d'une conjoncture plus active dans le pays qu'à l'extérieur soit d'une mauvaise compétitivité nationale, c'est déjà faire du systémisme, bien qu'il ne s'agisse encore que d'un début d'explication, par les causes les plus immédiates.

Il est inutile de prolonger l'étude de tels exemples. On comprend bien maintenant la stimulation intellectuelle que les préoccupations politiques et sociologiques ont exercé et exercent aux frontières de la macroéconomie. On admet que les rapports de force et les structures sociales interviennent dans le fonctionnement du système économique. Mais ni les uns ni les autres n'affectent la pertinence, la nécessité même, du systémisme en tant que cadre conceptuel général.

Une doctrine sur la méthode ?

Pour être fructueuse la recherche macroéconomique doit-elle aussi adhérer, implicitement ou explicitement, à une conception générale de la démarche scientifique ? La ques-

8. M. Kalecki, « Political aspects of full employment », *Political Quarterly*, 1943.

tion se pose naturellement à ce stade préliminaire de la réflexion.

La réponse ne semble guère diviser les économistes, qui sont d'ailleurs peu nombreux à s'interroger à son sujet. Dans leur grande majorité ils semblent prêts à admettre que, si la nature de leur discipline lui impose des modalités particulières, la recherche scientifique y procède fondamentalement à partir des mêmes principes qu'ailleurs. Contrairement à ce que certains ont écrit, une telle attitude, le plus souvent implicite sinon inconsciente, n'est habituellement pas inspirée par l'envie de mimer la physique, mais plutôt par la conviction que combiner observation et réflexion est indispensable au progrès de la compréhension, en économie comme ailleurs.

Cependant la préoccupation méthodologique a été explicite depuis longtemps chez certains économistes. Il existe ainsi une littérature qui en traite, qui étudie notamment les particularités de la discipline et qui examine s'il faut y transposer, et alors comment, les diverses conceptions élaborées dans la philosophie des sciences [9]. Nous aurons l'occasion dans d'autres chapitres de faire référence aux parties de cette littérature qui intéressent la macroéconomie. Ce serait alourdir inutilement l'exposé que de les étudier dès ce stade, car les questions en cause et les débats qu'elles provoquent ne portent pas vraiment sur la conception générale de la démarche scientifique, qui est notre objet pour le moment, mais sur les modalités de sa mise en œuvre.

On peut toutefois remarquer ici que les discussions dont l'épistémologie fait l'objet trouvent chez les économistes un certain écho, sans que ceux-ci éprouvent le besoin d'affirmer leur différence. Le plus souvent cet écho est perçu à l'occasion de polémiques entre écoles quand certains économistes en accusent d'autres d'adhérer à une méthodologie vieillie que l'épistémologie a depuis longtemps rejetée. Quelle que soit alors la valeur de l'argument, on voit bien qu'il suppose que l'économie ne présente pas de particularité à cet égard.

9. Dans leur ouvrage *La science économique* (Le Seuil, 1988) B. Walliser et C. Prou consacrent le premier chapitre à un compte rendu rapide des thèses modernes de l'épistémologie et à l'accueil que chacune d'elles reçoit en économie.

Dans ces conditions, je peux maintenant me limiter à expliciter ma conception générale de la démarche scientifique, sans chercher d'ailleurs à être très précis. Il se peut que cette conception apparaisse fautive à certains lecteurs, qui en seront alors avertis pour la suite des réflexions présentées dans ce livre.

La démarche scientifique se caractérise par l'alternance dialectique entre l'observation et la modélisation. L'une et l'autre peuvent revêtir des formes assez variées. J'entends ici par modélisation autant la définition des concepts et la délimitation de l'ensemble de ceux qui doivent intervenir simultanément, que la construction d'un système de relations plus ou moins étroitement spécifiées et formalisées. L'effort de modélisation soulève des questions sur la réalité des phénomènes et suscite ainsi des observations pertinentes ; l'effort d'observation conduit à des surprises ou plus souvent à la constatation que la réalité est plus complexe qu'on ne l'imaginait. Cette alternance dialectique est stimulée par la présence de « problèmes » tantôt posés de l'extérieur aux spécialistes d'une discipline tantôt perçus au cours de la recherche, sous forme d'énigmes factuelles ou théoriques.

La meilleure image du processus consiste à le concevoir sans origine ni fin, suivant un cours non pas linéaire mais sinueux, avec de brusques réorientations et même des retours en arrière. A chaque moment le corpus scientifique est constitué d'un ensemble d'idées, de faits et de problèmes : des idées s'exprimant dans des théories qui résultent de tout le processus antérieur et en somme le synthétisent ; des faits qui, dans le cadre conceptuel du moment, complètent la connaissance théorique ou attendent une explication ; des problèmes qui demandent que les investigations soient poussées plus avant, voire reprises autrement.

La modélisation suppose un approfondissement continuel qui suscite l'apparition de nouveaux concepts, donne plus de rigueur aux concepts existants, les rende plus opérationnels, c'est-à-dire mieux aptes à la confrontation avec la réalité. Elle vise tantôt l'amont, tantôt l'aval ; elle cherche tantôt à mettre de l'ordre dans les idées, de façon à les organiser le plus harmonieusement dans des modèles les plus simples possible, tantôt à pousser plus loin la déduction et à étendre ainsi l'ensemble des idées admises. Cette marche en avant consiste à examiner les conjectures préexistantes et à en introduire de nouvelles.

La confrontation de l'observation et de la théorie, c'est-à-dire l'induction [10], a une double fonction : d'une part, apporter des précisions supplémentaires, par exemple quand il s'agit d'estimer la valeur de certains paramètres figurant dans un modèle ; d'autre part, tester le réalisme de la théorie. C'est cette seconde fonction qui préoccupe le plus l'épistémologue. Le savant voudrait vérifier sa théorie ; mais une même observation est toujours compatible avec plusieurs théories ; ainsi l'observation n'est apte qu'éventuellement à contredire une théorie, à la « falsifier », selon l'expression admise. Cependant l'absence prolongée de falsification, après des confrontations répétées avec des données distinctes, vaut presque vérification ; la théorie n'a pas été démontrée par une preuve factuelle irréfutable, mais elle a été « corroborée ».

Voilà donc, brièvement exposée, la conception générale qui me paraît convenir. A l'occasion, tel ou tel de ses aspects sera précisé. Le lecteur qui souhaite y réfléchir davantage peut se reporter aux ouvrages de méthodologie économique précédemment cités. J'ajoute que cette conception générale me semble partagée par mes collègues économistes et qu'elle doit être compatible avec les idées des diverses écoles qui font aujourd'hui autorité en épistémologie, malgré les oppositions qui subsistent entre elles [11]. Bien entendu l'accord

10. Le terme « induction » est employé systématiquement dans cet ouvrage avec le sens qui lui est attribué en statistique mathématique. Il s'agit de toute opération conduisant à tirer de données observées une conclusion de portée plus générale, par exemple sur la validité d'une théorie ou sur l'intensité des dépendances qu'elle établit. L'induction ainsi définie consiste bien en « un raisonnement qui va du particulier au général » (définition usuelle), mais le particulier consiste en un ensemble d'observations.

11. A ces affirmations on risque d'opposer l'ouvrage de D.N. McCloskey, *The Rhetorics of Economics*, University of Wisconsin Press, 1985. Cet ouvrage, qui jouit actuellement d'un intérêt certain chez les économistes, porte sur un sujet différent, celui de la rhétorique par laquelle les économistes communiquent entre eux et présentent leurs travaux ou leurs intentions de recherche. Il devrait bien entendu y avoir compatibilité entre la rhétorique et la conception générale des méthodes de la recherche scientifique. L'ouvrage montre clairement que cette compatibilité n'est pas toujours respectée par les économistes,

ainsi constaté à un certain niveau de généralité n'exclut pas la présence de désaccords, éventuellement sérieux, sur les modalités de la recherche scientifique en économie. Des désaccords qui concernent la macroéconomie, il sera largement question par la suite.

Une conception générale de la démarche scientifique, une autre du fonctionnement de l'économie, enfin la nécessité de combiner l'observation de grandeurs macroéconomiques avec une réflexion microéconomique, autant d'éléments qui font saisir comment procède la recherche macroéconomique. Au stade de la conceptualisation, bien représenter l'architecture du système économique a la même importance que bien définir les grandeurs. Puis la modélisation doit tenir compte des contraintes que subissent les agents individuels et des objectifs qu'ils poursuivent, l'hypothèse de rationalité des comportements constituant une référence incontournable, mais susceptible d'être interprétée de façon plus ou moins stricte. Le reste de la réflexion théorique concerne le jeu des interactions entre comportements individuels à l'intérieur du système économique et l'agrégation de leurs effets. La confrontation des faits aux modèles s'effectue à tous les niveaux : qu'il s'agisse de représenter l'architecture du système, les comportements individuels et leurs interactions, ou encore d'étudier l'agrégation en tenant compte des structures de marché et de la dispersion des cas individuels. Les chapitres suivants vont porter sur les diverses phases de cette activité, souvent menées de front ou selon toutes sortes d'alternances, comme on l'aura compris.

---

le plus souvent par manque de modestie dans la présentation de leurs théories ou de leurs résultats. L'ouvrage joue ainsi un rôle utile en insistant sur l'importance d'une bonne rhétorique et sur les problèmes quasi déontologiques que de mauvaises habitudes peuvent faire apparaître. Mais il débute par quelques chapitres qui caricaturent inutilement les idées méthodologiques des économistes et déforment celles qui prédominent actuellement en épistémologie. En somme la rhétorique est un complément inévitable de la méthodologie, non un substitut.

MODÉLISATION

Chapitre 3

Premiers concepts

Quiconque réfléchit aux réalités économiques des sociétés modernes prend immédiatement conscience de leur complexité : des agents, nombreux et divers, entretiennent entre eux des relations plus ou moins permanentes et de natures multiples ; ils se livrent ainsi à des opérations dont les finalités sont parfois directes, quoique variées, mais parfois aussi fort indirectes.

Cependant les phénomènes macroéconomiques se présentent souvent sous des traits simples. L'expansion ou la dépression traduisent des tendances globales agissant simultanément sur de multiples grandeurs et affectant peu ou prou la grande majorité des agents. L'inflation se manifeste comme une tendance auto-entretenue à l'augmentation parallèle des prix, des salaires et de la quantité de monnaie.

Dans sa recherche d'une conceptualisation à la fois adéquate et précise, l'économiste doit garder présentes à l'esprit aussi bien cette complexité que cette simplicité, qui l'une et l'autre constituent des traits essentiels de son domaine d'étude. Mais leur articulation est à l'origine de bien des difficultés quand on cherche à fixer des définitions précises, surtout en macroéconomie. On est alors obligé d'introduire certaines conventions qui, bien que secondaires, posent parfois question.

C'est pourquoi la conceptualisation apparaît comme une tâche jamais achevée. Non seulement il faut forger de nouveaux concepts au fur et à mesure que l'attention se porte vers des problèmes nouveaux, mais il faut aussi souvent réexaminer la définition de concepts anciens, tantôt pour la compléter afin de tenir compte de certains aspects dont le traitement était resté flou jusqu'alors, tantôt même pour la réviser dans l'un ou l'autre de ses principes. Rigueur et adéquation doivent dès lors être comprises comme deux qualités idéales à rechercher ensemble, mais jamais tout à fait atteintes.

Dans cette recherche les économistes ont souvent achoppé sur deux problèmes inévitables, celui de l'articulation des flux par rapport aux stocks et celui de la considération des volumes à côté des valeurs. On fera le point sur ces problèmes.

La suite du chapitre portera sur la représentation des structures du système économique. Une architecture minimale est définie par la comptabilité nationale. Mais il convient souvent de mieux structurer le domaine à modéliser. Les classifications et typologies, essentielles à l'intelligibilité, ont fait l'objet de bien des débats. Toutefois, la difficulté la plus grave pour les macroéconomistes concerne la représentation des structures de marché.

Rigueur et adéquation

La société technique moderne utilise quotidiennement des grandeurs définies de façon précise et faisant l'objet de mesures fréquentes. En particulier, la diffusion de l'information macroéconomique a rendu familières des grandeurs telles que l'indice des prix à la consommation, la production intérieure brute ou le nombre des chômeurs. Prendre du recul par rapport à cette actualité importe, non pas tant pour faire l'histoire d'une discipline scientifique que pour bien comprendre la signification des grandeurs sur lesquelles les économistes concentrent leur attention : derrière une définition communément retenue il y a toujours d'une part une notion, plus ou moins empreinte d'intentions théoriques sur les phénomènes concernés, d'autre part des conventions, traduisant des compromis imposés tantôt par la complexité réelle dont la théorie fait abstraction, tantôt par des difficultés de mesure. L'exigence de rigueur et d'adéquation doit être appréciée avec une claire conscience de ces deux données générales : la définition d'un concept suppose toujours une certaine idéalisation théorique ; toute définition précise est quelque peu conventionnelle.

Il ne faut d'ailleurs pas voir là des limitations gênantes.

Bien au contraire, c'est grâce à l'idéalisation et aux conventions que l'on peut progresser dans la connaissance. Refuser l'une ou l'autre par principe, comme cela a parfois eu lieu pour telle ou telle grandeur particulière, revient à rester dans le vague et à s'interdire de mettre de l'ordre dans la réflexion et l'observation. Mais il faut, bien entendu, que théorie [1] et conventions soient adéquates. Au stade de la définition conceptuelle, la théorie ne doit pas être plus contraignante qu'il est nécessaire pour donner un sens au concept, et elle doit être pertinente par rapport aux usages attendus du concept. Les conventions de mesure ne doivent pas non plus être abusives et doivent réaliser des compromis impartiaux, les plus proches possible de ce qui eût été retenu en l'absence des difficultés qui les motivent.

Cette double référence à une vision abstraite des phénomènes et à des modalités pratiques montre bien pourquoi le choix des concepts reste toujours potentiellement perfectible : en progressant, la théorie peut faire évoluer les angles de vision des phénomènes considérés comme les plus utiles ; de même, les techniques d'observation peuvent s'enrichir, et le changement de l'organisation sociale ou de la sensibilité collective peut permettre, voire imposer, de nouveaux compromis. On pourrait développer longuement ces remarques en faisant toute l'histoire du vocabulaire des économistes et des mesures effectuées par les statisticiens. On s'en tiendra à deux concepts importants, ceux de production et de chômage.

L'idée que produire consiste à créer un bien nouveau, n'est qu'en apparence un principe clair de définition. Pendant longtemps les économistes ont hésité sur le rôle de la forme matérielle des biens et sur celui de leur utilité. Au XVIIIe siècle, les physiocrates considéraient que seule l'agriculture était productive, car elle seule créait vraiment ce que le reste de l'activité transformait seulement. Cette

1. Le terme de « théorie » est employé ici pour faire court. Il serait plus juste de parler d'« idéalisation théorique », de « références théoriques », voire de « visées théoriques » ; car au moment du choix des définitions point n'est besoin d'une théorie complète des phénomènes ; il suffit de savoir quelles abstractions utilisent les théories en usage ou en voie d'élaboration ; là où elles emploient des abstractions différentes, il faut distinguer deux ou plusieurs concepts.

conception fut abandonnée dès la fin du siècle, mais la définition de J.-B. Say ne fut pas pour autant acceptée de façon unanime : « La production n'est point une création de matière, mais une création d'utilité [2]. » La référence à l'utilité ne plut pas à tout le monde, notamment pas à Karl Marx, car elle paraissait déloger le travail du premier rôle dans la production. A tel point qu'au milieu de notre siècle, les statisticiens d'Europe de l'Est chargés d'établir les estimations du revenu national et de la production nationale partirent de l'idée que la production finale ne devait être constituée que de biens matériels et non de services, contrairement au principe retenu ailleurs.

Si les normes de la comptabilité nationale se sont progressivement imposées dans la plupart des pays du monde, et à la satisfaction de la grande majorité des économistes, il ne faut pas perdre de vue qu'elles font admettre certains principes ; par exemple, le *Système élargi de comptabilité nationale* adopté en France prend pour principe de définition *la production « en tant que création de valeur »* [3] et la définit comme « une activité socialement organisée destinée à créer des biens et des services » [4] ; il précise : « Outre la production marchande, la production comporte donc une activité de production non marchande, réalisée par les administrations et les ménages. » Ce principe a permis de lever deux difficultés que posait la mesure de la production nationale.

La première concernait l'agrégation. A priori la production d'un pays une année donnée se composait de quantités de multiples biens et services, chacune mesurée dans une unité adaptée au bien ou au service concerné : en faire le recensement complet, une opération statistique d'ailleurs très lourde, aurait conduit à une masse incompréhensible de chiffres. Le seul principe d'agrégation qui parut viable fut d'utiliser pour chaque bien ou service l'unité monétaire, ou plus exactement de donner à la production une valeur monétaire, par référence au prix auquel elle était vendue,

2. J.-B. Say, *Traité d'économie politique* (1803), Calmann-Lévy, 1972, p. 51.

3. Voir *Système élargi de comptabilité nationale,* Collections de l'INSEE, n° C 140-141, juin 1987 p. 15.

4. *Ibid.*, p. 16.

ou aurait pu être vendue. Ce recours aux valeurs marchandes conduit également à une solution simple pour éliminer les stades intermédiaires de la production quand on s'intéresse au résultat de l'activité d'un vaste ensemble, par exemple un pays entier : c'est la valeur ajoutée à chaque stade qui est prise en compte.

La seconde difficulté concernait la délimitation précise des activités dont la production serait couverte par les agrégats calculés et publiés régulièrement. Les activités domestiques ont souvent un caractère ambigu quand on les considère du point de vue production. La référence à la « création de valeur » conduit à les exclure en presque totalité, ce qui est commode et ne nuit pas aux utilisations les plus nombreuses des évaluations couramment fournies (la seule exception réside dans la production de biens habituellement commercialisés et autoconsommés par les ménages producteurs, principalement des biens agricoles).

Mais il apparaît alors clairement que ce principe de définition introduit une convention (l'élimination de la production domestique) autant qu'il s'inspire de deux visions théoriques : celle de J.-B. Say, à savoir que produire c'est créer de l'utilité, et celle selon laquelle le fonctionnement des marchés a pour résultat que les prix des divers biens mesurent correctement leurs utilités respectives dans la production ou la consommation. Il y a évidemment place pour un examen précis visant à approfondir le sens et les conditions de validité de ces visions théoriques. Après examen [5] on comprend que, dans les faits, cette validité reste approximative.

En fin de compte, la convention consistant à éliminer la production domestique, et d'autres qui ne seront pas rappelées, ainsi que le caractère approximatif de la justification fondamentale, font que les mesures habituelles de la production pourraient ne pas bien convenir à certains usages. En prendre prétexte pour les discréditer serait fort maladroit, en l'absence d'une meilleure alternative ; mais en tenir compte au bon moment pour introduire des correctifs, ou

5. Voir par exemple P.A. Samuelson, « Evaluation of real national income », *Oxford Economic Papers*, janvier 1950 ; reproduit dans K. Arrow and T. Scitovsky, ed., *Readings in Welfare Economics*, Irwin, Homewood, Illinois, 1969.

même simplement pour identifier des biais, serait au contraire parfaitement justifié. Les macroéconomistes s'abstiennent d'ailleurs habituellement de laisser entendre que la production intérieure brute par habitant d'un pays, ou son revenu national par tête, constitue à lui seul la mesure du niveau moyen de bien-être atteint dans ce pays [6].

La réflexion sur la définition du chômage illustre elle aussi les problèmes posés en macroéconomie par le choix de concepts à la fois mesurables et adéquats. On ne se livrera pas ici à une réflexion historique, quoiqu'elle soit intéressante pour comprendre comment la perception des rapports entre l'homme et son travail a évolué depuis un siècle [7]. On partira directement de la définition donnée par les statisticiens du travail au milieu de ce siècle, définition que la pratique a conduit à préciser par la suite, mais qui cherchait dès l'origine à répondre à une préoccupation : mesurer la difficulté de trouver un emploi.

Cette définition, la voici : « Sont chômeurs les personnes qui, au cours d'une période de référence (généralement une semaine), sont sans emploi, disponibles pour en occuper un, à la recherche d'un emploi. » Or, les cas sont relativement fréquents aujourd'hui où l'on peut hésiter sur le fait de savoir si telle personne a vraiment un emploi, en cherche vraiment un ou est vraiment disponible pour l'occuper. Des conventions d'application ont donc été progressivement arrêtées. De plus, on a senti que le nombre de chômeurs ne caractérisait pas parfaitement la difficulté de trouver un emploi ; non seulement il convient de distinguer les chômeurs selon le sexe, l'âge, la qualification, etc., mais il faut aussi prendre conscience d'autres dimensions du phénomène : la durée du chômage, le sous-emploi de personnes travaillant moins qu'elles ne le souhaiteraient, etc. Ainsi les

6. Diverses études ont discuté et proposé des mesures alternatives de la production nationale qui couvriraient mieux l'ensemble des activités susceptibles d'affecter la création nette d'utilité. Ainsi la valeur de la production domestique interviendrait positivement et la détérioration de l'environnement négativement. L'étude la plus complète à cet égard a concerné le Japon. Voir « Economic Council of Japan », *Measuring Net National Welfare of Japan,* Tokyo, 1973.

7. Voir R. Salais, N. Baverez et B. Reynaud, *L'invention du chômage,* Presses Universitaires de France, Paris, 1986.

statisticiens du travail ont été amenés à concevoir toute une batterie d'indicateurs [8].

Cependant, dès le début, les macroéconomistes n'ont pas cru pouvoir se contenter des indicateurs existants. Au moins dans la modélisation, sinon pour l'observation, ils ont senti le besoin d'introduire d'autres concepts. Leur référence principale, bien naturelle pour répondre à la préoccupation des statisticiens du travail, est le couple constitué par la demande et l'offre de travail. L'idée première consiste à considérer le chômage comme l'écart entre l'offre de travail par la population et la demande de travail par les employeurs : cet écart croît quand l'offre augmente plus vite que la demande, il décroît dans le cas opposé. Mais le chômage défini par les statisticiens ne mesure pas précisément cet écart. Dans un pays où les personnes sont libres de chercher plus ou moins activement un emploi et de le refuser s'il ne leur convient pas, il existe toujours des chômeurs au sens des statisticiens, quelle que soit la pression de la demande de travail sur l'offre. Pour traduire ce fait, on a d'abord parlé de « chômage volontaire », l'écart entre l'offre et la demande de travail étant alors désigné comme chômage involontaire. Cette dénomination n'est pas adroite [9] ; de plus, le macroéconomiste, qui raisonne en termes de demande et d'offre globales de travail, ne doit pas ignorer la diversité sous-jacente : il y a une multiplicité de marchés du travail, caractérisés chacun par un lieu, une qualification, des conditions de travail, etc. Même s'il y a égalité entre l'offre globale et la demande globale, il subsiste toujours des écarts au niveau microéconomique, les uns positifs les autres négatifs.

D'où l'idée de parler d'un « chômage frictionnel » pour les personnes explorant leurs possibilités d'emploi et celles placées dans des marchés du travail particulièrement défavorables. Dès qu'elle est formulée, on voit que cette idée conduit à une définition nécessairement conventionnelle. La

8. Pour la France voir par exemple E. Malinvaud, *Sur les statistiques de l'emploi et du chômage*, Documentation française, Paris, 1986.

9. La notion de chômage volontaire a d'ailleurs été utilisée avec diverses significations. Voir par exemple A.G. Hines, « Involontary unemployment », *in* E. Malinvaud and J.-P. Fitoussi, ed., *Unemployment in Western Countries*, Macmillan, London, 1980.

demande et l'offre de travail, qui font abstraction de la diversité sous-jacente et des recherches exploratoires des employeurs et travailleurs, ne sont pas clairement définies a priori ; d'autant que les intéressés ont spontanément tendance à se sentir limités dans leurs choix par une insuffisance de possibilités : un employeur quand il ne trouve pas tout à fait la personne qu'il recherche, un travailleur tant qu'il n'a pas trouvé l'emploi qu'il souhaitait. Le macroéconomiste sera ainsi conduit à fixer une convention pour délimiter le chômage frictionnel par opposition à l'offre excédentaire de travail (positive ou éventuellement négative).

Le chômage frictionnel apparaît aujourd'hui au statisticien comme une notion trop théorique pour donner lieu à des statistiques régulières. Mais cela n'exclut pas qu'on en propose des mesures, une fois retenue quelque convention précise d'évaluation. Les facteurs susceptibles d'agir sur le chômage frictionnel sont en effet distincts de ceux influençant la demande de travail, comme de ceux déterminant les tendances longues de l'offre de travail. Pouvoir chiffrer les évolutions respectives du chômage frictionnel et de l'offre excédentaire de travail contribuerait ainsi à clarifier l'analyse. La voie pour y parvenir consiste à se référer aussi bien aux offres d'emploi qu'aux demandes d'emploi : quand ces deux grandeurs augmentent simultanément, on est fondé à conclure que le chômage frictionnel augmente [10].

Les deux exemples de la production et du chômage sont assez typiques des problèmes que soulèvent la conceptualisation et son perfectionnement. On ne peut pas suivre les phénomènes d'ensemble et les analyser sans recourir à des concepts synthétiques. Ceux-ci forcent nécessairement la réalité en l'obligeant à entrer dans un cadre simple qui ne peut manquer de négliger certaines particularités des faits. L'essentiel est de choisir et de définir ces concepts de telle façon qu'ils expriment bien chacun un aspect important des choses. Parmi les multiples difficultés auxquelles se heurte la conceptualisation, deux d'entre elles méritent un examen particulier, auquel procèdent les deux sections suivantes.

10. Sur la notion de chômage frictionnel et sur les difficultés de son évaluation, voir E. Malinvaud, « La courbe de Beveridge », dans Association française de Sciences économiques, *Flexibilité, mobilité et stimulants économiques*, Nathan, Paris, 1987.

Stocks et flux

Les grandeurs économiques sont datées quand elles sont observées. Qu'elles le soient ou que, intervenant dans un raisonnement purement théorique, elles ne le soient pas, elles n'ont néanmoins pas toutes la même dimension temporelle. A cet égard, on distingue les stocks et les flux, ou encore les patrimoines et les opérations.

Se référer au calcul symbolique des dimensions, en s'en tenant aux notions les plus simples et sans chercher à le faire systématiquement, peut aider à la clarté des idées, ici et ultérieurement. Retenons, comme catégories fondamentales [11], des valeurs, exprimées symboliquement par V, des prix exprimés par P et des durées par D. Il est immédiat de dire que la richesse d'un individu a la dimension V et qu'en revanche son revenu a la dimension V/D : pour définir celui-ci il faut préciser non seulement l'unité de valeur, le franc par exemple, mais aussi l'unité de durée, le mois si l'on parle d'un revenu mensuel, l'année s'il s'agit d'un revenu annuel.

Les économistes ont l'habitude de dire que la richesse est un stock, tandis que le revenu, la production ou la consommation sont des flux. Ce dernier terme pourrait paraître abusif puisqu'il évoque un écoulement continu et que l'image ne convient pas toujours aux opérations économiques en cause, mais il est consacré par l'usage. Stocks et flux peuvent évidemment être traités côte à côte ; c'est ainsi que la comptabilité nationale comporte en principe une comptabilité des patrimoines pour les premiers et une comptabilité des opérations pour les seconds (seule cependant la comptabilité des opérations est d'usage courant).

La distinction entre stocks et flux devient très naturelle dès qu'on a pris l'habitude de la faire. Elle s'applique d'ailleurs à d'autres grandeurs que celles exprimées en valeur. Ainsi une population ou un ensemble de chômeurs

11. Le choix d'un autre système de catégories fondamentales serait évidemment possible. On pourrait par exemple retenir des quantités Q, des prix P et des durées D. Les valeurs auraient alors la dimension PQ. Avec le système adopté les quantités ont la dimension V/P.

sont des stocks tandis que des naissances, des licenciements, des départs à la retraite sont des flux.

S'il faut parler de cette distinction c'est que l'articulation entre stocks et flux est la source de délicats problèmes conceptuels, surtout pour la définition de certains flux qui jouent un rôle très important dans l'analyse économique. L'exemple du revenu va le montrer clairement. Mais des considérations voisines pourraient s'appliquer à d'autres grandeurs, en particulier à la production, pour la définition de laquelle la section précédente ne prétendait pas épuiser la discussion.

Pour bien poser aujourd'hui les difficultés qui ont longtemps fait hésiter les économistes, il est commode de partir d'une équation qui décompose la variation de richesse durant une période en quatre flux, dont les définitions sont ainsi interdépendantes. Cette variation de richesse est égale en effet à l'épargne, excès du revenu sur la consommation, à laquelle il faut ajouter d'une part les transferts nets en capital reçus d'autres agents (dons reçus *moins* dons versés, certaines subventions en capital, etc.), d'autre part les gains nets en capital, résultant de variations de la valeur de certains éléments de la richesse ou négativement de destructions accidentelles. Cette identité peut s'écrire :

$$(1) \qquad \Delta A = R + TC + GC - C$$

où A désigne la richesse, ΔA sa variation au cours de la période considérée, R le revenu, TC les transferts nets en capital, GC les gains nets en capital et C la consommation.

Les définitions des cinq grandeurs figurant dans l'identité doivent être cohérentes entre elles. Sur chacune d'elles des questions pourraient être posées. Par exemple, les achats de biens durables doivent-ils figurer dans la consommation, comme la comptabilité nationale l'admet sauf pour les logements ? Si oui, les stocks de biens de consommation durables détenus par les ménages ne doivent pas figurer dans la richesse ; si non, il faut définir la consommation des services des biens durables, la faire figurer dans la consommation et la soustraire comme amortissement dans le calcul de la variation de la richesse. Afin de concentrer l'attention sur la définition du revenu, admettons cependant que A et

C sont définis sans ambiguïté et limitons-nous au problème posé par la cohérence entre les concepts de revenu, de transfert net en capital et de gains nets en capital. Bien entendu la délimitation entre transferts courants et transferts en capital réagit directement sur la définition du revenu ; mais ce sont d'autres problèmes qui doivent surtout retenir notre attention.

Dans un ouvrage écrit en 1906, l'économiste américain Irving Fisher, autorité reconnue à l'époque en théorie du capital, a consacré tout un chapitre à la définition du revenu et donné en annexe la liste des définitions, très diverses, qu'il avait relevées dans la littérature [12]. Finalement il a proposé que le revenu soit « la valeur des services rendus par le capital ». Cette définition n'est pas très claire ; dans les discussions qui eurent lieu plus tard certains l'ont interprétée comme identifiant revenu et consommation ; cette solution a eu peu de partisans, bien qu'elle ait été examinée sérieusement par P.A. Samuelson [13] ; elle reviendrait à traiter tout investissement comme un « gain en capital ».

A l'autre extrême, certains économistes plaidèrent pour une « définition englobante » (« comprehensive » en anglais) quand les impôts sur le revenu furent introduits [14] : le revenu serait identifié à la somme de la consommation et de l'augmentation de la richesse ; les dons reçus en feraient partie ainsi que toutes les plus-values dues à la réévaluation des actifs. Les termes TC et GC disparaîtraient de l'équation [15].

Dans la littérature théorique, il est maintenant d'usage de se référer à la définition intermédiaire donnée par John Hicks : « Le revenu d'une personne est la valeur maximum qu'elle peut consommer durant la période, tout en anticipant

12. I. Fisher, *De la nature du capital et du revenu,* traduction française chez Giard et Brière, Paris, 1911, chapitre 7.

13. P.A. Samuelson, « The evaluation of " Social income " : capital formation and wealth », *in* F. Lutz and D. Hague, ed., *The Theory of capital,* Macmillan, London, 1961.

14. R. Haig, « The concept of income : economic and legal aspects » *in* R. Haig, ed., *The Federal Income Tax,* Columbia University Press, 1921 ; H. Simons, *Personal income taxation,* University of Chicago Press, 1938.

15. *Ibid.*

d'être aussi riche à la fin de la période qu'au début [16]. » Cette définition introduit une notion nouvelle, effectivement importante dans ce contexte, celle d'anticipation : la personne en question s'attend à bénéficier pendant la période de certaines ressources, que celles-ci proviennent de la rémunération de son travail, des intérêts et dividendes de ses placements, des profits de son exploitation, des transferts de toute nature ou encore des réévaluations de certains de ses actifs ; si sa consommation était juste égale à la valeur globale de ses ressources attendues, la personne considérée s'attendrait à ce que sa richesse ne varie pas ; Hicks propose que le revenu soit dès lors défini comme cette valeur globale des ressources attendues [17].

Pour rattacher cette définition à l'équation (1), il suffit de désigner par S la valeur globale des ressources dont la personne bénéficie réellement durant la période et d'écrire :

(2) $\Delta A = S - C$

Le revenu étant défini selon Hicks comme la valeur anticipée S^a de S, l'identité (1) conduit à la condition suivante :

(3) $TC + GC = S - S^a$

Il est alors commode d'assimiler les transferts en capital à des gains en capital et de considérer comme gains en capital l'excès des ressources effectives sur les ressources anticipées, que cet excès provienne de surprises sur la rémunération de l'activité, sur la variation de valeur des actifs ou sur toute autre ressource attendue.

Bien que la littérature théorique sur la définition du revenu semble avoir ainsi conclu un long débat, les données couramment utilisées par les économistes n'appliquent pas la définition retenue. L'ambiguïté de la notion d'anticipation y est sans doute pour beaucoup, à côté des problèmes que poserait l'observation des valeurs anticipées. En effet, ce qui est anticipé un an à l'avance diffère de ce qui l'est un mois à l'avance ; il faudrait donc diverses mesures du revenu,

16. Voir chapitre 14 de J. Hicks, *Valeur et Capital,* Dunod, Paris, 1956, traduction de l'ouvrage paru en 1939.
17. *Ibid.*

chacune étant adaptée au recul que l'on entend prendre par rapport aux faits et au type de comportement qui importe alors : s'agit-il de faire intervenir des décisions de longue période ou des adaptations de court terme ?

Quoi qu'il en soit, la comptabilité nationale retient des conventions précises qui s'inspirent de l'idée selon laquelle le revenu est la somme de la valeur de la production, ou de la contribution productive, et des transferts nets courants reçus. La production est mesurée par la valeur ajoutée, c'est-à-dire la différence de valeur entre les outputs et les inputs. De même, la contribution productive est mesurée par la rémunération du facteur de production en cause, ou plus généralement par ce que lui rapporte cette contribution. Dès lors la réévaluation des actifs n'intervient pas du tout dans la définition du revenu et constitue en totalité un « gain en capital ». L'articulation entre comptabilité des patrimoines et comptabilité des opérations applique ainsi l'équation (1) d'une manière simple.

Ce choix conceptuel, maintenant bien ancré dans la pratique, peut se révéler inadéquat dans certains cas. En particulier quand l'inflation est rapide, ou quand elle change durablement de rythme, il est responsable de ce que l'on doit bien appeler des distorsions. Comprenons pourquoi.

En cas d'inflation régulière et soutenue, les réévaluations d'actifs les plus importantes résultent de l'augmentation du niveau général des prix. Elles sont alors assez bien anticipées par tous les agents ; de même, la baisse de pouvoir d'achat des encaisses monétaires, des créances et des actifs financiers libellés en monnaie. Cette situation, connue de tous, affecte les échanges et les relations contractuelles, de sorte que tout le système économique s'y adapte ; en particulier les taux d'intérêt s'établissent à des niveaux d'autant plus élevés que l'inflation est plus rapide, de façon à compenser les pertes de pouvoir d'achat des créances.

Dans un tel contexte, on peut dire que la comptabilité nationale retient une solution hybride. Elle prend soin de ne pas faire intervenir les réévaluations des actifs physiques dans le calcul des revenus ; elle évite ainsi, par exemple, que l'augmentation de la valeur des stocks détenus par les entreprises ne contribue au revenu d'exploitation, ce que les comptabilités commerciales n'évitent pas. Mais elle considère les intérêts comme étant en totalité des revenus, malgré la perte de pouvoir d'achat des créances qu'ils rémunèrent.

Se référer à la définition de Hicks clarifie les idées. Une interprétation littérale conduirait à considérer comme revenus toutes les plus-values monétaires – dès lors qu'elles sont anticipées – sur les stocks et les équipements des entreprises, sur les immeubles des ménages, etc. Mais la personne qui consommerait la totalité de son revenu, ainsi défini, s'attendrait à ce que sa richesse soit constante en valeur nominale seulement, donc à ce que son pouvoir d'achat décroisse. L'esprit de la définition de Hicks, sinon sa lettre, veut que, afin d'être « aussi riche à la fin de la période qu'au début », la personne en question déduise de ses ressources ce qui est nécessaire pour maintenir la valeur réelle de sa richesse, donc que la réévaluation de ses actifs physiques n'intervienne pas dans le calcul de son revenu si elle est anticipée au rythme de l'inflation, et qu'au contraire une déduction soit pratiquée sur les revenus nominaux des actifs financiers et affectée au maintien du pouvoir d'achat de ces actifs.

C'est d'ailleurs pour suivre cette seconde interprétation de la définition de Hicks que certains comptables nationaux ont eux-mêmes cherché à établir une comptabilité des « transferts dus à l'inflation », ou même une « comptabilité de l'inflation » [18]. Les macroéconomistes, quant à eux, disposant des données couramment établies, ont souvent intérêt à leur apporter des correctifs en vue d'obtenir des évaluations qui se rapprochent de ce à quoi conduirait une comptabilité corrigée des effets de l'inflation. Les grandeurs deviennent ainsi plus adéquates aux concepts qu'elles prétendent mesurer [19].

18. Voir notamment la mesure des transferts dus à l'inflation en France dans « Les moyens et les conséquences de la désinflation au cours du VIIIe Plan » annexe F du *Rapport de la Commission du Financement du VIIIe Plan,* Commissariat général du Plan, Paris, 1981. Voir aussi G. Jump, « Interest rates, inflation expectations and spurious elements in measured real income and saving », *American Economic Review,* December 1980. Sur les alternatives qui pourraient permettre de réduire la distorsion des mesures en cas d'inflation, voir J. Hibbert, « Measuring the effects of inflation on income, saving and wealth », OCDE, Paris, 1983.

19. Par exemple, j'ai été amené à définir une mesure corrigée du

Volumes et valeurs

Sources essentielles de données pour la macroéconomie, les comptabilités des opérations et des patrimoines portent d'abord sur des valeurs. Mais l'économiste est souvent intéressé par les prix et les quantités au moins autant que par les valeurs. C'est pourquoi les statistiques et les comptes nationaux régulièrement établis donnent aussi une information importante sur les niveaux et les évolutions des prix et des quantités. A l'intention des macroéconomistes cette information est synthétique, bien qu'elle porte sur des ensembles plus ou moins vastes et procède donc à des agrégations plus ou moins poussées.

L'information sur les prix se présente habituellement sous la forme d'indices mesurant, pour tel ensemble de biens et de services, le rapport entre le niveau moyen des prix à deux périodes différentes, par exemple une année donnée et l'année précédente, ou cette même année et l'année de base (1980 aujourd'hui le plus souvent). L'information sur les quantités se présente tantôt elle aussi sous la forme d'indices sans dimension, tantôt sous celle de « volumes » exprimés en unité monétaire. Par définition un volume évalue un ensemble de quantités à l'aide de prix fixés à l'avance. Si q_1, q_2 ... q_k ... q_n sont des quantités de n biens élémentaires, et si p_1^0, p_2^0 ... p_k^0 ... p_n^0 sont les prix retenus, ceux de l'année de base pour fixer les idées, le volume correspondant Q est :

$$(4) \qquad Q = \sum_{k=1}^{n} p_k^0 q_k$$

On parle ainsi du volume de la consommation des ménages valant en 1990 tant de francs aux prix de 1980. Notons que p_k^0 intervient comme un simple coefficient de conversion fixe de l'unité de quantité usuelle du bien k en une nouvelle

---

taux net de profit pour examiner l'évolution de la profitabilité des entreprises françaises ; voir E. Malinvaud, *Essais sur la théorie du chômage*, Calmann-Lévy, Paris, 1983, troisième partie, chapitre v.

unité, le franc. De ce fait, les volumes ont la dimension des quantités (V/P dans notre représentation symbolique).

Il ne s'agit pas de discuter ici toute l'activité statistique et comptable qui conduit à la détermination de ces indices et volumes. On sait qu'elle peut appliquer diverses formules de calcul, notamment pour les indices, celles dites de Laspeyres et de Paasche étant les plus connues et les plus utilisées. On sait qu'elle est amenée à fixer des conventions afin de préciser complètement la définition des mesures établies. On sait que finalement le choix de ces formules et conventions importe le plus souvent beaucoup moins pour le résultat que la qualité des observations primaires à partir desquelles valeurs, volumes et indices ont été calculés. Il arrive certes que le macroéconomiste ait à préférer pour telle application un jeu particulier de formules et de conventions ; cela fait partie de son métier, mais ne soulève pas de problème de principe qu'il y aurait lieu d'étudier ici.

Il convient cependant d'attirer l'attention sur une convention mettant en jeu un choix conceptuel dont l'incidence pratique est grande pour certaines applications relatives à la croissance économique. Elle concerne le volume du capital productif. On peut admettre que, au niveau microéconomique, les quantités q_k des divers biens entrant dans la composition de ce capital sont définies sans ambiguïté, étant entendu qu'il faut alors employer une nomenclature fine, tenant compte des très nombreuses spécifications qui peuvent avoir à intervenir, et qu'il faut aussi repérer le degré d'usure des équipements anciens. Le problème réside alors dans l'observation des prix p_k^0 de biens aussi divers, ou plutôt dans le choix de règles pour la détermination, souvent indirecte par nécessité, de ces prix.

Le progrès technique soulève le point le plus délicat, car il se traduit par l'apparition d'équipements plus performants que ceux existant précédemment. Le prix p_k^0 pour 1980 d'un équipement nouveau figurant dans le capital productif de 1990 mais n'ayant pas existé en 1980, doit être inféré à partir de l'ensemble des prix des biens vendus en 1980. Deux principes simples sont alors concevables, consistant à répondre à l'une ou à l'autre des deux questions suivantes : combien cet équipement aurait-il coûté à produire en 1980 s'il avait alors existé, tout le reste du système des prix de l'époque étant inchangé ? A quel prix cet équipement aurait-il pu être vendu, compte tenu de ses performances par rapport aux équipements produits alors ? Du fait du progrès technique la seconde question conduit à retenir un prix systématiquement plus élevé que celui répondant à la première.

Les comptables nationaux ont choisi de se référer à la première question, donc au coût de production ; mais certains économistes ont prétendu que la seconde répondait mieux aux principes généraux de la théorie des prix et devait donc être retenue [20]. En réalité la théorie des prix ne renseigne pas vraiment puisqu'elle explique que les prix se rattachent autant aux coûts marginaux qu'aux utilités marginales ; si les équipements nouveaux avaient existé en 1980, tout le système des prix eût été différent. Mais dévier de l'usage le plus courant et retenir le second principe de détermination des prix de base conduit à un volume K du capital qui croît plus vite. Le volume de la production croît plus vite lui aussi ; mais la différence est bien moindre. La productivité globale des facteurs croît plus rapidement dans la production des biens d'équipement, mais moins rapidement dans les autres branches et pour l'ensemble de l'économie. Savoir selon quel principe le volume du capital a été évalué importe donc pour l'interprétation de certains résultats.

Dans la théorie économique la distinction entre valeurs, prix et volumes a créé des difficultés et des confusions d'un tout autre ordre, dont il faut maintenant parler. Mais cela exige qu'on ait bien présent à l'esprit le type de propriétés que la théorie macroéconomique étudie. Il faut donc faire une brève incidence sur la méthode adoptée.

On s'intéresse le plus souvent en macroéconomie à la direction et à l'importance d'effets qui interviennent dans un phénomène plus ou moins étroitement circonscrit, par exemple l'effet d'une hausse du taux d'intérêt sur l'épargne des ménages, les autres déterminants de leur comportement restant inchangés, ou encore l'effet final d'une baisse du

20. Voir la discussion à ce sujet par E.F. Denison, Z. Griliches et D.W. Jorgenson dans « The Measurement of Productivity », *Survey of Current Business*, May 1972, vol. 52, special issue.

taux de change d'un pays sur l'emploi dans ce pays, compte tenu de toutes les adaptations macroéconomiques induites. On fait alors appel à un modèle qui représente le phénomène, c'est-à-dire qui exprime la détermination d'une ou plusieurs grandeurs, dites endogènes, à partir d'une ou plusieurs autres, dites exogènes, par exemple un modèle représentant le comportement d'épargne des ménages ou un modèle économétrique de l'ensemble de l'économie du pays. A l'aide de ce modèle on étudie comment telle variable endogène, l'épargne des ménages ou l'emploi dans le pays, réagit aux variations de telle variable exogène, le taux d'intérêt ou le taux de change. Les économistes parlent souvent d'*« effets variantiels »* pour caractériser de telles réactions. Ils ont aussi pris l'habitude de dire qu'ils procèdent alors à des études de *« statique comparée »*, le terme statique faisant lui-même écho au terme « équilibre » employé pour désigner un état conforme au modèle, un usage dont la raison d'être apparaîtra dans le chapitre 5.

Formellement on peut dire que le modèle exprime la variable endogène y comme une fonction d'un nombre n de variables exogènes [21] x_i $(i = 1, 2 \dots n)$:

$$(5) \qquad y = f(x_1, x_2 \dots x_n)$$

Pour connaître l'effet des variations, habituellement petites, dx_i de la variable exogène particulière x_i, il suffit de se référer à la dérivée partielle $\delta f/\delta x_i$ de la fonction f par rapport à x_i, tout au moins si la fonction est dérivable, ce que je suppose. Donner le signe ou la valeur de cette dérivée partielle, c'est fournir une relation de statique comparée.

A ce niveau de formalisme, il faut déjà faire une remarque, parfois ignorée des économistes : la dérivée partielle n'est bien définie que pour autant que la liste complète des

21. Dans la pratique les modèles mathématiques utilisés en macroéconomie apparaissent le plus souvent sous une forme différente de celle de l'équation (5). Ils contiennent habituellement plusieurs variables endogènes y_j $(j = 1, 2 \dots m)$. Surtout, ils ne sont pas résolus pour donner directement les valeurs de la ou des variables endogènes en fonction des valeurs des variables exogènes. Le système des m équations représentant la détermination des variables endogènes a ainsi une forme moins simple que la juxtaposition de m équations comparables à (5). Nous y reviendrons, mais cela n'affecte pas la nature des relations dites de « statique comparée ».

variables exogènes l'est. Ainsi $\delta f/\delta x_i$ n'est pas égale à $\delta g/\delta x_i$ si l'équation (5) est remplacée par l'équation équivalente :

(6) $y = g\,(x_1', x_2 \ldots x_n)$

dans laquelle toutes les variables exogènes restent les mêmes sauf la première x_1 qui est remplacée par x_1' définie comme le rapport entre x_1 et x_i (i = 1). Pour se donner une relation de statique comparée, il ne suffit pas de préciser qu'elle concerne l'effet de telle variable x_i sur telle autre y ; il faut encore indiquer quelles autres variables exogènes sont supposées rester constantes, notamment ici est-ce x_1 ou x_1' ?

En macroéconomie, la considération de relations d'équilibre telles que l'équation (5) soulève des problèmes de divers ordres. En particulier nous aurons à considérer les questions d'agrégation, puisque les différentes variables considérées, notamment les variables exogènes, sont presque toujours des grandeurs macroéconomiques. Le choix de la formule et des conventions de mesure pour tel indice ou tel volume x_i peut donc affecter la validité de la relation étudiée.

Les confusions créées par la définition des grandeurs pertinentes ont particulièrement touché la théorie du capital. La question de savoir si une baisse du taux d'intérêt réel devait provoquer une augmentation de l'intensité capitalistique a été beaucoup débattue. La formulation même de la question n'était pas toujours précise et les économistes n'en avaient pas tous la même interprétation, ce qui occasionna bien des malentendus. Ainsi on a pu penser mesurer l'intensité capitalistique par le rapport de deux *valeurs,* celles du capital et de la production. Mais ce n'est pas la mesure appropriée si l'on attribue la propriété en discussion à la substitution du capital au travail dans les divers processus de production, une substitution qui accroît effectivement la *quantité* de capital par unité produite, tout au moins dans la plupart des cas. Ce qui est vrai pour les quantités ou les volumes ne l'est pas nécessairement pour les valeurs. En effet la baisse du taux d'intérêt réel induit des changements dans les prix relatifs, notamment dans le prix relatif de certains biens entrant dans la composition du capital : biens dont la production exige elle-même relativement peu ou beaucoup de capital, équipements anciens, cheptel, forêts, etc. La conjecture soumise à examen implique que l'attention se porte sur une mesure de l'intensité capitalistique définie indépendamment des variations des prix relatifs, par exemple le rapport entre deux volumes, ceux du capital et du travail utilisés (les prix p_k^0 intervenant dans la définition des volumes étant maintenus fixes).

J'ai eu récemment l'occasion de constater une confusion du même ordre à propos d'une éventuelle relation entre le volume du capital choisi par une entreprise et l'indicateur q de sa profitabilité [22]. Cet indicateur a été défini par J. Tobin comme le rapport entre la valeur actualisée des revenus futurs et le coût de remplacement du capital. La conjecture envisagée concerne l'effet d'une variation dans le système des *prix* et coûts unitaires ; mais l'indicateur q de Tobin est un rapport de *valeurs.* Il faut alors utiliser un indicateur dérivé mesurant l'impact qu'ont sur q les variations de prix et coûts unitaires, les quantités intervenant au numérateur et au dénominateur de q étant maintenues fixes pour le calcul de l'indicateur.

Une architecture cadre

Les bases conceptuelles de la macroéconomie ne se réfèrent pas seulement aux grandeurs qu'elle fait intervenir mais aussi à ses représentations de l'architecture du système économique. Cet autre aspect de la conceptualisation fait l'objet de cette seconde moitié du chapitre.

Il faut d'abord porter notre attention sur une architecture minimale, retenue de façon quasiment systématique, et fournissant un cadre souvent enrichi ou davantage structuré dans les théories ou les modélisations économétriques particulières. Cette architecture cadre est aujourd'hui familière grâce à la diffusion des concepts de la comptabilité nationale ; mais elle était déjà présente, quoique de façon moins explicite, dans les théories macroéconomiques d'au-

22. E. Malinvaud, « Capital productif, incertitudes et profitabilité », *Annales d'économie et de statistique,* n° 5, 1987.

trefois et l'on n'a aucune peine à la reconnaître dans les théories microéconomiques de l'équilibre général, quoique, le plus souvent, les opérations financières et les transferts n'y figurent pas. Bien que le choix du cadre en question apparaisse ainsi peu discutable, on doit avoir conscience de sa structure et ne pas ignorer au moins un problème particulier qu'il pose [23].

Ce cadre identifie deux catégories d'entités figurant dans les patrimoines : les biens et les actifs incorporels. La seconde est elle-même souvent subdivisée : la *monnaie* constituée des actifs liquides servant normalement aux paiements, les *titres* rapportant intérêt et les *droits* constitués principalement d'actions et autres droits de propriété sur les entreprises. Ces entités peuvent faire l'objet d'opérations d'échange. Mais dans la comptabilité des flux d'autres s'y ajoutent : d'une part les services à côté des biens, les services du travail et leur rémunération étant habituellement isolés, d'autre part les opérations de transfert comprenant les autres revenus distribués, les impôts et prélèvements divers.

Les personnes physiques et morales interviennent comme détenteurs d'actifs ou participants à des opérations ; c'est pourquoi on utilise à leur propos le terme d'« agents ». Cependant, pour représenter leur activité et leurs comportements, en distinguant au mieux les rôles et les finalités, on ne considère pas exactement ces personnes mais plutôt les unités de décision entre lesquelles elles partagent éventuellement leurs journées ; ces unités constituent les véritables agents. On les répartit en trois ou quatre catégories : les ménages, dont la finalité est la satisfaction des besoins individuels ou familiaux des personnes physiques, principalement grâce à la consommation ; les entreprises, dont la finalité est caractérisée tantôt comme la production tantôt comme la recherche du profit ; les administrations qui ont en charge l'organisation collective et la fourniture des services publics ; enfin, dans certains cas, quand l'attention se porte sur leurs opérations, les institutions financières qui, sinon, sont regroupées avec les administrations.

23. Pour une présentation plus détaillée, voir par exemple E. Malinvaud, *Théorie macroéconomique*, Dunod, Paris, 1981, chapitre 1.

La plupart des opérations intéressent deux agents simultanément : un échange a un vendeur et un acheteur, l'impôt payé par un ménage est reçu par une administration, etc. Il y a donc une cohérence d'ensemble à respecter dans tout système de représentation des opérations d'une période donnée. La solution qui prévaut aujourd'hui consiste à faire apparaître cette cohérence dans un *tableau économique d'ensemble* où les lignes repèrent les diverses catégories d'opérations et les colonnes les diverses catégories d'agents. Plus exactement, chaque agent entre dans deux colonnes, l'une retraçant les opérations qui lui apportent des ressources, l'autre les opérations par lesquelles il emploie ses ressources. Le tableau 1 donne un exemple d'une telle représentation dans un modèle agrégé d'économie fermée [24] où tous les revenus sont assimilés aux transferts et où les droits ne s'échangent pas entre agents.

Tableau 1

Tableau économique d'ensemble des opérations

	Emplois			**Ressources**		
	Entreprises	**Ménages**	**Administrations**	**Entreprises**	**Ménages**	**Administrations**
Biens et services	I	C	G	pQ		
Transferts	S				R	T
Monnaie	$\dot{M}_1$	$\dot{M}_2$				$\dot{M}$
Titres		EB		EB_1		EB_3

Le tableau enregistre des valeurs. Le symbole pQ désigne la production des entreprises comme produit d'un indice de prix p par un volume Q. Les opérations sur biens et services traduisent le fait que la production est employée à l'inves-

24. Dans la réalité il faut évidemment tenir compte des opérations économiques avec l'extérieur. Le tableau doit alors comporter deux colonnes enregistrant ces opérations. Cela ne soulève pas de problème de principe et n'affecte pas fondamentalement la structure logique du système.

tissement I des entreprises, à la consommation C des ménages et à celle G des administrations. Pour les autres opérations, seuls figurent pour chaque agent les soldes de tous les flux qui l'intéressent. Ainsi les revenus et transferts S versés par les entreprises vont aux ménages (R) et aux administrations (T). La création de monnaie $\dot{M}$ par les administrations accroît les encaisses des entreprises ($\dot{M}_1$) et des ménages ($\dot{M}_2$). Les émissions nettes de titres par les entreprises (EB_1) et les administrations (EB_3) se retrouvent en accroissement des portefeuilles des ménages (EB). Outre l'équilibre de chaque ligne, la cohérence des opérations suppose encore que chaque agent respecte sa *contrainte de budget*, c'est-à-dire que le total de ses emplois (colonne de gauche) soit égal au total de ses ressources (colonne de droite).

Bien qu'elle soit moins habituelle, une représentation analogue est souvent opportune pour les patrimoines, faisant apparaître notamment que les créances des uns sont les dettes des autres. Le tableau 2 en donne un exemple pour une économie dans laquelle tous les actifs physiques sont supposés détenus par les entreprises. Le tableau se réfère évidemment à une date donnée et non plus à une période donnée. Les exigences de cohérence sont moins fortes que pour les opérations. Elles imposent que la masse monétaire M créée par les administrations soit égale à la somme des

Tableau 2

Tableau d'ensemble des patrimoines

	Emplois			**Ressources**		
	Entreprises	**Ménages**	**Administrations**	**Entreprises**	**Ménages**	**Administrations**
Biens	pK					
Monnaie	M_1	M_2				M
Titres		B		B_1		B_3
Droits		F_2	F_3			
Actifs nets				A_1	A_2	A_3

encaisses détenues par les entreprises (M_1) et les ménages (M_2) ; que, de même, les titres détenus par les ménages (B) se retrouvent au passif soit des entreprises (B_1) soit des administrations (B_3), donc :

(7) $M = M_1 + M_2 \qquad B = B_1 + B_3$

L'actif net A_i de l'agent i est défini par l'équilibre entre les deux colonnes relatives à cet agent : l'actif net A_1 des entreprises est égal à l'excès de leur capital physique (pK) et de leur encaisse (M_1) sur la valeur des titres qu'elles ont émis (B_1). Cet actif net correspond en principe à la valeur des droits de propriété des ménages (F_2) et des administrations (F_3) sur ces entreprises, suivant qu'elles sont privées ou publiques :

(8) $A_1 = pK + M_1 - B_1 = F_2 + F_3$

Les actifs nets des ménages et des administrations (y compris les institutions financières) sont définis de même par :

(9) $A_2 = M_2 + B + F_2 \qquad A_3 = F_3 - M - B_3$

Les égalités (7), (8) et (9) entraînent d'ailleurs :

(10) $A_2 + A_3 = pK$

égalité dont l'interprétation est aisée : le patrimoine de l'économie en question est égal à son capital physique ; il est l'objet d'une propriété soit individuelle (A_2) soit collective (A_3). Il faut enfin noter que l'actif net A_3 des administrations est souvent négatif : c'est alors l'opposé algébrique de la créance que l'ensemble des ménages détient sur les administrations, disons « *moins* la dette publique » pour faire court.

Conçu comme architecture cadre, le système dont les éléments viennent d'être rappelés ne semble pas soulever de grand problème de principe, même si l'on pressent la nécessité de lui adjoindre d'assez nombreuses conventions pour y ranger sans ambiguïté patrimoines, opérations et agents. Il implique cependant de façon naturelle une hypothèse qui mérite examen, celle de l'autonomie de chaque catégorie d'agent. Adoptant ce cadre, théories et modèles stipulent des lois de comportement pour les entreprises, les ménages ou les administrations, lois censées représenter comment ceux-ci prennent leurs décisions, à l'intérieur de contraintes certes, mais avec une entière autonomie dans la poursuite de leurs objectifs. N'y a-t-il pas là une hypothèse discutable ?

Je n'entends pas discuter pour le moment la validité de la pratique, usuelle en macroéconomie, consistant à inférer directement de l'agent individuel à la catégorie d'agents, à faire par exemple comme si c'était un seul agent, l'ensemble des ménages, qui choisissait le volume de la consommation des ménages et non pas chaque ménage qui décidait de sa propre consommation. L'étude de cette pratique des théoriciens de la macroéconomie pose effectivement des problèmes que nous traiterons dans le chapitre 6 consacré à l'agrégation. Ce qui importe ici est différent ; il s'agit de savoir si entreprises et administrations peuvent être vraiment traitées comme des entités décisionnelles autonomes par rapport aux ménages.

Dans les faits, il faut le reconnaître, les entreprises ne sont pas indépendantes de leurs propriétaires ; la chose est nette pour les entreprises individuelles, surtout pour les plus petites dans lesquelles la vie du ménage est parfois mêlée à celle de l'exploitation. Les grandes sociétés anonymes ou entreprises publiques constituent des cas plus ambigus, le contrôle des propriétaires y étant souvent lointain mais se faisant parfois sentir. De même l'État et les autres collectivités publiques, constituant la catégorie des administrations, n'ont pas une pleine autonomie de décision, puisqu'ils doivent tenir compte du choix des électeurs [25]. C'est donc une simplification que de retenir l'hypothèse d'autonomie.

On ne peut pas juger des erreurs auxquelles cette hypothèse pourrait conduire sans prendre en compte la nature

25. Certains économistes ont beaucoup insisté récemment sur l'impuissance qu'auraient selon eux les gouvernements à influencer la conjoncture économique par leur politique budgétaire : les réactions des agents économiques, bien informés et anticipant les contreparties ultérieures des mesures prises, annuleraient les effets de ces mesures. Il faut bien comprendre qu'il ne s'agit pas alors d'un argument à l'encontre de l'hypothèse d'autonomie. La propriété en cause, d'ailleurs fort discutable à mon avis, peut parfaitement s'étudier à partir de cette hypothèse avec laquelle elle est compatible.

des problèmes macroéconomiques considérés et celle des autres hypothèses spécifiant les modèles. La question devient ainsi fort complexe. On ne peut pas y répondre sans avoir recours à une, ou même plusieurs analyses théoriques. Les remarques qui suivent ne prétendent donner que quelques éléments de réflexion.

Dans sa formulation moderne, l'hypothèse de concurrence parfaite rend celle d'autonomie des entreprises inoffensive ; en d'autres termes, si le système économique se conformait à la concurrence parfaite sauf sur un point, l'absence éventuelle d'autonomie des entreprises, il fonctionnerait néanmoins comme en concurrence parfaite (les administrations n'ont pas de place dans le modèle habituel de la concurrence parfaite). La raison de cette propriété est simple : si les hypothèses de la concurrence parfaite s'appliquent, c'est-à-dire si aucun agent n'a conscience d'influencer les prix des biens et si les mêmes prix s'appliquent à tous les agents, tout propriétaire d'une entreprise a intérêt à ce qu'elle maximise son profit, donc qu'elle suive précisément le comportement que la théorie concurrentielle lui attribue [26]. Bien entendu cette théorie est très restrictive ; elle suppose notamment que des prix, qui équilibrent offre et demande, existent dès maintenant non seulement pour tous les produits mais aussi pour ces produits à toutes les dates futures et dans toutes les éventualités envisageables d'aléas exogènes.

Une littérature abondante et d'accès difficile a paru ces dernières années sur les extensions possibles de cette propriété intéressante mais établie dans un modèle trop particulier [27]. Elle s'attache essentiellement au cas des grandes entreprises par actions dont les propriétaires sont multiples, le problème consistant notamment à savoir sous quelles

26. Si au contraire l'entreprise fixe le prix de son produit face à une demande imparfaitement élastique, le propriétaire de l'entreprise peut avoir intérêt à ce qu'elle ne retienne pas le prix qui maximiserait le profit ; c'est notamment le cas du propriétaire consommateur d'un bien dont le coût est influencé par le prix du produit.

27. Une introduction à cette littérature est donnée dans le chapitre 11, section 11 de E. Malinvaud, *Leçons de théorie microéconomique,* quatrième édition, Paris, Dunod 1982. On peut encore se reporter à M. Makowski, « Competition and unanimity revisited », *American Economic Review,* juin 1983.

conditions les actionnaires seraient unanimes dans le choix des décisions à prendre par l'entreprise ; l'existence d'un marché financier des actions est admise ; en revanche, il n'existe pas de marchés contingents sur les biens, donc pas de marché où s'échangerait le droit de recevoir tel bien si tel aléa se réalisait et seulement dans ce cas. Les résultats montrent que l'unanimité suppose des conditions encore très restrictives ; en général les attitudes des actionnaires, plus ou moins portés à accepter certains risques, se reflètent dans le choix des décisions qu'ils voudraient voir prises par l'entreprise. Il y a donc un problème, sur lequel nous reviendrons dans le chapitre suivant.

A l'autre extrême on peut considérer le cas d'une entreprise individuelle, le ménage du chef d'entreprise se fournissant en biens de consommation sur un marché concurrentiel sans risque, mais son entreprise ayant à prendre à l'avance des décisions dont les conséquences sont exposées à des aléas. Dans l'étude de ce cas on peut faire l'hypothèse d'une parfaite rationalité, les décisions de l'entreprise étant prises en pleine conscience de leurs répercussions aléatoires sur l'utilité que le ménage tirera de sa consommation ; on peut encore admettre, ne serait-ce qu'à titre de simplification, que le comportement du ménage vis-à-vis du risque est bien représenté par la maximisation de l'espérance mathématique de son utilité. Sous ces conditions, il est assez aisé de trouver la représentation adéquate du comportement de l'entreprise : ce n'est pas la maximisation de l'espérance mathématique du profit, mais la maximisation de l'espérance d'une fonction de ce profit. (Pour ceux qui connaissent bien la théorie du consommateur, je précise que cette fonction s'appelle fonction d'utilité indirecte du ménage [28] ; elle dépend du revenu, égal dans ce cas au profit de l'entreprise, et des prix des biens de consommation, ceux-ci pouvant d'ailleurs être encore aléatoires au moment où l'entreprise doit prendre des décisions.) Le résultat apparaît bien naturel quand on l'exprime en disant que le comportement de l'entreprise vis-à-vis des aléas auxquels elle est exposée doit traduire l'aver-

28. Voir par exemple A. Nataf, *Théorie des choix et fonctions de demande*, Monographies du Centre d'économétrie, CNRS, Paris, 1964. (La fonction d'utilité indirecte est la fonction V des pages 31 à 34.)

sion plus ou moins forte du ménage pour le risque. Supposer, avec l'hypothèse d'autonomie, une certaine aversion pour le risque de la part des entreprises conduit donc dans ce cas à une approximation admissible, bien que l'intensité de cette aversion soit difficile à connaître a priori.

L'autonomie de décision des administrations pourrait de même être examinée par référence à la théorie microéconomique. Mais cela semble beaucoup moins utile. Cette théorie s'est attachée à étudier comment devaient être ou étaient prises les décisions concernant la production et le financement des biens ou services publics : quels services fournir ? Comment en répartir le coût entre les citoyens ? Or les modèles macroéconomiques ne font pas intervenir de lois de comportement qui représenteraient de telles décisions. En fait, la réflexion macroéconomique suppose le plus souvent que la politique des administrations est exogène, c'est-à-dire qu'elle peut être choisie à volonté à l'intérieur de contraintes plus ou moins strictes. Des lois de comportement des administrations interviennent rarement et elles portent alors sur des questions peu étudiées par la théorie microéconomique, par exemple la répartition du financement du déficit public entre le recours à l'emprunt et l'émission de monnaie.

Mieux structurer

La structure minimum retenue dans le cadre conceptuel général de la macroéconomie apparaît fréquemment insuffisante pour l'étude abstraite ou empirique de telle question particulière, ou même pour la construction d'une théorie s'appliquant bien à tout un ensemble de questions. Des structures plus complexes sont alors introduites. Elles peuvent supposer d'une part une subdivision systématique de certaines catégories d'agents ou d'opérations, d'autre part des contraintes particulières à l'intérieur du cadre ainsi structuré (tels agents ne détiennent pas tels actifs ou ne se livrent pas à telles opérations ; la valeur de telle opération particulière est proportionnelle à celle de telle autre, etc.).

Cette structuration plus poussée, qui résulte d'un besoin de conceptualisation spécifique, peut faire diverger théorie et application. Ce ne sont pas alors les mêmes subdivisions ou les mêmes contraintes qui apparaissent adéquates d'un côté aux théoriciens, de l'autre aux spécialistes d'un domaine particulier de l'économie appliquée. On a déjà vu les raisons qui poussaient les théoriciens à distinguer le chômage frictionnel du chômage de déséquilibre et celles qui expliquaient pourquoi les statisticiens ne faisaient pas la distinction. Bien des cas analogues apparaissent ailleurs en macroéconomie, avec une divergence qui peut être plus ou moins marquée. Telle distinction dont l'économètre croit avoir besoin, pour articuler correctement ses informations statistiques, apparaît secondaire au théoricien considérant qu'elle n'affecte pas la nature des dépendances les plus importantes. Telle contrainte est introduite par le théoricien soucieux d'étudier les conséquences d'une caractéristique existant bien dans la réalité mais de façon moins rigoureuse ; l'économètre, moins libre de schématiser, se refuse à forcer les données pour leur imposer de satisfaire cette contrainte.

Ce type de divergence alerte sur une véritable difficulté, résultant de l'ambivalence des phénomènes économiques, à la fois complexes et simples, comme on l'a rappelé au début de ce chapitre : complexes si on les regarde de près, simples si on prend du recul, mais pas toujours de la même façon suivant l'angle de vue. Une parfaite harmonie entre tous les modèles théoriques et appliqués serait plus commode. Mais l'imposer serait maladroit si cela devait appauvrir la compréhension théorique ou la connaissance factuelle. C'est donc sans dogmatisme qu'il faut s'interroger sur ce qui est admissible comme simplification dans la structure des systèmes étudiés par théoriciens ou économètres.

Le besoin de mieux structurer a surtout été ressenti pour le secteur des entreprises. S'agissant des ménages, le souci de connaître et d'expliquer les inégalités sociales, voire les disparités de consommation, constitue la raison principale pour distinguer entre catégories sociales ou grands groupes dotés de niveaux différents de revenu. La macroéconomie appliquée procède souvent à de telles distinctions ; mais elle ne le fait que très rarement dans la structure même des modèles portant sur l'ensemble de l'économie ; elle se contente habituellement de dériver les conséquences qu'ont, pour les diverses catégories sociales ou tranches de revenu, les évolutions macroéconomiques déterminées par ailleurs. S'il en est ainsi c'est pour partie à cause de la lourdeur d'un modèle qui représenterait l'ensemble de l'économie et subdiviserait systématiquement le secteur des ménages ; c'est en partie aussi à cause de la richesse des informations statistiques nécessaires pour alimenter un tel modèle ; mais c'est sans doute surtout parce qu'il semble y avoir peu de différences dans les pays modernes, entre les lois régissant les comportements économiques des diverses catégories sociales en fonction de leurs revenus, des prix et des autres grandeurs pertinentes.

Cependant toute une tradition dans la théorie économique distingue les capitalistes des travailleurs et leur attribue des comportements d'épargne différents. Les capitalistes, ne travaillant pas et ne recevant donc pas de salaire, épargneraient une part beaucoup plus importante de leur revenu (les théoriciens ont même souvent supposé que les travailleurs n'épargneraient pas du tout). Cette tradition a conduit à établir simplement des propriétés douées de signification, comme celles montrant l'effet dépressif d'une hausse exogène des profits au détriment des salaires ou l'effet favorable aux travailleurs d'une hausse exogène du taux d'épargne des capitalistes.

Cette structuration du secteur des ménages n'a pas été transposée des modèles théoriques à ceux de l'économie appliquée ; elle ne peut sans doute pas l'être, car les capitalistes purs sont très peu nombreux dans la réalité ; une grande partie de l'épargne des ménages est au contraire le fait de salariés se situant dans la partie supérieure de l'échelle des salaires. Les modèles théoriques en cause ne doivent cependant pas être rejetés sur la seule base de leur absence de réalisme. Le problème consiste à savoir si ce manque de réalisme, qui leur donne effectivement un aspect caricatural, va jusqu'à remettre en cause leur hypothèse fondamentale : les ménages recevant les profits des entreprises épargnent-ils une part plus élevée de leurs revenus que ne le font les autres ménages ? Comme la réponse affirmative semble bien établie, les conséquences que les modèles théoriques visés en tirent doivent s'appliquer, à moins que certains autres aspects de la réalité, négligés par eux, jouent en sens inverse.

Une certaine structuration du secteur des entreprises s'effectue fréquemment. Dans l'économie appliquée on est amené à distinguer diverses branches dès lors que les caractéristiques des techniques de production importent. D'ailleurs, la comptabilité nationale présente systématiquement une décomposition par branches des opérations sur biens et services, et même occasionnellement un tableau entrées-sorties fournissant le détail des consommations intermédiaires à l'intérieur du système productif. Les modèles d'échanges interindustriels, dits encore « modèles de Leontief », ajoutent à cette décomposition l'hypothèse que le volume X_{ij} de produit i consommé dans la branche j produisant le produit j est proportionnel à la production x_j de cette branche :

(11) $$X_{ij} = a_{ij} x_j$$

Souvent ils font l'hypothèse supplémentaire de proportionnalité du prix de chaque produit à son coût de production. On sait que ces modèles permettent de calculer comment varient, par exemple, les besoins en matières premières importées en fonction de la demande finale des divers biens, ou encore les prix des divers produits en fonction du cours du change [29].

A regarder de près ces modèles on voit que le systématisme et la simplicité de leurs hypothèses s'accordent mal avec les modes de fonctionnement de certaines branches et les possibilités d'y substituer telle matière à telle autre ou une source d'énergie à une autre. Néanmoins ce n'est pas considéré comme suffisant pour invalider ces modèles en tant qu'instruments d'économie appliquée. Ils paraissent fournir une approximation suffisante, qu'on peut d'ailleurs améliorer en introduisant dans les résultats des correctifs forfaitaires. C'est d'ailleurs pour atteindre la meilleure approximation que sont adoptées certaines conventions relatives, par exemple, au volume des services commerciaux ou des transports requis, ou encore aux importations de produits manufacturés. Ici aussi théories et conventions contribuent à la conceptualisation.

29. Voir par exemple E. Malinvaud, *Théorie macroéconomique*, Dunod, Paris, 1981, chapitre 3, section 1.

Les modèles à deux secteurs du système productif ont une longue histoire en théorie économique. Deux secteurs, cela permet d'introduire la diversité tout en limitant les difficultés du raisonnement et des calculs. Dans divers contextes les économistes ont naturellement eu recours à ce type de représentation pour étudier leurs problèmes.

Karl Marx distingua le secteur des biens de production de celui des biens de consommation : les premiers ne servaient qu'à la production et n'étaient donc pas demandés par les ménages, les seconds ne servaient qu'à la consommation finale et n'entraient donc pas comme input dans les opérations productives. L'hypothèse de proportionnalité entre input et output était par ailleurs retenue dans les deux secteurs, en sorte que ce modèle peut apparaître aujourd'hui comme un précurseur des modèles de Leontief. Il a permis à Marx d'étudier les conditions de la « reproduction élargie » ou les relations entre taux de profit et taux de « plus-value ».

Le développement de la théorie du capital depuis trente ans a conduit à considérer une structure voisine distinguant les « biens de capital » et les biens de consommation, mais faisant le plus souvent abstraction des consommations intermédiaires courantes internes au système productif et surtout supposant la substituabilité entre les deux facteurs de production, le travail et le capital. De plus, les biens de capital sont supposés s'user progressivement, à un taux de dépréciation fixe. Le modèle a notamment servi à l'étude de la stabilité du système des prix dans les économies concurrentielles où les prix réalisent seulement un « équilibre temporaire » dans chaque période (voir chapitres 5 et 7).

Pour l'étude des problèmes macroéconomiques posés aux petits pays largement ouverts sur l'extérieur, le cas le plus fréquent aujourd'hui, on a distingué un secteur exposé à la concurrence étrangère et un secteur abrité produisant uniquement pour le marché national sans y subir la concurrence d'aucune importation. Les prix des produits du secteur exposé sont donnés par le marché international tandis que la formation des prix du secteur abrité obéit à une autre logique : un taux de marge fixe par rapport au coût, ou encore une loi de l'offre et de la demande.

De même que la distinction entre travailleurs et capitalistes, les diverses schématisations réduisant la sphère productive à deux secteurs constituent des caricatures. Moins sans doute que les modélisations où la sphère productive est totalement agrégée, mais avec la prétention de tenir compte de la diversité, donc d'être adéquates au traitement de problèmes que les modèles à un secteur ne peuvent visiblement pas considérer.

Ces caricatures théoriques se sont toutefois révélées très efficaces pour le progrès de la réflexion. Leur intérêt principal a souvent été négatif, leur étude rigoureuse ayant montré que telle propriété, suggérée par l'intuition et vérifiée dans un modèle à un secteur, ne s'appliquait pas sans condition supplémentaire dès que l'on introduisait tel ou tel élément de complexité. La partie positive du résultat, à savoir la détermination de la ou des conditions supplémentaires requises, a une portée évidemment plus conjecturale et demande donc à être étudiée dans un cadre moins schématique. En somme, les modèles à deux secteurs correspondent à une étape intermédiaire de la conceptualisation théorique. Ils ont d'ailleurs bien joué ce rôle au cours des dernières décennies.

Choix des typologies

La représentation du système économique fait évidemment appel à des classifications et des regroupements. En introduire dans une théorie ne pose pas d'autre problème que celui de s'assurer de leur clarté et de leur pertinence. Quand ils poussent les distinctions au-delà de celles, très simples, envisagées dans la section précédente, les économistes théoriciens évitent d'ailleurs de typer les entités plus nombreuses que comportent leurs modèles : il y aura n biens de capital produits dans n secteurs distincts ; le pays commercera avec n autres pays ; on ne précisera pas davantage les spécificités des uns et des autres, si ce n'est par des paramètres que la théorie ne fixe pas. C'est donc uniquement pour l'information macroéconomique et pour les travaux d'économie appliquée que le choix des typologies fait question.

La diversité du monde réel étant considérable et les cas intermédiaires toujours nombreux, il n'y a évidemment pas de classification parfaite. Quel que soit le niveau de détail auquel on s'arrête, les unités appartenant à une même classe ne sont pas totalement identiques. A fortiori en est-il des représentations macroéconomiques qui, par nécessité, utilisent des classifications assez agrégées. On ne peut même pas parler de « classification optimale » qui, pour un nombre donné de classes, réduirait au minimum l'hétérogénéité à l'intérieur de chacune d'entre elles ; car il n'existe pas, sauf exception, de mesure qui s'impose pour caractériser par un nombre unique toutes les dimensions de cette hétérogénéité. Les nomenclatures réalisent donc des compromis, non seulement entre nombre de classes et hétérogénéité, mais aussi, le plus souvent, entre différentes dimensions de cette hétérogénéité.

Toute une branche de la statistique mathématique a pour objet la définition de procédures systématiques servant à la constitution de regroupements emboîtés qui minimisent ainsi à chaque étape l'hétérogénéité interne des groupes [30] : on dispose de données concernant un nombre plus ou moins grand de caractères observés sur chacune des unités considérées ; le problème consiste à repérer progressivement d'abord les unités puis les groupes d'unités qui se ressemblent le plus par l'ensemble de leurs caractères. Il ne sera pas davantage question ici de ces procédures de la statistique mathématique ; elles débordent clairement le sujet de cet ouvrage ; elles sont d'ailleurs peu employées en macroéconomie, et uniquement au stade des recherches préliminaires ; la constitution des classifications et nomenclatures y procède de façon essentiellement empirique. Il convient en revanche de s'interroger ici sur le choix des caractères.

Une classification efficace doit prendre en compte les similitudes qui importent et négliger les dissemblances secondaires. Tout le problème consiste à savoir ce qui importe et ce qui est secondaire. A cet égard le macroéconomiste doit prendre deux points de vue : disons, pour faire court, celui des utilisateurs de ses résultats et le sien propre.

30. Voir par exemple M. Volle, *Analyse des données,* 3e édition, Economica, Paris, 1985.

Une statistique macroéconomique, une projection, un jeu de variantes relatives à diverses hypothèses sur l'environnement ou la politique économique sont destinés à des utilisateurs ayant certains besoins d'information. C'est en fonction de ces besoins que la pertinence des caractères doit être jugée. La référence peut cependant apparaître vague : les utilisateurs sont nombreux et divers ; leurs besoins sont difficiles à hiérarchiser. Il faut d'ailleurs distinguer entre la construction des grandes nomenclatures et la présentation des principaux résultats statistiques, comme de ceux des enquêtes par sondage ou des études.

Les nomenclatures nationales et internationales portant sur les biens, les secteurs d'activité, les professions et qualifications, les actifs financiers, etc., sont déterminées dans le cadre d'une concertation institutionnalisée où sont représentés l'ensemble des utilisateurs ainsi que les fournisseurs des données. Elles présentent habituellement un grand degré de détail et des définitions soignées. Le choix des caractères qui président à leurs classifications est rarement explicité.

Mais les statistiques qui donnent lieu à une large diffusion sont évidemment peu nombreuses ; on les choisit parmi les plus agrégées. De même, les statistiques provenant de sondages plutôt que de recensements complets ne peuvent appliquer les nomenclatures dans leur intégralité, car la précision de leur représentativité n'est assurée, même approximativement, que pour les grandeurs portant sur des ensembles nombreux. Enfin les projections et études macroéconomiques ne peuvent pas trop descendre dans le détail, car les hypothèses retenues y perdraient leur fiabilité. Le problème réside alors dans la sélection des regroupements pour lesquels des résultats seront fournis.

Le macroéconomiste doit être conscient de ce problème, et s'interroger sur la valeur de la solution qu'il lui donne. Cependant on doit remarquer que, s'agissant de la connaissance des phénomènes macroéconomiques, les solutions retenues en pratique n'ont pas créé d'insatisfaction notable chez les utilisateurs, une fois que ceux-ci avaient admis l'impossibilité d'une information détaillée. Les cas auxquels on peut penser, par exemple le choix des catégories socioprofessionnelles ou celui des statistiques monétaires, sont instructifs quoiqu'un peu particuliers par rapport à la question que nous venons de considérer.

Certains sociologues ont bien fait valoir que les catégories socioprofessionnelles construites et utilisées par les statisticiens pouvaient dissimuler certaines dimensions importantes des oppositions sociales. Mais il ne s'agit plus vraiment de macroéconomie. D'ailleurs cet exemple révèle surtout que les sociologues doivent être associés, en tant qu'utilisateurs, à la définition des compromis que la nomenclature agrégée des catégories socioprofessionnelles retient.

Dans une nomenclature agrégée des actifs financiers on doit faire apparaître la distinction entre actifs monétaires et actifs non monétaires, car la quantité de monnaie, valeur totale de tous les actifs monétaires, est considérée comme un concept important autant pour l'information du public que pour la détermination et le contrôle de la politique économique. Or, on a beaucoup tâtonné, et on tâtonne encore, sur la définition précise de la distinction entre les deux catégories d'actifs. Le cas est cependant assez particulier au point où nous en sommes. D'une part, on pourrait dire qu'il s'agit d'un problème de définition conceptuelle plus que de classification : qu'entend-on vraiment par monnaie ? D'autre part, si l'on hésite sur le rattachement de tel actif à la monnaie, c'est en raison de considérations qui émanent plus des macroéconomistes eux-mêmes que des utilisateurs. Cet exemple nous amène ainsi à examiner pourquoi et comment le macroéconomiste porte un intérêt direct au choix des caractères sous-jacents aux classifications adoptées.

A supposer même que les utilisateurs s'intéressent uniquement aux résultats les plus agrégés, il conviendrait encore souvent de retenir des décompositions au moment où sont élaborés les modèles de l'économie appliquée. L'objectif est alors de réduire les erreurs d'agrégation. Les relations entre grandeurs globales constituant les modèles représentent en effet les contraintes ou les comportements qui lient les grandeurs détaillées correspondantes. Par sa simplicité la représentation est source d'erreurs qu'il faut chercher à éviter dans la mesure du possible, tout en veillant à ce que le modèle reste maniable.

On comprend bien que ce souci conduit à étudier de près

les effets de l'agrégation, une étude sur laquelle le chapitre 6 reviendra. Intuitivement on devine aussi la nature des critères à considérer pour définir les regroupements les plus efficaces. S'agissant des agents, c'est la similitude des destinées et celle des comportements : si deux ménages ont des revenus évoluant proportionnellement l'un à l'autre en toutes circonstances, on doit commettre peu d'erreurs quant à leur épargne globale si on les traite ensemble ; de même, si leurs propensions à épargner sont égales. S'agissant des biens, la substituabilité dans leurs divers usages fournit un critère naturel d'agrégation quand on étudie le comportement de ceux, entreprises ou ménages, qui les consomment. De même, deux actifs financiers doués d'une liquidité voisine et de rendements analogues n'ont pas à être distingués. De tels critères, suggérés par le bon sens, peuvent suffire dans des études traitant une partie seulement du système économique. Ils ne fournissent malheureusement qu'une référence assez incertaine pour la construction des modèles couvrant l'ensemble de l'économie, car l'agrégation doit alors nécessairement être très poussée.

Structures de marché

La représentation des structures du système économique doit aussi faire place aux conditions dans lesquelles opèrent les divers agents. A certains égards cette représentation ne pose pas de problèmes nouveaux ; par exemple, introduire la fiscalité dans les raisonnements macroéconomiques un peu élaborés suppose qu'on en simplifie les modalités réelles, mais cette exigence est la même en bien d'autres occasions. A d'autres égards, au contraire, cette représentation s'avère délicate pour des raisons assez spécifiques ; ainsi en serait-il si l'on s'interrogeait sur les intermédiaires par lesquels la « politique industrielle » opère dans divers pays.

Puisqu'il s'agit de comportements économiques, les conditions de marché, entendues dans un sens large, jouent un rôle crucial. Il faut donc les étudier de près.

Pour les acquéreurs de biens et services, l'hypothèse

usuelle stipule qu'ils peuvent s'approvisionner à volonté mais doivent accepter des prix sur lesquels ils n'ont aucune influence. Cette hypothèse fait rarement problème, les cas de rationnement ou de prix négociés par les acheteurs étant peu fréquents ou pouvant se traiter dans le cadre de l'hypothèse (par exemple si un rabais sur le prix affiché est coutumier, il suffit d'en tenir compte dans la définition du prix).

Le marché du travail constitue un cas à part, et pas seulement en raison de son importance. Les macroéconomistes lui accordent d'ailleurs maintenant une attention spéciale. L'hypothèse d'un marché concurrentiel où le taux de salaire équilibrerait de façon permanente une offre et une demande de travail, l'une et l'autre formées par de multiples agents prenant ce taux pour donné, n'est guère retenue que dans des théories relatives à la croissance à long terme où elle peut apparaître adéquate. Pour l'étude des phénomènes à court et moyen termes, on reconnaît le plus souvent la possibilité d'un écart entre offre et demande de travail, c'est-à-dire un chômage de déséquilibre ou une pénurie de main-d'œuvre. On reconnaît aussi le caractère particulier des modes de détermination des salaires, syndicats, patronat et gouvernement y prenant part. Les spécifications ne représentent cependant pas à proprement parler les structures institutionnelles du marché mais plutôt leur résultat sous la forme de « lois d'ajustement » relatives aux variations du taux de salaire. On se contente ainsi d'un raccourci conceptuel sur la nature duquel le chapitre 9 reviendra. Pour l'agent individuel, travailleur ou employeur, le taux de salaire garde toutefois la nature d'une donnée exogène.

C'est la position des vendeurs sur les marchés des biens qui doit retenir l'attention à ce stade. Elle dépend évidemment de la nature et de l'intensité de la concurrence existant sur les marchés concernés, donc du nombre des vendeurs qui y interviennent simultanément et des possibilités que les acheteurs ont de se reporter sur de bons substituts offerts dans d'autres marchés.

Deux voies complémentaires d'investigations conduisent à l'examen précis de ces structures de marché et de leurs effets. D'une part, une branche de la discipline économique, dite « économie industrielle » par une traduction un peu trop littérale de l'anglais, s'est constituée précisément sur ce sujet [31]. Elle s'organise aujourd'hui autour de trois catégories conceptuelles interdépendantes : les structures du marché (nombre de producteurs selon leur taille, différenciation des produits, nature des fonctions de coût, etc.), les conduites (stratégies de recherche et d'innovation, de choix des produits et de leur tarification, de publicité, etc.), les performances (rentabilité, efficacité économique, emploi, croissance, etc.). D'autre part, la théorie des jeux étudie comment se déterminent conjointement les comportements d'acteurs dont les gains respectifs dépendent des actions de tous. Elle a beaucoup diversifié ses analyses théoriques, en se rapprochant souvent des problèmes de l'économie industrielle, surtout de ceux concernant la détermination des conduites en fonction des structures du marché, une attention particulière étant portée au cas d'un petit nombre de vendeurs, c'est-à-dire aux structures oligopolistiques, fréquentes dans les sociétés modernes. Chacune de ces deux voies fait aujourd'hui l'objet d'une véritable spécialité que l'économiste généraliste a peine à suivre.

Face à ce foisonnement, le macroéconomiste s'avère incapable de transposer directement dans ses théories les catégories conceptuelles adoptées de part et d'autre. L'univers de l'économie industrielle et celui de la théorie des jeux se révèlent trop touffus pour pouvoir être intégrés tels quels dans des raisonnements portant sur l'ensemble du système économique. Force est de simplifier considérablement et de retenir pour la structure des marchés une représentation qui s'applique de façon homogène soit à toute la sphère productive soit, au moins, à chacune des grandes branches qu'on y distingue. Les études concernant les interfaces de la macroéconomie avec l'économie industrielle d'un côté, avec la théorie des jeux de l'autre ne peuvent avoir d'autre ambition que d'élucider la valeur respective des diverses schématisations simplifiées accessibles au macroécono-

31. L'ouvrage classique est aujourd'hui F.M. Scherer, *Industrial market structure and economic performance,* Houghton Mifflin Co., Boston, 1980, seconde édition.

miste : laquelle de ces schématisations offre l'approximation la moins médiocre pour le traitement des problèmes macroéconomiques ?

Aujourd'hui trois représentations alternatives de la structure des marchés des produits ont cours en macroéconomie, la troisième incluant les deux autres comme cas particuliers. La première stipule que les marchés sont parfaitement concurrentiels[32] : chaque producteur ne perçoit pas avoir d'action sur le prix qui s'impose donc à lui et auquel il peut vendre autant qu'il le veut. La seconde retient l'idée d'un prix fixé par le marché, mais y ajoute celle d'une contrainte quantitative sur les débouchés : chaque producteur connaît le prix p auquel il doit vendre son produit et le volume d de la demande de ce produit ; il peut vendre n'importe quelle quantité ne dépassant pas d ; les deux grandeurs p et d sont exogènes pour lui ; la concurrence parfaite correspond au cas limite dans lequel d est si grand qu'il ne constitue pas une contrainte effective. La troisième représentation théorique est celle de la « concurrence monopolistique » : chaque producteur alimente son propre marché où la demande est une fonction décroissante du prix d(p) ; plus élevée sera la production et plus bas devra être le prix de vente, la diminution étant d'autant plus forte que la demande a une plus faible élasticité ; la concurrence parfaite correspond au cas limite d'une demande infiniment élastique ; la structure comportant un prix p exogène et une contrainte de débouché d correspond au cas d'une « fonction de demande coudée » sur lequel nous reviendrons un peu plus loin.

Le modèle de la concurrence monopolistique est très étudié actuellement par les macroéconomistes. S'ils parlent

32. On note que, chez les économistes, le sens donné au terme *concurrence* dévie de l'usage courant selon lequel concurrence signifie rivalité entre personnes ou rapport entre vendeurs qui se disputent une clientèle. Parlant de concurrence parfaite les économistes désignent une structure de marché d'où la lutte a disparu puisqu'elle se caractérise par la possibilité de vendre toute qualité ou toute quantité que l'on voudra, mais à des prix sur lesquels on n'a pas d'action. La théorie microéconomique, faisant appel aux concepts de la théorie des jeux, étudie cependant comment une telle structure de marché peut être l'aboutissement idéalisé de la compétition entre les vendeurs.

de concurrence monopolistique plutôt que de monopole c'est parce qu'ils admettent l'existence d'un certain degré de concurrence au moins potentielle. Si le profit de monopole dépassait durablement une certaine limite, elle-même dépendante de divers facteurs, par exemple le degré d'incertitude et l'aversion pour le risque, le marché attirerait des producteurs qui n'y vendent pas au moment considéré. Certains modèles tout à fait explicites ont d'ailleurs été construits. Voici, schématiquement présenté, l'un des plus convaincants.

La gamme des produits qui pourraient être fabriqués est continue. Deux produits sont d'autant mieux substituables l'un à l'autre pour les consommateurs qu'ils sont plus voisins. Un équilibre de concurrence monopolistique sans incertitude s'établit dans lequel des produits distincts en nombre fini sont fabriqués, chacun par une seule entreprise ; l'élasticité de la demande est déterminée par la distance du produit le plus voisin qui est effectivement fabriqué ; l'entreprise égalise son coût marginal à sa recette marginale ; mais elle se trouve produire dans la zone des rendements croissants de sorte que son coût moyen est égal au prix de vente et que son profit est nul [33].

Un tel modèle ne constitue évidemment pas une représentation fidèle de ce que l'économie industrielle observe. Il ne peut avoir d'autre vertu que de contribuer à élucider la nature des approximations habituelles en macroéconomie. Nous pouvons d'ailleurs immédiatement en tirer parti en nous demandant comment il devrait être utilisé pour l'étude des effets variantiels auxquels la macroéconomie s'attache. Supposons donc qu'il décrive bien la réalité et qu'intervienne soudain une variation exogène irréversible des ressources des consommateurs, qui les conduit à accroître leur demande sur tous les marchés. Nous pouvons admettre que, dans un premier temps, la spécification des

33. Voir notamment M. Spence, « Product selection, fixed costs and monopolistic competition », *Review of Economic Studies*, 1976, p. 217-235 ; A. Dixit and J. Stiglitz, « Monopolistic competition and optimum product diversity », *American Economic Review*, 1977, p. 297-308 ; R. Hall, « Market Structure and macroeconomic fluctuations », *Brookings Papers on Economic Activity*, 1986, nº 2. Une présentation de ce type de modélisation se trouve dans J. Muchielli, *Principes d'économie internationale*, Economica, 1987.

produits fabriqués et le nombre d'entreprises ne varient pas ; chacune voit la fonction de demande pour son produit se déplacer vers le haut ; elle peut augmenter son prix tout en accroissant sa production et réaliser un profit positif. Mais cette situation stimule la concurrence ; de nouvelles entreprises pénètrent sur le marché en choisissant pour leurs produits des spécifications intermédiaires ; les entreprises anciennes doivent s'adapter ; finalement s'établira un nouvel équilibre avec davantage d'entreprises, de nouvelles fonctions de demande, des prix de vente égaux aux coûts moyens et vraisemblablement peu différents de ce qu'ils étaient initialement.

L'examen conduit à une conclusion intéressante : le macroéconomiste qui étudierait les fluctuations à court terme de cette économie commettrait peu d'erreurs en retenant l'hypothèse de concurrence monopolistique avec des fonctions de demande données et imparfaitement élastiques ; simultanément, son collègue qui étudierait la croissance à long terme commettrait peu d'erreurs en retenant l'hypothèse de concurrence parfaite avec un prix égal au coût de production. Cette conclusion a évidemment une portée plus générale : le « degré de monopole », c'est-à-dire l'importance de la protection naturelle dont disposent les producteurs confrontés à la concurrence, dépend de l'horizon considéré, car certains des effets de cette concurrence exigent des investissements et des restructurations qui prennent du temps et ne réagissent qu'à des transformations durables des données économiques. On perçoit ainsi mieux quels peuvent être les domaines de validité respectifs de deux des trois représentations générales en macroéconomie, la concurrence parfaite et la concurrence monopolistique.

La troisième représentation pose en revanche un dilemme. Il n'y a pas lieu de s'inquiéter de ce qu'elle est extrême en admettant que prix et quantité à écouler s'imposent l'un et l'autre au producteur. Sans aller aussi loin on pourrait s'en tenir à la concurrence monopolistique mais en y supposant que la fonction de demande a un coude à l'équilibre observé avec une élasticité plus forte pour les hausses de prix que pour les baisses.

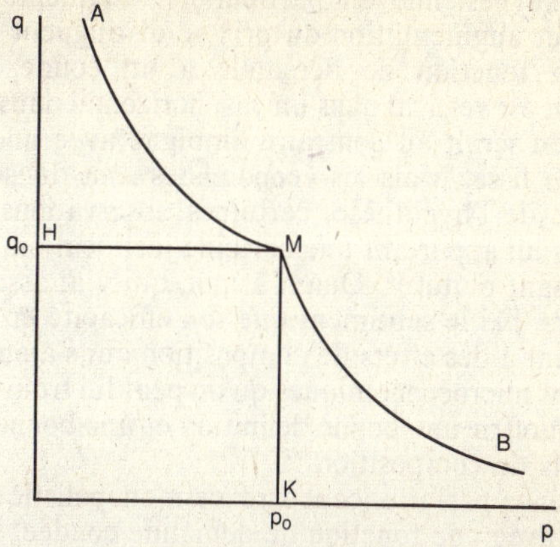

Sur la figure la fonction de demande aurait la forme donnée par la ligne AMB alors que la troisième représentation correspond à la ligne HMK : l'entreprise ne peut pas vendre plus que la quantité q_o ni obtenir un prix supérieur à p_o. Retenir une demande de type AMB plutôt que HMK conduirait en pratique aux mêmes résultats dans les applications macroéconomiques, qui portent sur des variations relativement petites ; par exemple à partir d'une situation où le prix serait p_o et la quantité q_o une petite variation du coût de production ne conduirait normalement à aucun déplacement de l'équilibre que la demande soit représentée par HMK ou par AMB (il en irait différemment si elle était représentée par une courbe lisse).

La véritable question est de savoir si l'hypothèse d'une fonction de demande coudée convient réellement. Il y a longtemps que certains macroéconomistes l'ont introduite pour expliquer notamment la rigidité observée des prix [34]. Elle paraît de plus commode pour donner un fondement microéconomique clair à certains effets à court terme considérés par des théories macroéconomiques très répandues,

34. Voir R.L. Hall and C.J. Hitch, « Price theory and business behaviour », *Oxford Economic Papers*, May 1939 ; P. Sweezy, « Demand under conditions of oligopoly », *Journal of Political Economy*, August 1939.

la théorie keynesienne en particulier : augmentation des débouchés et augmentation du prix se distinguent bien dès lors que la fonction de demande a un coude, dont le déplacement est vertical dans un cas, horizontal dans l'autre ; la distinction serait au contraire ambiguë avec une courbe de demande lisse. Mais les économistes sont divisés quant au réalisme de l'hypothèse, certaines observations microéconomiques lui apportant une certaine justification, d'autres la contredisant plutôt [35]. Quant à moi, qui y ai assez volontiers recours, j'ai le sentiment que son efficacité en macroéconomie tient à des effets de composition qui s'ajoutent aux justifications microéconomiques qu'on peut lui trouver ; mais je n'ai pas à offrir une bonne définition et une bonne analyse de ces effets de composition [36].

Concurrence parfaite, concurrence monopolistique, éventuellement avec une fonction de demande coudée, suffisent-elles à la macroéconomie comme représentations générales de la structure du marché des biens ? Ces schématisations sont-elles compatibles avec la présence de très grandes entreprises intervenant sur certains marchés très oligopolistiques ? La question mérite d'être gardée présente à l'esprit. Nous y reviendrons à la fin du chapitre suivant.

***

Quiconque s'intéresse à la méthodologie est évidemment conduit à porter une attention spéciale à la conceptualisation puisqu'elle paraît être à l'origine de toute connaissance scientifique, qu'elle soit théorique ou empirique. Les pages qui précèdent montrent plutôt à quel point elle est imbriquée dans tout le processus d'investigation, ce qui explique pourquoi elle évolue et est sujette à une tendance vers une plus grande précision mais aussi une plus grande complexité.

La conceptualisation définit le langage par lequel on communique et grâce auquel on apprend à mieux appréhender un ensemble de faits et de phénomènes. Ce chapitre a considéré ceux des concepts de la macroéconomie qui

35. Voir F.M. Scherer, *op. cit.*, p. 164-168.
36. J'ai essayé de mieux m'expliquer dans « Incomplete market clearing », *in* L. McKenzie and S. Zamagni, *Value and Capital*, Macmillan, London, 1990.

concernent d'une part les grandeurs, d'autre part l'architecture du système économique. Encore n'a-t-il pas cherché à être complet même à cet égard et n'a-t-il pas voulu accentuer un inévitable aspect pédantesque ; ainsi ne contient-il aucune discussion sur la signification des concepts d'offre et de demande, pourtant essentiels mais considérés comme familiers.

Le langage des économistes utilise de nombreux autres concepts, notamment ceux définissant leur problématique. La distinction entre positif et normatif a été évoquée dans le chapitre 1 ; les termes de court, moyen et long termes ont été abondamment utilisés sans être définis ; ils se réfèrent à des durées allant jusqu'à environ deux ans pour le premier, cinq à dix ans pour le second, au-delà pour le troisième. Bien d'autres concepts de cette nature interviendront par la suite. Je ne chercherai pas à en discuter la signification à chaque fois, me contentant de le faire lorsqu'elle est importante et délicate comme pour le concept d'équilibre (chapitre 5).

Un des thèmes récurrents dans ce chapitre fut de reconnaître que le souci d'adéquation conceptuelle peut conduire à des solutions différentes selon l'intention de la recherche. A diverses reprises, qu'il s'agisse du chômage, du revenu, des branches productives ou des structures de marché, nous avons constaté que les concepts théoriques servant à l'analyse abstraite des problèmes différaient des concepts opérationnels correspondants, utilisés pour l'observation ou dans les travaux d'économie appliquée. Cette dualité, reflet de la complexité des phénomènes, s'explique fort bien mais n'est pas pleinement satisfaisante. A tout le moins, l'articulation entre les deux types de concepts doit-elle être bien élucidée dans chaque cas. L'idéal d'une parfaite unité et d'une parfaite adéquation est cependant inatteignable, comme les exemples considérés l'ont montré.

Chapitre 4

Le comportement individuel

Comment représenter, dans un modèle du système économique ou de telle de ses parties, les comportements des agents ? Les théories macroéconomiques un tant soit peu formalisées répondent quasiment toutes de la même manière à cette question. Elles étudient les contraintes qui limitent l'autonomie de chaque agent et l'objectif qu'il poursuit ; puis elles admettent qu'il prend les décisions lui permettant d'atteindre au mieux son objectif. Pour faire court, on peut dire qu'elles stipulent un « comportement de maximisation » ou d'optimisation, quoique cette expression prise en elle-même ne soit pas très claire.

Le procédé, d'usage si répandu, demande bien entendu à être défini plus précisément. Des problèmes apparaissent dans son application. Mais surtout il fait l'objet de critiques s'appliquant tantôt à telle ou telle de ses modalités, tantôt à son principe même. Le macroéconomiste n'est-il pas conduit à doter l'agent de plus de rationalité qu'il n'en a ? Le doute est permis quand on considère une personne décidant pour elle-même ; il l'est a fortiori quand l'agent est une organisation, grande entreprise, collectivité publique, syndicat, etc. Existe-t-il alors des alternatives préférables à l'axiome du comportement de maximisation ?

Le chapitre, consacré à ce vaste sujet, exposera d'abord l'axiome et ses modalités d'application, puis l'ensemble des questions qu'il soulève. On étudiera ensuite le choix des objectifs que la macroéconomie assigne aux deux agents principaux, les consommateurs et les entreprises. Ceci introduira à un examen plus attentif de la rationalité des individus, puis des organisations. Enfin, il faudra voir dans quelle mesure le procédé retenu pour modéliser les comportements convient à l'étude de situations où existent des conflits d'intérêt bien identifiés, opposant par exemple quelques entreprises intervenant sur un même marché.

Le paradigme central

A propos du comportement de maximisation, on peut parler d'un véritable paradigme, surtout si l'on entend par ce terme non seulement un corps d'hypothèses générales sur les phénomènes considérés, mais aussi un ensemble de méthodes pour en traiter. Distinguons bien à ce double point de vue ce qui concerne l'essentiel du paradigme de ce qui relève plutôt de pratiques accessoires et d'hypothèses annexes.

L'essentiel consiste à retenir que, pour comprendre et analyser un comportement, il faut d'abord élucider l'objectif poursuivi par l'agent et les contraintes qui limitent ses choix ; ensuite, admettre que cet agent se comporte rationnellement pour atteindre au mieux son objectif ; enfin, étudier précisément son problème pour dévoiler les facteurs influençant son comportement et même certaines propriétés de la loi expliquant celui-ci en fonction de ceux-là.

L'objectif apparaît comme une donnée de l'analyse, souvent indépendante de tout autre élément pris en compte, en dépendant sinon d'une façon prédéterminée. Le cas le plus simple est celui des décisions de l'entreprise dont les effets ne sont sujets à aucun aléa notable : l'objectif de maximisation du profit est habituellement retenu. Faire intervenir les incertitudes affectant les résultats des décisions conduit à un choix moins universel de l'objectif : le plus souvent la maximisation de l'espérance mathématique du profit, parfois celle de l'espérance d'une fonction donnée et croissante du profit, plus rarement celle de la maximisation de l'espérance du profit mais sous la condition que la probabilité de ruine ne dépasse pas un niveau déterminé.

S'agissant des ménages ayant à décider de leurs consommations, de leur offre de travail, de leurs placements financiers, etc., l'hypothèse principale stipule qu'ils ont des préférences bien ordonnées sur ce qui intéresse directement leurs conditions de vie. Sans restreindre vraiment la portée de l'hypothèse on représente ces préférences par une fonction d'utilité dont la maximisation est par définition équivalente au choix de l'état préféré.

Dans la modélisation l'étude précise des contraintes limitant les choix de chaque agent est aussi importante, parfois même plus, que la spécification de son objectif. Certaines contraintes existent indépendamment de toute organisation économique ; c'est le cas des exigences techniques s'imposant aux opérations de production et précisant quels outputs peuvent être obtenus à partir de quantités données des inputs. Mais la plupart des contraintes concernent les échanges ou les transferts ; elles sont influencées par l'environnement économique de l'agent ; c'est le cas de sa contrainte budgétaire ou des rationnements qui peuvent s'opposer à ses demandes ou à ses offres.

Dans la spécification des contraintes, ou même dans celle de l'objectif si le temps et les incertitudes interviennent explicitement, les anticipations de l'agent s'introduisent de façon naturelle. Puisque les effets de ses choix dépendront de l'environnement économique, l'agent est conduit à s'interroger sur les valeurs que prendront telles grandeurs échappant à son contrôle. Les valeurs prévues, ou la loi de probabilité que l'agent leur attribue, figurent ainsi dans la spécification du problème qu'il résout. Le plus souvent ces anticipations sont posées directement, qu'elles soient certaines ou aléatoires. Mais la modélisation vise parfois aussi à les dériver d'une représentation des informations dont dispose l'agent et des idées qu'il se forme sur le système économique ; par exemple, au lieu de poser de façon exogène le rythme anticipé de la hausse des prix, le modèle peut exprimer comment l'agent déduit cette prévision de ses informations sur le rythme passé de l'inflation, les cours des matières premières, les hausses de salaire ou l'évolution de la masse monétaire.

Enfin figure encore dans le paradigme l'idée que les difficultés de calcul et de traitement de l'information peuvent être négligées. L'hypothèse est faible dans les modèles de base de la théorie, car le problème posé à l'agent est alors assez simple ; elle peut apparaître plus forte dans les cas, aujourd'hui fréquents, où le théoricien étudiant le problème doit lui-même disposer d'une formation mathématique avancée. La justification peut consister à dire que, bien familiarisé avec son problème et guidé par son intuition, l'agent sait prendre une décision proche de l'optimale sans avoir à faire tous les calculs que la détermination exacte de celle-ci supposerait.

Les pratiques de la recherche macroéconomique ajoutent diverses hypothèses supplémentaires à cette rationalisation centrale des comportements. La première, le plus souvent implicite, suppose une certaine permanence des éléments de base de la spécification. Par exemple, dans l'étude économétrique de la croissance, on admettra souvent que la même fonction d'utilité intertemporelle sous-tend le comportement d'épargne des ménages aux différentes dates, ou encore que le progrès technique ne modifie pas l'élasticité de substitution entre capital et travail.

La seconde consiste à admettre la validité d'une procédure consistant à raisonner sur une « unité représentative » et à transposer le comportement de cette unité à l'agent macroéconomique correspondant, par exemple à étudier le problème qu'affronte une entreprise placée dans une certaine structure de marché, à en dégager sa loi de comportement et à considérer cette loi comme s'appliquant à l'ensemble des entreprises. Nous examinerons cette pratique dans le chapitre 6 et nous n'y insisterons donc pas ici, mais il convenait de la mentionner.

D'autres hypothèses restreignent explicitement la généralité de la spécification, tantôt avec l'idée que la réalité se conforme approximativement à l'hypothèse, tantôt pour mener à bonne fin le traitement d'un problème analytique ou économétrique qui sans cela resterait quasiment insoluble. A titre d'exemple du premier cas, on peut citer la supposition que les ménages se comportent vis-à-vis du risque comme l'impliquent les axiomes de von Neumann et Morgenstern, de sorte que leur objectif est la maximisation de l'espérance mathématique de l'utilité obtenue dans les différentes éventualités. Supposer que la fonction d'utilité définie sur l'ensemble des biens est homothétique, comme certains modèles théoriques le font, relève au contraire du second cas, car cela revient à admettre que la consommation de chaque bien est proportionnelle au revenu réel. Il y a bien entendu des cas intermédiaires, comme par exemple l'hypothèse, usuelle dans les théories de la croissance, selon laquelle la fonction d'utilité serait séparable dans le temps. Nous reviendrons dans les pages 113 à 121 sur ces trois hypothèses, les définirons plus précisément et en discuterons brièvement la portée. Mais bien d'autres hypothèses annexes pourraient être citées, concernant par exemple les fonctions de production ou les structures de marché.

Quel examen critique ?

Un examen lucide du paradigme auquel adhèrent les économistes dans leur analyse des comportements ne doit pas oublier les services considérables qu'il rend. Avant que son usage ne se soit généralisé, ou même aujourd'hui chez ceux qui sont peu enclins aux efforts qu'il impose, une autre pratique était ou est suivie, consistant à se donner directement les lois de comportement des agents sans en rechercher de justification logique ou empirique rigoureuse. Ainsi on a souvent posé comme fait d'évidence que l'épargne des ménages était une fonction croissante du taux d'intérêt réel. Or l'étude théorique des décisions d'épargne montre qu'il n'y a là aucune nécessité logique, tandis que leur étude économétrique n'est parvenue pour le moment qu'à des résultats assez ambigus sur la propriété en cause (il faut bien la distinguer de celle spécifiant que la répartition des épargnes entre les divers placements dépend des taux d'intérêt qu'ils rapportent respectivement).

Le paradigme exige une étude précise du contexte dans lequel le comportement se situe. Il amène ainsi à en approfondir la nature. A partir d'hypothèses finalement assez faibles sur les objectifs poursuivis par l'agent, il aboutit à des résultats sur la liste des déterminants à envisager, éventuellement sur le sens de leurs effets ou sur les relations entre effets de déterminants différents. Ces résultats sont tantôt positifs, quand ils dégagent une propriété non perçue intuitivement, tantôt négatifs quand ils montrent la non-nécessité d'une propriété à laquelle on croyait (l'exemple cité précédemment de l'épargne des ménages entre dans cette catégorie). Ces résultats précisent aussi la forme des lois de comportement ; ils fournissent donc des spécifications[1] dans le cadre desquelles les données statistiques peuvent être utilisées avec efficacité pour compléter l'analyse théorique et discriminer entre les diverses possibilités qu'elle laisse subsister. Au stade de la validation empirique, certaines des hypothèses spécifiques posées dans la modélisation peuvent d'ailleurs être remises en question.

En somme le paradigme contribue à donner à la macroéconomie les rôles que joue toute discipline scientifique : classer les idées et les faits observés, affiner les unes et les autres, les organiser d'une façon cohérente, suggérer des hypothèses, etc. En obligeant à clarifier les conditions d'activité et les motivations, il désigne les points sur lesquels la discussion peut utilement porter, y compris d'ailleurs les points concernant sa propre validité.

Cette efficacité indéniable ne dispense pas le chercheur de s'interroger sur les hypothèses fondamentales de sa démarche ; elle l'y incite même. Ce doit être tout particulièrement le cas dans ce livre consacré à la réflexion sur les méthodes de la macroéconomie. L'interrogation doit porter sur le réalisme des hypothèses fondamentales du paradigme ; mais elle peut être menée de pair avec l'étude des voies suivant lesquelles peut progresser le choix des hypothèses accessoires, introduites au moment où le besoin se fait sentir de spécifier davantage les objectifs, les contraintes ou les anticipations.

Le programme d'examen critique et constructif comporte naturellement trois phases. Pour chacune d'elles il existe d'ailleurs aujourd'hui des acquis substantiels dont on peut tirer parti. La première phase consiste à repérer où se situe le manque de réalisme. Toute procédure concevable est alors admissible, étant entendu que les preuves ont d'autant plus de force qu'elles proviennent de tests pratiqués dans des conditions plus rigoureuses.

La seconde phase consiste à s'interroger sur les conséquences que le manque de réalisme des hypothèses entraîne

1. Le terme de spécification est employé ici dans le sens technique qu'il a en économétrie, où il désigne l'opération par laquelle est déterminée la forme de l'équation, plus généralement du modèle, sur lequel portera le travail économétrique, modèle censé s'appliquer aussi bien au phénomène étudié qu'à la genèse des données exploitées. Cette opération sera examinée dans le chapitre 12.

quant à la validité des résultats théoriques ou empiriques reposant sur elles. C'est la phase la plus délicate. D'une part, on ne peut pas prétendre que toute déviation de la réalité par rapport à la représentation qui en est offerte rend cette représentation inutile ; ce serait s'interdire toute systématisation des connaissances, donc tout progrès scientifique, surtout dans une discipline comme la macroéconomie dont les lois restent nécessairement frustes par rapport à la complexité sous-jacente. D'autre part, on ne peut pas adhérer à la thèse paradoxale émise en 1953 par Milton Friedman dans un article par ailleurs très bon [2] : il y avançait qu'une théorie ne devait pas être testée par le réalisme de ses hypothèses mais par celui de ses conséquences. Cette thèse a été discutée, notamment par Samuelson ; les ouvrages traitant de méthodologie économique se réfèrent longuement au débat [3]. Ainsi, il n'y a pas de réponse simple à la question de savoir si l'irréalisme des hypothèses invalide la théorie ; la question doit être examinée dans chaque cas particulier.

La troisième phase de toute étude des hypothèses, sous-tendant la représentation d'un comportement, consiste à rechercher comment en modifier ou en améliorer le choix. Se limiter à la critique ne sert à rien tant qu'aucune alternative n'est proposée. Cependant, sur la plupart des comportements économiques, la discussion est maintenant

2. M. Friedman, « The methodology of positive economics », dans *Essays in Positive Economics,* The University of Chicago Press, 1953.

3. Voir par exemple C. Schmidt, *La sémantique économique en question,* Calmann-Lévy, Paris, 1985 ; A. Mingat, P. Salmon et A. Wolfelsperger, *Méthodologie économique, op. cit.* A mon avis en interprétant le débat les commentateurs ne tiennent pas assez compte du goût pour la polémique de Milton Friedman et de la conclusion qu'il tire de sa thèse dans l'article même. D'une part après avoir explicité cette thèse il écrit lui-même : « ou, en poussant moins au paradoxe, la vraie question à propos des hypothèses est de savoir non si elles sont descriptivement " réalistes " mais si elles constituent des approximations suffisantes pour l'objet étudié » (p. 15). D'autre part, l'article se termine par une justification indirecte de la théorie économique dite de l'école de Chicago et par une critique de la théorie de la concurrence monopolistique ; de ce fait il a particulièrement retenu l'attention de ceux qui à l'époque avaient des positions différentes sur la pertinence des diverses théories économiques. Nous examinerons plus précisément cette thèse dans le chapitre 10 quand nous étudierons les problèmes généraux posés par la validation des hypothèses de la macroéconomie.

assez ancienne pour qu'aient été effectivement identifiées des alternatives aux représentations les plus classiques. Il s'agit donc aujourd'hui surtout de comparer la pertinence de divers jeux d'hypothèses dans le traitement théorique ou économétrique de chaque catégorie de problème.

Au fur et à mesure qu'elle se précise, la discussion devient ainsi plus spécifique. Seuls des aspects assez généraux doivent retenir l'attention ici. Nous nous limiterons même davantage en ne considérant que les hypothèses qui ont le plus été matière à débats, d'une part celles relatives aux objectifs poursuivis par les ménages et les entreprises, d'autre part celle de rationalité des comportements.

L'utilité du consommateur

Le plus souvent, la représentation du comportement des ménages suppose qu'ils maximisent une fonction d'utilité. Celle-ci est dotée de propriétés particulières. Un examen critique doit porter d'abord sur le principe même de cette représentation, puis sur les propriétés additionnelles les plus fréquentes. Il restera à en tirer les conclusions quant à la connaissance des phénomènes macroéconomiques.

Les critiques de fond à l'encontre de l'utilité ont porté sur l'exclusivité donnée à la consommation dans les motivations des individus, sur la stabilité supposée des préférences, enfin sur certains axiomes fondamentaux telle la transitivité.

N'a-t-on pas assez tourné en ridicule l'« homo œconomicus », cet être qui ne poursuivrait que son intérêt personnel et ne serait finalement intéressé que par la consommation de biens et services et par le temps de loisir ? Avant de reconnaître que l'hypothèse peut parfois être appauvrissante, il convient de rappeler que dérision n'est pas raison. Quiconque raisonne le fait par abstraction ; la clarté et l'honnêteté du raisonnement supposent que ses hypothèses soient explicitées. Les économistes n'ont à éprouver aucune honte à avoir tenu compte de cette exigence plus tôt que ne l'ont fait leurs collègues d'autres disciplines sociales.

Pour situer la réflexion dans une perspective aussi peu restrictive que possible, on peut suivre Jacques Lesourne qui, il y a quelques années, a proposé une théorie renouvelée du comportement individuel[4]. Il est parti d'observations faites dans les diverses sciences humaines et dans les études de marché pour conclure que les préférences d'une personne, et l'utilité représentant ces préférences, n'arbitraient pas directement entre les quantités consommées des divers biens et services, mais plutôt entre les satisfactions atteintes à l'égard de diverses motivations : répondre à ses besoins naturels, ressembler aux autres, affirmer sa personnalité, se protéger contre les risques, contribuer au bien-être des autres, respecter certaines normes sociales, etc. Ces motivations peuvent expliquer indirectement les décisions économiques des individus, mais d'une façon qui, d'après Lesourne, demande à être explicitée [5].

Ne tenir compte que des consommations, c'est ainsi négliger diverses considérations que les personnes font entrer dans certains de leurs choix. La négligence est grave si ces choix réagissent sur les phénomènes que le macroéconomiste prétend étudier. Dès lors, plus on aura l'ambition de déborder de l'économique sur le social et le politique, plus restrictive apparaîtra l'hypothèse d'une utilité définie par les seules consommations. Les raisons qui m'ont poussé à recommander dans le chapitre 1 une ambition limitée aux seuls aspects économiques s'appliquent en particulier ici : celui qui prétend couvrir toute la réalité sociale ne voudrait pas se contenter d'une spécification que retient au contraire sans inquiétude celui qui a une conception de sa recherche restreinte aux seuls phénomènes macroéconomiques. On

4. J. Lesourne, *A Theory of the Individual for Economic Analysis,* North Holland Pub. Co., Amsterdam, 1977.

5. Pour approfondir les prolongements des idées évoquées ici, le lecteur peut se reporter aussi à deux articles. D'une part A. Sen explique comment, surtout quand il est placé dans un contexte de décision collective, l'individu adapte son comportement pour tenir compte des objectifs des autres et faciliter la réalisation d'une situation collectivement souhaitable (A. Klamer, « A conversation with A. Sen », *Journal of Economic Perspectives,* Winter 1989). D'autre part, certains auteurs ont cherché à caractériser l'origine et la fonction des normes sociales qui influencent les comportements des individus et les relations entre eux ; ces travaux montrent d'ailleurs que toute rationalisation simpliste de ces normes serait erronée (deux articles de R. Sugden et J. Elster, sous le titre de « Social Norms », dans *Journal of Economic Perspectives,* Fall, 1989).

pourrait d'ailleurs ajouter que la macroéconomie reconnaît le rôle du citoyen à côté de celui du consommateur quand elle porte son attention sur la politique économique ; mais elle n'étudie pas alors comment une décision économiquement favorable est aussi politiquement admissible.

Interférant avec le souci qui pousse à élargir la liste des facteurs motivant le comportement économique, des doutes existent sur la force de ceux communément pris en compte. Les ménages ont-ils vraiment des motivations stables ? Leurs choix ne sont-ils pas le jouet d'influences multiples, allant de la publicité faite par les entreprises aux courants versatiles de l'opinion ?

Les économistes admettent habituellement que des besoins clairement perçus et des goûts stables inspirent les préférences des ménages et donc l'utilisation de leurs ressources sur les marchés. Cela n'est évidemment pas contradictoire avec une forte sensibilité des choix aux variations du contexte économique : si les prix relatifs de biens substituables entre eux varient, ou leurs qualités relatives perçues, le paradigme régnant conduit justement à prévoir un transfert des achats des uns vers les autres. La question empirique de la stabilité des préférences et de la fonction d'utilité qui les représente n'en demeure pas moins.

Confronté à cette question, l'économiste peut aujourd'hui faire état de preuves positives, mais doit aussi reconnaître l'existence de changements imparfaitement expliqués. Au rang des preuves, figure la vérification de ce qui avait été prévu quant aux tendances de la répartition de la consommation entre grandes fonctions [6]. Plus généralement, au niveau agrégé, il apparaît clairement que les éventuelles modifications des structures de préférences ne peuvent être que lentes. Néanmoins, certaines évolutions de l'activité économique des ménages ont surpris : par exemple le choix des femmes pour un travail rémunéré a progressé en France à une rapidité exceptionnelle de 1969 à 1982 ; il présente d'un pays à l'autre des différences mal expliquées ; le taux d'épargne des ménages a beaucoup décru, d'abord aux États-Unis, plus récemment en France, sans que l'on en ait

6. Voir P. Dubois, « Vingt ans après, les projections 1985 confrontées à la réalité », *Économie et statistique*, mai 1985.

une explication complète. Cependant, ces exemples ne font pas apparaître clairement en quoi la méthode des économistes serait inadéquate ni quelle autre méthode donnerait de meilleurs résultats ; ils poussent plutôt à poursuivre les investigations dans la même voie tout en recherchant les facteurs, économiques ou autres, des tendances ou disparités encore mal expliquées.

Alors même qu'on retient une conception étroite du comportement économique et qu'on admet sa stabilité, on pourrait encore s'interroger sur la validité des axiomes justifiant l'existence d'un système de préférences représentable par une fonction d'utilité. Cependant ces axiomes sont de fait peu critiqués. La transitivité des choix fut autrefois étudiée ; elle suppose que si un ensemble x est préféré à un autre ensemble y, celui-ci étant préféré à z, alors x est nécessairement préféré à l'ensemble z. Certaines expériences, menées sur des étudiants dans des contextes d'ailleurs différents de ceux envisagés en macroéconomie, avaient montré que la propriété n'était pas toujours vérifiée. Mais, pour l'étude du comportement économique individuel, on n'en a pas tiré la conclusion que les spécifications usuelles devraient être révisées (le manque possible de transitivité des décisions collectives est un problème beaucoup plus sérieux mais différent).

Les propriétés additionnelles fréquemment imposées en macroéconomie aux fonctions d'utilité impliquent toutes une forme plus ou moins stricte de *séparabilité.* Commençons donc par définir ce concept.

Soit X le vecteur des consommations, dont les composantes x_1, $x_2 \ldots x_n$ se réfèrent tantôt à diverses catégories de biens (y compris le travail fourni), tantôt à différentes périodes successives, tantôt à diverses éventualités, tantôt simultanément à deux de ces critères, voire aux trois. Supposons X partitionné en sous-vecteurs X_1, $X_2 \ldots X_m$, ces sous-vecteurs ou certains d'entre eux pouvant n'avoir qu'une seule composante. On peut alors écrire la fonction d'utilité sous l'une ou l'autre des trois formes suivantes :

$$(1) \qquad U(X) \qquad U(x_1, x_2 \ldots x_n) \qquad U(X_1, X_2 \ldots X_m)$$

Repérons par des indices supérieurs les diverses valeurs que peuvent prendre X, x_i ou X_k.

On peut fournir deux définitions équivalentes de la séparabilité des sous-groupes correspondant à $X_1, X_2 \ldots X_m$. La première donne à la fonction U une certaine structure ; elle suppose l'existence d'une fonction V de m arguments et de fonctions $w_k (X_k)$ telles que

$$(2) \qquad U(X) = V[w_1(X_1), w_2(X_2) \ldots w_m(X_m)]$$

Cette définition est naturelle si l'on dit que la consommation a pour objet de satisfaire un certain nombre de fonctions : l'alimentation, l'habillement, etc. Par exemple X_k peut regrouper les consommations relatives au logement, $w_k (X_k)$ désignant alors le niveau de satisfaction du besoin en logement.

La seconde définition introduit une certaine indépendance des choix : si X_k^1 est préféré à X_k^2 quand l'un et l'autre sont accompagnés des mêmes consommations X_j pour les biens des autres groupes ($j \neq k$), alors X_k^1 l'est encore quand ils sont accompagnés des consommations X_j' :

$$(3) \qquad \begin{array}{l} U(X_1 \ldots X_k^1 \ldots X_m) > U(X_1 \ldots X_k^2 \ldots X_m) \text{ implique} \\ U(X_1' \ldots X_k^1 \ldots X_m') > U(X_1' \ldots X_k^2 \ldots X_m') \end{array}$$

La séparabilité suppose que cette implication ait lieu quels que soient k et les valeurs des divers vecteurs. En somme, la satisfaction du besoin en logement ne dépendrait pas de ce que sont par exemple les consommations d'habillement ou de loisir. Cette deuxième définition fait bien apparaître en quoi l'hypothèse de séparabilité est restrictive.

La *séparabilité linéaire* exige davantage, à savoir que la fonction V soit linéaire. Dès lors on peut écrire :

$$(4) \qquad U(X) = \sum_{j=1}^{m} w_j (X_j)$$

Alors non seulement l'implication (3) s'applique mais aussi la propriété que l'utilité marginale d'un bien i dépend uniquement des quantités consommées de biens appartenant au sous-groupe k dont i fait partie :

$$(5) \qquad \frac{\delta U(X)}{\delta x_i} = \frac{\delta w_k (X_k)}{\delta x_i} \text{ si } i \in k$$

Le taux marginal de substitution entre deux biens est donc supposé indépendant des consommations de biens appartenant à d'autres sous-groupes : le taux marginal de substitution entre le mobilier et l'équipement ménager ne dépend pas de la consommation alimentaire.

La séparabilité linéaire intervient très souvent en macroéconomie ; elle est même renforcée dans deux types de problèmes concernant l'un les choix intertemporels, l'autre les choix en face du risque ; car alors les m fonctions w_j sont habituellement déduites d'une seule et même fonction u. Pour l'étude du comportement d'épargne, on considère habituellement un ménage vivant T périodes ($t < 1$, 2 ... T) et consommant les quantités C_t totalement agrégées. L'usage le plus répandu consiste à poser sa fonction d'utilité intertemporelle sous la forme :

$$(6) \qquad U = \sum_{t=1}^{T} \beta^t u(C_t)$$

où β est un nombre positif au plus égal à 1 ; u est la fonction d'utilité de chaque période. On suppose ainsi que l'utilité U de l'ensemble des consommations présentes et futures est la somme de valeurs actualisées des utilités u atteintes aux diverses périodes ; mais le coefficient d'escompte β de ce calcul ne résulte pas des taux d'intérêt du marché ; il caractérise plutôt le degré d'impatience des ménages dans leurs besoins de consommation ; on le dénomme souvent « coefficient d'escompte psychologique ». Avec la formule (6) on suppose aussi l'absence d'évolution des besoins et des préférences des consommateurs puisque la fonction u ne varie pas d'une période à une autre ; on admet en particulier implicitement que les différences d'âge sont sans effet au niveau agrégé. Une fonction d'utilité telle que (6) est sous-jacente par exemple à la théorie du *revenu permanent* selon laquelle C_t ne dépend pas du revenu de la période t mais de celui que les ménages peuvent espérer recevoir en moyenne au cours de leur existence (la validité de cette théorie repose aussi sur une représentation des contraintes s'imposant aux ménages ; mais ce n'est pas notre sujet ici).

Le même type de séparabilité linéaire intervient dans divers modèles expliquant l'offre de travail L_t par les ménages, simultanément avec leur consommation, en fonction des conditions économiques concernant par exemple le salaire réel. La fonction d'utilité intertemporelle est en général la suivante :

$$(7) \qquad U = \sum_{t=1}^{T} \beta^t u (C_t, L_t)$$

La fonction u décroît avec L, la dérivée $-u'_L$ étant la « désutilité marginale du travail » ou l'utilité marginale du loisir.

Quand elles sont employées dans des réflexions théoriques, les fonctions d'utilité telles que (6) ou (7) ne font guère l'objet de critiques, étant entendu que, pour l'économie appliquée, il faut tenir compte de l'évolution de la structure par âge de la population ou d'autres changements connus dans les besoins et les goûts.

Pour l'étude des décisions en face du risque, l'usage est de se référer à l'hypothèse dite de von Neumann-Morgenstern, spécifiant que la maximisation porte sur l'espérance mathématique de l'utilité. Si C_e représente la consommation dans l'éventualité e à laquelle la probabilité π_e est attribuée (e = 1, 2 ... N), alors la fonction d'utilité a la forme suivante :

$$(8) \qquad U = \sum_{e=1}^{N} \pi_e u (C_e)$$

Habituellement on se place dans le cas d'aversion pour le risque, la fonction u ayant sa concavité tournée vers le bas, de sorte que U est inférieur à U (EC) où EC représente l'espérance mathématique de C_e. Cette spécification a fait l'objet d'une théorie axiomatique qui a convaincu la plupart des économistes. Grâce à elle, de nombreux problèmes concernant les décisions en face du risque ont été posés et étudiés de façon rigoureuse, dans des contextes très divers dont les choix de consommation ne fournissent qu'un exemple. Elle a cependant été critiquée comme irréaliste par une série d'économistes depuis M. Allais [7] ; confrontés à des

7. M. Allais, « Le comportement de l'homme rationnel devant le risque – Critique des postulats et axiomes de l'école américaine », *Econometrica*, octobre 1953.

perspectives aléatoires fortement différenciées et mettant en cause de petites probabilités, la plupart des individus ne respectent pas dans leurs choix les axiomes de l'utilité linéaire [8] (la nature des expériences conduisant à cette conclusion sera présentée dans le chapitre 11, pages 410 à 416). Je ne crois pas, quant à moi, que cette critique affecte gravement les usages de la fonction (8) en macroéconomie. En revanche, il est clair que cette fonction ne devrait pas être retenue si les diverses éventualités e n'avaient pas les mêmes implications sur les besoins des ménages, car alors le même niveau de consommation C n'aurait pas la même utilité u (C) dans les diverses éventualités ; il faudrait donc écrire u_e (C_e) au lieu de u (C_e) dans l'équation (8) ; au niveau macroéconomique les cas sont cependant rares où il devrait en être ainsi (au niveau individuel, l'éventualité de maladie, qui réagit sur le revenu, donc sur la contrainte de budget du ménage, peut être considérée comme réagissant aussi sur ses besoins).

On voit ainsi comment diverses formes de séparabilité s'introduisent dans les raisonnements. Les restrictions qu'elles imposent au système de préférences apparaissent assez bien pour que l'intuition donne une idée de leur réalisme. En principe elles pourraient être testées dans les contextes où elles interviennent ; mais c'est rarement le cas, pour des raisons qui tiennent sans doute autant à l'enjeu, qui paraît secondaire, qu'aux tests probants, qui sont difficiles voire impossibles à mettre en œuvre.

Cependant des expériences toujours mieux conçues pour tester des hypothèses sur les comportements individuels apportent d'intéressants résultats, notamment que les déviations par rapport aux hypothèses usuelles dépendent beaucoup du contexte. Les sujets semblent être influencés par ce qu'ils considèrent tantôt comme un comportement juste (l'une des considérations mises en avant par J. Lesourne), tantôt comme une procédure décisionnelle adéquate (nous reviendrons sur ce dernier point dans les pages 126 à 133). Hormis cela, certains cas de déviations systématiques par

8. Pour un bon compte rendu, voir M. Machina, « Choice under uncertainty : problems solved and unsolved », *Journal of Economic Perspectives*, Summer 1987.

rapport aux hypothèses usuelles ont été identifiés, tel celui cité tout à l'heure à propos de la maximisation de l'espérance mathématique de l'utilité [9].

S'il faut essayer de conclure l'examen auquel nous venons de procéder, deux remarques opposées conviennent sans doute. D'une part, l'introduction d'une modélisation explicite des objectifs du consommateur apporte de la rigueur dans la réflexion : la spécification d'une fonction d'utilité, douée d'une séparabilité plus ou moins poussée, conduit à spécifier les hypothèses du raisonnement, et à mettre ainsi en lumière dans quelles circonstances ce raisonnement ne s'applique plus, quelque probant qu'il soit dans les circonstances normales.

D'autre part, il existe des cas dans lesquels la modélisation devrait être complétée par des considérations qui lui sont étrangères. Par exemple, les citoyens d'un pays peuvent à certains moments de leur histoire se convaincre qu'ils doivent fournir un travail plus grand, que ce soit sous la forme d'une participation accrue des femmes ou des personnes âgées à la production, d'une durée du travail plus longue ou d'un effort plus soutenu durant les heures de travail [10]. Suivant J. Lesourne on peut dire que la motivation civique reçoit alors une importance accrue. Suivant ceux qui insistent sur une certaine plasticité des préférences individuelles, on peut dire qu'une campagne de civisme suffit à convaincre les consommateurs de réduire leur goût pour les loisirs. Quoi qu'il en soit, le macroéconomiste qui utilise la fonction d'utilité (7) doit reconnaître que la fonction u change alors et que, pour des valeurs données de C_t et L_t, le taux marginal de substitution $- u'_c / u'_L$ croît, la désutilité marginale du travail se réduisant.

Le profit de l'entreprise

A de rares exceptions près, la théorie économique formalisée et les modèles de l'économie appliquée présupposent

9. Sur ce sujet voir V. Smith, « Theory, experiment and economics », *Journal of Economic Perspectives,* Winter 1989.

10. Un exemple analogue peut être donné si le pays est incité à un effort exceptionnel d'épargne.

que les entreprises maximisent leur profit. Dans l'examen de cette hypothèse, nous ne nous arrêterons pas sur les problèmes que pose la définition du profit, puisqu'ils sont comparables à ceux considérés dans le chapitre précédent à propos de la définition du revenu. Qu'il suffise de dire que le profit est la différence entre la valeur de la production de l'entreprise et l'ensemble de ses coûts, y compris le coût d'opportunité de son capital propre, qui serait source de revenus s'il n'y était pas investi.

Une formulation équivalente, à certains égards plus claire, revient à assigner comme objectif la maximisation de la valeur de l'entreprise, somme des valeurs actualisées de toutes ses recettes (y compris, éventuellement, la vente de son capital résiduel) *moins* toutes ses dépenses, le taux d'actualisation étant alors censé être égal aussi bien au taux d'intérêt sur le capital emprunté qu'au taux de rendement des usages alternatifs du capital propre. Faire référence au profit c'est en somme considérer le flux courant alimentant ce stock qu'est la valeur de l'entreprise, ou, mieux encore, c'est considérer le flux représentatif de ce stock. L'usage dominant consistant à parler de maximisation du profit, nous nous y tiendrons.

L'hypothèse de maximisation du profit a été souvent critiquée et abondamment discutée dans la littérature. La discussion a notamment porté sur le cas des grandes entreprises, où de nombreuses décisions sont nécessairement prises par d'autres que le propriétaire. Nous réservons l'étude de ce cas de figure à la section intitulée « rationalité des organisations ».

Le critère demande aussi à être mieux défini par la prise en compte des aléas affectant la vie de l'entreprise. Nous y reviendrons dans un instant. Faisant tout d'abord abstraction de cette complication, nous devons considérer les deux arguments en faveur de la maximisation du profit.

Le premier, c'est qu'il s'agit là du comportement naturel de quiconque a la charge de la production : c'est pour gagner un revenu qu'on travaille ou qu'on place son capital ; de même c'est pour gagner un profit, revenu de l'entreprise, qu'on crée ou fait fonctionner une unité de production. Supposer la maximisation du profit de l'entreprise n'est donc guère différent, dans son essence, de supposer que le consommateur vise à tirer parti au mieux de ses ressources. C'est pourquoi d'ailleurs les critiques adressées à l'homo œconomicus peuvent avoir ici leur parallèle : la motivation des chefs d'entreprise ne serait pas seulement pécuniaire ; ce pourrait être le goût de produire, le souci de croître, la préoccupation du bien-être des salariés constitués en communauté de travail, etc. Mais la diversité de ces considérations suggère plus un certain flou concernant l'objectif poursuivi qu'une déviation systématique par rapport à celui de la maximisation du profit.

Le second argument, c'est que les entreprises n'ont pas le choix : pour survivre dans la concurrence, elles doivent maximiser leur profit [11]. Il apparaît immédiatement que cet argument suppose une vision du fonctionnement effectif de la concurrence. Par exemple à l'équilibre de la concurrence parfaite idéale aucun profit positif ne peut être réalisé ; seules peuvent alors produire sans perte les entreprises qui maximisent leur profit. De même on a montré que, dans une économie dotée de marchés concurrentiels parfaits, des entreprises autogérées par leur personnel et cherchant à maximiser la valeur ajoutée par personne employée maximiseraient de fait aussi leur profit [12].

L'argument a moins de force quand l'entreprise dispose d'un monopole et se trouve ainsi protégée, par des barrières naturelles ou institutionnelles, de l'entrée de concurrents. Il garde toute sa valeur pour les petites entreprises dont la position vis-à-vis de leur clientèle s'analyse bien dans le cadre de la concurrence monopolistique qui, du fait de la possibilité d'entrées sur le marché, ne laisse qu'un profit faible en longue période. En revanche il peut s'appliquer mal à certaines grandes entreprises ; c'est donc pour elles à nouveau que se posent des questions relatives à la valeur du critère du profit. Nous y reviendrons.

Les aléas de la production n'auraient pas lieu de jouer si les entreprises pouvaient s'assurer contre eux sur des marchés parfaitement concurrentiels où la couverture de chaque

11. Pour une discussion de cet argument voir A. Chiappori, « Sélection naturelle et rationalité absolue des entreprises », *Revue économique* janvier 1984.

12. Voir par exemple J. Drèze, « Some theory of labor management and participation », *Econometrica,* novembre 1976.

risque aurait un prix. C'est quasiment vrai de certains aléas (risques d'incendie ou de bris de machines par exemple). Mais la possibilité de s'assurer n'existe pas pour la plupart des risques, trop spécifiques et aux conséquences trop liées à la perspicacité et aux efforts de l'entreprise. Bien évaluer ces risques suppose d'ailleurs une recherche coûteuse d'information que l'entreprise ne pourra pas pousser jusqu'au bout ; elle devra à cet égard se satisfaire d'une « rationalité limitée » ou suivre un « comportement adaptatif », pour des raisons que nous verrons dans la section suivante. Supposons donc ici que l'entreprise évalue bien la probabilité des aléas auxquels elle est sujette et contre lesquels elle ne peut pas s'assurer.

La généralisation la plus simple de la maximisation du profit stipule la maximisation de l'espérance mathématique du profit. C'est à elle que l'on a souvent recours, qu'il s'agisse effectivement de petits risques qui n'exposent pas l'entreprise à de sérieuses difficultés, ou que le problème à étudier s'avère complexe et qu'on recherche alors la simplicité. Dans le second cas l'approximation néglige délibérément l'aspect sur lequel nous attirons justement l'attention ici.

Des risques importants ont pour l'entreprise des conséquences dissymétriques, même quand l'espérance du profit est favorable : en cas de bonne fortune, ils lui permettront de réaliser des profits très élevés ; mais en cas de mauvaise fortune ils entraîneront des pertes. Il y a deux raisons pour que, du point de vue de l'entreprise, l'éventualité de ces pertes ne soit pas compensée par celle de gains favorables comme elle l'est dans le calcul de l'espérance mathématique. D'abord le chef d'entreprise peut, tel un consommateur, avoir de l'aversion pour le risque ; c'est le cas que nous avons déjà rencontré dans le chapitre 3, pages 80 à 88. Ensuite, le système financier peut impliquer une dissymétrie : le coût du crédit en cas de perte peut être très supérieur au taux de rendement éventuellement réalisé par le placement de profits élevés ; il se peut même que tout crédit soit refusé en cas de perte et que l'entreprise ne puisse plus honorer ses engagements.

Pour rendre compte de cette dissymétrie, l'usage est de supposer la maximisation de l'espérance mathématique d'une fonction du profit. Cette fonction est bien entendu croissante, mais elle a une dérivée décroissante, de sorte qu'elle rend bien compte d'une aversion pour le risque. Un autre critère, parfois utilisé, c'est que l'entreprise prend ses décisions de telle sorte que sa probabilité de faillite (dite encore « probabilité de ruine ») n'excède pas un niveau α pour cent qu'elle s'est fixé à l'avance ; sous cette contrainte, elle maximise l'espérance mathématique de son profit. La difficulté de cette seconde spécification, qui comporte une plus grande discontinuité que la première, ne réside pas seulement dans la lourdeur de certains calculs ; elle tient aussi à l'arbitraire du choix de α, ou plus précisément au fait qu'elle néglige l'arbitrage que l'entreprise doit assez naturellement faire entre la probabilité de ruine et le maximum que peut atteindre, sous cette contrainte, son espérance mathématique de profit : une toute petite augmentation de la probabilité de ruine serait sans doute acceptée si elle permettait une forte augmentation de l'espérance mathématique du profit.

Une fois les incertitudes introduites, la survie des entreprises confrontées à la concurrence conduit à un processus de sélection naturelle un peu différent de celui décrit auparavant. Plus une entreprise a de l'aversion pour le risque ou plus elle souhaite se garantir contre le risque de ruine, plus nombreux sont les cas dans lesquels elle préfère se retirer, laissant la place à des concurrents moins craintifs et plus entreprenants. L'équilibre qui tend à s'établir finalement a pour caractéristique que les chefs d'entreprise sont moins timorés que les autres individus quand il y a des risques, qu'en moyenne ils réalisent *ex post* un profit positif et que donc *ex ante* l'espérance mathématique de leur profit est positive, la marge étant juste suffisante pour compenser leur aversion, certes faible, pour le risque [13].

Suspendons ici sans la conclure l'étude de l'objectif poursuivi par les entreprises. C'est après avoir fait le tour des problèmes posés par les grandes organisations et même par les structures de marché complexes que nous aurons tous les éléments d'une appréciation d'ensemble.

13. Voir R.E. Kihlstrom and J.-J. Laffont, « A general equilibrium theory of the firm based on risk aversion », *Journal of Political Economy*, August 1979.

Rationalité des individus

Nous avons vu, au début du chapitre, que selon le paradigme dominant en macroéconomie pour modéliser le comportement individuel, l'individu agit rationnellement afin de réaliser au mieux son objectif. Que faut-il entendre précisément par là ? En quoi cette hypothèse est-elle irréaliste ? Dans quels cas est-il opportun de s'en écarter ?

Je ne chercherai pas à analyser en détail la définition de la rationalité. Cela me conduirait à constater que le sens de ce mot varie sensiblement selon les auteurs, voire pour le même auteur selon le contexte ; mais aussi, que la diversité des significations n'a pas d'implication directe sur ce qui intéresse les économistes. L'usage fait référence, explicite ou implicite, à une représentation de l'objectif de l'agent et des contraintes auxquelles il est sujet : le comportement est alors dit rationnel précisément s'il optimise, c'est-à-dire s'il maximise la fonction représentative de son objectif [14]. En d'autres termes, la rationalité d'un comportement est une notion relative qui s'apprécie par référence à une représentation [15].

Dans la littérature économique il est entendu, le plus souvent, que l'objectif de l'agent est représenté par son utilité s'il s'agit d'un ménage, par son profit ou un critère dérivé s'il s'agit d'une entreprise, tandis que les contraintes sont analogues à celles figurant explicitement dans les théories formalisées, telles l'équation de budget du ménage ou la fonction de production de l'entreprise. Les discussions sur « le comportement rationnel » ont d'ailleurs une finalité

14. F. Hahn exprime comme suit la définition retenue dans la théorie pure : « Étant donné un ensemble d'actions possibles, l'agent choisit rationnellement s'il n'y a pas d'action possible pour lui dont il préférerait les conséquences à celles résultant de son choix », Introduction de F. Hahn and M. Hollis, *Philosophy and Economic Theory*, Oxford University Press, 1979.

15. Selon une définition alternative, parfois retenue, la rationalité serait une propriété que l'on s'accorderait à reconnaître à certaines procédures décisionnelles. Tout agent utilisant une telle procédure se comporterait rationnellement. Cette notion plus large recouvrirait notamment celles de « rationalité limitée » et de « rationalité des procédures » qui seront mentionnées un peu plus loin.

différente selon qu'il s'agit d'économie positive, celle qui nous intéresse ici, ou d'économie normative. Dans cette dernière on étudie quel comportement devrait permettre de réaliser au mieux l'objectif, le contexte étant tel que la réponse n'est pas évidente ; la difficulté réside alors dans l'existence d'incertitudes et plus encore dans la multiplicité des agents, dont nous nous préoccuperons dans les pages 139 à 147. En économie positive la question consiste à savoir si l'hypothèse du comportement de maximisation est réaliste.

Cette question a fait l'objet de toute une littérature qui a insisté sur la diversité des représentations du comportement humain [16] et, s'agissant plus particulièrement des décisions économiques, sur les fréquentes déviations des comportements effectifs par rapport à celui de maximisation. Le terme de « rationalité limitée » a alors été introduit pour désigner la nature des comportements effectifs [17].

Fondamentalement, l'explication des déviations invoque la complexité du problème qu'affronte l'agent. Parfois, cette complexité provient de la multiplicité des objectifs que celui-ci voudrait atteindre simultanément et auxquels il hésite à attribuer des pondérations quand un arbitrage s'impose ; nous y reviendrons un peu plus loin. Plus souvent, elle tient à la richesse des informations dont il faudrait disposer et à la difficulté des calculs qu'il faudrait effectuer pour vraiment maximiser la fonction d'utilité ou de profit. Bien entendu une formalisation du problème est concevable ; elle consisterait à expliciter complètement les coûts des informations à collecter et des calculs à effectuer ; ces coûts seraient alors incorporés dans l'objectif de l'agent, par exemple ils seraient soustraits dans le calcul du profit de l'entreprise ; si l'hypothèse de rationalité était retenue pour résoudre le problème ainsi modifié on comprendrait vraisemblablement que s'explique fort bien ce qui apparaît à première vue comme une rationalité limitée. Mais cette formalisation du problème effectif avec toutes ses difficultés

16. Les principes de représentation utilisés par d'autres disciplines que l'économie sont évoqués dans le chapitre II.2 de l'ouvrage de B. Walliser et C. Prou.

17. H. Simon, *Models of Bounded Rationality*, MIT Press, Cambridge, 1982.

est elle-même inaccessible au théoricien, ...qui doit donc lui aussi se contenter d'une rationalité limitée [18].

Il importe alors de caractériser la forme des déviations constatées par rapport aux comportements que les modélisations habituelles impliquent. Pour l'essentiel les résultats doivent reposer sur l'observation des comportements réels, car la théorie est évidemment incapable d'apporter à elle seule des preuves définitives sur ces déviations. Toutefois l'étude abstraite de cas qui schématisent les résultats de l'observation aide encore à clarifier les idées.

L'observation des modes de décision révèle que la difficulté de collecte des informations pertinentes a plus d'importance que la difficulté de calcul. Qu'il s'agisse d'un ménage, d'une entreprise ou d'une administration, le choix de la meilleure solution serait habituellement simple si l'on pouvait rassembler d'un coup toute l'information importante. Ce qui prend du temps, c'est d'identifier les alternatives ouvertes, de se faire une idée des probabilités respectives de diverses éventualités, d'évaluer pour chaque choix et chaque éventualité les conséquences qui en découleront. Il est ainsi exceptionnel que, au moment où la décision est prise, on ait le sentiment d'avoir exploré toutes les possibilités ; s'agissant des individus, qu'on pense au choix de l'étudiant entre diverses voies dont il connaît mal les débouchés professionnels, au choix de la ménagère au moment de ses achats courants ou exceptionnels, aux placements financiers du ménage.

Cette situation explique le caractère souvent récursif des décisions : tantôt on cherchera à décomposer le choix en plusieurs étapes de façon à s'engager le moins possible dès le début, tantôt on s'interrogera périodiquement sur l'opportunité de réviser une ligne de conduite adoptée pour prendre des décisions répétées. Certains considèrent l'étude de telles démarches comme particulièrement instructive et parlent alors de « rationalité des procédures » (procedural rationality). La pertinence de ce concept apparaît aussi quand on examine les résultats d'expériences grâce aux-

18. Faire intervenir le coût des procédures décisionnelles conduit de plus à une difficulté logique considérée dans P. Mongin et B. Walliser, « Infinite regressions in the theory of optimization », *in* B. Munier, ed. : *Risk. Decision and Rationality,* Reidel, 1987.

quelles des psychologues, sociologues et économistes ont pu étudier les choix individuels. Il s'avère que le même individu ne fait pas toujours le même choix quand celui-ci lui est présenté sous une forme différente, qui met en jeu un autre processus mental : ainsi la procédure de choix peut influencer la décision [19].

L'attention se déplace ainsi vers les comportements de recherche de l'information, d'adaptation progressive en fonction d'informations partielles et variables, d'apprentissage de nouvelles façons d'agir. Ces divers comportements ont leur logique ; mais ils compliquent la représentation des choix dans les investigations où ceux-ci ne jouent pas le premier rôle, ce qui est le cas usuel en macroéconomie. Recherches, adaptations, apprentissages n'en restent pas moins des éléments essentiels de la réalité, dont il faut chercher à observer les manifestations et qu'il faut savoir faire intervenir à bon escient dans les théories.

Par ailleurs, face à la vision classique de la « rationalité omnisciente », on voit en apparaître une autre, celle de la « satisfaction des aspirations » : l'agent cherche à prendre une décision dont les conséquences répondent à un certain nombre d'exigences, la plupart étant de passer un seuil minimum déterminé par tel critère qui lui importe. C'est le « comportement de réponse à des aspirations » (le néologisme anglais « satisficing behavior » [20] semble intraduisible par une simple transposition). Il n'y a plus alors de garantie que la décision répondant aux exigences retenues soit unique ou optimale. La multiplicité des aspirations traduit une incommensurabilité des objectifs.

Cette vision peut d'autant plus attirer qu'elle est cohérente avec certains principes de psychologie et de sociologie. L'opposer directement à la vision classique des comportements économiques en montre cependant la faiblesse : comment se fait-il que l'agent n'arbitre pas du tout entre les divers objectifs ? Comment se fait-il qu'il s'arrête dès qu'il a satisfait ses aspirations minimum ? Soit W le vecteur dont les composantes w_1, w_2 ... w_m repèrent les grandeurs

19. Voir par exemple A. Tversky and R. Thaler, « Anomalies : preference reversal », *Journal of Economic Perspectives*, Spring 1990.

20. H. Simon, « Rational choice and the structure of the environment », *Psychological Review*, 1956.

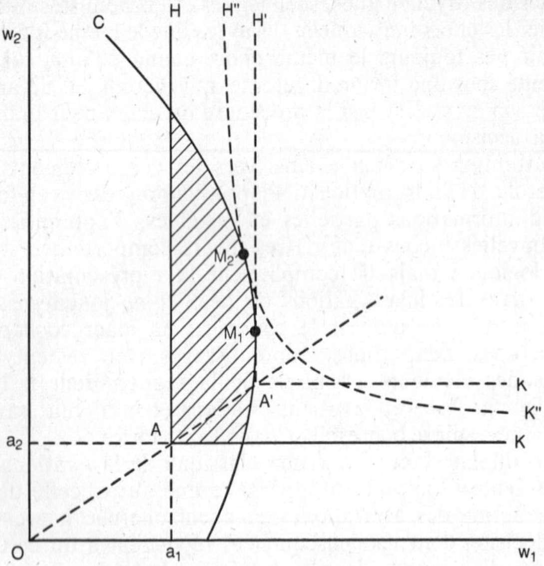

sur lesquelles se portent les aspirations [21]. Soit a_1, a_2 ... a_m les niveaux d'aspiration. Le comportement en cause s'exprime par :

(9) $w_1 \geqslant a_1 \quad w_2 \geqslant a_2 \quad ... \quad w_m \geqslant a_m$

Par exemple sur la figure ci-dessus où m = 2 les niveaux d'aspiration sont les coordonnées du point A. Si l'agent est soumis à la contrainte de ne pouvoir atteindre aucun des points se situant à droite de la courbe C, la zone hachurée représente le résultat de tous les comportements conformes aux aspirations.

Or, on peut prétendre plus réaliste de supposer à tout le moins que l'agent maximise la fonction d'utilité suivante :

21. S'il s'agit d'un consommateur, ce ne sera habituellement pas les diverses consommations mais des fonctions de ces consommations, comme par exemple dans la forme (2) de la fonction d'utilité, voire des fonctions d'autres grandeurs si on adopte le point de vue de J. Lesourne.

(10) $U(W) = \text{Min} \left\{ \frac{w_1}{a_1}, \frac{w_2}{a_2} \dots \frac{w_m}{a_m} \right\}$

Si les niveaux d'aspiration peuvent être tous simultanément dépassés (cas de la figure), il y aura moins d'indétermination avec le comportement de maximisation retenant (10) qu'avec celui de réponse aux aspirations exprimé par (9) et les aspirations seront au moins aussi bien satisfaites. Sur la figure seuls les comportements conduisant à M_1 maximisent U (W), le minimum de w_i/a_i étant alors w_1/a_1.

De plus, la fonction d'utilité (10) refuse toute substituabilité entre les niveaux de satisfaction w_i des divers besoins. N'est-elle pas trop extrême ? Par exemple sur la figure le point M_2 ne peut-il pas être préféré à M_1 ? Certes il satisfait un peu moins bien le besoin exprimé par w_1, mais il satisfait beaucoup mieux celui exprimé par w_2. En d'autres termes une fonction d'utilité moins spéciale que (10) pourrait mieux convenir, avec par exemple des courbes d'indifférence analogues à H″K″ plutôt qu'à la ligne brisée H'A'K'.

Examiner ces deux aspects du comportement de réponse à des aspirations, son indétermination et l'incommensurabilité des aspirations, aide à mieux comprendre sa portée réelle. Commençons par le second. Diverses raisons peuvent expliquer que des critères de choix apparaissent incommensurables entre eux. Une entreprise peut considérer qu'il lui faut assurer sa solvabilité, quels que soient les aléas auxquels elle sera confrontée ; elle se refuse alors à courir quelque risque d'insolvabilité que ce soit, même au prix de grands sacrifices pour ses perspectives de profit. Un agent peut avoir le sentiment qu'il lui est impossible d'affecter des probabilités aux diverses éventualités de sorte qu'il ne peut appliquer une formule telle que (8) où les divers $u(C_e)$ sont pondérés par leurs probabilités. Même dans un ménage, a fortiori dans une large organisation, les préférences des diverses personnes impliquées dans les décisions ne coïncident pas toujours ; si w_1, $w_2 \dots w_m$ représentent les préférences des m personnes du ménage, une formule telle que (10), avec sans doute $a_1 = a_2 = \dots = a_m$, permet d'éviter d'avoir à arbitrer entre les divers membres du ménage, pourvu que tous admettent la même définition des w_j. On voit bien que ces situations ont un certain réalisme. Se placer au niveau agrégé en réduit cependant la portée, car l'agrégation lisse la plupart des discontinuités, comme nous le verrons dans le chapitre 6.

L'indétermination que comporte une condition telle que (9), par comparaison avec la maximisation de la fonction (10), n'a pas la gravité qu'on pourrait lui supposer. En effet il est inhérent à la théorie du comportement de réponse à des aspirations que d'admettre l'adaptation des niveaux d'aspiration a_j. Ces niveaux sont fortement influencés par ce que l'agent a pris l'habitude de considérer comme possible, de sorte que, normalement, la zone d'indétermination laissée par les inégalités (9) sera faible. Si les circonstances s'avèrent favorables, si bien que cette zone apparaît plus vaste que prévu, certains niveaux a_j seront révisés vers le haut. A l'inverse, si aucune possibilité n'existe de satisfaire l'ensemble des inégalités (9), les circonstances étant plus défavorables que prévu, l'agent réduira par force ses exigences et sera donc amené à réviser vers le bas certains a_j.

Entraînant avec elle les recherches, les adaptations, les apprentissages, se traduisant souvent par des décisions qui répondent à des aspirations, la rationalité des procédures opère ainsi une espèce de régulation, par alignement de ce qui est visé sur ce qui est perçu comme possible [22]. Cette régulation est bien entendu partielle, à la fois parce qu'elle se limite à la sphère d'intervention de l'agent et parce que les adaptations ne sont pas instantanées. On peut la concevoir comme réalisant une tendance du comportement effectif vers le comportement de maximisation. On comprend cependant aussi qu'elle puisse jouer un rôle autonome dans l'explication de certains phénomènes macroéconomiques, tels ceux influencés par les marchandages sur les salaires ou les prix. Par exemple il était très difficile d'éviter l'accélération de la spirale inflationniste au milieu des années 1970, alors que les salariés considéraient comme normale la hausse régulière de leur pouvoir d'achat à laquelle la croissance antérieure les avait habitués ; les aspirations étaient devenues beaucoup plus réalistes dix ans plus tard.

22. Pour l'étude de tels processus voir par exemple R. Radner, « Satisficing », *Journal of Mathematical Economics*, June-September 1975.

Au total l'hypothèse de rationalité appliquée aux décisions individuelles supporte assez bien la confrontation avec les alternatives qui lui ont été proposées. On n'attendait pas d'elle qu'elle fournisse plus qu'une approximation valable. On a aussi compris que sa mise en œuvre supposait un choix correct de la fonction objectif, ce qui peut faire problème, notamment en cas d'incertitude. Mais pour l'étude des décisions individuelles dans un cadre qui ne soit pas trop complexe elle semble bien répondre aux besoins du macroéconomiste.

Les concepts de rationalité limitée et de réponse à des aspirations n'en perdent pas pour autant leur pertinence. Sans attendre le chapitre 9 où ils joueront un rôle pour la spécification des lois d'ajustement, nous allons comprendre la place qu'ils peuvent déjà tenir dans l'analyse des décisions individuelles en considérant la formation des anticipations.

Anticipations

Les contraintes qui s'imposent à l'agent, tout particulièrement celles qui font intervenir les décisions futures ou celles qui expriment les résultats à attendre des décisions présentes, contiennent souvent des valeurs anticipées pour des grandeurs non encore observées par l'agent. Cela peut même être le cas pour sa fonction d'objectif. Ces anticipations influencent évidemment les comportements. Elles peuvent être supposées exogènes pour l'étude de certains problèmes. La seule difficulté à leur sujet est alors de savoir, dans l'économie appliquée, quelles valeurs elles prennent. Mais il arrive aussi fréquemment qu'il faille comprendre comment se forment les anticipations, car les diverses variantes qu'on étudie comportent des évolutions différentes, susceptibles de se traduire par des anticipations différentes. Quel principe convient-il alors de retenir pour exprimer la formation des anticipations ?

La première réponse à cette question consistait à admettre que l'agent extrapolait ce qu'il avait observé [24]. Par exemple

24. Voir notamment J. Hicks, *Valeur et capital*, Dunod, Paris 1956, traduction de l'ouvrage paru en 1939.

la valeur x^a_{t+1} anticipée à la date t pour la valeur prise par la grandeur x à la date t + 1 se déduisait des valeurs x_t, x_{t-1}, x_{t-2} ... observées pour la même grandeur en t et aux dates antérieures. Les formules suivantes représentent autant de spécifications possibles de telles « anticipations extrapolatives » :

(11) $$x^a_{t+1} = x_t$$

(12) $$x^a_{t+1} = x_t + b(x_t - x_{t-1})$$

(13) $$x^a_{t+1} = (1 - b) \sum_{\tau=0}^{\infty} b^\tau x_{t-\tau}$$

où b est un nombre positif inférieur à 1 (ici et par la suite on allège la notation en admettant qu'il s'agit toujours d'anticipations à la date précédente, mais la convention pourrait ne pas convenir dans certains cas).

Voisine par ses effets, l'hypothèse d'« anticipations adaptatives » suppose que l'agent adapte ses anticipations à ce qu'il constate. Pour déterminer x^a_{t+1} il corrige donc l'anticipation x^a_t faite pour x_t à la date t – 1 en fonction des erreurs antérieures de prévision, notamment de $x_t - x^a_t$. La formule la plus simple de ce type de comportement s'écrit :

(14) $$x^a_{t+1} = x^a_t + (1 - b)(x_t - x^a_t) = b\, x^a_t + (1 - b)\, x_t$$

Il est facile de vérifier que cette formule est équivalente à la forme d'extrapolation définie par (13) (voir l'annexe à ce chapitre).

Ces deux modes d'anticipation ont quelque chose de mécanique qui peut paraître inadéquat. Il serait plus juste de supposer que l'agent a des idées sur la détermination de x_t et qu'il prévoit les valeurs prises par cette grandeur en suivant ce que ces idées impliquent. Puisque l'agent ne peut prétendre prévoir exactement, il est encore plus juste de dire que son raisonnement l'amène à donner des probabilités aux diverses valeurs possibles de x_{t+1}, en somme à reconnaître que cette grandeur a pour lui la nature d'une variable aléatoire, que nous pouvons dénoter X_{t+1} ; c'est dans le souci de simplifier que nous retenons une valeur précise x^a_{t+1} au lieu de cette variable aléatoire et que d'ailleurs l'agent en fait peut-être autant. Par exemple X_{t+1} peut être remplacé par son espérance mathématique :

$$(15) \qquad x^a_{t+1} = EX_{t+1}$$

Cette façon de rationaliser les anticipations des agents, présentée dans un article aujourd'hui très cité de J. Muth [25], n'est pas nécessairement contradictoire avec l'existence d'anticipations extrapolatives ou adaptatives. Tout dépend des idées, c'est-à-dire de la théorie, qu'a l'agent sur la détermination de x_t. Pour que la règle (15) conduise à des formules du même type que celles indiquées précédemment, il faut que la théorie en cause attribue une grande autonomie au processus régissant x_t : pour autant que l'agent le sache, cette grandeur ne serait influencée que par son propre passé et par des facteurs inobservables.

Un exemple respectant cette condition serait celui où l'égalité suivante s'appliquerait :

$$(16) \qquad X_{t+1} = x_t + \xi_{t+1}$$

la variation de x_t à x_{t+1} serait la variable non observable ξ_{t+1}. Dans le cas le plus simple cette variable serait indépendante du passé et aurait une espérance mathématique nulle ; la formule d'extrapolation (11) s'appliquerait alors. Mais on admettra souvent que la réalité est plus complexe, les valeurs successives des ξ_t traduisant l'effet de facteurs sous-jacents plus ou moins erratiques et étant de ce fait liées entre elles. Ainsi la spécification pourrait être :

$$(17) \qquad \xi_{t+1} = \varepsilon_{t+1} - b\,\varepsilon_t$$

les ε_t successifs étant eux indépendants les uns des autres et ayant une espérance nulle. Avoir observé la suite des valeurs prises par x_t jusqu'en t est pratiquement équivalent à avoir observé celle des ε_t ; l'annexe à ce chapitre montre en effet qu'on peut calculer :

$$(18) \qquad \varepsilon_t = x_t - (1 - b) \sum_{\tau=0}^{\infty} b^\tau x_{t-\tau-1}$$

Dans ce cas précis on voit que les égalités (15) à (18) conduisent à la formule d'extrapolation (13) qui s'applique

25. J. Muth, « Rational expectations and the theory of price movements », *Econometrica*, juillet 1961.

aussi aux anticipations adaptatives régies par (14) (voir annexe).

Supposer une telle autonomie d'une variable sur laquelle portent les anticipations est restrictif. Qu'on pense par exemple au rythme de hausse des prix, dont les agents ont souvent à se faire une idée ; une théorie exprimée par des équations telles que (16) et (17) est très simpliste ; les variations des prix des matières premières, des salaires, voire de la masse monétaire peuvent être des facteurs de variation des prix.

Deux considérations interviennent quand on sort du domaine de la stricte autonomie. D'une part dès que l'action d'une grandeur z_t sur une autre x_t prend un temps suffisant, connaître la première est utile pour anticiper l'évolution de la seconde. D'autre part, même quand il n'en est pas ainsi, il peut être utile pour la prévision de x_t de passer par celle de z_t si certains facteurs déterminant z_t sont observables à l'avance. C'est souvent tout un ensemble de variables qu'il faudrait prendre en compte simultanément, donc prévoir simultanément, si l'on voulait faire la meilleure prévision possible de l'une d'entre elles.

Les motifs qui poussent à supposer la rationalité des comportements s'appliquent ici de façon évidente : l'agent a intérêt à retenir dans ses anticipations les meilleures prévisions possibles ; le modélisateur devrait, semble-t-il, en tenir compte et supposer la rationalité de ces anticipations. Toute une école a pris cette remarque comme point de départ de ses réflexions et en a tiré des conclusions quant à la réalité des phénomènes macroéconomiques, d'une façon d'ailleurs quelque peu hâtive [26].

Le concept d'anticipation rationnelle n'est pas toujours défini avec suffisamment de soin. Dans certains travaux il est purement et simplement assimilé à celui d'anticipations exactes : l'agent prévoirait parfaitement l'évolution future des variables dont il a intérêt à tenir compte ; par exemple :

(19) $x^a_{t+1} = x_{t+1}$

L'hypothèse ne semble se justifier que quand il s'agit de comparer des évolutions régulières de longue période ; alors,

26. Voir par exemple B. Walliser, *Anticipations, équilibres et rationalité économique*, Calmann-Lévy, Paris, 1985.

les agents vivant ces évolutions en constatent les manifestations et ne se trompent pas en en prévoyant la poursuite. Qu'on pense ainsi à la comparaison entre deux croissances à taux d'inflation constant, de 5 % l'an dans la première, 10 % l'an dans la seconde ; il est naturel d'admettre que le rythme annuel prévu de l'inflation est de 5 % avec la première croissance, de 10 % avec la seconde. Dans de tels cas d'ailleurs les anticipations rationnelles sont aussi extrapolatives ou adaptatives.

C'est dans l'étude des évolutions complexes à court terme que le choix d'une hypothèse pour le mode de formation des anticipations importe le plus. L'école des anticipations rationnelles part de l'idée que les agents savent comment l'économie fonctionne, qu'ils connaissent à chaque moment toutes les informations disponibles et que leurs anticipations sont dès lors les meilleures prévisions qu'on puisse faire. Cette idée est-elle préférable à celle des anticipations adaptatives ?

J'en doute quant à moi. Les phénomènes macroéconomiques sont trop complexes, les spécialistes s'accordent trop mal entre eux sur l'explication à leur donner [27] et le public est trop mal informé pour qu'on puisse admettre en toute confiance l'idée de prévisions optimales faites par tous. La rationalité limitée peut s'appliquer ici, les agents raisonnant comme si les grandeurs à prévoir suivaient chacune une évolution autonome obéissant à un processus aléatoire stable. Cette hypothèse grossière peut bien leur paraître plus fiable que l'argumentation parfois sophistiquée paraissant dans la presse ou dans la documentation spécialisée à laquelle ils ont accès.

En revanche, en cas de rupture majeure de l'évolution économique, à la suite d'un événement dont tout le monde perçoit qu'il va changer les choses, tel le début d'une guerre, on doit admettre que les anticipations de tous en sont

27. On pourrait ironiser sur le fait que les plus fervents avocats des anticipations rationnelles les ont appliquées en macroéconomie à des modèles bien particuliers comme si ceux-ci représentaient parfaitement le fonctionnement de l'économie et étaient reconnus par tous comme ayant cette vertu ; cependant ces modèles ne cadraient pas avec la théorie keynésienne qui avait constitué la base de l'enseignement macroéconomique durant deux décennies et qui presque partout continue à la constituer.

affectées. L'hypothèse d'anticipations extrapolatives ou adaptatives n'est plus alors adéquate. Tout le problème consiste à savoir ce qui, dans l'esprit des agents, constitue un événement exceptionnel interdisant toute extrapolation mécaniste du passé. Selon certains auteurs, chaque nouvelle décision budgétaire ou monétaire aurait ce caractère. Il semble bien difficile de les suivre.

Finalement l'observation devrait renseigner sur le choix des meilleures hypothèses. Elle le fait moins qu'on ne le souhaiterait, car la collecte de statistiques précises sur les anticipations des agents n'est devenue coutumière que récemment et ne porte que rarement sur un horizon dépassant les quelques prochains mois. S'agissant des prévisions relatives au rythme d'inflation, on peut cependant se référer à diverses études. Elles semblent bien montrer qu'on doit rejeter aujourd'hui l'hypothèse d'anticipations purement rationnelles, car les prévisions sont biaisées par rapport à celles qu'aurait établies un statisticien tenant compte de toute l'information disponible au moment de la prévision et admettant que les diverses grandeurs concernées définissent conjointement un processus stochastique stable [28]. Des formules d'anticipations adaptatives ne sont pas très bonnes non plus, sauf quand on y fait intervenir, mais c'est bien naturel, d'autres variables observées, telles que la rigueur de la réglementation des prix, l'évolution récente des prix de l'énergie et des matières premières, la pression de la demande sur les marchés [29].

28. Voir notamment B. Brown and S. Maital, « What do economists know ? An empirical study of experts' expectations ». *Econometrica*, March 1981 ; F. de Leeuw and M. McKelvey, « Price expectations of business firms : bias in the short and the long run »,*American Economic Review*, March 1984 ; M. Lovell, « Tests of the rational expectations hypothesis »,*American Economic Review*, March 1986.

29. Deux études, respectivement sur données françaises et anglaises, donnent des résultats voisins : P. Artus, « Anticipations de prix à court terme », *Annales de l'INSEE*, avril-septembre 1977 ; M. Pesaran, « Formation of inflation expectations in British manufacturing industries », *Economic Journal*, December 1985.

Rationalité des organisations

Malgré de sérieuses réserves touchant la formation des anticipations et susceptibles de s'appliquer aussi à d'autres décisions, j'ai conclu que le paradigme de la rationalité individuelle devait convenir pour l'étude macroéconomique du comportement des ménages et des entreprises familiales. La situation est beaucoup moins favorable pour les autres entreprises, la plupart constituant de véritables organisations. On ne manque pas en effet de témoignages montrant que les décisions y ont d'autres motivations que la maximisation du profit. Mais passer de ces témoignages à une spécification macroéconomique du comportement est difficile : ils sont divers, donc difficiles à synthétiser ; de plus ils ne sont pas tous nécessairement incompatibles avec la maximisation du profit sur la longue période.

Le sujet, quelque difficile qu'il soit, a une grande importance pour la macroéconomie, car les entreprises jouent un rôle essentiel dans la détermination des évolutions économiques : leurs politiques d'investissement, d'emploi, de prix, de production, etc., constituent des éléments stratégiques pour la croissance, le chômage ou l'inflation. Représenter correctement la genèse et la mise en œuvre de ces politiques serait indispensable pour une modélisation précise des phénomènes. Le sujet restera donc longtemps un thème de recherches à suivre avec beaucoup d'intérêt.

Un certain degré de décentralisation des décisions existe dans toute organisation. Les incidents susceptibles de survenir à chaque endroit du dispositif sont trop nombreux et divers pour que la décision à prendre ait été prévue à l'avance par la personne occupant la position centrale ; des règles impliquant que cette personne soit consultée à chaque occasion paralyseraient la gestion par l'abondance de ce qui remonterait ainsi et l'incapacité du centre à bien étudier chaque cas d'espèce. Ceux qui travaillent dans une organisation jouissent toujours d'une certaine autonomie dans le cadre de règles et d'usages qui la limitent. La question se pose donc de savoir si les décisions ainsi prises, de façon décentralisée, contribuent bien à la poursuite de l'objectif de l'organisation.

La discordance avec l'objectif particulier poursuivi par la personne en cause peut fournir une première cause de divergence : le souci d'accroître son revenu ou de ne pas se fatiguer peut aller à contre-courant de ce que le service de l'organisation exigerait. Les règles de fonctionnement de l'organisation visent à réduire ces causes de divergence, mais elles n'y réussissent jamais tout à fait [30]. La difficulté est réelle, bien que l'observation en réduise quelque peu la gravité : les personnes travaillant dans une organisation acceptent souvent sans y être contraintes de sacrifier au moins en partie leur objectif individuel quand ce qu'il faut faire pour atteindre l'objectif de l'organisation est clair.

Une cause de difficulté, peut-être aussi fréquente, tient à l'incapacité de la personne impliquée à reconnaître ce que l'objectif de l'organisation recommanderait de faire. Cette personne n'a pas la compétence pour cela, ou même elle n'a pas, de la place qu'elle occupe, l'information requise. Elle réagit alors en fonction d'habitudes non nécessairement opportunes dans le cas d'espèce.

Une particularité commune des grandes entreprises concerne la dissociation entre la propriété, appartenant à des actionnaires, et la direction, confiée à des gestionnaires. Placés au centre du dispositif, mieux informés que les actionnaires, ces dirigeants disposent de fait de grands pouvoirs. On peut s'interroger sur la question de savoir si la maximisation du profit de l'entreprise constitue toujours leur critère de décision.

Face à l'ensemble de ces questions qui, je le répète, demandent à être étudiées davantage, on peut tenter de dégager certaines conclusions, au moins provisoires [31]. La chose n'est d'ailleurs pas simple, car les très nombreuses monographies, qui ont traité de l'histoire de telle entreprise

30. Il y a maintenant une abondante littérature de théorie économique sur le choix des mécanismes de fonctionnement des organisations. Voir K. Arrow and M. Intriligator, ed., *Handbook of Mathematical Economics,* vol. III, Amsterdam, North Holland 1986 ; en particulier les articles de L. Hurwicz et T. Marschak.

31. Voir la « conférence Nobel » de H. Simon, « Rational decision making in business organizations », *American Economic Review,* septembre 1979.

ou de la genèse de telle décision importante, n'ont pas adopté de méthodologie définie et n'ont pas été synthétisées pour les besoins de la macroéconomie.

Il semble bien, d'abord, que les difficultés de coordination et de traitement de l'information à l'intérieur des grandes entreprises limitent la rationalité de leurs choix. Cela les conduit à n'étudier qu'une partie des options réellement ouvertes, à se contenter de règles d'action simples, à se fixer des sous-objectifs qui jouent le même rôle que les aspirations définies page 130, à laisser subsister un certain mou dans leur organisation, ce qui doit permettre une meilleure adaptabilité aux imprévus mais ce qui est aussi une cause d'inefficacité. L'étude des organisations, ou ce qui a été appelé « théorie behaviouriste de l'entreprise », conduit à de telles conclusions. Celles-ci sont aussi validées en quelque sorte par certaines recherches de psychologie sur le processus adopté effectivement par l'homme pour résoudre les problèmes, un processus où apparaît également une rationalité limitée.

Il s'avère ensuite que, par rapport à la maximisation du profit, le comportement des grandes entreprises dévie non seulement en raison d'une moindre efficacité due à leur rationalité limitée, mais aussi en direction d'objectifs de croissance et de survie. Soucieux d'accroître leur importance et de dynamiser leur personnel, les dirigeants privilégient parfois la croissance de l'entreprise, même alors que celle-ci semble devoir être plus coûteuse que profitable. L'objectif de rentabilité ne disparaît évidemment pas puisqu'il s'impose de toute façon ; mais un compromis s'établit avec le souci de croissance. De plus, les entreprises n'échappent pas à ce réflexe, commun aux organisations, les poussant à se survivre même quand elles ne peuvent plus réaliser que des pertes [32].

32. Ces déviations du comportement des gestionnaires par rapport à ce qu'exigerait la maximisation du profit ont fait l'objet récemment de nombreuses études aux États-Unis, où l'on s'est beaucoup interrogé sur les raisons d'être des offres hostiles d'achat en bourse. Selon une thèse, quand les dirigeants d'une entreprise négligent la maximisation du profit, il se trouverait un « raider » pour réaliser une opération profitable en acquérant l'entreprise et en en changeant la ligne de conduite. Voir par exemple « Symposium on Takeovers », *Journal of Economic Perspectives*, Winter 1988.

En vue d'intégrer ces observations dans la théorie formalisée du comportement de l'entreprise, deux propositions ont été faites, depuis longtemps déjà. La première consiste à spécifier que l'objectif de l'entreprise est de maximiser sa production, mais avec la contrainte additionnelle que son profit atteigne au moins un certain seuil garantissant sa solvabilité [33]. L'autre spécifie que les dirigeants de l'entreprise arbitrent entre deux objectifs, la maximisation de la production et la minimisation du risque d'absorption involontaire, un changement dans la propriété du capital entraînant presque toujours aussi un changement de direction [34].

Pour la construction des théories macroéconomiques ces deux propositions ont sans doute des effets voisins. Leurs difficultés communes sont d'une part de compliquer le traitement des problèmes, d'autre part d'introduire de l'arbitraire avec le choix du seuil requis de rentabilité dans le premier cas, de la fonction exprimant l'arbitrage des dirigeants dans le second. C'est pourquoi ces propositions ont été peu suivies en macroéconomie théorique ou appliquée. Les retenir ne rendrait d'ailleurs pas caducs tous les résultats obtenus jusqu'à présent ; par exemple, tous ceux qui sont liés à la minimisation des coûts subsisteraient sans changement. C'est sur les comportements en situation de concurrence imparfaite que les modifications seraient sans doute les plus sensibles ; par exemple, un monopoleur produirait plus et exploiterait moins sa clientèle, en fixant un prix moins élevé, que s'il cherchait uniquement à maximiser son profit.

Considérer la rationalité des décisions des grandes entreprises, comme nous venons de le faire, amène à en voir toutes les limitations ainsi qu'à porter l'attention sur les effets de la dissociation entre la direction de l'entreprise et la propriété de son capital. Cela m'amène aussi à revenir sur la discussion de l'hypothèse selon laquelle le compor-

33. W. Baumol, *Business Behavior, Value and Growth,* New York, 1959.

34. R. Marris, *The Economic Theory of « Managerial » Capitalism,* London 1964 ; H. Odagiri, *The Theory of Growth in a Corporate Economy,* Cambridge University Press, 1981. L'existence d'une menace potentielle d'offre d'achat hostile en bourse est souvent considérée comme obligeant les dirigeants à se rapprocher d'un comportement de maximisation des profits. Voir « Symposium on Takeovers », *op. cit.*

tement de l'entreprise est autonome par rapport à celui de son ou ses propriétaires (voir pages 85 à 88). Sans aucun doute la présence d'une rationalité limitée et le rôle reconnu aux gestionnaires renforcent la vraisemblance de l'hypothèse d'autonomie.

Décisions interactives

Quoi qu'il en soit de ces difficultés à propos de la rationalité des entreprises, un autre problème affecte le réalisme des modélisations macroéconomiques représentant les comportements. On a pu, à bon droit, reprocher à ces modélisations de traiter les entreprises comme des unités trop passives. Le terme d'« unités actives » employé par François Perroux exprimait son insatisfaction à cet égard. Identifions d'abord le problème, avant de nous interroger sur sa portée [35].

Le comportement attribué à l'entreprise se ramène à la maximisation d'un objectif sous la condition qu'un ensemble de contraintes soient respectées. L'entreprise est supposée n'avoir aucune action sur ces contraintes, qui s'imposent donc à elle indépendamment de ses choix. Les contraintes traduisent notamment les effets des décisions des autres agents, vis-à-vis desquelles l'entreprise apparaît ainsi comme passive. L'hypothèse est commode puisqu'elle définit de façon relativement simple le comportement de l'entreprise et qu'elle se prête à une agrégation assez aisée pour passer de l'entreprise représentative à l'ensemble des entreprises. L'hypothèse est satisfaite en concurrence parfaite, puisque l'entreprise accepte les prix de tous les biens comme des données ; elle est également satisfaite dans un autre cas, très souvent considéré aujourd'hui en macroéconomie, celui de la concurrence monopolistique, puisque la demande s'adressant à l'entreprise est alors une fonction donnée du prix choisi. Mais l'hypothèse est restrictive puisqu'elle ne s'applique pas à des formes plus complexes de concurrence imparfaite.

35. Sur le thème de cette section on pourra lire L. Johansen, « Interaction in economic theory », *Economie appliquée*, vol. 34, n° 2-3, 1981.

Considérons par exemple le cas du duopole, c'est-à-dire d'un marché alimenté par deux entreprises ayant à décider chacune de leur production ; le prix auquel cette production s'écoulera est déterminé par la fonction de demande pour le bien en question et dépend donc de la production totale. Ainsi, la contrainte définissant la recette de chaque entreprise en fonction de sa production dépend aussi de la production de l'autre entreprise. Chaque entreprise est passive si elle accepte comme une donnée la production de l'autre quand elle maximise son profit. Mais si son concurrent est passif, le chef d'entreprise a intérêt à produire davantage, car cela amènera le concurrent à réduire sa production. L'équilibre dans lequel les deux entreprises sont passives semble donc instable. De fait, l'observation du monde des affaires montre bien l'existence de conflits économiques pour l'acquisition d'une position dominante sur un marché.

John von Neumann et Oscar Morgenstern ont compris que la théorie des jeux offrait le cadre conceptuel adéquat pour le traitement de telles situations [36]. Cette théorie suppose qu'existent n joueurs ($i = 1, 2 \ldots n$) dont les actions respectives peuvent être représentées par des êtres mathématiques a_i ; chaque joueur a pour objectif la maximisation de son gain, celui-ci dépendant non seulement de a_i mais aussi des actions des autres joueurs et étant donc une fonction g_i $(a_1, a_2 \ldots a_n)$. Dans un tel contexte, il n'y a pas indépendance des décisions des divers joueurs ; il faut parler de décisions conjointes, car elles sont prises simultanément en pleine conscience de leurs effets réciproques. La théorie des jeux s'est donc proposée de déterminer à quelle issue devait conduire la rationalité des décisions interactives.

Cette théorie a été depuis quarante ans une source d'inspiration considérable pour les économistes, qui ont d'ailleurs beaucoup contribué à son développement. Mais elle s'est avérée très difficile et à cet égard décevante par rapport aux espoirs initiaux. La conceptualisation a tâtonné, à tel point qu'on en est venu à penser qu'il n'existait pas de définition générale non ambiguë de ce que devait être l'issue

36. J. von Neumann and O. Morgenstern, *Theory of Games and Economic Behavior,* Princeton University Press, 1947.

d'un jeu : on ne dispose pas d'un concept pertinent de solution qui, étant donné les domaines de variation des a_i et les fonctions de gain g_i, permettrait de déterminer les décisions conjointes des joueurs ; plus exactement, on dispose d'une multiplicité de concepts concurrents et il revient au chercheur de trouver dans chaque cas celui qui lui paraît le plus adéquat.

Deux de ces concepts seraient, s'ils étaient toujours adéquats, commodes pour le macroéconomiste. Le premier, appelé « équilibre de Nash », part de ce que j'ai appelé la passivité des joueurs : chacun considère les actions des autres comme données ; $(a_1^*, a_2^* \ldots a_n^*)$ est alors un équilibre de Nash si, pour chaque joueur i, l'action a_i^* choisie parmi toutes les actions possibles maximise le gain g_i considéré comme fonction de a_i seulement, c'est-à-dire maximise la fonction

$$(20) \qquad g_i\,(a_1^* \ldots a_{i-1}^*,\ a_i,\ a_{i+1}^* \ldots a_n^*)$$

où $a_1^* \ldots a_{i-1}^*, a_{i+1}^* \ldots a_n^*$ sont considérés par i comme de purs paramètres s'imposant à lui [37].

A l'opposé la parfaite collusion des joueurs conduit à la maximisation de la somme de leurs gains :

$$(21) \qquad \sum_{i=1}^{n} g_i\,(a_1, a_2 \ldots a_n)$$

les gains étant éventuellement redistribués entre les joueurs d'une façon qui n'intéresse pas tellement le macroéconomiste ; celui-ci peut alors raisonner en traitant l'ensemble des n joueurs comme un seul agent ; par exemple, un duopole avec parfaite collusion est équivalent à un monopole, les deux entreprises se comportant comme une seule.

Mais, bien entendu, dans de nombreuses situations, ni l'un ni l'autre de ces deux concepts ne paraît a priori adéquat pour déterminer les décisions qui seront prises. La

37. Ainsi que L. Johansen l'a fait valoir *(op. cit.)*, on ne caractérise pas parfaitement l'équilibre de Nash en disant qu'il suppose la passivité des joueurs, ou qu'il suppose données pour chacun les actions des autres joueurs. Le concept a été défini pour des situations où les joueurs ne peuvent pas communiquer entre eux et où chacun doit trouver comment lui-même et les autres doivent alors se comporter.

théorie microéconomique est pleine d'exemples où il a paru opportun de se référer à d'autres concepts pour représenter les décisions d'entreprises interdépendantes sur les marchés [38].

Jusqu'à présent ces recherches microéconomiques n'ont pas conduit à un renouvellement des modèles par lesquels la macroéconomie représente le comportement des entreprises. Quant à moi, je ne perçois d'ailleurs pas actuellement comment elles pourraient y parvenir. Le problème me paraît, somme toute, comparable à celui des pertes d'efficacité liées au fonctionnement des grandes organisations : de même que la divergence des motivations individuelles et les difficultés de coordination et d'information limitent la rationalité des décisions des grandes entreprises, de même les conflits d'intérêt entre entreprises d'un secteur nuisent à l'efficacité du secteur. Mais, dans un cas comme dans l'autre, l'effet résultant est difficile à caractériser ; s'il a à intervenir dans le raisonnement on doit sans doute se contenter d'une évaluation forfaitaire inévitablement grossière.

Cela ne veut pas dire que les développements de la théorie des jeux n'aient aucune application en macroéconomie. Mais les applications ne se trouvent pas dans la modélisation des comportements des ménages et des entreprises. Elles concernent des questions telles que les négociations salariales entre syndicats, patronat et gouvernement, ou la coordination des politiques économiques de plusieurs pays ; les problèmes sont alors d'emblée macroéconomiques, ce qui simplifie considérablement leur prise en compte par le macroéconomiste. Nous y reviendrons, en particulier dans le chapitre 9.

***

38. Depuis une bonne dizaine d'années des travaux expérimentaux ont été conduits, suivant une méthodologie précise, afin de faire apparaître quels comportements retenaient effectivement des échangistes placés sur les marchés dans des situations de jeu. On a constaté que l'organisation des marchés était souvent plus déterminante que le nombre d'échangistes ou leurs tailles respectives. Le macroéconomiste peut trouver quelque réconfort dans ces travaux puisque les deux cas extrêmes, l'équilibre de Nash et la collusion parfaite, apparaissent plus souvent que les théoriciens l'auraient pensé. Voir par exemple C.R. Plott, « Industrial organization theory and experimental economics », *Journal of Economic Literature,* December 1982.

Dans la discussion de la rationalité attribuée aux ménages et aux entreprises par les théories macroéconomiques, nous avons rencontré pas mal de considérations relevant, comme dans le chapitre précédent, de la difficulté du passage d'une réalité à son appréhension intellectuelle. C'est dire que la modélisation des comportements n'est pas une tâche achevée, surtout en ce qui concerne le secteur des entreprises qui joue le rôle majeur dans de nombreux phénomènes macroéconomiques.

La voie à suivre consisterait surtout à tenter de mieux faire intervenir les limitations effectives de la rationalité des agents. Explorer cette voie ne supposerait pas un changement d'approche philosophique, mais plutôt une habileté à introduire dans les raisonnements aux bons endroits une dimension nouvelle de complexité, sans pour autant rendre toute théorie, toute induction et toute application, impossibles. La tâche n'est certes pas aisée.

***

ANNEXE

1. ÉQUIVALENCE ENTRE LES FORMULES D'ANTICIPATION (13) ET (14)

Soit l'égalité :

$$x^a_{t+1} = (1-b) \sum_{\tau=0}^{\infty} b^{\tau} x_{t-\tau} \qquad (13)$$

Elle implique évidemment :

$$bx^a_t = b\,(1-b) \sum_{\tau'=0}^{\infty} b^{\tau'} x_{t-\tau'-1} \qquad (22)$$

Dans cette égalité le changement de variable $\tau = \tau' + 1$ conduit à :

$$(23) \qquad b x_t^a = (1-b) \sum_{\tau=1}^{\infty} b^\tau x_{t-\tau}$$

Soustraire (23) de (13) conduit à :

$$(24) \qquad x_{t+1}^a - b x_t^a = (1-b) x_t$$

qui n'est autre que (14).

2. Justification de l'équation (18)

Ayant observé la valeur x_t prise par la variable aléatoire X_t on connaît, en vertu de (16) et (17) :

$$(25) \qquad \varepsilon_t - b\varepsilon_{t-1} = \xi_t = x_t - x_{t-1}$$

c'est-à-dire

$$(26) \qquad \varepsilon_t = b\varepsilon_{t-1} + x_t - x_{t-1}$$

donc aussi

$$(27) \qquad b\varepsilon_{t-1} = b^2\varepsilon_{t-2} + b x_{t-1} - b x_{t-2}$$

qui, reporté dans (26), conduit à :

$$(28) \qquad \varepsilon_t = b^2\varepsilon_{t-2} + x_t - (1-b) x_{t-1} - b x_{t-2}$$

Substituant de même la valeur de $b^2 \varepsilon_{t-2}$ on obtient :

$$(29) \qquad \varepsilon_t = b^3\varepsilon_{t-3} + x_t - (1-b) \sum_{\tau=0}^{1} b^\tau x_{t-\tau-1} - b^2 x_{t-3}$$

En procédant à une suite indéfinie de substitutions analogues on arrive à l'équation (18), puisque le premier et le dernier terme du membre de droite tendent vers zéro (b est un nombre positif inférieur à 1, donc b^T tend vers zéro quand T tend vers l'infini).

3. Les équations (15) et (18) impliquent (13)

A la date t la valeur ε_t est connue mais ε_{t+1} ne l'est pas ; l'espérance mathématique de ε_{t+1} est nulle ; en vertu de (17) l'espérance mathématique de ξ_{t+1} est alors égale à $-b\varepsilon_t$. Les équations (15) et (16) impliquent alors :

(30) $x^a_{t+1} = x_t - b\varepsilon_t$

Reportant dans cette équation la valeur de ε_t donnée par (18) on obtient :

(31) $$x^a_{t+1} = (1-b)\, x_t + b\,(1-b) \sum_{\tau'=0}^{\infty} b^{\tau'}\, x_{t-\tau'-1}$$

L'équation (13) en résulte directement après le changement de variable $\tau = \tau' + 1$.

Chapitre 5

Équilibres

Même quand les divers agents, considérés individuellement, paraissent autonomes dans leurs décisions, de fortes interdépendances existent entre eux du fait qu'ils opèrent à l'intérieur du même système économique. Comprendre les phénomènes économiques c'est précisément comprendre le jeu de ces interdépendances, qu'il importe dès lors de bien formaliser. Les économistes ont forgé pour cela le concept d'équilibre, commun dans son principe à toutes les théories, bien que ce ne soit pas toujours reconnu et que le concept puisse être appliqué de façon différente d'une théorie à une autre.

Il est donc indispensable d'examiner avec soin la définition du concept. Mais cela ne suffit pas, car sa mise en œuvre a toute une histoire, riche en problèmes de méthodes, une histoire faite d'espoirs et de déceptions, significatifs les uns comme les autres. Ce chapitre portera un regard méthodologique sur cette histoire, en évoquant quelques phases essentielles. Il ne se limitera pas à l'examen des théories macroéconomiques en elles-mêmes car, sous-jacente à chacune d'elles, il y a une vision, peut-être confuse, des interdépendances microéconomiques qui en constitue le fondement. Cependant, ce chapitre fournira aussi une explication du fossé qui, pendant longtemps encore, existera entre les théories microéconomiques pleinement formalisées et certains des phénomènes macroéconomiques les plus importants.

Un concept général

Le terme « équilibre » semble avoir été introduit en économie d'abord dans la théorie des prix et de l'allocation des ressources. Dans ses *Éléments d'économie pure,* dont la première édition parut en 1874, Léon Walras lui donna une grande place ; quand l'offre d'un bien est égale à sa demande, le marché correspondant est dit être dans un état stationnaire ou « en équilibre » ; quand, de même, sur tous les marchés les offres égalent les demandes, un « équilibre général » prévaut. Alfred Marshall qui, au début du siècle, joua un rôle important dans la formation des économistes, introduisit en 1890 la notion d'« équilibre temporaire » que la section 3 présentera (pages 160 et suiv.).

Mais l'expression fut utilisée par la suite en dehors de la théorie des prix. Keynes, et plus encore ses disciples, étudièrent, il y a cinquante ans, comment un « équilibre de sous-emploi » dépendait de la politique monétaire ou budgétaire. Depuis, les progrès de l'économie mathématique contribuèrent à la diffusion rapide de ce concept abstrait dans pratiquement toutes les branches de l'économie.

Pendant longtemps le mot d'équilibre fut associé à l'idée d'un ordre économique qui satisferait au mieux les besoins humains ; il avait alors, en plus de son sens descriptif, une connotation normative. Cette association explique pourquoi le mot, mais non le concept, fut refusé par les critiques des institutions économiques existantes (Karl Marx ne parla pas d'équilibre, mais consacra beaucoup d'efforts à présenter une théorie de la valeur qui n'est rien d'autre, en termes modernes, qu'une théorie de l'équilibre).

Un examen attentif du concept, et de son opposé « déséquilibre », a été fait il y a trente ans par F. Machlup [1]. Celui-ci montra que la notion abstraite d'équilibre est toujours intimement liée au modèle dans lequel elle intervient. Il proposa alors la définition suivante : un équilibre est « une constellation de variables choisies, reliées et ajustées les unes aux autres de telle manière qu'elles interdisent toute tendance au changement dans le modèle qu'elles constituent » ; ou, plus simplement, l'équilibre est « la compati-

1. F. Machlup, « Equilibrium and disequilibrium. Misplaced correctness and disguised politics », *The Economic Journal,* March 1958. Une traduction française figure dans F. Machlup, *Essais de sémantique économique,* Calmann-Lévy, Paris, 1971.

bilité mutuelle d'un ensemble choisi de valeurs interdépendantes données à des grandeurs particulières [2] ».

Ces définitions insistent sur la compatibilité mutuelle mais ne font pas référence au domaine d'investigation de l'économie. On peut être plus spécifique et stipuler qu'un équilibre économique reconnaît toujours l'existence d'agents se livrant à des opérations. La compatibilité a deux dimensions toujours présentes, ne serait-ce qu'implicitement dans certains modèles : (1) les diverses actions d'un même agent sont compatibles entre elles, compte tenu des contraintes qui s'imposent à lui et des objectifs qu'il poursuit, éventuellement avec une rationalité limitée ; (2) les actions des divers agents sont compatibles entre elles : par exemple un échange sur un marché est un achat pour un agent et une vente pour un autre. Ainsi je propose la définition suivante : *Dans la représentation abstraite d'une catégorie de phénomènes économiques, un équilibre est un état dans lequel les actions des divers agents sont mutuellement cohérentes entre elles et sont, pour chaque agent, compatibles avec le comportement que cette représentation lui attribue.*

Remarquons que cette définition, de même que la seconde proposée par Machlup, ne font pas référence au processus qui conduirait à la réalisation de l'équilibre et assurerait son maintien. Cependant, si l'on parle d'équilibre, c'est bien qu'on accepte l'idée qu'un processus de cette nature devrait, ou tout au moins pourrait, exister. Effectivement, certaines théories économiques, mais pas toutes, définissent explicitement le processus et en étudient les propriétés. Nous reviendrons dans la section 4 (pages 165 et suiv.) sur cet aspect des équilibres. Pour commencer nous en ferons abstraction.

Si le concept d'équilibre a un tel intérêt en théorie économique, c'est qu'il sert de base à la construction des modèles grâce auxquels les théories peuvent avoir un pouvoir explicatif et prédictif. En offrant une certaine représentation des comportements des agents et de leur compatibilité mutuelle, chaque théorie définit un système mathématique liant les valeurs prises par les grandeurs qu'elle considère.

2. Je préfère cette traduction à celle figurant dans l'ouvrage publié en français.

Le présupposé de ce système réside précisément en ceci que, dans tous les cas où l'on aura à l'appliquer, la compatibilité mutuelle de comportements interdépendants sera assurée. Le réalisme de la théorie repose ainsi à la fois sur celui de la représentation des comportements et sur la nécessité de la compatibilité en cause. C'est d'ailleurs pourquoi la considération du processus de réalisation de l'équilibre importe.

Toute théorie comporte de plus une distinction entre les grandeurs que les comportements considérés déterminent conjointement, grandeurs dites endogènes, et les autres grandeurs dites exogènes, intervenant comme des données, c'est-à-dire dont on admet qu'elles sont déterminées par ailleurs.

Raisonnons pour un instant sur une représentation formelle assez générale des modèles économiques dont nous verrons quelques exemples dans la section suivante. Soient y_j l'une des m variables endogènes ($j = 1, 2... m$) et x_i l'une des n variables exogènes ($i = 1, 2... n$). La représentation des comportements et celle des conditions d'équilibre conduisent à m équations que l'on peut exprimer par :

$$(1) \quad F_j (x_1, x_2 \ldots x_n ; y_1, y_2 \ldots y_m) = 0 \qquad j = 1, 2 \ldots m$$

Pour tout ensemble de valeurs données aux variables exogènes x_i, le système de ces m équations devrait permettre de déterminer les valeurs correspondantes des variables endogènes y_j ; ainsi le système et ses variables exogènes « expliqueraient » les variables endogènes.

On voit bien que les définitions examinées précédemment reviennent à définir formellement un équilibre comme un ensemble de valeurs données aux $n + m$ variables x_i et y_j, valeurs qui satisfont les m équations (1). On peut encore dire que $n + m$ valeurs choisies de façon quelconque définissent un « état » de l'économie ; cet état est un équilibre quand il respecte les équations (1).

Ce formalisme permet de poser en termes généraux quelques questions méthodologiques sur l'équilibre qu'une théorie quelconque considère. Pensant aux besoins de la macroéconomie, nous nous limiterons à trois d'entre elles : l'existence d'un équilibre, son unicité, sa différentiabilité.

Un équilibre existe, correspondant à des valeurs données

des variables exogènes x_i, s'il y a bien au moins un jeu de valeurs des variables endogènes y_j qui satisfait le système des équations (1). L'existence d'un équilibre exprime la compatibilité des équations (1) et de l'hypothèse d'exogénéité des x_i, donc la cohérence de la théorie. Quelque réaliste qu'elle puisse sembler, une théorie n'ayant pas d'équilibre, pour des valeurs pertinentes des x_i, manque de cohérence, puisque ses équations supposent la réalisation de l'équilibre. Elle ne saurait donc avoir de pouvoir explicatif. Démontrer l'existence d'un équilibre paraît ainsi constituer une exigence minimale de rigueur.

Il y a cependant un risque : que l'attention se polarise excessivement sur cette question qui, dans certains contextes, peut se révéler si difficile qu'elle prenne le pas sur un examen sérieux du réalisme du modèle proposé. En effet la représentation fournie par les équations (1) ne fait pas bien apparaître que les fonctions F_j ne sont en général pas parfaitement spécifiées. Si elles l'étaient, et si les valeurs des variables exogènes l'étaient aussi, la démonstration de l'existence d'un équilibre résulterait en pratique de la résolution du système, éventuellement par des procédés numériques. Mais les théories usuelles ne déterminent que la forme des fonctions F_j et certaines de leurs propriétés conjointes. Elles couvrent donc tout un ensemble de spécifications. Démontrer l'existence d'un équilibre c'est alors s'assurer qu'il existe pour chaque spécification de l'ensemble. Le problème peut apparaître intéressant, car il fait mieux comprendre la théorie ou voir qu'elle doit être complétée par telle hypothèse qu'on avait oubliée. Mais le problème mathématique peut se révéler épineux, malgré le recours possible à des théories générales qui aident à le traiter. J'ai parfois le sentiment que certains théoriciens surestiment l'importance de ce problème par rapport à bien d'autres que leurs modèles soulèvent.

Si une théorie sans équilibre est incohérente, une théorie ayant deux équilibres ou davantage est incomplète puisqu'elle n'aboutit pas à une détermination précise des variables endogènes. Prise en elle-même, elle laisse subsister un doute sur les valeurs que devraient avoir les grandeurs qu'elle est censée expliquer. Pour aboutir à une détermination stricte, il faut ajouter quelques précisions supplémentaires.

Quand un équilibre existe et qu'il est unique pour un domaine de variation précis des variables exogènes, on peut résoudre sans ambiguïté le système d'équations (1) et écrire ·

(2) $y_j = f_j (x_1, x_2 ... x_n)$ $j = 1, 2 ... m$

On peut dès lors savoir comment chaque grandeur endogène varie avec telle variable exogène x_i. C'est évidemment pour de telles applications que les théories sont construites. Les économistes souhaitent notamment comparer les équilibres résultant de conditions exogènes différentes ; ils parlent alors de *statique comparée,* une expression que nous avons déjà rencontrée lors d'une incidente dans le chapitre 3 (pages 75 et suiv.).

Le plus souvent, surtout en macroéconomie, on n'envisagera que des variations assez petites des conditions exogènes. Cette circonstance permet de comprendre pourquoi l'on peut parfois se satisfaire d'une unicité locale de l'équilibre. Un équilibre de référence étant supposé établi, on voudrait savoir comment il change quand les données exogènes varient un peu ; or on admet volontiers que le changement se fera sans discontinuité. Peu importe dès lors qu'il y ait, après variation des x_i, deux ou plusieurs solutions du système (1) s'il en existe une et une seule dans le voisinage de l'équilibre de référence ; c'est-à-dire, si cet équilibre est isolé et varie continûment en fonction des x_i. Une fois admis qu'on se place au voisinage de l'équilibre de référence, on pourra encore résoudre le modèle pour l'exprimer sous la forme (2).

La statique comparée est évidemment facilitée par le calcul différentiel qui donne des approximations pour les petites variations. Mais il ne s'applique que si l'équilibre est différentiable, c'est-à-dire si les fonctions f_j le sont. Établir cette propriété est ainsi intéressant puisque cela autorise le recours à un procédé commode de calcul.

Offres et demandes

Les compatibilités mutuelles que les théories économiques considèrent se réfèrent presque toutes à des opérations d'échange. Chaque agent a, suppose-t-on, la faculté d'acheter ou de vendre des biens, des services ou des titres, et ce à des conditions que la théorie spécifie. Très naturellement l'agent en cause décidera de tirer plus ou moins parti de cette faculté. Mais elle serait un leurre s'il ne trouvait aucun autre agent ayant de son côté décidé de faire l'opération inverse. Toute théorie qui exclut cette dernière éventualité pose ainsi une condition de compatibilité. Bien entendu la notion d'échange doit recevoir une interprétation large ; elle s'applique par exemple au travail, un service de travail étant considéré comme échangé contre une rémunération entre le salarié et son employeur.

Traitant de phénomènes collectifs, les économistes n'ont pas le sentiment de restreindre abusivement la généralité de leurs analyses en admettant, comme ils le font toujours, que la compatibilité ne doit être recherchée que pour l'ensemble des échanges portant sur un même bien, un même service ou un même titre. Ils l'ont d'autant moins que, pour eux, dire que deux quantités concernent le même bien veut dire qu'elles sont parfaitement substituables l'une à l'autre dans tous leurs usages concevables. Ils parlent dès lors de marchés, d'offres et de demandes.

Par définition un marché rassemble toutes les transactions sur un bien, un service ou un titre. L'offre du bien est la quantité totale offerte par les agents offreurs ; la demande est la quantité totale demandée par les agents demandeurs. La condition de compatibilité usuelle relative à ce marché stipule que l'offre égale la demande. On peut alors dire que le marché est « apuré » (« cleared » en anglais). On dit aussi que le marché est « en équilibre », mais cela introduit une source de confusion avec l'usage généralisé du concept d'équilibre que j'ai défini précédemment. Je m'expliquerai mieux sur ce point dans un moment.

Pour préparer la suite de notre réflexion il est opportun de considérer quelques modèles théoriques simples traditionnels.

Afin d'expliquer la détermination du prix d'un produit, on se réfère souvent à l'équilibre du marché de ce produit, en admettant que le prix est bien défini et s'applique à toutes les transactions. Par exemple, la quantité offerte q_1 est supposée dépendre du prix p auquel le produit se vend et d'un indicateur x_1 de son coût de production :

(3) $q_1 = 0\ (p, x_1)$

De même, la quantité demandée q_2 est supposée dépendre du prix p auquel le produit s'achète et d'un indicateur x_2 du revenu des acheteurs

(4) $q_2 = D\ (p, x_2)$

La compatibilité relative aux échanges sur ce marché requiert :

(5) $q_1 = q_2$

La théorie que les équations (3), (4) et (5) expriment est censée expliquer la détermination conjointe de q_1, q_2 et p en fonction des valeurs des variables exogènes x_1 et x_2. Le modèle entre bien dans le cadre du système général (1). Si, par exemple, pour toutes valeurs de x_1 et x_2, la fonction 0 est positive, continue et croissante en $p > 0$, et la fonction D continue et décroissante en $p > 0$, avec des valeurs nulles pour p suffisamment grand et des valeurs tendant vers l'infini pour p tendant vers zéro, alors il existe un équilibre et un seul. Si de plus les fonctions 0 et D sont différentiables en p, x_1 et x_2, l'équilibre est lui-même différentiable. En général la fonction 0 est décroissante en x_1 et la fonction D croissante en x_2 ; dès lors une hausse du coût x_1 provoque une élévation de p et une diminution de q_1 et q_2 ; une hausse de x_2 provoque une augmentation de p, q_1 et q_2.

Il est concevable aussi qu'on s'intéresse à un marché que le prix n'apure pas. On sort alors nécessairement du cadre de la théorie précédente puisque la condition d'équilibre (5) disparaît. Mais si l'on suppose que personne ne vend ou n'achète plus qu'il n'en a l'intention (supposition dite de « l'échange volontaire ») et qu'en revanche toutes les possibilités d'échange sont épuisées, alors on admet que la quantité échangée globale q est le minimum de q_1 et q_2 :

(6) $q = \mathrm{Min}\ (q_1, q_2)$

Le modèle défini par les équations (3), (4) et (6), peut être considéré comme expliquant q, q_1 et q_2 en fonction des variables exogènes x_1, x_2 et p. La demande est rationnée si $q_2 > q_1 = q$; on dit de même que l'offre est rationnée si $q_1 > q_2 = q$. Par rapport à la théorie précédente la condition de compatibilité (6) a remplacé la condition d'équilibre (5) et aucune explication n'est plus proposée pour la détermination du prix p.

La théorie de l'offre et de la demande exprimée par (3), (4) et (5) est dite correspondre à un « équilibre partiel », car elle considère isolément le marché d'un bien sans tenir compte de la situation sur les marchés des autres biens. Dans la réalité il y a des interdépendances entre les marchés des divers biens. Par exemple une élévation du revenu des consommateurs entraîne de proche en proche une augmentation de la demande de produits intermédiaires ainsi qu'une augmentation de multiples prix, dont certains affectent les coûts de production d'autres produits. Pour prendre en compte ces interdépendances, il faut traiter simultanément de l'ensemble des marchés des biens et services. C'est ce que proposent les modèles dits « de l'équilibre général » qui servent de base à la théorie des prix. En voici un, dont la spécification reste très simple [3].

Soit m le nombre des biens, chacun d'eux étant repéré par un indice h (h = 1,2 ... m). Soit p_h le prix du bien h. Du fait des conditions de production et de consommation, la demande et l'offre du bien h dépendent non seulement du prix p_h mais aussi des prix p_k de certains autres biens. Elles dépendent également de grandeurs exogènes ; mais pour simplifier l'écriture, supposons qu'une seule de ces grandeurs, x, soit susceptible de varier. On considère que la détermination simultanée des prix des divers biens apure simultanément les marchés de tous ces biens. Soit z_h la demande excédentaire de bien h, c'est-à-dire l'excès de l'ensemble des demandes sur les offres de ce bien. C'est une fonction des prix et de x ; elle doit être nulle quand la condition de compatibilité relative au marché correspondant est satisfaite. Ainsi :

$$(7) \qquad z_h (p_1, p_2 \dots p_m ; x) = 0 \qquad h = 1,2 \dots m$$

Un équilibre général, relatif à une valeur de x, est défini par un ensemble de valeurs données aux prix p_h, qui respectent les m équations (7).

3. Pour un examen plus approfondi de l'équilibre général servant de base à la théorie des prix, voir par exemple, E. Malinvaud, *Leçons de théorie microéconomique,* 4e édition, Dunod, Paris, 1982.

Des conditions de compatibilité analogues interviennent dans les théories plus particulièrement concernées par les phénomènes macroéconomiques. Les opérations des divers agents doivent être mutuellement cohérentes. C'est d'ailleurs ce qu'implique l'architecture cadre qui a été introduite dans le chapitre 3, pages 75 et suiv., pour représenter le système économique. Chacune des quatre catégories d'opération retenues pour établir le tableau 1 doit y respecter une égalité entre ressources et emplois :

(8)	$p\,Q = I + C + G$	pour les biens et services
(9)	$R + T = S$	pour les transferts
(10)	$M = M_1 + M_2$	pour la monnaie
(11)	$EB_1 + EB_3 = EB$	pour les titres

Spécifier par ailleurs les comportements des agents et les grandeurs exogènes conduit à une théorie de l'équilibre macroéconomique.

Un exemple est là aussi utile pour la suite de notre réflexion. Le choisir aussi simple que possible paraît à nouveau opportun. Considérons donc la théorie du multiplicateur keynésien. Supposons que le niveau général des prix p est maintenu fixe et admettons que les entreprises distribuent, en revenus aux ménages ou impôts aux administrations, la totalité de la valeur de leur production :

(12) $$R + T = S = p\,Q$$

Supposons encore que l'investissement des entreprises I et la consommation des administrations G soient exogènes, donc déterminés par ailleurs. Admettons enfin que la consommation des ménages dépende de leur revenu selon la loi de comportement :

(13) $$C = p\,f\left(\frac{R}{p}\right)$$

Prises conjointement ces diverses hypothèses impliquent une théorie de la détermination de la production Q. Sans même que les conditions relatives à la monnaie et aux titres aient à intervenir, on définit en effet un équilibre keynésien comme un ensemble de valeurs des diverses variables qui satisfait les équations (8), (12) et (13). On voit immédiatement qu'on peut se ramener à une équation relative à une seule variable endogène Q, soit :

$$(14) \qquad p\,Q = I + G + p\,f\,(Q - \frac{T}{p})$$

Admettant que la « fonction de consommation » f a une dérivée f' positive et inférieure à 1, on déduit immédiatement l'équation de statique comparée liant les petites variations d Q de Q à celles d I, d G et d T des variables exogènes, soit :

$$(15) \qquad p\,d\,Q = k\,(d\,I + d\,G) - k\,f'\,d\,T$$

où k est « le multiplicateur » :

$$(16) \qquad k = \frac{1}{1 - f'}$$

quantité positive et supérieure à 1 (la dérivée f' est appelée « propension marginale à consommer »).

Il est inutile de rappeler ici les réserves que les simplifications introduites dans les exemples précédents peuvent légitimement soulever. Ces exemples restent représentatifs de modèles moins élémentaires couramment utilisés en macroéconomie. Ils suffisent donc comme références pour la clarté des développements qui suivent

Équilibres intertemporels et temporaires

Les théories économiques ont aussi à traiter de l'évolution des phénomènes. Le passage du temps y joue un rôle essentiel. Comment les concepts d'équilibre et d'évolution doivent-ils s'y articuler l'un à l'autre ?

A cette question, deux réponses différentes sont données, la première provenant de la théorie microéconomique des prix et de l'allocation des ressources, la seconde convenant mieux aux besoins de la macroéconomie. S'interroger sur leurs valeurs respectives aide à bien percevoir la nature des abstractions sur lesquelles le raisonnement opère.

Le point de départ consiste à constater que deux quantités égales d'un même matériau, article ou service, ne sont pas substituables l'une à l'autre dans tous leurs usages si elles sont disponibles à deux moments différents. Pour définir un bien il faut donc repérer sa date de disponibilité autant que sa nature physique, dès que la dimension temporelle intervient. En d'autres termes, l'indice h, introduit précédemment pour caractériser les biens, doit avoir deux composantes dont l'une est relative à la date, soit $h = (s, t)$ où s repère la nature physique et t la date ($s = 1, 2, ... S$; $t = 1, 2 ... T$). Un même produit s disponible à deux dates t et θ distinctes correspond ainsi à deux biens différents.

Le concept d'« équilibre intertemporel » transpose directement celui d'équilibre atemporel. Il y a ST marchés ; sur le marché (s, t) s'expriment les offres et les demandes des divers agents intéressés par un échange de produit [4] s à la date T. Si la théorie impose la condition que ce marché soit apuré, alors le total des offres doit y être rigoureusement égal au total des demandes. Cette dernière condition est systématiquement retenue dans les théories usuelles de l'équilibre général intertemporel, de sorte qu'elles puissent se ramener à ST équations comparables aux équations (7) et censées déterminer l'ensemble des prix p_h, soit encore p_{st}.

Il faut bien voir que, dans cette façon de traiter l'évolution économique, tout l'avenir est appréhendé d'un seul coup jusqu'à l'horizon T plus ou moins lointain ; une généralisation veut d'ailleurs que cet horizon soit repoussé indéfiniment dans l'avenir. En d'autres termes on traite à la fois la date présente $t = 1$ et des dates futures $t = 2,3 ... T$. Le prix p_{st} est ainsi le prix actualisé aujourd'hui pour une disponibilité du produit s à l'échéance t, prix à comparer par exemple à p_{s1} pour une disponibilité immédiate du même produit [5]. Les offres et les demandes des divers produits aux diverses dates résultent des décisions prises dès aujourd'hui par les agents pour l'avenir jusqu'à l'horizon T ; on peut ainsi parler des plans des agents. Lorsqu'elle est supposée, la compati-

4. Le terme de produit est employé systématiquement ici et par la suite pour désigner la nature du bien concerné. Mais il doit recevoir une acception très large, puisqu'il peut concerner un service, celui du travail notamment.

5. Le prix actualisé est ainsi, par définition, celui à payer aujourd'hui pour une promesse de livraison d'une unité de s à la date t. Il est donc le produit du prix qu'on anticipe pour le bien à cette date par un facteur d'escompte qui se calcule sur la base du taux d'intérêt appliqué à un emprunt dont l'échéance est la date t.

bilité mutuelle des offres et des demandes pour un produit s à une date future t > 1 se réfère aux plans formés aujourd'hui par les divers agents.

C'est ainsi un degré élevé de cohérence que vise toute théorie de l'équilibre général intertemporel, un degré de cohérence qui simplifie la réflexion mais dont le réalisme peut être mis en doute. Évidemment, une discussion complète de son réalisme supposerait qu'on précise aussi bien la théorie que le contexte auquel on entend l'appliquer. D'ores et déjà, nous pouvons cependant comprendre que le concept puisse paraître plus adéquat pour les questions de nature normative que pour celles relevant de l'étude positive des phénomènes : la cohérence généralisée peut en effet apparaître comme un objectif à rechercher plutôt que comme une condition naturellement réalisée. Pour la théorie positive elle-même, l'équilibre intertemporel peut paraître réaliste quand il s'agit de l'étude d'états stationnaires, c'est-à-dire de situations se répétant à l'identique sur les marchés d'une période à la suivante, quoique ce ne soit pas nécessairement des mêmes agents qu'émanent les offres et les demandes : par exemple, on considère parfois des modèles où les générations se succèdent, les jeunes d'aujourd'hui devenant à des dates ultérieures les adultes puis les vieux. L'équilibre intertemporel peut encore apparaître adéquat pour l'étude positive de croissances économiques douées d'une grande régularité mais ne se ramenant pas à des états stationnaires.

Au-delà de ces cas simples, on exige d'une théorie positive qu'elle prenne en compte le fait que sur la plupart des marchés s'effectuent des échanges immédiats plutôt que des opérations à terme, et qu'elle prenne également en compte l'absence de dispositif effectif contrôlant la cohérence des plans des agents quant à leurs implications futures. Les intentions de chaque agent reposent sur ses anticipations des termes des échanges auxquels il procédera à l'avenir ; mais nous n'avons aucune garantie que ces termes se concrétisent conformément aux anticipations des divers individus, anticipations qui peuvent d'ailleurs être incohérentes entre elles.

L'équilibre temporaire vise à mieux formaliser les conditions effectives de l'activité économique. Sur le marché du produit s des échanges ont lieu aujourd'hui (t = 1) au prix

p_{s1} ; les offres et les demandes conduisant à ces échanges concrétisent ce que les plans des agents impliquent pour l'immédiat. Dans le choix de leurs plans les agents ont tenu compte d'anticipations sur les prix p_{st} auxquels les produits s'échangeront aux dates futures t = 2 ... T. Les théories de l'équilibre temporaire diffèrent tantôt par les conditions de cohérence, supposée plus ou moins complète, entre offres et demandes présentes, tantôt par les types de comportement des agents, tantôt par les modes de formation des anticipations. On imagine sans peine la multiplicité des théories qui peuvent être ainsi conçues ; mais on voit bien que la succession des équilibres temporaires doit fournir à la macroéconomie une meilleure base que l'équilibre intertemporel.

Les deux voies de formalisation ne sont cependant pas incompatibles. Si, par hypothèse, tous les agents font des prévisions exactes, les prix qu'ils anticipent réalisent les conditions de cohérence entre offres et demandes aux dates futures. Leurs plans sont à la fois réalisables dans l'avenir et mutuellement compatibles, ce que suppose précisément la définition de l'équilibre intertemporel. C'est bien d'ailleurs pourquoi ce dernier concept suffit à l'étude de l'état stationnaire ou des croissances régulières, pour lesquels l'hypothèse d'anticipations exactes apparaît admissible.

Il faut encore remarquer que de nombreux modèles macroéconomiques ne visant pas à décrire des croissances régulières admettent aussi l'existence d'une suite d'équilibres temporaires et ne font cependant pas intervenir explicitement les anticipations des agents. Ils ont en fait une structure récursive, chaque équilibre temporaire dépendant des valeurs prises par les grandeurs dans le ou les équilibres temporaires précédents. Les comportements des agents sont ainsi déterminés par ce qu'ils observent ou ont observé. Cela n'est évidemment pas incompatible avec l'existence d'anticipations sous-jacentes aux comportements, mais implique alors que ces anticipations soient de type extrapolatif ou adaptatif.

Un exemple bien connu de modèle ayant ce caractère, c'est le « multiplicateur-accélérateur ». Par rapport au modèle du multiplicateur keynésien, la différence consisterait uniquement en ce que les diverses variables sont datées, si de plus l'investissement n'était pas rendu endogène. Lorsqu'elles décident de leurs investissements, les entreprises doivent notamment apprécier de combien leur capacité de production doit varier ; elles se réfèrent pour cela aux variations de la demande observées dans le passé. Une spécification simple distingue ainsi l'investissement de remplacement, supposé proportionnel à la production de la période antérieure, et l'investissement de capacité, proportionnel à la dernière variation observée de la demande, donc de la production :

$$(17) \qquad I_t = p_t \,[a\, Q_{t-1} + b\, (Q_{t-1} - Q_{t-2})]$$

Introduite dans l'équation d'équilibre (14), cette loi de comportement conduit à :

$$(18) \qquad Q_t - (a + b)\, Q_{t-1} + b\, Q_{t-2} = \frac{G_t}{p_t} + f\,(Q_t - \frac{T_t}{p_t})$$

S'il est admis que les valeurs réelles de la consommation des administrations et des impôts suivent des évolutions exogènes, la condition d'équilibre se ramène ainsi à une équation de récurrence sur la production. Paul Samuelson n'a pas eu de peine à démontrer que cette équation peut impliquer, suivant les valeurs des coefficients a et b et de la propension marginale à consommer f′, des évolutions assez diverses de la production [6]. Si, par exemple, G_t/p_t et T_t/p_t sont constants, il peut y avoir soit une convergence de Q_t vers une valeur limite quand t croît indéfiniment, soit une évolution cyclique, soit même une divergence que seule peut interrompre l'existence de bornes contre lesquelles la production viendrait buter [7].

6. P.A. Samuelson, « Interactions between the multiplier analysis and the principle of acceleration », *Review of Economic Statistics,* 1939, reproduit dans American Economic Association, ed., *Readings in Business Cycle Theory,* Irwin, Homewood, Illinois, 1951.

7. La présence de telles bornes, ou plus généralement de non-linéarités qui évitent la divergence des évolutions, joue un rôle essentiel dans de nombreuses théories du cycle économique. Voir par exemple J. Hicks, *A contribution to the Theory of the Trade Cycle,* Clarendon Press, Oxford, 1950 ; M. Allais, « Explication des cycles économiques par un modèle non linéaire à régulation retardée », dans *Les modèles dynamiques en économétrie,* Colloques internationaux du CNRS, 1956.

L'équilibre comme état immobile

Le terme d'équilibre suggère, ailleurs qu'en économie, un état qui sans intervention extérieure ne connaît pas de déplacement. Le concept ne prend même de véritable portée que si cet état est stable, c'est-à-dire s'il tend spontanément à se rétablir quand il a été sujet à une petite perturbation temporaire. La définition que j'ai donnée dans la première section, page 150, ne fait pas apparaître cet aspect du terme ; elle met en avant la compatibilité entre valeurs prises par des grandeurs interdépendantes. Certes la compatibilité semble bien constituer une condition nécessaire de la stabilité ; mais elle ne suffit évidemment pas à l'établir. On pourrait parler tout au plus de la présomption de stabilité.

Il importe aussi, pour la clarté de la conceptualisation et des applications, qu'on sache comment la compatibilité en question s'établit. Il y a implicitement l'idée d'un mécanisme qui assure la réalisation de l'équilibre [8]. Mais le concept a évidemment plus de force si l'on a vérifié le réalisme de ce mécanisme et son efficacité. De même, l'adéquation entre le modèle et certaines applications dépend du fait qu'on reste dans le champ d'efficacité du mécanisme. Pour toutes ces raisons, l'étude théorique de la stabilité des équilibres d'usage courant a une grande pertinence.

D'ailleurs, Léon Walras, qui se référa systématiquement à l'équilibre, mentionna souvent l'importance de cette étude complémentaire. Par exemple, après avoir défini l'équilibre général d'une économie de production, il écrit : « Reste seulement à montrer, en ce qui concerne l'équilibre de la production comme en ce qui concernait celui des échanges, que ce même problème dont nous avons donné une solution théorique est bien aussi celui qui se résout pratiquement sur le marché par le mécanisme de la libre concurrence [9]. »

8. Le terme de mécanisme n'est évidemment pas à prendre au pied de la lettre. On pourrait parler tout aussi bien de processus.

9. L. Walras, *Éléments d'économie politique pure,* § 206, p. 214, édition définitive, 1900, nouveau tirage par Librairie générale de Droit et de Jurisprudence, Paris, 1952.

L'idée de réalisation et de stabilité de l'équilibre comporte celle de durée pendant laquelle le mécanisme opère. Bien entendu, cette durée est conçue comme très inférieure à celle de l'évolution de l'équilibre temporaire. En d'autres termes, il y a deux échelles de temps, incommensurables entre elles, qui s'appliquent l'une à la réalisation de l'équilibre temporaire, l'autre à l'évolution de cet équilibre.

Par exemple dans le modèle du multiplicateur-accélérateur, l'équilibre temporaire, résumé par l'équation (18), implique le circuit production-revenu-demande-production. On le voit en revenant aux équations suivantes : (12) selon laquelle le revenu des ménages résulte de la valeur de la production ; (13) selon laquelle la demande de consommation est fonction du revenu, (8) selon laquelle la production est égale à la demande globale. Le circuit constitue le mécanisme par lequel l'équilibre temporaire keynésien est censé se réaliser ; on imagine sans peine que ce circuit doit assurer la convergence vers l'équilibre. De fait l'annexe du chapitre considère une modélisation dynamique simple du circuit et montre qu'alors la convergence a lieu dès lors que la propension marginale à consommer f' est comprise entre 0 et 1. Le circuit est supposé, dans cette formulation, opérer si vite que la convergence est atteinte à l'intérieur de la période élémentaire ; afin de juger du réalisme de cette hypothèse, on peut concevoir une unité de temps de l'ordre de l'année, durée requise approximativement pour que les retards impliqués par la loi d'investissement (17) aient le bon ordre de grandeur.

La fameuse loi de l'offre et de la demande veut que le prix d'un bien échangé s'ajuste en baisse quand l'offre excède la demande, en hausse dans le cas contraire, cela jusqu'à l'équilibre où le marché est apuré. Cet ajustement du prix sur chaque marché est le rouage essentiel de ce qu'on a appelé « le mécanisme des prix ». C'est à lui qu'on pense le plus souvent quand on parle de la stabilité de l'équilibre économique (l'exemple précédent montre cependant que ce n'est pas toujours le cas).

L'efficacité du mécanisme des prix pour réaliser l'équilibre sur les divers marchés a été bien étudiée. En rendre compte de façon complète sortirait du cadre de cet ouvrage ; mais quelques indications sur le nœud de la théorie la plus courante sont utiles pour bien situer certaines questions que nous aurons à considérer par la suite [10].

Au modèle d'équilibre partiel défini par les équations (3), (4) et (5), est associée l'idée d'une révision du prix ayant le signe de la demande excédentaire :

$$(19) \qquad z(p, x_1, x_2) = D(p, x_2) - 0(p, x_1)$$

Si D décroît en fonction de p, alors que 0 croît, la révision de prix va dans le bon sens : quand la demande excède l'offre, le prix s'élève, ce qui réduit la demande excédentaire.

Bien des spécifications mathématiques peuvent être conçues pour traduire ce mécanisme de révision et, par conséquent, la convergence du prix vers le prix d'équilibre. Considérons brièvement la plus simple. Elle consiste à dire que la révision du prix se fait de façon continue à une vitesse proportionnelle à la demande excédentaire. Soit t le temps le long de ce processus de révision [11], on spécifie alors :

$$(20) \qquad \frac{dp}{dt} = \lambda\, z(p, x_1, x_2)$$

où λ est un nombre positif caractéristique de la vitesse d'ajustement. Pour des valeurs données de x_1 et x_2, soit p^* le prix d'équilibre, solution de :

$$(21) \qquad z(p^*, x_1, x_2) = 0$$

Si la déviation $p - p^*$ par rapport au prix d'équilibre est petite et si la fonction z est dérivable par rapport à p, le prix p converge vers sa valeur d'équilibre p^* (la démonstration, familière pour les mathématiciens, est donnée en annexe).

Ce cas d'équilibre partiel est simple. Tout ce qui importe vraiment est la décroissance de z en fonction de p ; ainsi il n'est pas indispensable que D décroisse et 0 croisse ; il suffit que la croissance éventuelle de D soit inférieure à

10. Sur cette théorie voir par exemple T. Negishi, « The stability of a competitive economy : a survey article », *Econometrica*, October 1962.

11. Il n'y a pas de risque réel de confusion avec le symbole utilisé dans la section précédente pour repérer le temps le long de l'évolution économique.

celle de 0, ou la décroissance éventuelle de 0 inférieure à celle de D.

Le mécanisme des prix peut être formalisé de façon analogue quand on considère simultanément l'ensemble des marchés des biens. En nous référant par exemple aux équations (7), qui définissent un modèle d'équilibre général, nous pouvons y adjoindre les lois suivantes de révision des prix p_h des divers biens h :

$$(22) \qquad \frac{dp_h}{dt} = \lambda_h \, z_h \, (p_1, p_2 \ldots p_m \,;\, x) \qquad h = 1, 2 \ldots m$$

les λ_h étant des nombres positifs. Malheureusement les conditions de convergence des p_h vers les prix d'équilibre p_h^* correspondants apparaissent plus restrictives que celles s'appliquant à l'équilibre partiel [12].

Certes, on peut remplacer le système (22) par le système pratiquement équivalent :

$$(23) \qquad \frac{dp_h}{dt} = \sum_{k=1}^{m} a_{hk} \, (p_k - p_k^*) \qquad h = 1, 2 \ldots m$$

où, par définition :

$$(24) \qquad a_{hk} = \lambda_h \frac{\delta}{\delta p_k} z_h \, (p_1^*, p_2^* \ldots p_m^* \,;\, x)$$

Mais la convergence des p_h requiert que la matrice A des a_{hk} satisfasse des conditions plus exigeantes que la simple décroissance de z_h en fonction de p_h (c'est-à-dire $a_{hh} < 0$). Une condition, mathématiquement simple mais économiquement peu claire, consiste à supposer que la matrice A est « définie négative », ce qui veut dire que, pour tout ensemble de nombres u_h non simultanément nuls, l'inégalité suivante est vérifiée :

12. Le raisonnement qui termine cette section est trop rapide pour être compréhensible par les lecteurs qui n'ont pas bénéficié d'une formation mathématique au-delà du lycée. Mais le justifier en détail serait disproportionné à son intérêt. Que ces lecteurs passent donc à la section suivante.

$$(25) \qquad \sum_{h,\, k=1}^{m} u_h \, a_{hk} \, u_k < 0$$

On établit en effet sans difficulté que la distance L entre le vecteur p et le vecteur p* des prix d'équilibre tend vers zéro, cette distance étant définie par :

$$(26) \qquad L^2 = \sum_{h} (p_h - p_h^*)^2$$

Toutefois, dans les divers contextes où l'on est amené à poser un modèle d'équilibre général, il est rare qu'on ait de bonnes raisons de supposer que la matrice A soit définie négative.

Si nous approfondissions la logique économique du système différentiel (22), nous constaterions qu'il ne s'impose pas nécessairement comme une bonne représentation du mécanisme des prix. Au total, la stabilité de l'équilibre économique général reste ainsi une propriété assez incertaine.

De la spécificité des comportements à celle de l'équilibre

La difficulté à conclure, que nous venons de constater à propos de la stabilité de l'équilibre général spécifié par la théorie des prix, s'applique à bien d'autres questions d'équilibre. On aimerait qu'une théorie ait non seulement des propriétés de robustesse telles que la stabilité, mais aussi des implications assez spécifiques pour être significatives. En particulier, on souhaiterait qu'elle implique des propriétés nettes du point de vue de la statique comparée. Ainsi, dans le modèle défini par l'équation (7), par exemple, on voudrait savoir comment une variation de la variable exogène x affecte les prix des divers biens. Il faudrait alors savoir comment la solution du système (7) pour $p_1, p_2 \dots p_m$ varie avec les variations de la variable exogène x. On serait certes prêt à supposer ces dernières variations dx infiniment petites, ce afin de simplifier l'analyse ; en effet si le système (7) est différentiable, les variations induites dp_1, $dp_2 \dots dp_m$ seraient aussi en général infiniment petites et le système (7) pourrait être remplacé par le système linéaire obtenu par différentiation et plus simple à résoudre :

$$(27) \qquad \sum_{k=1}^{m} \frac{\delta z_h}{\delta p_k} dp_h = - \frac{\delta z_h}{\delta x} dx \qquad h = 1, 2 \ldots m$$

Mais il faudrait que la matrice des dérivées partielles des z_h ait des propriétés bien précises pour qu'on puisse tirer de ce système (27) des conclusions sur, par exemple, le signe de divers dp_h.

Les économistes ont longtemps eu l'espoir de lever ce type de difficulté en approfondissant les fondements de leurs théories. Tout particulièrement dans la théorie microéconomique des prix et de l'allocation des ressources, ils ont cherché à étudier soigneusement comment les fonctions de demande excédentaire résultaient des comportements des divers agents : ménages dans leurs consommations, entreprises dans leurs productions. Ils espéraient qu'apparaîtraient alors des propriétés particulières des fonctions de demande excédentaire, assez spécifiques pour conduire à des réponses nettes aux questions que la théorie posait.

L'intuition consistait ainsi à penser que la spécificité des comportements devait conduire à celle des équilibres résultant du jeu conjoint de ces comportements. Cette intuition a évidemment été validée dans les modèles les plus simples. En revanche, elle n'a conduit qu'à des développements décevants dans les théories les plus générales. Les sources de complexité y restent trop nombreuses pour que des conclusions simples se dégagent. En fait, au fur et à mesure que la théorie progresse, on découvre de nouveaux degrés de complexité qu'elle autorise.

Le modèle du multiplicateur keynésien offre l'exemple d'un cas favorable. Même sans considération des opérations financières et après élimination de S, il fait encore intervenir trois variables endogènes, Q, R et C, et trois variables exogènes, I, G et T. Le système (8), (12), (13) qui résume le modèle permet cependant d'aboutir à l'équation (15) de statique comparée où $k > 1$ et $0 < f' < 1$: l'équilibre obéit ainsi à une loi précise. S'il en est ainsi, c'est bien qu'une certaine spécificité a été attribuée aux comportements : à celui des entreprises qui, selon l'équation (8), produisent exactement ce qui est demandé et, selon l'équation (12), distribuent la totalité des revenus créés par la production ; à celui des ménages qui fixent le volume de leur consommation en fonction de leur revenu réel, avec une propension marginale positive mais inférieure à 1.

De même, la spécificité des comportements attribués aux entreprises et aux ménages par la théorie classique des prix a d'abord paru conduire à d'intéressantes propriétés, susceptibles de se transmettre à l'équilibre économique général. Examinons la chose d'un peu plus près sur le cas particulier des entreprises opérant en concurrence parfaite [13].

Selon sa définition théorique, un régime de concurrence parfaite a pour caractéristique qu'aucun agent n'imagine avoir une influence sur les prix des divers biens. Une entreprise prend donc pour donnés les prix p_h des biens qu'elle produit ou utilise. Sa décision porte sur les quantités ; il est commode de la représenter par un vecteur y dont les composantes y_h (pour h = 1, 2 ... m) mesurent la production nette des divers biens et services ; celle-ci, égale à la différence entre l'output et l'input du bien h, est positive pour un bien produit, négative pour un bien consommé dans la production, notamment pour les services du travail.

Dans la théorie la plus simple, concernant une situation atemporelle non soumise à aléas, la maximisation du profit se ramène au choix du vecteur y qui maximise le profit :

$$(28) \qquad P = \sum_{h=1}^{m} p_h \, y_h$$

les prix p_h étant donnés. Bien entendu, l'entreprise est soumise aux contraintes que les conditions techniques de sa production imposent. Je ne rappelle pas ici la forme donnée à ces contraintes dans les modèles généraux ; cela nous entraînerait trop loin, sans grand avantage pour ce qui nous intéresse.

13. Le texte qui suit, jusqu'au-delà de l'équation (33), n'est pas parfaitement compréhensible par les lecteurs peu formés en mathématiques, car il fait référence à des propriétés et à des modes de raisonnement qui ne leur sont pas familiers. Je conseille à ces lecteurs de ne pas s'attarder sur les arguments qu'ils ne saisiront pas dès l'abord ; ils devraient néanmoins comprendre ce qui importe le plus pour les conclusions de cette section.

Admettons que la maximisation du profit conduise à une décision définie de façon unique pour tout vecteur p de prix p_h appartenant à un domaine à m dimensions. La production nette, c'est-à-dire l'offre nette de l'entreprise en bien h, est dès lors une fonction du vecteur p dans ce domaine, soit :

$$(29) \qquad y_h = f_h\,(p_1, p_2 \ldots p_m) \qquad h = 1, 2 \ldots m$$

Elle pourrait aussi dépendre d'autres variables échappant au contrôle de l'entreprise et introduisant un élément supplémentaire d'exogénéité, tel que la variable x des équations (7). Nous ne le faisons pas apparaître explicitement pour simplifier les écritures. Admettons encore que les fonctions f_h soient différentiables. Nous avons ainsi supposé que l'équilibre partiel de l'entreprise existe, est unique et est différentiable. Ces hypothèses sont en fait assez fortes : elles supposent de larges substituabilités, ainsi que des rendements d'échelle décroissants, au moins localement [14].

Néanmoins, si l'on retient cette spécification, on peut en déduire des relations intéressantes entre de petites variations dp_h des prix des divers biens et la petite variation dy induite dans le vecteur des productions nettes, ou offres nettes. En effet, si l'on écrit le système obtenu par différentiation de (29) :

$$(30) \qquad dy = A\,dp$$

la matrice carrée A des dérivées partielles des fonctions f_h a des propriétés particulières ; on peut établir en effet qu'elle est notamment « semi-définie positive » (propriété dont la définition est la même que celle donnée précédemment pour les matrices définies négatives, le signe $<$ de l'inégalité (25) étant simplement remplacé par $\geqslant$).

Cette propriété des offres nettes d'une entreprise s'applique tout aussi bien à l'offre nette totale de l'ensemble des entreprises, puisque des égalités analogues à (30), avec un vecteur particulier dy_i et une matrice particulière A_i pour chaque entreprise i, mais un même vecteur dp pour toutes, se totalisent directement, faisant apparaître la matrice somme $\sum A_i$ qui est définie positive dès lors que chaque A_i l'est.

14. Voir par exemple mes *Leçons de théorie microéconomique, op. cit.*, chapitre 3.

Ce résultat, relatif aux entreprises, pouvait donner l'espoir d'une démonstration aisée de la stabilité de l'équilibre économique général de concurrence parfaite. Nous avons vu, en effet, qu'avec le processus de réalisation défini par le système (22), une condition suffisante de stabilité était que la matrice des dérivées partielles des demandes excédentaires soit définie négative. Si les demandes nettes des ménages consommateurs avaient une propriété similaire à celle des offres nettes des entreprises, la condition suffisante de stabilité serait automatiquement satisfaite, à une différence mineure près affectant peu la portée économique de la stabilité [15].

Malheureusement, l'examen précis du comportement des consommateurs montre que les choses sont moins simples. Considérons un consommateur particulier échangeant sur des marchés parfaitement concurrentiels et maximisant son utilité sous sa contrainte de budget :

$$(31) \qquad \sum_{h=1}^{m} p_h y_h = R$$

où y_h est sa consommation en bien h, donc sa demande de ce bien, tandis que R est son revenu. Avec ce comportement la demande du consommateur en bien h peut s'écrire :

$$(32) \qquad y_h = f_h (p_1, p_2 \ldots p_m ; R) \qquad h = 1, 2 \ldots m$$

Il semble relativement peu restrictif d'admettre que l'équilibre partiel ainsi défini pour le consommateur existe, qu'il est de plus unique et différentiable. On en déduit alors une équation analogue à (30) mais un peu différente, à savoir :

$$(33) \qquad dy = A\, dp + b\, (dR - y\, dp)$$

La matrice carrée A est semi-définie négative. Mais le dernier terme intervient aussi avec ses coefficients définis par le vecteur b. L'interprétation de cette nouvelle équation est aisée quand on remarque que la parenthèse dans le

15. Le fait que A soit semi-définie positive et non définie positive a pour conséquence que, après perturbation, la convergence se fait vers un vecteur proportionnel à p* plutôt que nécessairement vers p*.

dernier terme correspond à la variation du revenu, défalcation faite de la variation du coût des consommations (le produit scalaire y dp mesure précisément cette variation de coût). On dit encore que dR – y dp est la « variation compensée du revenu » et l'on appelle « effet de revenu » le dernier terme de (33), tandis que A dp est appelé « effet de substitution ». Une variation dp du vecteur des prix a ainsi un double effet : elle provoque des substitutions entre les consommations des divers biens, mais elle joue aussi en affectant le revenu réel du ménage et en le conduisant à s'adapter à ce changement [16].

La présence des effets de revenu à côté des effets de substitution dans les demandes des ménages fait disparaître la simplicité relative aux propriétés de statique comparée des offres des entreprises que comportait l'équation (30). Cette complication affecte notamment toute l'évolution du processus dynamique spécifié par le système (22) ; elle réagit d'ailleurs aussi sur les autres propriétés de statique comparée de l'équilibre général de concurrence parfaite.

Du point de vue qui nous intéresse actuellement, celui de la relation entre la spécificité des comportements et la spécificité de l'équilibre général, nous pouvons faire une autre remarque. La théorie du consommateur montre que le système de ses fonctions de demande (32) jouit de certaines propriétés, dont on pouvait espérer qu'elles se traduisent en propriétés particulières de l'équilibre général. Ces propriétés des demandes du consommateur peuvent par exemple s'exprimer sur la matrice A et le vecteur b de la relation différentielle (33). Mais on a dû constater que la plupart de ces propriétés ne subsistaient pas dans le système des fonctions de demandes de l'ensemble des ménages ; elles disparaissent dans l'agrégation, c'est-à-dire dans le passage des demandes individuelles aux demandes globales : le système des fonctions de demandes agrégées perd la plupart des spécificités qu'a le système des fonctions de demandes

16. L'effet de revenu peut avoir pour résultat que la fonction de demande d'un produit h ne décroisse pas quand son prix p_h augmente, les prix p_k des autres biens et le revenu R étant maintenus constants. Pour que cela se présente il faut que b_h soit négatif, c'est-à-dire que la consommation du bien en question décroisse en fonction du revenu : on parle d'un « bien inférieur ».

individuelles. La source de la difficulté réside dans la sommation des effets de revenu, c'est-à-dire dans la redistribution des revenus réels qu'une variation des prix implique [17].

Des déceptions analogues ont été rencontrées dans bien d'autres sujets d'étude microéconomique. Considérons-en deux, parmi ceux qui peuvent le plus intéresser les macroéconomistes.

Il est assez naturel de penser que, dans une économie concurrentielle, le niveau des taux d'intérêt réels doit représenter la rareté du capital, ou plus précisément la mesure dans laquelle le système productif ne tire pas parti des possibilités techniques nécessitant une importante utilisation du capital : le taux d'intérêt serait bas là où l'intensité capitalistique de la production est élevée. Cette idée inspire notamment la thèse selon laquelle l'accumulation du capital doit se traduire par une baisse du taux de profit, celui-ci étant égal au taux d'intérêt réel majoré de la prime de risque moyenne.

Cette idée a été étudiée par la théorie microéconomique du capital et a constitué l'un des thèmes de la querelle entre les deux Cambridge il y a une vingtaine d'années. L'étude s'est faite dans le cadre général de la théorie des prix appliquée aux équilibres intertemporels stationnaires, les possibilités techniques de production étant elles-mêmes supposées stationnaires. Le taux d'intérêt apparaît alors comme une caractéristique particulière du système des prix. A ce titre il peut dépendre, non seulement des possibilités techniques de production, qui par hypothèse sont maintenues fixes dans le raisonnement, mais aussi des ressources dont dispose l'économie, des préférences des consommateurs épargnants et de la répartition des droits de propriété. En général la dépendance est très complexe à décrire. L'intuition consistait à penser qu'elle devait être néanmoins compatible avec l'existence d'une relation simple où le taux d'intérêt apparaîtrait directement lié à une caractéristique convenablement définie de l'intensité capitalistique.

Après bien des recherches, attaquant la question sous

17. Voir par exemple G. Debreu, « Excess demand functions », *Journal of Mathematical Economics*, avril 1974 ; H. Polemarchakis, « Rationalité, observabilité et agrégation », *Cahiers du séminaire d'économétrie*, nº 22, CNRS, 1981.

diverses formulations, nous devons conclure aujourd'hui que cette intuition était trompeuse. Il n'existe pas de relation simple et universelle entre le taux d'intérêt et l'intensité capitalistique. La décroissance de l'un par rapport à l'autre peut bien être démontrée dans les modèles les plus simples ; mais dès qu'elle tient compte de la diversité des biens, la théorie ne permet plus de conclure, puisque des contre-exemples peuvent être construits où la liaison du taux d'intérêt avec toute caractéristique raisonnablement définie de l'intensité capitalistique va à contresens de ce qui était attendu [18].

Une autre question significative concerne l'évolution engendrée par la suite des équilibres temporaires à anticipations exactes. L'intuition consistait alors à penser que cette évolution devait être nécessairement bien déterminée et régulière, tout au moins pour autant que les conditions exogènes de l'activité économique n'étaient pas sujettes à de brusques variations.

Effectivement, cette détermination et cette régularité peuvent être démontrées dans un modèle théorique simple que nous considérerons au chapitre 7. Mais les propriétés ne se généralisent pas, contrairement à ce que pensaient beaucoup d'économistes croyant en la nécessité logique d'un fonctionnement harmonieux du système des prix. Il existe aujourd'hui sur ces questions, toute une littérature dont il est malaisé de rendre compte de façon à la fois brève et correcte [19].

Il y a tout d'abord une possibilité d'indétermination. On peut trouver une multiplicité de suites d'équilibres temporaires qui sont compatibles avec les mêmes données et conditions exogènes. Dans chacune de ces suites, les anticipations se trouvent être exactement validées. En d'autres termes, il subsiste un certain arbitraire dans la formation des anticipations, conjointement à la détermination de la

18. Voir par exemple E. Malinvaud, *Leçons de théorie microéconomique, op. cit.*, notamment chapitre 10, section B.7.

19. J'ai essayé de le faire il y a une dizaine d'années dans le chapitre 6, partie 5, de *Théorie macroéconomique*, Dunod, Paris, 1981. Pour l'accès aux travaux plus récents, on peut se référer au numéro spécial « Nonlinear economic dynamics », publié en octobre 1986 par *Journal of Economic Theory*.

croissance économique. Pour rendre compte de cette situation on a parlé de « tâches solaires » voulant évoquer par là l'incidence d'éléments sans rapport avec les données fondamentales de l'économie. On peut aussi expliquer par l'indétermination en cause la présence de « bulles spéculatives » dans lesquelles les anticipations s'entretiennent d'elles-mêmes, à la hausse ou à la baisse.

Même quand cette possibilité est éliminée ou négligée, on peut démontrer, sous certaines conditions particulières, l'instabilité [20] ou l'irrégularité de la suite des équilibres temporaires se réalisant dans le cadre d'un environnement exogène constant ou évoluant régulièrement. Cette instabilité ou cette irrégularité peut avoir des origines logiques extrêmement diverses, d'autant plus que les systèmes mathématiques représentant le fonctionnement économique sont fort peu linéaires.

Ces résultats ont évidemment des implications sur les idées qu'on peut entretenir quant à l'efficacité du système des prix dans une économie libérale. Ce n'est pas le lieu d'en parler et le sujet mériterait d'ailleurs qu'on fasse intervenir bien d'autres considérations, concernant en particulier l'efficacité des régimes économiques alternatifs. Seules nous importent ici les conclusions à en tirer pour la macroéconomie positive. J'en dégagerai deux.

Premièrement, il n'y a pas lieu de considérer avec une suspicion systématique les théories macroéconomiques qui donnent l'image d'une instabilité des phénomènes. Une telle suspicion se rencontre chez beaucoup d'économistes ; ils sont légitimement conscients de la simplicité des spécifications macroéconomiques, une simplicité dont ils craignent qu'elle soit abusive ; ils ont une confiance assez aveugle dans le fonctionnement des marchés ; ils sont dès lors portés à conclure que l'instabilité est un résultat artificiel sans rapport avec la réalité. Mais puisque l'indétermination et

20. Parler ici d'instabilité ne doit pas créer de confusion avec l'usage de ce terme dans les pages 165 à 169. Formellement il s'agit bien du même concept, qui aurait la même définition mathématique si on voulait exprimer les choses rigoureusement. Mais l'interprétation économique de la propriété est différente : on pense ici à l'évolution tracée par la suite des équilibres temporaires ; on pensait au contraire alors à l'évolution conduisant à la réalisation de chaque équilibre temporaire et s'effectuant dans une durée infiniment plus courte.

l'instabilité apparaissent davantage encore dans l'étude de spécifications microéconomiques, la croyance en la stabilité et la régularité des phénomènes économiques manque de fondement.

Deuxièmement, le peu de spécificité des conclusions déduites d'une approche abstraite et rigoureuse, de même que la diversité des évolutions qu'elle autorise, obligent à compléter cette approche par l'étude inductive des situations observées, des fluctuations conjoncturelles et des tendances de la croissance économique. La définition des équilibres et de leur succession laisse subsister trop de possibilités pour suffire aux besoins des travaux appliqués. Il faut trouver un moyen pour circonscrire plus étroitement le domaine des représentations admissibles ; ce moyen ne peut résider que dans une certaine mobilisation d'observations statistiques, qui complètent ainsi les informations d'un autre ordre incorporées dans les axiomes régissant les comportements et leur mise en cohérence par le système économique.

L'intenable ambition d'une microéconomie générale

Toutes les complications, dont nous venons d'évoquer l'histoire, concernent la démarche consistant à partir systématiquement de l'agent individuel pour aboutir à une compréhension des lois régissant le système économique entier, sans passer par des représentations agrégées simplificatrices. Une telle démarche a la préférence de la plupart des économistes mathématiciens rigoureux. Cette préférence les a conduits à envisager le processus d'acquisition de la connaissance en économie comme devant s'effectuer par phases successives, chacune ajoutant à la précédente un élément de complexité du monde réel.

Plus précisément, la théorie positive des prix constituerait le point de départ. Son premier modèle serait atemporel ; il concernerait une économie d'échanges, c'est-à-dire une société faite uniquement de consommateurs disposant de quantités données des divers biens qu'ils échangent de façon à satisfaire au mieux leurs besoins et leurs goûts ; le modèle suppose de plus un régime de concurrence pure, chacun des biens ayant un prix défini par rapport à l'un d'entre eux, choisi arbitrairement comme « numéraire ». Le modèle serait ensuite progressivement compliqué : par la présence de producteurs, par l'introduction du temps, aboutissant alors soit à un équilibre intertemporel, soit à une suite d'équilibres temporaires, par la prise en compte des incertitudes et des accès diversifiés à l'information, par la reconnaissance de structures de marché autres que la concurrence parfaite, par l'attribution de ses rôles à une monnaie servant de moyen d'échange et de réserve de valeur, etc. Peu à peu l'attention se porterait ainsi sur les problèmes de la croissance, sur les fluctuations de l'activité, sur l'inflation, etc.

La section précédente a montré que ce programme s'avérait irréalisable. D'une part, on s'aperçoit vite que la théorie devient trop peu spécifique pour fournir la base exclusive qu'on espérait y trouver. Beaucoup de ses résultats sont négatifs, montrant tantôt que l'intuition n'est validée que pour des cas particuliers, tantôt qu'un résultat positif ne résiste pas à l'introduction d'une nouvelle complication. D'autre part, la démarche s'empêtre. Loin d'être définitivement acquis, ses pas successifs doivent être souvent repris, non certes pour revoir des démonstrations qui apparaîtraient fausses, mais plutôt pour étudier des propriétés dont l'importance n'avait été perçue que par la suite. Chaque pas nouveau oblige à explorer plusieurs directions, dont certaines exigent de véritables programmes de recherche. En somme, le moment où l'on croit que les phénomènes macroéconomiques seront vraiment appréhendés s'éloigne dans l'avenir au fur et à mesure que l'on avance. Le travail donne à la théorie des prix plus de réalisme et de sophistication, mais il ne suffit pas à construire une véritable théorie de la croissance, de l'emploi ou de l'inflation.

C'est donc par une approche plus directe des phénomènes macroéconomiques que l'essentiel des progrès se réalisera. Puisque responsables et citoyens sont amenés à essayer de mieux comprendre ces phénomènes en vue d'agir opportunément sur eux, il revient aux économistes d'expliciter les raisonnements d'usage courant, de les rationaliser de façon à en faire apparaître la logique et les limitations, de proposer des alternatives, en somme de construire la théorie de chacun des grands phénomènes qui nous préoccupent tous.

Dans cette construction, le recours à l'observation systématique tient une place importante, pour montrer lesquelles des spécifications alternatives concevables ont une réalité. L'approche purement microéconomique entretient trop souvent l'illusion qu'on peut se passer de cette référence aux données, alors même que ses résultats négatifs sont autant de preuves qu'on ne peut pas conclure sans faire appel à l'observation.

Si l'ambition d'une microéconomie générale, recouvrant l'ensemble des phénomènes, est intenable dans les faits, ce n'est pas une raison pour écarter la vision selon laquelle les phénomènes globaux résultent d'actions d'individus et d'entreprises opérant à l'intérieur du système économique, c'est-à-dire d'une réalité ayant une importante base microéconomique.

Il y a ainsi place pour deux types de contributions de la microéconomie à la macroéconomie [21]. Les premières relèvent de l'analyse partielle. Elles consistent en l'étude de certains comportements – épargne, investissement, offre et demande de travail, etc. – ou de certaines pratiques susceptibles d'importer pour les phénomènes macroéconomiques : nature des contrats, modalités des négociations particulières ou collectives. De telles contributions devraient s'accompagner le plus souvent d'une recherche sur les effets de l'agrégation, c'est-à-dire du passage des pratiques ou des comportements individuels aux lois qui les expriment dans les modèles globaux.

Mais il y a place aussi pour des contributions à vocation plus globale ou systémique. Il s'agit alors de construire et d'étudier des équilibres spécifiés en termes microéconomiques mais orientés vers la rationalisation des théories macroéconomiques. Le modèle microéconomique simplifie alors beaucoup la réalité, au point de ne constituer parfois guère plus qu'un cas d'école, mais il le fait d'une manière conforme à ce qu'on pense devoir être les fondements de

21. On peut parler de deux types de « fondements microéconomiques de la macroéconomie ». Ignorer le premier type, ou en sous-estimer l'importance, est fréquent chez ceux qui gardent l'espoir de construire une théorie microéconomique générale, apte à traiter de tous les phénomènes macroéconomiques. Cette conception inspire notamment l'ouvrage de E.R. Weintraub, *Fondements microéconomiques – La microéconomie et la macroéconomie sont-elles compatibles ?* Economica, Paris, 1980.

la théorie macroéconomique concernée. L'objectif est alors d'expliciter ces fondements, d'en vérifier la cohérence logique et de suggérer des tests factuels de leur réalisme. Nous en verrons un exemple particulièrement significatif dans le chapitre 8.

***

ANNEXE

1. Stabilité de l'équilibre keynésien du multiplicateur

L'équilibre détermine les valeurs de trois variables endogènes, la production Q, le revenu R et la consommation C, en fonction des valeurs prises par quatre variables exogènes, le niveau des prix p, la consommation G des administrations, le prélèvement fixal T et l'investissement I (même avec une loi de comportement telle que celle de l'accélérateur (17), l'investissement est prédéterminé par les équilibres des périodes antérieures). Les trois équations de l'équilibre sont respectivement (12) pour la distribution des revenus, (13) pour la formation de la demande de consommation, (8) pour l'adaptation de la production à la demande. Désignons les valeurs d'équilibre des variables endogènes par Q^*, R^* et C^*.

Étudions le cas dans lequel la distribution des revenus et la formation de la demande de consommation sont immédiates tandis que l'adaptation de la production à la demande exige un petit délai (d'autres cas pourraient être étudiés de la même manière). Soit t le temps le long de ce circuit économique censé opérer rapidement, l'unité correspondant au délai d'adaptation de la production. Bien que la même notation soit utilisée, il ne faut pas confondre ce temps avec celui, beaucoup plus lent, au cours duquel s'effectue l'évolution économique (voir ce qui a été dit à ce sujet dans la section 4, page 131). La représentation dynamique du circuit est alors donnée par les trois équations suivantes qui transposent les équations (12), (13) et (8) :

(34) $$R_t = p\,Q_t - T$$

(35) $$C_t = p\,f\left(\frac{R_t}{p}\right)$$

(36) $$p\,Q_{t+1} = C_t + I + G$$

(bien entendu, les valeurs des variables exogènes ne changent pas alors que le mécanisme de réalisation de l'équilibre opère).

Les trois équations impliquent :

$$(37) \qquad p\, Q_{t+1} = p\, f\, (Q_t - \frac{T}{p}) + I + G$$

tandis que la valeur d'équilibre satisfait :

$$(38) \qquad p\, Q^* = p\, f\, (Q^* - \frac{T}{p}) + I + G$$

La comparaison entre ces deux dernières équations conduit à :

$$(39) \qquad Q_{t+1} - Q^* = f\, (Q_t - \frac{T}{p}) - f\, (Q^* - \frac{T}{p})$$

Si la fonction de consommation f est dérivable, si a désigne la valeur de cette dérivée pour $R = p\ Q^* - T$ (c'est la propension marginale à consommer) et si l'écart $Q_t - Q^*$ est petit, comme on peut le supposer, alors le membre de droite de (39) est approximativement égal à celui de l'équation plus simple :

$$(40) \qquad Q_{t+1} - Q^* = a\, (Q_t - Q^*)$$

Cette dernière équation est une relation de récurrence conduisant immédiatement à :

$$(41) \qquad Q_{t+1} - Q^* = a^t\, (Q_1 - Q^*)$$

Quand t croît indéfiniment, le membre de droite tend vers zéro si la propension marginale à consommer est inférieure à 1 ($0 < a < 1$) ; la production Q_{t+1} tend donc vers la valeur d'équilibre Q^*. Il en résulte immédiatement que le revenu et la consommation tendent aussi vers leurs valeurs d'équilibre respectives.

2. Stabilité de l'équilibre partiel offre-demande

Le mécanisme de réalisation de l'équilibre est supposé obéir à l'équation différentielle (20) où la fonction z représente la demande excédentaire définie par (19). Cette fonction est supposée dérivable et décroissante par rapport au prix p. De plus l'écart du prix p par rapport au prix d'équilibre p^* est supposé petit, ce qui justifie l'approximation suivante :

$$(42) \qquad z\, (p, x_1, x_2) = z\, (p^*, x_1, x_2) + (p - p^*)\, \frac{\delta}{\delta p} z\, (p^*, x_1, x_2)$$

Si on tient compte de (21) on peut alors réécrire l'équation différentielle (20) comme :

(43) $$\frac{dp}{dt} = a\,(p - p^*)$$

où le nombre a est défini par :

(44) $$a = \lambda \frac{\delta}{\delta p} z\,(p^*, x_1, x_2)$$

ce nombre est négatif puisque z décroît en fonction de p.

L'équation (43) s'écrit encore :

(45) $$\frac{d}{dt} \mathrm{Log}\,(p - p^*) = a$$

Son intégration est immédiate :

(46) $$\mathrm{Log}\,(p - p^*) = at + \mathrm{Log}\,(p_0 - p^*)$$

où p_0 est la valeur initiale de p (pour $t = 0$). Ainsi :

(47) $$p = p^* + (p_0 - p^*)\,e^{at}$$

Quand t croît indéfiniment l'exponentielle tend vers zéro puisque at tend vers moins l'infini. Cela établit que le prix p tend vers le prix d'équilibre p*.

Chapitre 6

Agrégation

L'alternative réaliste à une impraticable microéconomie générale consiste à raisonner directement sur des grandeurs agrégées. Adoptée faute de mieux, cette alternative soulève évidemment des problèmes. Le plus souvent la considération directe des grandeurs agrégées est source d'incertitudes ou d'erreurs dont il conviendrait de bien apprécier l'importance.

J'insiste d'autant plus sur ce point que les recherches macroéconomiques actuelles ont trop souvent tendance à le négliger. Ni dans la spécification du modèle ni par des tests sur la robustesse des propriétés et des résultats numériques, on ne prête assez attention aux particularités de l'agrégation et aux erreurs qu'elles peuvent impliquer. Il y a donc d'importantes lacunes à combler.

Y réussir supposerait, comme ailleurs en macroéconomie, de toujours combiner une étude systématique des observations avec une formalisation rigoureuse de l'agrégation. La partie empirique de ce programme est particulièrement difficile, puisque la collecte et le traitement des données visent normalement à fournir surtout des informations macroéconomiques et conduisent rarement à une observation précise des unités microéconomiques ; les contraintes de faisabilité limiteront donc l'étendue des tests et estimations ; mais elles n'interdisent pas qu'on procède à certaines études. Quelques brèves considérations à ce sujet figureront à la fin du chapitre.

La partie abstraite, sur laquelle l'attention se concentrera ici, suppose à la fois une conceptualisation de l'agrégation en tant que procédure générale d'étude et l'examen particulier de ses effets dans chacun des domaines principaux de l'analyse macroéconomique. Comme il n'est pas question de passer tous ces domaines en revue, on s'en tiendra, dans la section 6, pages 209 et suiv., au cas des fonctions de production et on fera apparaître que l'agrégation peut relever de logiques spécifiques aux questions étudiées.

Avant même de formuler la conceptualisation d'ensemble, puis d'étudier deux voies d'approche générales, celle de l'agrégation parfaite et celle des agrégats représentatifs, enfin de s'interroger sur les formes des lois agrégées, il convient de jeter à nouveau un regard sur la pratique adoptée pour la spécification des théories macroéconomiques [1].

Pratique des spécifications macroéconomiques

Consacrées à l'étude de la croissance, de l'emploi ou de l'inflation, les théories macroéconomiques spécifient chacune un type d'équilibre, ou plus souvent un type de suite d'équilibres temporaires. L'équilibre, ou la suite des équilibres, est censé être adéquat pour le traitement des questions que la théorie vise à élucider. Comment est-il construit ?

Nous avons vu qu'il comporte d'abord une représentation, plus ou moins structurée, de l'architecture du système économique, puis l'identification d'ensembles, plus ou moins nombreux, de secteurs regroupant des agents, de catégories d'opérations et de types de patrimoines. Dans le raisonnement chaque catégorie d'opérations ou type de patrimoines est tenu pour parfaitement homogène ; chaque secteur est traité comme une unité douée d'un comportement bien caractérisé.

Le modèle, expression de la théorie, est un système de relations entre grandeurs relatives tantôt aux opérations et aux patrimoines des agents, tantôt aux prix, taux de salaire et taux d'intérêt qui s'appliquent à leurs opérations. Ces relations sont de trois types. Il y a d'abord les équations comptables, intimement liées à la représentation de l'architecture du système économique que nous avons étudiée dans le chapitre 3. Les opérations de chaque secteur doivent être équilibrées, le total de ses ressources étant la contrepartie

1. Ce chapitre est sans doute particulièrement difficile à lire. Mais sa présence est inévitable dans un ouvrage traitant des problèmes de méthode posés par la modélisation macroéconomique.

exacte du total des emplois auxquels ces ressources sont affectées ; les opérations de chaque catégorie doivent aussi être équilibrées puisque chacune d'elles intervient comme une ressource pour un agent et comme un emploi pour un autre agent. En d'autres termes, l'équilibre du tableau 1 du chapitre 3 (page 82) doit se faire d'une part en colonnes, chaque colonne de ressources ayant le même total que la colonne d'emplois correspondante, d'autre part en lignes, la somme des ressources y égalant la somme des emplois. D'autres relations comptables résultent des interdépendances entre les définitions des diverses grandeurs ; ainsi une valeur est habituellement égale au produit du volume correspondant par l'indice de prix adéquat.

Les lois de comportement constituent le second type de relations. Elles expriment les idées retenues pour expliquer les décisions des agents. Chacune d'elles porte ainsi sur une grandeur dont la valeur est décidée par les agents d'un secteur particulier ; elle fait intervenir aussi d'autres grandeurs dont les valeurs motivent les choix de ces agents. Par exemple une loi peut spécifier l'épargne des ménages en fonction de leur revenu disponible et d'un indicateur des taux d'intérêt.

Enfin les lois d'ajustement décrivent comment certaines grandeurs sont censées varier d'un équilibre temporaire au suivant. Certaines d'entre elles se distinguent mal des équations comptables de définition : ainsi celles liant le patrimoine du début d'une période à celui du début de la période précédente, la variation s'expliquant par les investissements, l'usure des équipements et les gains ou pertes en capital, de la période. Mais d'autres traduisent certaines conceptions plus essentielles sur le fonctionnement du système économique, par exemple comment varient d'un équilibre au suivant ceux des prix, taux de salaire ou taux d'intérêt qui ne sont pas déterminés de façon endogène par l'équilibre temporaire.

Le choix des grandeurs et du cadre comptable où elles s'insèrent, comme celui des lois de comportement et des lois d'ajustement, situent d'emblée l'approche macroéconomique à un certain niveau d'agrégation. Celui-ci est arrêté de façon à permettre des analyses praticables tout en retenant ceux des traits du monde réel qui importent pour les questions à considérer. Mais le choix du niveau d'agrégation ne va pas de soi, puisque l'arbitrage entre commodité analytique et réalisme est toujours délicat. Dans les raisonnements non formalisés qui ne se limitent pas à des considérations partielles, l'agrégation est très poussée. De même en est-il dans certaines théories formalisées, que préfèrent les économistes privilégiant la simplicité, tantôt par souci esthétique tantôt dans le but de mieux convaincre. D'autres théories et modèles appliqués font un choix différent, avec ce risque que la lourdeur du modèle en fasse une « boîte noire » et qu'on ne sache plus distinguer ceux des résultats provenant de particularités secondaires, comme il en existe inévitablement dans tout modèle.

La spécification des lois de comportement suppose également une forme d'agrégation. Chacune de ces lois, expliquant une grandeur agrégée à partir d'autres grandeurs agrégées, prétend traduire les effets du comportement de multiples agents, décidant chacun de la valeur d'une grandeur microéconomique en réaction aux valeurs de grandeurs la plupart microéconomiques elles aussi. Ainsi, l'épargne des ménages est la somme des épargnes individuelles et chaque ménage décide d'épargner plus ou moins en fonction de son propre revenu disponible, de l'anticipation de ses besoins futurs, etc. La pratique courante en macroéconomie consiste à raisonner sur le cas d'une « unité représentative » : on analyse le problème décisionnel de l'agent individuel, placé dans son contexte microéconomique, et selon les principes examinés dans le chapitre 4 on en déduit sa loi de comportement ; puis on admet que cet agent est représentatif de tous les autres agents du même secteur et que la loi microéconomique obtenue pour lui peut être transposée simplement en loi macroéconomique s'appliquant au secteur considéré en bloc. Cette procédure, qu'il est habituel d'appliquer sans examiner les conditions de validité de la transposition, peut introduire des erreurs d'agrégation dont il importe de comprendre la nature.

Dans la mesure où leur spécification ne résulte pas d'une analyse rigoureuse mais de simples idées de bon sens, la plupart des lois d'ajustement introduites en macroéconomie peuvent paraître poser moins de problèmes. Mais c'est une illusion d'optique ; le caractère notoirement approximatif de la justification ne fait pas disparaître le risque d'erreurs d'agrégation. Progressivement on en vient d'ailleurs à étudier les fondements logiques de ces lois d'ajustement et à construire à cet effet de véritables théories, parfois à l'aide d'une mathématisation poussée. Dans certains cas la loi d'ajustement peut ainsi devenir une loi de comportement, la révision de telle catégorie de prix apparaissant comme le résultat direct de décisions prises par les producteurs concernés. Plus souvent on sera conduit à étudier l'effet de décisions contractuelles où interviennent deux ou plusieurs agents. Les problèmes de transposition n'en deviennent que plus complexes. A fortiori en est-il ainsi quand on considère que la loi d'ajustement n'a pas un fondement unique mais résume plutôt l'effet final de décisions ayant des logiques très diverses.

Afin de focaliser l'attention sur des problèmes bien définis, posés dans des contextes peu ambigus, nous négligerons ici les agrégations sous-jacentes aux lois d'ajustement. Vraisemblablement la lacune ne dissimulera aucun des aspects méthodologiques importants de l'agrégation. Mais il vaut mieux en être conscient.

Conceptualisation [2]

Par rapport aux mêmes phénomènes du monde réel, les théories macroéconomiques se situent à un plus haut niveau d'abstraction que les théories microéconomiques. Raisonner directement sur des entités globales éloigne du concret. Cela ne change pas fondamentalement la nature logique de la théorie qui, en tout état de cause, est abstraite. Cela ne veut pas dire non plus que les théories macroéconomiques actuelles sont plus abstraites que les théories microéconomiques existantes ; les unes et les autres comportent de fortes abstractions par rapport à la réalité et, s'occupant de phénomènes différents, elles constituent

2. J'avais présenté la conceptualisation de l'agrégation et un ensemble de résultats dans un long article : « L'agrégation dans les modèles économiques », *Cahiers du séminaire d'économétrie,* n° 4, 1956. Les questions d'agrégation interviennent aussi à divers endroits dans mon livre *Théorie macroéconomique,* Dunod, Paris, 1981 et 1982.

deux ensembles qui ne se prêtent vraiment pas à la comparaison évoquée. Mais le fait que l'agrégation accroisse le degré d'abstraction est à la base de toute étude logique de l'agrégation.

Pour conceptualiser l'agrégation, nous sommes en effet amenés à faire comme s'il existait une représentation microéconomique formalisée, parfaitement adéquate aux problèmes que telle théorie macroéconomique étudie. On sait bien que, si elle existait vraiment, cette représentation serait déjà une abstraction. On sait même que, pour les raisons résumées à la fin du chapitre précédent, la théorie microéconomique correspondante a toute chance de ne pas exister au moment où l'on procède à l'examen méthodologique d'une théorie macroéconomique particulière. Mais pour nous, qui devons maintenant procéder à l'étude des problèmes généraux posés par l'agrégation, c'est une abstraction indispensable que de raisonner à partir d'un système microéconomique dont on considère une image macroéconomique, voire plusieurs.

L'hypothèse de travail consiste donc à admettre l'existence d'un modèle parfait de la réalité microéconomique. Pour servir de support à notre raisonnement, un symbolisme mathématique s'avère utile. Il faut le concevoir comme très général quoique simple. Cela nous conduit à introduire trois symboles centraux :

x représente l'ensemble des grandeurs exogènes du modèle microéconomique ; beaucoup sont elles-mêmes microéconomiques, par exemple le prix de telle matière première importée ou la richesse initiale de tel ménage, mais certaines ont déjà une nature macroéconomique, tel le taux de change de la monnaie nationale contre une monnaie étrangère, si l'on considère comme exogène la détermination du change national, ou encore le taux de change de deux monnaies étrangères entre elles.

y représente l'ensemble des grandeurs endogènes du modèle microéconomique.

f représente l'ensemble des relations grâces auxquelles le modèle détermine les grandeurs endogènes.

On écrira donc simplement :

(1) $y = f(x)$

mais il doit être clair qu'il s'agit d'une écriture très symbolique, recouvrant un système éventuellement fort complexe.

Pour éclairer notre raisonnement, nous serons conduits à considérer des cas où le modèle microéconomique prend des formes particulières. L'un de ces cas, intéressant quoique restrictif, suppose que le modèle est une pure juxtaposition de modèles individualisés, chacun d'entre eux portant sur une entité, telle qu'une entreprise ou un ménage. S'il y a n entités, repérées par un indice i (i = 1, 2 ... n), le symbole y est la juxtaposition de n symboles y_i relatifs aux diverses entités. De même le symbole x est alors la juxtaposition de n + 1 symboles ; il y a d'une part n symboles x_i concernant chacun les grandeurs exogènes particulières à l'entité i pour chaque i ; il y a d'autre part le symbole z regroupant les grandeurs exogènes qui affectent simultanément toutes les entités, ou plusieurs d'entre elles. L'ensemble des modèles individualisés peut alors s'écrire :

(2) $y_i = f_i\ (x_i\ ;\ z) \qquad i = 1, 2 \ldots n$

Ce cas est évidemment particulier : toutes les grandeurs endogènes sont individualisées et chaque grandeur exogène individualisée n'intervient nullement dans la détermination des grandeurs endogènes relatives à d'autres entités. Il est rare qu'on puisse admettre une aussi grande simplicité des phénomènes économiques. Mais tout particulier qu'il soit, ce cas est riche d'enseignements pour la réflexion sur les problèmes que pose l'agrégation.

Pour fixer les idées, ici et dans divers passages du texte suivant, il peut être commode de considérer un exemple délibérément simple. Supposons donc que les unités i soient les divers ménages, que y_i soit une grandeur numérique, l'épargne du ménage i, que x_i soit de même une variable, le revenu disponible de i, que z soit un indicateur des taux d'intérêt, qu'enfin le modèle microéconomique soit linéaire :

(3) $y_i = a_i\ x_i + b_i\ z + c_i$

les nombres a_i, b_i et c_i étant fixes et caractérisant le comportement du ménage i.

Une représentation symbolique doit aussi être donnée à la théorie macroéconomique. Une parfaite analogie formelle est suggestive. C'est pourquoi nous écrivons X pour l'ensemble des grandeurs exogènes de cette théorie, Y pour l'ensemble de ses grandeurs endogènes et :

(4) $Y = F(X)$

pour l'ensemble des relations par lesquelles la théorie détermine les grandeurs endogènes.

Par exemple Y peut être simplement la grandeur « épargne des ménages » et X un vecteur à deux composantes, X_1 étant égal au « revenu disponible des ménages », X_2 à un indicateur des taux d'intérêt ; le modèle macroéconomique peut être linéaire :

(5) $Y = a X_1 + b X_2 + c$

a, b et c étant trois nombres fixes.

Selon le symbolisme général l'agrégation est la substitution du système (4) au système (1). L'opération est toutefois quasiment toujours structurée par une correspondance directe entre variables : celles représentant les grandeurs de la théorie macroéconomique sont définies directement à partir des grandeurs microéconomiques. On peut même dire que la correspondance s'applique quasiment toujours séparément, d'une part aux grandeurs exogènes, d'autre part aux grandeurs endogènes [3]. Il est dès lors possible d'introduire le symbolisme suivant pour l'agrégation des variables :

(6) $X = g(x)$

(7) $Y = h(y)$

De même est-il possible de regrouper les relations symboliques (1), (4), (6) et (7) en un schéma suggestif (voir figure 1). L'agrégation est ainsi l'opération consistant à substituer le système (4) au système (1) après avoir défini

3. Un des procédés grâce auquel le raisonnement réussit à analyser des phénomènes complexes consiste à faire délibérément abstraction d'interdépendances qui apparaissent secondaires pour le sujet étudié. Ainsi la théorie macroéconomique peut traiter comme exogènes des grandeurs qui ne le sont pas vraiment dans la réalité microéconomique et qui, dans un modèle « vrai », devraient dès lors faire partie de y plutôt que de x. Mais ce chapitre n'a pas pour objet de porter son attention sur cet aspect des choses. Nous admettons donc que les interdépendances en cause sont déjà négligées dans le modèle microéconomique (1).

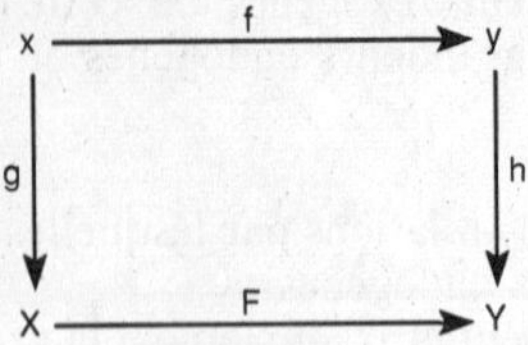

Figure 1

les grandeurs macroéconomiques exogènes et endogènes respectivement par (6) et (7).

Pour compléter l'exemple où (1) et (4) ont respectivement les expressions (3) et (5), il faut ainsi spécifier les correspondances (6) et (7) entre grandeurs ; on retiendra ici les équations suivantes :

$$(8) \qquad X_1 = \sum_{i=1}^{n} x_i \qquad X_2 = z$$

$$(9) \qquad Y = \sum_{i=1}^{n} y_i$$

Cette conceptualisation de l'agrégation met au premier plan la modélisation du système économique. Elle peut paraître mal s'appliquer aux problèmes considérés par les statisticiens ou les comptables nationaux qui, définissant les indices et agrégats destinés à résumer les données observées, cherchent à le faire avec objectivité et sans se lier à une théorie particulière. Je suis prêt à admettre qu'effectivement, pressé par le souci d'arriver vite aux problèmes relatifs à la compréhension des phénomènes, je néglige de mettre l'accent aussi bien sur certaines phases intermédiaires des investigations que sur la finalité collective de la production des indices et des agrégats : les statisticiens ne peuvent pas multiplier à l'infini les définitions qu'ils appliquent, ou procéder à des calculs nouveaux à chaque fois qu'une utilisation nouvelle est envisagée ; ils doivent donc avoir en vue une gamme variée d'utilisations, se situant dans des contextes théoriques variés. Cependant, si l'on réfléchit à la nature fondamentale du choix des concepts agrégés par les statisticiens, on s'aperçoit qu'elle relève bien d'une certaine modélisation ; c'est ce que nous avons vu dans le chapitre 3 quand nous avons compris que la définition des grandeurs était toujours empreinte de théorie à propos du phénomène concerné. La formalisation retenue ici consiste seulement à mettre l'accent sur cette constatation, à le mettre d'une façon qui aurait été abusive dans le chapitre 3, mais qui au contraire convient dans celui-ci.

Les problèmes dont l'étude de l'agrégation doit s'occuper concernent évidemment la précision de l'image que le modèle agrégé (4) donne du modèle détaillé (1). Dans quelles conditions cette image serait-elle pleinement satisfaisante ? Sinon à quelles erreurs expose-t-elle le macroéconomiste ? Ces questions peuvent être elles-mêmes posées sous des contraintes plus ou moins étroites portant sur la définition des grandeurs agrégées par (6) et (7), ou même la spécification du modèle agrégé.

Avant d'aborder vraiment cette étude, il convient de remarquer que, ici comme ailleurs, variables endogènes et exogènes interviennent de façon très différente dans la problématique. L'objectif de la théorie consiste à comprendre la détermination des grandeurs endogènes. L'agrégation des variables endogènes par h s'apprécie directement par référence à cet objectif. Avec l'exemple illustratif qui nous sert de référence, l'objectif réside dans la compréhension des facteurs déterminant l'épargne globale des ménages ; on s'intéresse alors à l'agrégat Y mais non aux épargnes y_i des divers ménages i. Généralement on part de l'idée que le besoin de connaissance serait parfaitement satisfait une fois bien comprise la détermination des grandeurs agrégées entrant dans la composition de Y ; ainsi la substitution de Y à y n'a aucun inconvénient. Sinon il conviendrait de s'interroger directement sur le coût de la perte d'information due à la substitution. En d'autres termes considérer les usages de la théorie suffit à bien faire apparaître dans quelle mesure l'agrégation des variables endogènes est admissible, et comment elle peut se faire au mieux. Par la suite nous ne nous interrogerons donc pas davantage sur le choix de h que nous prendrons pour donné, de même que f.

Dans ces conditions, nous intéressant à la détermination de Y, nous voyons directement par les égalités symboliques (7) et (1), ou par le schéma de la figure 1, que « la théorie vraie » consisterait à partir des variables exogènes microéconomiques, à utiliser le modèle détaillé, puis à agréger les variables endogènes. On cheminerait ainsi sur le schéma de gauche à droite en haut (de x vers y), puis de haut en bas (de y vers Y). Avec l'exemple illustratif la « théorie vraie » s'exprimerait ainsi par :

$$(10) \qquad Y = \sum_{i=1}^{n} (a_i\, x_i + b_i\, z + c_i)$$

Généralement elle peut s'écrire :

$$(11) \qquad Y = h\, f\, (x)$$

hf désignant l'application successive des fonctions f et h dans cet ordre.

Mais cette « théorie vraie » n'est praticable que si l'on peut opérer sans avoir à agréger les variables exogènes ; la chose est rare, bien que nous serons amenés à en voir des exemples dans la section 6, pages 209 et suiv. On peut encore retenir comme définition des erreurs d'agrégation la discordance entre les deux déterminations de Y, celle à laquelle conduit le modèle macroéconomique et celle à laquelle aurait conduit la théorie vraie. Symboliquement j'écris :

$$(12) \qquad E\,(x) = F\, g\, (x) - h\, f\, (x)$$

où Fg correspond à l'application successive des fonctions g et F dans cet ordre. La notation est symbolique dans la mesure où le signe de différence qu'elle comporte peut ne pas avoir de définition évidente pour certaines des composantes de Y ; mais le préciser n'a pas grande importance, car l'interprétation reste correcte si le lecteur pense uniquement en termes de grandeurs numériques ; par la suite, dès que cela sera nécessaire, nous nous limiterons au cas des seules grandeurs numériques.

L'expression (12) fait apparaître directement que l'erreur d'agrégation dépend en principe des valeurs prises par les grandeurs exogènes, de la formule d'agrégation de ces grandeurs et de la spécification du modèle agrégé. Par la suite il conviendra de ne pas le perdre de vue.

Agrégation parfaite

La situation idéale ne comporterait aucune erreur d'agrégation, quel que soit x dans son domaine pertinent de variation. Malheureusement, les formulations générales habituellement rencontrées ne se prêtent pas à une telle agrégation parfaite. Dans la pratique, la théorie des agrégats représentatifs est souvent la plus éclairante par les résultats positifs qu'elle apporte. Néanmoins, la nature des difficultés de l'agrégation apparaît aussi à travers les résultats négatifs auxquels conduit la recherche de l'agrégation parfaite. Commençons donc par celle-là.

Nous allons nous limiter pour ce faire à un cas assez particulier qui recouvre cependant de très nombreuses situations rencontrées en pratique. Nous admettons d'abord que variables endogènes et exogènes sont numériques, x et y étant des vecteurs. Nous supposons ensuite que le modèle détaillé consiste en la juxtaposition de modèles individualisés, c'est-à-dire que le système (1) prend la forme particulière (2). Nous considérons enfin que l'agrégation des variables est linéaire : pour les usages envisagés de la théorie certains agrégats linéaires des variables endogènes sont censés convenir ; on cherche à savoir dans quelles conditions certains agrégats linéaires donnés des variables exogènes permettent une agrégation parfaite ; ainsi les fonctions h et g sont données et linéaires. Plus précisément, les vecteurs des variables agrégées sont supposés avoir les formes suivantes :

$$(13) \qquad X = (\bar{x}, z) \qquad Y = \bar{y}$$

où $\bar{x}$ et $\bar{y}$ sont respectivement les vecteurs moyennes arithmétiques simples des x_i et y_i :

$$(14) \qquad \bar{x} = \frac{1}{n} \sum_{i=1}^{n} x_i \qquad \bar{y} = \frac{1}{n} \sum_{i=1}^{n} y_i$$

Introduire, au lieu de ces deux dernières équations, des expressions linéaires quelconques, avec des coefficients donnés, n'accroîtrait pas la généralité puisque le choix des unités de mesure des diverses variables est libre (ainsi dans l'exemple illustratif, l'agrégation des variables effectuée suivant (8) et (9) est essentiellement la même qu'ici). En revanche on note dans (13) une hypothèse supplémentaire, à savoir que les grandeurs microéconomiques exogènes non individualisées définissant le vecteur z sont reprises telles quelles dans le vecteur des grandeurs macroéconomiques exogènes.

Dans ce contexte, nous nous interrogeons sur les cas où le modèle détaillé se prête à une agrégation parfaite et sur la formule qui doit alors être retenue pour la définition de F. Une exigence importante stipule que les grandeurs microéconomiques sont libres de prendre des valeurs quelconques, ou tout au moins qu'elles peuvent varier librement dans un domaine ayant la même dimension que leur espace de définition.

Dans ces conditions on peut démontrer le résultat général suivant, auquel convient la dénomination de « théorème d'agrégation parfaite »[4].

Une agrégation parfaite existe si et seulement si les fonctions f_i du modèle détaillé (2) sont linéaires par rapport aux x_i et comportent toutes la même matrice de coefficients, donc si et seulement si ces fonctions ont la forme suivante :

$$(15) \qquad f_i\,(x_i, z) = A\,(z)\,x_i + b_i\,(z) \qquad i = 1, 2 \ldots n$$

La matrice A des coefficients peut dépendre des variables constituant z, mais elle doit être la même pour toutes les fonctions individuelles. Si les conditions de ce théorème sont satisfaites, la forme du modèle agrégé est évidente :

$$(16) \qquad \bar{y} = A\,(z)\,\bar{x} + \bar{b}\,(z)$$

avec :

$$(17) \qquad \bar{b}\,(z) = \frac{1}{n} \sum_{i=1}^{n} b_i\,(z)$$

Ce théorème d'agrégation parfaite est interprété comme essentiellement négatif, dans la mesure où la forme imposée

4. Pour la démonstration voir par exemple A. Nataf, *Théorie des choix et fonctions de demande*, Monographies du Centre d'économétrie, CNRS, Paris, 1964.

par (15) au modèle détaillé apparaît extrêmement restrictive. Pour nous en faire une idée, nous pouvons considérer deux exemples concernant l'un les entreprises, l'autre les ménages.

L'agrégation des fonctions de production a souvent été posée dans les termes suivants. Il existe n entreprises, chacune i produisant un flux de production Q_i à partir d'un flux de travail N_i et d'un stock de capital K_i ; les conditions techniques de la production imposent les contraintes :

(18) $Q_i = f_i (N_i, K_i) \qquad i = 1, 2 \dots n$

A ce modèle détaillé on voudrait pouvoir faire correspondre le modèle agrégé :

(19) $\bar{Q} = F (\bar{N}, \bar{K})$

Nous sommes ainsi dans le cadre du modèle (2), le vecteur z disparaissant ; le vecteur x_i a deux composantes N_i et K_i ; il y a une seule grandeur endogène dans y_i, soit Q_i. Avec la problématique retenue l'existence d'une fonction de production globale suppose que les fonctions de production (18) aient la forme (15), c'est-à-dire :

(20) $Q_i = a_n N_i + a_k K_i + b_i$

Il faut donc que les productivités marginales du travail a_n soient indépendantes des quantités de travail et de capital utilisées, et les mêmes pour toutes les entreprises, les productivités marginales du capital a_k ayant des propriétés analogues. Jamais des conditions aussi restrictives ne sont considérées comme compatibles avec les caractéristiques effectives des techniques de productions.

S'agissant des ménages nous pouvons nous référer à l'exemple illustratif (3) censé s'appliquer à l'épargne. Il satisfait en partie les conditions d'agrégation parfaite puisque l'équation (3) est linéaire ; mais il ne les satisfait totalement que si le coefficient a_i a la même valeur a pour tous les ménages i, c'est-à-dire si tous les ménages ont la même propension marginale à épargner sur leurs accroissements de revenu. Sous cette condition restrictive la forme (15) s'applique bien à (3) avec $A (z) = a$ et $b_i (z) = b_i z + c_i$.

Deux remarques peuvent légèrement estomper la portée négative du théorème d'agrégation parfaite. Les comprendre exige une certaine réflexion mais aide à saisir les questions que nous traiterons par la suite. Nous allons donc leur consacrer la fin de cette section.

Premièrement, la formule d'agrégation des variables exogènes a été imposée par la première des égalités (14). On a parfois cherché à relâcher cette exigence. Ne serait-il pas possible de *définir les grandeurs exogènes agrégées en tenant compte des caractéristiques du modèle détaillé,* de telle manière qu'existe un modèle agrégé non sujet à erreur d'agrégation ? Pour que la réponse positive soit intéressante, plusieurs conditions seraient requises : il faudrait d'abord que l'agrégation soit réelle, se traduisant par une réduction importante du nombre de variables à considérer ; il faudrait ensuite que la formule ne fasse intervenir que des paramètres qui puissent être déterminés en pratique, au moins de façon approximative ; comme les paramètres du modèle détaillé ne sont habituellement pas connus, cette condition peut être exigeante ; il faudrait enfin que la même formule d'agrégation puisse être retenue pour toute une gamme d'applications, faute de quoi le calcul des agrégats devrait être repris à chaque occasion.

Cela dit, la suggestion consistant à se donner une liberté de choix pour le calcul des variables exogènes agrégées peut se révéler intéressante dans quelques cas ; mais ces cas sont rares. En voici un exemple. Supposons que le modèle détaillé n'obéisse pas à l'équation (15) mais à l'équation voisine :

$$(21) \qquad f_i(x_i, z) = \alpha_i A(z) x_i + b_i(z) \qquad i = 1, 2 \ldots n$$

les α_i étant des nombres dont on peut supposer la somme égale à n. Alors le modèle agrégé (16) s'appliquerait encore à condition qu'on remplace, dans la définition de $\bar{x}$, la moyenne arithmétique simple (14) par la moyenne arithmétique pondérée :

$$(22) \qquad \bar{x} = \frac{1}{n} \sum_{i=1}^{n} \alpha_i x_i$$

L'exemple illustratif (3) se trouve avoir la forme (21). Pour le voir il suffit de définir A (z) comme égal à la moyenne arithmétique $\bar{a}$ des propensions marginales à épargner a_i et de poser $\alpha_i = a_i/\bar{a}$. La formule d'agrégation (22) des revenus individuels x_i n'est plus alors une simple sommation ou une moyenne arithmétique ordinaire mais une moyenne pondérée, le revenu du ménage i recevant un poids proportionnel à la propension marginale à épargner de ce ménage. Cette formule particulière d'agrégation conviendrait à la justification d'une fonction d'épargne globale dès lors que le modèle (3) s'appliquerait ; elle est peu habituelle.

Pour que l'agrégation soit parfaite, dans le cas où (21) s'applique, il faudrait ainsi connaître exactement les α_i et calculer en conséquence les agrégats exogènes. Mais si l'on fait preuve d'une moindre exigence, comme nous le ferons par la suite, on peut retenir l'idée de donner une pondération particulièrement forte aux entités pour lesquelles la sensibilité de y_i par rapport à x_i est la plus élevée. Un autre exemple de choix approprié de la formule d'agrégation des variables exogènes sera donné à la fin du chapitre.

Deuxièmement, c'est beaucoup demander que d'exiger que l'agrégation parfaite s'applique quelles que soient les valeurs des variables microéconomiques exogènes x_i. Or on voit bien que si l'on restreignait la liberté de variation des x_i on pourrait aboutir à des conditions d'agrégation moins strictes. A l'extrême, si les valeurs prises par un vecteur de grandeurs agrégées X suffisaient à déterminer complètement toutes les grandeurs microéconomiques exogènes, l'agrégation parfaite n'exigerait rien de particulier sur le modèle détaillé.

Ainsi dans l'exemple (3) de l'épargne des ménages, si le revenu x_i de chaque ménage était fonction seulement du revenu X_1 de l'ensemble des ménages, ce revenu X_1 conjointement avec l'indicateur $X_2 = z$ des taux d'intérêt déterminerait l'épargne y_i de chaque ménage, donc aussi l'épargne globale Y.

Dans ce cas extrême il existerait une détermination de x à partir de X. On peut lui donner la traduction symbolique :

(23) $x = r(X)$

La relation suivante définirait alors un modèle agrégé exact :

(24) $Y = h\,f\,r(X)$

h f r signifiant l'application successive des fonctions r, f et h dans cet ordre (soit, avec l'exemple illustratif : calcul des revenus individuels à partir du revenu global – calcul des épargnes individuelles à partir des revenus individuels et de l'indicateur des taux d'intérêt – calcul de l'épargne globale à partir des épargnes individuelles).

Supposer, comme le fait l'équation (23), que chacune des variables exogènes détaillées est parfaitement déterminée par les variables exogènes agrégées, peut apparaître très restrictif. Nous allons cependant retenir quelque chose de cette idée pour rendre compte de la façon dont est généralement comprise l'agrégation. Ce sera le cas dès la section suivante. Ce sera encore le cas, d'une autre manière, quand nous étudierons, dans les pages 209 à 218, l'exemple des fonctions de production.

Agrégats représentatifs

Intuitivement on a bien le sentiment que les difficultés du raisonnement sur des grandeurs agrégées sont amplifiées par l'approche choisie dans la section précédente. Quand il s'agit de comprendre, par exemple, les fluctuations de l'activité économique ou l'inflation, dont les manifestations sont essentiellement macroéconomiques, on doit y parvenir assez bien grâce à des modèles globaux, s'ils sont choisis judicieusement ; il ne doit pas être nécessaire pour l'utilité de tels modèles que les lois de comportement aient une forme aussi spéciale que celle spécifiée par l'équation (15). La raison de cette confiance spontanée réside dans le sentiment que les agrégats caractérisent bien l'évolution de la réalité microéconomique sous-jacente.

Certes, on ne s'attend pas à ce que le cas de chaque agent soit bien défini par les indices globaux, comme le voudrait l'équation (23). La situation de telle entreprise ou de tel ménage, pris individuellement, peut connaître un changement très singulier, alors même qu'aucun des indices globaux ne varie. Mais ce changement a alors son pendant dans un changement inverse touchant une autre entreprise ou un autre ménage. Si les deux entités ont des comportements identiques, elles doivent jouer des rôles interchangeables ; l'observateur n'a pas à les distinguer et la situation d'ensemble peut alors apparaître inchangée. Par exemple le revenu de Paul peut croître et celui de Jean diminuer d'autant tandis que le revenu global des ménages ne varie pas ; peu importe pour l'épargne globale des ménages dès lors que Paul et Jean ont les mêmes propensions marginales à épargner.

Ainsi, l'important ne réside pas dans les situations individuelles proprement dites, mais dans leur distribution statistique. Du point de vue de l'analyse macroéconomique, il n'y a vraiment changement que si cette distribution s'est modifiée. Or l'observation montre que les distributions statistiques présentent une grande stabilité. Elles évoluent certes, mais d'une façon qui est habituellement bien perçue à travers les agrégats et indices macroéconomiques.

Par exemple, la distribution des entreprises ou des établissements selon le nombre de leurs salariés n'évolue que lentement : la plupart du temps, le nombre d'entreprises croît avec l'emploi ; la part des établissements de plus de 500 personnes, ou de moins de 10 personnes, dans l'ensemble des établissements varie peu [5]. La distribution des entreprises selon la valeur de leur capital productif se déplace évidemment en fonction du rythme de l'investissement global et de la réévaluation du capital ancien ; mais, cette tendance générale mise à part, l'allure de la distribution ne se modifie guère.

De même, le mouvement principal de la distribution statistique des ménages selon le montant de leur revenu est bien traduit par l'évolution de l'agrégat « revenu des ménages ». Les autres mouvements, de réduction ou d'augmentation de l'inégalité, ou modifiant les disparités entre classes sociales, sont très étudiés ; mais, en fin de compte, ils ont une ampleur limitée [6]. D'ailleurs, rien n'interdit de faire figurer parmi les grandeurs du modèle agrégé tel indice de dispersion des revenus ou tel indicateur de disparité.

Pour justifier leurs raisonnements, les macroéconomistes

5. Par exemple M. Didier et E. Malinvaud, « La concentration de l'industrie française s'est-elle accentuée depuis le début du siècle ? », *Économie et Statistique*, n° 2, juin 1969.

6. *Les revenus des ménages, 1960-1984*, Centre d'Étude des Revenus et des Coûts, Document n° 80, 1986.

invoquent d'ailleurs la « stabilité des structures ». L'expression, rarement définie avec précision, fait référence, en particulier, à la lenteur avec laquelle les distributions statistiques se déforment autour des tendances générales de leurs grandeurs respectives. En somme, on peut dire que, dans les faits, telle grandeur globale – l'emploi ou le revenu des ménages – est bien représentative de toute la distribution statistique des grandeurs microéconomiques correspondantes : effectifs des diverses entreprises, ou revenus des différents ménages. C'est cette bonne représentativité des agrégats et indices qui valide les raisonnements macroéconomiques où ils entrent.

Encore convient-il que nous examinions de plus près la logique de cet argument, afin d'en connaître les conditions exactes de validité et de savoir quand il faut craindre des erreurs d'agrégation, c'est-à-dire quand il conviendrait d'opérer des désagrégations ou d'introduire des indicateurs supplémentaires qui réduiraient ces erreurs. Cet examen logique suppose d'aller un peu plus loin dans la conceptualisation et la formalisation.

Afin d'alléger la discussion, nous allons nous limiter au cas où le modèle détaillé prend la forme (2), c'est-à-dire juxtapose des modèles individualisés, au cas où de plus les grandeurs x_i et y_i sont numériques et où l'on n'a pas à faire intervenir de variable exogène commune z.

Il faut encore préciser comment varient les fonctions f_i d'un agent individuel i à un autre. Admettons que cela puisse se faire grâce à un paramètre numérique t_i qui caractérise le comportement de i, en sorte que le système (2) devienne :

$$(25) \qquad y_i = f(x_i, t_i) \qquad i = 1, 2 \ldots n$$

la même fonction f s'appliquant alors à tous les agents. Par exemple, s'il s'agit de ménages dont l'épargne y_i varie en fonction du revenu x_i, le paramètre t_i peut définir le goût pour l'épargne.

Pour fonder l'usage d'agrégats représentatifs il faut que la stabilité des structures porte non seulement sur la distribution des variables exogènes individuelles x_i (par exemple la distribution statistique des revenus), mais aussi sur la distribution des paramètres de comportement t_i, ou même plus précisément sur la distribution conjointe des x_i et des t_i. On n'impose évidemment pas à cette distribution statistique de rester fixe, mais plutôt d'avoir une position et éventuellement une dispersion, voire une forme, définies par la valeur de la variable exogène macroéconomique X. En ce sens *la variable X est bien représentative de la distribution des variables exogènes microéconomiques et des caractéristiques de comportement.*

La chose est sans doute plus claire si l'on se donne un être mathématique qui définit cette distribution statistique et ses modifications. Cet être, une fonction G (ξ, θ ; X), est, par définition, la proportion d'individus pour lesquels :

(26) $\quad x_i \leqslant \xi \quad \text{et} \quad t_i \leqslant \theta$

Ainsi la fonction G (ξ, θ ; X) est nulle quand ξ est inférieur à tous les x_i ou θ inférieur à tous les t_i ; la fonction vaut 1 quand ξ est supérieur à tous les x_i et θ supérieur à tous les t_i. Écrire que la fonction G ne dépend que de X veut dire précisément que connaître X suffit pour connaître non pas les caractéristiques de chaque individu i, mais la distribution de ces caractéristiques dans l'ensemble des individus.

La stabilité des structures et la représentativité des grandeurs exogènes agrégées étant ainsi définies, il en résulte logiquement que la variable endogène Y ne dépend que de X et donc qu'un modèle agrégé (4), correctement spécifié, s'applique à la détermination de cette variable endogène [7]. Si par exemple il se trouve que la distribution des ménages selon leur revenu et leur goût pour l'épargne ne dépend que du revenu disponible global X de l'ensemble des ménages, alors l'épargne globale Y ne dépend que du revenu global X.

Bien entendu une telle justification du raisonnement sur grandeurs agrégées demande à être vérifiée dans chaque cas particulier. Elle pourrait en effet très mal s'appliquer au cas considéré. Ainsi, selon que les ménages ayant la plus forte propension à l'épargne bénéficient ou non des plus

7. Des indications sur la méthode à employer pour spécifier la fonction F du modèle agrégé figurent dans la section 2.3 du chapitre 2 de mon livre *Théorie macroéconomique, op. cit.*

fortes augmentations de revenus, la croissance de l'épargne globale sera différente ; en conséquence l'épargne globale ne sera pas fonction seulement du revenu global s'il se trouve que la distribution des revenus entre catégories de ménages épargnant plus ou moins (agriculteurs et salariés par exemple) varie sans lien nécessaire avec ce revenu global. Quand de telles situations se présentent, l'agrégation peut induire en erreur [8].

Afin de réduire le risque d'erreur d'agrégation, on peut s'arrêter à une agrégation moins poussée des variables exogènes, par exemple définir X non pas comme le revenu de l'ensemble des ménages, mais comme le vecteur des revenus des diverses catégories sociales. On s'inspire alors de l'idée selon laquelle il y a une plus grande homogénéité à l'intérieur des catégories sociales qu'entre elles, cette homogénéité concernant les comportements (celui d'épargne par exemple) et les destinées (l'évolution des revenus par exemple). Poser la question du bon niveau d'agrégation soulève évidemment un problème délicat. Nous y reviendrons à la fin de ce chapitre.

La pratique la plus courante consiste, nous l'avons vu, à transposer la loi de comportement obtenue pour une unité dite représentative en une loi de comportement analogue censée s'appliquer aux agrégats des unités de même nature. Cette pratique a pour effet non seulement de poser un modèle agrégé, mais aussi de lui donner une forme particulière qui reflète directement la forme déduite de l'analyse de l'unité représentative. Justifier l'existence d'un modèle agrégé, selon la logique exposée précédemment, ne suffit donc pas à justifier la pratique macroéconomique. Il faudrait aussi montrer la similitude des relations du modèle agrégé avec celles du modèle détaillé.

Cette seconde partie de l'étude de l'agrégation peut conduire à des éclairages ou à des problèmes nouveaux. On peut s'apercevoir notamment que les effets d'agrégation déforment les relations d'abord obtenues sur une unité

8. On trouvera, page 73 de *Théorie macroéconomique*, un exemple numérique montrant comment un même revenu global conduit à une épargne globale différente suivant qu'il profite plutôt aux entrepreneurs individuels ou plutôt aux salariés, ces derniers ayant une moindre propension à l'épargne.

considérée isolément. Le phénomène ne semble pas relever d'une théorie vraiment générale. Cependant certaines propriétés tendent à apparaître dans des contextes divers. Leur étude, bien introduite par l'approche des agrégats représentatifs, doit maintenant retenir notre attention.

De la forme des relations microéconomiques à celle des lois macroéconomiques

Je vais me contenter ici de considérer deux propriétés significatives : la similitude des relations aux deux niveaux d'analyse, et la déformation systématique provenant du lissage que réalise l'agrégation. Je ne chercherai pas à pousser très loin l'investigation, mais plutôt à donner une idée de ces propriétés et de certaines conditions requises au moins pour la validité de la première.

Plaçons-nous d'abord dans le cas où le modèle détaillé (25) serait linéaire par rapport aux variables exogènes x_i :

(27) $y_i = a\,(t_i)\,x_i + b\,(t_i) \qquad i = 1, 2 \ldots n$

Supposons de plus qu'on recherche un modèle agrégé qui s'applique aux moyennes arithmétiques $\bar{x}$ et $\bar{y}$ définies conformément aux équations (14). Des conditions sont requises pour que $\bar{x}$ soit bien un agrégat représentatif, au sens de la théorie exposée dans la section précédente.

Une première possibilité est évidente, à savoir que la sensibilité de y_i à x_i soit la même pour toutes les unités, c'est-à-dire que a (t_i) ne dépende pas de t_i. C'est précisément la condition qui permet l'agrégation parfaite. Elle conduit à une relation agrégée ayant la même forme que les relations détaillées ; mais ce cas, étant déjà connu, ne nous intéresse guère ici. Admettant que les a (t_i) diffèrent, retenons pour la fonction G des conditions particulièrement simples.

La première consiste à énoncer que la distribution statistique des t_i est totalement indépendante des x_i et donc aussi de $\bar{x}$. L'hypothèse revient à supposer que la fonction G est le produit de deux fonctions, H ne dépendant pas de θ et K ne dépendant au contraire que de θ :

(28) $G\,(\xi, \theta\,;\, X) = H\,(\xi\,;\, X)\; K\,(\theta)$

Ainsi K (θ) est, quels que soient les x_i et X, la proportion des individus pour lesquels t_i ne dépasse pas θ.

La seconde condition, commode à appliquer, consiste à admettre que la distribution statistique des revenus ne se déplace que par simple dilatation ou contraction ; la fonction H (ξ ; X) prend alors la forme H (ξ/X). Dans ces conditions, un simple changement éventuel de variable suffit à faire de $\bar{x}$ la variable exogène agrégée :

$$(29) \qquad H(\xi ; X) = H\left(\frac{\xi}{X}\right) = H\left(\frac{\xi}{\bar{x}}\right)$$

Sous ces deux conditions, on peut démontrer[9] que le modèle agrégé a la même forme linéaire que le modèle détaillé, avec de plus un coefficient $\bar{a}$ égal à la moyenne arithmétique des a_i et une constante $\bar{b}$ égale à celle des b_i :

$$(30) \qquad \bar{y} = \bar{a}\,\bar{x} + \bar{b}$$

L'intérêt de ce qui précède est surtout de faire apparaître le caractère restrictif des hypothèses grâce auxquelles on peut aisément dériver cette équation linéaire (30) qui constitue la transposition la plus directe des équations linéaires microéconomiques (27). L'indépendance supposée des distributions des t_i et des x_i est évidemment particulière. Nous allons le voir un peu plus loin à l'aide d'un exemple.

La moyenne $\bar{x}$ serait encore un agrégat représentatif et la forme linéaire s'appliquerait encore à la relation agrégée, mais alors avec un coefficient différent de $\bar{a}$, si l'on remplaçait les conditions (28) et (29) par la condition beaucoup moins restrictive :

$$(31) \qquad G(\xi; \theta; X) = G\left(\frac{\xi}{X}, \theta\right)$$

Prenons un exemple simple afin de comprendre intuitivement ce que cette condition implique. Admettons que les individus se rangent en deux groupes : n_1 « riches » pour lesquels :

$$(32) \qquad y_i = a_1\, x_i + b_i$$

et n_2 « pauvres » pour lesquels :

9. Voir pages 74 et 75 de *Théorie macroéconomique.*

(33) $y_i = a_2 x_i + b_2$

Dans cet exemple les caractéristiques de comportement t_i ne prennent que deux valeurs, l'une t_1 pour les riches avec $a(t_1) = a_1$, l'autre t_2 pour les pauvres avec $a(t_2) = a_2$. Retenir l'indépendance de la distribution des t_i par rapport à celle des x_i imposerait la condition paradoxale que la distribution des revenus des riches coïncide avec celle des revenus des pauvres. Nous ne retenons évidemment pas cette condition mais nous admettons de plus que, conformément à (31), la moyenne $\bar{x}_1$ des x_i des riches soit proportionnelle à $\bar{x}$, et de même celle $\bar{x}_2$ des x_i des pauvres :

(34) $\bar{x}_1 = c_1 \bar{x} \qquad \bar{x}_2 = c_2 \bar{x}$

avec évidemment :

(35) $n_1 c_1 + n_2 c_2 = n_1 + n_2$

Nous voyons directement que la relation agrégée s'écrit alors :

(36) $\bar{y} = \hat{a} \bar{x} + \bar{b}$

avec

(37) $$\hat{a} = \frac{n_1 c_1 a_1 + n_2 c_2 a_2}{n_1 + n_2}$$

Le coefficient $\hat{a}$ est ainsi non la moyenne simple des a_i mais une moyenne pondérée, le coefficient a_1 des riches recevant un poids majoré si $c_1 > c_2$.

Si l'on n'avait pas pensé à faire intervenir une telle pondération et si l'on avait retenu (30) au lieu de (36), la relation agrégée serait erronée. De fait, dans la spécification des lois macroéconomiques, il faut toujours s'interroger sur la nature des pondérations implicites qui justifient ces lois.

Considérons maintenant le lissage que l'agrégation peut réaliser. Le phénomène suppose évidemment des relations détaillées non linéaires. Prenons-en un exemple très simple et, plutôt qu'écrire des formules, étudions-le graphiquement.

Supposons que la même loi de comportement s'applique à toutes les unités et qu'elle ait la forme représentée sur la figure 2 : proportionnalité entre y_i et x_i tant que $x_i \leqslant \hat{x}$ et constance pour les valeurs supérieures de x_i. Supposons, en

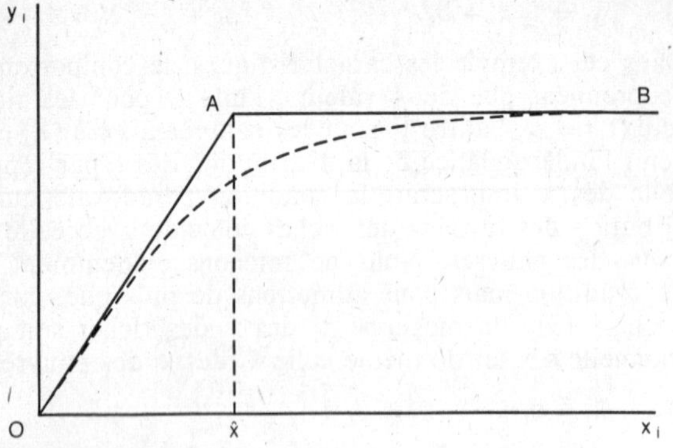

Figure 2

outre, que la distribution statistique des x_i ne dépende que d'un agrégat représentatif X, tel que cette distribution se situe d'autant plus à droite que X est plus élevé.

Pour fixer les idées sur un exemple économique, on peut admettre qu'il s'agit d'entreprises dont la capacité de production est $\hat{x}$, qui constatent l'existence d'une demande x_i pour leur bien, qui produisent la quantité y_i égale à x_i tant que $x_i < \hat{x}$ et qui, sinon, produisent à pleine capacité. La variable agrégée X peut être tout simplement, ici encore, la moyenne $\bar{x}$ des x_i, c'est-à-dire la moyenne de la demande adressée aux entreprises.

On comprend aisément que la relation agrégée a la forme d'une courbe régulière, comme celle représentée en tirets sur la figure 2. Tant que la distribution des x_i est située totalement à gauche de $\hat{x}$, ou au contraire totalement à droite, la relation agrégée coïncide avec la relation microéconomique. Dans les situations intermédiaires elle est placée au-dessous, chaque point apparaissant comme le centre de gravité d'un point de 0A, représentatif de la partie de la distribution située à gauche de $\hat{x}$, et d'un point de AB, représentatif du reste de la distribution. Ainsi le coude 0AB est lissé dans la loi agrégée, et cela d'autant plus que la dispersion des unités individuelles est plus marquée.

Le phénomène du lissage a évidemment une grande généralité. Joint au fait que la macroéconomie considère des variations relativement faibles, il explique pourquoi dans les applications on peut souvent se contenter de systèmes linéaires. Dans l'exemple de la figure 2 une fonction linéaire représenterait mal la relation microéconomique au voisinage de A puisque, pour convenir à gauche, elle devrait ne pas le faire à droite, et réciproquement. En revanche, quel que soit le point considéré sur la relation macroéconomique tracée en tirets, la tangente à la courbe en ce point donne une approximation valable pour des variations pas trop importantes. Nous verrons cependant dans le chapitre 8 qu'il ne faut pas exagérer indûment la portée du phénomène de lissage.

Des logiques spécifiques : le cas des fonctions de production

Les sections qui précèdent pourraient donner une idée fausse de l'agrégation si elles n'étaient pas complétées par l'étude un peu approfondie d'un domaine précis de modélisation. L'agrégation peut en effet relever de logiques spécifiques aux problèmes étudiés. En partant d'une conceptualisation générale mais en concentrant l'attention sur le cas où le modèle détaillé prend la forme (2), le plus souvent sans même qu'interviennent les variables exogènes communes z, notre réflexion s'est orientée vers l'examen d'une structure particulière qui n'est pas pleinement représentative.

Nous allons le voir en considérant l'agrégation des fonctions de production [10]. Le cas a déjà été évoqué dans la section 3 sur l'agrégation parfaite. Le modèle détaillé avait alors précisément la structure (2), comme le montre immédiatement l'équation (18), où les quantités de travail N_i et de capital K_i sont traitées comme des grandeurs exogènes. La différence principale avec les hypothèses retenues dans

10. Il faut cependant noter que ce cas concerne encore une transposition assez simple de lois microéconomiques en une loi macroéconomique de même nature. Des raisonnements d'un tout autre type ont souvent à intervenir quand on examine les aspects de l'agrégation lors de l'étude des fondements microéconomiques de certaines lois d'ajustement macroéconomiques. (Ces lois seront définies dans le chapitre 9, mais sans que l'on traite alors des problèmes d'agrégation.)

de nombreux travaux sur ce cas d'agrégation réside précisément en ceci, que les quantités de facteurs utilisées par les entreprises y sont le plus souvent considérées comme déterminées par les conditions de l'équilibre économique.

En d'autres termes, toutes les entreprises i opèrent dans un même environnement. Sous les contraintes que cet environnement impose, elles déterminent aussi bien leur production Q_i que les inputs des facteurs N_i et K_i, en respectant bien entendu leur fonction de production (18). La question est de savoir si le résultat global conduit à une production moyenne $\bar{Q}$ et à des inputs moyens $\bar{N}$ et $\bar{K}$ qui sont aussi liés par une fonction telle que (19), et quelles sont alors les propriétés de cette « fonction de production globale ». Ainsi les N_i et K_i ne sont plus systématiquement traités comme des grandeurs exogènes. Avec certaines hypothèses sur l'environnement économique, il n'y a même plus de variables exogènes détaillées. Mais comme il y a une grande diversité de spécifications possibles sur l'environnement, les cas à étudier sont multiples.

La spécification doit concerner notamment le régime de concurrence et la plus ou moins grande mobilité des facteurs de production. Tantôt on suppose une concurrence parfaite, tantôt une structure de marché moins extrême. Suivant les cas, l'un ou l'autre des facteurs de production peut être plus ou moins immobile. Il y a ainsi de nombreux problèmes à étudier. Il est instructif d'en évoquer plusieurs [11].

Commençons par le cas de la « fonction de production à court terme », le capital étant prédéterminé. On se limite alors à l'étude de la relation entre quantité de travail employé et production. Bien des hypothèses peuvent encore être formulées. On s'intéressera ici à celles retenues dans une théorie particulière qui visait à expliquer comment une fonction de production globale lisse et à rendements décroissants pouvait résulter de l'agrégation de fonctions microéconomiques se caractérisant par des rendements constants jusqu'à un volume de production correspondant à leur capacité maximum.

Cette théorie suppose une concurrence parfaite ainsi

11. Pour un traitement plus complet, voir E. Malinvaud, *Théorie macroéconomique,* Dunod, Paris, 1981, chapitre 4, partie 5.

qu'une parfaite mobilité du travail, même à court terme. Il est inutile d'insister sur le fait que ces deux hypothèses sont restrictives. Le taux de salaire s et le prix p du produit, le même pour toutes les entreprises, sont fixés par les conditions de la concurrence (pour simplifier, je ne distingue pas le salaire du coût du travail). La fonction de production de l'entreprise i est définie par :

$$(38) \qquad Q_i = \text{Min}\ \{a_i\ N_i,\ C_i\}$$

N_i étant la quantité de travail employé, a_i la productivité du travail, C_i la capacité de production. A court terme a_i et C_i sont fixés. Pour choisir au mieux N_i et Q_i, l'entreprise doit décider :

$$(39) \qquad Q_i = C_i \quad \text{et} \quad N_i = C_i/a_i \qquad \text{si } \frac{s}{p} < a_i$$

$$(40) \qquad Q_i = N_i = 0 \qquad \text{si } \frac{s}{p} > a_i$$

(Toujours pour simplifier, je ne formule pas le cas intermédiaire). La capacité est ainsi pleinement utilisée ou pas utilisée du tout selon que le salaire réel est inférieur ou supérieur à la productivité du travail. L'entreprise i réalise un profit dans le premier cas et évite une perte dans le second.

Il est intéressant de noter, au passage, que dans ce modèle où Q_i et N_i sont endogènes tandis que s/p est exogène, les a_i et C_i intervenant comme des paramètres, la fonction conforme à la formulation générale (2) n'est pas la fonction de production (38) puisque N_i est endogène, mais celle définie par les conditions (39) et (40). Il n'y a dès lors aucune agrégation à opérer sur la variable exogène s/p qui a été supposée s'appliquer à toutes les entreprises et qui peut figurer aussi bien dans le modèle agrégé que dans le modèle détaillé. Il existe donc une agrégation parfaite, F (x) = h f (x) suivant la notation de la section 2 (pages 188 et suiv.). La seule question consiste à savoir quelle est la forme du modèle agrégé et comment on peut l'interpréter en y faisant figurer une fonction de production.

Au lieu de définir les grandeurs agrégées comme des moyennes, il est plus habituel de considérer dans ce genre de problème des sommes :

$$(41) \qquad Q = \sum_{i=1}^{n} Q_i \qquad N = \sum_{i=1}^{n} N_i$$

Il est aisé de trouver le modèle agrégé qui détermine Q et N en fonction de s/p. Il suffit de ranger les entreprises suivant les valeurs décroissantes de leur paramètre a_i. Pour une valeur donnée de s/p, qui ne corresponde exactement à aucun des a_i, l'équation (39) s'appliquera aux m(s/p) premières entreprises, celles pour lesquelles $a_i > \frac{s}{p}$, l'équation (40) aux autres entreprises. Les sommations (41) opèrent alors d'une façon que l'on comprend parfaitement sans l'aide de formules ; ainsi Q par exemple est la somme des capacités de production C_i des m(s/p) premières entreprises ; cette somme est fonction de s/p ; c'est la fonction cherchée.

Il est clair que, quand s/p décroît indéfiniment, le nombre m(s/p) s'élève pas à pas jusqu'à englober les n entreprises. La production et la quantité de travail s'élèvent à chaque fois. Mais à la marge il faut de plus en plus de travail par unité de capacité, puisque la productivité du travail de la dernière entreprise pour laquelle la mise en production est rentable a justement une productivité du travail proche du salaire réel.

On peut évidemment représenter sur un graphique cette croissance simultanée de N et de Q provoquée par la baisse du salaire réel s/p (voir figure 3). Le point (N*, Q*) correspond à la solution de (32), (40) et (41) pour une valeur particulière de s/p. La suite des points ainsi obtenus dessine une courbe, qui a une allure continue dès lors que les entreprises sont nombreuses et que les paramètres a_i sont bien répartis.

On peut dire que cette courbe correspond à « la fonction de production globale », que celle-ci se caractérise par des rendements marginaux décroissants et que, à l'équilibre de concurrence parfaite, la productivité marginale du travail est pratiquement égale au salaire réel. On peut encore dire que raisonner sur une unité représentative qui maximise son profit en prenant le prix et le taux de salaire comme donnés conduit au modèle agrégé exact, à condition d'attribuer à cette entreprise la fonction de production globale

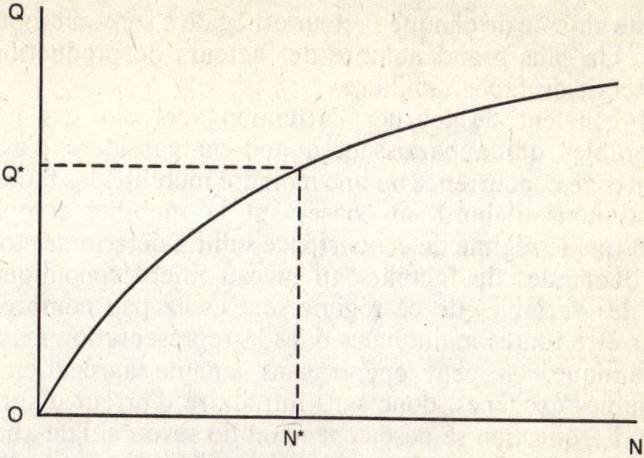

Figure 3

ainsi définie. On aboutit de la sorte à un modèle agrégé qui paraît très satisfaisant pour traiter ce cas [12].

Ces résultats ne sont pas spécifiques du court terme. Ils se transposent exactement au cas des fonctions de production du type (18) faisant intervenir deux facteurs de production, le capital et le travail, si l'on retient les mêmes hypothèses extrêmes : concurrence parfaite et mobilité totale des deux facteurs de production. Le modèle détaillé doit alors faire intervenir deux variables exogènes – les coûts réels unitaires du travail s/p et du capital r/p –, qui figurent sans changement dans le modèle agrégé, de sorte que l'agrégation y est parfaite. Le modèle détaillé fait intervenir trois variables endogènes pour chaque entreprise i : ses inputs de facteur N_i, K_i et sa production Q_i. Une fonction de production globale en résulte toujours naturellement et, à l'équilibre de concurrence parfaite, la productivité mar-

12. Le modèle a été introduit il y a longtemps par H. Houthakker, « The Pareto distribution and the Cobb-Douglas production function in activity analysis », *Review of Economic Studies*, 1955. Houthakker y supposait de plus que les capacités de production étaient distribuées, en fonction de l'inverse de leur productivité du travail, suivant une loi exponentielle ; il en déduisait que la fonction de production globale avait la forme d'une fonction de Cobb-Douglas $Q = AN^{\alpha}$, le nombre α étant compris entre 0 et 1.

ginale globale de chaque facteur est égale à son coût unitaire réel. Un plus grand nombre de facteurs de production se traiterait de façon similaire.

Il convient de tourner l'attention vers des cas moins favorables qui apparaissent quand on considère d'autres formes de concurrence ou une moindre mobilité des facteurs. Continuons d'abord en conservant la mobilité complète. Tant que le régime de concurrence suffit à déterminer toutes les demandes de facteurs au niveau microéconomique et que les variables de ce régime sont assez peu nombreuses pour être toutes maintenues dans la représentation macroéconomique, on peut opérer sans aucune agrégation des variables exogènes, donc sans introduire d'erreur d'agrégation. La question se pose cependant de savoir si l'on aboutit ainsi à un modèle qui correspond à celui qui aurait résulté de la considération d'une unité représentative, car l'objet de l'exercice est de connaître les erreurs auxquelles conduit éventuellement une pratique où l'on raisonne sur une unité représentative sans s'interroger sur les difficultés de l'agrégation.

J'ai étudié cette question dans deux contextes différents. Dans le premier, les entreprises anticipent le volume de la demande qu'elles auront à satisfaire et minimisent leur coût de production, compte tenu d'un coût unitaire du travail s et d'un coût du capital r qui s'appliquent à toutes ; de plus toutes les anticipations de demande sont proportionnelles entre elles et ne dépendent ainsi que de la demande globale, égale à la production globale Q anticipée [13]. Le comportement agrégé résultant de l'examen d'une entreprise représentative est alors exact, pourvu que la fonction de production y soit spécifiée d'une façon adéquate.

L'étude de ce cas permet, par comparaison avec celui de la concurrence parfaite, de faire une remarque importante. Partant des mêmes fonctions de production microéconomique, on aboutit à deux fonctions de production globales différentes selon qu'on suppose la concurrence parfaite ou le type de contexte défini ci-dessus. Cette différence illustre le fait que *la fonction de production globale ne dépend pas seulement des contraintes techniques élémentaires, mais*

13. Voir *Théorie macroéconomique, op. cit.*, p. 221.

aussi du fonctionnement du système économique. L'entité figurant dans le modèle agrégé est par nature moins pure que les entités correspondantes du modèle détaillé ; cette remarque s'applique souvent en macroéconomie, bien au-delà de l'exemple traité ici.

Le second contexte est celui de la concurrence monopolistique. Les coûts unitaires du travail s et du capital r s'imposent encore à toutes les entreprises ; mais chacune d'elles est confrontée à une courbe de demande propre au produit qu'elle vend. Les fonctions de demande sont indépendantes les unes des autres. Sauf dans des cas très spéciaux, concernant en particulier l'ensemble de ces fonctions de demande, le modèle agrégé ne peut pas coïncider avec celui d'une entreprise représentative placée dans les mêmes conditions de concurrence monopolistique. Quelque judicieux que soit le choix de la fonction de production attribuée à l'unité représentative, le modèle obtenu sera sujet à des erreurs d'agrégation [14].

Une mobilité incomplète des facteurs limite aussi les possibilités d'agrégation si l'on veut comparer des situations caractérisées par une répartition différente de ces facteurs entre les unités élémentaires, ou des évolutions s'accompagnant d'une plus ou moins grande mobilité des facteurs. Considérons deux exemples où, par ailleurs, la concurrence est parfaite.

Supposons d'abord que les déplacements de main-d'œuvre d'un secteur traditionnel de la production (l'agriculture par exemple) vers les secteurs modernes sont freinés par les « pesanteurs sociales », tandis que le plein-emploi règne dans les deux secteurs et que la mobilité du capital entre eux est parfaite. On se trouve alors dans un cas où à l'équilibre la productivité marginale du capital est la même partout, tandis que la productivité marginale du travail est plus faible dans le secteur traditionnel qu'ailleurs car la main-d'œuvre y est relativement plus importante. Si l'on veut représenter correctement une telle situation par un modèle agrégé, celui-ci doit comporter une fonction de production globale avec trois et non plus deux facteurs de production : le volume global du capital, le volume du travail employé

14. Voir *Théorie macroéconomique, op. cit.*, p. 228.

dans le secteur traditionnel, le volume du travail employé dans les autres secteurs. Si l'on agrégeait totalement le travail, on ne serait plus en mesure d'étudier l'effet d'une accélération des transferts de main-d'œuvre sur la croissance de la productivité du travail dans l'ensemble de l'économie [15].

Le second exemple reprend le problème le plus étudié dans la littérature théorique, celui que pose la situation inverse : une parfaite mobilité du travail coïncidant avec une rigidité du capital. L'irréversibilité caractérisant l'installation de la plupart des équipements justifie cette hypothèse d'un capital ne pouvant pas changer d'affectation. On peut formuler le problème de la façon suivante : les diverses entreprises se caractérisent par des fonctions de production (18) ; le volume K_i du capital est exogène, tandis que la production Q_i et le volume N_i du travail sont endogènes, l'un et l'autre choisis au mieux en fonction du prix p et du taux de salaire s, qui s'appliquent à toutes les entreprises ; existe-t-il alors une définition du volume global du capital, J, peut-être distinct de K simple sommation des K_i, et une définition correspondante de la fonction de production, telles qu'elles permettent de comparer sans erreur les résultats globaux de situations comportant des répartitions variées des K_i entre les entreprises ? En fait le problème a d'abord été formulé d'une façon différente, mais formellement équivalente : celle de la possibilité d'agrégation de générations successives d'équipements doués de potentialités productives croissantes en raison du progrès technique incorporé aux équipements les plus récents.

Dans ce cas, il n'y a évidemment plus de certitude a priori qu'une agrégation parfaite est réalisable puisque les variables exogènes K_i doivent justement être agrégées. Le modèle qui correspond à (2) comporte d'une part la fonction de production (18), d'autre part l'équation résultant de ce que la maximisation du profit implique une productivité marginale du travail dans l'entreprise égale au salaire réel :

15. Voir *Théorie macroéconomique, op. cit.*, p. 220.

$$(42) \qquad f'_{iN}(N_i, K_i) = \frac{s}{p}$$

f'_{iN} étant la dérivée de f_i par rapport à N_i. On peut considérer d'abord un cas favorable, celui où la fonction de production f_i est la même pour toutes les entreprises et a des rendements d'échelle constants, c'est-à-dire celui où il existe une fonction φ telle que :

$$(43) \qquad f_i(N_i, K_i) = K_i \, \varphi \left(\frac{N_i}{K_i}\right)$$

Dans ce cas l'équation (42) établit une relation directe entre s/p et N_i/K_i, relation qui est indépendante de i, soit :

$$(44) \qquad \varphi' \left(\frac{N_i}{K_i}\right) = \frac{s}{p}$$

Par résolution on peut écrire :

$$(45) \qquad N_i = a \left(\frac{s}{p}\right) K_i$$

En reportant cette valeur de N_i dans la fonction de production on obtient :

$$(46) \qquad Q_i = \varphi \left[a \left(\frac{s}{p}\right)\right] K_i$$

L'agrégation peut dès lors se faire par simple sommation de (46) et l'on vérifie que, jointe à la sommation de (45), elle implique la production globale :

$$(47) \qquad Q = K \, \varphi \left(\frac{N}{K}\right)$$

φ étant précisément la même fonction au niveau macroéconomique qu'au niveau microéconomique. Mais le cas favorable où (43) s'applique est le seul dans lequel une agrégation parfaite peut se réaliser avec K comme agrégat du capital. Pour justifier les modèles macroéconomiques usuels sans supposer ni la mobilité du capital ni ce cas très particulier, il faut donc faire appel à la théorie des agrégats représentatifs, qui ne peut fournir en pratique qu'une justification approximative.

Se donner la liberté de choisir une autre définition de

l'agrégat du capital élargit un peu le champ de l'agrégation parfaite [16]. Il faut et il suffit de remplacer la condition (43) par la suivante :

$$(48) \qquad f_i (N_i, K_i) = u_i K_i \varphi \left(\frac{N_i}{u_i K_i}\right)$$

où les u_i sont des paramètres spécifiques : plus une entreprise (ou une génération d'équipements) est productive, plus son paramètre u_i est élevé. L'agrégat du capital à faire intervenir dans la fonction de production globale est alors assez naturellement :

$$(49) \qquad J = \sum_i u_i K_i.$$

Ce type de définition justifie certains calculs qui visent à analyser l'évolution de la productivité et que nous évoquerons dans le chapitre suivant.

Les conclusions suivantes peuvent être tirées de l'examen des logiques spécifiques à l'agrégation des fonctions de production :

– les propriétés induites par le fonctionnement du système économique peuvent simplifier l'agrégation, car ce fonctionnement harmonise dans une certaine mesure les décisions des agents ;

– cependant, pour que l'agrégation ne comporte aucun risque d'erreur, il faudrait encore des conditions idéales qui ont peu de chance d'être exactement satisfaites dans les faits ;

– les soi-disant lois de comportement qui apparaissent dans les modèles agrégés n'ont pas la pureté que le raisonnement sur unités représentatives leur suppose ; outre leur origine propre (par exemple la représentation des contraintes techniques) elles traduisent aussi quelque peu les propriétés de l'environnement économique (par exemple le régime de concurrence).

16. Voir F.M. Fischer, « The existence of aggregate production functions », *Econometrica*, octobre 1969.

Quels sont les effets de l'agrégation en pratique ?

Après les études théoriques qui précèdent, il serait tout à fait opportun de disposer d'un corps de connaissances empiriques duquel se dégageraient quelques conclusions générales sur les risques d'erreurs les plus fréquents en pratique et sur les meilleures modalités de l'agrégation. En particulier, on aimerait savoir dans quelles circonstances et pour l'étude de quels problèmes il conviendrait d'arrêter l'agrégation à un niveau intermédiaire, c'est-à-dire de préférer un modèle relativement détaillé, malgré sa complexité.

A ma connaissance tout au moins, ce souhait ne reçoit guère de réponse aujourd'hui. Cet état des choses devrait motiver des travaux qui tirent notamment parti de l'existence, de par le monde, de très nombreux modèles économétriques, se distinguant en particulier par des degrés plus ou moins élevés d'agrégation.

De fait, depuis une cinquantaine d'années, les économistes ont pris l'habitude des travaux empiriques et ceux-ci ont maintenant une grande ampleur. Mais, vu globalement, cet essor n'a pas toute l'efficacité qu'on lui souhaiterait. Le travail inductif des économistes n'est pas collectivement organisé selon des normes et des modalités équivalentes à celles que les savants de disciplines plus anciennes s'imposent. De plus, certains prolongements dont l'utilité serait uniquement méthodologique sont négligés. Cette situation devrait certes évoluer avec le temps. Pour le moment, je dois me limiter à quelques remarques assez décousues.

La précision avec laquelle l'économétrie estime les lois de comportement, même les principales, reste médiocre. Les nombreuses influences secondaires agissant sur telle grandeur importante restent mal identifiées, tantôt parce qu'elles sont ignorées, tantôt parce que l'échantillon des données utilisées conduit à une estimation non significative car affectée d'un fort écart type. Les effets différentiels, attribuables par exemple à l'appartenance à un secteur d'activité ou une catégorie socioprofessionnelle, figurent parmi ces effets secondaires. On ne sait guère s'ils sont négligeables ou importants ; on ignore souvent jusqu'à leur sens.

Ainsi les variations du taux d'épargne des ménages retiennent beaucoup l'attention, à juste titre : certaines d'entre elles restent inexpliquées. Or, il est peu de cas dans lesquels, recherchant une explication et pensant aux effets possibles de l'agrégation, on ait cru après examen devoir attribuer un rôle notable aux modifications de la distribution des revenus entre catégories sociales.

Depuis une dizaine d'années des économètres de plus en plus nombreux s'intéressent aux données de panel, c'est-à-dire aux données observées pour un ensemble d'unités individuelles sur une suite de périodes. Elles constituent un champ d'étude particulièrement adéquat, tout au moins si la représentativité vis-à-vis de la population entière des unités du même type est suffisante. Avec un panel on peut en effet comparer les deux séries suivantes de résultats : celle provenant d'une analyse opérant directement sur ces données regroupées et celle d'une analyse analogue effectuée sur les données individuelles elles-mêmes. On peut espérer que le traitement de données de ce type apportera d'utiles éclairages sur l'importance des effets d'agrégation.

Une autre méthode consiste à faire des calculs de simulation à partir d'un modèle détaillé qu'on spécifie complètement et qu'on traite suivant les procédures usuelles de la macroéconomie. Je connais deux applications de cette méthode dans le domaine des fonctions de production. La première a consisté à étudier les erreurs commises en employant une fonction de production agrégée malgré l'immobilité du capital ; elle en a conclu que ces erreurs étaient, somme toute, relativement faibles pour les utilisations les plus fréquentes [17]. La seconde a souligné le fait que la fonction de production globale pouvait avoir une élasticité de substitution très différente de celles des fonctions microéconomiques sous-jacentes [18].

17. F.M. Fisher, « Aggregate production functions and the explanation of wages : a simulation experiment », *Review of Economics and Statistics*, novembre 1971.

18. F.M. Fisher, R.M. Solow and J.M. Kearl, « Aggregate production functions : some CES experiments », *Review of Economic Studies*, juin 1977.

Je peux encore citer un travail très précis et intéressant à plusieurs titres, mais de portée restreinte pour notre propos. Il a étudié des données fournies régulièrement pour chacun des navires pétroliers de la flotte norvégienne et en a déduit la fonction de production à court terme, qui faisait intervenir deux facteurs : le travail et la consommation d'énergie [19]. L'intérêt principal, c'est de faire apparaître l'existence d'une certaine substituabilité des facteurs, mais très étroite. Par ailleurs la fonction se révèle avoir une forme assez différente de celles que les économistes retiennent habituellement.

Bien que les preuves empiriques me paraissent aujourd'hui manquer, les idées majoritaires chez les économistes ont évolué de l'emploi de modèles de plus en plus détaillés au recours fréquent à des spécifications très caricaturales par leur simplisme. Ce mouvement ne révèle sans doute qu'un effet de mode.

Les praticiens, qui utilisent des modèles macroéconométriques pour étudier les effets de diverses variantes de politique économique, ne voient guère la possibilité de se passer de systèmes assez détaillés. Les considérations d'agrégation ne sont d'ailleurs pas les seuls motifs de leur position. Intervient au moins autant la nécessité de savoir traduire dans les termes du modèle les mesures envisagées par les pouvoirs publics ; une traduction s'avère presque toujours nécessaire, car les mesures en question sont définies pour des grandeurs qui ne figurent que très rarement telles quelles dans les modèles, même les plus détaillés ; mais la traduction suppose la présence dans le modèle d'un minimum de variables par rapport auxquelles les mesures peuvent être articulées.

Retenons donc que l'importance effective des questions d'agrégation est mal connue aujourd'hui. C'est une raison de plus pour garder ces questions présentes à l'esprit.

19. W. Hildenbrand, « Short-run production functions based on microdata », *Econometrica*, septembre 1981.

Chapitre 7

Rôle des théories : un exemple

A mi-parcours de ces réflexions sur les voies et les moyens de la connaissance objective des phénomènes macroéconomiques, il est opportun de consacrer quelque temps à ces résumés synthétiques de la connaissance que constituent les théories, résumés qui servent de supports à sa transmission, à son utilisation et à son extension.

Après avoir justifié la stratégie consistant à concentrer l'attention sur les phénomènes proprement économiques, j'ai cherché à expliquer pourquoi ceux-ci devaient être compris comme résultant du fonctionnement du système économique. Nous avons réfléchi sur la conceptualisation, c'est-à-dire sur la définition des grandeurs et sur la représentation de l'architecture du système. Puis nous avons considéré le comportement des agents et les limites de sa rationalité. Le concept central d'équilibre nous a donné l'occasion de voir pourquoi on ne pouvait pas mener à bonne fin un programme qui chercherait à appréhender tous les phénomènes économiques à l'aide de spécifications dans lesquelles l'individualité de chacun des agents serait reconnue. Raisonner sur des agrégats et indices est ainsi une nécessité, sujette cependant aux risques d'erreurs inhérents à l'agrégation. Nous sommes maintenant en mesure de nous interroger sur le rôle, la nature et la portée des théories macroéconomiques.

Nous le ferons sur un exemple choisi en raison de sa relative simplicité et du rôle pivot qu'on peut lui faire jouer pour l'accès à de nombreuses recherches, concernant tantôt la méthodologie de travaux appliqués tantôt les propriétés générales du fonctionnement de l'économie. La discussion pourra ainsi être mieux centrée, sans perdre réellement en généralité.

Cet exemple est celui de la croissance. Il eût été également possible de choisir la théorie keynésienne de la détermination à court terme de la production et de l'emploi, voire de considérer une théorie du processus inflationniste, quoique cette dernière eût sans doute été moins représentative en raison d'un moindre accord des économistes sur l'analyse du phénomène.

Une fois la théorie présentée (pages 249 à 257), j'en examinerai les deux types de prolongements, en direction des recherches appliquées sur certains facteurs et certaines modalités de la croissance, en direction d'une étude plus précise des propriétés abstraites des évolutions économiques longues. Mais il importe d'abord de comprendre la double origine de la théorie, née à la fois d'une préoccupation d'analyse factuelle des grandes tendances de l'histoire économique moderne et de la maturation des idées sur le mécanisme de la croissance. Avant toute chose, il convient sans doute d'avoir une vision claire de la place des théories dans les sciences ; je vais donc commencer par tenter d'exprimer de façon brève ma propre vision.

Qu'est-ce qu'une théorie ?

Le petit dictionnaire Robert donne la définition suivante du mot théorie : « Construction intellectuelle, méthodique et organisée, de caractère hypothétique (au moins en certaines de ses parties) et synthétique. » Le soin avec lequel cette définition a été élaborée est évident. L'expression « construction intellectuelle, organisée et synthétique » est parfaitement adéquate, dès lors qu'on admet que la synthèse puisse être plus ou moins poussée suivant les cas. L'adjectif « hypothétique » introduit une ambiguïté, car il peut avoir trois significations distinctes correspondant aux trois synonymes suivants : conditionnel, conjectural, douteux ; je suppose l'ambiguïté intentionnelle, car l'usage courant du terme théorie peut faire référence aussi bien à l'un ou l'autre de ces trois sens suivant les cas. Quant à moi, pensant ici au langage scientifique, j'interprète « hypothétique » dans le sens de « conditionnel » ; cela n'interdit évidemment pas que le réalisme des hypothèses (conditionnelles) ou même de toute la théorie puisse être testé si on le considère comme conjectural, ou puisse être contesté si on le prétend douteux.

En revanche, la définition du Robert, quoique bonne, me paraît incomplète. Toute théorie concerne en effet un phénomène ou un problème, le plus souvent l'un et l'autre. La construction intellectuelle n'existe qu'en tant qu'instrument de compréhension du phénomène ou de solution du problème. Cette précision devrait être ajoutée à la définition.

Cela fait, la nature de la construction intellectuelle que la théorie offre et le rôle qu'on entend lui faire jouer demandent aussi à être examinés. On aborde là des questions épistémologiques fort débattues. Je m'en tiendrai ici à quelques remarques qui préciseront encore la définition de la théorie.

Présentant brièvement dans le chapitre 2 (page 56) le processus de la recherche scientifique, j'avais énoncé que les théories y résultaient à chaque moment de tout le travail antérieur, fait d'alternances entre modélisation et observation ; les théories synthétisaient et exprimaient les idées qu'on croyait devoir retenir à la suite de ce travail ; elles servaient de référence pour l'action dans le domaine qu'elles concernaient.

Ainsi une théorie n'est pas simplement un modèle, plus ou moins rigoureusement formalisé ; c'est aussi un ensemble de concepts qui précisent la correspondance entre les grandeurs du modèle et le monde auquel on entend l'appliquer ; c'est encore des ordres de grandeur pour certains paramètres du modèle et des assertions sur la forme de certaines de ses relations, les uns et les autres résultant des observations accumulées ; c'est enfin une grille de lecture du modèle et son mode d'emploi dans l'étude de certaines actions. Voilà pourquoi la seule donnée du modèle ne suffit pas à la définition de la théorie. En ce sens la théorie ne peut pas se passer d'une expression verbale.

Mais l'expression verbale risque de faire illusion et d'outrepasser son rôle. L'être humain se satisfait mal de sa condition, notamment des lacunes de sa connaissance ; il est prompt à accepter les systèmes intellectuels qui prétendent avoir un grand pouvoir explicatif, voire traduire « l'essence » des choses. Ainsi faut-il veiller à ce que l'expression verbale d'une théorie ne la présente pas comme plus puissante qu'elle n'est. Il faut y veiller d'autant plus qu'en économie les cas ont été fréquents, dans le passé ancien et récent, où ce précepte n'a pas été suivi. Les grandes doctrines économiques ont souvent affirmé bien plus que ce que justifiait l'état de la recherche.

Nous en revenons ainsi à l'ambition synthétique des théories. Elle est dans la nature des choses, puisque les idées résultant des recherches antérieures visent à en faire la synthèse, en vue éventuellement d'orienter les recherches futures. Mais cette synthèse ne devrait pas prétendre davantage que ce qui semble avoir été raisonnablement établi et ne devrait pas trop anticiper sur les résultats des recherches futures. Certes, l'observation est toujours particulière et la généralisation que l'induction en offre est toujours provisoire, de sorte que jamais la vérité d'aucune théorie ne sera totalement établie et que les savants peuvent avoir de la peine à s'entendre sur la synthèse des résultats passés (nous y reviendrons dans le chapitre 10). Il faut donc savoir trouver le juste milieu entre le refus inefficace de toute généralisation et l'empressement des généralisations abusives.

La chose est particulièrement délicate en économie, du fait que l'observation s'effectue dans des conditions difficiles et qu'il peut y avoir des enjeux politiques. Les règles de conduite suivantes s'imposent à quiconque se soucie d'objectivité : n'avoir aucune honte à reconnaître les limites d'une théorie sur laquelle on travaille ou dont on s'inspire ; refuser de se laisser impressionner par les prétentions explicatives de ceux qui adhèrent à de grandes doctrines non vraiment établies. Une bonne théorie partielle vaut mieux qu'une théorie générale douteuse, à condition qu'elle traite vraiment du problème en cause et que ses limites ne la rendent pas manifestement inadéquate dans le cas d'espèce.

Remarquons encore qu'il est arrivé, dans les sciences sociales et même en économie, qu'on donne le nom de théorie à des conceptions définies en des termes tels qu'elles n'étaient pas falsifiables, c'est-à-dire qu'aucune observation concevable n'aurait jamais pu les contredire. Il est clair, d'une part que de telles conceptions vont bien au-delà de la synthèse des résultats de la recherche passée, d'autre part qu'elles n'ont aucun pouvoir prédictif puisque justement elles n'excluent la possibilité d'aucune éventualité. Si elles peuvent contribuer à la culture de l'homme moderne et à sa vision du monde, elles restent très insuffisantes vis-à-vis des besoins auxquels la recherche scientifique vise à répondre.

On voit bien aussi l'avantage qu'il y a à formaliser précisément le modèle situé au centre de la théorie, de même d'ailleurs qu'à définir précisément les autres éléments que la théorie met en jeu : concepts, ordres de grandeur, modes de lecture et d'emploi. Une théorie précise comporte peu d'ambiguïté, a des limites apparentes, se prête à des tests de validité et à des applications clairement repérées. Autant de qualités qui manquent à une théorie imprécise.

L'obligation de préciser et de formaliser impose évidemment une discipline sévère. Quiconque n'y a pas été soumis risque de mal en comprendre les effets et par suite de mal interpréter les énoncés de la théorie. L'effort de rigueur conduit en effet à circonscrire le champ pour lequel les résultats sont établis, c'est-à-dire à introduire des conditions suffisantes pour la validité de ces résultats. Il ne s'ensuit pas que les résultats cesseraient de s'appliquer si ces conditions n'étaient pas satisfaites ; le plus souvent on reste dans l'ignorance à cet égard, quoiqu'on sache aussi parfois que telle condition suffisante est aussi nécessaire.

En somme, l'habitude de la formulation rigoureuse crée aussi le besoin de s'interroger sur le caractère crucial ou secondaire des hypothèses introduites dans les modèles. A cette interrogation on aimerait pouvoir donner une réponse rigoureuse ; faute de cela, on ne doit cependant pas toujours refuser de conclure ; une réponse intuitive, approximative et provisoire est souvent utile pour avancer. C'est tout le métier du chercheur et du savant que de savoir où doit s'arrêter sa confiance dans la validité des conjectures.

L'exemple retenu dans ce chapitre est celui des théories positives de la croissance économique. Quelques brèves indications sur leur objectif sont opportunes à ce stade, ce qui montre d'ailleurs bien pourquoi la définition du Robert est incomplète.

Par croissance économique on entend les tendances qui, sur plusieurs années, des décennies, voire plus, affectent surtout la production de biens et services, mais aussi un certain nombre de grandeurs en relation avec la production :

l'emploi, le volume du capital, la productivité, le volume de la consommation, les niveaux de vie, etc. La croissance économique n'est évidemment pas synonyme de développement, une notion qui évoque des valeurs humaines, sociales, culturelles, voire psychologiques ; mais la croissance économique est généralement perçue comme favorable au développement et son étude revient surtout aux économistes, accessoirement aux historiens.

Conformément à la distinction entre positif et normatif, présentée dès le chapitre 1, les théories positives s'attachent à expliquer la croissance, ou au moins tel de ses facteurs déterminants.

Afin de situer la discussion, il faut encore dire que les théories positives de la croissance économique sont encore loin d'avoir atteint leur objectif, beaucoup plus loin, par exemple, que ne le sont du leur propre les théories des évolutions à court terme. Alors qu'on voudrait disposer de théories bien établies remontant jusqu'aux causes non économiques, on ne sait identifier que des causes assez immédiates. Alors que l'on voudrait expliquer les grandes évolutions de l'histoire, tel le retard pris progressivement par l'Angleterre depuis un siècle, on reste dans l'incapacité de dégager une conclusion fondée un tant soit peu synthétique.

Les économistes ont tout particulièrement porté leur attention sur le rôle de l'accumulation du capital dans la croissance, c'est-à-dire sur les effets et les déterminants de l'épargne et de l'investissement. Ce phénomène relève clairement de l'économie et tout porte à penser qu'il est crucial pour la croissance. C'est lui qui fait l'objet des théories que nous allons examiner.

Questions factuelles, historiques et causales

Depuis un siècle au moins, des économistes et des historiens avaient le souci de partir d'une observation scrupuleuse et systématique des faits pour aboutir à une théorie explicative des évolutions économiques de longue durée. Mais ce programme de recherche fut longtemps contrecarré par l'indigence et les lacunes des données statistiques. Comparer la croissance à diverses époques ou dans diverses régions du monde oblige à considérer des données à la fois quantitatives et globales alors que, au début de ce siècle même, beaucoup d'informations restaient qualitatives et les statistiques ne couvraient que quelques-unes des grandeurs à prendre en compte. Actuellement la situation est tout autre. Depuis une cinquantaine d'années en effet, des économistes ont pu travailler sur des séries de données quantitatives et globales, parfois d'ailleurs construites par eux à partir des statistiques disponibles.

Le principe de recherche retenu est bien naturel. Puisqu'il s'agit surtout d'expliquer la croissance de la production, il convient de savoir la rattacher à l'évolution des facteurs de production et, d'une manière générale, aux variations de toutes les grandeurs susceptibles d'avoir une influence directe. Cette phase des investigations conduit à l'identification des causes premières et à la mesure de leurs importances respectives. Dans une seconde phase, il faut remonter les chaînes causales, d'un maillon, puis de deux et ainsi de suite. De proche en proche, on devrait ainsi aboutir à une explication de plus en plus profonde.

Comme je l'ai dit, ce programme est toujours fort peu avancé. Il se révèle beaucoup plus laborieux que prévu. Son approche macroéconomique et causale rencontre des difficultés du même ordre que celles contre lesquelles a buté le programme cherchant à construire la théorie de tous les phénomènes économiques à partir d'une approche purement microéconomique. Seuls les premiers maillons des chaînes causales sont vraiment étudiés, souvent avec de nécessaires retours en arrière.

Ce qui nous intéresse ici, c'est de comprendre la méthodologie de la première phase des investigations, car sa genèse est l'une des raisons d'être de la théorie qui sera présentée plus loin. Cette méthodologie s'est constituée peu à peu, à partir de travaux d'abord très empiriques, devenant plus élaborés et exigeant alors un effort de réflexion pour le choix des formules de calcul, donc la mise au point d'une logique intimement liée à une théorie du phénomène.

Le point de départ fut la mesure de la croissance économique par la série du volume de la production globale [1]. Je ne parlerai pas à nouveau des conventions qu'il fallut adopter pour cette mesure, je les ai évoquées dans le chapitre 3, pages 62 à 68. Je passerai également sur l'analyse statistique préliminaire qui substitue à celle des données annuelles une autre série, isolant les évolutions longues des fluctuations plus ou moins erratiques de courte durée : cela se fait soit par lissage statistique de la première série, grâce à une moyenne mobile par exemple, soit par interpolation entre les résultats d'années caractérisées par des conjonctures voisines. Désignons par Q_t le volume de la production de l'année t, éventuellement corrigé comme on vient de le dire. Il est entendu que la série couvre une durée suffisante pour révéler le phénomène de croissance : vingt ans, souvent beaucoup plus.

Comme le travail est le facteur de production le plus important, on a naturellement pensé à rapprocher l'évolution du volume de la production de celle du volume de travail utilisé pour l'obtenir. Certes, la définition de ce dernier n'allait pas de soi ; cependant, par manque autant de données détaillées adéquates que d'un guide théorique dans le choix d'une mesure plus fine, on s'est d'abord arrêté à un total d'« homme-heures », c'est-à-dire au total des heures travaillées, cumulées personne par personne pour toute la population employée. Quoi qu'il en soit, nous désignons par N_t le volume du travail fourni pendant l'année t.

Le rapprochement entre les deux volumes introduisit la notion de productivité du travail, P_{Nt}, définie par :

$$(1) \qquad P_{Nt} = \frac{Q_t}{N_t}$$

Le but était de comparer la productivité du travail entre différents pays, différentes régions ou différents secteurs, ou encore entre différentes époques. S'agissant de la croissance, l'attention se portait notamment sur les rythmes respectifs d'évolution de la productivité et du volume du travail. Écrivant $\dot{Q}$, $\dot{N}$, $\dot{P}_N$ pour les rythmes de croissance, avec par exemple :

1. Voir les références données chapitre 1, page 20, pour l'ensemble des travaux ayant conduit à l'établissement de séries longues du volume de la production.

(2) $$\dot{Q} = \frac{Q_t - Q_{t-1}}{Q_{t-1}}$$

on se référait en général à la formule approximative suivante [2] :

(3) $$\dot{Q}_t = \dot{N}_t + \dot{P}_{Nt}$$

La croissance de la production était ainsi « expliquée » en partie par celle du travail employé, en partie par celle de la productivité du travail. De nombreux travaux empiriques présentaient le résultat de cette décomposition pour divers pays, divers secteurs, etc.

Mais il ne pouvait s'agir que d'une première étape, car d'autres facteurs de production doivent entrer en ligne de compte, et le travail lui-même est hétérogène, notamment du fait des niveaux de qualification ; il peut être considéré comme regroupant plusieurs facteurs de production. L'idée qui s'imposa fut alors de rechercher un indicateur global F_t du volume de l'ensemble des facteurs de production utilisés, de définir la « productivité globale des facteurs » P_t par :

(4) $$P_t = \frac{Q_t}{F_t}$$

et de substituer à (3) la décomposition :

(5) $$\dot{Q}_t = \dot{F}_t + \dot{P}_t$$

Le problème était alors de savoir comment définir le volume global F_t.

Quelle indication le bon sens donnait-il ? Soit F_{it} le volume, supposé bien défini, du facteur de production i (i = 1, 2 ... n). Le volume global ne devait pas être la simple somme des F_{it} puisque les facteurs de production n'ont pas tous la même importance et que d'ailleurs leurs unités de mesure respectives ne sont pas nécessairement commensurables. On a donc pensé à une moyenne pondérée :

2. Ici et dans toute la suite du chapitre je négligerai systématiquement les écarts entre les formules s'appliquant aux taux de variation instantanés (que je retiendrai) et celles s'appliquant aux taux de variation annuels (qui devraient faire intervenir des termes supplémentaires, en pratique très petits).

$$(6) \qquad F_t = \sum_{i=1}^{n} w_i F_{it}$$

les w_i étant les coefficients de pondération, de somme égale à 1. On a même pensé qu'il serait plus élégant, donc sans doute aussi plus adéquat, de prendre une moyenne géométrique plutôt qu'arithmétique :

$$(7) \qquad \log F_t = \sum_{i=1}^{n} w_i \log F_{it}$$

Ainsi, (5) pouvait être décomposé davantage, et d'une façon intéressante :

$$(8) \qquad \dot{Q}_t = \sum_{i=1}^{n} w_i \dot{F}_{it} + \dot{P}_t$$

Mais le problème principal était alors de savoir comment choisir les pondérations w_i. Puisqu'il s'agissait de tenir compte de l'importance des divers facteurs, l'idée prévalut que les bonnes valeurs de ces pondérations seraient données par l'analyse du coût de la production. Par exemple dans la définition (7) les indices relatifs aux divers niveaux de qualification de la main-d'œuvre devaient recevoir des poids proportionnels aux charges de main-d'œuvre correspondantes. Ce principe ne faisait sans doute pas l'unanimité ; d'autant que son application au capital laissait place à une ambiguïté.

Le volume K_t du capital mis en œuvre doit évidemment être l'un des F_{it}. Mais deux solutions différentes ont été avancées pour déterminer son coefficient de pondération w_i : les coûts d'amortissement du capital et la rémunération brute globale du capital. Or, l'écart entre les deux solutions est grand puisque s'y glissent les profits nets et les charges d'intérêt.

Nous en sommes arrivés au point où l'utilité d'une référence théorique plus précise devient claire. Il faut savoir exactement dans quel cadre interpréter des décompositions telles que (8) pour savoir aussi comment les pondérations w_i doivent y être définies. Puisqu'il s'agit de déterminer le rôle de chaque facteur de production dans la croissance, la référence doit bien entendu être la relation entre les quantités utilisées des divers facteurs et le volume de la production résultante. Cette relation, dont il a déjà été question dans le chapitre précédent, est appelée fonction de production.

Avant de voir comment rationaliser et préciser les analyses qui viennent d'être introduites, signalons que la nécessité d'une référence théorique est aussi apparente dans un autre type de travaux appliqués, celui dit, en France, des « comptes de surplus », ou appliquant la « méthode d'analyse des performances » [3]. Dans l'esprit de ses initiateurs, P. Massé et P. Bernard, comme dans celui de la plupart de leurs émules, il s'agit de voir comment « les fruits de la croissance » se sont répartis entre les diverses catégories d'agents ayant contribué à cette croissance. L'objectif, explicite au départ, était de se servir de ces travaux pour orienter une politique des revenus.

Par « fruits de la croissance » on entend ce qui permet d'augmenter le niveau de vie dans un pays. Ils proviennent ainsi de l'augmentation de la productivité globale des facteurs. On s'intéresse alors à la répartition du revenu correspondant au surplus de production qui se calcule comme $\dot{P}_t\, Q_{t-1}$ (par exemple le surplus entre 1989 et 1990 est égal à la production de 1989, soit Q_{t-1}, multipliée par le taux de croissance $\dot{P}_t$ de la productivité globale entre 1989 et 1990). Il apparaît clairement que la validité des conclusions tirées de ces calculs ne dépend pas seulement de leur correction comptable, mais aussi de ce que la bonne définition de la productivité globale a été utilisée. Cette validité suppose aussi que l'on a correctement tenu compte de la relation entre productivité globale et consommation. J'y reviendrai.

3. Voir P. Massé et P. Bernard, *Les dividendes du progrès*, Éditions du Seuil, Paris, 1969 ; également *Productivité globale et comptes de surplus*, Documents du CERC, n° 55/56, La Documentation française, Paris, 1981.

A la recherche de justifications théoriques

Pour la suite de notre réflexion nous simplifierons les formules et les raisonnements, sans perte réelle quant au fond, en ne retenant que deux facteurs de production – le travail N_t et le capital K_t – supposés l'un et l'autre homogènes.

La base de toute l'analyse réside dans l'hypothèse selon laquelle, pour chaque période, le volume de la production est déterminé en fonction de celui des facteurs utilisés, c'est-à-dire selon laquelle il existe une fonction de production. L'augmentation de la production d'une période à la suivante est ainsi censée s'expliquer en partie par les augmentations du volume des facteurs, en partie par un déplacement favorable de la fonction de production, dont on dit, pour faire court, qu'il est dû au « progrès technique ».

Écrivons donc :

$$(9) \qquad Q_t = f\,(N_t, K_t\,;\,t).$$

Pour comprendre comment l'introduction de cette fonction de production éclaire les calculs de productivité il est commode et peu restrictif de s'en tenir à l'approximation fournie par un traitement continu du temps, toutes les grandeurs pouvant alors être écrites comme des fonctions du temps, par exemple $Q(t)$ aussi bien que Q_t pour la production. Il convient alors de substituer à la définition (2) du rythme de croissance de la production la formule :

$$(2^{bis}) \qquad \dot{Q}_t = \frac{1}{Q_t} \cdot \frac{dQ(t)}{dt}$$

La différentiation de (9) par rapport au temps conduit alors à l'analogue de la formule (8), soit :

$$(10) \qquad \dot{Q}_t = w_{Nt}\,\dot{N}_t + w_{Kt}\,\dot{K}_t + \dot{P}_t$$

avec les définitions suivantes :

$$(11) \qquad w_{Nt} = \frac{N_t}{Q_t} \cdot \frac{\delta f}{\delta N_t} \qquad w_{Kt} = \frac{K_t}{Q_t} \cdot \frac{\delta f}{\delta K_t}$$

$$(12) \qquad \dot{P}_t = \frac{1}{Q_t} \cdot \frac{\delta f}{\delta t}$$

On constate alors sur (12) que la productivité globale ainsi définie mesure bien l'effet du déplacement de la fonction de production, puisque la vitesse de ce déplacement est égale à la dérivée partielle $\delta f/\delta t$. Cependant pour que la productivité globale, telle qu'elle est effectivement calculée selon l'équation (8), mesure correctement l'effet du déplacement, il faut que les coefficients w_i servant dans (8) au calcul du volume global des facteurs obéissent aux formules (11), c'est-à-dire soient les élasticités de la production par rapport aux facteurs concernés.

Sur ces coefficients w_{Nt} et w_{Kt} on peut faire deux remarques :

– ils ne sont pas constants en général sauf si l'on a affaire à une fonction de production de Cobb-Douglas :

(13) $Q_t = N_t^{\alpha} K_t^{\beta}. q(t)$

auquel cas :

(14) $w_{Nt} = \alpha \qquad w_{Kt} = \beta$

– ce ne sont pas de véritables coefficients de pondération puisque leur somme n'est pas égale à 1, sauf si la fonction de production a des rendements d'échelle constants, c'est-à-dire si elle satisfait identiquement la condition suivante quel que soit le nombre λ positif :

(15) $f(\lambda N_t, \lambda K_t ; t) = \lambda f(N_t, K_t ; t)$

Mais le point le plus important, c'est la définition du moyen de déterminer en pratique la valeur des poids w_{Nt} et w_{Kt} donnés par les équations (11), ainsi que dans la relation entre ces valeurs et les parts du travail et du capital dans le coût global de la production.

On pense tout de suite à une méthode économétrique directe qui consisterait à utiliser les trois séries statistiques de Q_t, N_t et K_t, et elles seules, pour ajuster la fonction de production (9). Il faut alors préciser a priori la forme de cette fonction, par exemple retenir la spécification de Cobb-Douglas (13) avec un déplacement régulier tel que :

(16) $q(t) = q_0 e^{\theta t}$

θ caractérisant le rythme tendanciel de croissance de la productivité globale, supposé alors constant pendant toute la période. Malheureusement la détermination des coefficients ainsi obtenue est très peu précise. Même après avoir retenu les hypothèses restrictives (15) et (16) par exemple, on s'aperçoit que les écarts types des coefficients estimés sont importants [4]. C'est pourquoi la méthode n'est pas utilisée en pratique pour les calculs de productivité globale ou les comptes de surplus.

Un fondement logique peut être donné aux calculs usuels si l'on introduit une hypothèse d'une autre nature, à savoir que *tout facteur de production reçoit une rémunération égale à sa productivité marginale.* Admettons d'abord l'hypothèse pour comprendre à quoi elle conduit ; nous discuterons ensuite sa validité.

Si le « salaire réel », égal par définition au rapport entre le coût unitaire moyen du travail et le niveau général des prix, est désigné par s/p, l'hypothèse conduit directement à :

$$(17) \qquad w_{Nt} = \frac{s_t \, N_t}{p_t \, Q_t}$$

puisque la dérivée partielle figurant dans (11) est précisément la productivité marginale du travail. Ainsi le coefficient à faire intervenir dans le calcul de la productivité se trouve être le rapport entre la rémunération du travail et la valeur de la production. On aboutit ainsi à la détermination qui avait été retenue intuitivement par les praticiens, ainsi qu'il a été indiqué après l'équation (8). On y aboutit tout au moins si le coût global de la production est identifié avec sa valeur.

Quant au coefficient du capital, tout semble simple dans le cas de rendements d'échelle constants. Le coefficient w_K défini par (11) est alors égal à $1 - w_N$: la rémunération du capital peut être définie comme la différence entre la valeur de la production et la rémunération du travail [5]. Le coefficient w_K apparaît alors comme la part de la rémunération du capital dans la valeur de la production. Dans ce cas,

4. Voir E. Malinvaud, *Théorie macroéconomique, op. cit.*, chapitre 3, section 2.8.

5. Notons en passant que l'usage chez les praticiens est bien de répartir en deux parties le revenu des travailleurs indépendants, l'une allant à la rémunération du travail, l'autre à celle du capital.

l'hypothèse d'égalité des rémunérations aux productivités marginales a des implications claires ; elle tranche le débat entre praticiens sur la bonne pondération du capital, en faveur de ceux qui tiennent compte non seulement des amortissements mais aussi des intérêts et des profits nets ; elle permet d'appliquer sans problème la formule (10) année après année, et même d'en déduire des propriétés de la fonction de production [6].

Considérons maintenant le cas où les rendements d'échelle seraient décroissants, c'est-à-dire où le membre de gauche de (15) serait inférieur au membre de droite quand λ est supérieur à 1. Les formules (11) conduiraient alors à $w_K < 1 - w_N$. Pour déterminer la rémunération du capital, il faudrait isoler dans la valeur de la production non seulement la rémunération du travail mais aussi une rémunération résiduelle n'allant ni au travail ni au capital. Il est d'usage d'employer le terme de « rente » pour désigner cette rémunération dont profiteraient certains agents sans engager aucun capital ni fournir aucun travail. Mais pour la déterminer, il faudrait pousser les investigations plus loin qu'on ne le fait habituellement. Je ne m'étendrai pas davantage sur ce cas, car le cas opposé est considéré comme plus réaliste [7].

Les rendements d'échelle sont croissants si le membre de gauche de (15) est supérieur au membre de droite quand $\lambda > 1$. Alors les formules (11) conduisent à $w_K > 1 - w_N$; la pondération du capital devrait être supérieure à celle déduite de la différence entre la valeur de la production et la rémunération du travail. Le problème est de savoir de combien elle devrait lui être supérieure. J'y reviendrai un peu plus loin. Mais surtout on peut se demander comment ce cas peut être compatible avec l'hypothèse retenue.

6. Voir par exemple R. Solow, « Technical change and the aggregate production function », *Review of Economics and Statistics,* August 1957.

7. Il était autrefois coutumier de distinguer le capital, dit aujourd'hui capital reproductible, de « la terre », aujourd'hui capital non reproductible. Les rentes apparaissaient comme le revenu de ce dernier. Si K_t concerne seulement le capital reproductible, on s'explique que puissent apparaître des rendements d'échelle décroissants dans la fonction de production (9). Mais il est entendu ici que le capital doit recouvrir autant la partie non reproductible que la partie reproductible.

Quelle justification donner plus généralement à cette hypothèse, dont on voit maintenant qu'elle joue un grand rôle dans la logique des calculs de productivité globale ? Chaque facteur de production reçoit-il une rémunération égale à sa productivité marginale ? La question se pose de toute façon, même si les rendements d'échelle sont constants. Répondre oblige à pousser plus en amont la réflexion théorique.

Cette hypothèse peut être dérivée de la théorie de l'équilibre général de concurrence parfaite. Elle est ainsi démontrée pour le cas où les marchés des biens et du travail sont parfaitement concurrentiels. Cela lui donne une force indéniable. Certes personne ne prétendra au réalisme exact de l'hypothèse de concurrence parfaite ; mais on peut comprendre, voire partager, la position de ceux qui lui attribuent assez de réalisme pour accepter les conclusions auxquelles elle conduit comme approximativement valables au niveau des grandes relations moyennes qui constituent la macroéconomie.

Il importe cependant de pousser un peu plus loin la réflexion, et de prêter attention à la croissance des rendements d'échelle. En effet, celle-ci est d'une part vraisemblable, d'autre part contradictoire avec le modèle de concurrence parfaite.

Elle est vraisemblable pour deux raisons. Premièrement l'étude directe de certains des processus modernes de production montre qu'on peut doubler la production sans avoir à doubler les quantités utilisées de tous les facteurs. Notamment, les recherches et études de développement nécessaires à la mise au point des processus, parfois fort lourdes, n'ont pas à être répétées. Certaines transformations physiques n'ont un bon rendement qu'à grande échelle. Les petites pièces annexes et cependant utiles ne sont produites à faible coût que si les séries sont assez longues ; le coût de chacune d'elles est faible de toute façon, mais le cumul de leurs coûts peut ne pas être négligeable, etc. Il ne faut certes pas exagérer l'effet de ces causes de croissance des rendements ; car il faut aussi tenir compte des sources d'inefficacité inhérentes aux grandes organisations dans lesquelles l'harmonisation des efforts est difficile et la circulation des informations nécessairement incomplète. Les études économétriques ont souvent montré que la décroissance des coûts moyens s'arrêtait à des niveaux de production très inférieurs à ceux auxquels conduisaient des études purement techniques.

Secondement, la croissance des productions crée des « économies externes » qui n'apparaissent pas à l'intérieur des entreprises réalisant ces productions mais ailleurs dans le système économique. Ces économies peuvent tenir à des phénomènes diffus dus à l'accroissement de la taille du marché : meilleure diversification des produits, réduction du poids relatif de certains coûts fixes collectifs d'information et d'organisation, etc. Elles peuvent tenir aussi à des causes beaucoup plus localisées, notamment à la formation que la main-d'œuvre reçoit dans une entreprise, souvent par le simple fait de sa participation à la production, et qui valorise son activité dans une autre entreprise (plus le secteur productif est vaste, mieux la formation reçue dans une entreprise est adaptée à l'emploi dans une autre entreprise et plus le bénéfice collectif de cette formation est important).

Après ces considérations factuelles revenons au fonctionnement effectif de la concurrence et demandons-nous comment les calculs de productivité globale sont affectés par les déviations du monde réel par rapport au modèle idéal de productions s'effectuant à rendements constants en régime de concurrence parfaite.

Il est assez facile de traiter les économies externes si, celles-ci mises à part, les rendements d'échelle sont constants ou décroissants au niveau de chaque entreprise. Un équilibre temporaire de concurrence parfaite peut être défini dans lequel la rémunération de chaque facteur de production est égale non à sa productivité marginale sociale, mais à sa productivité marginale pour l'entreprise qui l'utilise. Or, c'est la productivité marginale sociale, déduite de la fonction de production globale, qui doit entrer dans les formules (10) et (11). Du fait des économies externes, les coefficients w_N et w_K à retenir pour les calculs de productivité globale devraient être supérieurs aux parts des rémunérations des deux facteurs dans la valeur de la production [8].

Une conclusion analogue se dégage de l'étude d'un autre régime sans économies externes, celui de la concurrence monopolistique pour les biens avec la concurrence parfaite

8. Voir *Théorie macroéconomique, op. cit.*, chapitre 4, section 5.2.

pour les facteurs de production. L'équilibre s'établit alors à des niveaux de production tels pour les diverses entreprises que les rendements d'échelle y sont croissants et que la rémunération de chaque facteur est inférieure à sa productivité marginale [9]. On remarquera, en passant, que ce régime, contrairement à celui de la concurrence parfaite intégrale, n'est pas contradictoire avec la présence d'économies d'échelle internes aux entreprises.

Enfin, on peut encore noter que la croissance des rendements d'échelle concerne particulièrement les grandes entreprises nationales et les services publics soustraits à la concurrence. C'est souvent alors une politique délibérée que de ne pas répercuter totalement dans le prix le coût du capital. Pour ces entreprises on peut se trouver dans une situation où le travail reçoit une rémunération approximativement égale à sa productivité marginale, où donc l'égalité (17) s'applique, tandis que w_K doit être supérieur à $1 - w_N$. On peut en tenir compte si l'on procède à des calculs de productivité globale pour ces entreprises ou pour les secteurs dans lesquels elles sont importantes [10].

Les trois situations qui viennent d'être évoquées offrent chacune une rationalisation de la présence d'équilibres avec rendements d'échelle croissants et des modalités à appliquer dans les calculs de productivité globale. Je n'ai pas besoin d'insister sur le fait que l'application rigoureuse de ces modalités supposerait l'existence d'informations qui font le plus souvent défaut. C'est une question de jugement que de choisir alors entre deux solutions, ou bien s'en tenir aux calculs usuels et mentionner que leurs résultats sont biaisés par la non-prise en compte des économies d'échelle, ou bien procéder à des évaluations forfaitaires en étant guidé par une claire conception de ce qu'on devrait faire, mais en acceptant le risque de fortes erreurs d'évaluation.

La discussion des fondements théoriques à laquelle nous venons de procéder éclaire beaucoup la signification des

9. Voir R. Hall, « Market structure and macroeconomic fluctuations », *Brookings Papers on Economic Activity*, n° 2, 1986.

10. C'est ce qui a été fait pour les secteurs de l'énergie et des transports dans J.-J. Carré, P. Dubois et E. Malinvaud, *Croissance Française : un essai d'analyse économique causale de l'après-guerre*, Éd. Le Seuil, Paris, 1972, chapitre 7.

calculs de productivité globale. Elle pourrait utilement être prolongée de façon à préciser les conclusions qui viennent d'être données. Pour l'objet de ce chapitre elle doit suffire puisqu'elle démontre le rôle et la pertinence d'une théorie s'exprimant à l'aide d'une fonction de production globale et fondée sur des analyses du fonctionnement du système économique. La théorie a des liens évidents avec l'étude de l'agrégation des fonctions de production, telle qu'elle a été présentée dans le chapitre précédent, pages 209 à 218.

Cependant, pour bien accompagner l'analyse empirique et explicative de la croissance économique, la théorie doit aller un peu plus loin. Évaluer la contribution de chaque facteur à la croissance de la production incite à chercher à comprendre aussi les interdépendances entre l'évolution de cette production et l'évolution de ce facteur. La chose paraît particulièrement nécessaire pour le capital qui constitue visiblement non seulement un facteur mais aussi l'une des affectations de la production [11]. C'est pourquoi nous étudierons un peu plus loin une théorie qui concerne précisément l'accumulation du capital dans la croissance. Au préalable nous allons voir, dans la section suivante, pourquoi cette même théorie répond aussi à un besoin d'une autre nature.

Avant de quitter les calculs de productivité globale, il convient toutefois d'insister sur le fait que l'étude de leurs fondements en a aussi beaucoup enrichi la méthodologie. La décomposition illustrée en termes généraux par l'équation (8) est souvent appliquée maintenant suivant des règles propres à l'évaluation de chaque terme i, la notion de facteur de production recevant une acception très large : un terme correspondra par exemple à la « qualité du travail », un autre aux « migrations intersectorielles », un autre encore au « rajeunissement du capital » [12]. C'est pourquoi l'on parle

11. Divers économistes, motivés par le souci de comprendre les évolutions de longue durée, ont fait valoir l'intérêt d'étudier aussi les interdépendances entre la production et la population, donc la quantité de travail disponible. Voir par exemple G. Becker, « Family economics and macro-behavior », *American Economic Review*, march 1988.

12. Les règles d'évaluation découlent de l'étude des fondements logiques des calculs, souvent complétée par celle de l'agrégation des fonctions de production. Ainsi la mesure de l'effet attribuable à l'élévation de la qualité du travail résulte directement de l'hypothèse selon laquelle chaque qualification a une productivité marginale égale à sa

aujourd'hui de « comptabilité de la croissance » pour désigner les travaux employant cette méthodologie. Il sort du propos de ce livre de l'étudier plus précisément [13].

Questions systémiques

Depuis longtemps déjà la réflexion sur les tendances longues de l'évolution économique a conduit à des interrogations sur le fonctionnement du système économique. Celles-ci étaient évidemment suscitées par l'observation des réalités environnantes. Mais elles avaient une nature logique plutôt que factuelle, contrairement à celles qui motivaient les travaux que nous venons de considérer. C'est par le raisonnement qu'on entendait y répondre. En ce sens on peut parler de questions systémiques.

Je ne chercherai pas à faire l'histoire des nombreux travaux qui ont emprunté cette voie. Ce serait résumer une bonne part de la théorie économique du XIXe siècle et de la première moitié du XXe siècle. Un résumé très condensé serait trop pauvre. Mais afin de situer le rôle joué dans le développement des théories par le modèle qui sera exposé dans la section suivante, il est bon d'évoquer quatre questions qui ont préoccupé les plus grands économistes.

La rareté des ressources naturelles ne va-t-elle pas conduire à la longue à un état stationnaire comportant une distribution très inéquitable des revenus ? D. Ricardo répondait

---

rémunération. La mesure de l'effet attribuable aux migrations des secteurs traditionnels aux secteurs modernes est éclairée par la considération d'une fonction de production qui distingue le travail employé dans ces deux types de secteurs, fonction dont il a été question dans le chapitre 6, page 215. Enfin la mesure de l'effet attribuable au rajeunissement du capital passe par l'intermédiaire du calcul de l'agrégat J défini par la formule (41) du chapitre 6.

13. La méthodologie est exposée et utilisée dans le chapitre 7 de J.-J. Carré, P. Dubois et E. Malinvaud, *Croissance Française, op. cit.*; voir aussi E. Denison, *Why Growth Rates Differ – Postwar Experience in Nine Western Countries*, The Brookings Institution, Washington, 1967 ; P. Dubois, « Ruptures de croissance et progrès technique », *Économie et statistique*, octobre 1985.

affirmativement en présentant une théorie qu'on a exprimée sans peine par un système mathématique [14].

Schématiquement, son raisonnement était le suivant. La croissance de la population, donc des besoins, alimentaires notamment, oblige à mettre en exploitation des sols de moins en moins fertiles. Des terres d'abord sans valeur acquièrent ainsi un prix qui devient de plus en plus élevé au fur et à mesure que s'étend la surface exploitée. Bien entendu les terres les plus fertiles bénéficient aussi d'une réévaluation progressive. Bien que le taux de rendement puisse tendre à décroître, une part croissante du revenu est versée sous forme de rentes aux propriétaires des ressources naturelles, essentiellement aux propriétaires des terres. La part restante, qui doit être répartie entre le travail et le capital reproductible, s'amenuise ; le taux de salaire et le taux de profit décroissent jusqu'à des niveaux stationnaires bas, juste suffisants pour assurer le niveau de vie nécessaire aux travailleurs et l'incitation financière nécessaire aux entreprises.

Cette vision des choses a paru généralement peu convaincante. Durant deux siècles, l'expansion industrielle, les découvertes et l'augmentation des rendements en agriculture ont considérablement reculé les limites que Ricardo avait imaginées. Cette vision disparaît d'ailleurs dans le modèle de la section suivante où une parfaite substituabilité entre le capital reproductible et le capital non reproductible est admise. Nous y reviendrons cependant à la fin de ce chapitre (p. 271-272).

Seconde question : indépendamment de toute rareté des ressources naturelles, le taux de profit n'est-il pas destiné à baisser progressivement, voire jusqu'à disparaître, alors que c'est un stimulant essentiel du capitalisme ? Une réponse affirmative a été donnée par toute une lignée d'économistes. Elle provenait souvent plus de l'intuition que d'un véritable raisonnement. Il semblait que l'accumulation du capital devait entraîner sa surabondance, donc la dépression de son

14. D. Ricardo, *On the Principles of Political Economy and Taxation,* 1817 ; traduction française *Principes de l'économie politique et de l'impôt,* Calmann-Lévy, Paris, 1970, notamment chapitre 6. Pour une présentation du modèle mathématique voir *Théorie macroéconomique, op. cit.,* chapitre 6, section 3.4.

taux de rendement. Ce sera justement l'un des intérêts du modèle de Solow que de bien faire apparaître quelles hypothèses conduisent à un tel résultat. K. Marx, par exemple, qui croyait à la « loi de la baisse tendancielle du taux de profit », élabora une argumentation qui ne semble pas aujourd'hui aller au fond des choses [15]. J. Schumpeter a énoncé plus récemment qu'il existait une tendance naturelle vers un taux de profit nul et que seules les innovations réussissaient à la renverser temporairement [16] ; son analyse des innovations a été considérée comme persuasive, mais non les raisons qu'il donnait de la tendance de fond.

Troisième question : la propension à l'épargne n'a-t-elle pas pour effet un déséquilibre chronique, la demande de biens étant insuffisante par rapport au potentiel productif ? Les économistes libéraux répondaient négativement depuis l'énoncé par J.-B. Say de sa fameuse loi des débouchés [17]. Mais d'autres donnaient une réponse inverse, notamment les tenants des théories dites de la sous-consommation. Ces théories reçurent un regain d'intérêt et une expression assez rigoureuse quand les idées keynésiennes se diffusèrent. Ainsi, la théorie dite « de Harrod-Domar » [18], dont j'aurai l'occasion d'indiquer précisément comment elle se distingue de celle exprimée par le modèle de Solow.

Quatrième question : le développement capitaliste est-il spontanément stable ou instable ? La réponse à cette question est sans doute celle qui distingue le plus les économistes libéraux des autres. La question en englobe d'ailleurs plusieurs, dès lors qu'on veut la définir avec quelque soin. Elle englobe notamment la précédente ; mais aussi deux autres qu'on peut formuler à peu près comme suit. Le régime

15. Voir chapitre 13 dans G. Maarek, *Introduction au Capital de Karl Marx*, Calmann-Lévy, Paris, 1975.

16. J. Schumpeter, *Théorie de l'évolution économique*, Dalloz, Paris, 1935 ; traduction française d'un ouvrage publié pour la première fois en allemand en 1912.

17. J.-B. Say, *Traité d'économie politique*, Calmann-Lévy, Paris, 1972 ; publié pour la première fois en 1802 ; voir chapitre 15.

18. R.F. Harrod, *Towards a Dynamic Economics*, London, Macmillan, 1948 ; E.D. Domar, « The problem of capital accumulation », *American Economic Review*, December 1948. Une traduction française d'extraits de ces textes figure dans G. Abraham-Frois, éd. *Problématiques de la croissance*, vol. 1, Economica, Paris 1974.

concurrentiel établi par le capitalisme est-il indéfiniment viable ou conduit-il nécessairement à un autre régime incompatible avec le capitalisme ? Le fonctionnement du régime concurrentiel génère-t-il des évolutions instables des prix et taux de rémunération, suscitant des évolutions instables des quantités ? Je ne parlerai pas davantage de la première de ces deux questions ; elle est clairement significative, mais aucune des réponses, diverses, qui lui ont été données au cours du temps ne me paraît assez étayée pour que je la reprenne. En revanche je considérerai la seconde, d'abord dans le cadre du modèle de Solow puis au-delà (pages 267-272).

Chacune des quatre questions précédentes, la dernière sous la forme qu'on vient de lui donner, a un contenu significatif. Tout économiste les a donc présentes à l'esprit et souhaite être en mesure d'y répondre, même s'il reconnaît que la simplicité de leur formulation ne rend pas justice à la grande complexité des réalités économiques ; il souhaite aussi que ces quatre réponses soient cohérentes entre elles et même qu'elles découlent d'une théorie d'ensemble les unifiant. Nous verrons comment le modèle de Solow peut lui rendre ce service, mais pourquoi aussi il ne peut constituer qu'une base de départ vers des investigations mieux adaptées aux préoccupations motivant ces questions.

Il s'agit d'étudier certaines caractéristiques générales du fonctionnement du système économique. Les problèmes ont une nature logique qui justifie une modélisation et un traitement déductif. Mais le passage de la réalité au modèle abstrait implique, bien entendu, des hypothèses qui schématisent les faits. Si je faisais vraiment l'histoire des idées relatives aux questions considérées ici je serais amené à insister sur le choix des hypothèses, à montrer comment des préoccupations distinctes ou des sensibilités idéologiques différentes ont conduit divers économistes à raisonner à partir d'hypothèses différentes ; je serais amené à examiner dans quelle mesure cela explique les oppositions entre leurs réponses. Sans m'engager dans cette histoire, je dois cependant citer les trois aspects de la réalité sur lesquels le choix des hypothèses a souvent porté et joué un rôle crucial dans les conclusions. Nous serons ainsi mieux en mesure de comprendre ce qu'il y a d'essentiel dans le modèle de Solow et de voir jusqu'à quel point il permet d'organiser harmonieusement l'étude de la littérature théorique préexistante.

Le premier aspect concerne la relation entre la production et l'emploi des facteurs, travail, capital et autres. Au niveau microéconomique cette relation traduit surtout les conditions techniques de la production. Au niveau macroéconomique elle est aussi influencée par l'organisation de tout le système économique, comme nous l'avons vu à propos de l'agrégation des fonctions de production. Au niveau microéconomique les complémentarités entre facteurs sont nombreuses, à tel point qu'on peut souvent parler de proportionnalités et de coefficients techniques : un coefficient technique définit la quantité de tel facteur nécessaire pour obtenir une unité de tel produit. Toutefois certains processus productifs autorisent la substitution d'un facteur à un autre, par exemple du fuel ou de l'électricité au charbon comme source d'énergie, d'un métal ou d'une matière plastique à un autre métal comme constituant du produit. De plus l'automation des fabrications et des opérations annexes peut être plus ou moins poussée, de sorte qu'existe une marge de substituabilité du capital au travail.

Les spécifications macroéconomiques ont retenu tantôt des proportionnalités strictes, tantôt de larges possibilités de substitution, comme dans la fonction de production (9). Les substitutions donnent évidemment plus de souplesse au système économique que les proportionnalités strictes. Elles peuvent d'ailleurs avoir plus d'ampleur au niveau macro qu'au niveau microéconomique : nous en avons déjà vu une raison lors de l'examen de l'agrégation conduisant à la fonction de production de courte période ; les adaptations des prix relatifs des divers biens, jointes à la diversité des moyens par lesquels un même besoin peut souvent être satisfait, en fournissent une autre raison. Les travaux économétriques conduits depuis trente ans ont permis aux économistes d'avoir de meilleures idées sur les substituabilités effectives. Notamment, ils semblent bien conduire à la conclusion que, à l'échelle la plus macroéconomique, les deux facteurs de production identifiés dans la fonction (9), le travail et le capital, sont substituables entre eux, mais moins que ne l'impliquerait la fonction de Cobb-Douglas

(13) selon laquelle il n'y aurait pas de minimum nécessaire, par exemple, à la quantité de travail par unité de produit. La situation admise aujourd'hui est plutôt celle qu'illustre la figure 1. La courbe en trait plein représente les combinaisons des deux facteurs, travail et capital, qui permettraient d'obtenir une même production. On dit qu'il s'agit d'une « isoquante ». La courbe en tirets représente la forme qu'aurait cette isoquante pour une fonction de Cobb-Douglas.

Le second aspect de la réalité au sujet duquel les hypothèses des économistes varient concerne la formation des épargnes. Deux visions s'opposent, celle de l'épargne du ménage représentatif et celle que j'appellerai de « l'accumulation capitaliste ». Selon la première, l'essentiel de l'épargne nationale proviendrait des ménages et serait bien analysé en première approximation sur un ménage représentatif. Les facteurs explicatifs principaux de l'épargne seraient le revenu disponible global des ménages et leur richesse globale. Accessoirement, il serait possible que le taux d'intérêt joue un rôle, si par exemple un taux élevé suscitait une épargne élevée ; mais l'étude précise du ménage représentatif a conduit à la conclusion que ce n'était pas sûr, car l'effet de revenu d'une hausse du taux d'intérêt sur le comportement d'un ménage épargnant va

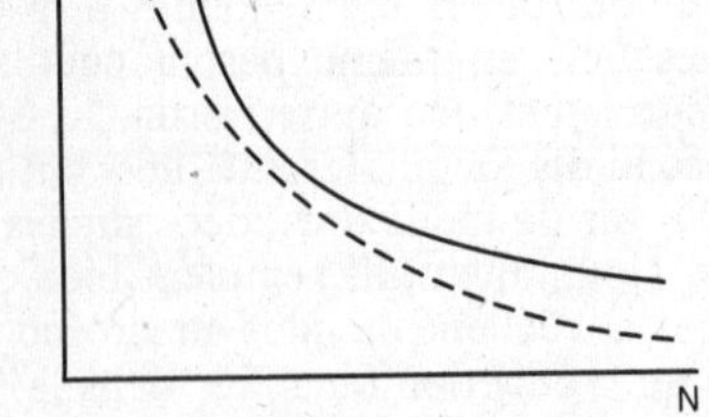

Figure 1

en sens inverse de l'effet de substitution [19]. Certains raisonnements théoriques se satisfont donc de la première approximation consistant à tenir pour exogène le taux d'épargne des ménages, rapport de leur épargne à leur revenu disponible [20].

Le point de vue de l'accumulation capitaliste considère au contraire que l'épargne nationale se constitue à partir des revenus du capital. Ces revenus sont en partie conservés par les entreprises qui les gagnent ; ils servent alors à leur autofinancement. Ils sont en partie distribués sous forme d'intérêts, de dividendes, etc., à ceux qui ont avancé leur capital ; ces bénéficiaires des revenus du capital sont naturellement des épargnants, alors que ceux recevant les revenus du travail les utilisent essentiellement à satisfaire leurs besoins de consommation. Les théories, construites de ce point de vue, acceptent habituellement l'approximation selon laquelle les revenus du travail sont en totalité consommés, l'épargne étant alors une part spécifiée des revenus du capital, la totalité même dans certaines théories.

La réalité semble bien être intermédiaire entre ces deux visions. Si l'on devait discuter à fond de leurs mérites respectifs, il faudrait examiner de près les conséquences de deux faits : d'une part, de nombreux ménages reçoivent aussi bien des revenus du travail que des revenus significatifs du capital ; d'autre part, la valeur d'une entreprise, donc aussi la richesse de ses propriétaires, croît d'autant plus qu'elle s'autofinance davantage. Quoi qu'il en soit, même pour les raisonnements portant sur les évolutions à long terme, il est abusif de supposer l'absence d'épargne constituée à partir des revenus du travail. En revanche, retenir

19. Voir par exemple *Théorie macroéconomique, op. cit.*, chapitre 2, section 1.2. Les effets de revenu et de substitution ont aussi été définis ici en termes généraux au chapitre 5 après l'équation (33). Dans le cas d'espèce une hausse du taux d'intérêt entraîne une augmentation du revenu futur de tout ménage qui a un patrimoine positif ; elle l'incite à consommer davantage, donc à épargner moins.

20. On peut rattacher à cette vision une autre, qui a aujourd'hui la faveur de beaucoup d'économistes. Ce sont encore les ménages qui sont responsables de la formation des épargnes ; mais ils se comportent en fonction du stade où ils en sont dans leur cycle de vie. Pour déterminer la loi régissant l'épargne globale il faut agréger les comportements obtenus pour les diverses générations vivant ensemble ; rien n'interdit d'ailleurs de retenir un ménage représentatif dans chaque génération.

deux taux d'épargne distincts, l'un élevé sur les revenus du capital, l'autre faible sur les revenus du travail, est une façon de prendre en compte approximativement les effets des modifications de la distribution des revenus sur la formation des épargnes : si ces modifications favorisent le capital, elles favorisent aussi le plus souvent les ménages aisés, donc ceux qui en moyenne ont les plus forts taux d'épargne.

Le troisième aspect crucial de la réalité concerne l'étendue et l'efficacité de la concurrence, notamment dans la détermination des taux de rémunération. Sur cet aspect aussi deux attitudes peuvent être constatées. La plupart des économistes ont estimé que, pour l'étude des évolutions longues, les forces du marché devaient être considérées comme prédominantes. Que la concurrence soit ou non parfaite, les prix et les taux de rémunération doivent approximativement correspondre à ceux qui permettent l'égalisation des offres aux demandes correspondantes sur tous les marchés. D'autres économistes ont estimé que le partage des revenus résultait d'un rapport de force plus ou moins favorable au travail ou au capital ; les données économiques laissaient selon eux subsister une marge d'autonomie aux forces sociales pour la détermination des taux de salaire, donc des taux de profit.

Cette notion d'autonomie est apparentée à celle de rigidité que l'étude de l'équilibre à court terme a particulièrement mise en valeur. Il est aujourd'hui bien reconnu que prix et taux de rémunération ne s'ajustent pas toujours immédiatement et complètement comme le supposerait la loi de l'offre et de la demande. Cette relative rigidité vis-à-vis des forces du marché donne à des actions gouvernementales, syndicales ou patronales la possibilité d'avoir une influence. Tout le problème consiste à savoir sur quelle durée ces actions autonomes font sentir leur effet direct : le court terme, de l'ordre de l'année, le moyen terme, de cinq à dix ans, ou le long terme, au-delà ?

De façon claire la réponse à cette question est liée à celle consistant à savoir si, pour l'étude de la croissance, on doit en toute circonstance retenir l'hypothèse que tous les marchés sont apurés, les demandes et les offres s'y égalisant. A mon avis, on ne le doit pas quand on étudie des problèmes où précisément les déséquilibres jouent un rôle important, qu'il s'agisse des déséquilibres sur les quantités tels que le sous-emploi, des déséquilibres sur les valeurs tels que le déficit extérieur, ou des déséquilibres sur les prix et taux de rémunération, tels que ceux se traduisant par une compétitivité ou une profitabilité anormalement faibles. Ce sont surtout des problèmes du court et du moyen terme.

Le modèle de Solow

Le modèle de croissance économique présenté par Robert Solow [21] en 1956 a une grande simplicité qui permet de le situer au centre d'une réflexion sur le rôle des théories macroéconomiques. La motivation initiale de Solow était de contester la conclusion de la théorie de Harrod-Domar selon laquelle la croissance était foncièrement instable en raison d'une tendance chronique à l'excès de l'épargne sur les besoins d'investissement. Mais, comme nous le verrons, le modèle est utile à bien d'autres égards.

Relisons pour commencer les premières phrases de l'article de 1956, car elles tombent à propos : « Toute théorie repose sur des hypothèses qui ne sont pas tout à fait vérifiées, c'est ce qui a fait d'elle une théorie. L'art du bon théoricien consiste à choisir les inévitables hypothèses simplificatrices d'une manière telle que le résultat final de son analyse n'en dépende pas trop étroitement. Une hypothèse est " cruciale " lorsque les conclusions de l'analyse en dépendent d'une manière étroite. Il est important que les hypothèses cruciales présentent un degré raisonnable de réalisme. Quand les résultats d'une théorie semblent découler spécifiquement d'une hypothèse cruciale particulière, alors, si l'hypothèse est douteuse, les résultats seront suspects. Je souhaite montrer qu'il y a quelque chose de cela dans le modèle Harrod-Domar de croissance économique. La conclusion caractéristique et puissante... découle de l'hypothèse cruciale selon

21. R. Solow, « A contribution to the theory of economic growth », *Quarterly Journal of Economics*, vol. 70, 1956, p. 65-94 ; traduction française dans G. Abraham-Frois, éd. *Problématique de la croissance*, Economica, Paris, 1974.

laquelle la production se fait dans des conditions de *proportions fixes.* »

Après cette déclaration, Solow choisit évidemment une fonction de production admettant une certaine substituabilité. Conformément à son mode de présentation, nous allons d'abord considérer le modèle le plus simple, avant de discuter diverses complications. La démarche a l'avantage de faciliter la compréhension de la théorie et de ses principaux résultats. Elle comporte toutefois le risque, évoqué par Solow, que ces résultats puissent étroitement dépendre de certaines hypothèses simplificatrices. Nous reviendrons sur ce risque à la fin du chapitre (pages 267 et suiv.).

Supposons donc d'abord que la fonction de production, s'appliquant à la production nette, est la même pour toutes les périodes, donc qu'il n'y a pas de « progrès technique » et qu'elle admet des rendements d'échelle constants. Nous pouvons écrire :

$$(18) \qquad Q = N\,\varphi\,(k)$$

où la nouvelle variable k, que l'on peut appeler « intensité capitalistique », est par définition égale au rapport :

$$(19) \qquad k = \frac{K}{N}$$

La fonction φ précise comment la productivité (moyenne) du travail dépend de l'intensité capitalistique.

Puisque ceci facilite la réflexion sur les propriétés du modèle, nous adoptons une représentation continue du temps. Les grandeurs Q, N et k sont donc des fonctions du temps. Nous pourrions ainsi écrire k(t) au lieu de k.

Comme Solow, nous admettons que la quantité de travail employée est une donnée exogène et qu'elle croît à un rythme v constant :

$$(20) \qquad N = N_0\, e^{vt} \qquad \dot{N} = v$$

$\dot{N}$ désignant dans ce chapitre non la vitesse de variation de N mais son rythme de croissance, conformément à l'équation (2 bis). Au fond l'hypothèse faite ici porte autant sur le fonctionnement du système économique, implicitement supposé assurer le plein-emploi, que sur les tendances démographiques et sociales expliquant la croissance de l'offre de travail.

Toujours comme Solow, nous prenons une loi particulièrement simple pour la croissance du volume du capital :

$$(21) \qquad \frac{dK}{dt} = \eta Q$$

η étant le taux net d'investissement, supposé fixe et constant tout au long de la croissance. C'est une hypothèse sur la formation des épargnes, comme sur le fonctionnement du système économique. Nous y reviendrons.

On déduit sans peine des équations (18) à (21) que l'équation suivante régit l'évolution de l'intensité capitalistique et donc, indirectement, celle de toute la croissance :

$$(22) \qquad \frac{dk}{dt} = \eta\ \varphi(k) - \nu k$$

La nature de la solution de cette équation différentielle se détermine aisément grâce à une représentation graphique (figure 2).

Sur un graphique ayant k en abscisse portons les courbes représentatives de $\varphi(k)$ et de $\nu k/\eta$ (figure 2). En vertu de la décroissance des rendements marginaux, qu'on admet habituellement sans difficulté, la courbe $\varphi(k)$ tourne sa concavité vers le bas. Prendre cette disposition de la courbe

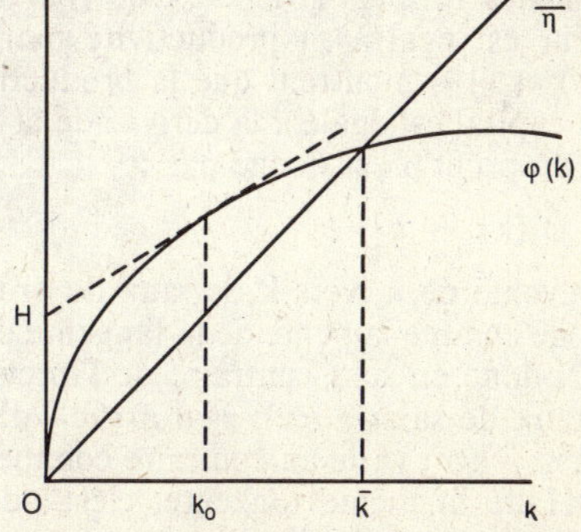

Figure 2

par rapport à la droite $\nu k/\eta$ est peu restrictif, comme le montre une discussion un peu fastidieuse, et qui ne sera donc pas reprise ici, mais qui se trouve dans l'article de Solow. Ainsi, l'origine mise à part, la courbe est coupée par la droite en un seul point, et cela du bas vers le haut. Soit $\bar{k}$ l'abscisse de ce point.

S'il se trouvait que, à un moment quelconque, l'intensité capitalistique k était égale à $\bar{k}$, alors nous saurions, grâce à l'équation (22), que cette intensité ne varie plus. Le capital K et la production Q croîtraient au même rythme ν que la quantité de travail N. L'investissement net serait juste égal à ce qu'il faut pour que le capital croisse au rythme ν. On parle de « croissance proportionnelle » pour caractériser une évolution s'effectuant dans ces conditions.

La figure montre aussi que, partant d'une intensité capitalistique quelconque, on tend à se rapprocher de cette croissance proportionnelle s'effectuant au rythme ν avec l'intensité capitalistique $\bar{k}$ constante. Supposons par exemple que le capital initial K_0 en $t = 0$ corresponde à une intensité k_0 inférieure à $\bar{k}$. Alors l'équation (22) montre, par référence à la figure 2, que k varie à une vitesse positive, et cela tant qu'il reste inférieur à $\bar{k}$, mais de plus en plus lentement quand il se rapproche de cette limite. L'évolution est analogue au sens près quand la croissance part d'une intensité capitalistique k_0 supérieure à $\bar{k}$.

Le modèle de Solow indique également comment évolue la distribution des revenus si le taux de rémunération de chaque facteur est égal à sa productivité marginale. Les équations (18) et (19) montrent que la productivité marginale nette du capital est égale à la dérivée de la fonction φ ; ainsi le taux de profit ρ est donné par :

$$(23) \qquad \rho = \varphi'(k)$$

Alors que k évolue de k_0 vers $\bar{k}$, le taux de profit varie de façon monotone comme la pente de la tangente de la courbe de la figure 2, donc en sens contraire de l'intensité capitalistique. Le taux de salaire réel, égal à $(Q - \rho K)/N$ c'est-à-dire aussi à $\varphi - k\varphi'$, varie au contraire comme l'ordonnée à l'origine OH de la même tangente, c'est-à-dire dans le même sens que l'intensité capitalistique.

Il est facile de voir maintenant comment ce modèle

répond aux quatre questions évoquées dans la section précédente. Prenons-les une par une en commençant par la dernière.

L'évolution, ainsi envisagée, est clairement stable : intensité capitalistique, taux de croissance, taux de salaire réel, taux de profit, toutes ces grandeurs tendent de façon monotone vers des valeurs limites.

De même, en réponse à la troisième question, on note que la propension à l'épargne n'apparaît pas comme une source de déséquilibre. Plus le taux d'investissement est élevé, plus sur la figure 2 la pente de la droite issue de l'origine est faible, donc plus l'intensité capitalistique limite est élevée ; c'est-à-dire plus est poussée la substitution du capital au travail. En somme la combinaison des facteurs de production s'adapte à ce qu'impliquent conjointement la propension à épargner, les possibilités techniques et le rythme de croissance de la main-d'œuvre. Le problème posé par la théorie de Harrod-Domar disparaît dès lors que la substituabilité entre facteurs et production est introduite. C'est ce que Solow cherchait à montrer.

La tendance à la baisse du taux de profit, objet de la seconde question, est une conséquence du modèle si, au moment initial, l'intensité capitalistique est inférieure à la valeur limite $\bar{k}$. Mais la vraie préoccupation était moins le sens de l'évolution du taux de profit que sa limite : celle-ci ne risque-t-elle pas d'être trop faible pour permettre le maintien de ce que certains appellent l'économie de marché, d'autres le capitalisme ? En d'autres termes, on conjecture que le fonctionnement du système économique représenté par le modèle suppose une condition, non spécifiée dans le modèle, à savoir que le taux de profit ne descende pas au-dessous d'un certain minimum. Le résultat obtenu ne répond pas vraiment à cette inquiétude, car il autorise toute espèce de valeur limite du taux de profit, notamment une valeur négative si la propension à l'épargne est forte alors que la croissance de la quantité de travail est lente, que les substituabilités sont réduites et que les coûts de remplacement du capital sont élevés.

Les conséquences de cette conclusion, sur l'incapacité du modèle à répondre sur ce point, ne pourraient être claires que si la conjecture à laquelle on fait référence était mieux explicitée. Nous ne chercherons pas à nous engager dans cette voie, qui nous entraînerait hors du cadre de cet ouvrage. Retenons simplement que la modélisation de Solow n'exclut pas l'éventualité de problèmes que pourrait soulever l'apparition de taux de profit trop faibles pour être viables à long terme, cette notion de viabilité n'étant d'ailleurs pas précisée.

En revanche la rareté des ressources naturelles, objet de la première question, n'est pas une contrainte à la croissance dans ce modèle, où le capital est parfaitement homogène ; car le capital reproductible peut toujours y être substitué au capital non reproductible et les rendements d'échelle ne sont pas décroissants. Mais la réponse est peu intéressante, justement parce qu'elle dépend de ces hypothèses qui ne sont pas tout à fait exactes. Nous devrons donc y revenir.

La simplicité de ce modèle conduit évidemment à s'interroger sur ses généralisations possibles par révision de telle ou telle hypothèse [22]. Puisque le comportement d'épargne est tout particulièrement mis en avant dans la théorie de Harrod-Domar, c'est par lui que nous commencerons.

La remarque importante, c'est que rien de fondamental ne serait changé dans la représentation des phénomènes si le taux d'investissement η variait de façon régulière en fonction de l'intensité capitalistique. Sur la figure 2, la droite $\nu k/\eta$ serait remplacée par une courbe ; mais cela ne changerait rien aux résultats qualitatifs du modèle, pourvu que la disposition de cette courbe par rapport à $\varphi(k)$ reste la même.

Si le taux d'investissement est considéré comme susceptible de varier en fonction de l'intensité capitalistique, c'est essentiellement par l'intermédiaire du taux de rémunération du capital, c'est-à-dire du taux de profit ρ qui peut aussi être assimilé au taux d'intérêt (en dehors d'une prime de risque, la différence entre les deux taux peut être sujette à des déséquilibres qu'on néglige habituellement dans les théories de la croissance à long terme). Une variation de η en fonction de ρ, donc de k par l'intermédiaire de (23),

22. La discussion de certaines généralisations apparaît dans l'article de Solow. J'en ai considéré d'autres dans *Théorie macroéconomique, op. cit.*, chapitre 6, section 4.1.

peut résulter aussi bien de la considération d'un ménage représentatif, qui est sensible au taux d'intérêt dans son arbitrage entre consommation présente et future, que de la vision de l'accumulation capitaliste, une variation du taux de profit entraînant un déplacement du partage des revenus, donc une modification de l'épargne globale. Étudiant cet aspect des choses, j'ai été amené à conclure que le phénomène devrait plutôt tendre à accélérer la convergence vers l'évolution limite. Si la vitesse de convergence n'est pas excessive, cela tend plutôt à renforcer la stabilité de la croissance. Cette conclusion ne vaut plus si l'on considère le cas de stricte proportionnalité entre capital et travail, pour lequel une discontinuité dans la loi de formation des revenus peut déstabiliser la croissance (c'est précisément le phénomène mis en avant par Harrod et Domar).

De la même manière on peut élargir quelque peu les hypothèses liées à l'idée d'un fonctionnement concurrentiel parfait. Il est possible par exemple de considérer le cas de la concurrence monopolistique ou celui d'économies externes, qui impliqueraient un taux de profit différent de la productivité marginale du capital, sans remettre en cause l'hypothèse que marché du travail et marché des biens sont apurés. L'essentiel pour l'analyse, c'est que ce taux de profit reste une fonction décroissante de l'intensité capitalistique (j'aurai l'occasion de rappeler à la fin du chapitre que ce n'est pas nécessairement le cas dans des modèles plus généraux). Bien entendu, le modèle cesserait de s'appliquer si les conditions de l'équilibre à court terme devenaient telles qu'elles impliquent, par exemple, un chômage assez durable pour influencer l'évolution à long terme.

Nous devons enfin nous interroger sur les hypothèses retenues pour la fonction de production. Afin de rester dans un cas très simple, évoquant tout de même le progrès technique et la croissance des rendements d'échelle, je m'en tiendrai aux résultats obtenus avec la fonction de Cobb-Douglas définie par (13) et (16) soit :

(24) $Q = q_o N^{\alpha} K^{\beta} e^{\theta t}$

L'étude de ce cas (non reprise ici) montre qu'une équation analogue à (22) s'applique encore, à condition d'y définir k non pas par (19), mais par :

(25) $$k = \frac{K}{N\, e^{\omega t}}$$

où ω est défini par :

(26) $$\omega = \frac{\theta + (\alpha + \beta - 1)\nu}{1 - \beta}$$

(tout se passe comme si le progrès technique et les économies d'échelle se traduisaient par une augmentation régulière de la potentialité productive du travail, au rythme ω ; on constate que ω vaut θ/α en cas de constance des rendements d'échelle).

Pour les mêmes raisons que dans le modèle de Solow, l'évolution converge vers une croissance régulière dans laquelle :

– la quantité de travail augmente au rythme ν,

– la quantité de capital et la production augmentent au rythme $\nu + \omega$, encore égal à $(\theta + \alpha\nu)/(1 - \beta)$.

Sur le cas particulier de cette croissance limite, il est intéressant de considérer brièvement ce qu'est le surplus disponible pour augmenter la consommation par unité de travail, car cela éclaire le problème de savoir si les résultats des comptes de surplus correspondent à un partage des revenus viable à long terme. Nous avions laissé la question en suspens page 232 et pouvons la reprendre ici.

Dans la croissance limite la consommation augmente au même rythme que la production et le capital. La consommation par unité de travail augmente donc au rythme ω. Les calculs de productivité globale donnent un résultat qui dépend évidemment des coefficients de pondération w_N et w_K. L'hypothèse la plus naturelle, correspondant par exemple à des rendements croissants résultant d'une forme d'économies externes, consiste à retenir :

(27) $$w_N = \frac{\alpha}{\alpha + \beta} \qquad w_K = \frac{\beta}{\alpha + \beta}$$

La productivité globale des facteurs croît alors au rythme $\alpha\omega/(\alpha + \beta) = \omega w_N$.

Ce résultat est intéressant ; il montre que, dans le régime limite, le surplus disponible pour la consommation par unité de travail n'est pas dans chaque période $\dot{P}_t\, c_{t-1}$ en valeur réelle (c_{t-1} étant ici le volume de la consommation par unité de travail durant l'année précédente) mais $\dot{P}_t \, c_{t-1}/w_N$. On peut voir que ce résultat s'applique en général dès lors que le capital et la production augmentent au même rythme. Dans la tendance vers le régime limite la situation est quelque peu différente. Si k_o est inférieur à la valeur limite $\bar{k}$, c'est-à-dire si k augmente dans l'évolution effective, le capital croît plus vite que la production et la croissance de la consommation par unité de travail se fait alors à un rythme inférieur à $\dot{P}/w_N$.

S'agissant de distributions des revenus qui permettent d'accompagner ces évolutions et peuvent servir de référence aux comptes de surplus, il faudrait encore connaître les comportements d'épargne. Quoi qu'il en soit, on voit l'intérêt d'une réflexion sur la nature des croissances viables à long terme et l'aide que peut apporter un modèle comme celui de Solow.

Applications factuelles et extensions

Posé en 1956, le modèle de Solow a synthétisé un ensemble de conceptions sur la nature de la croissance économique et un ensemble de résultats qui s'accumulaient alors sur les évolutions longues conjointes des agrégats principaux. Ce modèle et la théorie qu'il exprime ont aussi inspiré de nombreuses recherches. Il s'est agi tantôt d'exploiter les hypothèses privilégiées par cette théorie pour étendre la connaissance empirique des phénomènes, tantôt d'étudier la robustesse des propriétés du modèle en examinant si elles subsistent dans des spécifications moins particulières, notamment dans des modèles moins agrégés. Pour avoir une certaine idée de ces recherches et de leurs rapports avec les hypothèses retenues et les propriétés démontrées par Solow, nous commencerons par les travaux de type économétrique.

Divers problèmes ne pouvaient être traités, voire posés, qu'après l'élaboration et l'assimilation d'un système analytique adéquat. Nous allons considérer deux catégories de problèmes, relatifs les uns aux propriétés des fonctions de production, les autres à la nature de l'évolution économique.

S'agissant des premiers, de nombreuses questions ont été

étudiées. On en retiendra quatre, concernant respectivement la substituabilité du capital au travail, l'influence des variations du coût réel de l'énergie et des matières premières, le rôle des travaux de recherche et développement, enfin les relations entre les variations à court terme des inputs et des outputs.

a) J'ai déjà signalé aux pages 244 et 245 l'importance des idées qu'on peut avoir sur l'étendue des substitutions possibles entre capital et travail ; j'ai même indiqué une conclusion qui semblait se dégager des travaux empiriques, à savoir que la fonction de Cobb-Douglas exagérait la substituabilité (voir figure 1). Comment cette conclusion a-t-elle été obtenue ?

La méthode généralement suivie à cet effet consistait à accepter et à exploiter l'hypothèse selon laquelle chaque facteur reçoit une rémunération égale à sa productivité marginale. Dès lors l'étude des variations conjointes des taux de rémunération et de la combinaison des facteurs renseigne sur l'étendue des substitutions suscitées par les changements de coûts relatifs des facteurs.

Pour présenter simplement la méthode, je retiens l'hypothèse de constance des rendements d'échelle et je considère la relation entre taux réel de rémunération et productivité moyenne du travail. Soit donc la fonction de production (18). L'égalité entre salaire réel et productivité marginale du travail s'écrit :

$$(28) \qquad \frac{s}{p} = \frac{\delta}{\delta N} f(N,K) = \varphi(k) - k\varphi'(k)$$

A un moment donné, c'est-à-dire abstraction faite des déplacements de la fonction de production, les variations du taux réel de salaire, de l'intensité capitalistique et de la productivité moyenne du travail sont liées entre elles par des relations qu'il est commode d'écrire sous forme différentielle :

$$(29) \qquad d\left(\frac{s}{p}\right) = - k\varphi''(k)\, dk = \frac{-k\varphi''(k)}{\varphi'(k)} . d\left(\frac{Q}{N}\right)$$

Il est d'usage d'écrire l'égalité entre les deux membres extrêmes sous la forme équivalente suivante :

$$(30) \qquad d\,[\log \frac{Q}{N}] = \sigma\, d\,[\log \frac{s}{p}]$$

où σ, appelé « élasticité de substitution », est une caracte ristique de la fonction φ(k) donnée par :

$$(31) \qquad \sigma = \frac{-\,\varphi'[\varphi - k\varphi']}{k\varphi\varphi''}$$

(les arguments k ont été omis pour alléger l'écriture). Cette caractéristique mesure précisément le degré local de substituabilité entre capital et travail ; elle est égale à 1 pour la fonction de Cobb-Douglas et d'autant plus faible que la substituabilité est plus réduite.

L'égalité (30) est la base de travaux économétriques qui ont estimé l'élasticité de substitution en mettant en regard les variations conjointes, dans le temps ou l'espace, de la productivité moyenne du travail et du salaire réel. Par exemple, s'agissant des variations dans le temps, on a ajusté sur les séries statistiques des relations du type suivant :

$$(32) \qquad \log \frac{Q_t}{N_t} = \sigma \log \frac{s_t}{p_t} + a + bt$$

b étant un coefficient fixe caractérisant les effets du déplacement de la fonction de production. Considérer les divers travaux économétriques de ce type entraînerait trop loin. Dans leur ensemble ils justifient, je l'ai dit, l'idée d'une élasticité de substitution à long terme inférieure à 1 mais d'assez peu.

b) Dès lors qu'on accepte d'exploiter l'égalité entre taux réel de rémunération et productivité marginale, on peut étudier pratiquement bien d'autres caractéristiques des relations entre production et quantités des facteurs. L'une d'entre elles a particulièrement retenu l'attention depuis une quinzaine d'années, celle dans laquelle intervient la consommation d'énergie, ou encore la consommation de matières premières. Si E représente cette consommation, il convient bien entendu de considérer une fonction de production qui en tienne compte, soit :

$$(33) \qquad Q = f\,(N, K, E)$$

La réponse à diverses questions dépend des propriétés de cette fonction, notamment des substitutions entre l'énergie (ou les matières premières) et les deux autres facteurs. Ainsi on a considéré deux types de séparabilité des facteurs [23]. Certains auteurs, mettant l'accent sur la complémentarité entre capital et énergie, ont posé :

$$(34) \qquad Q = f\ [N, g\ (K, E)]$$

Dans les cas extrêmes de complémentarité, il y aurait une proportionnalité stricte entre volume du capital et consommation d'énergie :

$$(35) \qquad g\ (K, E) = \text{Min}\ \left\{ K, \frac{E}{e} \right\}$$

e étant un nombre fixe, la consommation requise d'énergie par unité de capital. Mais une autre forme de séparabilité a été envisagée par ceux qui pensaient en termes d'économies d'énergie (ou de consommation de matière première), à savoir :

$$(36) \qquad Q = f\ [h\ (N, K), E]$$

Pour étudier économétriquement la forme de la fonction (33) et la validité de spécifications telles que (34) ou (36), la démarche a été fondamentalement analogue à celle que j'ai présentée à propos de la mesure du degré de substitution possible entre capital et travail. A ce jour les résultats sont d'ailleurs complexes et même ambigus [24]. Par exemple il peut y avoir simultanément complémentarité à court terme entre capital et énergie et substituabilité à long terme, quand des équipements conçus différemment ont été mis au point, produits et installés.

L'hypothèse d'égalité entre productivité marginale et coût réel d'utilisation d'un facteur de production joue ainsi un rôle très important dans beaucoup de recherches économétriques et de travaux appliqués tirant parti de leurs résultats. Il est surprenant qu'elle ne soit pas davantage

23. Les implications des hypothèses de séparabilité ont été précisées ici dans le chapitre 4, pages 116 et suivantes.

24. Pour des références à la littérature, voir par exemple J. Solow, « The capital-energy complementarity debate revisited », *American Economic Review*, September 1987.

discutée, ou plutôt que ne soit pas établi quels résultats survivent aux aspects les plus contestables de l'hypothèse.

Le dogmatisme, dans un sens ou dans l'autre, n'aiderait pas à l'efficacité de la recherche. D'un côté, l'hypothèse n'est pas parfaitement satisfaite, c'est clair. De l'autre, il serait fort maladroit de ne pas chercher à interpréter les corrélations entre les tendances longues du système des prix et des taux de rémunération et celles de la combinaison des facteurs de production. D'ailleurs, la validité de certains résultats économétriques dépend seulement de la minimisation des coûts, à prix donnés des facteurs, et non de l'intégralité de l'hypothèse.

Il y a donc place pour un projet de recherche non trivial qui examinerait la sensibilité d'un ensemble de résultats obtenus sur les fonctions de production, aux divers aspects de l'hypothèse centrale qu'ils utilisent. Je souhaite que ce projet attire des économistes.

c) Les calculs de productivité globale ou de comptabilité de la croissance font apparaître le plus souvent un important déplacement de la fonction de production. De même en est-il d'ailleurs des ajustements économétriques de cette fonction. Qu'il s'agisse du terme $\dot{P}_t$ de croissance de la productivité globale dans l'équation (10) ou de l'exposant θ de la fonction de production (24), ces grandeurs apparaissent habituellement positives et assez importantes. On parle de « progrès technique » pour traduire ce fait ; mais il est rare que l'expression ne soit pas abusive.

Pour qu'elle ne le soit pas, il faudrait que tous les facteurs de production aient bien été pris en compte et que les améliorations de qualité aient bien été intégrées dans la mesure des volumes. Ce n'est pas toujours le cas. Il est même fréquent que le travail soit mesuré en « hommes-heures » sans qu'il soit tenu compte de l'élévation importante du niveau de qualification de la main-d'œuvre.

Malgré ces réserves sur la mesure du progrès technique, l'amélioration des méthodes de fabrication et d'organisation, conjointement à la mise au point de nouveaux produits ou services, est un facteur important d'accroissement de la productivité. C'est pourquoi la théorie de la croissance doit intégrer l'activité de recherche-développement. Cela doit se faire à partir d'une base empirique ; d'où tout un ensemble de travaux effectués ces dernières décennies.

L'observation des phénomènes est particulièrement délicate sur ce sujet. L'activité de recherche et développement s'isole souvent mal des autres activités. Malgré l'existence de conventions pour la caractériser et mesurer son coût [25], les bases de données la concernant ne peuvent prétendre à une très grande rigueur. L'efficacité de la recherche est encore bien plus difficile à saisir : elle est souvent lointaine, à la fois dans le temps et quant aux bénéficiaires, parfois bien différents de ceux qui ont supporté le coût des investigations.

Malgré ces handicaps, les divers travaux économétriques menés jusqu'à présent convergent vers la conclusion que, vues globalement, les activités de recherche et développement ont une productivité élevée, plus élevée que celle des investissements productifs matériels [26]. La conclusion est d'ailleurs conforme aux résultats de la réflexion théorique : comme le succès de la recherche est soumis à de grands aléas et qu'après un temps il profite à bien d'autres que l'entreprise en ayant assumé la charge, le stimulant financier ne joue qu'imparfaitement son rôle ; l'espérance mathématique du gain que la recherche technique doit rapporter à la collectivité l'emporte généralement de beaucoup sur le stimulant financier auquel l'entreprise accepte de répondre.

d) La réflexion sur la croissance économique a fait assez vite apparaître qu'on ne pouvait pas toujours se contenter d'une fonction de production du type (9) comme on peut le faire dans les comparaisons entre pays différents ou époques éloignées. On a souvent besoin d'articuler les phénomènes de long terme avec les évolutions à plus court terme à travers lesquelles ceux-là se réalisent. Or, il existe un ensemble de rigidités en raison desquelles les variations

25. Voir Manuel de Frascati, *La mesure des activités scientifiques et techniques*, OCDE, Paris, 1981. On pourra aussi consulter le numéro spécial de la *Revue économique*, septembre 1985, consacré à l'Économie de la recherche-développement.

26. Pour des références, voir par exemple Z. Griliches, « Productivity, R and D and basic research at the firm level in the 1970's », *American Economic Review*, March 1986.

courantes ne sont pas cohérentes avec la fonction de production valable sur le long terme. Il importe d'identifier ces rigidités et d'étudier leur influence, tout particulièrement quand on tire parti des liens entre système des prix et combinaison des facteurs, car elles ont de profondes répercussions sur les coûts, donc sur les décisions d'entreprises rationnelles.

Deux types de rigidités ont été particulièrement étudiées. Les premières sont liées à l'irréversibilité des installations et équipements constituant l'essentiel du capital productif. La substituabilité du capital au travail, telle que nous l'avons envisagée jusqu'ici, concerne surtout le long terme ; elle joue au moment où l'investissement est conçu et réalisé. Par la suite, les conditions d'exploitation ne laissent plus beaucoup de souplesse ; des adaptations sont évidemment possibles, mais de façon limitée. Pour représenter cette situation, au risque de la caricaturer un peu, de nombreux macroéconomistes font l'hypothèse de proportionnalité *ex post,* c'est-à-dire une fois le capital installé ; pour eux, les substitutions ne seraient significatives que *ex ante* (on parle en anglais de technologie « putty-clay »). Quoi qu'il en soit, la moindre substituabilité à court terme fait peu de doute. Cela veut dire que, par exemple dans l'équation (32), les effets d'une brusque variation du salaire réel s'étagent dans le temps et se font sentir surtout au moment du remplacement des équipements ou lors de la création de nouvelles unités de production et de l'abandon d'anciennes unités. Les résultats d'un ajustement direct de (32) sur des séries annuelles risquent ainsi de beaucoup sous-estimer l'élasticité de substitution à long terme.

Le second type de rigidités est lié au fonctionnement même du système économique. Elles proviennent de ce que toute déviation par rapport à l'évolution régulière d'une grandeur entraîne des coûts additionnels. Pour caractériser ceux-ci on parle de « coûts d'ajustement ». Ils concernent la main-d'œuvre, qu'il s'agisse de licenciements, de recrutements importants, avec les efforts de formation qu'ils supposent, de variations des horaires, etc. Des coûts analogues concernent la mise au rebut d'équipements préexistants ou la construction rapide de nouvelles unités. Ces coûts d'ajustement expliquent l'existence de méthodes de gestion qui conduisent à ne pas utiliser toujours au même degré les capacités de production de la main-d'œuvre et du capital. En somme un calcul économique qui néglige ces coûts donne une idée fausse de ce que sont les décisions optimales des entreprises.

C'est pourquoi de nombreux économistes et économètres ont cherché à expliciter les coûts d'ajustement et à en déduire une spécification des lois de comportement qui puisse être appliquée autant pour les variations à court terme que pour celles à plus long terme, une spécification qui ait ainsi une validité plus générale que, par exemple, l'équation (32) et qui puisse aider à mieux apprécier les tendances de la productivité ou du progrès technique. Malheureusement la spécification devient vite laborieuse et fait néanmoins courir le risque de ne pas considérer l'ensemble des principaux déterminants du phénomène étudié [27]. Nous n'examinerons pas ces prolongements ; mais nous devons être conscients de leur existence, car ils figurent parmi les extensions des travaux empiriques que nous analysons.

e) Comme je l'ai dit au début de cette section, certaines applications des concepts et hypothèses théoriques généralisant le modèle de Solow concernent la nature de l'évolution économique. Je me bornerai à en considérer ici un exemple, celui de l'impact qu'aurait sur le système des prix et des taux de rémunération une hausse brusque du prix de l'énergie importée.

Je limite même l'étude d'une part au cas où, la concurrence jouant parfaitement, il y aurait, après comme avant la hausse, plein emploi des ressources, c'est-à-dire que l'utilisation des facteurs de production nationaux ne serait pas immédiatement affectée par la hausse. D'autre part, je considère d'abord uniquement le premier effet de la hausse, c'est-à-dire celui concernant le premier équilibre temporaire. Puisque le système des prix et des taux de rémunération réagit à la hausse, toute la suite de la croissance s'en trouve

27. Pour prendre une idée de la nature et de la complexité des travaux en cause, on pourra consulter par exemple C.J. Morrison, « Productivity measurement with non-static expectations and varying capacity utilization – An integrated approach », *Journal of Econometrics,* October-November 1986.

affectée ; je n'en parle pas davantage pour le moment et j'y reviendrai.

Le problème comporte alors deux cas, en premier lieu celui de la stricte complémentarité de l'énergie par rapport au capital, c'est-à-dire celui où la fonction de production serait régie par les équations (34) et (35), en second lieu celui où il y aurait au contraire une substituabilité aux deux autres facteurs, c'est-à-dire où la fonction de production serait donnée par (36).

Dans le premier cas, on comprend aisément que l'égalité des productivités marginales et des taux de rémunération implique :

(37) $s = f'_N\,[N, g]$

(38) $r + qe = f'_g\,[N, g]$

où p, le prix du produit, est égal à 1 pour simplifier les écritures, où r désigne le taux de rémunération du capital et q le prix de l'énergie, où enfin f'_N et f'_g désignent les dérivées partielles de f respectivement par rapport à N et g. Il est clair que la consommation d'énergie n'est pas affectée par la hausse : dès lors que le capital reste pleinement employé, l'équation (35) montre que E doit rester égal à eK. Ainsi les membres de droite des équations (37) et (38) ne varient pas. En conséquence le salaire réel ne varie pas, tandis que le taux de rémunération du capital doit seul baisser pour compenser la hausse de q, le total r + qe restant inchangé.

Dans le second cas, l'égalité des productivités marginales et des taux de rémunération implique au contraire :

(39) $s = f'_h\,(h, E).\ h'_N\,(N, K)$

(40) $r = f'_h\,(h, E).\ h'_K\,(N, K)$

(41) $q = f'_E\,(h, E)$

Il est simple d'étudier sur ce système les conséquences d'une hausse exogène de q ; en effet la valeur de h ne varie pas puisque N et K gardent les mêmes valeurs. L'équation (41) montre que la hausse de q entraîne une baisse de la consommation de E, dès lors que la productivité marginale de l'énergie est décroissante, ainsi qu'on le suppose habituellement. Comme h'_N et h'_K ne varient pas non plus pour la même raison que h, on voit sur les égalités (39) et (40) que le rapport s/r entre les deux taux de rémunération reste cette fois inchangé : le salaire réel et le taux réel de profit baissent tous les deux dans la même proportion (la productivité marginale f'_h de l'agrégat des facteurs travail et capital est normalement une fonction croissante de la consommation d'énergie).

Quels enseignements peut-on retirer d'exercices de ce type ? Ils sont évidemment limités par la double simplification retenue pour le calcul : maintien du plein emploi des facteurs de production et étude des seuls impacts immédiats. Néanmoins, on voit déjà par ce simple exercice combien importe la nature de la complémentarité ou de la substituabilité entre l'énergie et les autres facteurs de production. C'est une traduction, dans le cadre macroéconomique, de propriétés qui sont abondamment étudiées par la théorie microéconomique des prix et de l'allocation des ressources.

La théorie de la croissance nous conduit cependant à nous interroger aussi sur l'évolution ultérieure, après le premier impact. On peut le faire en raisonnant comme dans l'étude du modèle de Solow. Il faut, bien entendu, se demander quelle loi retenir pour l'accumulation du capital. L'équation (21) n'est plus adéquate puisque, à volume donné de la production, le revenu global varie en fonction des termes de l'échange, donc du prix q de l'énergie. La loi simple la plus naturelle s'écrit alors :

$$(42) \qquad \frac{dK}{dt} = \eta\,(Q - q\,E)$$

Nous ne poursuivrons pas en détail l'étude de ce problème. Moyennant des hypothèses analogues à celles retenues par Solow, elle permet d'établir la convergence de la croissance vers un régime limite et de voir comment les taux réels de rémunération dans ce régime varient en fonction du prix réel de l'énergie. On constate alors que l'effet à long terme, apprécié de cette façon, peut être très différent de l'impact immédiat. Par exemple dans le cas de stricte complémentarité, défini par les équations (34) et (35), alors qu'une hausse du prix de l'énergie est initialement compensée en totalité par une baisse du taux de rémunération du capital, l'effet dans le régime limite comporte nécessairement une baisse du salaire réel et même, si le taux d'investissement et l'élasticité de substitution du capital au travail sont faibles, une hausse du taux de rémunération du capital. L'intérêt d'une étude des effets à long terme apparaît ainsi, tout comme, pour l'entreprendre, l'utilité de la problématique de Solow.

Base de départ pour d'autres investigations théoriques

Nous avons vu que la grande simplicité du modèle de Solow en faisait un instrument très efficace pour réfléchir sur certaines questions abstraites relatives au fonctionnement du système économique. Mais cette simplicité peut induire en erreur quand les résultats du modèle sont interprétés comme adéquats aux phénomènes réels. Ainsi est-il non seulement naturel mais même indispensable que la théorie économique aille au-delà et examine si les conclusions de Solow subsistent dans des modèles moins simples, plus réalistes à certains égards, mais évidemment plus difficiles à traiter. Telle est la raison d'être de nombreuses recherches, menées depuis trente ans, dont on peut dire qu'elles ont pris le modèle de Solow comme point de départ.

Mais cette vision d'une théorie économique progressant en bon ordre, allant du simple au complexe pour le traitement de problèmes bien posés, n'est pas tout à fait conforme aux réalités de la recherche. Certains pourraient même la trouver idyllique. Dans les décennies 1950 et 1960, les théories du capital et de la croissance ont été l'objet de débats passionnés, souvent confus d'ailleurs. J'ai déjà évoqué les différends entre les deux Cambridge, qui ont donné lieu à bon nombre de ces débats [28]. Mais, prenant du recul et soucieux de ce que les arbres ne nous cachent pas la forêt, nous pouvons cependant voir se dégager une démarche collective vers l'approfondissement des questions posées dans les pages 243 à 245.

Le problème qui a le plus retenu l'attention est évidem-

28. Voir par exemple le numéro spécial de la *Revue d'Économie Politique*, mars-avril 1977.

ment celui à propos duquel Solow aboutissait à une conclusion opposée à celle de Harrod et Domar. La question était alors de savoir si la substituabilité des facteurs de production suffit à assurer que la croissance tende spontanément vers un régime limite stable, pourvu qu'on laisse jouer le système des prix et que l'environnement non économique reste lui-même stable. C'est aussi cette question de la stabilité que nous allons considérer. Nous y ajouterons quelques brèves réflexions sur le rôle des ressources naturelles, qui avait préoccupé Ricardo.

Il n'est pas possible de passer en revue toutes les recherches, nombreuses et laborieuses, qui ont traité de la stabilité, mais seulement d'en retenir quelques conclusions générales et, afin d'en mieux comprendre la nature, de considérer d'un peu plus près un cas encore très particulier.

La conclusion principale, résumée en quelques mots, constate que le raisonnement logique n'établit pas la validité universelle de la stabilité. Celle-ci a été démontrée dans le modèle simple de Solow et dans un certain nombre de cas moins spéciaux ; mais des formes d'instabilité ont aussi été démontrées pour d'autres cas. La stabilité se révèle ainsi dépendre, d'une façon complexe, des divers aspects du fonctionnement de l'économie. Interviennent les contraintes, de nature surtout technique, liant la production aux facteurs de production utilisés ; aussi, les comportements d'épargne et les modalités selon lesquelles ménages et entreprises forment leurs anticipations des prix et des taux de rémunération ; enfin, le régime plus ou moins concurrentiel qui règle les opérations économiques [29]. La possibilité d'instabilité est d'ailleurs l'une des difficultés signalées dans le chapitre 5 relatif aux équilibres (pages 164 à 167). Nous la retrouvons ici dans un cadre purement macroéconomique.

Pour faire une brève incursion dans cette théorie de la stabilité des croissances économiques, considérons le modèle familier à deux secteurs de production, déjà évoqué dans le chapitre 3 (pages 91-92), plus précisément, le modèle de croissance le plus simple qui ait été imaginé dans ce cadre.

Il y a donc deux biens, un bien d'équipement et un bien

29. Pour une étude plus approfondie, voir par exemple *Théorie macroéconomique, op. cit.*, chapitre 6, section 5.

de consommation, dont les productions respectives sont Q_1 et Q_2. Le premier sert à l'investissement, c'est-à-dire à la croissance du stock de capital K :

(43) $$\frac{dK}{dt} = Q_1$$

Chacun de ces deux biens est produit avec du travail et du capital :

(44) $$Q_1 = f_1 (N_1, K_1) \qquad Q_2 = f_2 (N_2, K_2)$$

les quantités disponibles N de travail et K de capital étant évidemment réparties entre ces deux productions,

(45) $$N_1 + N_2 = N \qquad K_1 + K_2 = K$$

Le système des prix et des taux de rémunération est défini par quatre grandeurs : le prix q du bien d'équipement, le prix p du bien de consommation, le coût d'usage du capital r et le coût du travail s.

L'économie est supposée parfaitement concurrentielle, avec une parfaite mobilité des facteurs de production entre les deux secteurs et des rendements d'échelle constants. Cela a pour effet que le taux de rémunération de chaque facteur est égal à sa productivité marginale, soit :

(46) $$s = q\, f'_{1N} (N_1, K_1) = p\, f'_{2N} (N_2, K_2)$$

(47) $$r = q\, f'_{1K} (N_1, K_1) = p\, f'_{1K} (N_2, K_2)$$

les dérivées partielles étant ici dénotées conformément à l'usage.

Enfin, le comportement d'épargne est supposé particulièrement simple. Les revenus du travail sont totalement consommés et les revenus du capital totalement épargnés, donc finalement consacrés à l'acquisition de biens d'équipement. L'égalisation entre les offres et les demandes des deux biens implique ainsi :

(48) $$q\, Q_1 = r\, K \qquad p\, Q_2 = s\, N$$

Ces données suffisent à définir la croissance économique, étant entendu que celle-ci part d'un stock initial de capital K_0 et que l'évolution de la quantité N de travail est exogène, comme dans le modèle de Solow. Pour étudier la croissance, il faut d'abord considérer la détermination de l'équilibre temporaire à chaque moment, avant de passer à sa loi d'évolution.

L'équilibre temporaire comporte dix variables endogènes : Q_1, Q_2, N_1, N_2, K_1, K_2, q, p, s, r. En revanche N et K y interviennent comme des grandeurs prédéterminées. Un raisonnement sur lequel nous passerons, montre que les dix équations (44) à (48) sont en principe compatibles entre elles et permettent de calculer les variables endogènes, à un degré de liberté près toutefois, car les équations sont visiblement homogènes par rapport aux prix et aux taux de rémunération, de sorte que seuls les rapports q/p, s/p et r/p sont bien déterminés.

L'équilibre temporaire ainsi défini, l'équation (43) donne immédiatement sa loi d'évolution.

Comme on l'imagine facilement, la solution du système dynamique n'a pas en général de forme explicite. Elle en a une cependant au cas où les deux fonctions de production (44) ont la forme Cobb-Douglas : alors, s'il n'y a pas de progrès technique et si la quantité globale de travail N augmente au rythme ν, la loi d'évolution de l'intensité capitalistique globale k, égale à K/N, a précisément la forme (22) que nous avions obtenue pour le modèle de Solow. Cette intensité capitalistique converge donc vers une limite. L'équilibre temporaire tout entier évolue lui aussi vers un régime limite stable.

L'étude théorique de ce modèle a permis de dégager une autre condition suffisante de stabilité s'appliquant à des fonctions de production de forme quelconque. Mais elle a fait aussi apparaître des cas d'instabilité, conduisant par exemple à des évolutions cycliques. Ainsi, la convergence vers une croissance proportionnelle a perdu la généralité qu'elle semblait avoir avec le modèle de Solow.

En somme, la théorie pure ne permet pas de conclure. Il faudrait, pour pouvoir le faire, disposer d'une connaissance factuelle précise sur toutes les caractéristiques du système économique. Cependant, la réflexion sur la théorie pure a fait progresser la connaissance, d'abord en montrant que certaines conceptions avaient moins de nécessité logique qu'on aurait pu le croire, ensuite en aidant à classer les idées sur les facteurs susceptibles d'influencer le type de propriété qu'on examinait.

Des conclusions analogues, à certains égards, résultent de l'étude d'autres propriétés. Considérons pour terminer l'analyse ricardienne de la rareté des ressources naturelles. Nous bornerons délibérément notre investigation à un aspect très particulier de cette question.

Je voudrais opposer, de façon d'ailleurs purement graphique, deux cas : celui où les ressources naturelles sont absolument indispensables et celui où elles peuvent être remplacées par des produits de l'activité humaine. Je prends en outre le cas extrême de ressources non renouvelables, disponibles en quantité finie et détruites à jamais dans leur première utilisation. Ces ressources ressemblent ainsi aux gisements fossiles plutôt qu'aux terres cultivables.

Supposons, pour simplifier, que la quantité de travail disponible soit constante, mais qu'on puisse accumuler du capital par investissement. La production est alors une fonction du volume K du capital ainsi constitué et de la consommation E de ressource naturelle. On sait que, les ressources étant limitées, leur consommation devra nécessairement décroître à partir d'un certain moment. Je me place au-delà de ce moment. La production sera-t-elle aussi amenée à décroître au bout d'un certain temps ?

Les figures 3a et 3b illustrent deux cas où les réponses à cette question sont opposées. Sur chacune d'elles sont portées

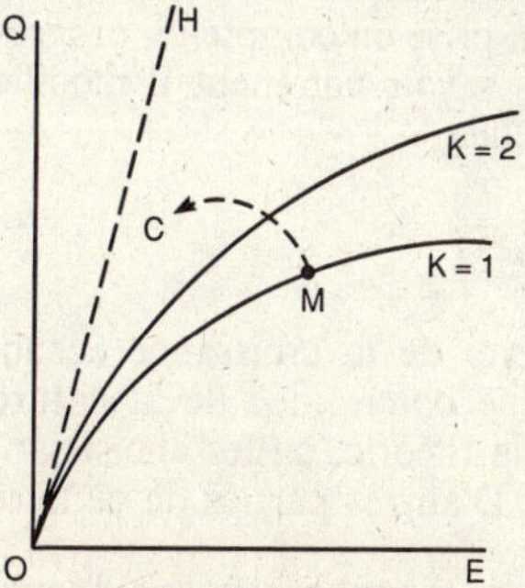

Figure 3a

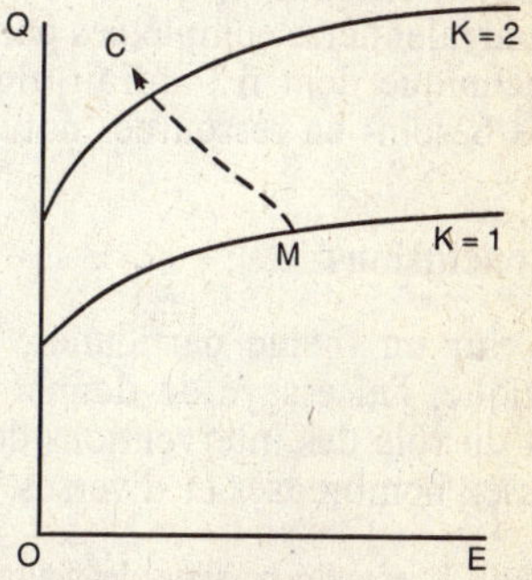

Figure 3b

en abscisses la quantité E de ressource consommée par période et en ordonnées la production Q. Pour chaque valeur donnée du capital K et du travail N utilisé il y a une relation entre E et Q, qui peut être représentée par une courbe. Les figures comportent deux courbes de ce type, correspondant à deux niveaux du volume de capital et au même volume de travail. On constate immédiatement la différence entre les deux cas.

Sur la figure 3a, le rapport E/Q ne peut descendre en dessous d'une valeur minimum e égale à la tangente de l'angle de la verticale avec la droite OH bornant supérieurement les courbes. Cela fixe un maximum eZ à la production globale cumulée réalisable dans l'avenir à partir du stock global Z de la ressource. L'accumulation du capital peut aider à économiser cette ressource, mais elle ne peut pas la suppléer totalement. A la longue, dans un avenir lointain si la réserve Z est abondante, la production devra diminuer et même tendre vers zéro. La courbe MC illustre une évolution possible. Quand cette évolution sera assez avancée, le prix de la ressource et le prix du produit croîtront indéfiniment par rapport à celui du travail, dont la productivité moyenne diminuera en dessous de toute limite positive.

Sur la figure 3b au contraire une production positive est possible sans consommation de ressource. L'évolution peut se poursuivre indéfiniment, voire avec une production croissante. La courbe MC illustre une telle possibilité. Même s'il existe un enchérissement de la ressource naturelle, celui-ci restera borné.

Bien entendu les histoires qui viennent d'être évoquées pourraient être complétées par la prise en compte du progrès technique dont il faudrait alors savoir comment il modifie les besoins en ressources naturelles.

Conclusions

Sur un thème particulier, celui de la croissance économique, j'ai essayé de donner une bonne idée de la nature et du rôle des interventions de la théorie, en les choisissant assez nombreuses et diverses [30]. D'autres parties de ce livre

30. Il eût été possible de poursuivre la présentation vers d'autres développements, par exemple vers la théorie dite « des cycles réels »

font référence à des analyses théoriques de telle ou telle question ; elles contribuent elles aussi, quoique de façon moins directe, à donner une vision des théories macroéconomiques.

Quelles conclusions se dégagent de l'examen auquel nous venons de procéder ? Comment les théories, constructions organisées et synthétiques, visant à traiter de problèmes bien définis, doivent-elles intervenir pour assurer au mieux le progrès de la connaissance des phénomènes macroéconomiques ?

Elles doivent d'abord dresser l'état des connaissances acquises et ainsi les consolider ou faire apparaître le besoin de recherches nouvelles. Elles doivent ensuite viser à leur approfondissement. Elles doivent enfin les unifier. Dans ces diverses fonctions une théorie ne vaut que dans la mesure où elle est doublement adéquate : par rapport au sujet qu'elle traite et par rapport à la réalité sur laquelle elle est supposée porter. Revenons sur ces divers points à la lumière de l'exemple retenu dans ce chapitre.

La connaissance macroéconomique repose tantôt sur l'observation, aujourd'hui de plus en plus systématisée dans les statistiques et les comptes nationaux, tantôt sur le raisonnement. Mais l'interprétation des données ou les conceptions déduites du raisonnement ont souvent moins de portée ou de robustesse qu'on ne leur en attribue. Ainsi, les calculs de productivité ne sont vraiment informatifs que si d'une part on les intègre dans un système d'analyse et si d'autre part on les effectue avec une méthode adéquate aussi bien au système d'analyse qu'à la réalité qu'on entend décrire. De même, les conceptions que l'on peut avoir sur l'instabilité ou la stabilité de l'évolution économique n'ont de force que si l'on a bien défini le type de stabilité envisagé et si elles traduisent quelques propriétés démontrées dans un cadre d'hypothèses, lui aussi bien défini et pertinent. Nous avons

---

qui retient beaucoup l'attention depuis une dizaine d'années et qui, combinant modélisation intertemporelle et étude des séries temporelles macroéconomiques, illustre aussi le fil directeur de ce chapitre. Cela aurait entraîné trop loin, d'autant plus qu'il aurait fallu bien expliquer les sérieuses réserves auxquelles cette théorie est sujette. En traiter brièvement sera plus approprié dans le chapitre 17.

compris dans ces deux cas pourquoi un effort théorique était nécessaire afin d'élucider la signification des résultats, de les consolider en leur donnant plus de rigueur, de signaler leurs limites ou leurs lacunes en vue de susciter de nouvelles recherches, tantôt factuelles tantôt déductives.

En macroéconomie l'utilisation de preuves empiriques fort approximatives, voire douteuses, et celle de raisonnements lâches sont très répandues. L'effort du théoricien est requis pour y mettre bon ordre, pour dégager les présupposés et les faiblesses, mais aussi pour reconnaître la valeur de telle preuve ou de tel argument, pour en tester la robustesse logique, pour montrer la voie à des justifications alternatives ou à des résultats quelque peu différents. La plus grande partie de ce travail du théoricien garde toujours une portée modeste ; mais c'est grâce à la multiplication d'acquis, même individuellement limités, que peu à peu la problématique et la compréhension s'enrichissent.

Ce travail d'élucidation théorique n'a pas seulement pour intérêt de séparer ce qui est solide de ce qui ne l'est pas. Il aboutit aussi à définir clairement le champ d'application de chaque résultat, donc à déterminer sa portée par rapport aux préoccupations concrètes. C'est grâce à lui qu'on apprend à reconnaître la pertinence ou non de telle référence factuelle ou conceptuelle pour tel problème posé dans tel contexte.

Mais la théorie doit aussi chercher à devancer. En approfondissant les questions dont la présence et l'importance ont été reconnues, elle amène à découvrir d'autres voies pour la compréhension des phénomènes et leur maîtrise. Ainsi, en réfléchissant sur la logique des calculs de productivité on a compris comment leurs buts pouvaient être mieux atteints si la considération des évolutions conjointes des volumes était complétée par des études économétriques où les évolutions des taux de rémunération seraient aussi prises en compte. De même, en poursuivant l'étude de la stabilité engagée avec le modèle de Solow, on en est venu à traiter de phénomènes tels que l'origine et la robustesse des hausses ou baisses spéculatives qui peuvent affecter directement certains marchés et indirectement bien des opérations économiques.

Il y a ainsi place, en macroéconomie comme ailleurs,

pour une progression relativement autonome des théories. Le risque est alors que, se développant sur elles-mêmes, les théories perdent peu à peu de vue les problèmes qu'elles étaient censées résoudre et deviennent ainsi une scolastique gratuite. C'est pourquoi les théoriciens devraient périodiquement vérifier que les questions sur lesquelles ils travaillent sont, directement ou indirectement, importantes pour la compréhension des phénomènes. Cette vérification ne doit pas se satisfaire d'une analogie lointaine ; par exemple le fait qu'un modèle théorique génère des évolutions semblables à celles constatées dans les séries économiques ne suffit pas à le rendre pertinent, tant sont nombreux les modèles qui auraient cette propriété. Une personne isolée ne peut pas décider de la non-pertinence d'une direction de recherche théorique particulière, car son jugement peut être aveugle à certaines origines ou certaines implications un peu lointaines de la recherche. Mais j'ai parfois le sentiment que de laborieux développements n'apportent plus grand-chose aux questions vraiment importantes.

La théorie doit enfin unifier en vue de contribuer à rendre cohérente la vision que nous nous faisons des phénomènes. Cette unification participe évidemment beaucoup à l'efficacité de la transmission des connaissances acquises, puisque chacune d'elles se voit attribuer une place dans un tout qu'on appréhende plus aisément qu'une diversité de résultats sans liens entre eux. Cette unification a aussi une grande utilité pour l'orientation des recherches futures, car elle fait apparaître les points faibles de nos systèmes : tantôt leur cohérence logique n'est assurée que grâce à l'addition d'hypothèses non testées ; tantôt ils autorisent bien d'autres propriétés que celles effectivement constatées, ce qui suggère de les particulariser et de rendre ainsi leurs résultats plus spécifiques ; tantôt même ils impliquent certaines conséquences contradictoires avec certains faits qu'on croyait établis et dont la vérification puis la compréhension revêtent alors une importance cruciale.

Les théories nées de la réflexion sur le modèle de Solow jouent ce rôle unificateur d'investigations empiriques, comme de conceptions relatives au fonctionnement de l'économie. J'ai assez insisté sur ce point au cours de ce chapitre pour ne plus avoir à y revenir.

Mais l'unification ne doit pas être imposée à tout prix. Il s'agit d'unifier du mieux possible et sans distorsions ce que l'étude analytique a établi. Il ne s'agit pas de proposer un système prétendant à une universalité hors de proportion avec ce qui a été bien exploré. Or les progrès de l'économie ont souvent souffert de la préexistence de doctrines qui avaient une grande simplicité et, de ce fait, une grande force de conviction, mais qui détournaient l'attention de tout témoignage les infirmant. Je l'ai déjà signalé dans le chapitre 2. En somme il faut trouver le niveau adéquat d'unification, sans refuser totalement les conjectures, faute de quoi aucune généralisation ne serait possible, mais en sachant limiter leur ampleur et les reconnaître comme telles.

Chapitre 8

Déséquilibres

Il pourrait sembler que nous en ayons terminé avec l'étude de la modélisation abstraite dans cet ouvrage portant sur les méthodes qui font progresser la connaissance des phénomènes macroéconomiques. Nous avons déjà longuement considéré les structures et le rôle des théories. Aller plus avant obligerait maintenant, semble-t-il, à traiter de questions de substance plutôt que de méthode.

Cependant la construction de toute théorie macroéconomique met en jeu un choix essentiel de modélisation, et ce choix concerne la plupart des questions traitées en macroéconomie. De plus des théoriciens s'opposent sur la réponse à lui donner, donc sur toute la conception qu'ils ont des phénomènes.

Ce choix porte sur le fait de savoir si l'on doit considérer systématiquement que sur tous les marchés les prix s'adaptent continuellement en sorte que les offres égalent les demandes correspondantes. En d'autres termes, faut-il admettre que tous les marchés sont continuellement apurés, selon la définition donnée de cet adjectif dans le chapitre 5 (page 156) ? La plupart des macroéconomistes estiment qu'on ne doit pas toujours le supposer, car certains phénomènes proviennent précisément de ce que certains marchés restent déséquilibrés. Mais d'autres ne partagent pas cette opinion. Le point est assez crucial pour que nous l'examinions précisément. Il soulève d'ailleurs de véritables problèmes de méthode.

Si l'on admet que les prix ne s'adaptent que partiellement et que, par suite, les ajustements restent incomplets, la question se pose de savoir comment expliquer le degré d'adaptation et d'ajustement. De nombreux phénomènes en dépendent en effet ; beaucoup de causes peuvent accélérer ou ralentir ces ajustements. Or comprendre et spécifier des lois qui en rendent compte ne relève pas de l'approche centrale de la modélisation macroéconomique, à savoir étudier d'abord le comportement rationnel d'une unité représentative, puis l'agrégation des comportements individuels. Il importe donc que nous nous interrogions aussi sur les principes d'une spécification de ces lois d'ajustement.

Ce chapitre et le suivant prolongeront ainsi les chapitres précédents dans une direction que j'ai délibérément évitée jusqu'à maintenant. Dans celui-ci je commencerai par prendre un recul que je crois utile en parlant de l'usage du terme déséquilibre chez les économistes. Puis nous nous interrogerons sur l'identification des cas dans lesquels il ne faut pas supposer que tous les marchés sont apurés. Nous considérerons ensuite une spécification statique simple qui sert de support à la théorie de l'emploi et du chômage. Nous verrons dans une autre section quels problèmes pose le passage de cette spécification à un appareil conceptuel plus adéquat, notamment pour étudier l'évolution des phénomènes. Enfin, la dernière section complétera le chapitre précédent en examinant le rôle des déséquilibres dans la croissance.

Ambiguïté du terme de déséquilibre

Le terme de déséquilibre s'oppose naturellement à celui d'équilibre. Or nous avons vu dans le chapitre 5 que l'équilibre est une notion abstraite qui n'a véritablement de sens que par référence à une représentation théorique des phénomènes. Un équilibre étant un état qui satisfait certaines conditions de cohérence définies dans le cadre de cette représentation, un déséquilibre serait alors un état dans lequel ces mêmes conditions ne sont pas satisfaites.

Dans certains cas l'usage du terme est bien conforme à cette conception. Par exemple, quand on étudie la stabilité de l'équilibre défini par une théorie, on est amené, comme nous l'avons vu, à poser un processus d'évolution que suivrait tout état ne remplissant pas l'ensemble des conditions de compatibilité retenues par la théorie. Un état de ce type est à juste titre appelé « déséquilibre ».

Même ainsi toute ambiguïté ne disparaît pas. Car le double usage de la notion de stabilité risque de conduire à une confusion. Tant qu'il s'agit de la stabilité ou de l'instabilité de l'équilibre temporaire, l'emploi du terme de déséquilibre fait évidemment référence à un état daté et ne remplissant pas l'ensemble des conditions de compatibilité auxquelles l'équilibre temporaire de la même période est astreint. Mais traitant de la croissance dans le chapitre précédent, nous avons aussi considéré la stabilité de l'évolution engendrée par la suite des équilibres temporaires. Dans le cadre d'une théorie établissant la tendance vers une évolution limite, il arrive qu'on parle de déséquilibre pour désigner un état qui n'est rien d'autre qu'un équilibre temporaire mais qui se situe à distance plus ou moins grande de l'évolution limite.

La difficulté ne s'arrête pas là. Je ne cite qu'en passant le fait que des situations concrètes sont parfois qualifiées d'équilibrées ou de déséquilibrées sans qu'aucune référence abstraite ne soit explicitée. Il n'y a pas d'ambiguïté si l'on parle par exemple d'une balance commerciale déséquilibrée. Mais il arrive aussi que le qualificatif soit employé sans précision, pour donner une coloration péjorative à la description. En effet F. Machlup n'a pas eu de mal à mettre le doigt sur la présence de jugements de valeur dans de nombreux discours où les termes d'équilibre et de déséquilibre interviennent [1].

La source majeure d'ambiguïté dans la théorie macroéconomique provient cependant de ce que le terme de déséquilibre y est souvent employé pour désigner un état dans lequel un, deux, plusieurs ou tous les marchés ne sont pas apurés, donc un état dans lequel certaines offres globales ne sont pas égales aux demandes globales des mêmes biens ou services. Évidemment, cet usage ne créerait aucun problème si la représentation théorique des phénomènes supposait que tous les marchés y sont apurés ; mais précisément il est fréquent qu'on emploie le terme de déséquilibre avec cette définition dans des cadres théoriques n'imposant pas

1. F. Machlup, « Équilibre et déséquilibre – Quand les préférences politiques se masquent et que le concret est invoqué hors de propos », dans F. Machlup, *Essais de sémantique économique*, Calmann-Lévy, Paris, 1971.

comme condition de cohérence que les marchés soient tous apurés. On en arrive à ce paradoxe de pouvoir alors parler d'un équilibre comportant des déséquilibres, le terme d'équilibre ayant évidemment la signification abstraite rappelée précédemment.

Cet usage est malheureux ; mais il est peu probable qu'on réussisse à le faire disparaître, tant il est aujourd'hui répandu. C'est pourquoi je ne m'interdirai pas de m'y conformer, quand cela simplifiera l'expression et ne risquera pas de créer de malentendu. J'ai même accepté que le titre de ce chapitre soit destiné à évoquer la présence de marchés non apurés.

S'agissant de terminologie, il est bon maintenant de rappeler quelques autres définitions et hypothèses. On admet communément que, sur un marché, le volume global des échanges est égal au minimum de la demande globale et de l'offre globale (voir équation (6) du chapitre 5). Cela résulte de deux idées : d'une part, l'échange est « volontaire » en ce sens que personne ne vend ou n'achète plus qu'il n'en a l'intention ; d'autre part, toutes les possibilités d'échange sont épuisées.

Dans ces conditions, quand l'offre excède la demande, le volume des échanges est déterminé par cette dernière et on dit qu'on a affaire à un « marché d'acheteurs ». A l'inverse, on qualifie de « marché de vendeurs » un marché où la demande excède l'offre. Ces expressions suggèrent une situation favorable tantôt aux acheteurs, tantôt aux vendeurs. Dans le second cas, certains acheteurs sinon tous sont rationnés et ne peuvent pas satisfaire totalement leur demande. Par extension on dit encore qu'un vendeur est « rationné » s'il ne peut pas réaliser totalement son offre. Une théorie précise devrait indiquer quels sont dans chaque cas les demandeurs ou les offreurs rationnés et de combien leur échange reste inférieur à leur demande ou à leur offre. Souvent toutefois le « schéma de rationnement » n'est qu'incomplètement spécifié.

Un agent qui se trouve rationné sur un marché ne peut pas y réaliser pleinement ses intentions. Dès qu'il en est conscient, cela affecte son comportement sur d'autres marchés. On parle alors d'« effet de report » des demandes et des offres. Un consommateur qui ne trouve pas à acheter l'article qu'il voulait peut reporter sa demande sur un article substitut. Un travailleur en chômage involontaire réduit sa demande de consommation. Une entreprise qui n'arrive pas à écouler ses produits contracte sa demande de travail, etc.

Les écarts entre offres et demandes peuvent ainsi jouer un rôle sur lequel je n'ai pas besoin d'insister. Ils peuvent être considérés comme traduisant une flexibilité imparfaite des prix et des taux de rémunération, puisque sur un marché non apuré le prix s'appliquant aux échanges ne s'est pas aligné sur celui qui aurait assuré l'égalité entre offre et demande. Par exemple sur un marché d'acheteurs, la concurrence entre les vendeurs n'a pas suffi à faire baisser le prix au niveau qui eût découragé assez d'entre eux ou eût suscité assez de nouvelles demandes pour que plus aucun offreur ne soit rationné. La rigidité des prix et des taux de rémunération est ainsi intimement liée aux déséquilibres entre offres et demandes. Par extension, on peut parler de déséquilibres dans la structure des prix pour caractériser une situation où les prix relatifs n'assurent pas l'égalité des offres et des demandes.

Mais cette notion n'est pas, elle non plus, exempte d'ambiguïté, il faut en être conscient. La définition que je viens d'en donner fait référence implicitement à l'équilibre temporaire, puisque offres et demandes sont définies dans ce cadre. Mais il arrive qu'on ait en vue autre chose en parlant de déséquilibre dans la structure des prix et des taux de rémunération : non plus la situation des divers marchés dans l'équilibre temporaire, mais plutôt l'évolution de l'équilibre temporaire. Parler de déséquilibre des prix c'est alors évoquer une structure qui suscite une évolution différente de l'évolution régulière qu'on qualifierait d'équilibrée. En somme on se réfère à une problématique déjà évoquée, celle de la stabilité de l'évolution économique, le déséquilibre des prix étant alors censé entraîner la divergence de l'évolution effective par rapport à une évolution stable.

Quelle place reconnaître aux déséquilibres ?

Le vocabulaire étant ainsi défini, venons-en aux problèmes de fond. Nous devons bien poser la question du meilleur choix pour le traitement des phénomènes macroéconomiques : faut-il y supposer parfois que certains marchés ne sont pas apurés ? Si oui, pour quelles questions et dans quelles circonstances ?

Le débat ne porte évidemment pas sur le traitement des questions de stabilité puisqu'il est bien entendu que celui-ci suppose la prise en compte de situations hors équilibre. Certes, la spécification du processus dynamique qu'il est pertinent de considérer peut faire l'objet de discussions. Mais c'est un autre sujet, qui a peu de rapports avec celui qui nous préoccupe. Seule nous importe ici la représentation retenue pour expliquer les situations concrètes et pour obtenir des résultats de statique comparée qui puissent servir à la prévision des effets de variations dans les données exogènes.

Plus on prend du recul par rapport à l'actualité ou aux caractéristiques épisodiques des situations qu'on examine, plus on a de chance de trouver adéquate l'hypothèse de l'apurement des divers marchés ; car cette approximation paraît alors aisément admissible. (Pensons par exemple à la comparaison entre époques différentes ou entre pays éloignés.) C'est donc principalement dans l'étude des variations et des effets à court terme que la prise en compte des déséquilibres risque d'être requise. Retenons pour le moment cette perspective temporelle courte, correspondant à toute durée n'excédant pas environ deux ans. Cependant nous verrons à la fin de ce chapitre que certains aspects de la croissance requièrent aussi la reconnaissance d'écarts entre offres et demandes et que d'autres aspects ont pu être expliqués par telle ou telle tension sur les marchés, par tel ou tel déséquilibre des prix.

C'est pour le marché du travail que l'hypothèse d'un apurement continuel apparaît la plus difficile à maintenir. Le chômage et ses variations semblent la contredire. Mais la force des preuves factuelles peut être et a été contestée. Arrêtons-nous donc un moment sur ce marché du travail avant d'en venir à celui des biens.

J'ai indiqué dès le chapitre 3 que les concepts étaient toujours empreints de théorie. A titre d'exemple j'ai considéré précisément le chômage, sa définition statistique et sa définition plus théorique comme excès de l'offre sur la demande de travail. Nous avons alors compris que ces deux définitions ne coïncidaient pas. Pour l'analyse il fallait considérer le chômage mesuré par les statistiques comme la somme de deux termes, le « chômage frictionnel » et « l'offre excédentaire de travail », dite encore « chômage de déséquilibre ». Mais nous avons vu aussi que la ligne de partage entre ces deux composantes ne s'imposait pas d'emblée et ne faisait pas aujourd'hui l'objet de conventions précises. Les économistes, d'ailleurs peu nombreux, qui pensent pouvoir raisonner en toutes circonstances avec l'hypothèse d'un marché du travail apuré estiment que le chômage de déséquilibre est négligeable.

D'un point de vue méthodologique, l'étude détaillée des arguments avancés dans le débat entre ces économistes et les autres est particulièrement intéressante. J'y reviendrai dans le chapitre 10 consacré à l'examen de la force des preuves factuelles. Pour le moment je me contente de préciser la question qui vraiment importe et de rappeler la nature des preuves qui me paraissent suffire pour rendre inadéquate dans certaines circonstances l'hypothèse d'un marché du travail apuré [2].

Pour montrer la pertinence de la plupart des analyses dans lesquelles l'hypothèse est rejetée, il faut vérifier que les adaptations du marché du travail laissent subsister, entre offres et demandes, des écarts trop variables, d'un pays à un autre ou d'une année à une autre, pour qu'ils puissent s'expliquer totalement par des erreurs ou des maladresses dans la mesure des offres et des demandes.

L'objet du test étant ainsi défini, deux types complémentaires de preuves peuvent être considérés. Le premier consiste à rechercher si l'on peut prétendre que les variations du chômage statistique s'expliquent entièrement par celles du chômage frictionnel ; ces dernières ne sont pas observées mais reconstituées par cumul des effets imputés aux changements dans les divers facteurs du chômage frictionnel. Il s'agit ainsi d'une méthode analytique qui suppose un certain degré de précision dans l'observation de ces facteurs et dans

2. Pour plus de détails voir notamment E. Malinvaud, « Le marché du travail en déséquilibre », dans A. Barrère, éd., *Keynes aujourd'hui : théories et politiques*, Economica, Paris, 1985.

l'estimation de leurs effets : il faut bien observer les écarts entre les structures des offres et des demandes de travail ; il faut bien évaluer l'effet des facteurs qui poussent les travailleurs sans emploi à rechercher et accepter un travail. La conclusion des travaux entrepris dans cette voie, c'est qu'il y a effectivement des variations du chômage frictionnel mais qu'elles ne suffisent pas à expliquer les variations du chômage suivi par les statistiques. Ainsi reconnaît-on qu'en Europe occidentale le chômage frictionnel a crû entre 1965-1970 et 1980-1985 ; mais aussi, que le chômage de déséquilibre a crû plus encore de 1973 à 1985.

Le second type de test est au contraire synthétique ; il consiste à étudier les conditions requises pour que les variations observées sur le marché du travail soient compatibles avec un degré constant de tension entre offre et demande. Leurs fluctuations à court terme permettent de déterminer les variabilités respectives du taux de salaire réel et de l'emploi et on constate alors que le taux réel de salaire varie relativement peu vis-à-vis de l'emploi. Pour que ce fait soit compatible avec un équilibre constant entre offre et demande de travail il faudrait que l'offre soit élastique à court terme par rapport au salaire ou qu'elle varie relativement plus que la demande ; or l'une et l'autre de ces éventualités paraissent exclues par les travaux économétriques relatifs aux lois de formation de l'offre et de la demande de travail.

Sur les marchés des biens les variations du déséquilibre entre offre et demande se manifestent souvent autrement que par un rationnement important des acheteurs ou par une grande accumulation de stocks involontaires chez les vendeurs. Il y a certes de l'un et de l'autre puisque les délais de livraison et le volume des stocks varient effectivement en fonction de la conjoncture. Mais le déséquilibre prend souvent deux autres formes. D'une part, les variations dans la pression de la demande sur l'offre induisent des modifications des flux d'approvisionnement entre producteurs nationaux et étrangers : quand la demande intérieure est forte, certaines entreprises très sollicitées négligent leurs efforts à l'exportation et les commerçants s'approvisionnent davantage à l'étranger. D'autre part, une entreprise qui éprouve des difficultés à vendre en raison d'une demande trop faible, réduit le plus souvent sa production plutôt que d'accumuler des stocks ; c'est ainsi par des fluctuations du taux d'utilisation des équipements que se traduisent les changements à court terme dans la conjoncture du marché. Les enquêtes auprès des chefs d'entreprise en tiennent d'ailleurs compte puisqu'elles comportent plusieurs questions à ce sujet et que les taux de réponses aux diverses modalités prévues, par exemple « hausse de la demande », « baisse de la demande », « pas de changement », fournissent souvent les meilleurs indicateurs du suivi conjoncturel.

Supposer que les marchés des biens sont continuellement apurés c'est faire abstraction des variations effectives dans l'intensité des contraintes qui brident les intentions spontanées des agents, tantôt des acheteurs qui doivent attendre une livraison ou reporter leur demande sur des substituts, tantôt des vendeurs qui voient leurs stocks s'alourdir ou sont obligés de réduire leur production. Une fois de plus, j'insiste sur le fait que ce n'est pas la présence de tels phénomènes qui importe, car on pourrait légitimement dire qu'elle traduit le jeu de la concurrence ; ce sont les mouvements systématiques, tantôt dans un sens, tantôt dans l'autre, que néglige l'hypothèse de marchés apurés : elle ne convient donc pas à l'analyse des phénomènes dans lesquels ces mouvements interviennent de façon significative.

Étant admis que les déséquilibres entre offres et demandes peuvent affecter les divers marchés du travail et des biens, il reste à savoir comment en tenir compte dans l'étude des phénomènes macroéconomiques conjoncturels. Notre objet n'est pas ici d'examiner en détail la théorie, mais plutôt de comprendre à quelles conditions elle peut avoir une portée véritable. Nous allons donc nous en tenir à une version schématique et partielle de cette théorie.

Une modélisation [3]

A titre d'exemple de spécification d'un équilibre, nous avons examiné brièvement dans le chapitre 5 la version la

3. Pour une étude approfondie de la modélisation examinée ici, se reporter à J.-P. Bénassy, *Macroéconomie et théorie du déséquilibre*, Dunod, Paris, 1984.

plus simple (et la plus sommaire) de la théorie keynésienne, celle du multiplicateur. Le marché du travail n'y figurait pas explicitement ; mais le cas retenu comportait implicitement une offre excédentaire de travail. Le volume Q de la production, déterminé par le marché des biens et le circuit des revenus, était censé se réaliser sans contrainte provenant du marché du travail. Plus précisément, il était censé déterminer la demande de travail N nécessaire pour l'obtenir. Or, cette demande était supposée inférieure à l'offre de travail, l'écart entre les deux correspondant au chômage de déséquilibre. Ainsi l'équilibre keynésien repose sur l'hypothèse d'une offre excédentaire de travail.

Il repose aussi sur celle d'une offre excédentaire de biens. En effet, la production Q est censée se fixer au niveau de la demande de biens sans qu'intervienne aucune adaptation du système des prix. Le marché des biens est ainsi un marché d'acheteurs, les vendeurs que sont les entreprises étant disposés à fournir un volume plus important si la demande est plus élevée, et cela à due concurrence.

Reposant sur ces deux hypothèses, la théorie keynésienne tire son intérêt non seulement de ce que celles-ci paraissent adaptées à certaines situations concrètes, mais aussi de ce qu'elle-même analyse précisément les interdépendances internes du système économique, et ce d'une façon plus ou moins élaborée selon ses versions. Il n'en reste pas moins qu'elle est particulière eu égard aux déséquilibres dont elle suppose l'existence.

Il fallait donc envisager une modélisation dans laquelle le cas keynésien apparaîtrait parmi d'autres. L'intérêt était double, à la fois conceptuel, car raisonner sur l'ensemble des possibilités assigne sa place à chacune d'elles, et pratique, car la conjoncture peut générer d'autres cas qu'il importe de savoir traiter, comme le cas keynésien, en y analysant les principales interdépendances économiques.

La nature de ces cas est simple si l'on admet qu'offres et demandes concernent uniquement deux marchés, celui du travail et celui des biens. Si l'on considère qu'il peut y avoir offre ou demande excédentaire sur chacun des deux marchés, il y a neuf cas concevables, quatre d'entre eux comportent des déséquilibres sur les deux marchés, quatre un déséquilibre sur un seul d'entre eux, enfin le cas où les deux marchés sont apurés. Le tableau 1 présente ces neuf cas, avec certaines dénominations sur lesquelles je reviendrai.

Nous n'allons pas examiner la modélisation qui traite simultanément ces neuf cas. Cela nous permettrait d'étudier une théorie microéconomique précise offrant une contribution de type systémique à la recherche des fondements microéconomiques de la macroéconomie (l'existence de telles contributions a été signalée à la fin du chapitre 5). Malheureusement, cela nous entraînerait aussi beaucoup trop loin. Nous allons nous limiter aux décisions de production et d'emploi des entreprises, ou même, plus simplement d'une entreprise représentative. Nous nous interrogerons ensuite sur les hypothèses retenues pour représenter la rigidité du système des prix. Enfin, nous considérerons les propriétés de statique comparée auxquelles la modélisation conduit.

Puisque nous nous plaçons dans une perspective à court terme, le capital à la disposition de l'entreprise est prédéterminé ; la fonction de production se ramène à une liaison entre la quantité de travail que l'entreprise emploie, soit N, et la production Q qu'elle réalise :

(1) $Q = f(N)$

Afin de simplifier nous allons négliger les stocks et nous limiter au cas où la production est égale à la vente. Si

Tableau 1

		Marché des biens		
		d'acheteurs	**apuré**	**de vendeurs**
Marché du travail	**d'acheteurs**	Chômage keynésien	Chômage néo-classique	Chômage classique
	apuré		Équilibre walrassien	
	de vendeurs	Sous-consommation		Inflation contenue

l'entreprise fait face à un coût s du travail et à un prix p du produit, l'un et l'autre s'imposant à elle, la maximisation du profit la conduit à un plan de production (N*, Q*) défini par :

$$(2) \qquad f'(N^*) = \frac{s}{p} \qquad Q^* = f(N^*)$$

Mais sur le marché du travail et sur le marché des biens elle peut rencontrer des contraintes supplémentaires : l'offre de travail $\bar{N}$ et la demande de biens D peuvent contraindre soit sa demande de travail soit son offre de biens. L'analyse de ses décisions devient un peu plus compliquée si l'une ou l'autre de ces contraintes lui interdit de réaliser le plan (N*, Q*). Du fait de la fonction de production les deux contraintes de « rationnement » impliquent respectivement :

$$(3) \qquad N \leqslant \bar{N} \qquad Q \leqslant \bar{Q} = f(\bar{N})$$
$$(4) \qquad N \leqslant \hat{N} \qquad Q \leqslant D = f(\hat{N})$$

l'emploi $\hat{N}$ correspondant à la demande de biens étant défini par la dernière égalité. En fin de compte, l'équilibre partiel de l'entreprise sera défini par :

$$(5) \qquad N = \text{Min}\{N^*, \bar{N}, \hat{N}\} \qquad Q = \text{Min}\{Q^*, \bar{Q}, D\}$$

Examinons alors les trois éventualités et la perception par l'entreprise des contraintes qui limitent son activité. Si N* est la plus petite des trois valeurs de N, l'entreprise trouve qu'il ne serait pas rentable de produire plus, donc d'employer davantage de travail, étant donné ce que sont le prix et le coût du travail. Elle produirait plus si le prix était plus rémunérateur ou si le travail coûtait moins. On peut résumer la situation en disant que l'entreprise est contrainte par un manque de rentabilité. Si l'offre de travail $\bar{N}$ est la plus petite des trois valeurs, l'entreprise emploierait davantage de travail si elle le pouvait ; elle est contrainte par un manque de main-d'œuvre. Enfin si $\hat{N}$ est la plus faible, l'entreprise manque de débouchés ; elle souhaiterait produire davantage, mais l'état de la demande ne le permet pas.

Qu'en est-il des autres agents ? En général, bien des possibilités existent. Mais nous allons nous en tenir au cas où un ménage est représentatif de tout le secteur des ménages et où les interventions des autres agents, essentiellement les administrations dans une économie fermée, sont exogènes et non contraintes. Supposons même, pour simplifier, que les administrations n'utilisent pas directement de travail. Reprenons dans ces conditions le tableau 1 et considérons comment la situation des ménages s'insère à côté de celle des entreprises.

Si la première des équations (5) conduit à $N = N^*$ les entreprises ne subissent aucun rationnement. Les cas limites mis à part pour le moment, elles écoulent leur production sur un marché de vendeurs ($Q^* < D$) ; c'est dire que les achats de biens par les ménages sont rationnés. Les entreprises n'employant pas intégralement l'offre de travail ($N^* < \bar{N}$), il y a un certain chômage de déséquilibre ; le marché du travail est un marché d'acheteurs. Le chômage diminuerait si la rentabilité des entreprises s'améliorait sans que l'offre de travail ne varie. L'usage consiste à caractériser cette situation comme correspondant à un « chômage classique », car Keynes appelait « classiques » les économistes qui plaidaient pour une amélioration de la rentabilité des entreprises comme remède contre le chômage.

Si $N = \bar{N}$, les entreprises vendent encore leur production sur un marché de vendeurs ($\bar{Q} < D$) ; mais elles doivent se contenter d'une quantité de travail inférieure à celle qu'elles souhaiteraient ($\bar{N} < N^*$) ; elles sont rationnées sur le marché du travail qui est lui aussi un marché de vendeurs. Il y a alors excès des demandes sur les offres sur tous les marchés. C'est une caractéristique habituellement reconnue comme inflationniste ; mais comme on suppose une certaine rigidité des prix, on parle d'« inflation contenue ». Dans cette situation l'offre de travail des ménages est satisfaite, mais leur demande de biens est rationnée.

Si $N = \hat{N}$, les entreprises vendent sur un marché d'acheteurs ($D < Q^*$) ; elles y sont rationnées ; les ménages réalisent au contraire leurs demandes. Sur le marché du travail, lui aussi marché d'acheteurs, les positions sont inversées ($\hat{N} < \bar{N}$) : les entreprises réalisent leur demande ; mais il y a un chômage de déséquilibre traduisant une imparfaite satisfaction de l'offre de travail. Cette situation, où les acheteurs fixent les échanges sur tous les marchés, était considérée par Keynes comme typique. C'est bien à celle-ci que se réfère le modèle du multiplicateur. Il est normal de parler pour elle de « chômage keynésien ».

Le tableau 1 comporte, dans le coin sud-ouest, une quatrième situation extrême, dite de « sous-consommation », où les ménages ne seraient soumis à aucune contrainte de rationnement et où les entreprises seraient au contraire contraintes sur les deux marchés. Pour donner un sens concret à cette situation, il faut supposer que les entreprises peuvent stocker ou déstocker : une demande trop faible de leurs produits les empêche de vendre autant qu'elles le voudraient et un manque de main-d'œuvre les empêche de produire autant qu'elles le souhaiteraient. Ce cas cadrant mal avec notre modélisation, nous n'y prêterons plus attention.

Enfin le tableau 1 comporte cinq situations intermédiaires qu'on décrit aisément. Par exemple il est concevable que le marché du travail et le marché des biens soient tous les deux apurés. Aucun agent ne subit alors de contrainte de rationnement. On parle communément d'« équilibre walrassien » ; l'expression est toutefois trompeuse dans la mesure où cet état n'est pas l'équilibre d'une théorie de la concurrence parfaite avec pleine flexibilité des prix (ce qu'est la théorie dite walrassienne), mais un état qui, peut-être accidentellement, se trouve avoir des marchés apurés.

Pour définir complètement la modélisation que nous considérons maintenant, il faudrait en effet ajouter bien des précisions : sur le comportement des ménages, sur les circuits de distribution des revenus, sur le degré de flexibilité des prix et des taux de rémunération. Parlons uniquement de cette flexibilité.

L'hypothèse la plus simple pour traduire la rigidité des prix et des salaires consiste à les considérer comme déterminés de façon indépendante ; on parle de « prix fixes », expression qui ne doit pas être comprise comme interdisant une variation temporelle ; les prix et les salaires peuvent dépendre de la situation qui prévalait dans une période antérieure à celle étudiée, où ils interviennent comme des données. Diverses versions existent du modèle macroéconomique à prix fixes que nous considérons maintenant. Le terme de « modèle de Barro-Grossman » peut être utilisé de façon générique pour les désigner [4].

Il est évidemment concevable de construire un modèle dans lequel prix et salaires réagissent immédiatement à l'intensité des déséquilibres entre offres et demandes, mais de façon incomplète en sorte que les marchés ne sont pas apurés. La modélisation devient alors plus complexe et le gain en réalisme est rarement considéré comme suffisant pour justifier cette complexité supplémentaire. En revanche, certains économistes ont estimé que la meilleure modélisation simple devait retenir la parfaite flexibilité du prix des biens p et la parfaite rigidité du prix du travail s, à la fois salaire et coût du travail. Dans ces conditions, p devient endogène et le marché des biens est nécessairement apuré. Le tableau 1 ne comporte plus qu'une seule colonne. Comme cette spécification a souvent été attribuée à des économistes néoclassiques, j'ai employé l'expression de « chômage néoclassique » pour caractériser les cas où existe une offre excédentaire de travail ; mais l'expression est source d'ambiguïté, comme celle d'« équilibre walrassien », dans la mesure où elle peut être employée avec deux hypothèses différentes sur la rigidité des prix, soit la fixité soit la parfaite flexibilité ; or les propriétés de statique comparée s'appliquant à partir d'un tel état dépendent évidemment de l'hypothèse retenue. Je m'en tiendrai au cas de fixité des prix, les arguments présentés dans la section précédente me paraissant justifier le refus de fonder l'analyse conjoncturelle sur l'hypothèse que le marché des biens est apuré en permanence.

Une fois qu'il a été complètement spécifié, le modèle de Barro-Grossman permet de déterminer les variables endogènes, telles que la production et l'emploi, à partir des variables exogènes, comme le niveau des prix p, le taux de salaire s, des variables relatives à la demande autonome de biens, par exemple le volume des investissements des entreprises et celui de la demande des administrations, des variables relatives à l'offre de travail, par exemple cette offre $\bar{N}$ elle-même si elle est considérée comme parfaitement rigide, etc. Suivant les valeurs des variables exogènes, l'équi-

4. J'ai exposé de façon détaillée un modèle de ce type dans *Réexamen de la théorie du chômage*, Calmann-Lévy, Paris, 1980.

libre, qui doit respecter l'ensemble des interdépendances du modèle, pourra comporter une combinaison différente d'offres ou de demandes excédentaires, donc se situer dans différentes cases du tableau 1. La figure 1 représente ce qu'il en est quand on fait varier p et s, les autres variables exogènes restant fixes [5].

Le point central W correspond à l'équilibre walrassien, c'est-à-dire à la situation dans laquelle prix et salaires se trouvent à des niveaux tels que les deux marchés sont exactement apurés. Bien entendu, la position de ce point et plus généralement celle de toute la figure dépendent des valeurs prises par les autres variables exogènes ; par exemple, une augmentation de la demande autonome se traduit par un déplacement de W vers la droite et le haut, à l'intérieur de ce qui était la zone de chômage keynésien. Par rapport au point central correspondant à l'équilibre sur les deux marchés on peut caractériser sommairement les trois types

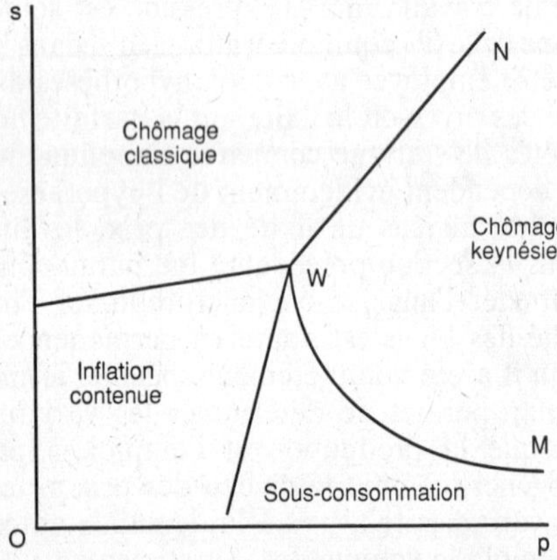

Figure 1

5. Cette figure dépend évidemment de caractéristiques de la spécification que je n'ai pas rappelées ici. Elle est établie pour le cas où les entreprises décident non seulement de leur production mais aussi de leur stockage. Elle suppose de plus que l'équilibre est défini de manière unique ; des cas d'équilibres multiples existent, qui obligent à ajouter au modèle une règle spécifiant quel équilibre retenir.

principaux d'état : le chômage keynésien correspond à un niveau trop élevé des prix, qui dissuade la demande de biens (compte tenu en particulier de ce que sont les patrimoines monétaires des agents) ; le chômage classique correspond à un niveau trop élevé des salaires qui donne aux entreprises une mauvaise rentabilité ; l'inflation contenue correspond à des niveaux trop bas des salaires et des prix, qui stimulent les demandes de travail et de biens au-delà de ce que les offres permettent.

Ce modèle a pour vocation l'étude des propriétés de statique comparée qui apparaissent lorsque la rigidité des prix et des taux de rémunération laisse subsister des déséquilibres sur les marchés. Il n'est pas surprenant de constater que ces propriétés changent quand l'état de référence passe d'un type de déséquilibre à un autre, c'est-à-dire d'une zone à une autre de la figure 1.

Quand l'état de référence est un chômage keynésien on retrouve évidemment les propriétés de statique comparée du modèle du multiplicateur : une augmentation de la demande autonome stimule la production et l'emploi. On peut y ajouter des propriétés relatives aux effets des variations du niveau général des prix ou des salaires. Ainsi une hausse du taux de salaire, augmentant le pouvoir d'achat des ménages, se traduit par une stimulation de la demande, de la production et de l'emploi.

Au contraire, quand l'état de référence est un chômage classique, un accroissement de la demande autonome n'a d'effet ni sur la production ni sur l'emploi ; il peut réduire un peu le chômage si l'offre de travail des ménages se contracte en raison de l'aggravation de leur rationnement sur le marché des biens (dans une économie ouverte sur l'extérieur cette aggravation est faible, donc son effet négligeable). Une hausse du taux de salaire détériore davantage la rentabilité ; elle conduit à une baisse de la production et de l'emploi ; l'effet est ainsi inverse de celui qui prévalait en cas de chômage keynésien.

Il est inutile de multiplier les exemples, qui dépendent d'ailleurs des détails de la spécification du modèle de Barro-Grossman. L'essentiel est d'avoir bien compris la nature de la représentation des phénomènes que donne la théorie des équilibres à prix fixes.

Recherche de spécifications adéquates

La modélisation que je viens de présenter est récente, donc encore peu classique. Elle aboutit à typer fortement un petit nombre de configurations. Pour ces deux raisons, il est légitime de s'interroger sur sa pertinence, beaucoup d'économistes n'ayant pas encore d'idée arrêtée à cet égard. Du point de vue méthodologique, il est intéressant d'évoquer les considérations qui interviennent dans les discussions concernant cette pertinence et dans la recherche de modélisations remplaçant ou complétant celle que nous venons d'examiner.

Nous allons porter notre attention successivement sur quatre questions. La représentation de la rigidité des prix n'est-elle pas trop extrême ? Le chômage classique est-il pertinent ? Suffit-il de s'en tenir à une typologie qui ne retient que deux marchés ? Comment peut-on passer de la modélisation de l'équilibre temporaire à une modélisation de l'évolution ?

1. L'hypothèse consistant à admettre que les prix et taux de salaire sont totalement indépendants des offres ou des demandes excédentaires est évidemment extrême. On s'est interrogé à ce sujet, de même qu'on a cherché à définir des spécifications retenant une hypothèse moins extrême.

J'ai déjà évoqué l'une de ces spécifications : celle où les prix des biens seraient parfaitement flexibles, de sorte que le marché des biens serait nécessairement apuré. Seul le marché du travail connaîtrait un déséquilibre, le taux des salaires y étant prédéterminé. A lire l'ouvrage principal de Keynes, sa *Théorie générale de l'emploi, de l'intérêt et de la monnaie* [6], on s'aperçoit qu'il raisonnait souvent sur cette spécification, mais qu'il employait aussi celle du modèle précédent ; en somme il n'avait pas vraiment fait son choix.

Il y a d'ailleurs une version alternative de cette spécification « néo-classique », dans laquelle ce n'est plus le taux nominal des salaires qui est fixé, mais le taux réel. En

6. Traduction française, Payot, Paris, 1942.

d'autres termes, les salaires sont indexés sur les prix, de sorte que toute adaptation des prix se répercute à due concurrence sur les salaires nominaux. Beaucoup d'économistes, mais pas tous, estiment cette hypothèse plus réaliste que celle de la rigidité des salaires nominaux.

Quoi qu'il en soit, l'une ou l'autre de ces deux versions suppose que, sur le marché des biens, la pression des demandes sur les offres est régulée et maintenue constante par des adaptations suffisantes des prix. Les preuves factuelles que j'ai passées en revue aux pages 284-285 me paraissent interdire cette supposition quand on s'intéresse aux fluctuations à court terme de la production et de l'emploi. De plus cette supposition a pour résultat d'amoindrir ou même de faire disparaître l'effet du multiplicateur keynésien ; comme celui-ci me semble avoir été bien observé, je suis porté, pour cette seconde raison également, à écarter la spécification que j'ai qualifiée de néoclassique.

En revanche l'idée de la flexibilité de certains éléments du système des prix s'impose quand on enrichit le modèle en y faisant figurer une représentation des opérations financières. Keynes et ses successeurs immédiats l'ont fait, à partir du modèle du multiplicateur. On pourrait tout aussi bien le faire à partir du modèle à plusieurs régimes présenté dans la section précédente. Le taux d'intérêt, qui apparaît comme le prix des actifs financiers, est habituellement considéré comme s'adaptant de manière à assurer l'égalité entre offre et demande sur le marché financier. Il s'agit certes d'une approximation puisque le rationnement du crédit par les banques varie suivant la situation conjoncturelle, mais il s'agit d'une approximation préférable à celle d'un taux d'intérêt prédéterminé.

Entre l'hypothèse de prix strictement prédéterminés et celle de prix totalement flexibles, une hypothèse intermédiaire est évidemment concevable, celle de prix qui réagiraient aux demandes ou offres excédentaires mais qui le feraient trop peu pour apurer complètement les marchés correspondants. Introduire cette hypothèse dans une modélisation comparable à celle de la section précédente est possible. A certains égards, cela rapprocherait même le modèle théorique des modèles économétriques utilisés pour l'étude des politiques économiques. Mais il deviendrait alors plus complexe et aboutirait à des résultats un peu plus difficiles à caractériser [7].

Enfin, on a émis l'idée d'une asymétrie : les prix et les taux de salaire seraient beaucoup plus rigides à la baisse qu'à la hausse. Une hypothèse simple consiste alors à admettre qu'ils s'élèvent dès qu'apparaissent des demandes excédentaires qu'ils éliminent aussitôt ; au contraire ils ne réagissent pas aux offres excédentaires. Ainsi, on ne constaterait jamais la présence de marchés d'offreurs. Sur le tableau 1 la dernière colonne et la dernière ligne disparaîtraient. Sur la figure 1, la seule zone utile comprendrait la région figurant à droite de la ligne M W N (chômage keynésien) et cette ligne elle-même. Une telle spécification est schématique ; elle peut cependant servir dans certains cas où la présence de demandes excédentaires ne semble pas jouer de rôle.

2. Depuis la diffusion des idées keynésiennes, dans l'immédiat après-guerre, les économistes avaient pris l'habitude d'associer le chômage de déséquilibre à une offre potentielle excédentaire de biens. Le fait que le chômage classique constitue une possibilité logique en cas de rigidité des prix a naturellement posé la question : cette possibilité logique correspond-elle à une réalité ?

L'interrogation sur le rôle du chômage classique ne découle pas seulement du développement naturel de la réflexion théorique. Elle provient aussi du souci de rentabilité des entreprises que les responsables de la politique économique ont eu dans les années 1980. C'est pourquoi l'on trouve, du moins en Europe occidentale, un vif désir de savoir si le chômage classique est pertinent.

On peut imaginer deux raisons qui, à première vue, le rendent peu probable. La première, c'est la présomption d'asymétrie dans la dynamique des prix. Si les prix étaient pleinement et instantanément flexibles à la hausse tout en étant rigides à la baisse, on ne pourrait jamais rencontrer de situation de demande excédentaire, comme nous venons

7. Pour un modèle général de ce type voir R. Myerson, « Prix et indicateurs de tension dans un modèle d'équilibre général », *Cahiers du séminaire d'économétrie,* n° 22, CNRS, Paris, 1980.

de le voir ; les déséquilibres de marchés ne pourraient provenir que des offres excédentaires : le chômage serait keynésien, jamais classique. Il va de soi que la parfaite flexibilité à la hausse de tous les prix n'est pas une hypothèse réaliste dans les économies modernes. Mais le fait est que, si les prix sont plus flexibles à la hausse qu'à la baisse, c'est là, de prime abord, un argument qui rend le chômage keynésien plus probable que le chômage classique.

Par ailleurs, ayant en tête une analyse macroéconomique à court terme du chômage, nous devons, évidemment, considérer les décisions courantes d'entreprises qui, d'une part, font face à une demande excédentaire pour leur production et, d'autre part, disposent d'équipements déjà installés. Dans la situation usuelle, la capacité physique de ces équipements n'est pas pleinement utilisée. Pour que les entreprises ne profitent pas de la chance de produire et de vendre plus, il faut que leur profitabilité soit très faible. En effet, le prix du produit doit être plus bas que le coût variable d'une unité additionnelle de production. Cela semble peu fréquent puisque, en longue période, le prix doit couvrir à la fois le coût fixe et le coût variable.

Considérant cette seconde raison de non-plausibilité du chômage classique, nous réalisons les limitations d'une analyse purement statique. L'équipement déjà installé dépend des décisions passées d'investissement qui, à leur tour, dépendent de la rentabilité anticipée à l'époque. Après une période prolongée de faible rentabilité, la capacité de production peut être tellement réduite qu'elle rend le coût variable d'une unité marginale de production passablement élevé pour un niveau relativement faible de production. En d'autres termes, il est probable que le risque de sous-emploi classique s'accroisse avec le temps quand la rentabilité est durablement faible.

3. Même pour une analyse de court terme, toutefois, il est un peu trompeur de se concentrer sur les deux situations opposées de chômage classique et de chômage keynésien. Cela ne serait approprié que dans un monde ne comportant que deux marchés homogènes : le marché du travail et le marché des biens. En fait, il existe diverses qualités de travail, plusieurs biens différents et, pour chacune d'elles et

chacun d'eux, plusieurs lieux géographiques à considérer, dans la mesure où la demande et l'offre sont spécifiques à l'un ou l'autre de ces lieux. Cela veut dire qu'il y a un grand nombre de marchés distincts, autant de déséquilibres potentiels associés, chacun d'eux pouvant se caractériser soit par une offre, soit par une demande excédentaire. On peut considérer que le chômage keynésien et le chômage classique ne résultent que de deux cas extrêmes, tous deux caractérisés par une offre excédentaire sur tous les marchés du travail, mais le premier s'accompagnant d'une offre excédentaire sur tous les marchés des biens et le second d'une demande excédentaire sur ces mêmes marchés.

Une théorie réaliste doit reconnaître l'existence d'un spectre bi-dimensionnel de situations comprises entre les trois cas extrêmes suivants : offres excédentaires partout, demandes excédentaires partout, offres excédentaires simultanées des diverses qualités de travail accompagnées de demandes excédentaires pour tous les types de biens. Ces trois situations polaires correspondent respectivement au pur chômage keynésien, à l'inflation contenue pure et au chômage classique pur.

Porter l'attention sur la grande diversité des marchés conduit naturellement à s'interroger sur l'existence d'une théorie générale des équilibres à prix fixes avec un nombre quelconque de biens et services. Une telle théorie générale a effectivement été élaborée et elle a inspiré de façon déterminante la modélisation macroéconomique présentée dans la section précédente [8]. Mais, pour les raisons que nous avons vues à la fin du chapitre 5 dans un autre contexte, les théories générales telles que celle-ci sont trop peu spécifiques pour répondre pleinement aux besoins de l'analyse macroéconomique. Elles permettent d'en établir les fondements, non de fournir un cadre suffisant à l'étude des propriétés plus particulières qu'ont les grandes tendances des phénomènes.

Pour traiter des situations intermédiaires entre ces trois situations polaires nous devons adopter un point de vue statistique. Tout naturellement, nous sommes en effet

8. J'ai essayé de le montrer dans *Réexamen de la théorie du chômage*, *op. cit.*

conduits à traiter les problèmes en réfléchissant en termes de proportions respectives de chômage keynésien, d'inflation contenue et de chômage classique. Nous pouvons le faire assez facilement si nous décidons de coupler les marchés du travail avec ceux des biens de manière à définir des secteurs consistant en un marché de travail et un de biens. Chaque secteur est alors dans une situation classique, inflationniste ou keynésienne suivant la combinaison d'offres ou de demandes excédentaires qu'il connaît. Le poids relatif des secteurs qui sont en situation keynésienne définit alors une mesure appropriée de la proportion de chômage keynésien.

L'application de ces principes m'a permis de spécifier un modèle sectoriel assez simple et d'en déduire un certain nombre de résultats théoriques [9]. Évidemment, ces résultats dépendent des hypothèses particulières que j'ai retenues. Mais j'ai confiance dans la validité des conclusions qualitatives suivantes : le multiplicateur définissant la sensibilité de la production globale par rapport à la demande autonome conserve son expression traditionnelle quand l'économie est dans un état de chômage keynésien pur, mais il décroît plutôt rapidement avec l'ampleur de ce chômage ; plus généralement, quand le nombre de secteurs est grand, les variables endogènes sont des fonctions non linéaires mais continûment dérivables des variables exogènes ; la dérivée partielle d'une variable endogène, comme le taux de chômage, par rapport à une variable exogène, comme le taux de salaire réel, peut changer de signe quand l'économie passe d'un état à un autre ; ce signe peut être négatif quand le chômage est surtout keynésien et positif quand il est surtout classique. C'est ce qu'illustre la figure 2 où la courbe en trait continu, représentant la variation du taux de chômage u en fonction du salaire réel, passe par un minimum ; tandis que les courbes en tirets représentent les proportions respectives de secteurs en chômage keynésien (P_K) et en chômage classique (P_C).

4. Les modèles à prix fixes ne concernent habituellement qu'un équilibre temporaire, considéré comme approprié à

9. Voir E. Malinvaud, *Essais sur la théorie du chômage*, deuxième partie, Calmann-Lévy, Paris, 1983.

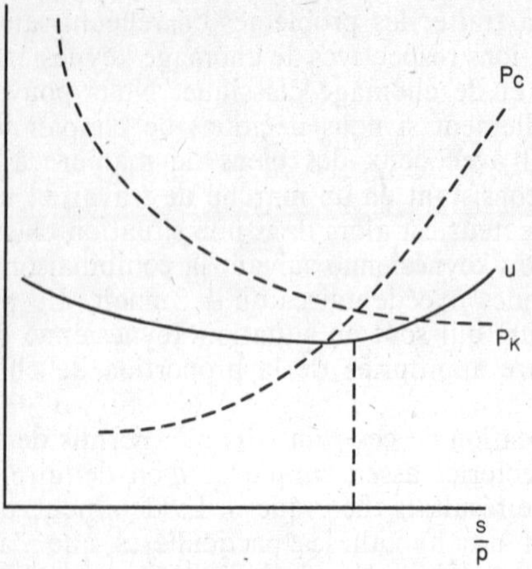

Figure 2

l'étude du court terme. Mais nous avons vu, notamment à propos de la pertinence du chômage classique, que certains phénomènes liés aux déséquilibres entre offres et demandes n'avaient vraiment de sens que sur une certaine durée. De plus, prendre les prix et les taux de salaire comme prédéterminés amène naturellement la question de savoir ce qui les détermine et comment ils évoluent.

Or, abandonner l'hypothèse selon laquelle les marchés sont apurés en permanence, c'est introduire des degrés de liberté supplémentaires dans la modélisation de l'évolution économique. Avec le modèle de Solow et même avec le modèle de croissance à deux secteurs, nous avions directement obtenu la loi d'évolution comme résultat de l'équilibre temporaire. Au contraire, le modèle de Barro-Grossman laisse de nombreuses options ouvertes pour le choix de ce qui détermine le passage d'un équilibre temporaire au suivant. Sur quoi ce choix doit-il porter ? Quelles considérations faut-il faire intervenir pour une bonne représentation de l'évolution économique ?

Un économiste doté d'une formation classique et qui réfléchit sur le déséquilibre entre l'offre et la demande se penche naturellement sur les mouvements de prix ; mais nous devons reconnaître que d'autres changements dynamiques jouent aussi un rôle important. Je suis même prêt à soutenir que, pour l'analyse macroéconomique des économies modernes, ces autres changements dynamiques jouent davantage que les changements de prix. En tout cas, nous devons les considérer soigneusement.

Dans ce tour d'horizon des forces dynamiques, nous devons considérer trois sources principales d'évolution économique spontanée : les changements des grands indicateurs du système des prix, l'accumulation du capital et la mobilité microéconomique. Examinons-les tour à tour.

Une offre excédentaire sur un marché suscite la concurrence parmi les offreurs, ce qui normalement les conduit à accepter de vendre à un prix moindre. Le chômage devrait normalement faire baisser le taux de salaire ou, au moins, modérer sa hausse. De même, une offre excédentaire de biens devrait tirer vers le bas le niveau des prix et une demande excédentaire vers le haut. En d'autres termes, l'évolution du taux de salaire et du niveau des prix devrait réagir à la direction et à l'intensité des déséquilibres respectifs sur les marchés du travail et ceux des biens.

Ce comportement des deux principaux indicateurs de prix était présupposé autrefois et occupait une place importante dans les discussions théoriques sur la durabilité du chômage. Le développement de l'économétrie depuis trente ans nous a apporté une vision plus claire des choses. Pour résumer ce que nous connaissons maintenant à cet égard, je dirai que si ce comportement s'observe, il est plus faible qu'on ne l'imaginait ; il peut être dominé par d'autres causes agissant sur les salaires et les prix et sa force varie dans le temps et l'espace en fonction des différences institutionnelles.

Une conséquence claire, c'est que la vitesse d'ajustement des prix et des salaires n'a pas un ordre de grandeur différent de celle de l'accumulation du capital et que, dans un modèle macroéconomique dynamique complet, elles doivent être considérées simultanément. L'accumulation du capital doit être examinée sous ses deux aspects : l'épargne et l'investissement.

L'épargne privée courante est importante pour la demande agrégée future parce qu'elle accroît la richesse privée et parce qu'une plus grande richesse implique une plus grande demande de biens de consommation. Cette relation a été prise en compte dès les premières discussions sur la validité de la théorie keynésienne.

Mais les décisions d'investissement paraissent plus importantes encore. Or cet investissement est exogène dans la théorie du multiplicateur, comme nous l'avons vu. Une dépendance vis-à-vis du taux d'intérêt est bien supposée dans les versions plus sophistiquées de la théorie keynésienne ; mais il y reste admis que l'investissement est sujet à d'autres causes de variation d'un équilibre temporaire à un autre.

Mettre l'accent sur les déséquilibres entre offres et demandes, c'est d'ailleurs être immédiatement conduit à retenir des relations très différentes de celles que contiennent les modèles où les marchés sont continuellement apurés. La demande de capital productif est en effet très sensible au degré d'utilisation des capacités de production, c'est-à-dire à la pression de la demande de biens sur ces capacités. Cette dépendance a été maintes fois repérée comme dominant toutes les autres. On l'appelle « phénomène d'accélération » : une demande de biens en forte croissance provoque une vive augmentation de l'investissement, ce qui accélère la demande de biens d'équipement.

Bien que moins immédiatement visibles, d'autres facteurs de l'investissement peuvent jouer un rôle aussi important sur l'évolution économique. On pense à l'évolution du coût relatif du capital par rapport au travail dont nous avons vu le rôle dans le chapitre précédent. Mais on doit penser également aux déséquilibres du système des prix, en particulier à la profitabilité de la production, c'est-à-dire au rapport entre les rendements escomptés des investissements productifs et des placements financiers. J'y reviendrai.

Enfin, j'ai soutenu qu'il fallait concevoir l'état macroéconomique comme la résultante d'une grande variété de déséquilibres microéconomiques. L'offre est excédentaire dans certains secteurs, la demande dans d'autres. Une bonne part de ces déséquilibres peut se résorber par la mobilité intersectorielle de l'offre et de la demande, les gens passant des endroits ou des industries sans emplois disponibles à ceux ou à celles où il y en a. S'il arrive que cette mobilité se réduise par suite d'un changement de comportement, le niveau du chômage devrait s'élever.

On a soutenu que cet aspect du phénomène est aussi important que la viscosité de la loi de l'offre et de la demande et que les caprices de l'accumulation du capital. Or, dans la plupart des analyses macroéconomiques du chômage, on le néglige. Une bonne raison sans doute, c'est que les changements de comportement à l'égard de la mobilité sont lents à se produire ; mais puisque l'analyse macroéconomique s'occupe maintenant davantage du long terme, la raison ne vaut plus. Une autre raison, c'est peut-être simplement que notre connaissance du comportement affectant la mobilité est restreinte. En effet, c'est là probablement un sujet où les économistes ne se sentent pas particulièrement à l'aise. Il requiert une bonne maîtrise du contexte institutionnel et fait appel à la psychosociologie. Ce n'est pas une bonne raison pour l'oublier.

5. Évolution des prix et taux de salaire, accumulation du capital par l'épargne et l'investissement, mobilité des facteurs de production, voilà les éléments qu'il faudrait savoir prendre en compte correctement dans toutes leurs dimensions pour bien comprendre l'évolution des économies sujettes à déséquilibres. Bien entendu, il conviendrait de les faire tous intervenir simultanément dans la modélisation. De fait, les théories actuelles restent en deçà de cet objectif, car elles se limitent à quelques facteurs d'évolution seulement.

Pour donner une idée de ces théories, je me contenterai de considérer celles qui concernent l'évolution du chômage keynésien, c'est-à-dire une situation où les offres sont excédentaires sur tous les marchés. Ces théories visent à savoir si le chômage keynésien doit spontanément se résorber dans les économies de marché ou durer indéfiniment. Elles cherchent à prendre en compte les variations induites des prix et des salaires, ainsi que les effets patrimoniaux qu'elles impliquent. S'intéressant peu aux fluctuations cycliques, elles négligent l'investissement.

Le sentiment de nombreux économistes, c'est que le chômage de déséquilibre ne peut être que transitoire et que des adaptations économiques spontanées doivent le faire disparaître. D'autres sont moins optimistes. Pour mettre de l'ordre dans les idées sur cette question, on doit vérifier si oui ou non on peut construire un cas théorique d'état stationnaire stable caractérisé par une offre excédentaire de travail. La question s'est en effet déjà posée de cette façon dans les premières discussions concernant la validité de la théorie de Keynes. Par exemple, quand A.C. Pigou voulut mettre l'accent sur le rôle de son fameux effet-richesse, il écrivit un article intitulé « The Classical Stationary State » [10] où il soutenait qu'une offre excédentaire ne pouvait pas être permanente.

Ceux qui prétendent qu'un état stationnaire stable avec offre excédentaire est concevable pensent aussi que le degré d'offre excédentaire dépend de certains facteurs exogènes, naturellement constants dans tout état stationnaire particulier mais qui pourraient avoir des valeurs différentes. Il y a, alors, un éventail complet d'états stationnaires à des degrés divers de chômage. Un cadre explicitement dynamique est évidemment requis pour toute discussion sur l'existence d'un tel éventail.

Les réponses à la question de savoir s'il existe des états stationnaires stables avec offre excédentaire sont évidemment sensibles à la spécification de l'analyse et, notamment, à ce qui est supposé quant aux changements du niveau général des prix et des salaires. Nous pouvons distinguer trois classes de modèles à cet égard.

Dans la première, le système des prix est complètement rigide, au moins par rapport aux caractéristiques jouant un rôle dans la formalisation. On trouve alors typiquement que les autres ajustements dynamiques, comme ceux qui résultent de l'accumulation des épargnes, sont compatibles avec l'existence d'états stationnaires stables comportant une offre excédentaire permanente.

Dans un second groupe de modèles on suppose quelque flexibilité des prix à la baisse en cas d'offre excédentaire. Plus précisément, on y suppose que le rythme de changement du niveau des prix est une fonction croissante de la

10. *Economic Journal*, 1943. Voici l'argument : lors d'une dépression la baisse du niveau général des prix provoque une hausse du pouvoir d'achat de la richesse privée, qui contient des créances sur l'État libellées en monnaie ; cette hausse doit entraîner une reprise de la consommation, donc de la demande globale. Tel est « l'effet-richesse ».

demande excédentaire pour les biens. Cela implique que, dans le cas du chômage keynésien, la déflation des prix tend à accroître la richesse réelle et, en conséquence, à stimuler la demande. Mais cet effet n'élimine pas nécessairement la possibilité du chômage permanent. En effet on trouve souvent un régime limite dans lequel le niveau des prix décroît à un taux constant, alors que la richesse réelle reste constante à cause de la désépargne impliquée par un faible niveau d'activité. Les grandeurs réelles définissent alors un état stationnaire stable avec offre excédentaire.

Ce second groupe de modèles, pour ne pas parler du premier, néglige la critique faite par M. Friedman. On n'y fait pas attention à la révision des anticipations que peut susciter un mouvement des prix soutenu. En d'autres termes, on y suppose qu'en tout temps, le taux de déflation des prix dépend seulement de la grandeur de l'offre excédentaire et non de l'évolution passée de leur niveau. Cela revient à supposer que ceux qui fixent les prix gardent les mêmes anticipations de leur comportement mutuel, quelle qu'ait été l'évolution passée des prix et des salaires. C'est plutôt irréaliste.

La troisième catégorie de modèles dynamiques comprend ceux où l'on suppose que les changements de prix dépendent non seulement de la demande excédentaire mais aussi des changements de prix anticipés, dont le rythme peut être directement lié au rythme passé de l'inflation. On voit alors apparaître deux possibilités : a) si le taux anticipé des changements de prix a un impact fort sur la demande agrégée (c'est-à-dire si l'« effet spéculatif », qui induit un report des achats quand la décroissance des prix est anticipée, est fort) tandis que le niveau des prix a un impact faible (l'effet-richesse étant petit), alors les dépressions sont cumulatives, une situation pire qu'une tendance vers un régime stationnaire keynésien ; b) dans le cas opposé, l'économie converge vers une limite telle que la demande, ou l'offre, excédentaire devient neutre dans son action sur les prix. Cette seconde situation correspond à ce que Friedman a appelé le « taux naturel de chômage » et qui, plus tard, fut de façon plus appropriée le NAIRU (« non accelerating inflation rate of unemployment »).

En somme, il apparaît que, sur une question aussi centrale

que celle de la durabilité du chômage de déséquilibre, la réponse dépend beaucoup de ce qu'on estime être les lois d'ajustement que met en jeu le fonctionnement du système économique. Ces lois jouent plus généralement un rôle essentiel en macroéconomie. Ainsi se justifie que nous leur consacrions le chapitre suivant.

Rôle des déséquilibres dans la croissance

Après avoir reconnu l'existence d'offres ou de demandes excédentaires, et de déséquilibres dans la structure des prix et des taux de rémunération, nous avons considéré une modélisation de l'équilibre temporaire. Puis nous avons pris conscience de la multiplicité des questions qu'il conviendrait de traiter pour bien présenter l'évolution de l'équilibre et bien apprécier la signification réelle de ses diverses modalités.

Nous allons terminer en prenant du recul par rapport à la modélisation, pour évoquer quelques autres questions touchant surtout la croissance économique et conforter le sentiment que la tâche de la théorie macroéconomique est considérable. Cependant nous ne chercherons pas à approfondir, car cela nous conduirait trop loin.

Depuis longtemps la théorie économique non formalisée a porté son attention sur l'existence d'un « profit pur », positif ou négatif, pour certaines opérations économiques. Par définition ce profit pur est l'excès du profit sur l'intérêt qu'aurait normalement rapporté le capital engagé dans ces opérations s'il avait été prêté au taux courant du marché. Il peut s'expliquer par les aléas que comporteraient les opérations en question, et même doublement : d'une part, l'aléa peut s'avérer heureux ou malheureux, provoquant un bénéfice élevé ou faible, voire une perte ; d'autre part, la présence d'aléas rend ces opérations moins attractives que des placements sûrs donnant un taux de rendement égal à l'espérance mathématique du taux attendu ; en conséquence il est normal qu'existe entre cette espérance mathématique et le taux d'intérêt du marché une différence positive correspondant à une prime de risque.

Une fois cette cause de profit pur prise en compte, il

peut encore subsister une différence en faveur ou en défaveur de certaines opérations. Il est naturel de penser que, dans le cas où le profit attendu est ainsi particulièrement favorable, il y a un stimulant évident qui pousse les agents économiques à s'engager dans ces opérations. Or un tel avantage ou désavantage différentiel peut, à certains moments et dans certains pays, concerner une vaste catégorie d'opérations, par exemple les investissements productifs. Ainsi n'est-il pas surprenant que la profitabilité des investissements ait été comprise depuis longtemps comme un élément important du dynamisme de l'économie. Cette profitabilité est très précisément l'un de ces déséquilibres de la structure des prix dont la possibilité a été reconnue page 281.

Les différences durables, entre époques et régions, de profitabilité des investissements productifs par rapport aux placements financiers, constituent d'ailleurs l'une des preuves factuelles de l'existence de déséquilibres et de la pertinence des analyses qui la reconnaissent. Cette preuve est d'autant plus significative, par rapport à celles examinées précédemment, qu'elle concerne la croissance plus que l'équilibre à court terme.

Les perspectives de profit stimulent tout particulièrement les innovations. Leurs inventeurs perçoivent la possibilité de réaliser une marge importante en mettant en œuvre telle technique nouvelle ou en fournissant tel service nouveau ; les premiers ils s'engagent dans la production correspondante. S'ils ont vu juste, ils en retirent les bénéfices tant qu'ils ne sont pas imités par des concurrents qui, arrivant sur le marché, obligent à une baisse de prix, laquelle doit finalement ramener le taux de profit à un niveau normal. Comme J. Schumpeter l'a très bien montré [11], ce sont précisément les imperfections de la concurrence qui sont l'aiguillon du progrès. Mais ces imperfections peuvent aussi expliquer la durabilité de déviations systématiques et généralisées des taux de profit par rapport à leur niveau normal.

Il est fréquent qu'on attribue de telles déviations durables à la présence de processus cumulatifs qui renforceraient un avantage ou un désavantage initial, peut-être purement

11. J. Schumpeter, *Théorie de l'évolution économique*, Dalloz, Paris, 1935.

accidentel. En stimulant un haut niveau d'investissement industriel et commercial, de même qu'une certaine hardiesse à entreprendre des innovations, une bonne profitabilité serait favorable à l'efficacité des processus de fabrication, à la qualité et à la nouveauté des produits, donc à la productivité et à la compétitivité de l'économie. Les demandes se déplaceraient naturellement vers ceux qui auraient profité de l'avantage initial ; celui-ci s'en trouverait ainsi accru. On a pu parler de « cercle vertueux » pour caractériser une telle éventualité, par opposition au « cercle vicieux » dans lequel se trouveraient prises les entreprises, les branches ou les régions souffrant d'un désavantage initial.

Ce n'est pas le seul cas où l'intuition des économistes a suggéré l'existence de phénomènes cumulatifs. La figure 3 en évoque deux autres : le phénomène d'accélération que déclenche une pression de la demande de biens, par l'intermédiaire de son effet sur la croissance des capacités de production, donc sur la demande de biens d'équipement ; l'appréciation cumulative du taux de change d'une monnaie par rapport à une autre, en raison d'un allégement des coûts des biens importés dans le pays qui émet cette monnaie, donc d'une moindre inflation, laquelle suscite une nouvelle appréciation du change.

Le fait que l'écart initial se trouve renforcé ne signifie pas nécessairement que l'avantage cumulé progresse au-delà de toute limite. Un examen précis de chacun des processus comparables à ceux que je viens d'évoquer a le plus souvent montré qu'au contraire le processus cumulatif devait s'épuiser progressivement car, ou bien les effets successifs étaient de plus en plus faibles, ou bien il existait aussi des freins qui les amortissaient.

De cette intuition, il faut surtout retenir que certains déséquilibres peuvent se prolonger quelque temps sans être résorbés et que cela peut affecter les potentialités de croissance des économies qui en bénéficient ou qui en souffrent. En somme, ce n'est pas seulement pour l'étude des phénomènes de court terme qu'il convient de penser au rôle des déséquilibres. Mais les difficultés de modélisation ne sont évidemment pas moindres pour la croissance que pour les fluctuations conjoncturelles.

TROIS EXEMPLES DE PROCESSUS CUMULATIFS

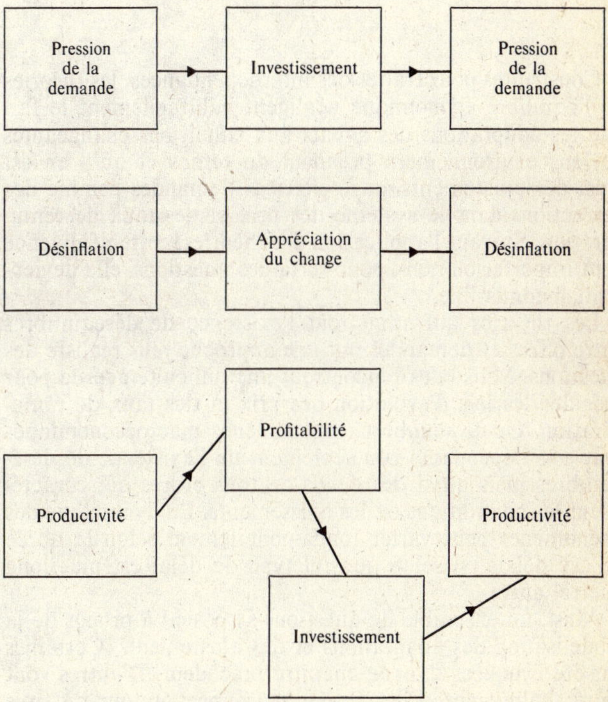

Figure 3

Chapitre 9

Ajustements

Construites pour traiter des interdépendances, les théories de l'équilibre économique négligent habituellement le fait que les adaptations des agents aux conditions changeantes de leur environnement prennent du temps et qu'il en est ainsi des ajustements entre offres et demandes comme des corrections dans le système des prix et des taux de rémunération. Suivant l'application des théories, cette négligence peut importer ou non ; pour certaines questions, elle deviendrait inadmissible.

Les théories qui admettent l'existence de déséquilibres entre offres et demandes ont une approche plus réaliste des questions. Mais elles rencontrent une difficulté accrue pour spécifier les lois d'évolution des prix et des taux de rémunération. Or de nombreux phénomènes macroéconomiques sont très dépendants non seulement de l'existence de déséquilibres mais aussi des délais de tous ordres qui caractérisent les adaptations ou les ajustements. La dynamique des phénomènes peut varier fondamentalement selon la durée de ces délais ou selon que tel type de délai est plus long que tel autre.

Ainsi, un ensemble de questions se posent à propos de la modélisation des adaptations et des ajustements. Certaines ont été évoquées dans le chapitre précédent. D'autres vont l'être maintenant. Elles seront regroupées autour de trois thèmes.

On s'interrogera d'abord sur la validité d'une pratique, courante en macroéconomie, consistant à spécifier que les agents ne réalisent pas immédiatement et d'un seul coup les modifications qui leur paraissent souhaitables dans les grandeurs dépendant de leur décision. En raison des coûts d'ajustement, ils échelonnent ces modifications sur un certain nombre de périodes. Une modélisation simple procède alors en deux étapes : d'abord, détermination des valeurs désirées pour les grandeurs en question, puis choix d'un échéancier pour leur réalisation. Cette modélisation peut adopter les mêmes principes que ceux de la spécification des lois de comportement, quoiqu'elle introduise des simplifications supplémentaires.

En revanche ces principes ne peuvent plus être retenus pour d'autres lois, appelées ici « lois d'ajustement », qui s'appliquent à l'évolution des marchés. Quand il s'agit de représenter comment varient les taux d'intérêt, les taux de salaire ou le niveau général des prix, on ne peut pas raisonner comme si la variation résultait directement de la décision d'un agent déterminé, voire d'une catégorie d'agents. La spécification s'inspire alors de considérations plus ou moins précises sur le fonctionnement des marchés, ainsi que des conclusions de l'observation systématique des phénomènes. La méthode suivie n'est pas rigoureusement définie et a soulevé des interrogations. Plutôt que d'en traiter en général, on considérera ici un cas d'espèce, celui de la loi relative aux variations du taux nominal des salaires, dite « loi de Phillips ».

Le troisième thème consiste à examiner plus profondément la rationalité des comportements et rapports contractuels sous-jacents aux lois d'ajustement, notamment à la rigidité partielle des prix et des taux de rémunération. Ce thème s'impose naturellement pour une meilleure compréhension des phénomènes ; d'autant qu'une thèse s'est répandue selon laquelle les économistes devraient rejeter toute loi qui ne serait pas directement déduite de la rationalité des comportements ; selon certaines formulations extrêmes, la rationalité devrait même coïncider avec le comportement de maximisation. Sur ce thème aussi on s'en tiendra à un cas d'espèce, celui de la rigidité des salaires.

Délais de réalisation

La théorie traditionnelle du comportement s'est occupée exclusivement de la détermination de leurs objectifs par les agents économiques pour les diverses grandeurs relevant de leur décision. Mais on a aisément compris que, dans certains cas, la réalisation de ces objectifs puisse exiger du temps. Pour en tenir compte on s'est d'abord contenté de poser quelque règle simple. Réfléchissant ultérieurement sur la justification à donner à telle ou telle règle, on s'est aperçu que le problème était en réalité complexe. Sa solution correcte consisterait à reprendre toute la modélisation ; il faudrait y faire intervenir explicitement les contraintes ou les coûts s'opposant à un ajustement immédiat complet ; il faudrait raisonner sur toute la stratégie future de l'agent, donc tenir compte de ses anticipations, et aussi de ses idées sur le déterminisme de son environnement. Sauf à retenir des hypothèses extrêmement frustes, le traitement analytique du problème devient alors très compliqué. A tel point d'ailleurs qu'on en vient à se demander si ce traitement est adéquat à la réflexion et à la réalité des comportements et s'il ne vaudrait pas mieux s'en tenir aux spécifications simples adoptées au début et invoquer quelque forme de rationalité limitée.

Afin d'éclairer le jugement sur ces choix de modélisation, je me bornerai à présenter une règle simple, puis à montrer quelles conséquences elle a sur l'évolution de la grandeur à laquelle l'agent s'intéresse. Cela fera apparaître pourquoi une stricte rationalité supposerait un traitement intégré du problème dans toutes ses dimensions. Je présenterai néanmoins une justification de la règle simple dans le cadre d'hypothèses qui en révélera a contrario le caractère particulier. J'indiquerai ensuite comment cette justification est la base d'une formalisation courante en macroéconomie et qui fait intervenir des coûts d'ajustement liés à la vitesse de variation de la valeur donnée à une grandeur par l'agent.

Soit y la variable sur laquelle porte la décision de l'agent et y_t la valeur choisie comme devant se réaliser dans la période t. Un principe usuel de modélisation consiste à distinguer d'une part la valeur optimale que l'agent donnerait à cette grandeur s'il n'existait aucun délai ou problème d'ajustement, d'autre part la valeur effectivement retenue. On appelle « valeur désirée » la première de ces deux valeurs et nous la dénoterons y_t^*, conservant la notation y_t pour la valeur effective. La loi de détermination de la valeur désirée résulte alors de l'analyse spécifique du comportement de l'agent, suivant les principes que nous avons étudiés jusqu'à présent. Puis une règle simple permet le passage de la valeur désirée à la valeur effective.

Une modalité courante de cette règle est l'équation de forme :

$$(1) \qquad y_t = \lambda\, y^*_{t-1} + (1 - \lambda)\, y_{t-1} \qquad 0 < \lambda < 1$$

Deux idées sont à retenir. D'une part, il existe un délai de réalisation des décisions ; ce délai est fixé à une période, de sorte que la valeur effective en t dépend des décisions prises en t – 1. D'autre part, il serait impossible ou non économique de décider que y atteigne aussitôt sa valeur désirée ; l'ajustement n'est que partiel : la variation $y_t - y_{t-1}$ est une fraction λ de l'écart existant entre la valeur désirée et la valeur effective au moment où la décision est prise. La relation (1) simplifie évidemment les choses, notamment du fait que la fraction λ est prédéterminée et constante.

Cette relation a pour effet que l'évolution des valeurs effectives y_t suit celle des valeurs désirées y^*_t et en amortit les fluctuations par lissage. Par récurrence on peut en effet calculer :

$$(2) \qquad y_t = \lambda \sum_{\tau=0}^{\infty} (1 - \lambda)\, \tau\, y^*_{t-\tau-1}$$

Mais l'évolution des valeurs désirées elle-même dépend de l'analyse de la décision prise par l'agent et de l'évolution des facteurs identifiés comme déterminant cette décision.

Un cas simple est celui où il n'y aurait qu'un seul facteur x et où la valeur désirée de y serait une fonction linéaire de la valeur que l'agent anticipe pour x à la période suivante :

$$(3) \qquad y^*_t = a\, x^a_{t+1} + c$$

où x^a_{t+1} désigne cette anticipation tandis que a et c sont des constantes. Or l'évolution des anticipations dépend de celle des valeurs effectives prises par x_t et de la loi de formation des anticipations. De plus, comme nous l'avons vu dans le chapitre 4, cette loi doit traduire les idées qu'a l'agent sur le processus régissant l'évolution effective de x. Ainsi l'évolution de y risque d'être reliée d'une façon un peu complexe à celle de son déterminant fondamental x, en raison des intermédiaires que constituent la formation des anticipations concernant x et le choix de la valeur désirée quant à y.

Pour approfondir les questions portant sur l'effet des délais de réalisation, il faut ainsi faire intervenir divers éléments. Une première idée des considérations qui peuvent justifier la règle (1) résulte de l'étude d'un cas particulièrement aisé. Supposons que, à partir d'une date t = 0, la valeur désirée y_t^* soit constante et égale à y^*. Supposons aussi que l'agent arbitre entre le manque à gagner résultant de ce que y_t diffère de y^* et un « coût d'ajustement » d'autant plus élevé que la variation $y_t - y_{t-1}$ est plus importante en valeur absolue. Supposons enfin que ce manque à gagner et ce coût soient quadratiques. Le problème de l'agent peut alors être compris comme celui du choix de la suite des valeurs y_1, y_2 ... y_t ... qui minimise :

$$(4) \qquad \sum_{t=1}^{\infty} \beta^t \left[(y_t - y^*)^2 + \alpha\,(y_t - y_{t-1})^2\right]$$

β étant un coefficient d'escompte positif et au plus égal à 1, tandis que α est un nombre positif d'autant plus important que le coût d'ajustement est plus élevé relativement au manque à gagner.

Pour résoudre ce problème de minimisation, il faut que la dérivée de (4) par rapport à y_t soit nulle. La condition s'écrit :

$$(5) \qquad -\alpha\,\beta\, y_{t+1} + [1 + \alpha\,(1 + \beta)]\, y_t - \alpha\, y_{t-1} = y^*$$

Cette équation doit évidemment s'appliquer à t = 1, 2 ... ad infinitum. On en déduirait la solution bien naturelle $y_t = y^*$ si à la date 0 il se trouvait que $y_0 = y^*$. Mais en général il n'en est pas ainsi. La solution optimale est obtenue par résolution des équations (5) écrites pour tout t, à partir de la valeur y_0 réalisée à la date t. En fait, comme l'avenir n'est pas borné dans cette spécification du problème, il faut choisir une solution particulière de ce système d'équations, à savoir [1] :

$$(6) \qquad y_t = y^* - (y^* - y_0)\, u^t$$

1. Je passe sur la justification de ce résultat, car elle est assez longue pour ceux qui ne l'auraient pas déjà rencontrée.

où le nombre u est égal à :

$$(7) \qquad u = \frac{1}{2\alpha\beta}\left[1 + \alpha(1 + \beta) - \sqrt{(1 + \alpha + \alpha\beta)^2 - 4\alpha^2\beta}\right]$$

Il est positif et inférieur à 1.

On constate alors que la solution (6) est précisément celle à laquelle conduit la règle simple (1) quand on tient compte de ce que $y_t^* = y^*$ et quand on prend $\lambda = 1 - u$. En effet on peut alors remplacer aussi bien (6) que (1) par la même équation :

$$(8) \qquad (y_t - y^*) = u.\,(y_{t-1} - y^*)$$

En somme, nous avons trouvé une justification de la règle simple (1) en partant de l'idée d'arbitrage entre le coût d'ajustement et le manque à gagner résultant de l'écart entre la valeur désirée et la valeur effective. On vérifie que plus le coût d'ajustement est important relativement au manque à gagner, c'est-à-dire plus α est élevé, plus u est élevé, donc plus λ est faible, c'est-à-dire plus lente est l'adaptation de y_t à la valeur désirée y^* (on le vérifie en dérivant (7) par rapport à α et en constatant que les termes positifs l'emportent sur les termes négatifs).

La justification est particulière à bien des égards, d'abord parce que la valeur désirée est constante, ensuite parce qu'elle est certaine pour toutes les dates futures, enfin parce que la forme quadratique de la fonction objectif (4) simplifie les choses. Considérons ces trois aspects tour à tour.

Les lecteurs qui sont habitués à résoudre des équations aux différences finies telles que l'équation (5) savent comment on pourrait aisément généraliser le raisonnement précédent si le membre de droite de l'équation n'était plus la constante y^* mais une grandeur y_{t-1}^* dont l'évolution en fonction du temps serait parfaitement prévue et simple dans sa traduction mathématique.

Supposons par exemple que la valeur désirée varie linéairement avec le temps :

$$(9) \qquad y_t^* = y_0^* + \gamma t$$

où γ est un coefficient connu. Alors la solution n'est plus donnée par l'équation (6) mais par :

(10) $y_t = \hat{y}_t - (\hat{y}_0 - y_0)\, u^t$

le nombre u ayant la même valeur que précédemment tandis que $\hat{y}_t$ est défini par :

(11) $\hat{y}_t = y^*_{t-1} - \alpha\gamma\,(1 - \beta)$

De l'équation (10) on déduit immédiatement .

(12) $(y_t - \hat{y}_t) = u.\,(y_{t-1} - \hat{y}_{t-1})$

On constate alors que la loi de calcul de la valeur effective à partir de la valeur désirée ne correspond pas exactement à la formule (1). D'une part, la valeur désirée subit une petite correction sauf quand il n'y a pas d'escompte des valeurs futures ($\beta = 1$) ; c'est ce que montre l'équation (11). D'autre part, l'écart $y_t - \hat{y}_t$ ne doit pas être proportionnel à $y_{t-1} - \hat{y}_t$ mais à $y_{t-1} - \hat{y}_{t-1}$. Ni l'une ni l'autre de ces deux modifications n'a beaucoup d'importance pratique ; néanmoins elles témoignent du caractère somme toute particulier de la règle posée au départ.

Il est peu réaliste de supposer que la suite des valeurs désirées futures est parfaitement connue. Pour poser le problème plus correctement, il convient de reconnaître que seul y^*_0 est connu à l'instant 0 quand l'agent doit décider de la valeur à donner à y_1 ; les valeurs y^*_t futures ont pour l'agent la nature de variables aléatoires ; ou même, plus précisément, la suite de ces valeurs a la nature d'un processus stochastique. Mais il faut reconnaître aussi que l'agent n'a pas à arrêter dès l'instant 0 la valeur de y_2 ; pour ce faire il peut attendre la date 1 à laquelle il connaîtra y^*_1. En somme la décision est prise de façon séquentielle ; vue de la date 0, la suite des valeurs y_2, y_3 ... a elle aussi la nature d'un processus stochastique.

La résolution d'un problème de ce type relève de ce qu'on appelle la « programmation dynamique ». En en rappelant certains éléments, je vais montrer que l'introduction de l'aléatoire ne provoque pas de changement radical.

La fonction à minimiser ne doit plus être exactement (4) mais la suivante :

(13) $$\sum_{t=1}^{\infty} \beta^t \, E \, [(y_t - y^*_{t-1})^2 - \alpha \, (y_t - y_{t-1})^2]$$

étant entendu que l'opérateur E définit l'espérance mathématique envisagée à la date 0 et que le premier crochet, correspondant à t = 1, est certain. Au moment où l'agent choisit y_1 il pense qu'il choisira au mieux y_2, y_3 .... En d'autres termes, ces dernières valeurs sont incertaines mais devront être choisies à l'instant approprié de façon à minimiser une expression qui aura précisément la même forme que (13).

La minimisation par rapport à y_1 conduit directement à la condition suivante :

(14) $$- \alpha \, \beta \, E \, y_2 + [1 + \alpha \, (1 + \beta)] \, y_1 - \alpha \, y_0 = y^*_0$$

A la date t – 1, quand y_t devra être choisi, la même équation s'appliquera, à la seule différence près que les indices des variables y devront être majorés de t – 1 et que l'espérance mathématique sera prise à la date t – 1 et non plus à la date 0 (on pourrait l'écrire E_{t-1}). Mais comme cette équation écrite pour la date t – 1 est linéaire, on peut en déduire directement une équation analogue sur les espérances mathématiques des variables envisagées depuis la date 0. On écrit ainsi :

(15) $$- \alpha \, \beta \, E \, y_{t+1} + [1 + \alpha \, (1 + \beta)] \, E \, y_t - \alpha \, E \, y_{t-1} = E \, y^*_{t-1}$$

Cette équation est précisément la même que l'équation (5), si ce n'est que les variables y sont remplacées par leurs espérances mathématiques. La solution sera obtenue exactement de la même façon. Si par exemple, envisagés de la date 0, les y^*_t ont tous la même espérance mathématique y^*, on peut directement écrire :

(16) $$E \, y_t = y^* - (y^* - y_0) \, u^t$$

donc, en particulier :

(17) $$y_1 = E \, y_1 = \lambda \, y^* + (1 - \lambda) \, y_0$$

avec $\lambda = 1 - u$.

Une fois qu'on a compris comment traiter la détermination des valeurs effectives à partir des espérances mathématiques des valeurs désirées futures, on peut se demander comment ces valeurs elles-mêmes se rattachent à des éléments plus fondamentaux de la modélisation. On peut par exemple considérer le cas où les valeurs désirées de y résulteraient des valeurs anticipées concernant un facteur x, selon la relation simple (3) que nous avions envisagée au début de cette discussion. On peut même remonter en amont pour tenir compte de la formation des anticipations en fonction des propriétés du processus aléatoire de la variable x_t ; on applique alors des raisonnements dont la nature a été brièvement évoquée dans le chapitre 4. Suivre cette voie nous entraînerait trop loin. Il faut cependant savoir que la modélisation des délais de réalisation peut conduire les théoriciens de la macroéconomie à des rationalisations extrêmes de ce type.

Et encore, polariser l'attention sur un critère de choix quadratique tel que (13) simplifie énormément les choses ! Si le critère n'était pas quadratique, des équations telles que (14) ne seraient plus linéaires et l'on ne pourrait pas s'en tenir à un raisonnement simple sur les seules espérances mathématiques des variables.

Or il y a au moins deux raisons qui rendent médiocre l'approximation donnée par un critère de choix quadratique : l'asymétrie et l'irréversibilité. Dans de nombreux problèmes concernant les adaptations aux conditions changeantes de l'environnement économique les coûts et les manques à gagner sont dissymétriques. Par exemple le manque de personnel peut conduire une entreprise à laisser passer certaines occasions de vendre, voire à perdre durablement certains clients ; la pléthore de personnel charge au contraire les frais d'exploitation : il n'y a pas de raison pour que des écarts symétriques entre valeur désirée et valeur effective de l'emploi aient des effets financiers égaux. De même, accroître le personnel oblige à des dépenses de recrutement et de formation, le diminuer peut entraîner de lourds frais de licenciement : la symétrie est là aussi douteuse.

Il y a également des décisions qui sont pratiquement prises une fois pour toutes ou qui, tout au moins, impliqueraient des coûts élevés s'il fallait ultérieurement revenir sur elles. Qu'on pense, par exemple, au choix d'une spécialisation professionnelle pour un individu, à celui de devenir ou non propriétaire de son logement pour un ménage, de construire une nouvelle usine ou de créer un réseau commercial pour une entreprise. Or cette irréversibilité est absente de notre modélisation.

Malgré ces limitations importantes, cette modélisation a eu le grand avantage de faire intervenir les coûts d'ajustement et de ramener l'étude des délais de réalisation à celle du comportement de l'agent décideur, et ce conformément à la formalisation des comportements en macroéconomie.

La prise en compte des coûts d'ajustement dans cette formalisation est d'ailleurs fréquente aujourd'hui ; elle conduit à considérer des questions voisines de celles que nous venons d'évoquer. Cependant la distinction nette entre valeur désirée et valeur effective s'estompe souvent, la modélisation pouvant s'en passer. Afin d'avoir une idée de cette approche, examinons le point de départ d'une des voies de recherche d'une loi relative à l'investissement.

L'entreprise représentative est supposée connaître ses possibilités techniques futures, c'est-à-dire la fonction de production :

$$(18) \qquad Q_t = f_t\,(N_t, K_t)$$

qui déterminera le volume Q_t de sa production de la période t en fonction des quantités N_t et K_t des deux facteurs de production qu'elle mettra en œuvre. Le capital K_t de la période t résultera du capital K_{t-1} et de l'investissement I_{t-1} de la période précédente :

$$(19) \qquad K_{t+1} = I_t + (1 - \tau)\,K_t,$$

τ étant un taux de dépréciation supposé fixe et exogène.

L'entreprise anticipe (sans incertitude dans l'écriture qui suit) le prix p_t de son produit, le coût unitaire s_t du travail, le prix q_t de ses investissements. Elle connaît par ailleurs le taux d'intérêt qui intervient pour déterminer le facteur d'escompte entrant dans le calcul des valeurs actualisées. Mais il y a des coûts d'ajustement sur le capital (dans cette spécification les coûts d'ajustement du travail sont négligés) ; ces coûts supplémentaires sont supposés égaux à $\alpha\, q_t\, I_t^2$. L'entreprise cherche alors à trouver les valeurs N_t, I_t, K_t qui maximisent :

$$(20) \quad \sum_{t=1}^{\infty} \beta^t \, [p_t \, f_t \, (N_t, K_t) - s_t \, N_t - q_t \, (I_t + \alpha \, I_t^2)]$$

sous la contrainte (19).

La similitude est évidente entre l'objectif défini par cette expression (20) où, selon (19), I_t diffère peu de $K_{t+1} - K_t$, et celui que définissait (4). Le problème d'optimisation est donc semblable, quoique plus compliqué. Il peut d'ailleurs être enrichi par la prise en compte des incertitudes, suivant la démarche que nous avons décrite.

Le résultat obtenu, c'est la caractérisation de l'investissement I_1 de la première période en fonction des données exogènes que sont les prix et coûts p_t, s_t, q_t ainsi que β. Je ne la présenterai pas malgré son intérêt [2]. Traiter de la modélisation de l'investissement n'est pas notre sujet.

Je voudrais simplement exprimer une réserve vis-à-vis de ce qui me paraît être une exagération de la mode. Les macroéconomistes théoriciens, ayant pris l'habitude du traitement analytique des coûts d'ajustement, ont tendance aujourd'hui à leur faire jouer trop de rôles. L'exemple de l'investissement illustre bien ma réserve : la prise en compte des coûts d'ajustement plutôt que de bien d'autres complications réalistes demanderait à être justifiée comme particulièrement urgente, ce qui est rarement le cas.

Un exemple de loi d'ajustement : la loi de Phillips

Les théories et les modèles macroéconomiques font intervenir des équations de définition, des relations d'équilibre et des lois de comportement, y compris celles qui représentent des contraintes techniques, comme les équations (18) et (19) ci-dessus. Ils comportent aussi une quatrième catégorie de relations : des lois d'ajustement qui traduisent de façon synthétique les effets de rapports, contractuels ou autres, entre agents économiques. Elles servent à expliquer comment varient, d'un équilibre temporaire au suivant, certaines grandeurs essentielles qui ne sont pas déterminées

2. La modélisation est présentée dans P. Artus et P.-A. Muet, *Investissement et emploi*, Economica, Paris, 1986, p. 22-25.

dans le cadre de l'équilibre temporaire et qui affectent simultanément de nombreux agents : le niveau général des prix et celui des taux de salaire en sont deux exemples importants. Il est inutile d'insister sur le fait que la distinction entre lois de comportement et lois d'ajustement est en partie conventionnelle. Elle vise surtout à rappeler une différence de problématique dans la justification de ces lois.

Nous avons longuement considéré la démarche logique conduisant à la spécification des lois de comportement. L'estimation de cette spécification à partir des observations statistiques fera l'objet du chapitre 12 : il n'y avait pas de raison d'anticiper sur cette autre question, car elle se distinguait naturellement de celles posées par les choix de modélisation, malgré quelques interférences sur lesquelles nous reviendrons.

En revanche, la justification des lois d'ajustement mêle, d'une manière que j'estime inévitable, des idées, souvent frustes, du phénomène concerné, l'exploitation systématique des données observées et des résultats théoriques partiels tirés de modélisations limitées chacune à un aspect de ce phénomène. Par opposition à ce qui se passe pour les lois de comportement, l'observation joue le premier rôle et la modélisation ne débouche pas sur une spécification précise de la loi recherchée.

L'origine de cette différence réside dans la complexité de la genèse des évolutions des prix, des salaires et des autres grandeurs similaires. Par comparaison, il y a beaucoup plus de simplicité dans la genèse des opérations qui résultent directement des décisions d'agents intervenant tous de façon analogue sur les marchés.

Pour apprécier la nature et l'incidence de cette différence, nous allons considérer le cas de l'évolution du taux de salaire moyen. Dans cette section, nous allons nous pencher sur l'histoire ayant conduit aux spécifications les plus courantes dans les théories et les modèles macroéconomiques. Dans la section suivante nous examinerons les efforts de réflexion pour dégager les éléments de rationalité susceptibles d'expliquer la rigidité et l'évolution du taux des salaires. Par opposition avec le contenu des chapitres précédents, 4 et 6 notamment, cela devrait suffire à révéler pourquoi et en quoi les lois d'ajustement sont particulières.

Comme nous l'avons vu en considérant l'évolution des déséquilibres, c'est une idée naturelle d'admettre que le prix d'un bien ou d'un service s'élève d'autant plus vite que sa demande est plus pressante par rapport à son offre. Appliquée aux services du travail cette idée implique que le taux de salaire devrait croître d'autant plus vite que le taux de chômage est plus faible (en faisant abstraction pour le moment d'éventuelles modifications dans l'importance du chômage frictionnel).

Cette idée, qui bien entendu existait depuis longtemps, a été confirmée de façon remarquable en 1958 quand A. Phillips fit apparaître que sur un siècle entier les variations annuelles des taux des salaires anglais s'ajustaient bien à une fonction décroissante du taux de chômage. Cette relation fut immédiatement dénommée « loi de Phillips ».

Le résultat était surprenant par sa simplicité puisqu'il ne faisait intervenir aucune autre variable explicative des changements du taux nominal des salaires. Lorsque, dans les années 1970, on assista à une augmentation simultanée des rythmes d'inflation et des taux de chômage, on entendit dire que la loi de Phillips ne s'appliquait plus, comme si les phénomènes économiques avaient fondamentalement changé. En réalité la loi était trop simple, comme l'avaient d'ailleurs bien vu les économètres qui avaient travaillé sur d'autres données que celles relatives à l'Angleterre : d'autres facteurs devaient être pris en compte, mais l'existence d'une dépendance de l'augmentation des salaires par rapport au taux de chômage se trouvait confirmée.

Ce qui importe ici, c'est de comprendre comment les idées se sont peu à peu précisées à l'aide du travail des économètres. Ceux-ci se sont posé deux questions principales : quels autres facteurs faut-il faire intervenir en dehors du degré de tension du marché du travail ? Quel est le meilleur indicateur de ce degré de tension ? Les réponses ont été recherchées dans l'exploitation systématique des données statistiques, celle-ci étant guidée par des idées de bon sens sur ce qui peut influencer les hausses de salaire. Sans considérer l'ensemble des résultats obtenus pour de nombreux pays et de nombreuses époques, nous pouvons en retenir certains.

De tous les facteurs qui agissent sur l'évolution des

salaires, les anticipations de hausse des prix paraissent constituer le principal, que ces anticipations soient connues directement par enquête ou qu'elles soient estimées indirectement à partir des évolutions antérieures des prix suivant l'une des formules que nous avons examinées dans le chapitre 4. Cette influence avait d'ailleurs été mise en valeur par M. Friedman, soucieux de montrer que l'arbitrage entre stimulation de l'emploi et lutte contre l'inflation ne devait pas être apprécié par la seule considération des effets à court terme comme dans la loi de Phillips. Tenant compte de la répercussion des salaires sur les prix, Friedman montra que la relation à long terme entre le taux de chômage et le rythme d'inflation devait faire apparaître une sensibilité beaucoup plus grande que la relation à court terme.

Parmi les autres facteurs, mentionnons les décisions gouvernementales sur le salaire minimum et les salaires des fonctionnaires, les recommandations gouvernementales au secteur privé, de même que la force des syndicats de travailleurs ou de leurs actions. Enfin diverses études ont dégagé une influence positive du rythme des progrès de productivité et de l'importance des taux de profit.

Quant à l'indicateur à retenir pour saisir au mieux l'influence de la tension sur le marché du travail, il était naturel de se poser plusieurs questions. Ne convenait-il pas d'abord de rechercher une grandeur qui, contrairement au taux de chômage global, ne soit pas affectée par les variations du chômage frictionnel ? Comme nous l'avons vu dans le chapitre 3, une modification de l'inadéquation structurelle entre offres et demandes de travail, ou un changement dans les comportements de recherche d'emploi peuvent agir sur le chômage d'une manière qui n'a rien à voir avec le déséquilibre global du marché du travail. On a effectivement constaté que le rapport entre le nombre d'emplois vacants, ou le nombre d'offres d'emplois, et le nombre de chômeurs paraissait être un meilleur indicateur. Cependant les statistiques sur les uns ou les autres étant notoirement très incomplètes, on n'y a pas eu systématiquement recours.

Phillips avait déjà constaté que la relation entre taux de chômage et rythme de hausse des salaires n'était pas linéaire. Cette remarque a incité à utiliser comme indicateur non pas le taux de chômage lui-même, mais une fonction de ce taux qui traduise une moindre sensibilité quand ce taux est élevé, tantôt son logarithme, tantôt son inverse, voire une autre fonction.

Certains chercheurs ont envisagé que le déséquilibre du marché du travail soit mieux représenté par le taux de chômage de certaines catégories particulières que par le taux de chômage global. Des tests statistiques ont en effet confirmé que la qualité de l'ajustement pouvait être meilleure quand on y faisait figurer le taux de chômage masculin ou le taux de chômage des ouvriers. Il se pourrait que le gain en précision ait la même origine que celui obtenu par l'usage du rapport entre offres et demandes d'emploi, car le développement de l'activité et du chômage féminins, de même que le développement des emplois tertiaires, a coïncidé avec la croissance du chômage frictionnel, au moins entre environ 1965 et 1980.

Plus récemment l'attention s'est portée sur ce « phénomène d'hystérésis » : un taux de chômage élevé cesserait de freiner les hausses de salaire, s'il se maintenait durablement ; il y aurait de ce fait une certaine hystérésis dans le chômage. Cette idée s'est trouvée renforcée par la constatation que les ajustements s'amélioraient quand on retirait, du nombre total de chômeurs, celui des chômeurs de longue durée (par exemple les personnes au chômage depuis plus d'un an). Tout se passait donc vis-à-vis de la loi de Phillips comme si ces chômeurs de longue durée ou bien s'étaient retirés du marché du travail, ou bien avaient une moindre aptitude à l'emploi qui les handicapait dans la concurrence avec les autres personnes à la recherche d'un emploi. L'hystérésis serait ainsi due à l'augmentation du chômage de longue durée que suscite le maintien prolongé d'un chômage important.

Comme on le voit, les idées sur la spécification de la loi expliquant la variation du taux de salaire, prise ici comme exemple de loi d'ajustement, se précisent peu à peu surtout grâce à des travaux économétriques. Ces idées s'expriment souvent sous la forme d'hypothèses quelque peu synthétiques, comme celle de l'hystérésis du chômage ou celle affirmant que toute révision dans le rythme anticipé de l'inflation se répercute sur la hausse des salaires. Mais la spécification ne part plus systématiquement de l'étude rigoureuse des effets qu'aurait un comportement rationnel.

Quelle rationalité a la rigidité des salaires ?

Cela ne veut pas dire que la macroéconomie se satisfasse de lois provenant uniquement des régularités observées. Elle a le souci de comprendre l'origine de ces régularités. Il ne s'agit pas surtout de partir d'un acquis, à savoir une loi d'observation, pour progresser au-delà dans la compréhension des phénomènes ; il s'agit plutôt de trouver une confirmation logique qui garantisse la permanence de la loi ou précise son domaine de validité. C'est que l'observation n'a pas, en économie, la même force que dans les sciences de la nature, comme nous le verrons dans les chapitres suivants.

Il y a donc place pour une recherche théorique se situant en amont de la spécification des lois d'ajustement. Le rôle de cette recherche peut donner lieu à débat puisqu'il convient, dans chaque cas d'espèce, de savoir jusqu'à quel point elle peut faire le tri dans l'observation. N'en tenir aucun compte serait lui ôter sa justification principale. Mais rejeter toute observation qu'elle n'expliquerait pas, comme certains économistes ont été portés à le faire, serait donner aux hypothèses retenues une force d'évidence allant bien au-delà de ce qui est objectivement établi.

Afin de réfléchir sur le rôle et la nature de cette recherche, nous allons considérer un autre exemple, celui de la rigidité des salaires. Il s'agit surtout de comprendre pourquoi, face à une offre excédentaire de travail, le taux de salaire ne baisse pas aussitôt, jusqu'à ramener l'équilibre sur le marché du travail en décourageant certaines offres et en suscitant des demandes nouvelles. Le problème ainsi envisagé n'est pas celui que pourrait poser l'existence d'un salaire minimum légal sur lequel buterait le salaire versé aux travailleurs, ou encore l'existence des salaires minima imposés par des conventions collectives ou acceptés par crainte de conflits du travail. Il s'agit d'une rigidité observée dans le fonctionnement de marchés libres, une rigidité que la loi de Phillips fait apparaître puisque l'élasticité du taux de salaire par rapport au déséquilibre du marché du travail, quoique manifeste, y a une valeur finie, et même à vrai dire assez faible.

Une autre façon de poser le problème consiste à se demander pourquoi chômeurs en quête d'emploi et employeurs ne se mettent pas d'accord pour que les premiers travaillent à un salaire plus faible que celui versé aux travailleurs déjà employés, quitte à ce que certains de ces derniers perdent leur emploi ou acceptent une baisse de salaire. Dans un marché pleinement concurrentiel, tel que la théorie le décrit, de tels accords devraient se nouer, avec leurs conséquences éventuelles sur l'emploi ou les salaires des travailleurs occupés, et ce jusqu'à ce que tout chômage de déséquilibre ait disparu.

Les nombreuses recherches suscitées par ces questions au cours des quinze dernières années peuvent être regroupées en quatre catégories, suivant l'aspect de la réalité auquel elles se sont attachées.

1. Le *contrat de travail normal* régit sur une longue durée les relations entre un employeur et un salarié ; c'est d'ailleurs plus ou moins implicite dans la pratique suivant les usages, les législations et les conventions. Un tel contrat entre les deux parties décide à l'avance des conséquences qu'auront les aléas de l'affaire. Or une caractéristique de ces contrats, c'est que le taux de salaire versé au travailleur ne dépendra pas des aléas, alors que la durée du travail pourra en dépendre, ainsi que l'éventualité d'une mise à pied temporaire ou définitive.

Les modèles théoriques construits pour étudier de telles relations contractuelles à long terme ont bien fait apparaître que la stabilité du salaire versé et l'instabilité corrélative de l'emploi pouvaient résulter d'une différence, très normale, d'attitude vis-à-vis du risque entre le salarié et son employeur. Moins sujet à l'aversion du risque, l'employeur en prend à sa charge la plus grande partie et garantit un taux de salaire stable au salarié malgré les variations de la productivité marginale de son travail ; le contrat de travail est aussi dans une certaine mesure un contrat d'assurance. Sous certaines conditions, on retrouve bien les caractéristiques usuelles des relations contractuelles entre salariés et employeurs.

On a fait valoir, cependant, que cette théorie ne fournissait pas toute l'explication souhaitée. En particulier, elle ne dit rien du taux de salaire auquel se concluraient les nouveaux contrats. Elle n'explique pas pourquoi la concurrence ne joue pas davantage à cette occasion pour réduire les taux de rémunération des nouveaux salariés en cas de dépression du marché [3].

2. Pour comprendre la détermination des salaires et le jeu de la concurrence sur le marché du travail il faut raisonner au niveau de chaque entreprise en distinguant *les travailleurs de l'intérieur et ceux de l'extérieur.* D'une part, il faut tenir compte de ce que les salariés anciens sont plus productifs dans l'entreprise que les nouveaux qu'il faut d'abord former et habituer aux méthodes et usages de « la maison ». D'autre part, on peut comprendre que les travailleurs déjà employés aient les moyens d'empêcher effectivement l'employeur de recruter de nouveaux salariés à des taux de rémunération réduits. Examinons cette seconde considération.

Une entreprise, ou toute autre collectivité de travail, n'opère efficacement que grâce à une collaboration de détail entre les personnes qui y sont employées. La facilité ou la difficulté de cette collaboration est aussi un élément important des conditions de travail. Or elle ne peut pas être totalement contrôlée par le chef d'entreprise et dépend en grande partie de la bonne volonté de chacun. Recruter du personnel nouveau à des salaires réduits ne peut qu'être mal vu par les travailleurs déjà employés. L'effet d'une telle décision serait de détériorer le climat de l'entreprise et l'humeur de son personnel ancien. Celui-ci pourrait même considérer les nouveaux venus comme des intrus, surtout avec la perspective soit d'une généralisation de la baisse des salaires, soit du renvoi des moins performants d'entre eux ; une espèce de mise en quarantaine des salariés nouveaux est concevable, ou même des actions plus offensives. Conscients du risque d'une telle situation les travailleurs de l'extérieur peuvent être réticents vis-à-vis d'un emploi dont

3. Pour une présentation d'ensemble de ces recherches, voir S. Rosen, « Implicit contracts : a survey », *Journal of Economic Literature,* September 1985.

ils craignent qu'il s'avère fort déplaisant. Surtout, l'employeur se rend compte que le gain qu'il pourrait réaliser par un allégement de sa masse salariale serait plus que compensé par la baisse de productivité de l'ensemble de son entreprise.

La logique de situations de ce type peut être modélisée et l'a été [4]. Mais était-ce vraiment utile ? On peut se poser la question. Dans ce cas, la modélisation semble n'ajouter que fort peu à un raisonnement direct bien clair. Il est à craindre que sa diffusion révèle surtout un vice de fonctionnement de la recherche économique collective, dans laquelle un modèle serait a priori mieux vu qu'une idée bien conceptualisée et formulée, même si développer le modèle relève uniquement d'une rhétorique sans finalité réelle. Ce sont donc les apports à d'autres sujets que la rigidité salariale qui constitueront la véritable contribution de la nouvelle théorie des travailleurs de l'intérieur.

3. Plus généralement, on regroupe aujourd'hui sous la dénomination de *« théories du salaire d'efficacité »* toutes celles expliquant qu'un employeur peut avoir intérêt à payer ses salariés à un taux supérieur à celui demandé par les travailleurs en quête d'emploi. Quatre groupes de raisons ont été identifiés à cet égard.

Proche de l'argumentation qui vient d'être donnée se situe l'idée qu'un salarié bien payé se considère spontanément redevable vis-à-vis de son employeur d'un certain effort dans son travail. Comme l'employeur ne peut pas contrôler totalement cet effort, il peut avoir intérêt à tirer parti du stimulant que comporte une bonne paie. L'idée d'une réciprocité implicite dans les relations humaines est aujourd'hui très familière en sociologie où l'on parle d'« échange des dons ». La relation entre un employeur et son employé en fournirait un exemple en économie.

L'incitation à l'effort peut d'ailleurs résulter d'un calcul plus directement intéressé. Le salarié peut être conscient de ce que, sans être contrôlé, son effort est cependant surveillé. Mieux il travaille, plus il a de chance de garder

4. Voir A. Lindbeck and D. Snower, *The Insider-Outsider Theory of Employment and Unemployment*, The MIT Press, Cambridge, 1988.

son emploi. C'est une considération qui a d'autant plus de force que l'emploi est mieux payé, car la perte résultant d'un licenciement serait d'autant plus élevée. Conscient de ce calcul des travailleurs, l'employeur sait que pratiquer des salaires élevés permet d'obtenir un travail assidu.

Bien payer c'est d'ailleurs fidéliser les salariés qui pourraient, sinon, être tentés d'aller travailler ailleurs. Or, la rotation du personnel coûte en frais de recrutement, de formation et de mise au courant. L'employeur se préoccupe naturellement de savoir si des salaires plus élevés ne seraient pas rentabilisés par des économies sur ces frais.

Enfin, donner des salaires élevés c'est attirer ou retenir les travailleurs qui sont aussi capables d'obtenir de tels salaires ailleurs. Si les travailleurs connaissent bien leurs performances alors que les employeurs ne sont guère en mesure de les observer au moment du recrutement, ces derniers ne peuvent profiter de la sélection naturelle leur amenant les meilleurs salariés que s'ils offrent de bonnes rémunérations.

Ces diverses explications, qui ne sont évidemment pas exclusives, se traduisent par le fait que l'efficacité du salarié moyen de l'entreprise est d'autant plus élevée que le salaire s versé par l'entreprise est lui-même plus élevé par rapport à la rémunération que le salarié pourrait espérer autrement. Dans la littérature sur le sujet, cette rémunération est dite « salaire de réservation ». Nous pouvons la dénoter s_r. L'hypothèse commune aux diverses explications est que l'efficacité e d'une unité de travail est une fonction croissante du salaire s et décroissante du salaire de réservation s_r. Pour un capital donné, nous pouvons, par exemple, retenir la spécification suivante de la fonction de production :

$$(21) \qquad Q = f\,[e\,(x)\,N] \qquad x = \frac{s}{s_r} \geqslant 1$$

Deux questions se posent alors, l'une microéconomique, l'autre macroéconomique. Premièrement : à quelles conditions l'entreprise a-t-elle intérêt à offrir un salaire s supérieur au salaire de réservation s_r qui est une donnée pour elle ? A supposer que le prix p de sa production soit aussi une donnée, l'entreprise choisira s et N de façon à maximiser son profit π sous la contrainte de sa fonction de production, donc à maximiser :

$$(22) \qquad \pi = p\, f\, [e\, (x)\, N] \; - sN$$

Le choix optimal de N implique l'égalité entre salaire et productivité marginale du travail donc :

$$(23) \qquad p\, f'\, e = s$$

Ce choix étant retenu, une petite variation ds du salaire entraîne la variation suivante du profit :

$$(24) \qquad d\, \pi = [\frac{p\, f'\, e'}{s_r} - 1]\, N\, ds$$

ou encore, compte tenu de (23) :

$$(25) \qquad d\, \pi = [\frac{xe'}{e} - 1]\, N\, ds$$

On voit immédiatement sur cette équation que le choix du salaire par l'entreprise dépend de la forme de la fonction $xe'\,(x)/e\,(x)$, élasticité de l'efficacité par rapport au salaire relatif. Par exemple, si e (x) est une fonction linéaire, par hypothèse croissante :

$$(26) \qquad e\, (x) = 1 + a\, (x - 1)$$

son élasticité est toujours inférieure à 1 si a est inférieur à 1 ; dans ce cas, l'entreprise doit s'en tenir au salaire de réservation s_r ; si, au contraire, a était supérieur à 1, l'entreprise devrait choisir un salaire supérieur à toute limite, cas invraisemblable. En revanche si l'efficacité est une fonction hyperbolique :

$$(27) \qquad e\, (x) = 1 + a\, \frac{x - 1}{x}$$

avec un coefficient a supérieur à 1, on constate qu'il existe pour l'entreprise une valeur optimale de s, soit :

$$(28) \qquad s^* = \frac{2a}{1 + a}\, s_r$$

En somme, on arrive à un résultat évident : pour que l'entreprise ait intérêt à offrir un salaire supérieur au salaire de réservation, il faut que l'efficacité soit assez sensible au salaire. Mais on voit aussi que la détermination du salaire optimal dépend alors d'une caractérisation assez précise de la fonction d'efficacité.

Secondement, cette analyse pose aussi une question macroéconomique : peut-on concevoir un équilibre dans lequel le comportement des entreprises, qui vient d'être décrit, explique la rigidité à la baisse du taux de salaire malgré la présence de chômage ? La réponse tient dans la détermination du salaire de réservation. Par exemple, un équilibre est tout à fait concevable avec des entreprises identiques offrant le salaire s* donné par (28), à condition que le taux de chômage u soit juste suffisant pour expliquer la valeur de s_r : le salaire de réservation est alors pour les travailleurs l'équivalent du salaire s*, celui-ci étant assorti du risque de chômage u.

En revanche, il est clair que cette analyse n'explique pas comment le taux de chômage peut varier, car les déterminants de l'équilibre macroéconomique auquel je viens de faire allusion ont une nature structurelle et évoluent peu à court terme.

4. Un dernier type d'explication de la rigidité des salaires réside dans ce qu'on peut appeler les *normes sociales* de ce qui est juste et convenable [5]. Sous-payer certains salariés serait considéré comme un comportement inadmissible de la part des employeurs. Cette considération ne serait d'ailleurs pas étrangère à la mauvaise humeur, évoquée à propos du second type d'explication ; même s'ils ne sentaient aucune menace les concernant, les salariés anciens pourraient perdre confiance dans le chef d'entreprise s'ils le voyaient pratiquer un taux de salaire anormalement faible pour les salariés nouveaux. Cette considération intervient aussi pour préciser ce qu'on perçoit être une bonne rémunération créant un devoir de réciprocité au travailleur ; c'est un niveau de rémunération qu'on a pris l'habitude de considérer comme satisfaisant.

Une considération voisine freine la concurrence exercée

5. Voir S.-C. Kolm, « Chômage et politiques résultant des rôles de norme, de statut ou de signe des salaires », in *Mélanges économiques*, Economica, Paris, 1988, p. 599-650.

sur le marché du travail par les chômeurs. Qu'elles aient perdu un emploi doué d'une certaine respectabilité ou que leur origine sociale soit associée à l'image d'un certain rang, beaucoup de personnes peuvent préférer rester au chômage plutôt que de prendre un emploi qui leur ferait perdre le statut social dont elles bénéficient dans leur entourage et auquel elles se sont identifiées : un ingénieur entend rester ingénieur, un ouvrier qualifié de la sidérurgie ayant perdu son emploi n'entend pas apparaître comme un valet de ferme, la fille d'un technicien ne veut pas être femme de ménage.

Contrairement aux théories pures du salaire d'efficacité, ce type de considération explique une certaine rigidité. Face aux changements du contexte économique, les normes sociales doivent certes s'adapter ; mais elles ne s'adaptent que lentement.

Pour conclure ce tour des réflexions concernant la raison d'être de la rigidité des salaires, il suffira de trois remarques. Tout d'abord, nous sommes visiblement, aujourd'hui encore, dans une période de recherche et de maturation des idées, période qu'il serait maladroit de vouloir clore prématurément. Alors qu'il y avait autrefois beaucoup d'incompréhension entre les macroéconomistes généralistes et les économistes du travail, on assiste à une convergence prometteuse des préoccupations.

Ensuite, il apparaît que la rigidité des salaires a des origines multiples dont elle résulte parfois assez directement, parfois très indirectement. La synthèse des nombreux facteurs en cause n'est pas aisée.

Enfin, il en résulte que la modélisation de la loi d'ajustement des salaires ne peut pas être dérivée principalement des réflexions théoriques, quelque utiles que soient celles-ci. Il est tout à fait naturel que le recours aux observations ait en l'occurrence le rôle prédominant.

INDUCTION

Chapitre 10

La validation des hypothèses

Ce serait une bonne façon d'étudier les progrès de la macroéconomie que d'examiner l'évolution des connaissances quant à la validité de ses hypothèses usuelles. Il s'agirait alors évidemment des principales, celles qui jouent un rôle important dans les analyses explicatives de la croissance, des fluctuations conjoncturelles, de l'emploi, de l'inflation.

Tel n'est pas exactement le but de ce chapitre puisque l'ensemble du livre ne vise pas à juger l'état de la discipline, mais à réfléchir sur les problèmes de méthode qu'elle pose. Il s'agira donc de s'interroger plutôt sur ce que la validation des hypothèses doit signifier en économie et sur les conditions dans lesquelles elle devrait s'effectuer.

Toutefois, la réflexion risquerait de manquer de précision et de pertinence si l'on n'avait pas présent à l'esprit ce que sont les grandes hypothèses dont la validité importe. C'est pourquoi je chercherai d'abord à en donner une vision correcte, en me concentrant sur quelques-unes d'entre elles, considérées comme représentatives de l'ensemble. J'étudierai ce que peut signifier la validation *déductive* de telles hypothèses, car c'est la voie suivie par certains théoriciens de l'économie, qui la présentent même, parfois, comme nécessaire. Mais c'est évidemment la validation *inductive,* par les faits observés, qui est cruciale ; c'est donc elle qui nous retiendra le plus. Puis je considérerai successivement deux débats méthodologiques qui ont occupé des économistes, portant l'un sur le réalisme des hypothèses, l'autre sur le rôle des hypothèses annexes comme ceinture de protection des principales. Enfin, je serai naturellement conduit à un premier examen de ce qu'il convient d'entendre par causalité en économie, une question que je reprendrai d'ailleurs par la suite sous un aspect plus technique.

Quelques grandes hypothèses en macroéconomie

Plutôt que de chercher à établir une liste complète des hypothèses qui jouent un rôle crucial dans tel ou tel raisonnement macroéconomique, nous examinerons d'assez près certaines d'entre elles et les recherches qu'elles suscitent, car nous devons rester proches des préoccupations effectives des macroéconomistes. Dans ce but, j'ai choisi d'évoquer six hypothèses ou groupes d'hypothèses concernant tantôt les comportements des agents tantôt le fonctionnement du système économique : la substituabilité des facteurs de production, l'existence d'économies d'échelle, l'intervention de contraintes de liquidité ou de solvabilité, l'existence d'un chômage involontaire, la rigidité des prix et des taux de rémunération, l'efficience de l'évaluation par les marchés. Après avoir défini chacune d'elles, j'indiquerai quelles questions importantes se posent à leur sujet. Nous serons ainsi, je l'espère, mieux en mesure d'apprécier les enjeux scientifiques en cause dans la suite de notre discussion.

a) Substituabilité des facteurs de production

Traitant des calculs de productivité dans le chapitre 7, nous avons été naturellement conduits à considérer une « fonction de production » et ses dérivées par rapport aux quantités utilisées de chacun des facteurs. En nous concentrant sur le cas de deux facteurs, travail et capital, nous avions écrit :

(1) $Q_t = f(N_t, K_t ; t)$

et fait intervenir les productivités marginales $\delta f / \delta N_t$ et $\delta f / \delta K_t$. Dès lors que la fonction de production est ainsi considérée comme différentiable, on admet que travail et capital sont substituables l'un à l'autre : la même production pourrait être obtenue avec une quantité de travail $N_t - dN_t$ un peu plus faible, à condition de mettre en œuvre une quantité de capital $K_t + dK_t$ un peu plus forte et déterminée par l'égalité :

$$(2) \qquad dK_t = \frac{f'_N}{f'_K} dN_t$$

f'_N et f'_K désignant les deux productivités marginales.

Des hypothèses analogues interviennent très souvent dans les raisonnements des économistes et y jouent un rôle important. Elles sont parfois complétées par une hypothèse d'une autre nature, à savoir que chaque facteur reçoit une rémunération réelle égale à sa productivité marginale, ou tout au moins que le rapport entre les rémunérations de deux facteurs distincts est égal au rapport entre leurs productivités marginales. Dans le chapitre 7 nous avons vu, notamment, quelle fécondité pouvait avoir cette hypothèse additionnelle dans les calculs de productivité.

Peut-on se satisfaire de ces hypothèses ? On en a beaucoup débattu. Pour ne parler que de la substituabilité proprement dite, la question était de savoir si elle pouvait convenir à la production industrielle moderne, dont les techniques reposent souvent sur l'utilisation de procédés combinant, dans des proportions fixes, diverses matières premières ou fournitures exigeant un équipement bien précis et un travail d'appoint ou de contrôle bien défini.

Pour faire apparaître que, même dans ce cas, la substituabilité constituait une approximation satisfaisante, on a mis en avant que les raisonnements se situaient à un certain niveau d'agrégation qui avait pour effet de lisser les dépendances microéconomiques (voir chapitre 6). En termes plus concrets, on remarque que des produits distincts peuvent rendre des services analogues bien qu'ils soient fabriqués avec des techniques différentes, à partir de proportions différentes des deux facteurs, travail et capital ; remplacer l'un de ces produits par un autre revient alors à modifier la composition des facteurs de production employés dans l'ensemble de l'économie : la substitution d'un facteur à un autre se réalise ainsi de manière indirecte, non plus dans chaque opération productive mais au niveau global par l'effet du changement de la composition de l'ensemble des produits créés.

On a également fait valoir que même si chaque procédé, étroitement défini, exigeait de combiner en proportions fixes les divers facteurs, les procédés pouvaient bien être substitués les uns aux autres, ce qui se traduisait aussi, indirectement, par une substitution de facteurs de production. Cette considération a d'ailleurs conduit à une distinction importante : le choix des procédés à employer, et plus généralement des méthodes de production, interviendrait *ex ante,* avant que les équipements soient mis en place ; mais ultérieurement les conditions de production seraient étroitement définies et laisseraient peu de place aux substitutions. Pour faire image, on dit souvent que le capital est malléable *ex ante* mais rigide *ex post ;* l'expression anglaise « putty-clay », encore plus imagée, s'est imposée pour caractériser cette conception.

En somme, la question est de savoir si et quand la substituabilité des facteurs de production est suffisante, soit directement soit indirectement, pour constituer une caractéristique essentielle des phénomènes considérés. Une question analogue se pose à propos de l'égalité entre productivité marginale et taux de rémunération : cette égalité s'applique-t-elle au moins en première approximation ?

b) Économies d'échelle

De nos jours, les théoriciens de l'économie affectionnent l'hypothèse selon laquelle les rendements d'échelle seraient constants ou, en termes mathématiques, les fonctions de production seraient homogènes de degré 1. Par exemple la fonction f de l'équation (1) satisferait identiquement, pour tout nombre λ positif :

$$(3) \qquad f(\lambda N_t, \lambda K_t ; t) = \lambda f(N_t, K_t ; t)$$

Si cette hypothèse séduit, c'est à la fois parce qu'elle n'est pas foncièrement mauvaise pour la grande majorité des productions industrielles et parce qu'elle simplifie beaucoup l'étude théorique.

Autrefois, quand les productions agricoles jouaient un rôle relatif plus important, les économistes tendaient à considérer que les rendements étaient décroissants : accroître dans une même proportion les quantités de travail et de capital mises en œuvre n'aurait pas permis d'accroître d'autant la production, en raison de la limitation des ressources naturelles et notamment de la fertilité des terres. Par rapport à la constance des rendements d'échelle, cette hypothèse est moins commode ; mais elle implique peu de changements fondamentaux dans les modes d'analyse [1].

Il n'en va pas de même quand on considère que, dans les conditions modernes de production, les rendements d'échelle sont croissants : doubler les quantités de facteurs permettrait d'augmenter la production de plus du double. Or, on admet couramment que tel serait bien le cas aujourd'hui, au niveau d'approximation où se situent les macroéconomistes. Certains spécialistes des analyses quantitatives de la croissance ont même fait état de mesures du degré de croissance des rendements d'échelle [2].

Deux raisons complémentaires justifieraient cette croissance. D'une part, on la constaterait dans certaines techniques de production : du fait, tantôt du principal procédé de production pour lequel existerait une masse critique importante, tantôt d'opérations annexes sujettes à des conditions voisines, tantôt de l'importance relative des recherches, des études de développement et de mise au point, l'entreprise productrice ferait face à des coûts unitaires d'autant plus faibles qu'elle produirait davantage. D'autre part, il y aurait des économies d'échelle externes aux unités de production : plus importante serait la production dans l'ensemble de l'économie, moins coûteuse serait-elle pour chaque entre-

1. La décroissance des rendements est due surtout à la présence de ressources rares disponibles en quantités limitées, donc non extensibles avec le volume de la production (la terre agricole, certains sites favorables, des gisements miniers, etc., voire la population des personnes capables d'entreprendre et de gérer efficacement). La bonne méthode pour traiter de ces cas consisterait à faire figurer toutes les ressources rares parmi les facteurs de production et à les intégrer au calcul de l'indicateur global du volume des facteurs (l'indicateur F_t du chapitre 7, page 231) ; les prix de ces ressources, ou les rentes qui leur reviennent, serviraient à établir les pondérations à leur attribuer. Pour la liaison entre le volume global des facteurs et le volume de la production on devrait alors retrouver une fonction à rendements d'échelle constants.

2. Voir par exemple la discussion de cette question dans J.-J. Carré, P. Dubois, E. Malinvaud, *Croissance française – Un essai d'analyse économique causale de l'après-guerre,* Le Seuil, Paris, 1972, p. 278-282.

prise, cela en raison d'infrastructures plus denses, d'une circulation plus intense des informations sur les techniques et les marchés, d'une plus grande diffusion de la formation de la main-d'œuvre et d'une plus grande diversification de sa qualification, etc.

Si la croissance des rendements d'échelle fait problème, c'est surtout parce qu'elle oblige à prêter une attention particulière à la formalisation des structures de marché. Sauf si elles sont intégralement externes aux entreprises, les économies d'échelle interdisent au chercheur de se satisfaire d'une hypothèse de concurrence parfaite, qui serait incompatible avec elles : tenant les prix pour donnés et n'étant soumise à aucune contrainte de débouchés ou d'approvisionnement, une entreprise bénéficiant d'économies d'échelle aux niveaux de production qu'elle atteint aurait intérêt à produire davantage ; en d'autres termes elle ne pourrait pas se trouver en équilibre de concurrence parfaite. Une autre représentation des structures de marché est donc requise, par exemple celle de la concurrence monopolistique.

Ainsi, c'est une question tout à fait pertinente que de chercher à savoir si l'hypothèse de constance des rendements d'échelle est valide, ne serait-ce qu'à titre de première approximation, dans tel ou tel contexte.

c) Contraintes de liquidité ou de solvabilité

La modélisation macroéconomique néglige souvent l'existence éventuelle de contraintes financières qui limiteraient l'activité des agents. S'agissant des entreprises, on retient habituellement le comportement de maximisation du profit ou, si l'on se situe dans un cadre intertemporel, de maximisation de la somme des profits futurs actualisés, ou encore, s'il y a des risques, de maximisation de l'espérance mathématique du profit, voire de l'espérance d'une utilité du profit quand on suppose une certaine aversion pour le risque. Il est alors implicitement admis que l'entreprise peut s'endetter pendant la durée requise au taux d'intérêt définissant le facteur d'actualisation. Aucune contrainte financière ne limite ses facultés ou ses prédispositions à cet égard.

Depuis longtemps, certains économistes ont au contraire fait jouer un rôle important aux exigences de solvabilité des entreprises. Par exemple, ces contraintes interviendraient de façon essentielle dans les crises économiques, quand l'endettement des entreprises apparaîtrait soudain excessif et obligerait à une plus forte contraction des activités que celle impliquée par la seule évolution de la demande [3].

S'agissant des ménages, l'hypothèse du cycle de vie implique l'existence d'un plan de consommation sur l'ensemble de la vie du ménage, plan certes révisable progressivement en fonction des anticipations de ressources futures, mais plan choisi à chaque moment sans préoccupation de liquidité. Ainsi le ménage jeune peut avoir à emprunter fortement dans la première phase de son existence puisqu'il sera plus tard en mesure de rembourser.

Cette hypothèse s'oppose à celle, plus habituelle autrefois, selon laquelle les ménages dépensaient en fonction de leur revenu courant. Une forme extrême stipulait, par exemple, que les revenus du travail étaient immédiatement et intégralement consommés. Sans prendre une position aussi tranchée, certains économistes estiment que, pour une partie importante de la population, l'accès au crédit est étroitement limité et que, même s'il y a plan de consommation sur une longue durée, celui-ci est influencé par les contraintes financières propres à chaque période. Ainsi une augmentation temporaire du revenu, survenant à un moment où ces contraintes jouent un rôle limitatif, a toute chance d'être consommée aussitôt, contrairement à ce qu'aurait impliqué l'hypothèse du cycle de vie.

Sur les contraintes de liquidité et de solvabilité, il y a ainsi deux visions opposées conduisant à deux jeux d'hypothèses opposés et, bien entendu, à des conséquences différentes.

d) Chômage involontaire

Il est courant, dans la plupart des théories macroéconomiques de l'équilibre à court terme, de considérer le cas d'une offre excédentaire sur le marché du travail. L'hypothèse est que ce marché peut être en déséquilibre et que,

3. Voir par exemple V. Lévy-Garboua et G. Maarek, *La dette, le boom et la crise*, Economica, Paris, 1985.

en cas d'offre excédentaire, l'emploi croît dans la mesure précise où la demande de travail le fait ; en revanche une variation de l'offre de travail se répercute intégralement sur le chômage.

Certes nous avons vu, dès le chapitre 3, certaines difficultés de la traduction en termes statistiques des concepts théoriques relatifs au marché du travail. L'offre de travail n'est pas précisément égale à la population active ni l'offre excédentaire au chômage, car il faut tenir compte d'un chômage frictionnel dû à la fois aux temps normaux de recherche et à l'inadéquation de la structure des offres à celle des demandes de travail. De plus, la définition même de ce chômage frictionnel, et de son complément qu'on dénomme habituellement « chômage involontaire », a nécessairement un caractère conventionnel.

Mais ce qui nous importe ici, c'est que l'hypothèse de déséquilibre du marché du travail n'est pas unanimement acceptée. Certains économistes estiment que les données statistiques disponibles sont compatibles avec l'hypothèse contraire d'une égalité entre offre et demande de travail, une hypothèse beaucoup plus attractive à leur avis car elle est conforme aux axiomes à partir desquels les économistes ont l'habitude de raisonner dans les domaines les plus variés.

Le choix entre ces deux hypothèses alternatives sur l'état du marché du travail a une grande importance pour la modélisation des politiques économiques. C'est pourquoi décider de la validité d'une hypothèse plutôt que de l'autre est crucial.

e) Rigidité des prix - Fonction de demande coudée

Un problème analogue se pose à propos du marché des produits. Dans la plupart des théories concernant les évolutions à court terme, on admet que les prix de certains biens ne sont pas parfaitement flexibles. Le prix de tels biens ne s'ajusterait pas continuellement et intégralement, en hausse ou en baisse, de façon à assurer à chaque moment l'égalité parfaite entre l'offre et la demande. En conséquence, l'offreur pourrait accumuler des stocks involontaires ou, au contraire, avoir des carnets de commandes remplis, imposant des délais de livraison à la clientèle ; le demandeur pourrait avoir à se satisfaire de substituts, correspondant moins bien à ses besoins, etc. On parle alors de rigidité des prix.

Certains économistes se refusent cependant à admettre que de telles rigidités jouent un rôle significatif au niveau macroéconomique. Ils retiennent alors l'hypothèse que la loi de l'offre et de la demande détermine à chaque moment chacun des grands indicateurs macroéconomiques du système des prix : simplement le niveau général des prix dans les raisonnements les plus agrégés, ou généralement les indices de prix des diverses catégories de biens et services. Il n'est plus alors besoin d'introduire des lois d'ajustement indépendantes pour caractériser les évolutions de prix.

Ici encore le choix entre les deux hypothèses opposées de rigidité ou de flexibilité est crucial pour certains phénomènes macroéconomiques. Par exemple, présentant dans le chapitre 8, page 291, le modèle de Barro-Grossman où prix des biens et salaire du travail sont totalement rigides donc fixes, j'ai été amené à évoquer une spécification alternative où le salaire serait fixe mais le prix des biens parfaitement flexible, l'offre de biens égalant alors en toutes circonstances la demande. Les propriétés de statique comparée déduites de cette spécification alternative diffèrent évidemment de celles déduites du modèle de Barro-Grossman.

Intégrer la rigidité des prix dans les formalisations courantes peut obliger à les repenser quelque peu. Ainsi, considérant le cas d'une entreprise qui serait confrontée à une courbe de demande pour son produit et aurait alors, au moins à court terme, la nature d'un monopole sur son marché, des économistes ont depuis longtemps introduit l'idée d'une forme coudée de la courbe de demande, ce qui expliquerait la rigidité des prix (voir figure 1) : en fonction du prix p la quantité vendue q varierait comme l'indique la courbe DMD′, c'est-à-dire avec une faible élasticité à un prix inférieur au prix normal p_0 mais avec une forte élasticité pour un prix supérieur [4]. On comprend, intuitivement, que si la fonction de demande a bien la forme illustrée par la

4. On attribue l'idée de fonction de demande coudée à R.L. Hall and C.J. Hitch, « Price theory and business behaviour », *Oxford Economic Papers*, May 1939, ainsi qu'à P. Sweezy, « Demand under conditions of oligopoly », *Journal of Political Economy*, August 1939.

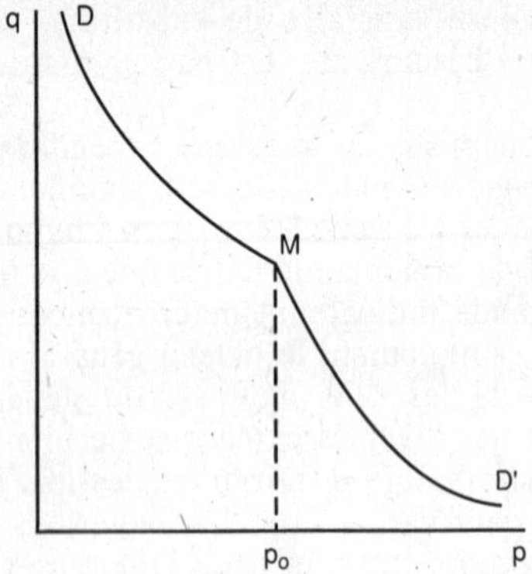

Figure 1

figure 1, l'entreprise aura intérêt à vendre au prix normal p_0, qui apparaîtra ainsi comme rigide, et ce pour une gamme très étendue de conditions concernant ses coûts de production ; elle perdrait trop de clients en cherchant à vendre à un prix supérieur, elle en gagnerait trop peu en proposant un prix inférieur.

Il y a toute une littérature sur cette hypothèse selon laquelle une fonction de demande coudée représenterait au mieux la situation de la plupart des entreprises sur le marché, déterminant leurs décisions courantes de production et de vente. Certains économistes tendent à l'accepter ; d'autres la rejettent comme une construction artificielle sans vraisemblance [5]. Chercher à savoir si les fonctions de demande, telles qu'elles sont perçues par les producteurs, doivent être considérées comme coudées ou non revient à poser à peu près la même question que celle de savoir si les prix des biens sont rigides à court terme.

5. Pour un bon compte rendu de l'état des discussions voir le passage correspondant dans F.M. Scherer, *Industrial Market Structure and Economic Performance,* Second edition, Houghton Mifflin Co., Boston, 1980.

f) Efficience des marchés

Le concept de marché est fort utilisé en économie ; il constitue une abstraction commode pour traiter de nombreuses questions concernant des échanges plus ou moins organisés. Certains marchés concrets correspondent de très près à l'image que le concept évoque. C'est le cas, par exemple, des bourses de valeurs où s'échangent les actions des sociétés et des marchés financiers où s'échangent les obligations et les autres titres de créance. La dernière des grandes hypothèses macroéconomiques que je vais mentionner concerne uniquement ces marchés, quoiqu'elle puisse aussi suggérer, si elle est validée, une propriété analogue dont jouiraient des marchés moins systématiquement organisés.

Sur les marchés en question, les objets échangés, actions ou titres de créance, sont continuellement évalués. S'agissant des créances exemptes de risque d'insolvabilité des débiteurs, il en résulte implicitement une détermination des taux d'intérêt aux diverses échéances. L'hypothèse est souvent faite que l'évaluation obtenue de la sorte traite efficacement toute l'information disponible et qu'ainsi les marchés sont « efficients » dans leur estimation de la valeur des titres qui y sont négociés. Par exemple, le prix d'une action serait égal à l'espérance mathématique de la valeur actualisée de ses dividendes futurs, l'actualisation étant faite conformément aux taux d'intérêt du marché. Quand le prix d'une action varierait, ce serait en raison d'une information nouvelle qui en aurait modifié l'espérance mathématique.

Cette hypothèse a donné lieu récemment à un ensemble de recherches qui l'ont opposée à l'hypothèse d'une volatilité excessive des cours, selon laquelle les fluctuations dans les prix des actions seraient trop importantes pour résulter seulement des changements dans la valeur actualisée de leurs dividendes futurs. La même opposition entre hypothèse d'efficience et hypothèse de volatilité excessive se retrouve, à propos de l'évaluation des créances, dans la relation entre les taux d'intérêt à long terme qu'elle implique et l'espérance mathématique des taux futurs à court terme [6].

6. Voir par exemple W. De Bondt and R. Thaler, « Anomalies : a mean-reverting walk down Wall Street », *Journal of Economic Pers-*

Le choix entre les deux hypothèses importe évidemment pour la compréhension et le contrôle des phénomènes macroéconomiques. Si elle est validée, celle d'efficience justifie qu'on fasse confiance aux marchés aussi bien pour annoncer les retournements de la conjoncture que pour orienter efficacement les épargnes vers leurs meilleurs emplois. Au contraire, si elle est infirmée au profit de l'hypothèse d'une volatilité excessive, on souhaitera trouver d'autres moyens d'éclairer l'avenir à court et à long terme dans lequel se situera l'activité des divers agents, voire d'autres moyens de diriger les financements.

D'ailleurs Keynes, en particulier, avait éprouvé le besoin d'expliquer dans son principal ouvrage pourquoi il ne faisait pas confiance aux marchés financiers où les opérateurs les plus actifs, surtout préoccupés de profits à court terme, s'intéressent beaucoup moins à détecter les perspectives véritables des affaires qu'à anticiper l'opinion moyenne des autres opérateurs sur l'évolution des cours. Un tel comportement pourrait être à l'origine de bulles spéculatives et donc d'une volatilité excessive des évaluations.

La validation déductive

Comment, en macroéconomie, choisir entre des hypothèses alternatives qui orienteront toute l'analyse d'un ensemble plus ou moins vaste de phénomènes ? Si la question ne se pose pas dans les mêmes termes que dans d'autres disciplines, c'est en raison des conditions particulières dans lesquelles les économistes parviennent à la connaissance des faits relevant de leur compétence. L'impossibilité d'expérimenter, jointe à la complexité et à la variabilité des phénomènes, rend l'induction à partir des données collectées plus difficile et moins fiable, tandis que la connaissance directe que nous pouvons avoir des comportements, des contraintes et des institutions permet à la déduction de s'exercer avec une certaine assurance.

---

pectives, Winter 1989 ; K. West, « Dividend innovations and stock price volatility », *Econometrica,* January 1988.

C'est pourquoi il est commode de considérer d'abord la validation déductive qui, dans d'autres domaines de la connaissance scientifique, pourrait apparaître comme trop conjecturale. Cela va nous conduire à poser successivement deux questions : peut-on démontrer la validité d'une hypothèse ? Doit-on tenir pour inadmissible une hypothèse dont la validité n'aurait pas été démontrée ?

Par « démontrer la validité d'une hypothèse » j'entends évidemment « établir logiquement comment cette hypothèse résulte d'autres hypothèses considérées comme valables ». Les exemples de telles validations déductives abondent. En voici quelques-uns [7].

L'égalité entre la productivité marginale et le coût du travail résulte de la maximisation du profit de l'entreprise si celle-ci n'a pas d'influence sur le coût d'une unité de travail. Ainsi démontrée, l'hypothèse ne va cependant pas aussi loin que celle retenue dans certains calculs de productivité. Tout dépend en effet de ce qu'on entend par productivité marginale du travail. Il peut s'agir du supplément de valeur ajoutée réalisé par l'entreprise grâce à l'emploi d'une unité additionnelle de travail, et c'est à cette définition en valeur que se réfère la démonstration évoquée ci-dessus. Mais dans beaucoup d'applications, il s'agit d'une définition en volume : le supplément de production (ou de volume de valeur ajoutée) réalisé par l'emploi d'une unité additionnelle de travail. Pour établir l'égalité de cette productivité marginale du travail au coût réel du travail, il faut une condition supplémentaire : que l'entreprise n'ait pas d'influence sur le prix auquel elle vend sa production. Accepter cette condition revient à tenir pour négligeables, par exemple, les cas où l'entreprise jouit d'un certain pouvoir de monopole sur son marché.

De même, pour valider l'hypothèse d'égalité entre l'offre et la demande sur un marché, on avance souvent que, en cas d'excès de l'offre sur la demande par exemple, les offreurs qui ne réaliseraient pas leurs intentions de vente auraient intérêt à proposer des rabais à certains demandeurs

7. Nous avons déjà rencontré dans le chapitre 4 la justification du comportement de maximisation du profit comme s'imposant aux entreprises, par l'effet de la concurrence entre elles.

qui auraient intérêt à accepter. La concurrence jouerait ainsi à la baisse des prix, stimulant la demande et décourageant l'offre, jusqu'à leur égalisation. De la sorte, l'hypothèse d'équilibre du marché serait déduite de celle selon laquelle les opérateurs ont, sur ce marché, pleine liberté d'effectuer toute transaction mutuellement avantageuse.

Parfois la démonstration peut être beaucoup plus sophistiquée. Par exemple, parmi les arguments présentés pour justifier l'hypothèse de fonctions de demande coudées, l'un d'entre eux a consisté, dès l'origine, à faire état de la concurrence entre producteurs constituant une sorte d'oligopole : cette concurrence aurait naturellement pour effet que le producteur qui offrirait un prix supérieur au prix normal perdrait beaucoup de clients tandis que celui qui offrirait un prix inférieur en gagnerait assez peu. L'argument est longtemps resté intuitif et ne faisait pas l'objet d'une véritable démonstration. Il n'a été que récemment justifié ; pour cela certains résultats sur les jeux dynamiques ont été appliqués à la concurrence par les prix dans les oligopoles [8].

Les exemples que je viens de citer, parmi beaucoup d'autres qu'on pourrait également évoquer, montrent bien en quoi consiste la validation déductive des hypothèses et quel est son intérêt. Cet intérêt, c'est essentiellement qu'elle précise la nature de l'hypothèse et en donne une meilleure compréhension. En rattachant une hypothèse à d'autres qui l'impliquent, elle aide à apprécier son domaine de validité. Par exemple, si l'on a des raisons de penser que l'hypothèse de concurrence parfaite constitue une première approximation suffisante pour l'étude des évolutions de long terme, on acceptera d'y retenir aussi celle de l'égalité entre la productivité marginale du travail et son coût réel. A l'inverse, on peut avoir des raisons de douter que, sur le marché du travail, on puisse renégocier continuellement les salaires en fonction des offres et des demandes de travail, en substituant des travailleurs prêts à accepter des salaires en baisse aux travailleurs plus exigeants ; si l'on a de tels doutes, on ne verra pas d'invraisemblance à retenir dans les

8. E. Maskin and J. Tirole, « A theory of dynamic oligopoly, II : Price competition, kinked demand curves, and Edgeworth cycles », *Econometrica,* May 1988.

analyses à court terme l'hypothèse d'un déséquilibre du marché du travail. (Voir les pages 325 à 330 du chapitre 9.)

Bien entendu, la validation déductive n'élimine pas définitivement le besoin de validation, puisqu'elle conduit seulement à le déplacer de l'hypothèse validée par une démonstration à d'autres hypothèses intervenant dans la démonstration. Ce déplacement peut présenter de l'intérêt, comme j'espère l'avoir montré sur les exemples précédents ; mais il ne change pas la nature épistémologique du problème.

D'ailleurs, il faut savoir se garder d'éventuelles circularités dans l'argumentation. Par exemple, divers résultats démontrés dans la théorie microéconomique peuvent être considérés comme validant l'hypothèse de concurrence parfaite ; ils permettent en effet de retrouver l'équilibre de concurrence parfaite dans le cadre de formalisations où cette hypothèse n'est pas introduite. Mais d'autres hypothèses doivent alors intervenir, par exemple la convexité des ensembles de production qui élimine la possibilité de rendements d'échelle croissants. D'un autre côté, l'absence de rendements croissants internes aux unités de production, tout au moins au voisinage de l'état considéré, pourrait être démontrée à partir de l'hypothèse de concurrence parfaite. Mais l'argument n'a guère de force, compte tenu des autres résultats que je viens d'évoquer.

Considérer la validation déductive des hypothèses conduit à examiner une attitude fréquente chez les macroéconomistes. On pourrait parler d'une thèse, mais d'une thèse qui a exercé depuis vingt ans une forte influence sur tout un courant de recherches, plus particulièrement aux États-Unis. Selon cette thèse, la théorie macroéconomique devrait s'abstenir d'utiliser toute hypothèse dont on n'aurait pas réussi à démontrer la validité à partir des axiomes les plus courants de la réflexion économique.

Sa forme la plus extrême se trouve exposée dans un article de R. Lucas et T. Sargent [9]. Ils affirment que la théorie macroéconomique devrait s'en tenir à la discipline

9. R.E. Lucas Jr. and T.J. Sargent, « After Keynesian macroeconomics », 1978, reproduit comme un chapitre de leur livre, *Rational Expectations and Econometric Practice*, University of Minnesota Press, 1981.

imposée par la théorie économique classique, c'est-à-dire adhérer aux deux postulats : (i) que les marchés sont continuellement apurés par égalisation entre offre et demande, (ii) que les agents se comportent en poursuivant leurs intérêts. Mais, exprimée de façon moins étroite, cette thèse se retrouve en maints autres endroits. Réfléchissons d'abord sur sa forme extrême.

Le second postulat, selon lequel les agents poursuivent leurs intérêts propres, a une force réelle. L'introduire est tout à fait conforme à l'idée selon laquelle les phénomènes macroéconomiques résultent en particulier du comportement d'êtres humains sur lesquels nous sommes directement informés. Les économistes ont eu dans le passé bien des occasions de vérifier la force de la poursuite de l'intérêt personnel par rapport à d'autres motivations.

Justifier a priori l'égalité entre offre et demande est plus difficile. Aucune constitution n'oblige les gens à s'abstenir d'échanger tant qu'on n'a pas vérifié que leurs transactions apurent le marché correspondant ; il faut donc dire qu'il est conforme à leur intérêt de n'échanger que dans des conditions qui apurent le marché ; c'est précisément la validation déductive de cette hypothèse d'équilibre du marché que j'ai présentée. Nous sommes ainsi ramenés au second postulat, mais avec cette difficulté supplémentaire que nous devons vérifier que rien n'empêche les agents de marchander jusqu'au moment où le marché s'équilibre ; or, j'ai évoqué des situations où cela ne se vérifie pas. Quoi qu'il en soit, la discussion peut se concentrer sur le second postulat.

La question est de savoir si ce postulat est impératif ou non : devons-nous y adhérer quoi qu'il arrive ? La seule réponse possible est non. Sa force réside dans l'observation, elle disparaît avec son rejet par l'observation. Or nous avons maintenant assez de preuves pour savoir que la poursuite entièrement rationnelle de l'intérêt personnel ne se constate pas toujours : les difficultés d'information, de calcul et de coordination conduisent à différentes formes de « rationalité limitée » dans le comportement des ménages et des entreprises, comme nous l'avons vu dans le chapitre 4. De plus, ce que signifie la poursuite de l'intérêt personnel dans les structures complexes des sociétés modernes n'est pas toujours clair, de sorte que l'observation peut être requise pour apprécier les conséquences de certaines normes sociales [10].

La même idée générale d'une discipline que les théoriciens devraient imposer à des macroéconomistes trop enclins à manquer de rigueur se retrouve souvent sous une forme moins extrême. En particulier, on a souvent affirmé que les modèles de déséquilibre n'étaient pas admissibles tant que les raisons de la rigidité des prix n'auraient pas été élucidées, ou tant que la dynamique des prix et des salaires n'aurait pas été dérivée des comportements élémentaires qui l'expliqueraient.

L'impact considérable qu'eurent de telles affirmations révèle une espèce de perversion méthodologique. D'un côté, se préoccuper des fondements a une grande importance et ne doit jamais être critiqué par principe. De l'autre, la science ne dirait jamais rien si elle devait attendre le moment où elle expliquerait complètement l'origine des phénomènes. Quand une observation répétée et contrôlée, assistée par une conceptualisation rigoureuse, conduit à établir un fait scientifique, celui-ci existe même si son origine n'est pas comprise. La question principale à propos de la rigidité des prix et des déséquilibres de marché est de savoir s'ils existent et non comment ils peuvent s'expliquer. Bien entendu, une explication complète serait fort utile, et nous disposons d'ailleurs d'assez nombreux éléments pour la mener à bien ; mais même si nous n'en avions aucun, dès lors que la réalité du phénomène aurait été établie, nous devrions le prendre en compte.

A ce propos, il n'est peut-être pas inutile d'évoquer un précédent fameux en physique. Quand Newton présenta sa loi de la gravitation universelle, il eut à faire face à un problème sérieux : comment une force d'attraction telle que la gravité pouvait-elle se propager depuis le Soleil jusqu'à des centaines de millions de kilomètres et influencer des planètes à une telle distance ? La plupart des philosophes, la communauté scientifique et Newton lui-même étaient fortement troublés par la question. Certains dirent que

10. A ce sujet voir les deux articles publiés sous le titre « Social Norms » par R. Sugden et J. Elster dans *Journal of Economic Perspectives*, Fall, 1989.

Newton faisait reculer la science, en y ramenant les « qualités occultes » d'époques révolues. La position de Newton fut qu'il fallait accepter l'existence de cette force de gravité et en tirer les conséquences même si on ne la comprenait pas, même si on ne savait pas comment elle pouvait agir.

La validation inductive

L'opinion commune, au milieu du XIXe siècle, considérait que la science se construisait à partir de l'observation des faits : une observation libre et dénuée de préjugés. Une démarche inductive conduisait à des lois s'appliquant à ces faits. Puis la systématisation d'un ensemble de lois concernant certains phénomènes aboutissait à des théories douées d'une plus ou moins grande généralité. Les conséquences déduites des lois et des théories étaient confrontées à d'autres faits observés, ce qui amenait tantôt à les confirmer tantôt à les réviser. Ainsi la recherche scientifique procédait par va-et-vient entre induction et déduction, la première fournissant le test de validité de ce qu'on croyait savoir à tout moment [11].

Une telle vision n'était pas mauvaise ; elle a inspiré de nombreux savants et leur a donné des exigences de rigueur. D'ailleurs, j'ai cru bon de la reprendre, à peu de choses près, dans ma brève présentation générale, à la fin du chapitre 2, des principes méthodologiques auxquels adhèrent les économistes.

Elle n'était pas mauvaise, mais quelque peu simpliste, car à y regarder de près, elle dissimulait certaines difficultés fondamentales que soulève tout particulièrement le rôle de l'induction. Au point où nous en sommes, il convient de nous arrêter un moment sur ces difficultés qui ont alimenté la réflexion épistémologique et qui concernent toutes les sciences. A quoi il faut ajouter les handicaps particuliers dont souffre l'induction sur les phénomènes économiques.

Par induction on peut entendre, dans une acception lâche,

11. Sur ce sujet et sur d'autres évoqués dans la suite de ce chapitre, voir M. Blaug, *The methodology of economics,* Cambridge University Press, 1982 ; traduction française, *La méthodologie économique,* Economica, Paris, 1982.

toute confrontation entre des observations et des hypothèses, conjectures ou propositions. Fort souvent la confrontation est utilisée comme argument sans qu'on lui attribue une force démonstrative ; par exemple on attire l'attention d'un interlocuteur sur tel ou tel cas connu qui semble mal cadrer avec ses affirmations, donc les rendre douteuses, mais on ne prétend pas que le cas suffise à invalider ces affirmations ; il s'agit alors plutôt d'obtenir des éclaircissements, voire de faire évoluer les idées. Il est difficile de dire que de tels arguments suffisent à la validation d'une hypothèse ou imposent un choix entre hypothèses concurrentes. C'est pourquoi les logiciens retiennent une acception beaucoup plus stricte : l'induction est un raisonnement qui part de faits observés sur certains éléments d'un ensemble et qui conclut par une généralisation à l'ensemble tout entier, y compris aux éléments non observés de cet ensemble.

Il y a longtemps, David Hume soulignait que la généralisation en cause implique un saut de la pensée et ne peut pas être logiquement nécessaire. C'est ce qu'il a appelé « le problème de l'induction ». Formulé dans ces termes, le problème constitue un dilemme : il n'y a de science que du général ; toute observation est particulière ; cependant le progrès scientifique suppose que l'observation serve à la formulation de conjectures et à leur vérification. Quel sens donner à cette vérification, à cette validation ? Comment la rendre probante ?

Une réponse claire a été donnée par Karl Popper [12]. Si l'observation ne peut pas justifier logiquement des propositions générales, elle peut au contraire démontrer leur inexactitude, c'est-à-dire les infirmer ou, selon l'expression de Popper, les « falsifier » : il suffit d'observer un cas, quelque particulier qu'il soit, auquel la proposition générale est censée s'appliquer, mais dont on constate qu'il l'invalide. Popper caractérise alors la science par cet effort continuel pour falsifier les hypothèses existantes et les remplacer par d'autres qui résistent à la falsification.

L'idée de falsification est conforme à celle retenue par la

12. K. Popper, *Logik der Forschung*, Vienne, 1935, Verlag von Julius Springer ; traduction française, *La logique de la découverte scientifique*, Payot, Paris, 1973.

statistique mathématique qui définit et étudie les procédures pour tirer les conclusions auxquelles devraient conduire des données observées. On y enseigne que tester une hypothèse c'est décider si elle doit être rejetée parce qu'elle ne s'applique vraisemblablement pas aux données. C'est pour ne pas alourdir abusivement le langage qu'on parle aussi d'accepter l'hypothèse quand on ne réussit pas à la rejeter. Toutefois cette référence à la statistique mathématique appelle deux commentaires. D'une part, beaucoup d'hypothèses ont une nature probabiliste et ne peuvent pas être rigoureusement falsifiées par l'observation, mais simplement rejetées comme trop peu vraisemblables. D'autre part, l'induction peut avoir d'autres buts que le test des hypothèses, comme nous le verrons dans le chapitre 12 ; elle peut notamment consister à estimer la valeur de paramètres, c'est-à-dire à spécifier davantage la théorie. A la validation des grandes hypothèses de la macroéconomie, opération qui nous concerne pour le moment, s'oppose le travail quotidien des économètres se situant à l'intérieur de cadres théoriques donnés, un travail qui sera examiné dans le chapitre 12.

Popper ajoute d'ailleurs deux remarques. Premièrement, il faut reconnaître que la falsification des hypothèses et des théories ne pourrait quasiment jamais être décisive si l'on ne leur adjoignait pas des propositions auxiliaires tenues pour vraies. C'est pourquoi les savants doivent s'imposer des « règles méthodologiques » qui limitent l'utilisation des stratagèmes par lesquels les tenants d'une théorie pourraient la protéger contre toute réfutation. Ces règles, quoiqu'un peu conventionnelles, participent de ce qu'on peut appeler la déontologie de la recherche. Nous aurons l'occasion d'y revenir aux pages 364 et suivantes.

Deuxièmement, bien que l'induction ne puisse pas démontrer logiquement la validité d'une hypothèse, toute hypothèse qui résiste de façon répétée aux tentatives de falsification acquiert de ce fait une certaine force. Popper dit qu'elle se trouve alors « corroborée », de façon toute provisoire mais qui peut être durable. On comprend que, suivant les cas, cette corroboration apparaisse plus ou moins convaincante, mais aussi qu'il serait vain de rechercher une mesure objective du degré de corroboration.

L'épistémologie moderne ne s'est évidemment pas arrêtée

de façon définitive aux conceptions de Karl Popper, ne serait-ce que parce qu'elle a considéré d'autres problèmes posés par la démarche scientifique, ou les mêmes problèmes mais dans d'autres perspectives. Néanmoins, sur ce problème de l'induction nous pouvons nous en tenir à ces conceptions générales, en y ajoutant une considération importante, que Popper n'a sans doute pas assez mise en valeur [13].

La connaissance scientifique est le résultat d'un processus collectif. C'est la communauté des savants qui non seulement choisit l'orientation des recherches factuelles ou théoriques, un choix crucial non élucidé par ce qui précède, mais aussi s'accorde plus ou moins sur les règles méthodologiques et les critères de falsification, donc aussi sur l'ensemble des hypothèses et des théories qui doivent être considérées comme corroborées à un moment donné. On peut voir cet aspect collectif comme une garantie indispensable, car il protège contre les aberrations auxquelles tout esprit isolé peut être sujet. Mais il faut aussi reconnaître qu'il favorise les phénomènes de mode ou les jeux d'influences. C'est évidemment plus préoccupant pour celui qui vit quotidiennement dans le milieu scientifique que pour celui qui ne s'intéresse qu'aux résultats durables de la science ; c'est aussi d'autant plus préoccupant qu'il s'agit de disciplines où les preuves factuelles sont moins contraignantes.

Cela nous conduit aux handicaps particuliers de l'induction en économie. Nous devons bien reconnaître que les preuves y ont moins de force qu'en physique par exemple.

Ainsi, dès 1934, P. Douglas avait entrepris de tester l'égalité entre productivité marginale du travail et coût réel du travail [14]. Mais il dut alors se satisfaire d'exigences trop faibles pour convaincre vraiment. Depuis cinquante ans, de nombreux travaux économétriques ont testé la même hypo-

13. La cohérence logique de l'épistémologie de Popper est souvent mise en doute aujourd'hui. Mais les idées que j'en ai retenues ici appartiennent à l'ensemble de celles communément admises dans la philosophie des sciences. Sur la critique de Popper, voir notamment D. Hausman, « An appraisal of Popperian methodology », *in* N. de Marchi, ed., *The Popperian Legacy in Economics*, Cambridge University Press, 1988.

14. P. Douglas, *Theory of Wages*, New York, 1934.

thèse. Il est cependant très difficile encore aujourd'hui d'en faire une synthèse qui exprimerait clairement les conditions dans lesquelles cette hypothèse est corroborée et celles dans lesquelles elle est falsifiée. La difficulté vient de ce que tout test de cette hypothèse suppose l'estimation préalable de la productivité marginale du travail, mais une estimation qui soit tout à fait indépendante de l'hypothèse. Or, qu'on travaille sur des données individuelles, concernant un échantillon d'entreprises, ou sur des données agrégées, concernant l'ensemble des entreprises d'un secteur plus ou moins vaste observé sur diverses périodes ou dans divers pays, l'estimation de la fonction de production s'avère malheureusement imprécise, sauf justement quand on la fait reposer sur l'hypothèse d'égalisation des productivités marginales aux coûts ou sur une hypothèse voisine. Les preuves indirectes, qui confrontent aux observations certaines conséquences de cette hypothèse, sont elles aussi ambiguës [15].

Pour prendre un autre exemple, beaucoup plus récent, nous pouvons nous référer aux travaux économétriques concernant l'efficience des marchés financiers par rapport à la propriété adverse de volatilité excessive des cours. Le test de l'hypothèse, par exemple pour le marché des actions, suppose que l'on identifie au moins certaines propriétés du processus stochastique s'appliquant aux anticipations des dividendes futurs. Or cette identification n'est pas très aisée, alors que le résultat des tests s'avère en être très dépendant. Je trouve personnellement dans cette littérature une falsification de l'hypothèse d'efficience des marchés [16] ; mais je constate que tous les économistes n'en tirent pas aujourd'hui la même conclusion.

Bien comprendre les raisons de cette faiblesse des preuves factuelles en économie, savoir où elle est le plus sensible, se mettre en mesure de conclure cependant à la validité de certaines au moins des grandes hypothèses de la macroéconomie, tels sont les objectifs à poursuivre pour quiconque est convaincu que la connaissance scientifique en macroéconomie ne peut guère avancer sans reposer en particulier

15. Sur ce sujet, voir M. Blaug, *La méthodologie économique, op. cit.*, chapitre 9.

16. Voir notamment les articles de W. De Bondt, R. Thaler et de K. West cités précédemment.

sur des faits statistiquement observés. Les chapitres suivants poursuivront à leur manière ces considérations. Mais dès maintenant nous pouvons bien comprendre les deux raisons principales de la faiblesse des preuves factuelles en macroéconomie.

En premier lieu, les observations y ont un contenu informatif relativement pauvre par rapport à ce qu'on voudrait connaître. Comme je l'ai déjà expliqué, l'absence d'expérimentation, la complexité et la variabilité des phénomènes sont responsables de cette situation. Nous aurons à l'examiner de près dans le chapitre suivant. Je serai d'ailleurs amené à présenter la thèse selon laquelle la situation est aggravée par la conception trop étroite des observations à utiliser qu'ont aujourd'hui les chercheurs.

En second lieu, la discipline économique est jeune, tout spécialement dans son recours à l'observation systématique (il y a à peine plus d'un demi-siècle qu'ont été entrepris les travaux sur l'estimation des paramètres et le test des hypothèses). Cela explique la nature relativement approximative de nombreux raisonnements. Or, leur validation présuppose qu'on leur ait donné une forme rigoureuse et que cette forme ait été reconnue comme adéquate. Partout l'effort de conceptualisation et de modélisation doit aller de pair avec la mise en œuvre des observations ; mais en économie les cas sont nombreux où cet effort doit partir d'assez loin par rapport aux observations elles-mêmes.

Quelque inévitable qu'elle soit, la validation inductive des hypothèses pose ainsi aux économistes de redoutables problèmes, que nous comprendrons d'ailleurs mieux quand nous aurons étudié le travail quotidien des économètres et ses difficultés méthodologiques. Donner des preuves factuelles qui emportent la conviction de la collectivité des savants et fondent ainsi une connaissance qu'on puisse qualifier d'objective, requiert une persévérance toute particulière et peut même, dans des cas importants, s'avérer longtemps impossible.

Telle est la principale raison de la longue coexistence entre écoles adverses, qu'on peut constater, et déplorer, comme l'une des caractéristiques d'une discipline qui vise cependant à la rigueur et à l'adéquation aux faits.

Pour mieux dégager les principes de la validation inductive des hypothèses et des théories, il convient maintenant de porter notre attention sur deux débats de méthodes à ce sujet entre économistes.

Un débat sur le réalisme des hypothèses

La plus célèbre des discussions méthodologiques entre économistes au cours des cinquante dernières années a été lancée par un article de M. Friedman paru en 1953 [17]. Par tempérament, peut-être plus que par raison, l'auteur poussa jusqu'au paradoxe une des thèses qu'il présentait, à savoir que le test d'une théorie ne concernait pas le réalisme de ses hypothèses mais celui de ses conséquences. Nous pouvons aujourd'hui comprendre pourquoi cette thèse ne saurait être acceptée. Mais réfléchir sur le débat peut nous amener à mieux saisir quelle place les économistes accordent à l'induction.

Il faut d'abord situer cet article doublement, par rapport aux conceptions méthodologiques des économistes de l'époque et par rapport à l'environnement dans lequel Friedman travaillait.

Au début du XXe siècle, la philosophie des sciences avait cherché à dégager une structure logique commune à toutes les théories. Au centre se trouvait une loi exprimant la dépendance d'un résultat B par rapport à certains facteurs explicatifs représentés ici symboliquement par A : chaque fois que A se produit, B se produit aussi. Il fallait donc distinguer la vérité des conditions A de celle de la loi. Puis les logiciens ont pris l'habitude de distinguer aussi dans les lois deux catégories de propositions ; les premières, dites « analytiques », étaient vraies du fait qu'elles pouvaient être démontrées logiquement à partir de la définition des termes qui les composaient ; les autres, dites « synthétiques », n'avaient de valeur que si l'on pouvait les vérifier par une expérience.

S'opposant aux savants affirmant l'unité méthodologique des sciences, certains avaient prétendu que les sciences

17. M. Friedman, « The methodology of positive economics », in *Essays in Positive Economics*, The University of Chicago Press, 1953.

sociales empruntaient d'autres voies que les sciences de la nature pour vérifier la validité de leurs lois. L'intuition, l'introspection, la connaissance directe du « dedans » des phénomènes y remplaçaient l'observation faite de l'extérieur dans le monde de la nature. Cette opposition accuse la distinction que j'ai été amené à présenter : les économistes sont moins bien placés que les spécialistes des sciences physiques pour l'expérimentation et l'observation scientifiques des phénomènes ; ils sont en revanche mieux placés par leur connaissance directe des institutions, ainsi que des objectifs et des contraintes concernant l'activité des agents.

Cette thèse était largement partagée par les économistes. Par exemple, elle se trouve clairement exprimée dans un petit ouvrage publié en 1932 par L. Robbins sur « la nature et la signification de la science économique [18] ». L'auteur y développe l'idée qu'« en économie, les constituants premiers des généralisations fondamentales nous sont connus immédiatement », que « la validité d'une théorie particulière est une affaire de démonstration logique à partir des hypothèses retenues », qu'ainsi l'économie est une branche de la logique, une façon de penser. La seule question dont Robbins admet qu'elle puisse subsister en pratique, c'est celle de savoir si une théorie ainsi logiquement valable est « applicable » à une situation donnée ; mais le reste du texte montre qu'il s'agit d'une clause secondaire, vite oubliée.

Une telle conception, qui est encore assez répandue puisqu'elle inspire notamment une thèse récente dont nous avons parlé à propos de la validation déductive, n'était pas unanimement admise à l'époque ; en particulier, la société d'économétrie qui devait promouvoir la quantification de l'économie était née ; mais il s'agissait alors d'un courant très minoritaire considéré avec suspicion par la majorité des économistes. Parallèlement, K. Popper formulait son analyse du problème de l'induction et influençait des économistes travaillant dans son voisinage [19].

18. L. Robbins, *An Essay on the Nature and Significance of Economic Science*, London, 1935, Macmillan ; traduction française : *Essai sur la nature et la signification de la science économique*, Paris, Librairie de Médicis, 1947.

19. T.W. Hutchison, *The significance and basic postulates of economic theory*, A.M. Kelley, New York, 1938.

Lu dans ce contexte l'article de Friedman marque un tournant. Il admet sans réserve l'utilité d'une confrontation avec les données observées et on peut même y trouver un écho de certaines idées de Popper. Il explique que le but final de la science positive est le développement d'une théorie formulant des prévisions valables et significatives, que l'économie positive est une mixture complexe de langage, organisant le raisonnement et classant les idées, et de théories substantielles isolant les traits essentiels d'une réalité touffue. Le test empirique de la validité des théories substantielles est difficile mais nécessaire.

Or Friedman se trouvait être un jeune membre de « l'école de Chicago » qui était progressivement devenue le défenseur attitré des théories économiques classiques. La place de cette école ne lui était disputée que par « l'école autrichienne » qui n'avait jamais montré la même unité et qui avait été dispersée par les événements politiques. C'est le deuxième aspect contextuel important qu'il faut avoir présent à l'esprit pour comprendre l'article de Friedman.

Car l'attitude méthodologique de L. Robbins était un élément du credo de l'école de Chicago, un élément qui jouait un rôle important pour contester la principale école adverse, celle des institutionnalistes qui s'intéressait surtout à la connaissance détaillée des institutions et des structures économiques et qui, pour sa part, contestait le réalisme des hypothèses des théories classiques.

Prenant le tournant qui consistait à faire reconnaître l'importance des tests empiriques dans la validation des théories, Friedman était certainement soucieux de montrer que cela n'invalidait pas l'essentiel des enseignements de l'école dont il entendait bien défendre les positions contre les institutionnalistes, les keynésiens, voire les économètres. Son article est autant une défense des théories de la concurrence parfaite que la présentation d'une méthodologie pour l'économie positive : peu importe, soutient-il, que les hypothèses de ces théories apparaissent irréalistes quand on les examine isolément une à une, ce qui importe c'est de constater le réalisme de leurs conséquences.

Je vais me permettre une autre digression à l'intérieur de ce qui en constitue déjà une, car je la crois utile pour éclairer les questions discutées dans ce chapitre. Quelles étaient ces conséquences dont le réalisme était ainsi invoqué ? Friedman les évoque sans juger utile de les exposer vraiment, sans doute parce qu'elles lui semblent parfaitement présentes à l'esprit de ses lecteurs. De fait, il s'agissait des propriétés de statique comparée qui constituaient le bagage intellectuel des économistes ; par exemple, le prix d'un bien s'élève quand une cause exogène provoque une augmentation de sa demande ou une diminution de son offre ; ou encore, taxer la vente d'un produit conduit à une diminution de sa production.

Loin de moi l'idée de contester la pertinence globale de ce bagage intellectuel auquel les économistes de l'époque attribuaient une grande importance en parlant souvent des « enseignements de l'économie politique ». Aujourd'hui encore, le témoignage des économistes s'avère souvent utile pour rappeler certains faits élémentaires que leurs contemporains préféreraient oublier. Mais puisque nous voulons dégager les principes à suivre dans la discipline, nous devons réfléchir avec plus de rigueur sur les fondements de ce bagage intellectuel. L'argumentation de Friedman en faveur des théories de la concurrence parfaite appelle alors deux remarques essentielles.

En premier lieu, même si l'on est prêt à les accepter sans réserve, les modèles abstraits construits par ces théories ne suffisent pas pour établir la validité universelle de ces propriétés de statique comparée. Nous l'avons compris quand nous avons vu que même une définition assez spécifique de l'équilibre général microéconomique ne suffit pas à donner une spécificité à ses propriétés. Pour fonder la validité de lois comme celles que j'ai mentionnées, il faut donc compléter les modèles théoriques de l'équilibre par des preuves factuelles de l'irréalisme des cas où ces lois sont contredites, cas qui sont cependant possibles en théorie.

En second lieu, d'autres modèles que ceux de la concurrence parfaite pourraient fort bien conduire à des conséquences voisines, donnant le même type de justification à ces propriétés de statique comparée, peut-être même de plus fortes justifications. Friedman prétend dans son article que la concurrence monopolistique, formulée quinze ans plus tôt, ne conduit à aucun résultat spécifique ; c'est un argument qu'on ne peut pas accepter : qu'on parte des modèles de concurrence parfaite ou de concurrence monopolistique, il faut pour en tirer des propriétés nettes leur adjoindre des inductions sur les données observées. C'est précisément ce que j'ai tenté d'expliquer dans le chapitre 5, pages 169 à 178.

S'il est bon de connaître le contexte dans lequel Friedman a écrit son article, afin de comprendre sa démarche, le débat qui suivit isola de ce contexte la thèse méthodologique avancée et en montra finalement la faiblesse. Samuelson, économiste mathématicien étranger à l'école de Chicago, prit une part active à ce débat en parlant du « F-twist » (qu'on peut traduire par « la torsion de l'argumentation de Friedman ») et en refusant d'accepter qu'une théorie ait à se vanter de ses insuffisances, l'irréalisme des hypothèses ne pouvant être qu'une insuffisance [20].

Qu'écrit donc Friedman ? Ceci : « C'est une erreur de croire que la conformité de ses hypothèses à la réalité constitue, pour une théorie, un test additionnel à celui portant sur la validité de ses conséquences. » « Une théorie est importante si elle explique beaucoup à partir de peu, donc si elle est descriptivement fausse dans ses hypothèses », ou « en poussant moins au paradoxe, la vraie question à propos des hypothèses est de savoir non si elles sont descriptivement " réalistes " mais si elles constituent des approximations suffisantes pour l'objet étudié ». Car le test des hypothèses ne renseigne pas sur l'adéquation de l'approximation ; l'essentiel est que les phénomènes se manifestent *comme si* les hypothèses étaient vraies.

Bien entendu, ces passages essentiels peuvent donner lieu à des interprétations divergentes. Par exemple, prenant part au débat, le logicien E. Nagel fit valoir qu'on peut donner trois sens à l'adjectif « irréaliste » utilisé par Friedman. Si on l'entend comme « ne donnant pas une description exhaustive », alors il est trivial de dire qu'on peut employer des hypothèses irréalistes. Si on l'entend comme « apparaissant faux ou très improbable sur la base des faits », alors on peut dire qu'une théorie dont les hypothèses fondamentales

20. Les débats ont d'abord eu lieu dans l'*American Economic Review*, May 1963, September 1964 et December 1965 ; pour la suite voir M. Blaug, *La méthodologie économique*, *op. cit.*, chapitre 4.

sont irréalistes n'est pas satisfaisante. Enfin en un troisième sens, les hypothèses peuvent être dites irréalistes quand elles spécifient des « cas purs », des « types idéaux », des « cas limites » ne correspondant à rien de concret mais reprenant tout de même certains traits de la réalité ; de telles hypothèses se sont souvent révélées puissamment efficaces pour découvrir les lois des phénomènes.

Des discussions qui suivirent nous pouvons retenir les quatre conclusions dégagées par M. Blaug : (1) vérifier l'exactitude des conséquences tirées d'une théorie ne constitue pas le seul test pertinent de cette théorie ; si tel était le cas, on ne saurait distinguer les corrélations authentiques des corrélations bâtardes (« spurious »), induites indirectement, donc relevant d'autres phénomènes que ceux traités par la théorie ; (2) il n'est pas nécessairement plus difficile d'avoir des preuves directes des hypothèses que des données utilisables pour tester les conséquences ; en d'autres termes, les résultats tirés de la confrontation des hypothèses avec la réalité ne sont pas en général plus ambigus que ceux tirés du test des conséquences ; (3) l'effort pour tester les hypothèses peut beaucoup aider à interpréter les résultats des tests portant sur les conséquences ; (4) si vraiment il s'agit de tester les conséquences d'hypothèses manifestement contraires aux faits, donc de voir si les phénomènes se présentent comme si ces hypothèses étaient vraies, alors il faut des tests extrêmement sévères puisque la validité des conséquences est a priori peu probable.

Ces quatre conclusions sont assez évidentes pour qu'il ne soit pas utile de les discuter plus longuement. La thèse de Friedman constitue bien un paradoxe, moins intéressant à étudier en lui-même que pour comprendre l'évolution des idées. A cet égard il est significatif que le tournant imposé par l'article de Friedman n'ait plus été remis en cause dans le débat : qu'il faille tester inductivement le réalisme des théories économiques n'a été contesté par aucun participant [21].

21. Pour s'interroger sur une interprétation différente de la mienne, le lecteur pourra se reporter à un article fort bien documenté et consacré pour l'essentiel au débat ouvert par l'essai de Friedman : C. Meidinger, « L'approche économique du comportement humain », dans C. Meidinger, éd., *La nouvelle économie libérale*, Fondation Nationale des Sciences

Cependant, la contestation vient de réapparaître subrepticement sur un cas particulier. On peut craindre que la nouvelle thèse avancée ne favorise le retour de l'idée que les théories économiques n'ont pas besoin de confirmation empirique, surtout si, en même temps, est maintenue l'idée que les macroéconomistes doivent s'abstenir d'utiliser des hypothèses dont la validité n'aurait pas été démontrée déductivement à partir de l'analyse des comportements élémentaires. C'est pourquoi je me tourne maintenant vers ce qui pourrait bien devenir un nouveau et important débat, quoiqu'il n'ait eu pour le moment que très peu de participants.

Les hypothèses annexes comme ceintures protectrices

Une des questions ayant le plus motivé, depuis trente ans, la réflexion générale sur la méthodologie scientifique a consisté à savoir comment s'opérait, ou devait s'opérer, le remplacement d'un système d'explication scientifique par un autre. Après que T. Kuhn ait prétendu décrire « la structure des révolutions scientifiques » en termes de substitution d'un paradigme à un autre, I. Lakatos a donné une rationalisation de la succession des « programmes de recherches » [22]. Une brève présentation des conceptions de

---

Politiques, Paris, 1983. L'auteur conclut notamment : « En économie, comme dans d'autres sciences d'ailleurs, le débat fondamental est... entre instrumentalisme et réalisme scientifique. » Dans la philosophie des sciences l'instrumentalisme énonce que les théories ne peuvent avoir d'autre ambition que celle de servir comme instrument pour la prévision des phénomènes : au mieux tout se passerait « comme si » la théorie était vraie. Il s'oppose au réalisme selon lequel les théories viseraient à offrir des représentations réalistes, quoique approximatives, des phénomènes ; cette seconde thèse est commune chez les savants eux-mêmes. En macroéconomie, l'instrumentalisme ne me semble guère pouvoir être épousé par d'autres que ceux qui prétendent établir les lois de phénomènes à partir des seules observations macroéconomiques. Les théories utilisant des constituants premiers de type microéconomique ont toutes la nature de représentations censées traduire quelque chose du réel. Tel est le cas en particulier des théories classiques en faveur desquelles Friedman a toujours plaidé. C'est bien pourquoi sa thèse est paradoxale.

22. I. Lakatos, *The Methodology of Scientific Research Programmes*, Cambridge University Press, 1978.

ce dernier philosophe est utile pour la compréhension de la thèse qui va être discutée dans cette section.

Un programme de recherches est un ensemble coordonné de théories visant à rendre compte d'un ensemble de phénomènes. La dénomination insiste sur le fait que ces théories ne sont pas considérées comme achevées, mais au contraire comme en voie de développement, autant dans leur formulation principale que dans leurs applications. Un aspect de ce développement est la confrontation avec les faits. Pour bien comprendre comment opère la recherche scientifique, il faut distinguer dans les hypothèses mises en œuvre par un programme celles qui constituent son « noyau dur », en ce sens qu'elles jouent un rôle essentiel dans la définition même du programme. Mais à côté de ce noyau dur figurent bien des hypothèses annexes que les chercheurs se sentent libres de modifier au fur et à mesure qu'avancent leurs réflexions théoriques, leurs investigations empiriques, leurs intérêts pour des applications nouvelles. Cette marge de liberté leur permet de préserver les hypothèses du noyau dur : quand ils découvrent des incohérences logiques, des preuves factuelles falsifiant les prédictions des théories ou des inadéquations vis-à-vis de certains problèmes appliqués, il leur suffit de modifier de manière appropriée les hypothèses annexes. Pour faire image Lakatos dit que celles-ci constituent une « ceinture de protection » du noyau dur.

Se référant à cette conception, J. Heckman et T. MaCurdy ont récemment mis en question les preuves qui avaient été avancées pour valider inductivement l'hypothèse de déséquilibre du marché du travail par excès d'offre [23]. Bien que mon objet principal soit d'examiner leur thèse, il n'est pas inutile de considérer brièvement pourquoi les preuves en question ne leur paraissent pas suffisantes [24].

Trois types de validation inductive ont été proposés. Le

23. J. Heckman and T. MaCurdy, « Empirical tests of labor-market equilibrium : an evaluation », *in* K. Brunner and A. Meltzer, *Stabilization Policies and Labor Markets,* Carnegie-Rochester Conference Series on Public Policy, vol. 28, North Holland Pub. Co., Amsterdam 1988.

24. J'ai exposé mon opinion personnelle sur la même question dans E. Malinvaud, « Le marché du travail en déséquilibre », dans A. Barrère, éd., *Keynes aujourd'hui : théories et politiques,* Economica, Paris, 1985.

premier consiste à estimer d'abord la fonction d'offre de travail qui s'appliquerait si aucun travailleur n'était confronté à une contrainte quantitative, c'est-à-dire à l'impossibilité de trouver un emploi dans sa qualification et au salaire courant ; une fois cette fonction estimée, il faut tester si l'emploi effectif est conforme à l'offre de travail ; le rejet de cette hypothèse valide celle d'une offre excédentaire de travail. Heckman et MaCurdy insistent à bon droit sur le caractère crucial de la première estimation ; or, disent-ils, rien ne garantit que les chercheurs aient bien pris en compte toutes les variables qui devraient intervenir pour expliquer l'offre de travail ; s'ils ont omis une ou plusieurs variables importantes, leur test peut très bien conclure au rejet de l'hypothèse d'équilibre du marché du travail, alors même qu'elle est vraie.

Le second type de validation inductive considère la variabilité de l'emploi comparée à celle du taux de salaire. En considérant les figures 2 et 3, on comprend intuitivement que, avec l'hypothèse d'équilibre, le rapport des deux variabilités n'est élevé que si les fonctions d'offre et de demande de travail sont suffisamment élastiques par rapport au taux de salaire (cas de la distribution des points M N P Q de la figure 3 par opposition à ceux de la figure 2). Une validation de l'hypothèse de déséquilibre consiste à établir que le rapport des variabilités observé est trop élevé pour être compatible avec les estimations existantes des élasticités, par rapport au salaire, des offres et des demandes de travail ; il est au contraire compatible avec l'idée d'une stabilité de l'offre de travail, d'une variabilité de la demande de travail, d'une rigidité du taux de salaire et d'un déséquilibre possible du marché du travail (voir les points M et N de la figure 4). Heckman et MaCurdy contestent les estimations des élasticités retenues dans ces tests, les trouvant beaucoup trop faibles.

Le troisième type de preuve en faveur d'un déséquilibre se fonde sur la distribution par durée des périodes de chômage. Il fait état, notamment, de l'importance des longues périodes de chômage, qu'on considère alors comme incompatible avec l'idée que les personnes concernées soit n'auraient pas vraiment envie de travailler au salaire courant, soit auraient décidé de poursuivre leurs recherches malgré

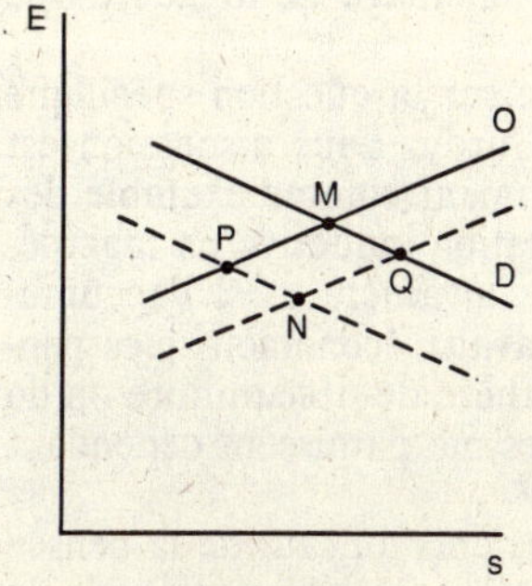

Figure 2

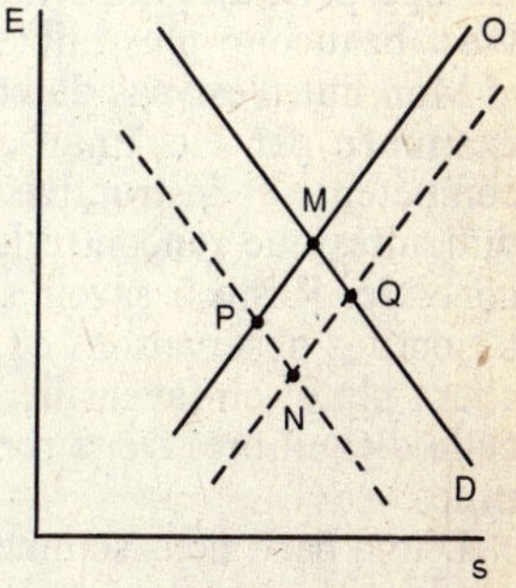

Figure 3

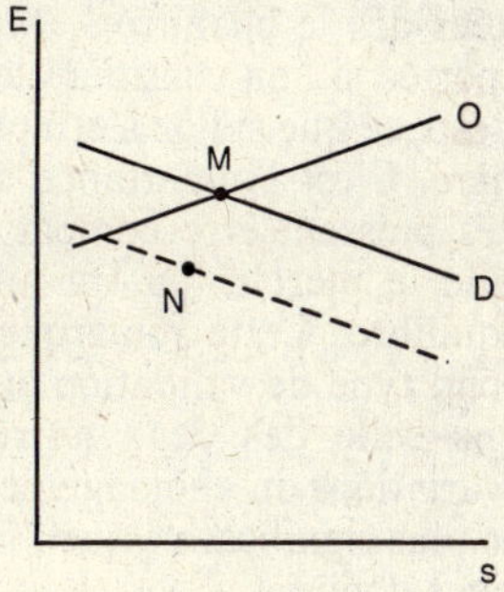

Figure 4

la possibilité d'avoir un emploi si elles n'étaient pas aussi exigeantes. Heckman et MaCurdy font valoir que ces preuves sont ambiguës. Il faut bien reconnaître qu'elles ne sont pas formulées rigoureusement et qu'elles ont moins de force aux États-Unis, le pays qui intéresse les deux auteurs, qu'en Europe puisque l'importance du chômage de longue durée y est beaucoup plus faible.

Mon but n'est pas de conclure sur la question spécifique examinée par Heckman et MaCurdy. Leur discussion est compétente et instructive, notamment comme exemple des difficultés que rencontre la validation inductive en macroéconomie. Reste à savoir si elle convaincra et si l'accumulation des observations et des travaux économétriques penchera plutôt en faveur de l'hypothèse de déséquilibre ou de celle d'équilibre. Deux remarques me paraissent cependant utiles.

D'une part, nous sommes conscients du saut de la pensée qu'exige le passage de l'observation à l'affirmation de la valeur d'une hypothèse d'autant plus abstraite qu'elle est exprimée en termes macroéconomiques. Dans le cas d'espèce, les difficultés de la conceptualisation sont assez sérieuses pour avoir été citées dès le chapitre 3. Mais ces difficultés ont une moindre portée si l'on considère les variations dans le temps et dans l'espace que si l'on s'attache à une situation observée particulière. C'est l'importance des variations qui fait douter qu'elles puissent être compatibles avec l'hypothèse selon laquelle le marché du travail serait de façon permanente en équilibre. Cette remarque n'affecte pas la discussion du second type de validation examiné ci-dessus ; mais elle concerne celle des deux autres. Par exemple, l'importance des variations du chômage de longue durée est considérée comme plus significative que l'importance de son niveau à un moment donné.

D'autre part, il est notable que toute la discussion suppose que seules sont pertinentes les données statistiques résultant de l'observation des situations. Heckman et MaCurdy, comme d'ailleurs la plupart de leurs collègues économètres ou macroéconomistes, ne considèrent pas des données qui concerneraient la perception que les travailleurs eux-mêmes ont de leur liberté de choix, à divers moments et dans divers lieux. Nous aurons à nous interroger dans le chapitre suivant sur la légitimité de cette attitude qui se retrouve à peu près systématiquement partout en macroéconomie.

Voici maintenant la thèse que les deux auteurs ont formulée dans leur article et qui mérite de retenir notre attention : « Les théories de l'équilibre en tant que groupe sont tautologiques bien que telle théorie particulière puisse ne pas l'être. Une " ceinture protectrice souple " de variables omises (non observées) peut toujours être érigée pour rationaliser n'importe quel résultat empirique. »

Pour éviter de mal interpréter ce que ces deux phrases veulent dire, il faut évidemment les lire ensemble et se rappeler le contexte dans lequel elles ont été écrites. La première ne veut pas dire que les théories de l'équilibre apparaissent immédiatement tautologiques parce que les propriétés qu'elles affirment sont rigoureusement équivalentes à leurs hypothèses ; elle veut dire que ces théories peuvent rationaliser, c'est-à-dire expliquer, n'importe quelles observations ; qu'elles ne peuvent donc pas être invalidées inductivement, c'est-à-dire falsifiées.

Il s'agit d'une affirmation non démontrée, mais néanmoins vraisemblable si le chercheur confronté à une tentative de falsification est totalement libre de recourir à n'importe quel stratagème pour concevoir un modèle préservant l'hypothèse d'équilibre des marchés tout en expliquant les données observées. C'est ce que les auteurs veulent dire en parlant des « théories de l'équilibre en tant que groupe » et de « ceinture protectrice souple » autour du noyau dur constitué par l'hypothèse d'équilibre (il était inutile, peut-être même maladroit, de spécifier qu'une rationalisation pouvait toujours être donnée en invoquant l'existence de variables omises, car d'autres rationalisations pourraient dans certains cas apparaître plus vraisemblables).

Le problème a bien été perçu d'une manière générale depuis longtemps déjà. Nous avons vu que Popper pensait que la falsification des hypothèses et des théories ne pouvait guère être décisive si l'on n'en restreignait pas de quelque manière la généralité. De même, Lakatos a bien souligné que la liberté de choisir les hypothèses annexes permettait aux savants de sauver les hypothèses centrales de leurs programmes de recherches lorsque leur validité semblait compromise par certains résultats empiriques. Mais précisément ces deux philosophes ont reconnu l'existence de limites à la marge de jeu des savants.

Pour Popper il s'agit de « règles méthodologiques », sur la nature desquelles je ne crois pas qu'il ait été très explicite, mais qui me paraissent tirer leur force du fait qu'elles sont admises par la collectivité des savants. Lakatos présente les choses autrement, mais les implications de son analyse sont voisines. Certes, à l'intérieur de chaque programme de recherches, le renouvellement des hypothèses annexes permet de rendre compte des faits nouveaux. Mais, explique Lakatos, il faut distinguer les programmes « progressifs » dans lesquels ce renouvellement paraît enrichissant et les programmes « en dégénérescence » où il apparaît au contraire comme de plus en plus défensif et artificiel. Là encore c'est le jugement de la collectivité des savants qui fait la différence. Un programme en dégénérescence intéresse de moins en moins et tombe en désuétude, surtout s'il entre en concurrence directe avec un programme reconnu comme progressif.

Ainsi, il est vrai qu'en modifiant les hypothèses annexes de leurs modèles, les théoriciens de l'équilibre d'un côté, ceux du déséquilibre de l'autre, pourront proposer des interprétations différentes des mêmes faits. La question consiste à savoir lequel de ces deux grands paradigmes apparaîtra finalement comme le plus adéquat pour traiter une certaine catégorie de phénomènes, par exemple les effets à court et moyen terme des politiques macroéconomiques sur l'emploi et le chômage. Si le groupe des modèles d'équilibre et celui des modèles de déséquilibre rendent compte aussi bien l'un que l'autre des faits, le choix se portera sur celui qui paraîtra offrir la représentation la plus cohérente et la plus simple, c'est-à-dire la plus économe en concepts et hypothèses annexes.

J'ai eu l'occasion de dire et d'expliquer que le processus de sélection des programmes, c'est-à-dire de choix entre les hypothèses constituant leurs noyaux durs respectifs, était plus indécis et plus lent en économie que dans les sciences de la nature. Cette situation, qu'on peut déplorer, s'explique, comme nous l'avons vu La falsification ou la corroboration inductive des hypothèses principales sont moins précises en économie qu'ailleurs. Dans un entretien récent, K. Popper a exprimé la chose de façon frappante : « Galilée avait de la difficulté à accepter l'interprétation de Kepler selon laquelle les observations de Tycho Brahé fournissaient une falsification de la théorie des orbites circulaires ; ne pensez-vous pas qu'un économiste déniera encore plus fortement les falsifications, s'il en existe, de ses hypothèses favorites [25] ? »

Une telle remarque devrait être présente à l'esprit de tous les économistes. Elle leur inspirerait non seulement de la modestie mais aussi le respect d'une déontologie exigeante leur interdisant de s'accrocher coûte que coûte à des hypothèses que les preuves factuelles rendent douteuses.

Causalité en économie

Les hypothèses, les lois et les théories économiques se formulent souvent en termes de causalité ; elles peuvent même comporter la spécification d'un mécanisme censé garantir la nécessité des relations de cause à effet. Elles permettent alors l'énoncé immédiat de propositions prescriptives : si l'on veut obtenir tel résultat, il convient d'intervenir de telle façon sur telle grandeur jouant le rôle de cause. Cet aspect causal doit-il être soumis à validation ? Comment peut-il l'être ?

A ce stade de notre réflexion il s'agit surtout de clarifier nos idées et de bien poser les questions qui seront reprises par la suite, quand nous étudierons les techniques économétriques et l'interprétation de leurs résultats en termes de causalité.

L'usage de l'idée de causalité dans les sciences, surtout en physique, a été fort débattu et même, à une certaine époque, regardé avec tant de suspicion que certains en ont quasiment interdit l'usage. Mais c'est une idée difficile à éliminer, surtout pour ceux qui appliquent les résultats scientifiques à des problèmes concrets. Plutôt que de chercher à s'en passer à tout prix, il convient de bien comprendre sa signification et donc d'y avoir recours à bon escient et

25. *Revue française d'économie*, 1987

sans s'illusionner [26]. Découvrir l'origine des choses, peut-être même en connaître parfaitement les racines les plus immédiates, reste inaccessible à la raison et à l'expérience humaines. Mais le terme de causalité ne doit pas être entendu comme désignant directement une propriété des relations entre les choses. Il donne un caractère particulier aux énoncés d'une théorie et indique de quelle façon ces énoncés peuvent être convertis en règles d'action : la théorie énonce que telle intervention entraînera tel résultat. La causalité figure donc parmi les hypothèses de la théorie. Comme les autres hypothèses, elle peut être plus ou moins réaliste, c'est-à-dire plus ou moins adéquate aux phénomènes traités par la théorie. La question de sa validité se pose alors naturellement.

On peut distinguer deux types de théories. Les unes, purement descriptives, établissent des concordances. Les autres, explicatives, spécifient plus ou moins complètement des causalités. En ce sens la loi explicative de Newton se distingue des lois descriptives de Kepler sur le mouvement des planètes. Les besoins de la macroéconomie exigent le plus souvent le point de vue explicatif.

Recourir à la notion de causalité constitue ainsi un procédé efficace pour exprimer les intentions opérationnelles d'une théorie. Le modèle formalisant cette théorie doit alors être explicite sur les causalités qu'elle stipule. Ainsi une équation telle que :

$$(4) \qquad f(y, z) = 0$$

peut être lue de trois façons différentes et non équivalentes : z détermine y dont la valeur est la solution, supposée ici unique, de l'équation ; ou y détermine z conformément à l'équation ; ou encore l'équation exprime une condition de cohérence, sans signification causale.

Une théorie spécifiant une causalité admet un certain degré de déterminisme, qui peut être d'ailleurs faible si la théorie admet l'existence d'aléas, les liaisons étant alors probabilistes. Mais accepter une telle théorie n'implique en

26. Sur ce qui suit voir notamment l'article de B. Saint-Sernin, « Causalité (philosophie) » dans *Encyclopaedia Universalis,* vol. 3, quinzième publication, juin 1979

rien l'adhésion métaphysique au déterminisme des phénomènes. C'est dans notre représentation des phénomènes que nous trouvons adéquat de faire figurer certains déterminismes, aussi longtemps que ceux-ci résistent à la falsification.

Les causalités tiennent une place particulièrement importante en macroéconomie. Dès le début de notre réflexion nous avons vu que l'objet direct ou indirect de cette discipline était de déterminer les effets des modifications de l'environnement économique ou les effets d'actions particulières, par exemple celles des pouvoirs publics.

De même, la structure des modèles macroéconomiques est fondée sur la distinction entre variables endogènes, dont la théorie établit le mode de détermination, et variables exogènes représentant des grandeurs supposées être déterminées par ailleurs. La théorie stipule ainsi une causalité générale, l'ensemble des variables exogènes jouant le rôle de cause et l'ensemble des variables endogènes celui d'effet.

Mais elle peut aussi introduire des causalités internes, liant certaines variables endogènes à d'autres variables endogènes. C'est pourquoi son exposé fait souvent intervenir un schéma fléché qui représente les diverses liaisons causales par des flèches allant d'une variable-cause à une variable-effet. Ainsi se lit le schéma de la figure 5 : les deux variables exogènes z_1 et z_2 déterminent la variable endogène y_1 et celle-ci conjointement avec la variable exogène z_3 détermine simultanément les deux variables endogènes y_2 et y_3.

Parfois même le schéma fléché représente des rétroactions, donc la présence de boucles. Par exemple, d'après la figure 6, y_2 est déterminé par y_1 et y_3 tandis que y_3 est déterminé par z_3 et y_2. Afin de justifier la présence de telles

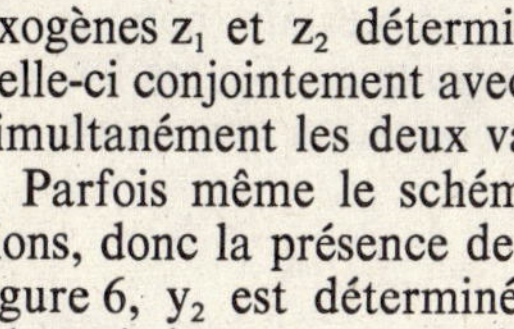

Figure 5

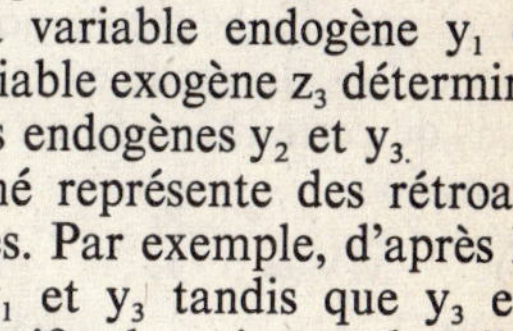

Figure 6

boucles, qui semblent rendre ambiguë l'idée de liaison causale, on fait valoir que si elles sont superfétatoires pour définir sa structure causale (les structures causales traduites par les figures 5 et 6 sont équivalentes), elles renseignent sur la genèse du modèle. En effet, si l'on tenait compte des délais très courts, un retard apparaîtrait dans l'action de y_3 sur y_2 et un autre dans celle de y_2 sur y_3 ; ainsi, le schéma fléché des variables datées ne comporterait plus de boucle. Mais, à l'échelle temporelle des observations, ces retards sont négligeables, tout se passe donc comme si y_2 et y_3 étaient interdépendants et déterminés simultanément. Néanmoins, le schéma de la figure 6 rend plus intelligibles les hypothèses de la théorie sous-jacente que ne le fait celui de la figure 5.

Afin de donner un contenu plus concret à ces indications et à celles qui suivront, considérons deux exemples d'hypothèses macroéconomiques causales. Voici le premier : « Un relèvement du taux du salaire minimum légal provoque une hausse du taux moyen des salaires. » L'hypothèse peut ou non exclure l'intervention d'autres facteurs ; même si elle les exclut, la loi liant le salaire moyen au salaire minimum peut être plus ou moins étroitement spécifiée.

A titre de second exemple, considérons la forme grossière de la théorie quantitative de la monnaie, une forme qui intervient malheureusement dans un certain nombre de discours et de modèles macroéconomiques. Toutes les versions de cette théorie partent d'une équation monétaire, par exemple :

$$MV = p\,Q \tag{5}$$

où M est la masse monétaire, p le niveau général des prix, Q le volume de la production et V une « vitesse de circulation de la monnaie », dont la définition exacte est donnée par l'équation. On fait parfois l'hypothèse que la vitesse V et le volume Q sont en quelque sorte prédéterminés donc exogènes, tandis que le montant de la masse monétaire étant décidé directement par la banque centrale, M est donc aussi une variable exogène. La forme grossière de la théorie quantitative suppose non que l'équation (5) s'applique, ce qui serait tautologique, mais que tout choix de M se traduit proportionnellement dans la valeur de p : le niveau général des prix est un effet quasi immédiat de la décision des autorités monétaires.

La validation de telles hypothèses causales a des aspects particuliers par rapport à celle des autres hypothèses envisagées jusqu'à présent. La nouveauté consiste en ce que certaines variables sont qualifiées de causes. On comprend intuitivement que la corroboration ou la falsification seront facilitées dans deux cas : (1) si ces variables sont commandées (« controlled » en anglais), c'est-à-dire directement décidées par un agent bien identifié, (2) si elles sont non seulement logiquement mais aussi temporellement antérieures aux autres. En revanche, dans certains cas, il peut être très difficile de valider une interprétation causale, même quand la relation à laquelle elle s'applique a été longtemps corroborée.

S'agissant des variables commandées, on pense naturellement à tester l'hypothèse causale par expérimentation. Il suffit de monter une expérience, si la loi et cette expérience ne laissent la place à aucun aléa, ou une série d'expériences dans le cas contraire, pour vérifier ou invalider qu'en faisant varier telle grandeur isolément l'effet annoncé se produit.

Mais même si l'expérimentation est exclue, et elle l'est le plus souvent en macroéconomie, on peut savoir par ailleurs que tel agent décide librement de la valeur que prend telle grandeur z. Si une relation telle que l'équation (4) a été corroborée, la causalité de z sur y se trouve aussi automatiquement corroborée. Ainsi, on sait qu'en France le gouvernement décide du niveau du SMIC ; si la relation entre SMIC et salaire moyen a été empiriquement établie, son interprétation causale semble peu douteuse. En revanche, la validation de la forme grossière de la théorie quantitative est compliquée par le fait que la banque centrale ne fixe pas directement la masse monétaire mais plutôt cherche à intervenir indirectement, par le taux d'intérêt du marché monétaire ou par le montant des réserves minimum que les banques sont obligées de constituer chez elle.

Toutefois, même dans les cas favorables, il convient de vérifier si l'agent décideur a bien la liberté de choix que la théorie lui attribue. Ainsi, étudiant les évolutions sur longue période, certains pourraient dire que le gouvernement n'a pas de liberté effective dans la fixation du SMIC : il ne pourrait que légaliser le niveau imposé à chaque moment par celui du taux moyen des salaires ; la causalité serait alors inverse de celle établie par l'hypothèse.

Comme nous aurons l'occasion de le voir plus précisément dans le chapitre 13, les économètres ont tendance à ramener le test de la causalité de z sur y à celui d'une antériorité temporelle des variations de z par rapport à celles de y. On devrait dire qu'ils testent alors une présomption de causalité plutôt qu'une véritable causalité. De fait pour le suggérer on parle habituellement de « causalité à la Granger » [27]. Une telle antériorité n'est en effet ni nécessaire ni suffisante pour la validité de l'hypothèse de causalité. Elle n'est pas nécessaire, car la causalité autorise la concomitance, que l'effet soit immédiat ou intervienne après un délai négligeable à l'échelle temporelle des observations. Elle n'est pas suffisante, car la variable traitée comme cause et celle traitée comme effet peuvent être toutes deux le résultat de l'action d'une même tierce variable, dont l'influence se manifeste plus vite sur la première que sur la seconde.

De plus il faut être précis sur ce qu'on entend par « constater empiriquement l'antériorité d'une évolution par rapport à une autre ». Un tel constat serait impossible, par exemple, si les deux séries suivaient exactement des évolutions sinusoïdales de même période ou des tendances exponentielles. Pour repérer l'antériorité on porte une attention particulière aux accidents des séries (on dit encore aux « chocs » qui les affectent ou même aux « innovations » qui s'y manifestent). Si les accidents de la série de z précèdent systématiquement ceux de la série de y, on sera enclin à conclure en faveur d'une antériorité de z. Mais l'identification de ces accidents, chocs ou innovations ne va pas toujours de soi. On comprend dès lors que l'antériorité, c'est-à-dire la causalité à la Granger, est justiciable d'une définition plus précise qui sera évoquée dans le chapitre 13.

Avant d'en terminer avec l'examen de l'aspect éventuellement causal des hypothèses ou des théories économiques, il convient de reconnaître qu'une question délicate d'une nature plus générale se pose : dans quels cas les économistes

27. Du nom de l'économètre Clive Granger qui le premier en 1969 étudia les tests statistiques convenant à ce concept de causalité.

devraient-ils s'abstenir de proposer des explications causales ? Dans quels cas une telle prétention devient-elle abusive, compte tenu de ce dont disposent les économistes pour valider leurs idées ?

Ce sont ces questions qui me semblent avoir beaucoup préoccupé l'économiste théoricien J. Hicks dans certains de ses écrits récents [28]. Pour lui la connaissance des phénomènes économiques est comparable tantôt à la connaissance acquise dans les sciences de la nature, tantôt à la connaissance historique. Celle-ci repère les événements perçus comme importants, leur succession ou leur concomitance, et encore le fait que les contemporains les ont vécus comme plus ou moins liés entre eux ; la connaissance historique peut aussi rationaliser en partie certains des événements comme dus à des conditions qui prévalaient à l'époque ; mais elle ne peut pas selon Hicks prétendre découvrir des lois universelles.

Hicks reproche d'abord à certaines branches de la théorie économique de négliger les faits historiques. Un tel reproche n'a pas a priori d'incidence méthodologique, puisqu'il porte sur la pertinence des théories, une question dont l'importance est bien établie : pour appliquer une théorie il faut savoir si elle est adéquate au problème considéré. La référence à l'histoire peut conduire à reconnaître tantôt que certaines époques ont des traits exceptionnels et sortent ainsi du champ d'application d'une théorie, tantôt que des théories différentes font comprendre ce qui s'est passé à différentes époques, tantôt même qu'une théorie doit être abandonnée parce qu'elle n'est jamais assez réaliste pour être vraiment intéressante.

Mais Hicks va plus loin en donnant un tour systématique à sa position. On peut, prétend-il, oublier l'histoire quand on élabore une théorie statique où un concept d'équilibre assez simple s'avère adéquat à certains phénomènes bien identifiés, comme la détermination des prix relatifs ou celle du degré d'emploi des facteurs de production. Mais on ne le doit plus quand on veut comprendre l'enchaînement des phénomènes ; en économie, les théories dynamiques sont

28. Notamment J. Hicks, *Causality in Economics*, Basic, New York, 1979.

incomplètes et imprécises ; leurs résultats dépendent beaucoup de délais dont on saisit mal de quoi ils dépendent. L'économiste est ainsi conduit à choisir de façon *ad hoc* la théorie dynamique qui lui paraît retracer ce qui s'est passé à telle ou telle époque ; il ne doit pas alors s'illusionner sur la force de son explication.

De même, l'évolution économique est sujette à de nombreux accidents dont l'histoire témoigne. Traiter ces accidents comme des aléas, ainsi que le font couramment les économètres, paraît contestable à Hicks. Il voudrait que nous gardions en mémoire le caractère spécifique de chacun d'eux, comment il se situait dans son contexte historique. En somme, il exprime des réserves vis-à-vis des lois causales avancées par les économètres qui se fient à des analyses statistiques négligeant certains aspects contingents de leurs observations.

En exprimant ces vues, Hicks reste isolé parmi les théoriciens modernes de l'économie. Mais ses questions sont pertinentes et mettent en cause la validité générale des causalités stipulées dans des modèles tantôt purement abstraits, tantôt confrontés à des données d'observation. Nous retrouverons d'ailleurs par la suite certains échos des interrogations de Hicks.

Conclusion

Ce chapitre s'est voulu plus problématique que concluant. En insistant sur les difficultés que rencontre la validation des grandes hypothèses de la macroéconomie, il courait délibérément le risque de laisser une impression négative. En effet, il s'est abstenu volontairement de prendre position sur le poids de chacune des hypothèses citées seulement à titre d'exemple.

Cette ligne de conduite convient à l'esprit général de l'ouvrage. Elle devrait obliger le lecteur économiste à s'interroger sur ses propres suppositions habituelles. En revanche, le lecteur non économiste pourrait en tirer une conclusion extrême qui serait fausse, à savoir que tout peut encore se dire en macroéconomie, qu'aucune hypothèse n'y a été falsifiée, ni aucune autre corroborée.

Pour éviter cette conclusion, je ne vois guère qu'une solution dans ce livre : rappeler un témoignage. Dans les divers pays des équipes analysent les problèmes macroéconomiques de l'heure pour les pouvoirs publics. Ces équipes, constituées de personnes recrutées sur des critères purement professionnels, appliquent toutes quasiment la même méthodologie et s'entendent assez bien sur le degré de validité de leurs hypothèses, le plus souvent voisines. Pour les praticiens le sujet de ce chapitre n'a donc pas la gravité que pourrait suggérer ma présentation.

Chapitre 11

Valeur informative des données économiques

Le recours aux informations factuelles, données statistiques et autres, est aujourd'hui fréquent en macroéconomie, tantôt pour valider ou infirmer telle grande hypothèse, tantôt pour préciser tel modèle ou telle théorie qui ne sont pas remis en cause. Dans le second cas il s'agit d'estimer des paramètres plus ou moins importants et de tester des hypothèses secondaires : c'est le travail courant des économètres qui sera examiné de plus près dans le chapitre suivant.

La force des conclusions qui résultent de l'un ou l'autre type d'induction dépend évidemment de l'acuité des observations qui sont alors considérées. Cette acuité, variable d'un cas à l'autre, laisse toujours plus ou moins à désirer puisque le chercheur souhaiterait pouvoir conclure avec certitude. Pour connaître l'étendue de ce qui reste néanmoins à la portée des investigations scientifiques, pour savoir dans quelles directions nouvelles rechercher des preuves factuelles, on doit avoir une certaine idée de la richesse ou de la pauvreté informative des données à la disposition des macroéconomistes.

Ce chapitre vise à y contribuer en étudiant ce qu'on peut espérer tirer des diverses sources d'observations. Son organisation s'impose d'elle-même puisqu'il faut considérer successivement diverses catégories de données, des plus usuelles à celles qui, l'étant moins, pourraient receler des ressources encore inexploitées.

Séries temporelles macroéconomiques

S'agissant de phénomènes macroéconomiques, les sources les plus naturelles de données concernent la mesure des grandeurs caractéristiques de ces phénomènes, grandeurs faisant l'objet d'évaluations régulières par les statisticiens. Il faut, bien entendu, non pas une observation seulement, portant sur une seule période pour un seul pays, mais un nombre suffisant de telles observations. Le plus souvent il s'agit de séries temporelles.

Si, par exemple, on s'intéresse à la dépendance supposée d'une grandeur y par rapport à une autre grandeur z_1, on décide d'examiner comment l'une et l'autre ont évolué durant une suite de périodes (t = 1, 2 ... T) dans un pays donné. Les publications statistiques de ce pays fournissent les évaluations correspondantes, c'est-à-dire les 2T mesures y_t et z_{1t} pour chaque t. Mais il serait exceptionnel que, pour exploiter des observations non expérimentales comme celles-ci, on puisse négliger l'interférence d'autres grandeurs sur la dépendance entre z_1 et y. Supposons que, dans cet exemple, on juge suffisant de faire intervenir explicitement une seule autre grandeur z_2 : il faut alors disposer d'une troisième série temporelle, celle des z_{2t}.

Afin de rendre ce qui va suivre plus concret et de mieux dégager quelles informations sont recherchées, précisons l'usage des séries temporelles, sur lequel nous reviendrons d'ailleurs dans le chapitre 12, pages 447 à 456. Admettons donc qu'on ait à estimer l'importance de l'effet de z_1 sur y et que, pour ce faire, on ajuste aux séries une équation linéaire simple :

$$(1) \qquad y_t = a_1 z_{1t} + a_2 z_{2t} + c$$

L'ajustement consiste dans le choix des valeurs de c, a_1 et a_2 qui conviennent le mieux pour rendre compte des évolutions conjointes y_t, z_{1t}, z_{2t} effectivement observées. En particulier la valeur a_1^* de a_1 estime le sens et la force de l'effet de z_1 sur y.

Bien entendu, dans la pratique économétrique, les choses sont rarement aussi simples : il y a habituellement davantage de variables ; la loi ajustée peut faire intervenir plusieurs fois les mêmes variables, comme dans :

$$(2) \qquad y_t = a_1 z_{1t} + a_2 z_{2t} + b_2 z_{2,t-1} + c$$

ou dans :

(3) $y_t = b\, y_{t-1} + a_1\, z_{1t} + a_2\, z_{2t} + c$

le membre de droite de la loi ajustée peut être plus compliqué qu'une simple expression linéaire ; on peut juger nécessaire d'ajuster simultanément deux ou plusieurs relations entre variables interdépendantes, etc.

Retenons surtout que, puisque les données ont été obtenues par un observateur et non par un expérimentateur, leur exploitation repose sur la spécification d'un modèle censé expliquer comment l'évolution de y a été déterminée, compte tenu de toutes les influences qu'elle a pu subir. On ne prétend pas, à vrai dire, que le modèle identifie explicitement toutes ces influences mais seulement les principales, les effets des autres étant représentés par un terme non observé ε, considéré comme aléatoire, sa loi de probabilité étant distribuée autour de zéro et indépendante des variables explicatives explicitement introduites. Par exemple le modèle sous-jacent à l'ajustement de la loi (1) peut être :

(4) $y_t = a_1\, z_{1t} + a_2\, z_{2t} + c + \varepsilon_t$

Notre objet n'est pas pour le moment de nous interroger sur la méthodologie mise en œuvre, ce sera celui des deux chapitres suivants, mais de considérer l'utilisation des séries temporelles.

Pour rendre l'exemple encore plus concret, on peut imaginer qu'on s'intéresse à l'effet des variations du taux d'intérêt sur la quantité de monnaie détenue en dehors du système bancaire. L'effet résulte du comportement des détenteurs de monnaie qui, sensibles aux avantages de cet actif, acceptent le manque à gagner, par rapport à un placement à intérêt. Or on peut supposer qu'ils détiennent d'autant moins de monnaie que le taux d'intérêt est plus élevé ; mais on doit aussi tenir compte de ce qu'ils ajustent leurs encaisses en proportion du niveau général des prix et en fonction du volume de leurs transactions, lequel varie à peu près comme le revenu national. Ainsi, dans la spécification simple (4), y peut être le logarithme de la masse monétaire divisée par l'indice général des prix, z_1 le logarithme du taux d'intérêt et z_2 le logarithme du revenu national réel.

L'aspect temporel de la source d'information dans de

telles applications doit tout particulièrement retenir notre attention. Il a plusieurs conséquences.

Tout d'abord on considère une suite de périodes couvrant au total une certaine durée, dix, vingt ou cinquante ans. Le phénomène étudié ne s'est-il pas modifié entre les premières périodes et les dernières ? La question s'est posée d'autant plus que, depuis longtemps déjà, les économistes sont sensibles aux modifications profondes que pourrait provoquer la transformation des institutions et des comportements au gré des accidents ou des tendances longues de l'histoire.

La pratique conduit à penser que cette éventualité est exagérée par rapport au risque bien réel que, compte tenu de la complexité des phénomènes, l'information contenue dans des séries limitées soit trop pauvre. Face à des séries couvrant dix ou vingt ans, voire beaucoup plus, on s'aperçoit souvent que les estimations ou les tests ont trop peu de précision pour être vraiment utiles, à moins qu'on simplifie beaucoup le modèle ; mais cette échappatoire est elle-même risquée, car la précision apparente obtenue de la sorte a des chances d'être illusoire et même d'induire en erreur (nous en verrons un exemple dans le chapitre suivant).

Il est des cas dans lesquels on peut vérifier que le passage du temps ne modifie pas les lois considérées. En effet l'absence de modification constitue une hypothèse que l'économétrie peut en principe tester. Pour être intéressant le résultat du test ne doit pas être trop indéterminé, ce qui est malheureusement le cas quand on dispose de peu d'observations et que le phénomène n'est pas assez simple. Mais, occasionnellement, des tests probants sont effectués, conduisant parfois à constater une modification significative, mais le plus souvent à en vérifier l'absence.

De fait, les macroéconomistes ont plutôt à déplorer de ne disposer que de données statistiques composant des séries trop courtes par rapport à ce qu'ils souhaiteraient. Cela s'explique surtout par l'absence d'investigations statistiques suffisantes autrefois. En France, par exemple, le système statistique était très déficient avant la dernière guerre. Après la guerre la mise en place des structures institutionnelles, des personnels, des enquêtes et autres instruments de l'observation de base a exigé un certain temps, de sorte que les comptes nationaux et les grands indicateurs macroéconomiques sont quasiment inutilisables avant 1949, très peu fiables avant 1959, nettement plus solides depuis 1970 [1].

A l'absence totale de données utilisables s'ajoute le fréquent manque d'homogénéité statistique entre les séries établies à diverses époques. Les statisticiens visent à la fois la précision et l'homogénéité, or ces deux qualités entrent souvent en conflit. Quand apparaît une source meilleure de données élémentaires les statisticiens peuvent la substituer, pour leurs évaluations macroéconomiques, à une source ancienne moins précise ; mais cela provoquerait une rupture de série, s'ils ne pratiquaient pas des raccords, par nécessité assez approximatifs. Quand les substitutions opérées ou à opérer de la sorte s'avèrent trop nombreuses, les statisticiens décident de créer de nouvelles séries plus précises et plus homogènes mais ne remontant pas très loin dans le passé. Parfois, ils déterminent eux-mêmes de nouvelles « séries longues » en pratiquant au mieux de nouveaux raccords avec les informations dont ils disposent pour les périodes plus anciennes. S'ils ne le font pas, il revient à l'économètre de s'interroger sur le fait de savoir s'il doit préférer les séries courtes disponibles et précises, ou bien des séries longues qu'il devra établir lui-même en raccordant de façon fruste des séries hétérogènes.

Si les observations paraissent trop peu nombreuses, la durée couverte par l'observation statistique étant assez courte,

1. L'imprécision des données statistiques, toujours sujettes à erreur, affecte évidemment la précision du travail des économètres. La chose est sue, mais il n'en est guère tenu compte de façon explicite. C'est que, sauf exception, l'imprécision des statistiques échappe à la mesure. Dans certains cas on constate une forte différence entre deux évaluations de la même grandeur, obtenues par deux voies distinctes; il est alors manifeste que l'une des deux sources d'information au moins est défectueuse (j'en ai donné deux exemples dans E. Malinvaud, « Le service public de la statistique en Occident : le point actuel », *Journal de la Société de Statistique de Paris,* 1988). Mais même dans de tels cas, où l'imprécision est détectée, on ignore quelles sont les responsabilités respectives des deux séries ainsi mises en contradiction. L'impression prévaut cependant chez les économètres qu'aujourd'hui l'imprécision des séries macroéconomiques relatives aux pays occidentaux constitue rarement la cause principale des difficultés rencontrées dans l'estimation des lois ou le test des hypothèses. La complexité des phénomènes eux-mêmes et les multiples influences perturbatrices auxquelles ils sont sujets sont considérées comme beaucoup plus dommageables.

ne pourrait-on pas tourner la difficulté en retenant des périodes élémentaires plus brèves ? Sur une même durée des données trimestrielles fournissent quatre fois plus d'observations que des données annuelles. Pourquoi ne pas préférer encore des données mensuelles, voire des données hebdomadaires ? Une telle substitution apporte une réponse valable si le phénomène étudié se manifeste par des variations fréquentes et n'implique pas de longs délais. Par exemple, l'étude de la détermination des cours du change d'une monnaie contre une autre peut profiter d'une analyse de données mensuelles. Mais pour d'autres phénomènes, retenir des périodes élémentaires courtes, conduit uniquement à magnifier le poids relatif des bruits affectant les relations envisagées. Par exemple, s'il s'agissait d'apprécier les effets de la recherche fondamentale sur le rythme ultérieur de croissance de la productivité globale des facteurs, on ne profiterait en rien de la substitution de données trimestrielles à des données annuelles. Le plus souvent les macroéconomistes estiment que le trimestre constitue la borne inférieure de la durée élémentaire épuisant l'information pertinente que peut fournir l'observation des évolutions.

Le recours à des données infra-annuelles oblige d'ailleurs à prêter une attention accrue aux délais que peuvent comporter les phénomènes, ce qui est toujours délicat pour les travaux économétriques, comme nous le verrons. Il oblige aussi à tenir compte explicitement d'influences perturbatrices, variations saisonnières et autres. Ainsi, le nombre de jours ouvrés varie d'un mois à l'autre et d'un trimestre à l'autre, en partie en fonction du rang du mois ou du trimestre (mois de février ou trimestre d'été, etc.) mais aussi en fonction du calendrier de l'année (nombre de samedis par mois, place des fêtes de Pâques, etc.). Recourir à des données corrigées des variations saisonnières et du nombre de jours ouvrables n'élimine qu'une partie de la difficulté, puisque la correction introduit inévitablement une source d'erreur possible. De même, il peut être nécessaire de tenir compte de grandes grèves ou, dans certains pays, d'accidents climatiques. Tout cela complique l'analyse économétrique ; le gain en précision que donne, par exemple, la substitution de données trimestrielles à des données annuelles est bien inférieur à celui que procurerait, pour un même phénomène stable, le quadruplement du nombre d'années observées.

La prise en compte d'influences perturbatrices peut aussi être nécessaire quand on exploite des séries annuelles. Il faut notamment se demander si les rapports entre les tendances à long terme des diverses séries s'expliquent par le phénomène étudié ou par des causes qui lui sont totalement étrangères et propres à chaque série. Dans le second cas il faut soit faire intervenir explicitement toutes ces causes soit, à défaut, considérer les séries des écarts aux tendances plutôt que les séries brutes.

Pour toute analyse de séries temporelles, la question se pose encore de savoir s'il convient ou non d'éliminer certaines observations exceptionnelles. Par exemple, on pense que les périodes de guerre ne sont pas significatives pour les relations étudiées parce que l'économie et les statistiques y étaient bouleversées de diverses manières ; on retient alors des séries ne concernant que les périodes de paix. Dans d'autres cas l'hésitation est fréquente : ainsi, dans l'analyse des données trimestrielles françaises des trente dernières années, faut-il éliminer le second trimestre 1968 ? Se souvenir de l'histoire, comme le recommande J. Hicks, aide à décider ce qu'il convient de faire : pour certains phénomènes le printemps 1968 fut nettement atypique, pour d'autres peu.

Les questions de ce type ont de l'importance. Il ne faut pas croire en effet que les données de toutes les périodes observées affectent au même degré le résultat des tests et des estimations économétriques. Au contraire, le cas usuel est celui où une minorité d'observations joue un rôle déterminant. On le comprend intuitivement : dans l'ajustement d'une relation telle que l'équation (1), les observations pour lesquelles z_{1t} et z_{2t} ont des valeurs proches de leurs moyennes respectives $\bar{z}_1$ et $\bar{z}_2$ sur l'ensemble des T périodes n'influencent guère que l'estimation de la constante c qui, en général, n'a que peu d'intérêt ; au contraire, si $z_{1t} - \bar{z}_1$ est anormalement fort en valeur absolue, l'observation de la période t joue un grand rôle pour l'estimation de a_1 (de fait, on dit en statistique mathématique que l'observation relative à t est « influente »). Selon qu'on élimine ou non une ou deux observations particulièrement influentes on peut obtenir des ajustements très sensiblement différents.

En somme, il y a une grande commodité à utiliser dans la recherche inductive les séries macroéconomiques relatives à un pays particulier, car l'adéquation de ces séries aux modèles étudiés et à leurs applications envisagées pose peu de problèmes. Mais, compte tenu des diverses remarques qui précèdent et de la complexité de certains phénomènes importants, le contenu en informations de l'échantillon constitué par de telles séries s'avère souvent insuffisant.

Données géographiques

Une alternative aux séries temporelles réside dans l'observation des mêmes grandeurs pour différents pays ou différentes régions (départements français, États aux États-Unis, etc.). Par exemple, une relation telle que l'équation (1) pourrait être ajustée non sur des séries de y_t, z_{1t} et z_{2t} mais sur l'échantillon constitué par les valeurs y_i, z_{1i} et z_{2i} des trois grandeurs pour n pays distincts ($i = 1, 2 ... n$). Dans la pratique, le recours à ce type d'échantillon est beaucoup moins fréquent. Il y a deux raisons à cela.

La première tient aux sources statistiques accessibles aux macroéconomistes. Alors que des évaluations régulières et homogènes sont fournies dans chaque pays par la publication des comptes nationaux et des indices statistiques usuels, les données agrégées disponibles pour diverses circonscriptions administratives d'un pays sont beaucoup moins nombreuses. En effet, les observations élémentaires sont elles-mêmes moins nombreuses et précises : on dispose d'évaluations pour les flux migratoires avec l'étranger, mais rarement pour ceux entre régions ; il existe d'abondantes statistiques douanières mais très peu de statistiques sur les échanges entre les départements français par exemple ; pour évaluer la production d'une région il faut décomposer géographiquement la production des entreprises implantées dans deux ou plusieurs régions, etc.

Si des comptes nationaux et des indices statistiques mesurant approximativement les mêmes grandeurs existent bien dans les divers pays, la comparabilité internationale est mal assurée, tantôt parce que les concepts ne sont pas les mêmes, plus souvent encore parce que les méthodes d'observation et d'évaluation diffèrent. Les efforts d'harmonisation statistique internationale ont été engagés depuis plus d'un siècle et ont été poursuivis depuis quarante ans, mais avec des résultats inégaux.

La seconde raison tient aux spécificités nationales ou régionales non statistiques. Constatant une différence entre deux pays ou deux régions i et j pour une grandeur y, on doit se demander si elle s'explique par les différences entre les grandeurs exogènes introduites, par exemple par $z_{1i} - z_{1j}$ et $z_{2i} - z_{2j}$. Une question similaire se pose bien à propos des séries temporelles, comme nous l'avons vu, mais elle est habituellement perçue comme moins grave, les spécificités nationales ou régionales étant considérées comme plus marquées que celles des divers trimestres ou années, et comme ayant des effets plus malaisés à corriger.

Ainsi, qu'il s'agisse des sources statistiques ou de la nature des phénomènes eux-mêmes, on doit craindre l'existence d'influences perturbatrices qui peuvent biaiser les résultats économétriques ou les rendre plus flous. Ce n'est pas un motif suffisant pour s'abstenir d'examiner les données géographiques ; mais c'en est un pour le faire avec plus de circonspection que lorsqu'on travaille sur des séries temporelles.

Il y a évidemment la possibilité de tirer parti à la fois des deux dimensions, temporelle et géographique. On peut en effet rassembler les séries temporelles de certaines grandeurs dans divers pays ou régions, par exemple des données telles que y_{it}, z_{1it} et z_{2it}, simultanément pour i = 1, 2 ... n et t = 1, 2 ... T. L'échantillon ainsi constitué est plus riche en information, donc plus prometteur, que chaque série temporelle ou chaque coupe géographique concernant une période particulière. Pour désigner un ensemble de données ayant ainsi deux, ou éventuellement plusieurs dimensions, il est courant de parler aujourd'hui de « panel ».

La considération d'une suite de périodes pour diverses régions n'élimine pas le problème posé par les spécificités géographiques. La question est même de savoir détecter l'information pertinente pour le phénomène étudié. Elle se ramène à celle de savoir quelle forme a le modèle susceptible d'expliquer convenablement les variations temporelles et géographiques de la grandeur étudiée. Soit y_{it} celle-ci. Par référence au modèle (4) on peut concevoir de nombreux modèles donnant une explication différente de ces variations, par exemple les suivants :

(5) $$y_{it} = a_1 z_{1it} + a_2 z_{2it} + c + \varepsilon_{it}$$

(6) $$y_{it} = a_1 z_{1it} + a_2 z_{2it} + c_i + \varepsilon_{it}$$

(7) $$y_{it} = a_1 z_{1it} + a_2 z_{2it} + c_i + d_t + \varepsilon_{it}$$

(8) $$y_{it} = a_1 z_{1it} + a_{2i} z_{2it} + c_i + \varepsilon_{it}$$

Considérons brièvement chacun d'eux.

Le modèle (5), le plus simple, ne fait intervenir les spécificités temporelles et géographiques que par l'intermédiaire du terme aléatoire ε_{it}. C'est dire que l'on considère ces spécificités comme a priori indéterminées, comme assez peu importantes et comme ne présentant aucun caractère systématique. Chaque observation (y_{it}, z_{1it}, z_{2it}) a a priori le même contenu en information vis-à-vis de la loi à ajuster ; les dimensions temporelle et géographique pourraient tout aussi bien être confondues.

Le modèle (6) admet l'existence de spécificités géographiques qui pourraient être importantes mais ne joueraient sensiblement sur y que de façon additive. Avec ce modèle et dans la mesure où l'on cherche à mesurer a_1, c'est-à-dire l'intensité de l'effet de z_1, ce sont les évolutions qui importent plutôt que les niveaux respectifs des variables régionales [2]. On le voit bien en considérant la moyenne de chaque variable régionale sur toute la durée observée, par exemple :

(9) $$y_{i.} = \frac{1}{T} \sum_{t=1}^{T} y_{it}$$

Le modèle (6) implique évidemment :

(10) $$y_{i.} = a_1 z_{1i.} + a_2 z_{2i.} + c_i + \varepsilon_{i.}$$

donc aussi :

2. En revanche pour l'estimation de la constante c_i les observations de la région i apportent plus d'information que celles des autres régions ; de même, pour l'estimation des différences telles que $c_i - c_j$, les disparités interrégionales importent plus que les évolutions.

(11) $(y_{it} - y_{i.}) = a_1 (z_{1it} - z_{1i.}) + a_2 (z_{2it} - z_{2i.}) + (\varepsilon_{it} - \varepsilon_{i.})$

Pour l'estimation de a_1, les écarts aux moyennes tels que $y_{it} - y_{i.}$ apportent tout autant d'informations que les niveaux des variables. Dès lors qu'on ne s'intéresse pas particulièrement aux constantes c_i on peut dire que tout se passe comme si l'on avait non pas nT observations $(y_{it}, z_{1it}, z_{2it})$ mais n (T – 1) observations $(y_{it} - y_{i.}, z_{1it} - z_{1i.}, z_{2it} - z_{2i.})$. On vérifie en effet qu'on déduit directement $y_{iT} - y_{i.}$ par exemple des T – 1 valeurs précédentes $y_{it} - y_{i.}$: c'est leur somme changée de signe.

Des spécificités temporelles et géographiques apparaissent dans le modèle (7), mais encore de façon purement additive. Un raisonnement analogue à celui qui précède montre qu'alors toute l'information pertinente pour l'estimation de a_1 est contenue dans les combinaisons linéaires telles que :

(12) $y_{it} - y_{i.} - y_{.t} + y_{..}$

où

(13) $y_{.t} = \frac{1}{n} \sum_{i=1}^{n} y_{it} \qquad y_{..} = \frac{1}{n} \sum_{i=1}^{n} y_{i.}$

Notons que $y_{i.} + y_{.t} - y_{..}$ serait la valeur y_{it}^* attribuée à y_{it} si on ne l'avait pas observée et si l'on connaissait uniquement les moyennes géographiques et temporelles $y_{i.}$ et $y_{.t}$ (on corrigerait la moyenne régionale $y_{i.}$ de l'écart $y_{.t} - y_{..}$ observé pour la période t). Avec ce modèle, toute l'information pertinente pour l'estimation de a_1 est contenue dans les écarts par rapport à de telles variables ainsi construites, soit $(y_{it} - y_{it}^*, z_{1it} - z_{1it}^*, z_{2it} - z_{2it}^*)$; il y a pour ces écarts (n – 1) (T – 1) observations indépendantes et non plus nT. Une autre façon d'exprimer le fait que le panel est moins informatif pour le modèle (7) que pour le modèle (5) consiste à remarquer que les nT observations $(y_{it}, z_{1it}, z_{2it})$ doivent servir à l'estimation de 3 paramètres (a_1, a_2, c) selon (5) mais à celle de n + T + 1 paramètres indépendants selon (7) (on vérifie qu'il n'y a que n + T – 1 paramètres indépendants c_i et d_t puisque les sommes $c_i + d_t$ ne changent pas quand on ajoute un même nombre à tous les c_i et qu'on le retranche de tous les d_t).

Il est possible de concevoir que les spécificités géographiques ne jouent pas sur y de façon purement additive comme dans (6). Le modèle (8) en donne un exemple ; il admet que l'effet de z_1 sur y ne dépend pas de la région mais que celui de z_2 peut en dépendre. Pour l'estimation de a_1, l'information contenue dans le panel est moins riche avec (8) qu'avec (6). La caractériser avec (8) est plus compliqué qu'avec les modèles précédents ; je ne le ferai pas ici. Je me contenterai de remarquer que l'ajustement de (8) fait intervenir n – 1 paramètres de plus que celui de (6).

L'utilisation économétrique de tels panels de données macroéconomiques est encore assez peu répandue. C'est une voie d'avenir, sur laquelle il ne faut sans doute pas entretenir d'immenses espoirs, mais qui devrait contribuer à préciser nos idées.

Ce qui est en revanche courant dès aujourd'hui, c'est la confrontation des ajustements indépendants d'une même loi sur les séries temporelles macroéconomiques de divers pays. En somme, pour le pays i le modèle ajusté est du type suivant :

$$(14) \qquad y_{it} = a_{1i}\, z_{1it} + a_{2i}\, z_{2it} + c_i + \varepsilon_{it}$$

Des estimations a^*_{1i} de l'intensité de l'effet de la variable z_1 sur la variable y sont dès lors obtenues pour les divers pays. On examine ensuite l'ensemble de ces n estimations ; s'il est bien groupé, on en déduit un ordre de grandeur auquel on peut attribuer une certaine confiance. Quand au contraire les résultats diffèrent sensiblement, on s'interroge sur les systématismes que l'on pourrait y découvrir, ce qui peut donner des idées pour des recherches ultérieures.

La confrontation peut être faite dans le cadre d'un même projet de recherche économétrique. Elle l'est plus souvent de façon moins organisée. Le macroéconomiste qui souhaite connaître la force d'un effet l'intéressant, parfois en vue d'applications prospectives, examine la littérature scientifique disponible pour y chercher les estimations de cet effet obtenues par divers chercheurs dans divers pays sur des données propres à ces pays, souvent d'ailleurs avec des modèles quelque peu différents. Cette façon de procéder n'est pas répréhensible, quoique moins rigoureuse et moins satisfaisante pour l'esprit que celle consistant à calculer des estimations conjointes. C'est ainsi que se fait souvent la science...

Dans la pratique, la confrontation ne révèle le plus souvent en macroéconomie que des convergences approximatives, parfois même de véritables divergences. Même quand les résultats s'avèrent proches, on ne doit pas perdre de vue que les échantillons relatifs aux différents pays ne sont pas vraiment indépendants entre eux quand ils portent sur les mêmes périodes ; il y a trop de similitudes entre les évolutions historiques nationales, trop d'interdépendances entre elles pour qu'il en soit ainsi. La précision atteinte de la sorte dans l'appréciation des effets a toute chance d'être plus faible que si l'on avait exploité des échantillons de mêmes tailles et réellement indépendants.

Données individuelles

D'importantes informations sur les structures, les conditions d'activité et les comportements peuvent provenir de l'observation des agents élémentaires : ménages, entreprises ou entités administratives. Si i désigne maintenant une unité élémentaire et si l'on a des données de même nature sur n unités, on peut en tirer parti d'une façon assez analogue à ce qu'on a fait avec les séries temporelles ou les données géographiques. Par exemple, si l'on a observé y_i, z_{1i} et z_{2i} pour n ménages et si l'on admet qu'un modèle du type (4) représente le comportement des ménages, un ajustement des données sur la relation linéaire doit renseigner sur l'importance a_1 de l'effet attribuable à la variable z_1. Un tel recours à des échantillons de données individuelles présente cependant deux particularités nouvelles qui doivent retenir notre attention : d'une part, les spécificités individuelles sont habituellement plus marquées que les spécificités temporelles ou géographiques ; d'autre part, après estimation, il faut transposer les résultats microéconomiques en lois macroéconomiques, ce qui soulève notamment des problèmes d'agrégation. Examinons ces deux particularités l'une après l'autre.

L'expérience quasi universelle montre que les ajustements

aux données individuelles laissent subsister des écarts relativement beaucoup plus importants que les ajustements aux données macroéconomiques, surtout quand celles-ci composent des séries temporelles. Par exemple, si l'ajustement se fait par la méthode des régressions, qui sera étudiée dans le chapitre suivant, l'indicateur classique R^2 se trouve souvent être de l'ordre de 0,1 à 0,3 avec des données individuelles alors qu'il est fréquemment supérieur à 0,9 avec des séries macroéconomiques [3]. Pour exprimer les choses plus précisément, admettons qu'on ait choisi un modèle du type (4), soit :

$$(15) \qquad y_i = a_1 z_{1i} + a_2 z_{2i} + c + \varepsilon_i$$

L'ajustement conduit à décomposer y_i en deux termes, correspondant l'un à sa valeur ajustée $a_1^* z_{1i} + a_2^* z_{2i} + c^* = y_i^*$ l'autre à un résidu $\varepsilon_i^* = y_i - y_i^*$. Avec des données individuelles, il est courant de trouver des résidus importants, leur variance étant nettement supérieure à celle des valeurs ajustées. On peut encore dire que le modèle donne une explication très incomplète des différences constatées sur y d'une unité à une autre, même quand on a introduit certaines des variables exogènes z_k pour repérer des spécificités individuelles.

L'origine de ce fait peut se comprendre. Deux ménages ne se distinguent pas seulement par des caractéristiques z_k repérées et observées : leur revenu, le nombre de leurs membres, les âges de ceux-ci, etc. Interviennent aussi de nombreux éléments non repérés qui motivent par exemple leurs achats : leurs goûts, leur plus ou moins grand souci d'épargner, leur éloignement par rapport à certains services, etc. De plus leurs achats sont observés sur une période limitée, imparfaitement représentative de leurs conditions de vie, car bien des irrégularités existent dans le rythme des approvisionnements, dans certaines grosses dépenses occasionnelles, dans les besoins de santé, etc. Si l'on pense aux entreprises, les causes de différence peuvent être encore plus marquées. S'agissant par exemple d'investissement,

3. L'indicateur R^2 est égal à 1 quand l'ajustement est parfait ; il est nul quand le modèle ne rend pas du tout compte des différences entre observations.

interviennent non seulement le développement anticipé des débouchés, les perspectives plus ou moins attrayantes de prix et de coût, les conditions d'accès au crédit, etc., mais aussi les besoins propres de l'entreprise liés à sa spécialisation étroite et au renouvellement d'équipements anciens, à sa stratégie de conquête éventuelle de nouveaux marchés, à sa perception des risques qui peuvent la concerner particulièrement, à son attitude vis-à-vis de ces risques, etc. Certains des éléments explicatifs repérés ne sont d'ailleurs pas vraiment observés mais estimés plus ou moins grossièrement ; par exemple, on suppose que le développement anticipé des débouchés résulte de l'évolution passée des ventes, ce qui est évidemment approximatif.

La présence de ces nombreuses causes d'écarts individuels par rapport à la loi supposée n'est pas nécessairement grave pour les applications macroéconomiques ; il suffit que la loi s'applique en moyenne, c'est-à-dire que les écarts individuels se neutralisent mutuellement et permettent ainsi à la loi des grands nombres de jouer. En d'autres termes, tout dépend du fait de savoir si l'on peut avoir confiance dans les hypothèses du modèle (15) sur le terme aléatoire ε_i représentant les spécificités individuelles non observées : les économètres, lors de l'estimation, et les macroéconomistes, lors des applications, peuvent-ils faire comme si ce terme suivait une loi de probabilité distribuée autour de zéro et indépendante des variables explicatives repérées z_1 et z_2 ?

Mais la présence d'importants aléas individuels rendrait l'estimation et les tests trop imprécis si l'on ne disposait pas d'échantillons assez gros. En général, l'utilisation de données individuelles requiert des échantillons beaucoup plus importants que celle de données macroéconomiques, l'effectif étant par exemple de plusieurs milliers au lieu de plusieurs dizaines. En d'autres termes, pour disposer du même contenu en information sur le phénomène étudié, il faut habituellement réunir beaucoup plus d'observations.

La base de données, étant alors plus grosse, peut être aussi bien plus lourde à constituer. Ce n'est guère le cas quand cette base provient intégralement d'une même enquête auprès de ménages ou d'entreprises, le travail préalable de vérification, voire de redressement ou d'élimination d'observations aberrantes, étant néanmoins important s'il n'a pas été déjà effectué par les statisticiens chargés de l'enquête. Mais, surtout, l'étude économétrique requiert souvent qu'on rapproche les résultats de deux ou plusieurs enquêtes distinctes afin de les utiliser conjointement, ou encore que l'on complète les données d'une enquête par des données obtenues autrement sur les mêmes unités. Ainsi, s'agissant d'entreprises, il est courant de puiser simultanément dans une enquête et dans une ou des sources administratives, comme les déclarations des bénéfices industriels et commerciaux accompagnées de tous les éléments comptables annexes. La constitution de la base de données devient alors laborieuse, car il faut, pour un grand nombre d'unités, vérifier qu'on n'identifie pas à tort deux ou plusieurs groupes de résultats comme concernant la même unité ; il faut encore vérifier ou assurer la compatibilité de ces résultats ; ce faisant, il faut éliminer le moins possible d'unités, car le taux d'éliminations peut être élevé, ce qui compromet la représentativité des informations.

Une fois l'ajustement obtenu, il faut examiner comment le transposer en relation macroéconomique. Il s'agit évidemment d'un problème propre à l'emploi de données individuelles. En un sens, le problème est le même que celui de la transposition des spécifications théoriques. Comme nous l'avons vu dans le chapitre 6, il est fréquent de rationaliser d'abord le comportement d'une « unité représentative » pour en déduire une relation entre grandeurs microéconomiques, puis d'admettre que la loi ainsi obtenue entraîne une loi analogue entre grandeurs agrégées correspondantes, ou mieux, d'étudier comment les relations individuelles s'agrègent et impliquent ainsi une relation plus ou moins étroite au niveau macroéconomique. La démarche des économètres a de grandes similitudes avec celle des théoriciens, mais elle a aussi des aspects particuliers. Examinons les choses de plus près.

Il faut d'abord noter que les effets évalués par l'ajustement des données individuelles sont inégalement intéressants pour les macroéconomistes, certains n'ayant même aucune importance de leur point de vue. C'est généralement le cas de ceux relatifs au rôle de spécificités individuelles qu'il a paru indispensable de représenter pour donner une certaine précision à l'ajustement. Ainsi, la variable z_2 du modèle

(15) peut représenter une telle spécificité ; si sa distribution dans la population ne varie pas d'un contexte macroéconomique à un autre, on comprend intuitivement que l'estimation de a_2 intéresse peu le macroéconomiste. Pensons ainsi à l'effet de l'âge et du sexe des personnes sur leur offre de travail ; tant qu'on envisage des applications où la structure par âge et par sexe reste approximativement inchangée, on n'a pas lieu de faire attention aux différences systématiques dans le niveau de cette offre qui résultent de l'influence de l'âge et du sexe.

A l'inverse, le macroéconomiste peut être très intéressé par un effet que l'analyse des données individuelles ne permet pas d'évaluer. C'est surtout le cas quand on envisage des évolutions où une grandeur z_3 est susceptible de varier plus ou moins et quand les données individuelles analysées concernent toutes une même situation quant à la valeur de cette variable ; par exemple on s'intéresse à l'effet du niveau général des prix, mais les unités individuelles ont toutes été observées au même moment, donc avec le même niveau général des prix, de sorte que les différences entre unités ne peuvent en rien renseigner sur l'effet de différences de prix.

Ainsi le contenu informatif d'un échantillon de données individuelles apparaît-il au macroéconomiste superfétatoire à certains égards, insuffisant à d'autres. Cette information est la plus intéressante quand elle révèle l'influence des variations d'une grandeur jouant un rôle macroéconomique important. Les données individuelles peuvent alors présenter cet avantage sur les séries temporelles : porter sur une beaucoup plus vaste plage de variation de la grandeur en cause. Qu'on pense, par exemple, au revenu réel par personne qui peut varier de 1 à 2 dans les séries temporelles disponibles, mais de 1 à 10 dans un échantillon de ménages. Quoi qu'il en soit, une loi macroéconomique obtenue par transposition des résultats relatifs à des données individuelles peut paraître partielle.

Cette réserve faite, comment la transposition peut-elle et doit-elle se faire ? Parmi les développements du chapitre 6, il faut se référer à ceux concernant les lois où les variables agrégées sont considérées comme représentatives des distributions statistiques des variables microéconomiques correspondantes ; par exemple, le revenu global, éventuellement accompagné d'un indicateur mesurant l'inégalité des revenus, peut suffire à repérer la position, et éventuellement la forme, de la distribution statistique des ménages suivant leur niveau de revenu. Nous avons vu que, dans ces cas, on pouvait définir rigoureusement la procédure à suivre pour transposer une loi microéconomique en une loi macroéconomique.

Nous avons vu que la seconde loi ne conservait pas toujours la forme de la première. Intervenait souvent, en particulier, un lissage qui donnait aux relations macroéconomiques une forme plus régulière. Ce lissage, joint au fait que la plupart des grandeurs macroéconomiques ont des plages de variation étroites, explique d'ailleurs pourquoi les modèles macroéconomiques contiennent fréquemment des relations linéaires.

Le cas où les lois microéconomiques sont elles-mêmes linéaires se prête évidemment bien à un examen méthodologique approfondi. Il a été très étudié, notamment par ceux qui ont voulu élucider la signification macroéconomique exacte des estimations obtenues par analyse économétrique de données individuelles [4]. Nous n'en retiendrons qu'un résultat, utile pour la discussion qui va suivre. Mais, auparavant, remarquons que nous avons déjà considéré dans le chapitre 6 une particularité de l'agrégation linéaire dans les cas où l'on s'intéresse à des effets dont l'importance est susceptible de varier entre unités individuelles, comme dans le modèle (14) pour celui de z_1 sur y. Nous avons vu que, dans ce cas, le coefficient $\hat{a}_1$ – qui devrait intervenir dans la loi agrégée liant la moyenne des z_{1i} à la moyenne des y_i – n'est pas en général la moyenne simple des a_{1i} (il s'agissait en l'occurrence d'une moyenne pondérée). On voit ainsi tous les risques de transpositions macroéconomiques simplistes à partir de résultats provenant de l'analyse de données individuelles.

Quoi qu'il en soit, considérons une situation différente, celle où certaines grandeurs qui importent aux niveaux microéconomique et macroéconomique n'ont pas été obser-

4. Voir tout particulièrement H. Theil, *Linear Aggregation of Economic Relations,* North-Holland Pub. Co., Amsterdam, 1954.

vées sur les unités individuelles. La théorie des régressions a montré qu'alors des biais affectaient l'estimation des effets des autres grandeurs, celles qui sont effectivement observées. Supposons, par exemple, que le modèle (15) s'applique et qu'on s'intéresse à l'effet de z_1 sur y, c'est-à-dire à l'estimation du coefficient a_1. On dispose d'un échantillon de données individuelles donnant les valeurs des y_i et des z_{1i} mais non celles des z_{2i}. On estime alors a_1 par régression des y_i sur les z_{1i}. Quelle signification faut-il donner à la valeur $\hat{a}_1$ ainsi obtenue ?

Il est possible de montrer que, avec les hypothèses usuelles de la théorie des régressions, l'espérance mathématique du résultat de cette estimation (pour des valeurs données, quoique non observées, des z_{2i}) est égale à :

$$(16) \qquad E(\hat{a}_1) = a_1 + \frac{\sigma_2}{\sigma_1} r_{12} a_2$$

où σ_1 et σ_2 sont les écarts types respectifs des z_{1i} et z_{2i} tandis que r_{12} est le coefficient de corrélation entre eux [5]. Le second terme du membre de droite définit le biais d'estimation. Il est évidemment nul si la variable z_2 n'a pas d'effet sur y (si $a_2 = 0$) ; il est aussi négligeable si dans l'échantillon soit la corrélation entre les z_{1i} et les z_{2i} est faible soit la dispersion des z_{2i} est petite par rapport à celle des z_{1i} ; dans ces deux cas le fait que les z_{2i} n'aient pas été observés affecte peu l'estimation de a_1. Cette formule générale, qui s'applique lorsqu'on ne tient pas compte d'une variable dans une régression, est précieuse quand la transposition d'un résultat obtenu sur données individuelles concerne un phénomène macroéconomique faisant jouer des délais. Le cas est fréquent ; nous devons donc le considérer explicitement.

Un échantillon de données individuelles relatives à une même période appartient à la catégorie de ce qu'on appelle des « coupes instantanées » (cross-sections en anglais). Le terme évoque une opposition avec les « séries temporelles », d'autant plus significative que de nom-

5. Des formules plus générales existent pour les régressions impliquant davantage de variables explicatives. Voir par exemple E. Malinvaud, *Méthodes statistiques de l'économie,* 3e édition, Dunod, Paris, 1978, chap. 8, § 7 (ii), p. 353.

breux phénomènes et applications macroéconomiques ont un aspect temporel important. La question se pose naturellement de savoir, non pas si l'information contenue dans une coupe instantanée est pertinente au niveau macroéconomique, mais plutôt comment elle doit y être interprétée. La question porte d'ailleurs sur l'utilisation de toute espèce de coupe instantanée, notamment sur celle d'un échantillon de données géographiques relatives à une seule période.

Fixons notre attention sur le cas où l'on ne connaît pour chaque unité que les valeurs prises par certaines grandeurs dans une seule et même période, mais où des délais interviennent dans le phénomène sous-jacent, c'est-à-dire dans l'action de certaines grandeurs sur d'autres. Un modèle exact ferait intervenir des variables relatives à plusieurs périodes successives ; mais le modèle à ajuster sur les données ne le peut pas ; il omet donc certaines variables pourtant significatives ; son ajustement est sujet à un biais.

Pour préciser les choses, examinons le cas simple où le modèle exact devrait être :

$$(17) \qquad y_{it} = a\, z_{it} + b\, z_{i,t-1} + c + \varepsilon_{it}$$

Il y a alors une seule grandeur exogène z et une seule endogène y ; mais l'action de z sur y est en partie retardée d'une période. Suivant les applications, on peut s'intéresser soit à l'effet immédiat, dit encore « à court terme », dont l'intensité est définie par le coefficient a, soit à l'effet final, « à long terme », caractérisé par a + b. Il est clair que le modèle s'agrège sans difficulté pour donner la loi macroéconomique :

$$(18) \qquad \bar{y}_t = a\, \bar{z}_t + b\, \bar{z}_{t-1} + c + \bar{\varepsilon}_t$$

si $\bar{y}_t$, $\bar{z}_t$ et $\bar{\varepsilon}_t$ représentent respectivement les moyennes des variables y_{it}, z_{it} et ε_{it}.

Si seuls les y_{it} et les z_{it} ont été observés sur les unités élémentaires, et non les valeurs antérieures $z_{i,t-1}$, on en est réduit à estimer l'effet de z sur y par une régression simple des y_{it} sur les z_{it}. Soit alors $\hat{a}$ le coefficient de régression obtenu. Si l'on peut supposer que la dispersion des valeurs de z entre les unités individuelles était à peu près la même dans la période $t-1$ que dans la période t, on peut appliquer directement la formule (16) et écrire :

$$(19) \qquad E(\hat{a}) = a + \rho_t b$$

dans laquelle ρ_t désigne le coefficient de corrélation entre les z_{it} et les $z_{i,t-1}$ dans l'ensemble des individus constituant l'échantillon, coefficient non observé dans cet exemple.

Dans le cas usuel, cette corrélation est positive, voire élevée (qu'on pense, par exemple, aux revenus des ménages à un ou même cinq ans de distance). L'estimation $\hat{a}$ apparaît alors comme un peu bâtarde puisqu'elle mesure une grandeur intermédiaire entre celles caractérisant les effets respectivement à court et à long terme. Elle sera cependant assez proche de $a + b$, c'est-à-dire du paramètre mesurant le véritable effet à long terme.

Bien entendu, la difficulté qui vient d'être considérée pourrait être évitée si l'on observait pour chaque unité individuelle toutes les valeurs passées requises ($z_{i,t-1}$ dans l'exemple). Mais cette solution se heurte souvent à des impossibilités pratiques : indisponibilité de l'information dans la source administrative utilisée, ou crainte d'une grande imprécision, affectant l'ensemble des réponses, si à l'occasion d'une enquête on demande aux intéressés un trop grand effort de mémoire ou de recherche, ou encore nécessité de limiter le nombre des questions retenues dans une enquête poursuivant des buts multiples, etc.

La difficulté est a fortiori évitée quand on a réussi à constituer un panel d'unités individuelles suivies sur un nombre suffisant de périodes. C'est d'ailleurs l'une des raisons pour lesquelles la constitution de tels panels est entreprise de nos jours, tantôt pour un échantillon de personnes ou de ménages, tantôt pour un ensemble d'entreprises (on parle alors fréquemment de « centrale de bilans »). Il s'agit toujours d'une lourde tâche, exigeant des moyens importants et donnant lieu au même type de difficultés que celles évoquées précédemment à propos des rapprochements entre sources distinctes de données individuelles. En particulier, la représentativité des panels peut rarement être bien assurée. Mais accepter le coût et le risque d'une représentativité médiocre se justifie par la perspective de pouvoir enrichir les analyses transversales de coupes instantanées grâce à des « analyses longitudinales ». Pour celles-ci l'observation élémentaire relative à une unité est constituée par tout ce que le panel retient de l'histoire de l'unité [6].

L'information donnée par un panel revêt un intérêt particulier quand on a affaire à une population qui se renouvelle et qu'on a besoin de distinguer les « effets de génération » des évolutions purement temporelles. Ainsi, c'est grâce à un panel de salariés qu'on a bien réussi à décrire pourquoi, à un moment donné, les salariés de 60 ans ont des rémunérations nettement inférieures en moyenne à celles des salariés de 50 ans : il s'agit surtout d'un effet de génération, qui peut s'expliquer notamment par la formation plus poussée qu'a reçue la génération la plus jeune [7]. Ce type d'utilisation a cependant moins d'intérêt pour le macroéconomiste que pour l'économiste du travail, le sociologue ou le démographe.

Données sur les attitudes, les anticipations et les intentions

Les séries temporelles, les données géographiques ou individuelles examinées jusqu'ici concernent des actes et des résultats observés. Fournir de telles données est la vocation traditionnelle des statistiques économiques et sociales. Mais le macroéconomiste dispose d'autres types d'observations pour ses analyses, ses raisonnements, ses projections ou ses recommandations. Nous allons maintenant tourner notre attention vers ces autres sources d'information.

Examinons d'abord les données concernant, non plus ce qu'ont fait les agents, mais ce qu'ils perçoivent et anticipent : leurs attitudes, leurs opinions, leurs prévisions, leurs intentions. Des enquêtes de plus en plus répandues auprès des entreprises et des ménages portent sur de telles questions. Introduites d'abord par quelques analystes de l'opinion

6. Pour une discussion et une présentation approfondies de l'apport des panels relatifs à des unités individuelles suivies au cours du temps voir B. Dormont, « Petite apologie des données de panel », *Économie et Prévision*, 1989, nº 1.

7. Voir C. Baudelot, « L'évolution des salaires : une nouvelle approche », *Économie et statistique*, novembre 1982.

publique ou de la conjoncture économique, elles se sont généralisées, surtout depuis une vingtaine d'années et les services statistiques en font désormais couramment.

Ces services s'étaient d'abord tenus à l'écart d'une activite dont l'intérêt ne leur paraissait pas évident et qui risquait, à leurs yeux, d'être mal reçue par un public qu'ils sollicitaient d'ailleurs par des enquêtes factuelles de plus en plus nombreuses. La nature assez subjective des réponses aux questions sur les attitudes et les anticipations leur paraissait peu compatible avec l'objectivité qu'ils recherchaient et qu'ils voulaient faire reconnaître. Le caractère sensible de certains sujets leur semblait susceptible de nuire à la neutralité dont ils devaient faire preuve. A cet égard, les services officiels s'abstiennent toujours de faire des enquêtes sur les opinions politiques et religieuses, ou sur toute question du même ordre.

Néanmoins, les systèmes statistiques publics fournissent aujourd'hui aux macroéconomistes d'abondantes données sur les attitudes et les anticipations. La plupart sont périodiques et résultent de procédures inchangées durant plusieurs années, de sorte qu'elles se présentent sous forme de séries temporelles qui font apparaître directement les évolutions les plus significatives.

Il n'est pas besoin d'insister longuement sur le rôle des attitudes et des anticipations dans la détermination des comportements. Certes, l'activité économique n'est pas le siège de la fantaisie ; elle dépend surtout de conditions objectives qui s'imposent aux agents et sont connues d'eux. Mais elle vise souvent l'avenir et repose alors sur certaines anticipations, elles-mêmes suscitées par une certaine perception du présent et une certaine rationalisation du passé.

Cependant, les données sur les attitudes et les anticipations sont encore regardées avec suspicion par nombre de chercheurs. Faut-il se fier aux déclarations des intéressés pour connaître ce qui peut apparaître comme les mobiles de leur comportement ? Les psychologues ont bien vu depuis longtemps les erreurs qui, dans d'autres domaines, pourraient résulter d'une trop grande confiance en ces déclarations. L'enseignement de la philosophie a diffusé largement l'idée que les dires des individus sur eux-mêmes ne sont pas fiables, ou plutôt ne doivent pas être crus tels quels, mais interprétés, et parfois d'une façon très différente de leur signification littérale. Cette idée, communément admise, explique la réserve vis-à-vis de l'utilisation systématique des résultats d'enquêtes qui révéleraient directement ce que sont les attitudes et les anticipations.

Trois remarques montrent pourtant que ce doute ne devrait guère assaillir les macroéconomistes.

Premièrement, les informations dont ceux-ci ont besoin, et qui sont fournies par des enquêtes justement faites à leur intention, ne touchent pas à l'intimité des êtres. Dire qu'on perçoit une amélioration ou une détérioration de l'emploi, qu'on s'attend à une forte ou à une faible hausse de prix, qu'on a l'intention d'acheter une automobile, etc., apparaît rarement aux intéressés comme autre chose qu'une information purement factuelle et comme susceptible de révéler tel trait de leur personnalité qu'ils préfèrent ignorer ou cacher. En somme, attitudes et anticipations économiques sont bien différentes des sujets sur lesquels la réflexion et l'expérience des psychologues ont porté. A cela s'ajoute le fait que les questions concernent souvent une entité collective à laquelle le répondant ne s'identifie pas : le responsable d'une entreprise doit dire si les stocks de l'entreprise sont normaux, de combien doivent croître les prix des produits qu'elle vend, etc. ; il n'a rien à dire sur lui-même.

Deuxièmement, se passer des informations données par les individus ou les entreprises sur leurs opinions, leurs prévisions et leurs intentions, c'est s'obliger à trouver autrement certains mobiles des comportements. Ainsi, vouloir ignorer leurs prévisions de hausse des prix conduit à admettre tantôt que les agents se comportent comme si leurs prévisions résultaient de processus adaptatifs mécaniques extrapolant les hausses antérieures, tantôt, ce qui est pire, qu'ils perçoivent parfaitement l'avenir à chaque moment de sorte que leurs prévisions sont exactes. On voit bien dans de tels cas la fragilité relative des alternatives à l'utilisation directe des réponses des agents. Or, ces cas ne sont pas singuliers. Pour le macroéconomiste se fier aux réponses constitue le plus souvent la moins mauvaise des solutions.

Troisièmement, il n'est pas exclu de corriger les réponses quand on a assez d'informations pour le faire de façon valable. Le cas est en fait fréquent, au moins quand il s'agit des résultats d'enquêtes menées périodiquement suivant des méthodes constantes. En rapprochant systématiquement les prévisions de leurs réalisations ultérieures, soit d'après les déclarations des intéressés, soit d'après des statistiques factuelles provenant d'autres sources, on peut évaluer les biais des prévisions formulées. Une fois ces biais connus, les statisticiens peuvent établir des séries corrigées [8].

Sans faire de véritable correction, les conjoncturistes peuvent encore considérer, occasionnellement, comme douteuses les réponses qu'ils obtiennent dans des circonstances particulières. Ainsi, quelques mois durant après le changement de majorité en 1981, les responsables des enquêtes auprès des chefs d'entreprises industrielles ont cru constater chez certains répondants une sorte de mauvaise humeur, parfois d'ailleurs exprimée en marge des réponses, d'où un pessimisme sans doute volontairement exagéré.

Cela dit, il ne faut pas croire non plus qu'anticipations et intentions déclarées annoncent de façon précise ce qui se passera dans l'économie et ce que fera le répondant. Il y a d'importantes erreurs de prévision et d'importants écarts entre intentions et réalisations. Ces écarts s'expliquent, puisque l'information des agents est imparfaite et que des aléas continuels affectent la vie des affaires et des personnes ; rien de surprenant à ce que les prévisions soient erronées, à ce que les intentions soient révisées, voire ne soient pas réalisées, par exemple, par manque de financement adéquat ou par absence, plus ou moins durable, du matériel recherché sur le marché.

On note cependant que la perception du passé, telle qu'elle ressort des réponses à certaines questions des mêmes enquêtes, a une corrélation étroite avec les indications des statistiques courantes : c'est effectivement quand la hausse des prix ou du chômage se ralentit que ménages et chefs d'entreprises déclarent constater une moindre inflation ou une meilleure situation de l'emploi [9]. Il est probable aussi, mais cela

8. Sur ce sujet, et plus généralement sur ceux concernant les enquêtes relatives aux attitudes et aux anticipations, voir J. Fayolle, *Pratique contemporaine de l'analyse conjoncturelle,* Economica, 1987, notamment chapitre 1, § 4.4.3.

9. Voir notamment F. Charpin, « Analyse rétrospective de l'enquête

demanderait à être vérifié, que la série des prévisions formulées par les agents est mieux corrélée avec la série de leurs réalisations ultérieures que ne le serait une extrapolation mécanique du passé suivant une formule simple, par exemple une de celles recommandées par la théorie des processus stochastiques. Ainsi, l'information apportée par les enquêtes sur les attitudes et les anticipations s'avère pertinente pour le macroéconomiste, aussi limitée soit-elle.

Effectivement, l'usage de cette information se répand. Il ne concerne plus seulement l'analyse conjoncturelle courante, mais aussi la modélisation grâce à laquelle les théories sont élaborées, testées et appliquées. Dans les lois de comportement usuelles interviennent de plus en plus des variables d'attitude ou d'anticipation. La formulation de nouvelles lois de comportement est recherchée en vue de spécifier comment se détermine en moyenne chacune des variables représentatives des attitudes et des anticipations. Le régime même selon lequel le modèle fonctionne à chaque période, avec ses déséquilibres et ses rationnements, est repéré par certaines variables provenant des réponses aux enquêtes [10].

On peut alors se demander si le moment n'est pas venu d'augmenter les ambitions de ce type d'enquêtes. Jusqu'à présent elles ont été motivées principalement par l'analyse de la conjoncture courante : elles portent sur les anticipations à très court terme (les prochains mois) [11] et sur les intentions d'investissements ou d'achats dans l'année à venir. Questionner sur les anticipations à plus long terme pourrait être instructif pour l'étude de tous les comportements relatifs à la croissance : investissements, politique de recrutement, etc. Sans doute le choix des questions à poser n'est-il pas évident, mais parler de perspectives des marchés pour lesquels une entreprise produit, cela a bien un sens pour elle. Sans doute, après quelques essais pour sélectionner les

---

de conjoncture auprès des ménages », *Observations et diagnostics économiques,* n° 23, avril 1988.

10. Voir notamment J.-P. Lambert, *Disequilibrium Macroeconomic Models, Theory and estimation of rationing models using business survey data,* University Press, Cambridge, 1988.

11. Voir M. Devilliers, « Les enquêtes de conjoncture », *Archives et documents,* n° 101, INSEE, Paris, avril 1984.

meilleures formulations, on pourrait certainement obtenir des réponses dont l'exploitation régulière enrichirait les bases de données à la disposition des chercheurs.

Ces enquêtes peuvent aussi être le support de questions plus occasionnelles, motivées par les circonstances du moment, par exemple, par référence à deux décisions des dernières années : « Augmenteriez-vous votre personnel si la durée légale de la semaine de travail était abaissée ? Et si l'autorisation administrative n'était plus exigée avant les licenciements ? » L'habitude d'introduire des questions de ce type se répand. Les réponses peuvent être instructives. Le macroéconomiste a cependant du mal à les interpréter et à en tirer parti. A cela, deux raisons. D'une part, comme il s'agit de questions nouvelles, aucune référence n'existe pour corriger les biais éventuels, alors que, nous le savons, les réponses aux enquêtes sur les attitudes et les anticipations en comportent souvent. D'autre part, comme il s'agit de questions d'actualité, liées à des décisions publiques souvent encore en discussion, les réponses peuvent traduire autant les opinions sur ces décisions que les intentions au cas où elles seraient prises ; les deux exemples précédents font bien comprendre cette ambiguïté.

Documentation de type historique

Sur la vie économique, dans l'espace et le temps, on dispose non seulement de statistiques mais aussi d'une abondante documentation écrite. Celle-ci peut être riche d'informations pour quiconque sait l'utiliser. De fait, les macroéconomistes y ont assez peu recours. La présentation des méthodes de la macroéconomie n'en tient pas compte et ignore généralement toutes les sources non statistiques. Il semble ainsi y avoir une lacune dans la pratique de la recherche et plus encore dans les réflexions la concernant.

Certes, une statistique de bonne qualité donne une information précise sur un concept rigoureusement défini ; elle a ainsi une valeur très supérieure à celle des descriptions subjectives et approximatives qu'on trouve souvent sous la plume des contemporains. De plus, la statistique constitue de nos jours la source originale de nombreuses informations contenues dans la documentation écrite ; or il vaut mieux travailler à partir des sources originales, sauf quand il en existe des synthèses bien adaptées au problème traité. La question consiste donc à savoir quelles informations originales, ne figurant pas déjà dans les statistiques, peuvent être trouvées dans la documentation écrite et comment en tirer le meilleur parti possible.

Plus on remonte dans le passé, moins les pays dont on s'occupe sont développés, plus les statistiques tendent à être lacunaires ou douteuses. La documentation écrite peut alors servir de substitut, mais de substitut très imparfait, dont il convient de contrôler la valeur. Les historiens le savent puisque, pour bien connaître la vie économique des sociétés, ils recherchent systématiquement toutes les données de l'époque et consacrent même parfois de grands efforts à constituer de véritables statistiques (à partir des mercuriales, des registres paroissiaux, des archives notariales, etc.). Néanmoins le témoignage des contemporains donne une information qualitative pertinente sur les fluctuations de la conjoncture, sur la prospérité comparée de différentes régions ou différents secteurs, sur le déséquilibre du marché du travail et sur bien d'autres manifestations macroéconomiques. Quand ce témoignage est assez unanime il ne devrait pas être trompeur.

On doit toutefois se souvenir que l'attention collective, surtout dans les milieux intellectuels, ne se dirige pas toujours dans la même direction. Suivant les époques et les lieux, elle tend à grossir tantôt tel aspect des choses, tantôt tel autre. Ainsi, certaines enquêtes menées aujourd'hui en Europe font apparaître des contrastes dans la perception de leur situation qu'ont les citoyens des divers pays ; or ces contrastes ne concordent pas toujours avec ceux que révèlent les statistiques objectives dont nous disposons aussi [12].

Plutôt que le substitut de l'information statistique, la documentation écrite devrait en être le complément. C'est d'abord elle qui permet de vérifier qu'on n'oublie pas l'histoire et qu'on répond ainsi à la préoccupation de J. Hicks

12. Voir J.-R. Rabier, « L'utilisation comparative et diachronique des données d'enquêtes par sondage » dans A. Girard et E. Malinvaud éd., *Les enquêtes d'opinion et la recherche en sciences sociales*, Hommage à Jean Stoetzel, L'Harmattan, Paris, 1989.

et d'autres. On doit y rechercher quels événements ont pu affecter l'économie considérée et se demander alors s'ils doivent être traités comme exceptionnels, c'est-à-dire impliquer, par exemple, que les observations relatives à un trimestre ou une année soient éliminées d'une analyse économétrique, ou encore qu'on y distingue l'avant de l'après. On doit aussi repérer toutes les décisions majeures, publiques voire privées, qui ont pu interférer avec le phénomène étudié : un blocage des prix, une réforme fiscale, etc.

La documentation écrite peut s'avérer encore plus utile pour révéler comment, à diverses périodes et en divers lieux, les agents économiques perçoivent leurs perspectives, leurs libertés de choix, les problèmes qu'ils ont à résoudre, etc. On peut dépouiller la presse pour y trouver notamment les articles signés par des chefs d'entreprises ou les entretiens qu'ils ont donnés. On peut aussi rechercher dans les livres de mémoires la présentation, par les acteurs ou les témoins, du contexte qui a prévalu soit lors d'une décision importante, soit durant toute une période.

L'étude de cette documentation peut compléter de diverses manières les résultats des enquêtes sur les attitudes et les anticipations. Les textes sont libres, alors que les enquêtes imposent les questions ; ils sont de ce fait plus difficiles à utiliser, mais souvent plus révélateurs, plus motivés et circonstanciés. A diverses époques, ou dans divers pays, les témoignages diffèrent. L'attitude dominante vis-à-vis de l'avenir à long terme est tantôt la confiance dans l'expansion et la réussite, tantôt l'incertitude et le souci d'éviter les risques [13]. Certains réclament la protection de l'État ; d'autres plaident pour la déréglementation et l'ouverture à la concurrence. Ici, les chefs d'entreprises prêtent grande attention aux réactions hostiles ou favorables de leur personnel ; là, ils ne s'en préoccupent pas. Les textes aident aussi à apprécier quelles étaient les normes, collectives mais souvent

13. Pour la rédaction de *Croissance Française* (Le Seuil, Paris, 1972), J.-J. Carré, P. Dubois et moi avions recherché dans la presse du début des années 1950 ce qui s'écrivait alors sur les perspectives de l'économie française ; nous avions découvert que le pessimisme prédominait à l'époque et que l'expansion à venir était mal prévue. Il serait intéressant de renouveler une recherche analogue, mais plus fouillée, sur l'ensemble des quarante dernières années pour voir comment a évolué l'opinion majoritaire parmi les principaux acteurs de la vie économique.

implicites, de ce qui pouvait ou devait se faire, vis-à-vis des fournisseurs, des clients et surtout des salariés.

Puiser dans la documentation écrite serait facile mais trompeur si l'on se permettait de choisir à volonté les preuves allant dans le sens d'une thèse préconçue. Même si la sélection n'a pas une telle intention, le risque existe qu'elle se porte sur une partie non représentative de l'ensemble. Il faut donc qu'une déontologie, une discipline et une méthode explicite président à l'exploitation de la documentation existante. Les historiens et les sociologues scrupuleux le savent très bien. Les économistes doivent s'inspirer de leur exemple.

Une discipline analogue doit s'imposer quand on recherche le témoignage oral de ceux qui ont joué un rôle important dans la préparation ou le choix des décisions économiques publiques et privées. En procédant à une série d'entretiens il est possible de rassembler une information utile que les intéressés eux-mêmes pourraient ne jamais consigner. Le procédé, assez répandu aujourd'hui, peut servir la recherche scientifique de la même manière que la documentation écrite, avec cet avantage que les questions peuvent être mieux focalisées sur le sujet de la recherche.

Monographies

Parmi les modes d'investigation des historiens de l'économie figurent aussi les monographies. Par exemple, en exploitant de façon approfondie les archives d'une grande entreprise, on peut en retracer l'histoire et dégager notamment les raisons et les effets des décisions stratégiques qui ont fait son succès ou son échec.

De telles monographies ont souvent un intérêt propre, par exemple comme éléments de l'histoire des régions où ces entreprises sont implantées. Elles peuvent aussi comporter des enseignements généraux dont les économistes tireraient parti pour la spécification des hypothèses de leurs théories ou modèles. Mais alors la question de la représentativité des monographies se pose toujours.

Tout d'abord certaines présentations peuvent être partisanes. Parfois l'auteur cherche à faire l'apologie de l'entreprise concernée ; parfois au contraire il entend faire passer un message sur les vices du capitalisme. Mais alors le parti pris transparaît à un lecteur averti, ce qui disqualifie l'étude. Plus fondamentalement, l'importance des spécificités individuelles nuit à la représentativité. Nous en avons pris conscience en voyant que, dans les analyses économétriques des bases de données individuelles, il fallait avoir de gros échantillons pour obtenir une certaine précision, car les lois de la macroéconomie concernent des dépendances moyennes, toutes choses égales d'ailleurs, plutôt que des déterminismes étroits. Une monographie est l'extrême opposé d'un gros échantillon statistique : beaucoup de grandeurs et d'éléments sont pris en compte, mais dans l'observation d'une seule unité.

L'apport des monographies ne peut ainsi consister que dans les idées qu'elles donnent pour le choix d'hypothèses. Avant d'être tenues pour valables, de telles hypothèses demandent à être testées sur une multiplicité suffisante de cas. Ce peut être sur les résultats d'une enquête statistique proprement dite ; mais à défaut ce peut être aussi par une exploitation extensive et adéquate de la documentation existante (la monographie provenant plutôt d'une exploitation intensive).

Qu'il s'agisse de la documentation écrite considérée dans la section précédente ou des monographies envisagées ici, l'intérêt des historiens ne coïncide pas avec celui des économistes. De nombreuses préoccupations communes existent et justifient une étroite collaboration dans certains cas, soit pour travailler en commun, soit pour apprendre les uns des autres. Mais des préoccupations propres résultent des objectifs distincts des deux disciplines. Il y a plus à perdre qu'à gagner à la confusion des genres, par exemple à chercher dans l'histoire les lois des phénomènes ou, inversement, à vouloir expliquer totalement l'histoire d'une économie concrète.

Données expérimentales

Quelques paragraphes à la fin de ce chapitre sont opportuns pour considérer ce que les macroéconomistes peuvent retirer des expériences faites selon des procédures comparables à celles usuelles dans les sciences. J'ai assez insisté ici sur le handicap que constitue pour l'économiste le fait de devoir se satisfaire presque toujours d'observations sur des faits complexes déterminés en dehors de son intervention ; il existe cependant quelques données obtenues à la suite de véritables expériences scientifiques ; on n'admettrait pas que je les néglige [14]. Cela d'autant moins que le montage d'expériences et l'exploitation de leurs résultats ont pris de l'ampleur au cours des dernières années. Ces résultats n'intéressent qu'indirectement les macroéconomistes, comme nous allons le voir ; ils présentent cependant pour eux aussi un certain intérêt.

Jusqu'à présent les expériences ont concerné deux types de questions : la rationalité du comportement individuel et la nature des équilibres de marché. L'une et l'autre vont être considérées ici. Mais quelques remarques générales s'imposent au préalable.

Toute expérience a nécessairement un caractère construit, et de ce fait un peu artificiel. Cela est vrai dans tous les domaines scientifiques. Tout un montage est requis en vue de permettre l'observation d'un effet, qui doit être isolé de l'interférence d'autres effets. Ce montage n'est pas uniquement affaire d'astuce technique. Il s'inspire des catégories conceptuelles utilisées dans l'étude des phénomènes, elles-mêmes construites et qui pourront être remises en cause dans l'avenir. Ainsi les philosophes des sciences sont-ils avertis de ce que les résultats d'une expérience ne doivent pas être considérés comme de purs produits de la nature, mais comme traduisant aussi une intervention humaine.

Les expériences faites en économie ont le même caractère de constructions élaborées en vue de pénétrer une certaine réalité. Elles ont même une nature plus artificielle puisque les sujets qui y interviennent ne sont pas les véritables agents des décisions économiques et que les enjeux auxquels ils sont confrontés représentent imparfaitement les véritables enjeux des décisions économiques.

14. Pour une présentation plus complète de ces travaux, voir le chapitre 7 de S.-C. Kolm, *Philosophie de l'économie*, Le Seuil, Paris, 1986.

Les sujets sont évidemment des personnes ayant accepté de participer aux expériences. Les expérimentateurs font le plus souvent appel à des étudiants assez avancés dans leur cycle universitaire et soumis à une préparation suffisante pour rendre leur comportement aussi représentatif que possible de ceux intervenant dans le monde économique. Les enjeux ont parfois été purement virtuels, les sujets étant par exemple interrogés sur ce qu'ils feraient s'ils étaient confrontés à certains choix, mais sans que le choix leur soit effectivement proposé ; il est alors possible d'envisager des enjeux portant sur des millions de francs ou plus. Le plus souvent les enjeux sont aujourd'hui réels mais proportionnés aux ressources dont l'expérimentateur peut disposer (il n'est pas question que les sujets y soient de leur poche) ; ainsi les sommes en cause sont très faibles par rapport à celles que les véritables décisions économiques impliquent.

Bien entendu les expérimentateurs sont conscients de ces particularités et conçoivent du mieux possible leurs expériences en conséquence. De même, ils ont mis au point un ensemble de méthodes et de procédés propres à garantir la qualité de leurs résultats [15]. Progressivement ce type d'activité est ainsi rendu plus rigoureux et fait preuve d'un certain professionnalisme [16].

Le premier type de questions, pour lesquelles on fait appel à des expériences, a concerné les règles que suivent les individus dans leurs choix. La théorie économique s'est construite en invoquant souvent de telles règles, ou axiomes, qui résulteraient naturellement de l'idée d'une rationalité des comportements. Ainsi, l'idée que les choix devaient être transitifs a souvent été retenue ; cela veut dire que tout individu qui préfère x à y et y à z doit aussi préférer x à z. Une expérience, datant de 1954, a mis en doute que cette transitivité soit respectée dans tous les choix [17] (il

15. Voir C.R. Plott, « Industrial organization theory and experimental economics », *Journal of Economic Literature,* December 1982.

16. Le caractère assez artificiel de beaucoup d'expériences faites en économie ne doit cependant pas être oublié ; leur pertinence peut être sujette à caution car elles sont réalisées « hors contexte », selon l'expression de S.-C. Kolm dans *Méta-Économie ; propositions d'auto-méthodologie de la science économique,* Paris, 1990.

17. K. May, « Intransitivity, utility and aggregation of preference patterns », *Econometrica,* vol. 22, p. 1-13, 1954.

s'agissait pour des jeunes gens de choisir entre des jeunes filles abstraites dont certaines qualités leur étaient décrites).

De même le « paradoxe d'Allais » est le résultat d'une expérience conçue par M. Allais en 1952 et reproduite depuis sous des formes plus ou moins proches de celle adoptée initialement [18]. Ce « paradoxe » concerne les choix dont les conséquences sont aléatoires ; il se manifeste quand on confronte les individus à divers choix entre billets de loterie. Soit (x ; p) un billet donnant x avec probabilité p (et 0 avec probabilité 1 – p). Considérons les quatre billets suivants :

$$(20) \quad \begin{array}{ll} B_1 = (20.000\,;\,0{,}8) & B_2 = (15.000\,;\,1) \\ B_3 = (20.000\,;\,0{,}2) & B_4 = (15.000\,;\,0{,}25) \end{array}$$

Confrontés au choix entre B_1 et B_2, puis au choix entre B_3 et B_4, la plupart des sujets optent respectivement pour B_2 et B_3, donc manifestent les préférences $B_2 > B_1$ et $B_3 > B_4$. Cependant, un axiome assez naturel et très largement utilisé dans la théorie des choix, devrait les conduire à la préférence $B_4 > B_3$ dès lors qu'ils ont la préférence $B_2 > B_1$. En effet, on peut écrire symboliquement :

$$(21) \quad B_3 = 0{,}25\ B_1 + 0{,}75\ B_5 \qquad B_4 = 0{,}25\ B_2 + 0{,}75\ B_5$$

où B_5 est le billet ne rapportant rien, qu'on peut écrire (0 ; 1) ou (x ; 0), et où l'écriture signifie que B_3, par exemple, est identique à un billet de loterie donnant droit à B_1 avec probabilité 0,25 et à B_5 avec probabilité 0,75. L'axiome en question stipule que, quels que soient B_1, B_2, B et q :

$$(22) \quad B_2 > B_1 \text{ implique } q\,B_2 + (1 - q)\,B > q\,B_1 + (1 - q)\,B$$

Cet axiome intervient, en particulier, quand on établit que les choix d'un individu, entre gains aléatoires, maximisent l'espérance mathématique d'une utilité convenablement choisie de ces gains. L'expérience citée contredit cet axiome et interdit de prétendre représenter les choix des individus concernés par une fonction d'utilité dont l'espé-

18. Les résultats n'en ont été publiés que beaucoup plus tard dans M. Allais and O. Hagen ed., *Expected utility hypotheses and the Allais paradox*, Dordrecht, Reidel 1979.

rance serait maximisée. Or une telle représentation intervient très fréquemment dans la théorie économique.

Ainsi, des expériences prennent en défaut tantôt la transitivité des choix, tantôt l'hypothèse de maximisation de l'espérance d'une utilité. Les conséquences qu'il convient d'en tirer sont diversement appréciées, certains y voyant la preuve que toute théorie économique qui suppose soit la transitivité, soit l'hypothèse considérée est viciée à la base et manque de pertinence. Avec bien d'autres économistes je préfère y voir la preuve que les individus manquent éventuellement de rationalité dans leurs choix et que ces manques présentent un aspect systématique, que cela doit conduire à la prudence dans l'emploi des théories supposant la rationalité, mais ne les rend pas caduques pour autant, car elles conservent un vaste domaine de validité et aboutissent à des résultats beaucoup plus spécifiques que si l'on s'abstenait de supposer la rationalité, telle qu'on l'entend habituellement [19].

Selon cette interprétation, ces expériences confortent l'idée, rencontrée dans le chapitre 4, que la rationalité des agents économiques est limitée. En particulier, les agents seraient influencés dans leurs choix par les procédures utilisées pour les leur faire manifester. Ainsi le choix entre B_3 et B_4 eût été différent s'il avait été obtenu en demandant aux individus de choisir d'abord entre B_1 et B_2 puis entre $0{,}25\ B_1 + 0{,}75\ B_5$ et $0{,}25\ B_2 + 0{,}75\ B_5$; dans le choix direct entre B_1 et B_2 l'attention se concentre sur la certitude que comporte B_2, tandis que dans le choix direct entre B_3 et B_4 elle se concentre sur la différence des gains, alors que les probabilités paraissent similaires. De même, les manques de transitivité dans les choix résultent, semble-t-il, de la multiplicité des attributs à considérer : on préfère x à y parce que, pour la majorité des attributs, x l'emporte sur y ; de même y sur z ; il se peut très bien, néanmoins, que pour la majorité des attributs, z l'emporte sur x (c'était le cas dans l'expérience citée plus haut) ; il doit donc lui être préféré si l'on adopte cette procédure de détermination des choix.

19. Telle est la conclusion qui se dégage aussi de V. Smith, « Theory, experiment and economics », *Journal of Economic Perspectives*, Winter 1989.

Les expériences portant sur la nature des équilibres de marché sont plus nombreuses, mais elles portent sur des questions plus diverses et sont plus longues à décrire. Il n'est donc pas possible d'en rendre compte précisément [20]. L'objet en est l'étude des échanges auxquels se livrent un certain nombre de participants placés dans des conditions bien définies quant aux objets à échanger, aux avoirs initiaux qu'ils détiennent, aux procédures de l'échange, aux informations dont ils disposent, etc. Souvent les mêmes participants sont retenus pour opérer ainsi à des échanges entre eux pendant une suite de sessions. En faisant varier le nombre des participants ainsi que certains des paramètres définissant leurs conditions respectives, l'expérimentateur peut caractériser comment varient les propriétés de l'ensemble des échanges réalisés ou de la suite de tels ensembles.

Comme cette activité est assez récente et connaît un développement rapide, en présenter de manière synthétique et juste les résultats serait délicat. Trois remarques suffiront à en suggérer l'intérêt pour les macroéconomistes, qui devront s'en inspirer à l'avenir au fur et à mesure qu'ils apparaîtront solidement établis.

Premièrement, l'organisation de l'annonce des offres et des demandes et de la réalisation des échanges paraît plus déterminante que le nombre des échangistes ou leurs tailles respectives. Ainsi se confirmerait l'importance des procédures que suivent les agents ; ces procédures agissent sur les comportements plus qu'une analyse purement logique le laisserait penser.

Deuxièmement, il y aurait une tendance à la réalisation privilégiée de types d'équilibre que les théoriciens ont traités comme des cas purs et qui de ce fait semblaient correspondre à des situations extrêmes. Ainsi, dans les échanges entre un petit nombre de participants, on voit apparaître, beaucoup plus souvent qu'on ne l'attendait, tantôt un « équilibre de Nash », où chaque participant se comporte comme s'il ignorait les répercussions de ses décisions sur celles des autres, tantôt un équilibre avec collusion parfaite, comme si les participants s'étaient concertés bien que l'expérience ne leur en laisse pas la possibilité.

20. Voir l'article déjà cité de C.R. Plott.

Troisièmement, quand le contexte est un peu complexe, on constate effectivement que les résultats des échanges diffèrent assez souvent de celui auquel conduirait une analyse logique supposant une parfaite rationalité de tous les agents. Ainsi, dans une suite finie d'échanges portant sur un titre à vie limitée, apparaissent souvent des bulles temporaires, dans lesquelles le prix du titre dévie de sa vraie valeur en raison d'une vague d'achats ou de ventes motivés par la perspective de gains en capital qui, de fait, se concrétisent pendant quelques périodes successives avant que se produise une brusque discontinuité du prix [21].

On constate ainsi que les résultats des expériences intéressent le macroéconomiste essentiellement quand il s'interroge sur le réalisme de ses hypothèses : rationalité du comportement individuel, représentation des structures de marché compte tenu du type d'équilibre que la modélisation impliquera alors, absence de bulles spéculatives, etc. Là où ce réalisme s'avère sujet à caution, on devra se demander si néanmoins l'approximation est tolérable, voire utile, pour les applications auxquelles la théorie est destinée. Le problème a déjà été examiné, avec plus de généralité, dans le chapitre précédent.

21. Voir V. Smith, G. Suchanek and A. Williams, « Bubbles, crashes and endogenous expectations in experimental spot assets markets », *Econometrica*, September 1988.

Chapitre 12

Le travail quotidien des économètres

La recherche économique prétend poursuivre en parallèle l'approfondissement des modèles abstraits et l'exploitation des données, afin de découvrir la logique des phénomènes et les lois quantifiées auxquelles ils obéissent. Le second volet de ce diptyque est aujourd'hui l'objet d'un véritable métier que beaucoup exercent à des degrés plus ou moins élevés de technicité. Leur rôle a une importance particulière en macroéconomie, où connaître le sens et l'importance respective de divers effets ne peut pas résulter de la simple déduction à partir d'hypothèses immédiates sur les comportements, les structures et les institutions.

Toute réflexion méthodologique sur la discipline doit ainsi considérer le travail quotidien des économètres. Les questions traitées par ce travail ne portent pas sur la validité des hypothèses constituant le cœur du « paradigme » ou du « programme de recherche » (chapitre 10), mais sur les caractéristiques précises des lois de comportement ou d'ajustement. Répondre à ces questions est le préalable à une meilleure compréhension des évolutions macroéconomiques et à une meilleure préparation des politiques destinées à en influencer le cours (chapitres 14 et 15).

Les économètres emploient des techniques fort variées, dans le cadre de modélisations fort diverses ; mais leur approche et leur démarche sont toujours fondamentalement les mêmes. C'est celles-là qu'il faut considérer ici, l'étude des techniques proprement dites sortant du cadre de ce livre. Mais d'abord, il est instructif de rappeler comment le métier apparut et se diffusa, puis de prendre conscience de ses tâches.

Émergence d'un nouveau métier

En effet, il est rarement possible de décrire avec aussi peu de doute la naissance et la croissance d'une nouvelle activité scientifique. En l'espèce, il s'agit de celle consistant à utiliser systématiquement les données de l'observation pour en inférer les lois auxquelles obéissent les phénomènes économiques. On la désigne sous le nom d'« économétrie », ceux qui s'y livrent s'appelant « économètres » [1].

La société d'économétrie a été fondée en 1930 par un petit groupe d'économistes européens et américains [2]. Sa création avait été précédée par la publication de quelques études concernant l'estimation des lois de demande pour des produits de grande consommation [3] et par celle d'articles s'interrogeant sur le bien-fondé de la procédure adoptée [4].

Dans les années 1930 et 1940, applications et discussions se multiplièrent, mais elles n'intéressaient encore qu'une petite minorité d'économistes. C'est surtout durant ces deux décennies que se dégagèrent les principes de la méthodologie qui devait par la suite être appliquée à grande échelle et qui va nous concerner ici.

Le mouvement pour l'économétrie se heurta dans ses débuts à une double réticence, venant d'une part d'un petit groupe d'empiristes, d'autre part de la majorité des économistes les plus en vue de la génération précédente.

1. Au début une certaine ambiguïté exista mais elle a quasiment disparu aujourd'hui. Il était en effet fréquent de donner une définition plus large de l'économétrie : toute application des méthodes mathématiques ou quantitatives à l'économie ; l'économie mathématique, qui applique aux théories la rigueur du raisonnement déductif, faisait partie de l'économétrie selon cette définition, mais non selon celle, plus pertinente, qui s'est aujourd'hui imposée.

2. La société d'économétrie visait à promouvoir autant l'économie mathématique que l'économétrie proprement dite ; il en est encore ainsi de nos jours.

3. Une présentation de ces travaux se trouve dans le chapitre 14 de R. Roy, *Éléments d'économétrie,* Presses Universitaires de France, 1970.

4. Notamment E.J. Working, « What do " statistical demand curves " show » ?, *Quarterly Journal of Economics,* February 1927 ; R. Frish, « Pitfalls in the construction of statistical demand curves », *Frankfurter Gesellschaft für Konjunkturforschung,* Heft 5, 1933.

Depuis le début du siècle, quelques économistes étaient convaincus que l'étude des données statistiques était indispensable à la connaissance et à la compréhension des phénomènes économiques et certains y consacraient tous leurs efforts malgré le scepticisme qu'ils rencontraient dans la profession. En France, F. Simiand était particulièrement représentatif de ce petit groupe [5]. Aux États-Unis, certains avaient inventé le « baromètre de Harvard » qui, construit à partir de quelques indicateurs statistiques, devait prévoir les mouvements de la conjoncture. Puis un projet avait été lancé au National Bureau of Economic Research de New York pour déceler les caractéristiques permanentes des fluctuations de l'activité économique, lesquelles avaient jusqu'alors fait l'objet de descriptions surtout qualitatives [6]. Ce groupe regarda avec méfiance les jeunes économètres dont les ambitions scientifiques et la compétence mathématique lui paraissaient déplacées [7].

Mais, surtout, la prétention économétrique se heurta à la conception prédominante qui voyait dans le raisonnement économique une logique s'exerçant sur des prémisses immédiatement admissibles. Nous avons déjà rencontré cette conception dans le chapitre 10 quand nous avons lu la définition donnée de la science économique par L. Robbins en 1935 et quand nous avons vu le tournant pris par Friedman, à l'école de Chicago, mais en 1953 seulement. La manifestation la plus claire de l'incompréhension, sinon de l'hostilité, rencontrée par la jeune économétrie fut la publication par J.-M. Keynes d'un article [8] mettant en doute l'utilité des travaux auxquels se livrait J. Tinbergen pour modéliser quantitativement l'évolution d'économies concrètes

5. Voir notamment F. Simiand, *Le salaire, l'évolution sociale et la monnaie,* 3 vol., Alcan, Paris, 1932.

6. L'œuvre principale à laquelle aboutit ce travail fut le gros ouvrage d'A. Burns and W. Mitchell, *Measuring Business Cycles,* National Bureau of Economic Research, New York, 1946.

7. Il ne semble pas que F. Simiand, décédé en 1935, se soit exprimé à ce sujet ; certains de ses écrits antérieurs peuvent conduire à penser qu'il aurait dû bien accueillir les économètres, mais il ne fut pas membre de leur société (voir F. Simiand, *Statistique et expérience – Remarques de méthode,* Marcel Rivière, Paris, 1922).

8. J.-M. Keynes, « Official papers : The statistical testing of business cycle theories », *Economic Journal,* September 1939.

comme celles de l'Angleterre ou des États-Unis [9]. Cet article est d'autant plus surprenant, et révélateur de notre point de vue, qu'il émanait d'un économiste considéré à l'époque comme non conventionnel, d'un économiste qui ne répugnait pas à avancer des ordres de grandeur pour les effets macroéconomiques dont il parlait, d'un économiste enfin qui exerça son influence pour faire entrer dans l'administration de son pays une équipe de comptables nationaux et d'économètres [10].

C'est dans les années 1950 que l'économétrie fut progressivement reconnue comme opérationnelle, utile et même indispensable. Les réticences premières perdirent de leur force au fur et à mesure que les résultats apparaissaient et étaient discutés, au fur et à mesure que les responsables souhaitaient des conseils plus précis pour déterminer leur politique économique ou l'orientation de leur entreprise. La nouvelle génération d'économistes avait peu de préventions vis-à-vis d'une méthode de travail dont l'enseignement se diffusait et qui pouvait s'appliquer aux statistiques, de plus en plus nombreuses, à sa disposition. Ainsi, la profession a assimilé en deux décennies ce qui lui était d'abord apparu comme un corps étranger.

Pour rendre compte de l'essor de l'économétrie au cours des quarante dernières années, il suffit de dire qu'actuellement la moitié environ des articles publiés dans les revues scientifiques des économistes contiennent les résultats d'estimations ou de tests économétriques. La proportion est nettement supérieure si l'on se limite aux articles concernant la macroéconomie proprement dite. Une telle intrusion n'est évidemment pas l'effet d'une mode passagère. Elle traduit l'importance de la référence aux données pour la compréhension et la maîtrise des phénomènes économiques, ainsi que la nécessité de méthodes bien définies et étudiées pour une exploitation fructueuse des données.

9. Nous examinerons de plus près ces travaux dans le chapitre 15.

10. R. Stone, économètre influent de l'après-guerre, avait été recruté par J.-M. Keynes.

Les tâches à accomplir

S'il y a aujourd'hui métier, c'est qu'il existe un ensemble de techniques à utiliser à bon escient et avec compétence, chacune pour l'objet et le contexte auxquels elle est adaptée. Le bon professionnel sait choisir la bonne procédure à suivre dans chaque cas ; il connaît la qualité et la fiabilité de ce qu'il produit ; il est à la fois efficace et lucide.

Le métier s'est peu à peu constitué alors que l'intérêt se déplaçait de certaines tâches vers d'autres, de certains contextes problématiques vers d'autres. Les principes de la démarche à suivre restaient essentiellement les mêmes ; mais il fallait savoir les adapter correctement à chaque cas.

Ce livre n'a pas pour objet d'enseigner le métier. Mais il doit en dire assez pour éclairer la réflexion sur les méthodes de la macroéconomie. Cela suppose d'une part, un exposé sur certaines des opérations les plus importantes et sur les motifs qui conduisent à y recourir, d'autre part un examen des débats méthodologiques sur cette activité, c'est-à-dire l'induction économétrique. Ce sont les objets respectifs de ce chapitre et du suivant.

L'opération qui, la première, retint l'attention, consiste à *estimer* l'importance d'un effet : élasticité d'une consommation par rapport à un prix ou au revenu, dérivée de la fonction rattachant un agrégat à un autre, etc. Cette opération fut d'abord considérée comme devant s'appliquer dans le contexte de relations fonctionnelles simples, celles auxquelles on pouvait donner une forme linéaire. Ainsi fit-on référence à l'expression suivante :

$$(1) \qquad y = \sum_{j=1}^{m} a_j z_j$$

où y est une variable considérée comme endogène et déterminée par les m variables exogènes z_j ($j = 1, 2 \ldots m$) ; le coefficient a_j représente l'importance de l'effet de z_j sur y. L'objectif primordial est d'estimer la valeur des m coefficients a_j.

La forme (1) a évidemment une certaine généralité. Le

nombre m est quelconque. La dernière des « variables » exogènes, z_m, peut être prise toujours égale à 1, en sorte que a_m joue le rôle de constante de la relation linéaire. Les variables y et z_j peuvent être les logarithmes des grandeurs Y et Z_j considérées ; le coefficient a_j est alors l'élasticité de Y par rapport à Z_j.

Pour cette estimation, on dispose de T observations des variables, soit y_t et z_{jt} (t = 1, 2 ... m). La technique d'estimation consiste à déterminer les a_j à partir des y_t et z_{jt}. Elle se ramène à la donnée de m fonctions exprimant comment l'estimation a_j^* de chaque a_j est calculée :

$$(2) \qquad a_j^* = g_j(\ldots y_t \ldots ; \ldots\ldots z_{kt} \ldots\ldots) \qquad \begin{array}{l} t = 1, 2 \ldots T \\ k = 1, 2 \ldots m \end{array}$$

On dit encore que la fonction g_j est l'*estimateur* de a_j.

Par exemple, une technique d'estimation fort répandue consiste en ce qu'on appelle une *régression.* Il s'agit alors de retenir les m valeurs $a_1^* \ldots a_m^*$ qui conjointement minimisent :

$$(3) \qquad \sum_{t=1}^{T} [y_t - \sum_{j=1}^{m} a_j z_{jt}]^2$$

considéré comme fonction de $a_1 \ldots a_m$. Ces coefficients estimés minimisent ainsi la somme des carrés des écarts entre les valeurs observées des y_t et les valeurs que devraient avoir ces grandeurs selon la relation (1). C'est pourquoi l'on parle encore de méthode des *moindres carrés* et d'estimateur des moindres carrés.

En particulier, quand m = 2 et que $z_{2t} = 1$ pour tout t, a_2 étant alors la constante de la forme linéaire $a_1 z_{1t} + a_2$, la minimisation de l'expression (3) conduit aux deux formules suivantes pour les estimateurs g_1 et g_2 :

$$(4) \qquad a_1^* = \frac{\sum_{t=1}^{T} (z_{1t} - \bar{z}_1)(y_t - \bar{y})}{\sum_{t=1}^{T} (z_{1t} - \bar{z}_1)^2}$$

$$(5) \qquad a_2^* = \bar{y} - a_1^* \bar{z}_1$$

où $\bar{y}$ et $\bar{z}_1$ sont les moyennes arithmétiques respectives des y_t et des z_{1t}.

L'estimation des coefficients a_j de la relation linéaire (1) et les estimateurs a_j^* de la régression nous serviront de références principales par la suite. Mais ce cas ne rend évidemment pas compte de la diversité des tâches remplies par les économètres. Cette diversité, dont il faut ici prendre conscience, a trois dimensions.

Premièrement il ne s'agit pas toujours d'estimer, c'est-à-dire de déterminer numériquement la dépendance entre certaines variables. La tâche la plus fréquente après l'estimation consiste à *tester* une propriété particulière de cette dépendance. Une telle propriété spécifierait ainsi que z_1 n'intervient pas dans la détermination de y ; dans le cadre de la dépendance (1) cela reviendrait à dire que le coefficient a_1 est nul. La question est de savoir si, sur la base des observations y_t et z_{jt}, on doit accepter ou refuser cette propriété. Une autre propriété à tester pourrait être $a_1 = 1$; encore une autre serait $a_1 = a_2 = 0$; etc.

Il peut s'agir non d'estimer ou de tester mais de *choisir*. Par exemple, on peut se demander laquelle de deux relations fonctionnelles détermine une grandeur y ; ainsi faut-il prendre (1) ou plutôt :

$$(6) \qquad y = \sum_{h=1}^{q} b_h \, w_h$$

les variables exogènes w_h pouvant d'ailleurs coïncider en partie avec les z_j ?

Il peut encore s'agir de *classer*, c'est-à-dire de regrouper des entités voisines à certains égards. Par exemple, on peut chercher à répartir les observations en deux catégories selon la relation qui y aurait déterminé y, l'équation (1) pour certaines observations, l'équation (2) pour les autres.

Deuxièmement, les relations entre grandeurs observées peuvent avoir des formes très variées, plus ou moins différentes de celle de l'équation (1). Ainsi la détermination de y à partir des z_j n'est pas forcément linéaire, elle peut revêtir des formes variées. Une expression *non linéaire* générale peut s'écrire :

(7) $y = f(z_1, ..., z_m ; \theta_1 ... \theta_p)$

L'expression de la fonction f est alors connue, mais les valeurs des paramètres θ_k sont inconnues. La forme de f et le nombre p des paramètres qui y interviennent varient d'un cas à l'autre.

A l'intérieur de cette catégorie extrêmement vaste de dépendances on peut utilement isoler certaines sous-catégories. Ainsi les deux formes suivantes :

– forme *Tobit :*

$$(8) \qquad y = \text{Max}\ \{ 0 ; \sum_{j=1}^{m} a_j z_j \}$$

par exemple quand il s'agit d'estimer la demande d'un bien « de luxe » à partir d'un échantillon de données individuelles et que certains ménages ne consomment pas ce bien ;

– dépendance à *deux régimes :*

$$(9) \qquad y = \text{Min}\ \{ \sum_{j=1}^{m} a_j z_j ; \sum_{h=1}^{q} b_h w_h \}$$

par exemple quand on étudie un marché du travail où l'emploi est déterminé par la plus faible de l'offre ou de la demande de travail.

Il se peut encore que la dépendance concerne la détermination non d'une seule variable endogène y mais de plusieurs, y_i (i = 1, 2 ... n), déterminées simultanément. Il n'y aura plus alors une seule équation, comme dans (1), mais n *équations simultanées,* par exemple :

$$(10) \qquad y_i = \sum_{h=1}^{n} b_{ih} y_h + \sum_{j=1}^{m} a_{ij} z_j \qquad i = 1, 2 ... n$$

les coefficients b_{ii} étant alors nuls par hypothèse, comme d'ailleurs aussi certains autres des b_{ih} et a_{ij} (on sait que telles variables exogènes et telles autres variables endogènes n'interviennent pas dans l'équation où y_i figure à gauche, équation habituellement considérée comme traduisant la détermination directe de cette variable y_i).

Troisièmement, la nature de la question à traiter et la

forme de la dépendance étant données, les formules mises en œuvre peuvent encore varier. Ainsi pour estimer les coefficients a_j de la relation (1) on utilise parfois d'autres estimateurs que les a_j^* qui conjointement minimisent (3). Ce peut être les $\hat{a}_j$ qui minimisent la somme des valeurs absolues des écarts :

$$(11) \qquad \sum_{t=1}^{T} \left| y_t - \sum_{j=1}^{m} a_j z_{jt} \right|$$

Les exemples qui précèdent suffisent à donner une idée de la diversité des techniques de l'économétrie. Ils amènent naturellement à s'interroger sur le choix entre ces techniques et sur la fiabilité des résultats auxquels aboutit la technique retenue. C'est vers ces sujets que nous nous tournons maintenant.

Le modèle aléatoire

Le choix entre techniques et la recherche des propriétés de chacune d'elles ne peuvent se concevoir sans référence aux phénomènes considérés. L'économètre a donc besoin d'un modèle représentatif du phénomène sur lequel il travaille et d'où émanent ses observations.

C'est déjà évident quand il s'agit de savoir quelle forme donner à la dépendance étudiée. Ce n'est pas arbitrairement qu'on écrit tantôt l'équation (1), tantôt l'équation (9), tantôt le système d'équations (10), etc. Nous pouvons même parler d'une division du travail entre le théoricien et l'économètre. Le premier, spécialiste du phénomène en cause, définit la forme à donner à la dépendance et l'objectif pour la réalisation duquel il s'adresse au second, par exemple estimer tel effet ou tester sa présence ; l'économètre choisit alors la technique appropriée et la met en œuvre.

Une telle vision, selon laquelle la théorie économique définirait le modèle à utiliser, n'est pas fausse mais trop simpliste, car l'économètre a quasiment toujours à transposer le modèle théorique en un autre plus immédiatement adapté à son travail (parfois la transposition est faite par le théoricien qui connaît les contraintes et la problématique de l'économétrie). La nécessité de la transposition a deux raisons : le modèle de l'économètre doit être aléatoire ; il doit aussi être relativement simple, c'est-à-dire comporter des approximations allant au-delà de celles que la théorie s'est déjà permises. La première, surtout, doit être bien comprise, car elle conditionne toute la méthodologie économétrique.

Le cas où la dépendance spécifiée, par exemple l'équation (1), s'appliquerait exactement aux observations serait exceptionnel. S'il se présentait, il pourrait d'ailleurs paraître suspect, car il supposerait une théorie parfaite, tout au moins au degré de précision des données (celles-ci, souvenons-nous-en, ne proviennent pas d'expériences contrôlées mais d'observations passives). L'existence d'écarts par rapport à la dépendance spécifiée est donc reconnue. Mais cela ne suffit pas ; pour fonder la méthodologie économétrique sur des bases rigoureuses, il faut définir la nature de ces écarts.

Fondamentalement ils proviennent de ce qu'on ne peut pas prétendre connaître et observer complètement le phénomène qui, expliquant la détermination de certaines données, est l'objet de l'investigation économétrique. On doit admettre qu'on a négligé certains facteurs qui devraient ou pourraient intervenir, soit par pure ignorance de leur rôle, soit parce qu'ils n'ont pas pu être, ou n'ont pas été, observés (en macroéconomie ces facteurs potentiels non introduits sont presque toujours nombreux). On doit aussi admettre que les données sont sujettes à des erreurs notables d'observation. Influences omises et erreurs ont pour l'économétrie la nature d'aléas.

C'est pourquoi le modèle transposé doit contenir des éléments aléatoires. La place où ils figurent dans l'écriture du modèle n'est pas quelconque ; elle exprime une partie des hypothèses retenues. De même, la distribution de probabilité de ces éléments aléatoires non observés est astreinte, par hypothèse, à posséder des propriétés plus ou moins restrictives. En d'autres termes l'aspect aléatoire du modèle économétrique est aussi important pour la spécification que la forme de la dépendance entre grandeurs observées. Comme nous allons le voir, cet aspect aléatoire joue un rôle majeur dans l'étude des propriétés des procédures d'estimation, de test ou autres, comme dans le choix entre diverses procédures.

Pour la clarté de ce qui va suivre référons-nous au *modèle de régression.* Celui-ci retient la forme (1) de la dépendance entre variables et y ajoute simplement une variable aléatoire ε non observée :

$$(12) \qquad y = \sum_{j=1}^{m} a_j \, z_j + \varepsilon$$

Notons encore l'expression que prend ce modèle quand $m = 2$ et $z_2 = 1$:

$$(13) \qquad y = a_1 \, z_1 + a_2 + \varepsilon$$

Conjointement avec la forme additive (12), les hypothèses suivantes définissent le modèle de régression :

H1 – les variables exogènes observées z_j ne sont soumises à aucun aléa (nous reviendrons sur le sens de cette hypothèse) ;

H2 – l'« erreur » aléatoire ε suit une loi de probabilité qui a une espérance mathématique nulle et une variance finie σ^2 non connue :

$$(14) \qquad E(\varepsilon) = 0 \qquad E(\varepsilon^2) = \sigma^2$$

H3 – les erreurs aléatoires intervenant à l'occasion des différentes observations sont indépendantes entre elles et obéissent à la même loi de probabilité ;

H4 – les coefficients a_j ne sont sujets à aucune restriction.

On sortirait du modèle de régression proprement dit si l'on abandonnait certaines de ces hypothèses, par exemple si, contrairement à H4, on spécifiait que le coefficient a_1 n'est pas négatif, ou si, contrairement à H3, on admettait une corrélation entre les erreurs intervenant à l'occasion de deux observations distinctes, ou encore si l'on admettait la possibilité que les erreurs relatives à deux groupes distincts d'observation puissent avoir des variances différentes. A vrai dire, chacun de ces cas se rencontre dans la pratique économétrique, de même que beaucoup d'autres ; le modèle aléatoire n'est plus alors celui de régression.

Cependant, l'usage admet encore cette dénomination dans deux cas : premièrement si H2 est remplacée par

H5 – l'erreur ε suit une loi de probabilité normale dont l'espérance est nulle et l'écart type σ non connu, c'est-à-dire une loi de probabilité dont la densité est :

$$(15) \quad \frac{1}{2\pi\sigma} \exp \{ -\frac{\varepsilon^2}{2\sigma^2} \}$$

exp x désignant la fonction exponentielle, aussi dénotée e^x. L'hypothèse H5 est plus étroite que H2 ; elle en est un cas particulier. Nous verrons par la suite l'importance de ce cas.

Deuxièmement, on note que l'hypothèse H1 introduit une dissymétrie dans le modèle de régression : la variable endogène y est visiblement aléatoire puisqu'elle dépend, selon (12), de l'erreur ε ; en revanche les variables exogènes sont considérées comme non aléatoires. Dans certaines applications, étrangères à l'économétrie, on préfère un modèle plus symétrique où les variables exogènes z_j sont elles aussi aléatoires, H1 étant alors remplacée par une autre hypothèse. On parle encore de modèle de régression, mais je n'y ferai jamais plus référence par la suite.

D'une manière générale, une fois le modèle aléatoire défini, l'ensemble des observations s'interprète par rapport au phénomène étudié : il s'agit d'un échantillon d'observations résultant de « réalisations » des éléments aléatoires qui interviennent dans le modèle supposé régir le phénomène. En particulier, si l'on prend le modèle de régression et qu'on dispose de T observations des variables, soit y_t, z_{jt} ($t = 1, 2 \dots T$; $j = 1, 2 \dots m$), on peut parler d'un échantillon de T observations indépendantes de la variable endogène y, chacune accompagnée de l'observation des valeurs correspondantes des variables exogènes z_j, chacune résultant d'une réalisation non directement observée de la variable aléatoire ε (si les a_j étaient connus, observer y et les z_j reviendrait à observer ε, mais ils ne sont pas connus).

On comprend alors comment la pertinence du modèle doit se discuter. Il ne suffit pas de s'interroger sur la forme de la dépendance fonctionnelle qu'il implique ; il faut aussi considérer l'adéquation des hypothèses aléatoires au phénomène et à son mode d'observation. Ainsi, pour justifier l'emploi du modèle de régression, on pourra dire que la valeur prise par la grandeur y résulte d'une somme d'effets, chacun proportionnel à une grandeur exogène particulière : m de ces variables sont identifiées et observées sans erreur, mais il y en a d'autres, plus ou moins mal identifiées, dont l'effet global apparaît comme aléatoire ; de plus, on en sait trop peu sur cet effet global pour ne pas admettre, au moins jusqu'à preuve du contraire, que son espérance [11] et sa variance sont les mêmes pour toutes les observations, qu'en particulier ni l'une ni l'autre ne dépend des valeurs prises par les variables exogènes observées z_j ; enfin, on peut encore admettre, au moins jusqu'à preuve du contraire, que, d'une observation à l'autre, l'effet global des influences non individuellement observées varie de façon quelconque, comme le font deux réalisations indépendantes d'une même variable aléatoire.

Notons au passage que, dans le souci de ne pas trop affirmer a priori des choses dont on n'est pas vraiment sûr, il a paru nécessaire d'introduire par deux fois la clause « au moins jusqu'à preuve du contraire » : l'économètre la gardera présente à l'esprit, car elle signale un point sujet à caution dans la spécification. L'économètre testera ultérieurement, s'il le peut, la validité de ce point puis, au cas où le test conclurait à l'encontre de l'hypothèse, il en choisira une autre et reprendra alors tout son travail sur une autre base.

L'idée d'un effet global de causes non individuellement repérées est sous-jacente aux justifications habituelles des modèles de régression utilisés. Elle revient à admettre qu'une relation telle que (1) est erronée par omission d'un terme. Elle explique pourquoi l'on peut parler de ε comme de l'erreur sur l'équation et dire que le modèle de régression appartient à la catégorie des « modèles à erreurs sur les équations ». Cette catégorie contient bien d'autres modèles aléatoires, par exemple certains dont l'équation est obtenue à partir de la dépendance non linéaire (7) par addition d'une variable aléatoire ε au membre de droite, ou encore d'autres

11. Supposer l'espérance mathématique nulle après l'avoir supposée fixe n'est pas restrictif dès lors que la partie fonctionnelle du modèle contient une constante, c'est-à-dire dès lors que $z_m = 1$ comme dans la régression simple (13).

dont les n équations sont obtenues à partir des équations simultanées (10) par addition de variables aléatoires ε_i.

Bien que les modèles à erreurs sur les équations soient beaucoup utilisés en économétrie, ils ne conviennent pas toujours. Ainsi, par référence à la forme Tobit (8), le modèle à erreur sur l'équation serait :

$$(16) \qquad y = \text{Max}\ \{0\ ;\ \sum_{j=1}^{m} a_j\ z_j\} + \varepsilon$$

Mais un tel modèle ne convient pas lorsque la forme Tobit s'applique, puisqu'une certaine proportion des observations comporte $y_t = 0$, ce qui serait tout à fait invraisemblable si (16) s'appliquait. C'est pourquoi le *modèle Tobit* spécifie plutôt :

$$(17) \qquad y = \text{Max}\ \{0\ ;\ \sum_{j=1}^{m} a_j\ z_j + \varepsilon\}$$

L'élément aléatoire n'intervient plus alors additivement sur la détermination de la valeur de y.

De même, il arrive parfois qu'on doive tenir compte de substantielles erreurs d'observation sur les variables exogènes ou encore, ce qui revient au même, de ce qu'on n'observe pas vraiment les variables qui déterminent les effets à évaluer, mais plutôt d'autres variables en corrélation imparfaite avec elles. En d'autres termes, on n'observe pas les variables z_j intervenant dans le modèle (12) mais des variables x_j qui en diffèrent par des termes aléatoires non observables d'espérance nulle :

$$(18) \qquad x_j = z_j + \eta_j \qquad j = 1, 2 \ldots m$$

Les η_j sont dits « erreurs sur les variables », les z_j étant dénommés « variables vraies » ou « variables latentes » (on peut dire aussi que dans (12) ε est l'erreur sur la variable endogène y). Un modèle s'appliquant à des observations sur y et les x_j et contenant les équations (12) et (18) est dit *modèle linéaire à erreurs sur les variables.*

Propriétés des procédures

L'existence d'un modèle aléatoire donne un sens aux notions d'adéquation ou de précision d'un estimateur. Elle conduit à des propriétés dont la connaissance est nécessaire à la définition de tests rigoureux. L'étude des méthodes économétriques se ramène donc à celle des propriétés qu'ont diverses procédures dans le cadre de divers modèles aléatoires. Je ne vais évidemment pas résumer cette étude : cela nous entraînerait beaucoup trop loin. Mais en comprendre la nature est indispensable à la réflexion sur la portée, la validité et les contraintes du travail des économètres. C'est pourquoi je vais illustrer certaines notions générales sur l'exemple du modèle de régression : l'équation (12), accompagnée des hypothèses H1 à H4, ou même plutôt le cas particulier de l'équation (13) de régression simple [12].

Concentrons d'abord notre attention sur les estimateurs. Comme nous l'avons vu avec l'équation (2), un estimateur est une fonction des observations ; par exemple, les équations (4) et (5) définissent les estimateurs des moindres carrés des coefficients a_1 et a_2 de l'équation (13). Or, le modèle implique que certaines au moins des variables observées soient a priori aléatoires, les observations constituant leurs réalisations. En conséquence, l'estimateur est aussi une variable aléatoire dont la réalisation sera l'estimation à laquelle conduira l'échantillon observé ; ainsi, dans les formules (4) et (5), les y_t et $\bar{y}$ sont aléatoires dès que le modèle (13) avec ses hypothèses H1 à H4 est retenu ; donc a_1^* et a_2^* sont aussi aléatoires.

Étudier un estimateur, c'est étudier sa distribution de probabilité et voir si elle est bien concentrée autour de la valeur vraie de la grandeur qu'il prétend estimer. Engageons cette étude sur le cas de la régression simple, c'est-à-dire du modèle (13) et des estimateurs (4) et (5).

Le modèle implique :

12. Un traitement assez complet de la régression simple fait l'objet du chapitre 3 de E. Malinvaud, *Méthodes statistiques de l'économétrie*, 4e édition, Dunod, Paris, 1981.

(19) $\bar{y} = a_1 \bar{z}_1 + a_2 + \bar{\varepsilon}$

(20) $y_t - \bar{y} = a_1 (z_{1t} - \bar{z}) + (\varepsilon_t - \bar{\varepsilon})$

Donc :

(21) $$a_1^* = a_1 + \frac{\sum_t (\varepsilon_t - \bar{\varepsilon})(z_{1t} - \bar{z}_1)}{\sum_t (z_{1t} - \bar{z}_1)^2}$$

(22) $a_2^* = a_2 + \bar{\varepsilon} - (a_1^* - a_1)\bar{z}_1$

Ces deux formules montrent que les « erreurs d'estimation », $a_1^* - a_1$ et $a_2^* - a_2$ sont bien des variables aléatoires et que ce sont des fonctions linéaires des erreurs ε_t, pour tout ensemble de valeurs prises par les z_{1t}. Puisque selon H1 la variable exogène z_1 n'est soumise à aucun aléa, les distributions de probabilité de $a_1^* - a_1$ et $a_2^* - a_2$ se déduisent directement de la distribution de l'ensemble des T erreurs ε_1, ε_2 ... ε_T.

Nous voyons d'abord que les estimateurs a_1^* et a_2^* sont *non biaisés,* c'est-à-dire que leurs espérances mathématiques sont égales aux valeurs vraies a_1 et a_2. En effet H2 montre directement que :

(23) $E(\bar{\varepsilon}) = 0 \qquad E(\varepsilon_t - \bar{\varepsilon}) = 0$

donc, d'après (21) et (22) :

(24) $E(a_1^*) = a_1 \qquad E(a_2^*) = a_2 - E(a_1^* - a_1)\bar{z}_1 = a_2$

D'une manière générale, il est intéressant de démontrer qu'un estimateur est non biaisé, car cela établit que, d'un échantillon à d'autres, la valeur de l'estimation se distribue autour de la valeur vraie du paramètre estimé, sans erreur systématique dans un sens ou dans l'autre. Mais il n'est pas nécessaire qu'un estimateur soit non biaisé pour qu'il soit bien distribué autour de la valeur vraie ; par exemple, si sa distribution est dissymétrique, sa médiane plutôt que son espérance mathématique peut coïncider avec la valeur vraie (il y a alors autant de chances pour que l'estimation soit supérieure ou inférieure à la valeur vraie). Nous reviendrons d'ailleurs sur le cas d'estimateurs biaisés et néanmoins intéressants.

Pour que l'estimateur ait une bonne *précision* il faudrait encore que sa distribution soit assez concentrée. Qu'en est-il, par exemple, de a_1^* ? Pour répondre à la suite d'un calcul complet, introduisons la variable non aléatoire auxiliaire suivante :

$$(25) \qquad c_t = \frac{z_{1t} - \bar{z}_1}{\sum_{\tau=1}^{T} (z_{1\tau} - \bar{z}_1)^2}$$

L'équation (21) devient alors :

$$(26) \qquad a_1^* - a_1 = \sum_{t=1}^{T} c_t (\varepsilon_t - \bar{\varepsilon})$$

Cette expression nous permet de calculer aisément la variance de a_1^*, car :

$$(27) \qquad E\,(a_1^* - a_1)^2 = \sum_{t,\theta=1}^{T} c_t\, c_\theta\, E\,[(\varepsilon_t - \bar{\varepsilon})\,(\varepsilon_\theta - \bar{\varepsilon})]$$

Or H2 et H3 impliquent :

$$(28) \qquad E\,(\varepsilon_t^2) = \sigma^2 \qquad E\,(\varepsilon_t\, \varepsilon_\theta) = 0 \text{ si } t \neq \theta$$

donc aussi :

$$(29) \qquad E\,(\bar{\varepsilon}\, \varepsilon_t) = \frac{\sigma^2}{T} \qquad E\,(\bar{\varepsilon}^2) = \frac{\sigma^2}{T}$$

D'où :

$$(30) \qquad E\,[(\varepsilon_t - \bar{\varepsilon})\,(\varepsilon_\theta - \bar{\varepsilon})] = \delta_{t\theta}\, \sigma^2 - \frac{\sigma^2}{T}$$

où $\delta_{t\theta}$ est l'indice de Kronecker valant 1 si $t = \theta$ et zéro sinon. Il résulte alors de (27) que :

$$(31) \qquad E\,(a_1^* - a_1)^2 = \sigma^2 \sum_{t=1}^{T} c_t^2 - \frac{\sigma^2}{T} \sum_{t,\theta=1}^{T} c_t\, c_\theta$$

Or la définition (25) implique immédiatement :

$$(32) \qquad \sum_t c_t^2 = \frac{1}{\sum_t (z_{1t} - \bar{z}_1)^2} \qquad \sum_{t\theta} c_t\, c_\theta = [\sum_t c_t]^2 = 0$$

Finalement :

$$(33) \qquad E\,(a_1^* - a_1)^2 = \frac{\sigma^2}{\sum_{t=1}^{T} (z_{1t} - \bar{z}_1)^2}$$

En somme, la variance de l'estimateur a_1^* est le rapport entre la variance de l'erreur ε et T fois la variance empirique de la variable exogène z_1 dont on veut estimer l'effet sur y (bien que z_1 ne soit pas aléatoire on peut calculer sa variance empirique, qui dépend bien entendu de l'échantillon utilisé). Ainsi la précision est d'autant meilleure que le nombre T des observations est élevé, que les valeurs de la variable exogène z_1 sont plus dispersées et que la distribution des erreurs est plus concentrée autour de zéro.

Dans les applications où un estimateur intervient, il est souvent nécessaire de tenir compte de sa précision. Évaluer celle-ci par la variance de l'estimateur est rarement considéré comme insuffisant ; encore faut-il connaître cette variance. L'exemple de la régression simple permet de comprendre pourquoi, sauf exception, cette connaissance n'est qu'approchée ; en effet la formule (33) ne serait directement applicable que si l'on connaissait la valeur de σ^2, ce qui n'est pas le cas (H2). Mais on peut estimer σ^2 et donc aussi $E\,(a_1^* - a_1)^2$. Plus généralement, l'économètre éprouvera le besoin d'*estimer la précision des estimateurs principaux.*

Dans le cas d'espèce on peut penser que σ^2 n'est pas très différent de la variance empirique des résidus que la régression laisse subsister, soit :

$$(34) \qquad \varepsilon_t^* = y_t - a_1^*\, z_{1t} - a_2^*$$

Or on peut calculer ces résidus et leur variance empirique. Une démonstration analytique, comparable à celle présentée ci-dessus, montre cependant que l'estimation de σ^2 par la variance empirique des résidus serait biaisée vers le bas, car l'espérance mathématique de cette variance n'est pas

σ^2 mais (T – 2) σ^2/T. C'est pourquoi l'usage est, dans la régression simple, d'estimer σ^2 par :

$$(35) \qquad \sigma^{*2} = \frac{1}{T-2}\sum_{t=1}^{T}(\varepsilon_t^*)^2$$

et d'estimer la variance de a_1^* par la formule obtenue en remplaçant σ^2 par σ^{*2} dans le membre de droite de l'équation (33). Désignons le résultat par σ_a^{*2}.

Une autre question se présente à l'esprit : pourquoi avoir retenu la régression des moindres carrés dans le contexte du modèle (13) assorti des hypothèses H1 à H4 ? On voudrait être assuré qu'on ne pouvait pas faire mieux. En d'autres termes, on s'interroge sur l'*efficacité* de la procédure d'estimation. Même dans le cadre d'un modèle bien défini, l'étude de cette efficacité peut entraîner très loin puisque la famille des procédures envisageables est immense et que la précision, donc l'efficacité ne peuvent pas être caractérisées complètement par une seule mesure. Mais une propriété relative à cette efficacité peut, malgré sa portée quelque peu limitée, soit conforter le choix de telle procédure, soit suggérer qu'il convient de réviser ce choix, parfois même comment.

Un exemple de telles propriétés d'efficacité peut être cité dans le cas considéré. Comme nous l'avons vu, les estimateurs définis par les équations (4) et (5) sont linéaires par rapport aux variables aléatoires du modèle et non biaisés. Or, on a démontré que tous autres estimateurs $\hat{a}_1$ et $\hat{a}_2$, qui seraient de même linéaires et non biaisés, auraient des variances respectives au moins égales à celles de a_1^* et a_2^* (c'est un cas particulier du théorème dit « de Gauss-Markof »). Par conséquent si l'on a accepté de se limiter à la classe des estimateurs linéaires non biaisés et s'il suffit de caractériser la précision des estimateurs par leurs variances, on ne peut pas faire mieux que d'utiliser la régression des moindres carrés, sous réserve bien sûr que les hypothèses H1 à H4 soient réalistes.

Portons maintenant notre attention sur les *tests*. Considérons le cas dans lequel on tient pour vrai le modèle de régression simple et on se demande si la variable exogène z_1 a un effet sur y. L'hypothèse à tester est alors :

(36) $a_1 = 0$

L'usage est de parler de « l'hypothèse nulle » et de la désigner par H_0 (cet usage s'appliquerait encore si l'on voulait tester par exemple $a_1 = 1$).

Avant toute autre considération, nous devons prendre conscience du fait que tout test statistique se situe à l'intérieur d'un modèle aléatoire. En s'interrogeant sur la validité d'une hypothèse on en retient d'autres qu'on ne met pas en cause. Ainsi peut-on parler de « l'hypothèse générale » qui spécifie le modèle, ou encore de « l'hypothèse alternative », complémentaire de l'hypothèse nulle dans le modèle (ici $a_1 \neq 0$).

Pour tester une hypothèse telle que $a_1 = 0$, il est naturel de calculer à partir de l'échantillon une grandeur qu'on sait être sensible à la validité de l'hypothèse et de voir si la valeur trouvée est compatible ou non avec l'hypothèse. Dans le cas d'espèce, nous connaissons déjà une grandeur intéressante, l'estimateur a_1^* de a_1 ; un test de H_0 consistera à savoir si a_1^* est ou non trop grand en valeur absolue. Mais quand pourra-t-on dire qu'il est trop grand ? Nous comprenons bien que la réponse doit tenir compte de la précision avec laquelle a_1^* estime a_1. Ce n'est donc pas a_1^* qui va servir de base au test mais plutôt le rapport entre cette quantité et l'estimation usuelle σ_a^* de son écart type :

(37) $$t_a = \frac{a_1^*}{\sigma_a^*}$$

Mais cette substitution n'élimine pas le problème : quand dira-t-on que $|t_a|$ est trop grand ?

Il faut donner une traduction opératoire à l'idée selon laquelle la grandeur base du test prendrait une valeur qu'il conviendrait de déclarer non compatible avec l'hypothèse à tester. On retiendra une telle conclusion si la valeur trouvée apparaît anormale par rapport à l'hypothèse, donc est peu vraisemblable si l'hypothèse se vérifie. En d'autres termes, on doit passer par l'intermédiaire de la loi de probabilité qu'aurait la grandeur base du test si l'hypothèse était vraie. Soit donc :

(38) $$P(u) = \text{Prob}\,\{|t_a| \geqslant u/H_0\}$$

la probabilité que $|t_a|$ vaille au moins u quand $a_1 = 0$. C'est évidemment une fonction décroissante de u ; elle permet de fixer un seuil de vraisemblance u_0 pour $|t_a|$. Au-delà de u_0, la valeur de $|t_a|$ sera déclarée invraisemblable ; le test consistera donc à rejeter l'hypothèse si :

$$(39) \qquad |t_a| \geqslant u_0$$

Le seuil u_o résulte du choix quelque peu conventionnel de la valeur $P(u_0)$ qui le définit et qu'on appelle *« seuil de signification »*, ou encore niveau de signification. L'usage le plus fréquent consiste à retenir un seuil de signification de 5 %, c'est-à-dire à rejeter l'hypothèse quand la valeur trouvée de la grandeur $|t_a|$ aurait une probabilité au plus égale à 5 % d'être atteinte ou dépassée si l'hypothèse était vraie. Mais des seuils de signification de 10 % ou de 1 % sont aussi utilisés.

Il apparaît ainsi que pour définir un test il faut non seulement choisir une grandeur sensible à la validité de l'hypothèse concernée, mais aussi se référer à la loi de probabilité (38) qu'a cette grandeur quand l'hypothèse s'applique. Une nouvelle complication apparaît quand le modèle ne suffit pas à déterminer cette loi de probabilité. Tel se trouve être le cas avec le modèle de régression simple défini par (13) assorti de H1 à H4. Comment procéder alors ?

Une première réponse est aisément trouvée si, dans le cas d'espèce, on en sait davantage sur la distribution de ε que ne le spécifient H2 et H3, par exemple si l'on sait que cette distribution est normale, c'est-à-dire si l'on peut remplacer H2 par H5. Dans ce cas, la variable aléatoire t_a définie par (37) suit une loi connue, dite loi de Student, qui ne dépend que du « nombre de degrés de liberté » T − 2 (il s'agit des degrés de liberté de l'ensemble des T résidus servant à l'estimation σ_a^*). Les valeurs de u_o ont été tabulées pour les seuils de signification usuels et pour tous les nombres de degrés de liberté [13]. Ces tables sont utilisées couramment par les économètres.

La seconde réponse conduit en pratique à la même

13. Voir par exemple « Tables statistiques », *Revue de Statistique Appliquée,* 1959, vol. VII, n° 4.

solution. Elle consiste à se satisfaire d'une approximation de la véritable loi de probabilité P(u), faute de connaître celle-ci. En effet l'économètre ne se trouve quasiment jamais en position de spécifier que les erreurs ε suivent une loi particulière non normale ; le cas usuel est plutôt celui où il ne croit pas pouvoir aller au-delà de l'hypothèse H2 ; parfois il se sent fondé à supposer la normalité en arguant d'une propriété établie par le « théorème limite central » et qui s'applique au cas où les effets, dont ε traduit le résultat global, sont nombreux et individuellement petits. Mais lorsque H2 est satisfaite, la loi de Student apparaît comme fournissant une approximation de la véritable loi P(u), qui est inconnue.

Je dois en dire un peu plus sur la raison qui conduit à admettre la validité de cette approximation, car il s'agit d'un cas particulier d'une argumentation très fréquente dans l'étude des méthodes économétriques. Elle consiste à s'attacher aux *propriétés asymptotiques* qui s'appliqueraient à la limite si le nombre T des observations augmentait indéfiniment, puis à considérer que ces propriétés sont approximativement valables dès lors que le nombre d'observations n'est pas petit.

En l'occurrence, les hypothèses H1 et H4, auxquelles est ajoutée une hypothèse peu restrictive sur la suite infinie des z_{1t}, suffisent à démontrer que la loi de probabilité de t_a tend vers la loi normale centrée réduite quand T tend vers l'infini, précisément comme le fait la loi de Student quand son nombre de degrés de liberté croît indéfiniment. Ainsi la loi de Student fournirait bien une approximation.

Dans ce cas, comme plus généralement, les justifications asymptotiques sont imparfaitement probantes. C'est d'ailleurs pourquoi les approximations qu'elles fournissent sont très étudiées par les économètres, suivant des démarches tantôt théoriques tantôt empiriques. D'une part, dans les propriétés asymptotiques il en est de plus ou moins fortes, en ce sens que la tendance qu'elles énoncent est plus ou moins rapide, donc l'approximation plus ou moins étroite. Les théoriciens recherchent alors des propriétés fortes, conduisant à des approximations ayant les meilleures chances d'être bonnes même avec de petits échantillons. Les résultats qu'ils obtiennent apportent des corrections aux approximations usuelles, par exemple à la loi de Student ; ils permettent d'étudier dans quels cas les corrections sont négligeables ou au contraire substantielles. Une alternative théorique, parfois employée, consiste à rechercher des propriétés limites s'appliquant avec un nombre T fixe d'observations mais avec une dispersion des erreurs (σ^2 dans notre cas) tendant vers zéro ; cela conduit le plus souvent à des approximations voisines.

D'autre part, les spécialistes de l'économétrie peuvent procéder à des expériences artificielles pour étudier la qualité des approximations (on dit encore qu'il s'agit d'expériences de Monte-Carlo). Ils peuvent simuler ce que produiraient des échantillons tirés d'un modèle bien défini. Ainsi, avec le modèle de la régression simple, l'expérimentateur peut se fixer un nombre T = 20 d'observations, une suite de 20 valeurs pour z_{1t}, deux valeurs de a_1 et a_2 et une loi de probabilité pour ε (celle-ci satisfaisant H2 mais non H5) ; puis il tire au sort, selon cette loi de probabilité, par exemple 20 000 valeurs indépendantes de ε qu'il répartit en 1 000 groupes de 20, chaque groupe définissant des ε_t (t = 1, 2 ... 20). Il calcule alors, dans chaque groupe, les valeurs des y_t données par (13) pour t = 1, 2 ... 20, puis les valeurs de a_1^*, σ_a^* et t_a données par les formules que nous avons vues. Il dispose ainsi de 1 000 valeurs indépendantes de t_a, donc de la distribution de probabilité de cette variable aléatoire pour le cas particulier qui l'intéresse. Il peut comparer cette distribution à la loi de Student. Il ne s'en tiendra d'ailleurs pas à un seul cas, mais en explorera un certain nombre en faisant varier le nombre T, la suite des z_{1t}, les valeurs de a_1 et a_2, la distribution de ε. Il pourra ainsi tirer des conclusions sur la valeur et les risques de l'approximation offerte par la loi de Student [14].

Études théoriques et expériences de Monte-Carlo donnent aujourd'hui aux économètres une bonne connaissance des propriétés qu'auraient les procédures les plus courantes si les modèles dans le cadre desquels elles ont été étudiées et

14. Mon ouvrage, *Méthodes statistiques de l'économétrie, op. cit.*, présente un exemple dans lequel la loi de Student fournit une mauvaise approximation (chapitre 8, § 6). Dans ce cas la loi de probabilité de ε ne satisfait cependant pas H2 puisque sa variance est infinie.

sont censées respectivement s'appliquer correspondaient parfaitement à la genèse des données [15]. Le problème pour eux consiste surtout maintenant à savoir que penser de cette condition d'adéquation du modèle au phénomène et aux modalités de son observation. C'est ce problème que nous allons considérer.

Justifications, conventions, robustesse

Ce qui précède reste très sommaire, vu la diversité et la richesse des propriétés que la théorie économétrique étudie dans des contextes de modélisation et d'hypothèses aléatoires toujours nouveaux et pour de multiples procédures. Mais cela doit suffire à rendre compte de la nature des propriétés théoriques établies et à introduire la réflexion sur la portée de ces propriétés dans le travail des économètres. Ce qui peut faire problème, ce n'est évidemment pas la correction des démonstrations ni même la nature des propriétés, mais plutôt le choix des hypothèses retenues pour les établir.

Une autre façon de poser le problème consiste à se demander si le macroéconomiste a souvent affaire à des cas dans lesquels il dispose de justifications suffisantes pour admettre comme vrai un modèle aléatoire complètement spécifié, tel que celui défini par l'équation (12) accompagnée des hypothèses H1 à H4. Parler d'un modèle aléatoire vrai ne veut d'ailleurs pas dire qu'il soit parfait, mais plutôt qu'il fournit une approximation suffisante de la réalité. Même avec cette moindre exigence, l'économètre peut-il être assuré du réalisme de son modèle ?

C'est rarement le cas. Qu'on pense, par exemple, à une loi de comportement représentant la demande de monnaie dans un pays. L'économètre, chargé d'analyser des séries temporelles agrégées, pourra prendre le modèle suivant :

15. Par genèse des données j'entends la détermination des valeurs prises par les données constituant l'échantillon que l'économètre exploite ; il s'agit d'une part du phénomène régissant les grandeurs observées, d'autre part du choix des unités ou périodes retenues, parfois encore de ce qui provoque des erreurs d'observation.

(40) $\text{Log } m_t = a_1 \text{ Log } w_t + a_2 \text{ Log } r_t + a_3 \text{ Log } \pi_t + a_4 t + a_5 + \varepsilon_t$

dans lequel m_t est le rapport entre la masse monétaire et le revenu national en valeur (c'est-à-dire l'inverse de la vitesse de circulation de la monnaie, selon la définition courante de cette vitesse), w_t est le rapport entre la richesse nationale et le revenu national, r_t est un taux d'intérêt représentatif, π_t est le taux de croissance du niveau général des prix et t le temps.

L'économètre peut avancer certaines justifications. La détention de monnaie par les agents non financiers est motivée par un ensemble de besoins de transaction, de précaution ou d'épargne, approximativement proportionnés au revenu ou à la production de ces agents. Mais cette détention dépend aussi de leur richesse et du rendement d'un placement moins liquide : placement financier rapportant un intérêt, placement réel dont la valeur en monnaie s'élève à peu près au rythme de l'inflation. De plus, la quantité de monnaie détenue peut évoluer en fonction de modifications, soit dans les habitudes et les pratiques de paiement, soit dans la diversité des substituts imparfaits de la monnaie proprement dite : cette évolution est représentée par le terme de tendance a_4t.

Les justifications avancées reposent donc précisément sur l'analyse du comportement des ménages et des entreprises que nous avons étudiée en termes généraux dans toute la deuxième partie de ce livre. Nous avons vu que, au niveau de l'agent individuel et plus encore à celui des relations entre grandeurs agrégées, cette analyse repose sur un ensemble d'hypothèses qui ne sont jamais parfaitement réalistes. Elle n'en relève pas moins d'une approche qui organise rigoureusement la recherche et explicite ses points sensibles.

Mais les justifications qu'elle offre ne démontrent ni que le membre de droite de (40) puisse s'abstenir d'une certaine désagrégation de la richesse nationale, ni qu'il ait précisément la forme retenue, ni que les hypothèses H1 à H4, voire H5, s'appliquent aux erreurs ε_t supposées agir sur la vitesse de circulation de la monnaie. L'économètre est ainsi conduit à se justifier par deux autres ordres de considérations.

D'abord, la nécessaire simplicité de ce qui pourra être établi, compte tenu de ce qu'on sait déjà et de ce que les données disponibles permettent de trouver. D'ailleurs, dans cet esprit, l'économètre restera ouvert à toute spécification alternative qui pourrait se présenter. Par exemple, lui-même s'interrogera souvent sur la possibilité de retards dans l'action de certains déterminants de la demande de monnaie, ou sur la validité de l'hypothèse H3 d'indépendance des erreurs affectant les observations successives, et envisagera une autre hypothèse, éventuellement moins contraignante (nous examinerons ce point particulier dans la section suivante). Cependant il faudra souvent en rabattre par rapport aux ambitions de la première spécification envisagée et, en vue d'aboutir à une caractérisation précise, se satisfaire d'une relation encore plus simple que (40). Comprenons bien pourquoi.

Il peut s'avérer, en effet, que sur les données disponibles l'estimation des coefficients a_i de la spécification (40) soit trop imprécise. Comme nous l'avons vu dans la section précédente, l'économètre calcule une mesure de la précision avec laquelle la valeur a_i^* obtenue estime la valeur vraie du coefficient a_i. Or il arrive que cette précision paraisse trop médiocre par rapport aux usages qu'on entend faire de la loi estimée. En simplifiant la spécification ajustée, par exemple en y éliminant une variable explicative, on peut fort bien ne pas réduire la qualité de l'ajustement et aboutir à des estimations apparemment beaucoup plus précises des coefficients de la nouvelle spécification.

C'est le cas, notamment, quand il y a une forte corrélation entre les valeurs observées de deux variables explicatives (on dit que ces variables sont « colinéaires »). Par exemple, il se peut que, dans le pays considéré, la grandeur w_t relative à la richesse ait crû à un rythme approximativement constant et que, en conséquence, Log w_t soit très bien corrélé avec t, ou encore que le taux d'intérêt r_t et le taux d'inflation π_t aient évolué de façons très voisines. Retenant la première éventualité, on voit alors que la précision des estimateurs a_1^* et a_4^* se trouve être très médiocre tandis que, si l'on élimine le terme a_4t, la nouvelle régression conduit à un estimateur apparemment précis de a_1 (de même si l'on élimine le premier terme, la régression semble estimer précisément a_4)[16]. Dans un tel cas les données ne suffisent pas à bien isoler ce qui revient séparément à l'effet des variations de Log w_t, car celui-ci se confond avec l'effet éventuel du passage du temps ; mais si l'on tient ce dernier pour négligeable, alors la difficulté disparaît.

Comme on le voit bien sur cet exemple, la simplicité peut induire en erreur. Si, dans la réalité, la demande de monnaie a été influencée par des modifications institutionnelles progressives et si l'on a omis de faire figurer dans la régression un terme de tendance, on pourra avoir l'impression de bien estimer par a_1^* l'élasticité de la demande de monnaie par rapport à la richesse, alors que le résultat obtenu comportera un biais d'importance inconnue (la formule relative à un tel biais a été donnée par l'équation (16) du chapitre 11 ; on y note que le biais est d'autant plus important que la corrélation est plus étroite entre la variable explicative considérée et la variable omise).

C'est pourquoi la justification des pratiques courantes repose aussi, consciemment ou non, sur un autre ordre de considérations, celles relatives à la nécessité de conventions de travail grâce auxquelles s'organise l'effort collectif des économètres. L'argumentation est alors à peu près la suivante.

D'une part, le recours aux observations est indispensable pour donner à la connaissance macroéconomique un contenu précis. Ce recours, poursuivi de manière systématique grâce aux bases de données qui se constituent peu à peu, ne peut qu'être fructueux, car il nous apporte des résultats qui, au moins dans certains cas, se confirment mutuellement. D'autre part, seuls des modèles aléatoires bien spécifiés permettent de donner un sens aux procédures économétriques. Ce sens serait clair si l'on avait la garantie de raisonner à partir d'un modèle parfaitement réaliste. Dans les faits, le sens est plus flou mais ne disparaît pas, bien que le modèle simplifie beaucoup la réalité, peut-être même abusivement.

16. Cette phrase ne prétend pas être une démonstration, mais simplement l'assertion d'un fait que le lecteur peut considérer comme intuitivement vrai ou pour lequel il doit me faire confiance. Une démonstration peut être trouvée dans les ouvrages spécialisés ; l'exposer ici m'aurait entraîné trop loin.

Autant pour l'utilisation des résultats économétriques que pour leurs confrontations réciproques, la référence aux modèles aléatoires et aux propriétés qu'ils impliqueraient s'ils étaient justes, donne une certaine transparence aux modes d'obtention de ces résultats.

La transmission des connaissances entre macroéconomistes utilise ainsi comme véhicule non seulement des évaluations numériques, celles des a_i^* et des mesures de leur précision par exemple, mais aussi leurs modèles sous-jacents ; cette transmission s'effectue d'autant mieux que le choix du modèle apparaît plus naturel. Sauf motif particulier, l'économètre s'en tiendra à une spécification familière pour ceux auxquels il s'adresse. Le modèle, les résultats et les propriétés annoncées à leur sujet ont ainsi un caractère quelque peu conventionnel.

Pour reprendre le même exemple, la spécification (40) accompagnée des hypothèses H1 à H4, voire H5, apparaîtra comme claire et naturelle à ceux qui voudront savoir ce qu'enseignent les données de telle période dans tel pays quant à la demande de monnaie. Ils liront donc sans difficulté les résultats économétriques qui leur seront proposés. Ils comprendront aussi qu'on ait retenu un modèle plus simple encore, sans terme en a_4, ni en a_3, ni peut-être même en a_1 ; ils le comprendront surtout si les colinéarités dans les données font qu'un meilleur modèle ne conduirait à rien de précis.

La fréquente fragilité des modèles retenus dans le travail courant a deux conséquences. D'une part, elle recommande à l'économètre de faire tout ce qu'il peut pour donner à ses résultats une certaine robustesse. D'autre part, elle expose la profession des macroéconomistes à des erreurs.

Son métier impose à l'économètre d'avoir une attitude critique vis-à-vis de son modèle et de chercher s'il ne peut pas s'abstenir de certaines hypothèses ou si les données elles-mêmes ne recommandent pas quelques modifications. S'abstenir d'une certaine hypothèse, c'est ne pas faire état des propriétés qui en dépendent ; ce peut être aussi préférer une méthode dont les propriétés en sont indépendantes, à une autre qui y est plus sensible. Ainsi, un économètre pourra prétendre qu'il n'a pas vraiment besoin de l'hypothèse H5 de normalité pour justifier ses tests, car il dispose d'un nombre suffisant d'observations pour invoquer la théorie asymptotique des tests ainsi que les résultats des simulations dites de Monte-Carlo. Un autre économètre expliquera qu'il a préféré estimer les coefficients a_i en minimisant la somme des valeurs absolues des écarts plutôt que la somme de leurs carrés, donc (11) plutôt que (3), cela afin d'avoir des estimations moins sensibles aux valeurs des écarts extrêmes, donc moins sensibles à l'existence d'une variance finie des erreurs telle qu'elle est supposée dans H2.

Il faut noter, en passant, que la théorie économétrique est conduite à prêter une grande attention à l'étude de procédures « robustes », moins sensibles que les procédures courantes à telle ou telle hypothèse, mais malheureusement aussi moins performantes quand l'hypothèse est satisfaite. Les praticiens disposent ainsi de certains guides théoriques dans leur choix des procédures à suivre.

Traitant, dans la section suivante, des modalités particulières de traitement des séries temporelles, nous verrons comment l'économètre peut aussi revoir simultanément son modèle et sa procédure d'estimation ou de test, et cela sur la base des résultats qu'il obtient. En principe, cette dialectique de révision du modèle sur la base des observations dont il est censé expliquer la genèse, peut être rendue rigoureuse par référence à un modèle plus général englobant tous les modèles particuliers entre lesquels on envisagerait de choisir.

En pratique les choses sont cependant moins pures, et peuvent même donner lieu à des abus contestables quand le modèle est choisi sur la base des données analysées, de manière à conduire à des résultats ayant belle allure, d'autant que l'économètre peut s'être abstenu de mentionner tous les essais préliminaires auxquels il a dû procéder. On dit en anglais qu'il s'agit alors de « data mining » (on pourrait dire en français qu'on a fouillé dans les données pour en extraire un modèle qui donne belle allure aux résultats économétriques). Une telle pratique n'est évidemment pas conforme aux principes de la méthodologie économétrique puisque celle-ci considère le modèle comme spécifié indépendamment des données à analyser.

La fragilité de ces modèles est aussi l'une des sources de

déconvenues pour les économètres. Un exemple particulièrement clair en est fourni par l'estimation de la demande de monnaie aux États-Unis. Vers 1975, la grande majorité des économistes américains croyaient disposer d'une loi de comportement stable et bien établie, fournissant une base solide à l'étude de la politique monétaire. Jusqu'en 1980 cette confiance sembla tout à fait justifiée ; mais depuis, la décroissance de la vitesse de circulation de la monnaie s'est révélée incompatible avec la loi admise et les responsables de la politique monétaire ont dû reconnaître manquer de références pour comprendre l'évolution de la quantité de monnaie.

Cet avatar vient de faire l'objet de deux articles publiés côte à côte par deux experts [17]. Le premier, B. Friedman, conclut que l'évolution récente de la demande de monnaie reste un mystère. Le second, W. Poole, prétend au contraire trouver une explication satisfaisante en remettant en cause le travail économétrique qui fondait la croyance habituelle avant 1980. La nature de son explication est intéressante, étant entendu qu'elle ne fait pas l'unanimité.

La source de l'erreur proviendrait d'un accident historique conduisant à croire que, pour l'essentiel, l'évolution de la vitesse de circulation revenait à une tendance croissante systématique. Par référence à l'équation (40), on peut dire que des équations dans lesquelles le terme explicatif principal était a_4t semblaient bien s'ajuster aux données de la période 1947-1981. On pouvait penser que l'évolution ainsi observée était due aux modifications progressives des institutions financières et des habitudes de paiement. W. Poole observe que les résultats auraient été bien différents si l'on avait considéré toute l'évolution depuis 1915. On aurait alors conclu que les variations de la vitesse de circulation de la monnaie étaient dues à celles du taux d'intérêt à long terme et qu'aucune tendance systématique ne pouvait être relevée ; on aurait dès lors bien prévu le retournement qui s'est produit en 1981, précisément quand la longue croissance antérieure des taux à long terme s'est renversée. En

17. B. Friedman, « Lessons on monetary policy from the 1980s » ; W. Poole, « Monetary policy lessons of recent inflation and disinflation », *Journal of Economic Perspectives*, Summer 1988.

d'autres termes dans (40), le terme le plus important serait a_2 Log r_t et non a_4t.

Je n'ai ni le loisir ni les informations qui me permettraient une discussion approfondie de cette déconvenue. Je note cependant que, malgré une nette colinéarité entre le taux d'intérêt à long terme et le temps durant les années 1947 à 1981, les estimateurs et tests statistiques usuels attribuaient un rôle significatif au terme de tendance et un rôle médiocre au taux d'intérêt. En d'autres termes, la confiance dans la loi dégagée sur cette période paraissait légitime d'après les normes économétriques communément admises. C'est bien pourquoi ce cas est révélateur d'une certaine fragilité des conclusions auxquelles aboutit le travail courant des économètres, aussi indispensable et compétent soit-il.

Séries temporelles, délais et régression

Bien que mon intention ne soit ni d'étudier en détail les propriétés des procédures économétriques ni d'entrer dans les problèmes techniques du choix entre procédures alternatives, il est indispensable de nous arrêter sur l'aspect temporel. Non seulement la plupart des données macroéconomiques se présentent sous forme de séries temporelles ; mais les phénomènes eux-mêmes ont aussi une dimension temporelle essentielle. La qualité des résultats économétriques dépend alors de celle de la représentation temporelle offerte par le modèle ; la précision qu'ils peuvent atteindre est aussi très variable suivant l'horizon des effets qu'ils prétendent appréhender.

Trois ordres de considérations techniques méritent notre attention avant que nous soyons en mesure d'apprécier comment les contraintes, auxquelles est sujette l'utilisation économétrique des séries temporelles, réagissent sur notre compréhension des phénomènes macroéconomiques. Nous devons d'abord nous interroger sur une éventuelle analyse préalable des séries, qui en éliminerait tantôt le mouvement saisonnier tantôt la tendance de longue période. Nous devons ensuite étudier comment traiter les retards, souvent progressifs, avec lesquels les divers facteurs analysés font sentir leurs effets. Nous devons enfin comprendre comment les résultats économétriques sont affectés par l'existence de corrélations, parfois fortes, entre les erreurs aléatoires des périodes successives.

Penser qu'une grandeur subit dans son évolution des influences dont la permanence et le rythme diffèrent, est une idée bien naturelle. La grandeur peut être poussée par une tendance régulière, comme celle résultant de l'augmentation de la population ou des progrès de la productivité ; elle peut être sensible à l'état plus ou moins favorable de la conjoncture économique, dont on sait qu'elle fluctue d'une année sur l'autre, parfois à la façon d'un cycle approximatif ; elle peut être sujette à un rythme saisonnier ; enfin, son évolution peut connaître à chaque moment des irrégularités ayant l'aspect d'aléas. Depuis longtemps, on a cherché à isoler dans le mouvement observé ce qui peut revenir à ces divers modes d'évolution. La chose est concevable dès lors qu'on précise comment les diverses composantes envisagées se combinent.

Par exemple, si x_t désigne une grandeur observée pendant une suite de trimestres t, on peut la considérer comme la somme de quatre termes :

(41) $$x_t = u_t + v_t + s_t + \varepsilon_t$$

où u_t désigne la tendance, v_t la composante cyclique (le mot de cycle n'étant d'ailleurs pas pris au pied de la lettre), s_t la composante saisonnière, ε_t la composante aléatoire. Bien entendu, comme aucun de ces termes n'est observé isolément, la décomposition n'a de sens que si l'on en dit plus sur les propriétés attribuées à chacun d'eux. L'usage laisse une marge de flexibilité conceptuelle, que je ne chercherai pas à déterminer.

Il me suffira d'attirer l'attention sur un exemple, où la tendance serait une fonction linéaire du temps et la composante saisonnière ne varierait pas du tout d'une année sur l'autre :

(42) $$u_t = u_0 + \alpha t$$

(43) $$s_t = c_1\,\delta_{1t} + c_2\,\delta_{2t} + c_3\,\delta_{3t} + c_4\,\delta_{4t}$$

où δ_{jt} est par définition la variable valant 1 pour le j-ème trimestre d'une année et 0 pour les autres trimestres et où, pour éviter une indétermination, on impose :

(44) $c_1 + c_2 + c_3 + c_4 = 0$

Reste à spécifier comment on entend distinguer la composante cyclique de la composante aléatoire. Sans chercher à être précis, je dirai que les mouvements de la seconde doivent paraître erratiques et ceux de la première, au contraire, continus sur plusieurs trimestres.

Si l'on cherche à isoler l'une de ces composantes, ou la somme de deux ou trois d'entre elles, c'est qu'on la juge pertinente pour la question qu'on étudie, le reste apparaissant alors comme perturbateur. Ainsi, le conjoncturiste éliminera la composante saisonnière s_t des derniers trimestres observés afin de voir si la « série désaisonnalisée » $x_t - s_t$ fait apparaître une inflexion, par rapport à l'évolution antérieure, qui signifierait autre chose que la saisonnalité ; dans son appréciation, il restera d'ailleurs conscient de l'existence d'une composante aléatoire, le conduisant à considérer, par exemple, une moyenne mobile de la série désaisonnalisée, donc à appliquer un procédé fruste pour éliminer ε_t. Le macroéconomiste, qui étudie la détermination d'un phénomène à moyen terme, pensera qu'il doit concentrer son attention sur la seule composante cyclique, la tendance et la saisonnalité lui paraissant relever de phénomènes différents.

On conçoit aisément que les formules représentant les séries temporelles puissent varier à l'infini ; car elles peuvent être beaucoup plus complexes que les équations (41), (42) et (43). On conçoit aussi que divers procédés de calcul puissent être utilisés pour isoler chacune des composantes, une fois défini le schéma de décomposition. Le choix de ce schéma et des méthodes de calcul relève de la compétence des statisticiens et des économètres. Il ne retiendra pas notre attention, sauf en ce qu'il témoigne, une fois de plus, de l'aspect un peu conventionnel des évaluations numériques sur lesquelles repose la connaissance macroéconomique.

Un problème subsiste néanmoins, celui de savoir quand il convient de retenir les séries temporelles brutes et quand il convient au contraire de leur préférer des séries dérivées : lissées par l'élimination des composantes aléatoires, désaisonnalisées, réduites aux écarts à la tendance de longue période, etc. Ce problème n'a pas de solution générale qui s'imposerait indépendamment du contexte. Dans chaque cas d'espèce il convient de s'interroger sur ce qui doit être considéré comme perturbateur, donc à éliminer, et ce qui doit, à l'inverse, être considéré comme révélateur, donc à sauvegarder.

Le macroéconomiste s'intéresse à l'effet d'une grandeur sur une autre : il doit se demander par quels canaux s'exerce cet effet. La tendance, ou l'évolution saisonnière, de la première grandeur est-elle le facteur explicatif de la tendance, ou de la saisonnalité, de la seconde ? Si elle l'est, et cela de la même manière que le sont les autres mouvements auxquels cette grandeur est sujette, le macroéconomiste qui travaillerait sur les séries des écarts aux tendances ou sur les séries désaisonnalisées négligerait une information utile pour lui. A l'inverse, si tendance ou fluctuations saisonnières de la seconde grandeur n'ont rien à voir avec celles de la première, se reporter aux bonnes séries dérivées peut constituer une méthode d'analyse plus efficace que celle qui tiendrait compte simultanément de tous les facteurs de variation des grandeurs en cause, y compris ceux qui sont purement spécifiques de la tendance ou du mouvement saisonnier de l'une d'entre elles. Dans le premier cas, l'économètre sera conduit à travailler sur les séries brutes, par exemple en calculant une régression entre elles ; dans le second cas, l'analogue sera une régression entre séries des écarts aux tendances ou séries désaisonnalisées.

Deuxième complication technique : la présence des délais dans beaucoup d'effets macroéconomiques. Elle affecte, d'une part, la simplicité des questions posées à l'économètre, donc de son modèle et des réponses qu'il peut apporter, d'autre part les propriétés de ses procédures d'estimation ou de test.

Deux voies existent pour faire intervenir les délais dans la modélisation des phénomènes. Elles ont déjà été évoquées dans les chapitres précédents. La première consiste à écrire que la valeur prise dans une période, par une grandeur considérée comme endogène, est une fonction notamment de valeurs prises antérieurement par au moins certaines des grandeurs qui la déterminent. Ainsi, au lieu de prendre le modèle (13) pour étudier la dépendance entre une grandeur exogène z_t et une grandeur endogène y_t, on pourra considérer le modèle :

$$(45) \qquad y_t = a_0 z_t + a_1 z_{t-1} + c + \varepsilon_t$$

(le léger changement de notation par rapport à (13) vise à rendre les écritures plus simples et transparentes par la suite). L'effet de z sur y est alors supposé en partie immédiat, en partie retardé d'une période.

Considérer le modèle (45) ne semble pas introduire de problème économétrique nouveau. Certes, il y a trois coefficients à estimer au lieu de deux dans (13), mais on semble rester à l'intérieur du modèle de régression à plusieurs variables explicatives. Les hypothèses H1 à H4, voire H5, sont en effet très peu restrictives sur les z_j et n'interdisent en rien que z_{1t} soit identifié à z_t et z_{2t} à z_{t-1}. Estimer a_0, a_1 et c par une régression des moindres carrés sur (45) paraît donc bien relever de la méthodologie dont nous avons considéré les propriétés dans la section 4 (nous avions alors retenu par commodité un modèle plus simple que (12), mais c'est secondaire).

La difficulté de cette première approche vient surtout de ce qu'on sera rarement fondé à supposer que seule la dernière valeur antérieure de z_t doive intervenir pour déterminer y_t. Il faudra introduire plusieurs délais, jusqu'à l'horizon h, dans les effets de z sur les valeurs futures de y. Le modèle linéaire :

$$(46) \qquad y_t = \sum_{\tau=0}^{h} a_\tau z_{t-\tau} + c + \varepsilon_t$$

deviendra alors plus lourd, puisqu'il fait intervenir h + 2 coefficients a_τ et c. La lourdeur des calculs ne sera pas le véritable problème, ce sera plutôt le fait que, à vouloir estimer de nombreux coefficients, on n'en estime aucun avec une bonne précision. Souvent la suite des estimations a_τ^* présente une irrégularité invraisemblable. Une méthode pour l'éviter consiste à spécifier que ces coefficients dépendent d'une façon régulière d'un plus petit nombre de paramètres, par exemple que les h + 1 coefficients a_τ sont les valeurs prises par un même polynôme en τ de degré spécifié. Dans les cas où l'on pense que deux paramètres peuvent suffire, il arrive qu'on pose :

$$(47) \qquad a_\tau = a_0\, b^\tau \qquad \tau = 1, 2 \ldots h \qquad 0 \leqslant b < 1$$

De toute façon on peut encore appliquer la méthode d'estimation consistant à minimiser la somme des carrés des écarts entre les valeurs observées de y_t et les valeurs ajustées.

La seconde voie consiste à partir de l'idée d'une adaptation progressive de la valeur de y_t à celle qu'impliquerait la valeur de z_t s'il n'y avait pas de coût d'ajustement. Désignons par y_t^d cette valeur hypothétique de y_t, sa « valeur désirée » qui serait définie par :

$$(48) \qquad y_t^d = a^d\, z_t + c^d + \varepsilon_t^d$$

Une formule d'adaptation progressive, que nous avons déjà examinée dans le chapitre 9, spécifie :

$$(49) \qquad y_t = (1 - b)\, y_t^d + b\, y_{t-1} \qquad 0 < b < 1$$

Supposer (48) et (49) conduit à l'équation suivante :

$$(50) \qquad y_t = b\, y_{t-1} + a\, z_t + c + \varepsilon_t$$

où :

$$(51) \qquad a = (1 - b)\, a^d \quad c = (1 - b)\, c^d \quad \varepsilon_t = (1 - b)\, \varepsilon_t^d$$

L'équation (50) comporte le même nombre de paramètres à estimer que l'équation (45) ; elle semble souvent offrir une meilleure représentation de ce qu'on croit être la genèse des délais dans les phénomènes économiques. Mais, du point de vue de la théorie économétrique, elle n'entre pas précisément dans le cadre du modèle de régression que nous avons examiné au cours des sections précédentes. En effet, le membre de droite ne fait pas intervenir seulement des grandeurs exogènes mais aussi la valeur retardée y_{t-1} de la variable endogène y_t, valeur toutefois « prédéterminée » à la période t (on dit parfois que le modèle est « autorégressif »). L'usage le plus fréquent est encore d'estimer b, a et c en calculant une régression des moindres carrés de y_t par rapport à y_{t-1}, z_t et la constante 1. Mais seules les propriétés asymptotiques des estimations restent inchangées si les hypothèses H1 à H4 sont vérifiées, ce qui est habituellement considéré comme suffisant.

La troisième complication technique apparaissant dans l'utilisation économétrique des séries temporelles concerne les termes d'erreur. Les hypothèses H2, H3, et plus encore H5 quand on l'invoque, apparaissent souvent trop restrictives ; or elles jouent un rôle crucial dans la démonstration des propriétés qui justifient, par exemple, le recours à une régression des moindres carrés et l'emploi de formules précises pour tester telle hypothèse économique ou rendre compte de la précision de tel estimateur. Certes H2 et H3 peuvent aussi paraître inadéquates quand on recourt à d'autres types de données, mais elles le sont tout de même moins.

Pour comprendre la nature du problème, le plus simple est de partir une fois de plus de l'équation (13), écrite ici :

$$(52) \qquad y_t = a\, z_t + c + \varepsilon_t$$

mais en supposant que la suite des erreurs ε_t ne constitue pas un « bruit blanc » comme l'impliquerait H2, mais suit une « marche au hasard » [18], c'est-à-dire obéit à l'équation de récurrence :

$$(53) \qquad \varepsilon_t = \varepsilon_{t-1} + \eta_t$$

où H2 et H3 s'appliquent à η_t plutôt qu'à ε_t (les erreurs successives η_t sont indépendantes entre elles, alors que les erreurs successives ε_t ne le sont pas). En termes économiques, cela veut dire que les facteurs non identifiés ont sur y des effets qui persistent mais sont continuellement sujets à de nouvelles perturbations. Un cas moins extrême, souvent considéré en économétrie, s'exprime par :

$$(54) \qquad \varepsilon_t = \rho\, \varepsilon_{t-1} + \eta_t \qquad \text{avec} \qquad 0 < \rho < 1$$

Les équations (52) et (53) impliquent directement :

$$(55) \qquad y_t - y_{t-1} = a\,(z_t - z_{t-1}) + \eta_t$$

18. Une suite aléatoire, dite encore processus stochastique, est un bruit blanc si elle consiste en une suite de variables aléatoires indépendantes entre elles et ayant une même loi de probabilité avec une espérance mathématique nulle. Bien que les mathématiciens donnent une définition plus générale des processus de marche au hasard, nous pouvons dire ici qu'un tel processus obéit à la récurrence (53), la suite des η_t constituant un bruit blanc.

Considérer les variations des grandeurs plutôt que leurs niveaux permet ainsi de se ramener à un modèle de régression très simple, où les erreurs satisfont à nouveau l'hypothèse H2. Calculer une régression des moindres carrés sur (55) revient à estimer a par la formule :

$$(56) \qquad \tilde{a} = \frac{\sum_{t=2}^{T} (y_t - y_{t-1})(z_t - z_{t-1})}{\sum_{t=2}^{T} (z_t - z_{t-1})^2}$$

La différence avec la formule (4), qui définit l'estimateur a* obtenu par régression sur (52), est évidente : les écarts aux moyennes ont été remplacés par les variations d'une période à la suivante. Sauf en cas d'ajustement parfait, les deux calculs ne conduisent pas au même résultat. En l'absence de tout modèle aléatoire, on hésiterait sur le choix de la formule ; deux modèles aléatoires distincts recommandent l'un a* l'autre ã.

Si l'on hésite sur le choix du modèle, on peut décider de s'en remettre aux observations elles-mêmes et d'adopter une procédure en deux étapes opérant comme suit. Une régression ordinaire des moindres carrés donnera d'abord, non seulement a* et c*, mais aussi les résidus d'estimation ε_t^*, calculés comme avec l'égalité (34). L'allure de la suite des résidus renseignera alors sur la nature du processus aléatoire des erreurs : bruit blanc ou marche au hasard ? Dans le premier cas, on pourra se contenter des estimateurs a* et c* ; dans le second, on préférera reprendre le calcul pour déterminer ã. Bien entendu, ce principe qui consiste à tirer des observations certaines conclusions sur la liaison temporelle des erreurs et à en tenir compte dans le choix des formules définissant les estimateurs, donne lieu à des applications plus élaborées ; mais ce n'est pas le lieu de les considérer.

En économétrie on court fréquemment le risque de mal spécifier la liaison temporelle des erreurs que les modèles font intervenir. Cela peut avoir des conséquences plus ou moins graves. Il se trouve par exemple que les conséquences sont plus graves avec le modèle (50), où intervient la valeur retardée de la variable endogène y_t, qu'avec le modèle (45). L'économètre est conscient de ce risque et il en tient compte soit en choisissant une procédure statistique particulière, soit en testant la présence d'une forte liaison des erreurs, soit en étudiant la robustesse de ses résultats vis-à-vis d'une telle liaison.

Notons encore que la liaison des erreurs interfère avec la représentation des délais. Pour le comprendre, il suffit de considérer le cas de délais agissant de façon échelonnée suivant un modèle qui aurait la forme (46), avec des coefficients a_τ décroissant en progression géométrique selon la formule (47) et un horizon h infini. Un calcul élémentaire montre que le modèle peut tout aussi bien s'écrire sous la forme autorégressive suivante :

$$(57) \qquad y_t = b\, y_{t-1} + a_0\, z_t + (1 - b)\, c + \varepsilon_t - b\, \varepsilon_{t-1}$$

Nous semblons être ainsi ramenés au modèle (50). Il n'y a toutefois pas équivalence entre les deux modèles, car ils s'accompagnent d'hypothèses différentes sur la liaison des erreurs. Si, par exemple, on a supposé l'indépendance des erreurs successives ε_t de la spécification (46), la forme autorégressive (57) comporte une liaison négative des termes d'erreur $\varepsilon_t - b\, \varepsilon_{t-1}$. Il est concevable de prendre l'expression (57) pour définir les estimateurs par un ajustement sur elle ; mais il faut alors prendre garde à l'existence de cette liaison négative.

Ainsi, la dimension temporelle de nombreux phénomènes macroéconomiques est la source de diverses complications techniques dans le travail des économètres. Elle doit encore retenir notre attention pour une autre raison. La nature des enseignements à tirer de travaux économétriques dépend de la fréquence des observations sur lesquelles ils portent : des observations à fréquence rapide ne permettent pas de bien saisir les phénomènes dont le rythme est lent ; à l'inverse, des observations portant chacune sur une période assez longue ne sont pas adéquates aux phénomènes sujets à de très rapides évolutions.

On comprend aisément que des séries trimestrielles gomment les fluctuations hebdomadaires de certaines variables et leurs effets sur d'autres variables. Des séries trimestrielles rendent donc mal compte des phénomènes à fréquence rapide, tels que les réactions à très court terme entre marchés financiers.

Mais il est vrai, aussi, que l'exploitation économétrique des séries trimestrielles peut mal révéler les effets à moyen terme. Ceux-ci, dont les échéanciers ne sont pas datés de manière rigide, se répartissent sur de nombreux trimestres et disparaissent en général derrière des fluctuations d'une autre nature. Certes, une modélisation précise et une méthode statistique bien adaptée permettraient en principe de les reconstituer. Mais, d'une part, il faudrait pour cela des séries portant sur une durée totale assez longue ; d'autre part, une bonne modélisation de la combinaison entre effets à court et à long terme est difficile à dégager : les modèles économétriques courants n'y réussissent sans doute que très imparfaitement.

Dans la mesure où les problèmes à moyen terme sont les plus sérieux de ceux que la macroéconomie a à considérer, le travail courant des économètres risque bien d'être insuffisant à cet égard.

Calibrage

Il a fallu insister sur ce travail et sur les principes qu'il applique puisque ses résultats font partie de la connaissance macroéconomique. La production scientifique des macroéconomistes mêle aujourd'hui intimement, souvent dans le même article, l'élaboration théorique des modèles et l'estimation économétrique des effets qui y interviennent. Il arrive aussi que le théoricien utilise des résultats économétriques antérieurs. C'est le cas en particulier quand il « calibre » numériquement les paramètres de son modèle. La pratique s'en répand. Il convient de la considérer brièvement quoiqu'il ne s'agisse plus vraiment du travail des économètres.

On parle de calibrage d'un modèle (« calibration » en anglais) quand on donne à ses paramètres des valeurs que l'on considère comme bonnes pour ses utilisations. Par exemple, si le modèle prétend représenter certains aspects du fonctionnement de l'économie française, on retiendra des valeurs calculées ou estimées sur des données françaises. Pour l'estimation économétrique d'un modèle on applique, nous l'avons vu, des procédures bien définies à une base de données adéquate ; pour son calibrage on fait appel à toute espèce de données ou d'estimations préexistantes, en choisissant au mieux parmi elles, éventuellement en en faisant au jugé une synthèse. Il n'y a donc pas de méthodologie précise pour le calibrage. Qu'en penser ?

Le recours à cette pratique peut faire état de deux bonnes raisons. Premièrement la multiplication des travaux économétriques fournit une matière première de plus en plus abondante, dont chaque macroéconomiste doit savoir tirer parti. Par exemple, un spécialiste peut rassembler aujourd'hui plus de cent estimations de l'élasticité de l'offre féminine de travail par rapport au taux de salaire. Ces estimations ont utilisé des échantillons de données différents ; elles ont été effectuées dans le cadre de modèles quelque peu différents, de sorte qu'elles ne mesurent pas exactement le même concept mais des concepts voisins ; elles ont même porté sur différents pays ou différentes périodes. Les valeurs trouvées sont individuellement imprécises ; leur ensemble est plus dispersé qu'il serait vraisemblable pour les valeurs vraies des élasticités correspondantes. Le macroéconomiste procédant à une nouvelle étude, où l'offre féminine de travail intervient, doit avoir plus intérêt à considérer l'ensemble de ces résultats qu'à procéder à une nouvelle estimation sur un échantillon nécessairement particulier et ne permettant pas, lui non plus, d'atteindre un résultat précis.

Deuxièmement la recherche macroéconomique ne se limite pas tantôt à l'étude d'un effet particulier, tantôt à la construction de modèles complets concernant toute la situation économique d'un pays (modèles qui feront l'objet du chapitre 15). Souvent elle porte sur un aspect seulement des phénomènes globaux, mais un aspect qui fait intervenir deux ou plusieurs catégories d'agents. Le modèle ne prétend alors représenter fidèlement ni un comportement particulier ni l'ensemble des grandes interdépendances macroéconomiques ; délibérément il caricature afin de clarifier un groupe de dépendances et ses conséquences. Dès lors l'estimation économétrique du modèle sur des données réelles n'est guère adéquate puisque le modèle, négligeant certains traits importants de la réalité, ne peut pas prétendre bien rendre compte de la genèse de ces données. Néanmoins, pour préciser les conclusions, il faut tenir compte des ordres de grandeur de certains paramètres. Il est alors naturel de calibrer le modèle grâce à des résultats économétriques établis par ailleurs.

Mais la pratique du calibrage est aussi dangereuse. Elle l'est d'abord parce qu'elle peut déprécier les investigations économétriques rigoureuses. Certains économistes mal avisés peuvent en arriver à considérer ces investigations comme secondaires et à croire qu'ils peuvent imaginer eux-mêmes les bonnes valeurs à donner à des grandeurs que leur raisonnement fait intervenir. Une telle attitude constituerait un retour en arrière et un recul de l'objectivité en économie.

Même en l'absence d'une telle déviation les choix de calibrage laissent une marge à la subjectivité, par exemple dans la sélection des résultats économétriques retenus comme référence. Le risque de biais, intentionnels ou non, existe donc.

Il se peut aussi qu'un modèle calibré fasse illusion quant à la force démonstrative de certaines concordances factuelles. Pour le comprendre il faut comparer la situation avec celle d'un modèle ayant fait l'objet d'une estimation économétrique sur les séries temporelles d'une certaine période : l'estimation a été conçue de telle manière que le modèle estimé retrace au mieux les évolutions constatées durant la période ; dans ces conditions on ne peut pas attribuer une grande force au fait que le modèle retrace bien ces évolutions [19]. On n'échappe pas vraiment à la difficulté quand on compare les évolutions passées avec les résultats d'un modèle calibré, car le calibrage s'inspire habituellement d'estimations fournies par l'étude économétrique de ces évolutions. On n'échappe pas à la difficulté, mais elle est moins apparente, donc plus dangereuse.

Puisque la pratique du calibrage se répand, pour des raisons d'ailleurs compréhensibles, il faut chercher à la

19. Cette phrase fait évidemment appel à l'intuition du lecteur. La discuter précisément obligerait à traiter de tout un chapitre de théorie économétrique. On comprend bien qu'un modèle apparaît d'autant meilleur qu'il s'ajuste mieux aux données servant à l'estimer ; mais même un mauvais modèle peut donner pour un temps un bon ajustement.

rendre aussi rigoureuse que possible. Au minimum l'économiste qui l'emploie ne doit pas présenter ses résultats sans les accompagner de la donnée des valeurs attribuées à tous les paramètres de son modèle. Ces valeurs doivent être justifiées, notamment par la référence aux sources économétriques utilisées. Des études de sensibilité sont de plus souhaitables afin que l'on connaisse de combien varie chacun des résultats principaux quand on modifie les valeurs retenues pour les paramètres.

Faits stylisés

La pratique se répand aussi de parler en macroéconomie de « faits stylisés » pour désigner une sélection des traits que l'on retient de la réalité observée. Afin de présenter le motif d'une telle sélection et comment elle est conçue, une traduction du texte de N. Kaldor qui introduisit le terme convient parfaitement [20].

« ... Le théoricien, en choisissant une approche particulière, devrait commencer par un résumé des faits qu'il considère comme pertinents pour son problème. Puisque les faits, tels qu'ils sont enregistrés par les statisticiens, sont toujours sujets à de nombreuses réserves et qualifications, le théoricien devrait, à mon avis, se sentir libre de commencer par une vision " stylisée " des faits – c'est-à-dire se concentrer sur les grandes tendances, ignorant les détails individuels, et continuer avec la méthode " comme si ", donc construire une hypothèse qui puisse rendre compte de ces faits " stylisés ", sans qu'il se compromette nécessairement quant à l'exactitude historique... des faits et tendances ainsi résumés. »

Ainsi les faits stylisés sont un résumé des parties de la réalité observée qui paraissent pertinentes dans l'étude théorique d'une certaine question. Le concept a été introduit par Kaldor écrivant sur la théorie de la croissance et retenant que la productivité du travail y augmentait à un rythme constant, que le taux de profit était lui aussi constant, etc.

20. N. Kaldor, « Capital accumulation and economic growth », p. 178, *in* F.A. Lutz and D.C. Hague, *The Theory of Capital,* Macmillan, London, 1961.

Aujourd'hui on parle beaucoup de faits stylisés dans la théorie des fluctuations conjoncturelles pour désigner par exemple les variabilités comparées de la production, de l'emploi et des salaires réels, ou les ordres de grandeur des autocorrélations de ces variables.

Sélectionner ainsi, dans la réalité observée, ce qui paraît pertinent pour une théorie se justifie bien, puisque toute théorie s'attache à certains phénomènes et en néglige d'autres. On ne peut pas critiquer une théorie parce qu'elle n'explique pas des faits relevant de phénomènes qu'elle a délibérément et explicitement laissés de côté. En revanche on peut juger de la valeur d'une théorie en étudiant jusqu'à quel point elle rend compte des faits pertinents pour elle. Les faits stylisés se prêtent ainsi à une comparaison des mérites respectifs de deux théories différentes ayant le même objet.

De même est-il sain de commencer par le repérage de ces faits stylisés. C'est une bien meilleure pratique que celle consistant à n'opérer a priori aucune sélection des faits, mais à trouver après coup des arguments pour prétendre que telles caractéristiques observées sortent du champ de la théorie. On comprend que cette pratique alternative puisse pousser les chercheurs à se satisfaire de « stratagèmes », selon l'expression de K. Popper.

Toutefois, la reconnaissance des faits stylisés pose question. Il est toujours quelque peu artificiel d'isoler une partie de la réalité observée. A fortiori si la sélection est laissée au libre jugement d'un théoricien, le risque existe qu'il retienne ce qui va bien cadrer avec sa théorie et qu'il néglige tout le reste, y compris ce qui serait pertinent pour cette théorie. Ainsi voit-on l'avantage qu'aurait une détermination économétrique des faits stylisés.

Effectivement la recherche théorique moderne sur les fluctuations cycliques fait appel à une telle détermination. Elle porte l'attention sur les caractéristiques statistiques des séries temporelles constituées par les composantes cycliques des évolutions des grandeurs macroéconomiques principales dans un pays, ou mieux dans un ensemble de pays. Ces composantes jouent le rôle du terme v_t de l'équation (41) où l'analyse d'une série temporelle en quatre éléments a été présentée.

L'intervention de l'économètre n'élimine pas toute difficulté. Ainsi que nous l'avons vu dans la section relative aux séries temporelles, les formules de décomposition des séries peuvent varier à l'infini. Pour l'estimation des termes d'une même formule, on a le choix entre diverses méthodes. Une fois les composantes cycliques déterminées, on peut insister sur telles caractéristiques statistiques de leurs évolutions simultanées ou sur telles autres. Cependant l'arbitraire a une moindre place qu'autrement. Les choix faits apparaissent plus clairement. Ils deviennent plus conventionnels que subjectifs. Dans ce domaine comme dans les autres, l'économètre contribue à rendre la recherche plus rigoureuse.

Chapitre 13

Débats sur l'induction économétrique

Comme le chapitre précédent l'a montré, l'économètre applique une méthodologie aux principes bien définis. Ces principes paraissent non seulement clairs mais aussi adéquats. Le sont-ils parfaitement ? Telle est la question à laquelle il faut maintenant répondre. On le fera en considérant trois questions plus spécifiques, dont deux surtout ont donné lieu à débat. Il convient de garder ces questions présentes à l'esprit dans tout examen lucide des méthodes par lesquelles la connaissance macroéconomique peut progresser et de la portée des enseignements à tirer des résultats économétriques.

Analyse des données ou approche probabiliste ?

Les propriétés attribuées aux procédures économétriques présupposent l'existence d'un modèle aléatoire s'appliquant au phénomène étudié, donc en particulier à la genèse des données analysées. La nécessité d'une telle hypothèse n'avait pas été reconnue aux débuts de l'économétrie ; elle rebute encore aujourd'hui des chercheurs qui préfèrent considérer les techniques d'analyse des données comme libres de référence à tout modèle. La meilleure façon de bien poser les termes du problème consiste à retracer l'histoire des attitudes à ce sujet.

Les premiers économistes qui se consacrèrent à l'étude systématique des données ne se posaient pas la question de l'opportunité d'un modèle. Dans l'entre-deux-guerres l'idée n'en venait à l'esprit ni de F. Simiand, recherchant les enseignements à tirer des statistiques afin de mieux comprendre la détermination des salaires, ni des économistes de Harvard, soucieux de prévoir l'évolution conjoncturelle grâce à un suivi permanent des séries statistiques les plus significatives. L'idée s'imposa progressivement lors des discussions méthodologiques auxquelles donnèrent lieu les premiers travaux sur l'estimation des fonctions de demande et des fonctions de production.

Les premiers à adopter explicitement l'hypothèse d'un modèle aléatoire et à plaider pour la méthodologie correspondante furent de jeunes économètres venant de divers pays du monde et rassemblés durant les années 1940 à l'Université de Chicago dans un centre de recherche dit « Cowles Commission for Research in Economics ». Un long texte, dû au Norvégien T. Haavelmo exprima la conception de ce groupe sur ce qu'il appelait « l'approche probabiliste » [1]. Cette conception ne fut cependant pas acceptée d'emblée par l'ensemble de la profession et elle se heurte encore de nos jours à des réticences allant parfois jusqu'à l'opposition ; pour typer les choses, disons qu'elle s'oppose à « l'approche empiriste » qui consiste à chercher à analyser les données sans idée préconçue.

Afin de bien comprendre l'évolution des conceptions en économétrie, il faut tenir compte des tendances dominantes, plus généralement, en statistique mathématique. Les membres de la Cowles Commission ne faisaient qu'adopter ce qui était devenu progressivement, entre les deux guerres, la doctrine classique en matière d'induction statistique, une doctrine qui, depuis, inspira d'importants développements méthodologiques et l'application de procédures rigoureuses dans tous les domaines relevant de la statistique. Ce mouvement ne pouvait que faciliter l'adoption progressive de l'approche probabiliste dans les années qui suivirent sa formulation.

Ce mouvement explique sans doute aussi pourquoi l'approche était exprimée avec si peu de nuances. En 1950, T. Haavelmo écrivit : « Les propriétés purement géométriques d'un ensemble de points observés dans l'espace des variables sont insuffisantes comme base de l'induction sta-

1. T. Haavelmo, « The probability approach in econometrics », *Econometrica,* Supplement, July 1944.

tistique. En fait, un échantillon d'observations n'est qu'un ensemble froid et inintéressant de nombres, à moins que nous ayons une théorie concernant le mécanisme aléatoire qui les a produits [2]. » La première phrase évoque les tentatives, dans l'entre-deux-guerres, pour définir des méthodes reposant justement sur la reconnaissance des propriétés géométriques de l'ensemble des points observés, méthodes d'inspiration voisine de celles développées, beaucoup plus tard en France, pour « l'analyse des données ».

Il est intéressant, pour bien comprendre non seulement le contexte de l'époque mais aussi le véritable enjeu de discussions plus récentes, de se reporter à un conflit de méthode qui s'exprima aux États-Unis à la fin des années 1940 [3]. Son occasion fut la parution en 1946 d'un gros ouvrage présentant les principaux résultats d'une étude quantitative des fluctuations conjoncturelles conduite au National Bureau of Economic Research selon une approche empiriste. T. Koopmans, le membre le plus influent de la Cowles Commission, écrivit un article critiquant la méthode adoptée dans cet ouvrage et plaidant pour l'approche probabiliste. Selon lui, l'approche empiriste appartenait au « stade de Kepler » et il importait de passer sans hésiter au « stade de Newton ». Cet article donna lieu deux ans plus tard à un long échange entre Koopmans et un défenseur du travail mené au National Bureau, R. Vining.

La partie la plus intéressante de cet échange, pour ce qui nous concerne ici, apparaît dans deux citations. Après avoir reproché à Koopmans d'avoir déformé les véritables intentions du National Bureau, de façon à engager sa critique sur un terrain favorable, Vining explique que l'ouvrage en cause est une étude exploratoire des fluctuations économiques, que les connaissances factuelles systématiques sont rares en économie et qu'il pouvait être plus important pour les économistes de concentrer leur attention sur le premier problème, à savoir « rechercher les régularités et les concordances ou discordances entre régularités et regar-

2. Voir p. 265 dans T. Koopmans, ed., *Statistical Inference in Dynamic Economic Models,* J. Wiley, New York, 1950.
3. Pour les références exactes et plus de détails, voir E. Malinvaud, « Econometric methodology at the Cowles Commission », *Econometric Theory,* 1988, vol. 4, p. 187-209.

der à la ronde ce que pourraient être des modèles théoriques intéressants », plutôt que de se précipiter sur les problèmes ultérieurs de test et d'estimation. Dans sa réplique, Koopmans n'abandonne pas son argumentation principale, mais il reconnaît vers la fin de son texte qu'« ... il reste un doute, à savoir si toute activité de recherche des bonnes hypothèses peut être décrite et formalisée comme un choix à l'intérieur d'une liste préétablie d'alternatives ». Cependant ce léger doute ne reçut pas beaucoup d'attention, comme le montre la citation précédente de T. Haavelmo, publiée après cet échange.

Si l'approche probabiliste fut largement adoptée par les économètres, il faut reconnaître que le besoin s'en fit sentir moins unanimement chez les conjoncturistes. Pour ces derniers, il s'agit surtout de bien interpréter les dernières statistiques publiées et d'y déceler le plus tôt possible les changements par rapport aux tendances antérieures : accélération, ralentissement, voire retournement. La nécessité d'un système explicatif n'apparaît pas clairement ; on estime souvent qu'on peut traiter chaque série isolément, sans se préoccuper des concordances ou discordances avec d'autres séries, parfois même que la nature de la grandeur suivie n'importe guère et qu'une méthode omnibus pour le traitement des séries peut être appliquée à chacune d'elles.

De fait, l'expérience des vingt dernières années permet de comparer deux principes différents pour prévoir l'évolution d'une grandeur. Le premier repose sur l'observation du passé de cette grandeur prise isolément ; il consiste à découvrir, puis à extrapoler, un schéma dynamique de représentation des mouvements de la série, éventuellement en y distinguant plusieurs composantes telles que la tendance, le mouvement cyclique, la saisonnalité. Le second principe repose sur la découverte d'un modèle expliquant les variations de la grandeur en fonction de celles d'autres grandeurs considérées comme exogènes, le plus souvent conjointement avec celles d'une ou plusieurs autres grandeurs endogènes ; après estimation du modèle et prévision des valeurs des variables exogènes, on obtient par résolution les prévisions correspondantes des variables endogènes (nous étudierons plus précisément la mise en œuvre de ce principe dans le chapitre 15). On peut dire que le premier principe relève de l'approche empiriste, le second de l'approche probabiliste. Or, la comparaison entre les performances des deux types de prévision des principales grandeurs macroéconomiques montre que l'empiriste est souvent la meilleure à brève échéance ; il faut que l'horizon de la prévision atteigne un an ou plus pour que l'utilisation d'un modèle explicatif donne de meilleurs résultats en moyenne [4].

Une réaction aux principes classiques s'est d'ailleurs manifestée dans la statistique mathématique elle-même. Sans remettre en cause l'usage de ces principes quand il s'agit vraiment de tester ou d'estimer, certains statisticiens ont porté leur attention sur des procédures dont la vocation serait purement descriptive. C'est ce qu'on a appelé « l'analyse des données », en France comme ailleurs [5]. Caractériser l'ensemble des données uniquement par certaines propriétés descriptives, qu'elles soient géométriques ou autres, serait fort utile, parce que ceux qui veulent connaître les données collectées n'en attendent pas plus, leur masse restant inintelligible si elle n'était pas retravaillée et résumée de sorte que les enseignements à en tirer apparaissent plus clairement ; ce serait aussi utile au stade exploratoire quand le chercheur n'a pas encore fixé son choix d'un modèle et qu'il attend de mieux connaître l'allure et les particularités de sa base de données, une phase sur laquelle Vining avait attiré l'attention.

L'attitude révélée par ce regain d'intérêt pour la statistique descriptive à côté de la statistique inductive a eu son pendant en économétrie, depuis une bonne dizaine d'années, après une longue période durant laquelle l'approche probabiliste fut peu contestée, même dans la forme que les économètres lui avaient donnée. On est en effet devenu conscient d'un écart entre la pratique et la présentation formelle de la méthodologie économétrique. Comme nous l'avons vu, le modèle aléatoire n'est pas l'expression d'une

4. Voir R. Fildes, « Quantitative forecasting : the state of the art : econometric models », *Journal of the Operational Research Society*, July 1986.

5. Sur l'analyse moderne des données, voir J. Tukey, *Exploratory Data analysis*, Addison Wesley, 1977 ; J.-P. Benzecri et al., *L'analyse des données*, Dunod, Paris, 1973, deux volumes ; M. Volle, *Analyse des données*, Dunod, Paris, 2e édition 1981.

connaissance préalable sûre des lois régissant les phénomènes observés ; il a un caractère un peu conventionnel, qui en altère la force. En outre, il résulte souvent d'un premier examen des données ; sans mériter toujours l'accusation de « data mining », la recherche d'une spécification adéquate se fait souvent d'une façon bien différente de l'image qu'en donne la théorie économétrique.

L'idée s'est ainsi fait jour qu'il convenait de mettre en œuvre une démarche inductive qui, bien que reposant sur un modèle aléatoire, en retienne un qui soit de nature peu contraignante et ne prétende pas être déduit d'une modélisation des comportements économiques. Comme cette approche jouit d'une certaine faveur et illustre bien, sans le dramatiser, le problème examiné ici, je dois la présenter un peu en détail.

La démarche s'applique aux séries temporelles, la forme principale que revêtent les données macroéconomiques. Elle généralise une technique d'analyse répondant à certaines préoccupations des conjoncturistes. Examinons-la donc d'abord dans le cas où une seule grandeur macroéconomique serait considérée, un cas qui n'est pas le plus pertinent mais qui aide à comprendre ce dont il s'agit.

Supposons qu'une série temporelle relative à une variable x_t ait une évolution irrégulière qui puisse être représentée par un modèle aléatoire « autorégressif », c'est-à-dire un modèle du type :

$$(1) \qquad x_t = \sum_{\tau=1}^{h} a_\tau x_{t-\tau} + c + \varepsilon_t$$

les a_τ et c étant des nombres fixes et ε_t une suite de variables aléatoires indépendantes des $x_{t-\tau}$ correspondants, indépendantes entre elles, de même distribution, ayant une espérance mathématique nulle. Bien que cette formule soit particulière, elle offre la possibilité d'engendrer des évolutions d'allures extrêmement variées.

Pour s'en convaincre il suffit de se référer aux équations de récurrence analogues à (1) mais ne contenant pas de terme aléatoire. On sait par exemple que :

$$(2) \qquad x_t = a\, x_{t-1} + c$$

a pour solution, à partir de la valeur x_0 :

(3) $$x_t = \frac{c}{1-a} + (x_0 - \frac{c}{1-a})\, a^t$$

Si a est inférieur à 1 en valeur absolue, la série converge vers c/(1 – a). L'addition d'un terme aléatoire a évidemment pour effet d'empêcher la convergence de x_t, et de lui donner, après quelque temps, une allure stationnaire. Dès que l'équation comporte deux retards, les évolutions qu'elle autorise se diversifient. Pour résoudre :

(4) $$x_t = a_1\, x_{t-1} + a_2\, x_{t-2} + c$$

on considère d'abord les racines de l'équation du second degré en u :

(5) $$u^2 - a_1\, u - a_2 = 0$$

Si, par exemple, les deux racines sont imaginaires conjuguées, de module ρ et d'argument ω, la suite des x_t a la forme :

(6) $$x_t = \frac{c}{1 - a_1 - a_2} + b\, \rho_t \cos(\omega t + \varphi)$$

où b et φ sont tels que cette formule permette de retrouver les valeurs initiales x_0 et x_1.

De plus, celui qui utilise la représentation (1) peut prendre pour x_t non la série observée elle-même mais une série dérivée. Par exemple, si la série observée, désignée par y_t, a une allure croissante autour d'une tendance linéaire, on pourra prendre :

(7) $$x_t = y_t - y_{t-1}$$

Si elle a une saisonnalité apparente, on pourra prendre la série désaisonnalisée, etc.

L'avantage de la formule générale (1) est de se prêter à des prévisions très aisées au-delà de la période d'observation. Si l'on a observé x_t jusqu'en t = T et qu'on a estimé les a_τ et c par a_τ^* et c*, on peut faire la prévision suivante de x_{T+1}

(8) $$x^p_{T+1} = \sum_{\tau=1}^{h} a^*_\tau x_{T-\tau+1} + c^*$$

et éventuellement calculer par récurrence des prévisions x^p_{T+2}, x^p_{T+3}, ...pour des périodes ultérieures.

Dans de telles analyses, le modèle aléatoire (1) a une origine clairement différente de celle que nous avions envisagée dans le chapitre précédent. Il n'est pas conçu comme provenant d'une théorie expliquant la détermination de x_t, mais plutôt comme offrant un cadre assez souple pour permettre une bonne représentation d'une série, dont on admet seulement que l'évolution obéit à un dynamisme stable. Quant à l'étude des propriétés des estimations et prévisions, le modèle joue son rôle, indépendamment de son origine. Mais pour le macroéconomiste ou le conjoncturiste qui y a recours, la chose est bien différente : il n'a pas le sentiment d'être dépendant d'une théorie économique particulière ; il peut adopter une attitude beaucoup plus empirique et prétendre qu'il procède à une analyse des données exempte de tout préjugé.

C'est pour pouvoir changer ainsi d'attitude que certains économètres modernes prônent le recours à des « autorégressions vectorielles ». Ils ont le souci de ne pas introduire de spécifications limitatives, car ils ne croient pas que la théorie économique offre un guide assez fiable pour que les formes particulières qui s'en inspirent doivent être retenues. Ils préfèrent ignorer cette théorie a priori et placer leurs investigations dans le cadre de modèles descriptifs les plus neutres possibles, quitte à retrouver la théorie au moment de l'interprétation de leurs résultats. La seule différence entre leur démarche et celle que je viens de décrire tient à ce qu'ils ne considèrent pas chaque grandeur isolément, mais un ensemble de grandeurs simultanément [6].

Ces grandeurs peuvent être, par exemple, les taux de croissance du volume de la production nationale, du niveau général des prix et de la masse monétaire ainsi que le taux d'intérêt. Traiter simultanément ces quatre grandeurs permet de caractériser leurs interrelations en même temps que

6. Voir notamment C. Sims, « Macroeconomics and reality », *Econometrica*, January 1980.

les modes d'évolution de chacune d'elles. En s'abstenant de faire comme si chacune suivait un dynamisme autonome, l'approche a plus de généralité que celle consistant à traiter chaque variable isolément ; elle devrait être plus riche d'enseignements.

La généralisation de l'équation (1) à un système autorégressif portant sur n variables x_{it} est immédiate :

$$(9) \qquad x_{it} = \sum_{\tau=1}^{h} \sum_{j=1}^{n} a_{ij\tau}\, x_{j,t-\tau} + c_i + \varepsilon_{it} \qquad i = 1,2... n$$

Elle fait intervenir $n^2 h + n$ coefficients ainsi que les n variables aléatoires ε_{it} ayant toutes une espérance nulle et satisfaisant des hypothèses d'indépendance analogues à celles de (1). On donne au système une forme plus compacte en désignant par x_t, ε_t et c, les vecteurs à n composantes x_{it}, ε_{it} et c_i et par A_τ la matrice carrée d'ordre n dont les éléments sont les $a_{ij\tau}$. Le système s'écrit alors :

$$(10) \qquad x_t = \sum_{\tau=1}^{h} A_\tau\, x_{t-\tau} + c + \varepsilon_t$$

Il reçoit le nom d'autorégression vectorielle ; on y admet que les vecteurs ε_t successifs sont indépendants entre eux et ont la même loi de probabilité, mais deux composantes ε_{it} et ε_{jt} de ε_t peuvent être corrélées entre elles.

La suite des h matrices A^*_τ estimées doit renseigner sur les dépendances entre variables, donc permettre de trouver ou d'infirmer empiriquement des propriétés qui auraient pu être supposées a priori à la suite d'un raisonnement de théorie économique. On peut ainsi constater que, dans l'équation relative au volume de la production, la croissance antérieure de la masse monétaire n'a pas à intervenir, tandis que les taux d'intérêt passés jouent un rôle significatif.

Le recours à de telles régressions autovectorielles joue aujourd'hui un rôle intéressant en macroéconomie appliquée. Il enrichit la connaissance factuelle des phénomènes, tantôt en confirmant les résultats obtenus par l'approche classique, tantôt en les mettant en doute quand il fait apparaître que ces résultats sont dépendants d'hypothèses restrictives dans la modélisation théorique.

Il ne faut pas ignorer, cependant, les limites de l'interprétation des autorégressions vectorielles. Des limites analogues affectent l'interprétation de toutes les analyses de données, quoique en général de façon moins apparente, car le modèle qui les justifierait n'est habituellement pas explicité. Ici le système (10) rend les choses claires. Il suppose que les n variables retenues suivent conjointement une évolution autonome, perturbée seulement par la présence d'aléas non observables et non liés d'une période à la suivante ; de plus, les lois régissant cette évolution restent inchangées au cours du temps. Bien entendu, on doit répéter ici ce qu'on a dit dans le chapitre précédent : le modèle n'a pas à être rigoureusement vrai ; il doit seulement offrir une approximation suffisante, compte tenu des conventions de travail dans la profession.

Dans la pratique de l'étude macroéconomique, ces limitations doivent être appréciées en tenant compte des possibilités de calcul. Celles-ci impliquent que le nombre des variables n et des délais h ne soit pas grand ; par exemple, s'agissant de séries trimestrielles, on considérera quelque six grandeurs et un horizon h de six à huit trimestres, souvent beaucoup moins. Le nombre de variables intervenant dans les modèles macroéconomiques structurels inspirés de la méthodologie classique est toujours très supérieur.

Il est ainsi vraisemblable que l'utilité des autorégressions vectorielles pour les macroéconomistes se concentre sur la connaissance des effets à court terme, pour lesquels elles apparaissent comme un procédé d'investigation intermédiaire entre les techniques simples des conjoncturistes et les procédures suivies dans les modèles économétriques, davantage inspirés par des connaissances ou des idées préalables.

Comment combiner idées préalables et données nouvelles ?

Si l'on admet qu'il faut revenir aux principes classiques de l'approche probabiliste en économétrie, on doit bien reconnaître aussi un élément de faiblesse de ceux-ci. Dans la statistique mathématique classique, comme dans la méthodologie sous-jacente au travail courant des économètres, on admet que le modèle aléatoire offre une référence indiscutable ; il fait certes intervenir plus ou moins d'éléments inconnus, mais, cela mis à part, on fait comme si l'on était certain de sa validité. Or nous avons vu que cette validité ne pouvait être le plus souvent qu'approximative ; pire même, cette approximation a un caractère quelque peu conventionnel [7]. La solidité de la démarche est sujette à caution.

C'est ce qui a conduit une minorité d'économètres à appliquer d'autres principes pour définir les procédures d'induction, les principes dits « bayesiens ». Je ne chercherai pas à présenter ici ces procédures, qui sont et resteront peu utilisées. Mais comprendre la préoccupation qui les inspire permet de saisir le contexte dans lequel opère l'économétrie. Pour les raisons que je vais brièvement indiquer, les principes bayesiens seraient très bien adaptés à la situation dans laquelle se trouvent les économètres. Cependant, mettre ces principes vraiment en œuvre, serait une tâche surhumaine. De fait, les procédures bayesiennes proposées pour l'économétrie ne répondent pas au véritable problème, car elles se situent à l'intérieur des mêmes modèles aléatoires que les procédures usuelles ; le plus souvent, elles compliquent le travail là où justement il est le moins contestable [8].

Un modèle serait incontestable s'il résultait objectivement des connaissances qui existent avant l'examen des données. Or, dans quasiment tous les cas rencontrés en pratique, il ne remplit pas cette condition. Il est plus précis que les connaissances préalables : par les grandeurs qu'il retient et celles qu'il exclut, par la forme de la relation qu'il exprime, par son mode d'introduction des termes aléatoires, par les hypothèses qu'il admet pour la loi de probabilité de ces

7. C'est ce qui a permis à C. Sims *(op. cit.)* de dire que les spécifications usuelles des modèles macroéconomiques utilisés par les économètres étaient « incrédibles », argument déterminant selon lui pour porter son attention vers les autorégressions vectorielles.

8. Dans *Méthodes statistiques de l'économétrie*, Dunod, Paris, 3e édition, 1978, j'ai prêté une certaine attention aux méthodes bayesiennes. Le lecteur qui souhaite approfondir les questions abordées ici peut se reporter au chapitre 2 pour la discussion des principes généraux et au chapitre 6 pour l'examen des procédures bayesiennes applicables au modèle de régression.

derniers, etc. A l'inverse, d'ailleurs, il est habituellement trop imprécis sur les valeurs des paramètres qu'il fait intervenir : il suppose qu'on n'a aucune idée à leur sujet, alors même qu'on considère certaines valeurs comme sortant du domaine de vraisemblance : on a déjà estimé ces paramètres en d'autres lieux ou sur d'autres périodes qui ne semblent pas justiciables d'effets essentiellement différents, etc.

On voit bien où réside le problème : spécifier le modèle aléatoire oblige à une polarisation artificielle entre connu et inconnu. Dans la réalité, peu de choses sont certaines, beaucoup sont vraisemblables ; il y a des degrés variables dans l'incertitude, alors que l'ignorance absolue ou la connaissance parfaite sont rares.

Plutôt que de s'obliger à spécifier un modèle qui caricature la situation, il serait plus logique d'exprimer les connaissances préalables par des probabilités. A priori, avant l'examen d'un nouvel échantillon de données, on dispose d'une certaine loi de probabilité sur l'ensemble de tout ce qui caractérise les structures et les comportements. Les nouvelles données conduisent à réviser cette loi de probabilité. Ainsi, l'induction devrait se comprendre comme l'opération réglant le passage de la « probabilité a priori » à la « probabilité a posteriori ».

Dans son principe, cette façon de poser le problème est tout à fait convaincante. Le calcul des probabilités a d'ailleurs défini précisément comment effectuer ce passage. Les formules appliquent le « théorème de Bayes », démontré par le pasteur anglais du XVIIIe siècle dont le nom a été retenu pour caractériser toute la démarche. Il faut toutefois noter que l'application de ces formules, et plus fondamentalement toute opération précise de passage d'une probabilité à l'autre, suppose qu'on sache définir comment la loi de probabilité des observations se rattache aux éléments structurels dont on cherche à améliorer la connaissance (il y a donc trois lois de probabilité : la loi a priori des éléments structurels, leur loi a posteriori, la loi des observations). Un modèle décrivant la genèse des observations reste donc nécessaire, mais un modèle beaucoup moins spécial que ceux habituellement utilisés par les économètres. La préoccupation qui inspire l'approche bayesienne voudrait qu'il en soit ainsi ;

mais les procédures qui en sont déduites jusqu'à présent concernent des modèles qui ne diffèrent pas du tout de ceux de l'approche classique, ou qui les généralisent très peu.

La loi de probabilité a priori, que l'approche bayesienne fait intervenir, est censée résumer l'état des connaissances avant l'examen des données nouvelles dont on veut tirer parti. La définition de cette loi pose problème. Reconnaître qu'il existe a priori une certaine connaissance ne veut pas dire qu'on sait bien exprimer sa nature et son degré de certitude. Par exemple, si l'on se place dans le modèle de régression du chapitre précédent et si l'on considère qu'on est certain de la normalité des ε_t, l'hypothèse H5 étant retenue ainsi que H1 et H3, la loi de probabilité a priori doit porter sur a_1, a_2 ... a_m et σ ; quelle forme donner à ce qu'on croit savoir sur ces paramètres ?

L'économètre est d'autant plus gêné pour répondre à la question qu'il doit éviter de faire intervenir ses idées personnelles. Le résultat de son travail doit être objectif, c'est-à-dire utilisable par tous. A côté de la détermination de procédures objectives d'induction, il y a certes place pour l'étude d'un problème logique voisin, visant à savoir comment un individu modifie ses idées à la suite de ce qu'il observe ; une démarche bayesienne peut être conçue pour en rendre compte, l'individu révisant la loi de probabilité subjective exprimant ses idées et faisant jouer pour cela le théorème de Bayes. Mais ce problème voisin n'est pas exactement celui qui nous intéresse ici.

Devant la grande difficulté que présente la spécification de la loi de probabilité a priori, seules des solutions quelque peu conventionnelles sont possibles. On se limitera à une famille particulière de lois de probabilité, famille qui dépend d'un petit nombre de paramètres. Désignons ceux-ci par α_1, α_2 ... α_p. Se donner les valeurs des p paramètres sera alors se donner la loi de probabilité ; l'attention se portera non sur le choix de la famille, que l'on admettra être conventionnel, mais sur celui des valeurs des paramètres, exprimant les uns la tendance centrale de la loi de probabilité, d'autres sa dispersion, etc. ; ainsi les valeurs α_1^1, α_2^1 ... α_p^1 définiront la loi a priori.

La convention quant à la famille de lois à considérer s'inspire habituellement d'un souci de commodité. La famille doit permettre d'exprimer des idées assez diverses, ayant des degrés de certitude assez variés ; mais il est commode qu'elle définisse des lois se prêtant bien aux calculs. Comme ceux-ci dépendent aussi du modèle, on choisira la famille des lois a priori en même temps que le modèle.

On appréciera particulièrement de se trouver dans un cas tel que la loi a posteriori appartienne nécessairement à la même famille que la loi a priori, car alors l'induction apparaîtra comme l'opération par laquelle on passe des paramètres α_1^1, α_2^1 ... α_p^1, définissant la loi a priori, à ceux α_1^2, α_2^2 ... α_p^2 définissant la loi a posteriori. Cette opération peut être écrite symboliquement :

(11) $\alpha^2 = g_T(\alpha^1 ; x)$

x désignant les valeurs des observations analysées et la fonction g_T dépendant du nombre et de la nature des observations. Ce cas facilite non seulement les calculs, mais aussi la transmission des résultats, car l'expression des α^2 en fonction des α^1 peut être assez simple pour que l'économètre n'ait pas à décider lui-même du choix des valeurs de α^1, mais en laisse le soin à l'utilisateur et apparaisse ainsi respecter l'exigence d'objectivité.

Les perspectives que je viens d'évoquer, et d'autres qui pourraient y être ajoutées, montrent la possibilité que, dans leur travail courant, les économètres utilisent des techniques bayesiennes, mais sans que cela change fondamentalement les conditions dans lesquelles ils sont placés : ils doivent encore spécifier un modèle relativement étroit ; sans être arbitraire, leur spécification a un caractère quelque peu conventionnel ; les techniques de calcul ont de nombreux traits communs avec celles de la statistique classique ; la portée des résultats est voisine. Or, malgré cela, passer de la statistique classique à la statistique bayesienne alourdit tantôt le travail tantôt la présentation des résultats.

En somme, les avantages comparés de l'approche bayesienne apparaissent le plus souvent trop faibles par rapport à leur coût. Les économètres et macroéconomistes voient rarement l'intérêt qu'ils auraient à y faire appel. Les principes étudiés dans le chapitre précédent semblent suffire, non seulement pour déduire des estimations concernant des grandeurs significatives, mais aussi pour obtenir une mesure de la précision des conclusions auxquelles conduisent les données considérées.

Comment reconnaître la causalité ?

La macroéconomie a souvent pour objet des relations de cause à effet. Certains débats relatifs à sa méthodologie ont porté tantôt sur le sens à donner à la notion de causalité tantôt sur les moyens grâce auxquels l'existence d'une causalité pouvait être testée. Nous ne considérerons pas à nouveau les enjeux quelque peu généraux de ces débats puisque nous les avons considérés à la fin du chapitre 10. Mais il nous reste à compléter brièvement ce que nous avions dit alors [9].

La causalité entre une grandeur z et une grandeur y, hypothèse introduite au moment de la spécification d'une théorie, est difficilement justiciable d'un test économétrique. C'est pourquoi les économètres lui substituent souvent une propriété voisine, mais non identique, celle de « causalité à la Granger », c'est-à-dire d'antériorité des perturbations accidentelles de la série temporelle des valeurs prises par z_t sur celles des valeurs prises par y_t. Tel était le point où nous étions parvenus dans le chapitre 10.

Pour donner un sens à cette notion de perturbation accidentelle ou d'« innovation », il faut se référer à une forme de processus aléatoire représentatif de la genèse d'une série temporelle isolée. Sans chercher à être précis sur la portée et la signification de cette représentation, ce qui nous entraînerait beaucoup trop loin, je la pose simplement pour chacune des deux grandeurs y_t et z_t. Il s'agit d'une formule d'autorégression comparable à celle de l'équation (1) mais avec la possibilité d'un nombre illimité de retards :

9. Pour une étude plus détaillée, voir par exemple C. Gourieroux et A. Monfort, *Cours de séries temporelles,* Economica, Paris, 1983, chapitre IX.

$$(12) \qquad y_t = \sum_{\tau=1}^{\infty} r_\tau y_{t-\tau} + r_0 + v_t$$

$$(13) \qquad z_t = \sum_{\tau=1}^{\infty} s_\tau z_{t-\tau} + s_0 + w_t$$

Les r_τ et s_τ sont des coefficients fixes ; le processus des v_t, comme celui des w_t, est un « bruit blanc », c'est-à-dire une suite de variables aléatoires indépendantes, d'espérance nulle et de même loi de probabilité.

Le terme d'innovation pour v_t (comme pour w_t) s'explique par la considération suivante : si l'on connaissait les r_τ et si l'on avait observé toutes les valeurs antérieures $y_{t-\tau}$, on prévoirait naturellement y_t par la somme des termes du membre de droite de (12) à l'exception de v_t, lequel constitue un choc, un accident essentiellement nouveau, affectant l'évolution de la série.

Dire que z cause y « à la Granger », c'est dire que les innovations w de z influencent les innovations ultérieures v de y (il y a donc une certaine corrélation entre les deux bruits blancs, concernant v_t et w_t). Tester cette causalité c'est savoir si l'on doit la rejeter, c'est-à-dire s'il n'y a pas de corrélation entre w_t et les valeurs ultérieures de v_t, ou encore si :

$$(14) \qquad E\,(w_t\, v_{t+h}) = 0 \qquad \text{pour tout } h > 0$$

Bien entendu, dans la pratique on ne connaît jamais parfaitement ni les coefficients intervenant dans les processus des y_t et z_t, ni toutes les valeurs antérieures de ces variables ; on ne connaît donc pas exactement les w_t et les v_{t+h} mais on peut les estimer et construire un test adéquat de l'hypothèse (14) de non-causalité.

Il est assez naturel de chercher à retrouver cette même idée d'antériorité dans les autorégressions vectorielles, qui justement expriment les valeurs courantes des variables en fonction de leurs valeurs passées. La chose est simple quand l'autorégression ne fait intervenir que deux variables. Considérons donc le modèle (9) avec $n = 2$ et $x_1 = y$, $x_2 = z$. Il est évident que z ne cause pas y si $a_{12\tau} = 0$ pour tout τ. De fait on peut démontrer que cette condition est équivalente à (14) dans le cas particulier de l'autorégression à deux variables [10].

Les choses se compliquent avec plus de deux variables. On le comprend aisément en considérant le cas où $a_{12\tau} = 0$ pour tout τ, mais où simultanément $a_{13\tau} \neq 0$ pour au moins un τ et $a_{32\theta} \neq 0$ pour au moins un θ. On se trouve alors dans un cas où il n'y a pas de liaison causale directe entre x_2 et x_1 mais une liaison indirecte par l'intermédiaire de x_3. Dans ce cas, il y a antériorité des innovations de x_2 par rapport à celles de x_1 ; donc x_2 cause x_1 au sens de Granger.

A l'idée de causalité se rattache celle d'exogénéité. Spécifier que la grandeur z_k est exogène dans un modèle où les grandeurs y_i sont endogènes ($i = 1, 2 \dots n$), c'est admettre qu'aucun des y_i ne cause z_k. Il est ainsi concevable de tester en quelque sorte l'exogénéité de z_k en testant l'hypothèse que, au sens de Granger, aucun des y_i ne cause z_k. Bien entendu ce test est sujet au même problème fondamental : dans quels cas est-il légitime d'identifier antériorité et causalité ?

Les tests de causalité représentent donc bien un domaine important d'utilisation des autorégressions vectorielles. Justement parce qu'elles constituent des analyses de données, libres de toute hypothèse sur la structure des liaisons entre les variables qu'elles concernent, les autorégressions vectorielles sont aptes à servir de base à des tests sur les hypothèses d'un modèle plus étroitement structuré. Cette utilisation suppose cependant que toutes les variables du modèle sont retenues dans l'autorégression ; c'est pourquoi seuls des modèles assez simples se prêtent à ce type de test.

A titre d'exemple, je peux citer les travaux de C. Sims sur les États-Unis, travaux déjà évoqués à la fin de la première section. Cet économètre a considéré diverses autorégressions vectorielles de grandeurs concernant la production, les prix, la masse monétaire, le taux d'intérêt. Il a conduit ses calculs sur plusieurs périodes, notamment l'entre-deux-guerres et l'après-guerre. Il a effectué tout un ensemble

10. Pour le spécialiste je note que le modèle (9) implique une absence de corrélation entre ε_{it} et tous les $x_{j,t-\tau}$ pour $1 \leqslant \tau \leqslant h$, donc en particulier une absence de corrélation entre ε_{1t} et $x_{2,t-\tau}$. Il n'en est pas de même pour le modèle (12) où l'innovation v_t peut très bien être corrélée avec les valeurs antérieures $z_{t-\tau}$.

er les causalités. Ainsi il avait d'abord
ue la variation de la masse monétaire
) celle du volume de la production ;
s le conduisirent à dire plutôt que
taux d'intérêt qui causait d'une part
ı production, et d'autre part celle du
monétaire [11]. De telles conclusions ont
ıcore trop simplistes, puisque l'analyse
s grandeurs dont l'évolution peut elle
oncture économique ; elles expriment
concise et suggestive certaines pro-
ons macroéconomiques.

11. Voir par exemple C. Sims, « Comparison of interwar and postwar business cycles : monetarism reconsidered », *American Economic Review*, May 1980.

PRESCRIPTIONS

Chapitre 14

Étude des politiques macroéconomiques

Jusqu'à présent, notre examen méthodologique de la macroéconomie positive lui a reconnu comme objectif général l'amélioration des connaissances. Quand il l'a fallu, nous avons précisé qu'elle se consacrait à la détermination des effets prévisibles de modifications dans l'environnement ou la politique économique. Nous allons maintenant examiner de plus près son aptitude à répondre aux besoins des autorités publiques, qui ont à choisir cette politique, et du grand public, qui a à en juger. En effet, comme nous l'avons vu dès le premier chapitre, répondre à ces besoins est l'une des priorités de la recherche, sans que cela préjuge le poids à attribuer respectivement à la recherche fondamentale et à la recherche appliquée directement à l'étude des politiques économiques.

Parler d'étude des politiques économiques c'est accepter une répartition des rôles selon laquelle l'économiste prend pour donnés les objectifs de ces politiques. Il intervient comme un technicien de la connaissance objective des phénomènes, capable de prévoir les résultats des diverses décisions adoptées. La nette distinction entre choix des objectifs et étude des résultats est admise depuis longtemps et constitue vraiment la base de tout progrès dans l'application de la science économique. J'aurai l'occasion d'évoquer certains problèmes qu'elle pose et certaines critiques qu'elle suscite.

Dans ce chapitre, nous allons prendre la mesure des problèmes que soulève l'étude des politiques, réservant au chapitre 15 l'examen des modèles macroéconométriques, couramment retenus comme référence pour la préparation des politiques et offrant l'avantage d'être entièrement spécifiés en termes rigoureux. Nous consacrerons le chapitre 16 à la discussion de quelques thèmes nouveaux dont la pratique antérieure a révélé l'importance.

La préoccupation majeure des macroéconomistes, c'est la régulation de l'activité économique. Entendue au sens large, celle-ci a pour objet de corriger les évolutions probables lorsqu'elles paraissent peu satisfaisantes ; elle a longtemps concerné exclusivement le court terme, mais porte maintenant aussi sur le moyen terme et ne serait pas inapte, tout au moins en principe, à traiter aussi du long terme.

La problématique pour l'étude de la régulation de l'activité comporte trois phases : une phase prévisionnelle, visant à déterminer l'évolution probable ; une phase variantielle, concernant l'impact de diverses mesures envisagées ; une phase systémique, ayant pour objet de dégager des règles d'action et de caractériser les résultats obtenus à la longue et en moyenne, grâce à une politique particulière de régulation poursuivie durablement au milieu d'événements incertains. Nous étudierons successivement ces trois phases en nous en tenant pour le moment à leurs aspects généraux.

Mais, étudier la contribution de la macroéconomie à la formation des politiques oblige à se placer aussi dans un autre contexte, celui du jugement à porter sur les grands choix concernant le régime économique ou la stratégie de développement. Il s'agit alors de questions beaucoup plus globales que celles posées par l'étude de la régulation de l'activité. On ne demande pas à l'économiste d'entrer dans le détail et on ne pense pas qu'il ait à faire un travail technique ; on considère qu'il doit avoir des idées et les exprimer. Relever ce défi fera l'objet de la première section.

Régimes et stratégies

On s'interroge très naturellement sur les performances économiques de divers régimes d'organisation des sociétés et sur les chances de succès des diverses options stratégiques dont un pays dispose pour conduire son développement. L'économiste ne doit évidemment pas se dérober devant la responsabilité que de telles interrogations lui créent : celle d'apporter un témoignage compétent. Tout le problème consiste à bien isoler ce que la compétence des économistes ajoute à ce que le grand public connaît déjà et peut apprécier directement. Le problème se complique en raison des différences d'opinion entre économistes quant aux conclusions établies dans leur discipline. On comprend aisément que ces différences d'opinion sont particulièrement importantes s'agissant de questions aussi globales, car il est très difficile que l'économiste s'en tienne strictement à ce qui a été scientifiquement établi, donc respecte rigoureusement la division des rôles qui fonde son intervention dans les débats de politique économique.

Je me hasarderai à tenter une description très caricaturale des pratiques des économistes en y distinguant deux genres, celui du plaidoyer et celui du test global. Puis je me permettrai d'exprimer un avis personnel sur une déontologie que les progrès de la discipline économique vers une plus grande objectivité devraient imposer.

Depuis les débuts de l'économie politique, beaucoup de ceux qui s'y sont consacrés ont entendu s'exprimer sur le régime qui assurerait le mieux la réalisation des finalités de l'activité économique. Cela est si vrai que l'histoire de la discipline s'est longtemps très mal distinguée de l'histoire des doctrines formulées par les économistes sur le régime souhaitable. L'ouvrage classique de Gide et Rist, *Histoire des doctrines économiques,* a servi autrefois de référence générale pour quiconque voulait étudier le développement de l'analyse économique ; de fait, ces deux auteurs n'ont pas cru déformer les contributions scientifiques des grands économistes du passé en les associant à l'expression de la doctrine que chacun aurait exprimée [1].

Le style de l'exposé est alors traditionnellement celui du plaidoyer. L'auteur présente une argumentation censée démontrer logiquement la supériorité d'une forme d'organisation sur une autre, d'une stratégie de développement sur une autre. Ainsi les partisans du libéralisme insistent

1. Je dois déplorer qu'aujourd'hui encore beaucoup, même parmi les économistes, ne font pas la distinction entre les idées sociopolitiques personnelles des économistes et leurs programmes de recherche. C'est devenu une approche inadéquate au progrès récent des théories économiques que de partir d'une classification opposant théories libérales et théories socialistes.

sur l'efficacité d'un régime concurrentiel idéal, sur l'importance des stimulants économiques spontanés, sur les énormes difficultés d'information et de calcul auxquelles une planification centrale se heurterait, sur les distorsions provoquées par les interventions publiques, particulièrement dommageables si peut y intervenir la préoccupation d'accroître le pouvoir politique d'un groupe particulier. Les partisans d'une économie entièrement planifiée et placée sous le contrôle d'un parti populaire partent de l'idée qu'il n'y a pas antinomie entre rationalité économique et gestion par des autorités publiques compétentes ; ils mettent en valeur les grandes inégalités de conditions que le libéralisme génère souvent, ainsi que les déficiences des marchés pour la satisfaction des besoins collectifs, ou encore l'inaptitude des économies libérales à éviter les crises et l'alternance du chômage et de l'inflation.

De même les partisans du libre-échange et d'une stratégie d'insertion dans l'économie internationale montrent l'avantage que peut avoir chaque pays à tirer parti de la division internationale du travail et de ses propres avantages comparatifs ; ils expliquent que le protectionnisme a pour effet d'affaiblir l'aiguillon de la concurrence et de favoriser le développement de monopoles. D'autres argumentent tout autant pour une certaine protection de l'économie de leur pays et pour une politique délibérée de création ou de promotion d'une industrie nationale dont les productions se substitueront aux importations, ou peut-être même seront aptes plus tard à affronter la concurrence sur les marchés étrangers, une fois la maturité atteinte. Ces partisans d'une stratégie économique d'isolement relatif montrent que l'échange international est parfois inégal, qu'une industrie naissante doit être protégée pendant un premier temps, qu'un pays doit pouvoir faire des choix autonomes alors qu'une trop grande insertion dans l'économie mondiale l'interdirait.

Il est évidemment possible de se placer sur un autre plan, non plus celui de l'argumentation logique mais celui de la comparaison factuelle. Puisque l'histoire du monde, surtout dans ce siècle, offre les exemples de régimes économiques divers et de pays ayant choisi des stratégies de développement fort différentes, nous pouvons espérer tirer des leçons utiles en examinant les performances comparées des divers régimes et les succès obtenus par des stratégies différentes. L'observation offrirait ainsi directement des tests. Il y a trente ans beaucoup tiraient de l'histoire la conclusion d'une supériorité économique du socialisme sur le capitalisme et d'une supériorité des politiques autonomes de développement sur les politiques d'insertion dans le marché mondial. Aujourd'hui l'opinion de loin prédominante va en sens exactement inverse.

Que dire de ces deux genres, que j'ai opposés d'une façon assez caricaturale, j'en conviens ? Il n'est évidemment question de rejeter ni l'un ni l'autre ; puisqu'ils traitent d'importantes questions et d'une façon qui n'est pas foncièrement inadéquate. Ils peuvent d'ailleurs se conforter l'un l'autre. Les combiner répondrait en effet à la méthodologie dont nous avons eu bien des occasions de voir les avantages : théorie et observation doivent se compléter mutuellement.

Un esprit rigoureux doit cependant reconnaître qu'arguments logiques et factuels suggèrent l'opportunité d'approfondissements multiples. Les énoncés portant sur les conséquences nécessaires d'un régime donné, ou d'une stratégie donnée, ne sont pas démontrés comme des théorèmes. Les formaliser précisément montre qu'ils sont incomplets, en ce sens que la propriété avancée reste ambiguë et demande à être mieux définie, qu'elle ne vaut alors que sous des conditions plus ou moins strictes qui ont été ignorées. C'est tout un ensemble de recherches théoriques qu'on est alors conduit à envisager, la plupart, d'ailleurs, plus microéconomiques que macroéconomiques. Un exemple de ce qu'il conviendrait de faire est fourni par les multiples travaux théoriques concernant l'efficacité d'un régime de concurrence parfaite ; mais bien d'autres exemples analogues pourraient être donnés.

De même, les références factuelles ne font qu'établir certaines concordances historiques. Or, chaque cas est le produit d'un ensemble de facteurs ; bien d'autres facteurs que ceux mis en avant par une confrontation rapide, ont pu jouer un rôle important. Il faudrait au moins procéder à de véritables tests économétriques, qui expliciteraient la liste des facteurs considérés et pourraient donner lieu à une critique pertinente. Il faudrait caractériser les divers régimes et les diverses stratégies, en repérant leurs dimensions principales sans les ramener abusivement à deux prototypes antagonistes.

L'économiste conscient des enjeux et de la faiblesse inhérente à tout jugement simple se trouve ainsi devant un dilemme. Il ne peut pas refuser de s'exprimer si son avis doit vraiment compter dans le choix d'un régime donné ou d'une stratégie particulière [2]. Mais, s'il le fait, il est conscient de ce que la justification de sa réponse n'a pas la force d'une preuve scientifique et de ce que les clauses secondaires, qu'il peut ajouter par scrupule, ou bien seront ignorées ou bien donneront l'impression qu'il refuse de s'engager vraiment.

La seule issue de ce dilemme réside dans le recours à une déontologie qui inspirerait le comportement de chaque économiste et l'aiderait à savoir quand et comment il doit donner un avis. Je ne suis pas en mesure de définir moi-même complètement cette déontologie, puisqu'elle devrait l'être par une réflexion collective. J'en vois cependant quelques éléments.

Le premier n'est cité ici que pour mémoire car je le considère comme acquis : les programmes de recherche des économistes doivent attribuer une grande place à l'étude de tous les approfondissements dont j'ai suggéré tout à l'heure l'opportunité.

Cela dit, il conviendrait surtout de distinguer d'un côté les actions destinées directement ou indirectement à l'information du grand public, de l'autre les avis sollicités explicitement au moment d'un choix important. S'agissant des premières, la profession des économistes devrait se donner deux priorités, d'une part elle devrait faire connaître largement certains résultats que ses membres eux-mêmes considèrent comme significatifs et qui donnent lieu à une interprétation claire et unanime ; d'autre part, elle devrait contribuer à élever la compétence économique du public, c'est-à-dire se donner un objectif pédagogique et diffuser

2. Bien entendu l'économiste peut refuser de s'exprimer hors de propos, par exemple quand le but de celui qui l'interroge est uniquement de savoir s'il a affaire à un sympathisant ou à un adversaire. De telles situations se présentent malheureusement plus souvent que celles où l'avis de l'économiste est destiné à influencer le choix envisagé.

l'usage des notions, catégories conceptuelles et propositions que les économistes ont jugé opportun d'utiliser.

Ces actions devraient notamment viser à estomper l'image d'une profession divisée en écoles qui adhèrent à des idéologies antagonistes, image que beaucoup entretiennent dans notre pays et qui disqualifie à l'avance toute idée d'objectivité dans le choix d'un régime d'organisation ou d'une stratégie de développement. Ces actions devraient aussi faire apparaître combien est vaste l'ensemble des choix possibles, lequel ne se limite pas à deux options antinomiques extrêmes, mais comporte de très nombreuses variantes susceptibles de permettre de meilleurs compromis entre objectifs difficilement compatibles.

La ligne de conduite que je propose vis-à-vis du grand public implique que les économistes agissent à froid, sur des sujets certes importants mais qui ne se trouvent pas être alors sous les feux d'une actualité obligeant à prendre immédiatement parti pour ou contre. J'estime que l'action est alors plus profonde, qu'elle contribue à ce que les options soient mieux fondées le moment venu, qu'elle évite de favoriser la versatilité de l'opinion et sa tendance à simplifier abusivement les problèmes.

L'économiste, dont l'avis est sérieusement sollicité à un moment crucial, devrait surtout avoir conscience de sa responsabilité vis-à-vis de ses nombreux concitoyens dont les conditions de vie dépendront peu ou prou de sa réponse, peut-être même vis-à-vis des générations à venir. En de tels moments, la seule règle consiste à faire au mieux, en conscience.

Le diagnostic prévisionnel

Après ces considérations sur la place des économistes à vocation scientifique dans la société, il faut en venir aux études habituellement confiées aux macroéconomistes. Celles-ci portent sur des mesures spécifiques visant à influencer tel ou tel aspect de l'évolution à court ou à moyen terme ; elles peuvent aussi concerner des règles qui régiront les interventions de la banque centrale, la gestion courante des dépenses et des recettes publiques, ou tout autre instrument de la politique gouvernementale.

L'étude comporte, nous l'avons vu, deux ou éventuellement trois phases successives, la première consistant en une prévision du contexte dans lequel la politique économique interviendra. Cette phase est évidemment essentielle quand la politique a un objectif de régulation, ce qui est le cas habituel. On parle alors de prévision « à politique inchangée », terme qui demande à être précisé par la caractérisation de tous les aspects de cette politique pour lesquels le qualificatif « inchangé » s'applique et risque de ne pas être clair. D'ailleurs, le macroéconomiste n'a pas à se sentir lié par ce qualificatif ; il est libre de prendre une autre référence explicite quant à la politique économique, s'il trouve cela plus commode ou mieux justifié en l'occurrence.

Cette opération de prévision est en fait très exigeante dès que l'horizon visé dépasse le très court terme. Si elle devait être conduite parfaitement, il faudrait avoir compris tous les déterminants de la situation future et connaître tout ce qui est susceptible de les affecter, y compris la situation présente, à propos de laquelle l'information reste toujours imparfaite.

Qu'on pense, par exemple, à la prévision de la situation économique de la France dans cinq ans. Voici quelques-unes des questions les plus évidentes auxquelles il faudrait savoir répondre [3].

Comment va évoluer l'économie mondiale ? L'expansion actuelle des pays industriels va-t-elle se poursuivre malgré les risques d'une reprise de l'inflation qui obligerait les gouvernements à rendre leur politique conjoncturelle franchement restrictive, malgré les endettements considérables qui pourraient créer des tensions insurmontables sur les systèmes financiers si les créanciers perdaient massivement confiance, malgré la permanence de déséquilibres des balances des paiements et des budgets publics, déséquilibres dont beaucoup resteront cumulatifs tant que les taux d'intérêt réels seront aussi élevés ? Face à tous ces handicaps, l'indiscutable assainissement des finances des entreprises

3. Passage écrit en 1989.

suffira-t-il à maintenir une croissance qui bénéficie par ailleurs de sa propre inertie ?

L'Europe occidentale est-elle sortie définitivement du déclin relatif dont elle a souffert au cours des quinze dernières années ? La construction du grand marché intérieur va-t-elle se réaliser, entraînant avec elle la rationalisation et le succès des efforts de recherche et développement, permettant que les économies d'échelle jouent pleinement et renforcent la compétitivité de notre région du monde, donnant un stimulant à l'initiative et à l'esprit d'entreprise ? Les besoins considérables qu'implique la remise en ordre des économies de l'Europe de l'Est vont-ils susciter une expansion saine ? Soucieuse de préserver une solidarité sociale qui la distingue des autres parties du monde, l'Europe saura-t-elle en assumer le coût sans les illusoires facilités qui consisteraient à vivre, pour un temps, au-dessus de ses moyens ? Les atouts que constituent la qualité de la formation humaine et la relative homogénéité de la société suffiront-ils pour surmonter ces handicaps ?

Dans ce contexte incertain, la France est-elle en train de restaurer une compétitivité déficiente depuis près de quinze ans, ce dont témoigne l'abondant chômage actuel ? Les ajustements spontanés et délibérés, qui ont restauré la rentabilité des entreprises, ont-ils enclenché un processus irréversible dont le plein effet se fera sentir dans les prochaines années ? L'évolution des prix dans les divers pays et des taux de change entre les monnaies donnera-t-elle au change réel du franc un niveau qui permette au gouvernement d'avoir une politique favorable à l'expansion et à la résorption du chômage sans enregistrer un insoutenable déficit des échanges avec l'extérieur ?

Ces questions, et bien d'autres qu'on pourrait leur adjoindre, montrent la nature des problèmes à résoudre au moment de la prévision. Ils sont de trois ordres, qu'il faut évoquer tour à tour. Comment mieux collecter l'information sur la situation courante et sur les tendances pertinentes ? Comment mieux savoir quels facteurs détermineront la situation future ? Comment mieux apprécier les incertitudes de la prévision, c'est-à-dire celle des divers éléments qui interviennent dans sa formulation ?

Comme on l'a déjà signalé, la prévision conjoncturelle

pour les prochains mois repose principalement sur la connaissance du présent et des tendances les plus récentes. En grande partie, elle procède par extrapolation intelligente de ces tendances. Ainsi, le meilleur conjoncturiste est-il souvent celui qui dispose du plus grand nombre d'informations sur la situation courante. Cependant la remarque n'a que peu d'importance pour notre propos, car la politique économique est assez impuissante à changer les choses à l'horizon de quelques mois, précisément en raison de l'inertie des actions concrètes résultant de cette politique et des phénomènes qu'elle cherche à affecter (une décision n'est jamais prise et appliquée en un instant ; ses effets exigent toujours un certain temps pour se produire). Aussi les prévisions servant de base à l'évaluation des politiques ont-elles un horizon plus long : une année, souvent beaucoup plus. Néanmoins, il reste vrai que la prévision conserve encore le caractère d'un diagnostic dont la qualité dépend d'une bonne information.

Or, celle-ci est souvent difficile à obtenir. D'une part, la statistique est coûteuse, surtout quand on veut la rendre précise malgré les lacunes des sources administratives ou la difficulté d'enquêtes directes, complètes et fiables. D'autre part, la prévision macroéconomique porte souvent sur des questions complexes qui échappent aux statistiques les plus courantes.

Qu'on pense à la compétitivité qui joue un rôle évident dans toute prévision des performances d'une économie [4]. Elle désigne une aptitude à faire face à la concurrence. Il s'agit d'une notion qui anticipe des résultats à venir et qui, néanmoins, concerne le présent. Quiconque connaît bien l'état d'une entreprise et celui de ses concurrentes, connaît du même coup la compétitivité de cette entreprise. Mais cette connaissance, qui a d'ailleurs souvent un caractère confidentiel, est de toute façon difficile à définir précisément, donc à transmettre.

Les macroéconomistes ont recours à un ensemble d'indicateurs statistiques qui portent tantôt sur les résultats de la concurrence tantôt sur l'aptitude à faire face à la concur-

4. Voir E. Malinvaud, « La compétitivité nationale », *Revue des Sciences Morales et Politiques*, 1988, p. 251-268.

rence. Au nombre des premiers figure le taux de pénétration des importations sur le marché national : rapport, pour une catégorie de biens, des importations au total des ventes effectuées dans le pays (ou à une grandeur corrélée avec ce total). Ce taux est plus facile à obtenir que d'autres indicateurs, car il dépend uniquement de sources nationales. Les parts de marché, à l'étranger et pour certaines catégories de biens, sont des rapports entre les exportations sur ces marchés et les importations totales de ces marchés. Les données concernant ces parts de marché sont assez tardives malgré les progrès accomplis dans la coordination des statistiques internationales, un bon semestre pour les parts en valeurs, une bonne année si l'on veut disposer de rapports en volumes. De plus, taux de pénétration et parts de marché sont des résultats qui peuvent avoir été influencés par d'autres facteurs que la compétitivité, par exemple par la pression de la demande dans les marchés des divers producteurs, ou par les changements dans la structure des demandes face aux spécialisations respectives des producteurs [5].

Les données sur les prix ou les coûts relatifs rendent mieux compte des aptitudes : le rapport des prix à l'importation sur les prix à la production dans le pays, celui des prix nationaux à l'exportation sur les prix à l'exportation des concurrents. Plus en amont, il y a aussi le rapport entre coûts du travail exprimés en une même monnaie. Toutes ces mesures posent des problèmes techniques non négligeables puisqu'elles rapprochent des données venant de sources différentes. Mais elles posent aussi des problèmes d'interprétation : si les prix des exportations françaises montent moins vite que ceux des exportations allemandes, cela peut être le signe que les producteurs français se mettent en situation de mieux concurrencer les Allemands,

5. Ainsi, à compétitivité inchangée, le taux de pénétration des produits allemands en France diminuera si l'Allemagne connaît une expansion et la France une stagnation, car les producteurs d'Outre-Rhin ne réussiront pas à satisfaire toutes les demandes s'adressant à eux. Une baisse du même taux se produira aussi si l'évolution de la composition de la demande globale française se modifie par ralentissement de l'essor des investissements, car la spécialisation de l'industrie allemande porte surtout sur les biens d'équipement. Ni dans un cas ni dans l'autre il ne faudrait conclure à une amélioration de la compétitivité française.

mais cela peut signaler plutôt que la qualité des produits allemands est plus appréciée que celle des produits français. En effet, la compétitivité n'est pas seulement affaire de prix et de coûts.

L'exemple de la compétitivité montre bien l'importance d'une information pertinente, mais aussi les difficultés de définition, de mesure et d'interprétation de cette information. Dans chaque domaine particulier c'est ainsi une véritable compétence qu'il faut acquérir et améliorer constamment.

Une bonne prévision suppose aussi une bonne compréhension des facteurs déterminants de la situation future. Mais il n'y a pas lieu d'aborder cette condition maintenant puisqu'elle sera l'essentiel de l'examen des problèmes soulevés par le calcul des effets de la politique économique (pages 501 à 505).

En revanche, il faut considérer les conséquences de l'incertitude des prévisions. Cette incertitude est évidemment l'une des caractéristiques importantes du contexte dans lequel les responsables politiques doivent prendre leurs décisions. Il revient donc aux techniciens, chargés des études macroéconomiques, d'indiquer la précision à laquelle leurs conclusions peuvent prétendre. S'agissant, en particulier, de la prévision centrale [6], par rapport à laquelle les effets variantiels sont mesurés, l'incertitude peut être mentionnée de manière formalisée ou non.

Ainsi les utilisateurs sont avertis d'un élément particulièrement incertain quand ils sont informés que les macroéconomistes se refusent à donner une prévision de certaines grandeurs importantes et se replient à leur sujet sur une hypothèse conventionnelle. Par exemple, la pratique courante, au moins dans les organismes publics nationaux ou internationaux et pour les travaux à court terme, est de retenir pour les taux de change les parités au moment de la prévision. Dès lors que l'aspect conventionnel de cette

6. Ainsi que nous l'avons vu, la prévision centrale est souvent « à politique inchangée » ; elle repose également sur des hypothèses concernant certaines données futures particulièrement incertaines (taux de change, prix du pétrole, etc.). Par rapport à elle, on établit des *variantes*, à partir d'autres hypothèses relatives à la politique économique ou aux données futures.

hypothèse est signalé, tout le monde est conscient d'une source d'incertitude dans le résultat annoncé. On doit d'ailleurs recommander que, pour les grandeurs faisant l'objet de telles hypothèses, des alternatives soient étudiées, donnant lieu à autant de variantes dont la comparaison donne la mesure de l'incertitude en cause.

Une autre source, non formalisée mais efficace pour renseigner sur l'importance des aléas, réside dans la multiplicité des prévisions faites par des équipes appartenant à des organismes différents. Dans tous les pays développés cette multiplicité est aujourd'hui assurée, de sorte que le public et les autorités constatent les points d'accord et de divergence entre les résultats annoncés par les uns et les autres. Les divergences doivent signaler les parties les plus incertaines des prévisions. Cette comparaison tend cependant à sous-estimer l'incertitude des prévisions, car les travaux des diverses équipes ne peuvent pas être considérés comme aboutissant à autant d'épreuves indépendantes des mêmes variables aléatoires. Ces équipes appliquent des méthodes très voisines et analysent le plus souvent de la même façon ce que la situation courante implique pour l'avenir, car elles travaillent dans le même contexte. Ainsi il leur arrive de se tromper toutes de la même manière ; on en a eu un exemple avec les prévisions faites à l'automne 1987 pour l'année 1988, qui annonçaient toutes un ralentissement de l'expansion alors que celle-ci s'est accélérée.

Prévisions économétriques

Les méthodes plus formalisées consistent à mesurer les aléas intervenant dans les diverses relations à partir desquelles la prévision est calculée, puis à en dériver ce qu'ils impliquent pour elle. L'opération est assez complexe, ce qui révèle d'ailleurs bien la difficulté qu'il y a à choisir les méthodes de prévision et à quantifier l'incertitude de leurs résultats. Je vais essayer d'en donner une idée dans un cas simple, dont le défaut sera de faire disparaître l'une des raisons pouvant expliquer l'importance des incertitudes sur telle ou telle grandeur endogène : le fait que, dans la résolution d'un modèle plus complexe que celui retenu ici, l'incertitude sur une grandeur exogène puisse affecter de façon très variable la précision des résultats qui importent, cette incertitude pouvant jouer un rôle tantôt négligeable, tantôt crucial.

Ce cas comporte seulement deux grandeurs et une relation. L'une des grandeurs ferait l'objet d'une prévision directe et interviendrait comme exogène dans la relation servant de base à la prévision de l'autre grandeur. Dans les faits, il y a toujours une multiplicité de grandeurs exogènes, de grandeurs endogènes et de relations plus ou moins complexes ; le système comporte ainsi de nombreuses interdépendances. La prévision suppose la résolution de ce système, donc des calculs selon des opérations qui peuvent magnifier l'importance de petites variations sur certaines grandeurs, les aléas en particulier (par exemple dans l'opération x/y de petites variations sur y changent beaucoup le résultat si y est voisin de zéro).

Quoi qu'il en soit, supposons que la prévision porte sur les valeurs y_θ et z_θ de deux grandeurs y et z dans une période future θ. Supposons que z_θ fasse l'objet d'une prévision indépendante tandis que, pour prévoir y_θ, on admet l'existence d'une relation simple déterminant y_t à partir de z_t, soit :

(1) $$y_t = a\, z_t + c + \varepsilon_t$$

les ε_t n'étant pas observables tandis que les coefficients a et c ont été estimés, sur la base d'observations passées, par a* et c*.

Soit z_θ^P la prévision de z_θ. Il est naturel de prévoir y_θ par :

(2) $$y_\theta^P = a^*\, z_\theta^P + c^*$$

et c'est bien ce type de prévision qui est habituellement retenu.

L'incertitude de la prévision peut être caractérisée par la distribution de probabilité de l'erreur de prévision, à supposer qu'on sache définir cette distribution. Admettons qu'on connaisse la loi de probabilité de l'erreur sur z, soit $z_\theta - z_\theta^P$. On peut alors en déduire la loi de probabilité de l'erreur sur y, soit :

(3) $$y_\theta - y_\theta^P = a\, z_\theta - a^*\, z_\theta^P + c - c^* + \varepsilon_\theta$$

On peut encore écrire cette erreur comme la somme de trois termes donnant lieu à une interprétation séparée :

– ε_θ représentant l'aléa inhérent à la dépendance entre z et y,

– e_z^p l'effet de l'erreur de prévision sur z,

– e^* l'effet des erreurs d'estimation de a et c.

Il suffit pour cela de définir les deux derniers termes par :

$$(4) \qquad e_z^p = a\,(z_\theta - z_\theta^p)$$

$$(5) \qquad e^* = (a - a^*)\,z_\theta + (c - c^*) + (a - a^*)\,(z_\theta^p - z_\theta)$$

Cette décomposition permet de vérifier si l'erreur de prévision sur y a une espérance mathématique nulle si tel est le cas de l'erreur de prévision sur z, de l'erreur ε affectant la relation (1) et de l'erreur des estimations a* et c* de a et c, et si, de plus, erreur d'estimation et erreur de prévision de z sont indépendantes entre elles. On pourra même donner une mesure de l'incertitude de la prévision en calculant l'espérance mathématique du carré de son erreur. La formule sera :

$$(6) \qquad E\,(y_\theta - y_\theta^p)^2 = E\,\varepsilon_\theta^2 + a^2\,E\,(z_\theta - z_\theta^p)^2 + E\,(e^*)^2$$

tout au moins si l'on peut démontrer que les trois termes sont indépendants en probabilité.

On comprend aisément que l'opération de prévision obéissant à la formule (2) et les propriétés des erreurs de prévision puissent donner lieu à d'importants développements dans la méthodologie économétrique : la formule (2) est-elle la meilleure ? Les conditions de validité de la formule (6) sont-elles réunies ? etc. Ces développements sont de même nature que ceux évoqués dans le chapitre 12, pour l'étude des propriétés des régressions.

Je me contenterai d'évoquer un problème assez spécifique aux prévisions et ayant une incidence significative pour les macroéconomistes : quels sont le rôle des tendances des grandeurs et celui des perturbations qui les affectent ? Nous allons étudier ce problème à propos de la prévision de la variable exogène z ; mais, dans certains cas, il affecte aussi les relations entre variables exogènes et variables endogènes, c'est-à-dire l'équation (1) de notre exemple.

Il se peut que la prévision de la variable exogène z se

fasse de façon naturelle, sans grande incertitude et ne soulève alors aucune question. Le plus souvent, elle exige cependant une investigation autonome, utilisant éventuellement un modèle assez élaboré et laissant la place à de notables erreurs. Ainsi, il est fréquent qu'on extrapole l'évolution antérieure de la grandeur concernée, en prolongeant sa tendance, voire ses fluctuations plus ou moins erratiques.

Pour étudier d'un peu plus près cette opération, il suffit de considérer le cas où la réflexion s'organise par rapport à la représentation suivante des mouvements de z :

(7) $$z_t = \alpha t + \beta + \eta_t$$

α et β étant deux nombres définissant la tendance linéaire de l'évolution et η_t un terme aléatoire représentant les fluctuations autour de la tendance et ayant donc une espérance mathématique nulle. Une telle représentation ne reconnaît ni la présence d'un mouvement saisonnier ni celle de toute autre fluctuation systématique, puisque η_t est aléatoire ; des formules plus complexes sont souvent utilisées en pratique.

Tout serait simple, pour la prévision de z_t sujet à (7), si les fluctuations pouvaient être considérées comme purement erratiques, c'est-à-dire si η_t pouvait être envisagé comme un bruit blanc. Si, de plus, α et β étaient connus, la prévision de z_θ serait simplement $\alpha\,\theta + \beta$, et l'erreur de prévision η_θ aurait la variance du bruit blanc. D'ordinaire, α et β doivent être estimés, de sorte que la prévision $\alpha^*\,\theta + \beta^*$ est sujette à une erreur supplémentaire, mais qui ne pose pas de problème spécifique.

Cependant, les fluctuations ont en général plus de permanence qu'un bruit blanc, ce dont il vaut mieux tenir compte dans la prévision. On dispose d'une formalisation commode pour représenter cette permanence, la formulation autorégressive que nous avons déjà étudiée dans le chapitre précédent à propos de l'analyse des données temporelles (voir équation (1) du chapitre 13). Appliquée ici, elle consiste à écrire, par exemple :

$$(8) \qquad \eta_t = \sum_{\tau=1}^{h} r_\tau \, \eta_{t-\tau} + \zeta_t$$

les r_τ étant des coefficients fixes et ζ_t un terme aléatoire sous forme de bruit blanc (les termes successifs... ζ_{t-1}, ζ_t, ζ_{t+1}... sont indépendants entre eux, suivent tous la même loi de probabilité qui a une espérance mathématique nulle). La formule générale (8) permet de générer des mouvements ayant des allures très variées, suivant ce que sont h et les coefficients r_τ ; nous l'avons vu dans le chapitre 13, pages 467-468. Ainsi, bien des possibilités d'évolution existent pour une grandeur exogène z_t dont on sait simplement qu'elle est représentée par les deux équations (7) et (8), par exemple des évolutions à allure cyclique. Mais nous nous en tiendrons à deux cas simples, l'un et l'autre importants dans la pratique prévisionnelle.

Supposons d'abord que le terme aléatoire η_t résulte d'une pure révision apportée au terme aléatoire précédent :

$$(9) \qquad \eta_t = \eta_{t-1} + \zeta_t$$

On dit encore que η_t suit une « marche au hasard », parce que sa variation entre t – 1 et t se fait entièrement au hasard. En combinant (7) et (9) nous en déduisons immédiatement :

$$(10) \qquad z_t - z_{t-1} = \alpha + \zeta_t$$

En conséquence si z_t a été observé jusqu'à z_T et qu'on cherche à prévoir z_{T+1}, il semble naturel de retenir la prévision :

$$(11) \qquad z^P_{T+1} = z_T + \alpha^*$$

plutôt que α^* (T + 1) + β^*. En effet, la théorie statistique justifie ce choix ; elle conduit même à recommander que, s'il s'agit de prévoir s périodes en avance, la prévision devra être :

$$(12) \qquad z^P_{T+s} = z_T + \alpha^* s$$

Bien entendu, quand z_{T+1} aura été observé, cette prévision sera remplacée par $z_{T+1} + \alpha^*$ (s – 1). Si au contraire le terme aléatoire de (7) avait été un bruit blanc, la bonne prévision serait restée α^* (T + s) + β^*, la seule modification pouvant être une révision des estimations α^* et β^*.

Il est fréquent qu'on retienne une hypothèse, moins extrême que (9), selon laquelle η_t est encore influencé par η_{t-1} mais tend à revenir vers son espérance mathématique :

$$(13) \qquad \eta_t = r\,\eta_{t-1} + \zeta_t$$

le coefficient r étant compris entre 0 et 1. La théorie statistique recommande alors la prévision :

$$(14) \qquad z^P_{T+s} = \alpha^* (T + s) + \beta^* + (r^*)^s [z_T - \alpha^* T - \beta^*]$$

La dernière observation connue influence la prévision par un terme correcteur d'autant plus faible que la prévision porte sur un avenir plus lointain et que la liaison temporelle des termes aléatoires autour de la tendance est plus faible.

Il y a une différence importante entre les deux cas où s'appliquent, respectivement, (9) et (13) avec $0 \leqslant r < 1$. Dans le premier, l'erreur de la prévision, à s périodes d'échéance, croît indéfiniment au fur et à mesure que s augmente, c'est-à-dire au fur et à mesure qu'on porte son attention sur un avenir plus lointain ; dans le second cas, au contraire, cette erreur plafonne. On le comprend en considérant le cas simple où α, β et r sont parfaitement connus ; si (9) s'applique, l'erreur de la prévision (12) a la variance s σ^2 (où σ désigne l'écart type de ζ), si (13) s'applique, l'erreur de la prévision (14) croît à partir de σ^2 pour s = 1, mais est bornée par la limite $\sigma^2/(1 - r^2)$ vers laquelle elle tend quand s croît indéfiniment. Or, il peut paraître bien irréaliste d'admettre une spécification selon laquelle l'éloignement de l'horizon de la prévision aurait ainsi un effet limité sur la précision de cette prévision.

La prise de conscience de cette différence, et l'intérêt croissant porté à des prévisions à échéance de plusieurs années, voire d'une décennie, conduit les économètres à attribuer un rôle plus important qu'ils ne le faisaient autrefois à des spécifications comportant des marches au hasard du type (10) pour certains éléments aléatoires [7]. Cela les

7. Voir par exemple L. Reichlin, « Fluctuations et croissance en Europe : une analyse empirique », *Observations et diagnostics économiques*, janvier 1989.

oblige, d'ailleurs, à reconsidérer certaines propriétés des procédures couramment utilisées et à en envisager de nouvelles.

Bien entendu, la distinction précédente n'a de portée que si les grandeurs exogènes à prévoir ne suivent pas fidèlement et étroitement leurs tendances, mais tel est bien le cas habituel en macroéconomie. C'est pourquoi les praticiens s'interrogent sur d'autres distinctions et étudient avec soin les évolutions passées pour savoir comment les représenter au mieux par des modèles comportant une partie systématique et une aléatoire. Ils sont amenés à envisager bien d'autres modèles que ceux combinant une tendance linéaire avec un terme aléatoire autorégressif.

Dans chaque cas il faut s'interroger non seulement sur la meilleure formule de prévision, mais aussi, pour une formule donnée, sur la meilleure mesure de l'incertitude de la prévision. Cette incertitude, se répercutant sur tout le travail ultérieur de prévision, aura notamment à intervenir dans des formules, telles que l'équation (6), relatives aux variables endogènes.

Les effets variantiels

Selon la méthodologie courante, l'étude des politiques économiques s'organise par rapport à une prévision de ce qui pourrait se produire si aucun changement n'intervenait dans l'action des pouvoirs publics. Il est apparu d'une part, que ce concept de « politique inchangée » devait être précisé, d'autre part, que la prévision était sujette à de nombreuses incertitudes et que les techniciens se refusaient même souvent à formuler des prévisions sur certains éléments importants du contexte futur de l'activité économique, tels que les taux de change. En vue d'attirer l'attention sur ces aspects hypothétiques des évolutions décrites, on parle de « projection » plutôt que de prévision. C'est aussi le terme que j'emploierai à partir de maintenant. Toutefois, l'aspect prévisionnel ne doit être ni oublié ni minimisé : les projections manqueraient d'intérêt si elles n'avaient aucune prétention prévisionnelle.

Il y a donc une projection centrale par rapport à laquelle

il faut quantifier l'effet des changements de politique économique. La façon la plus claire d'en rendre compte consiste à juxtaposer à la projection centrale une nouvelle projection, qui a la même vocation prévisionnelle. L'usage est de parler de *variante*.

Une variante se définit ainsi par les changements apportés à la politique économique. Mais ceux-ci doivent être eux-mêmes exprimés en termes appropriés à la modélisation macroéconomique utilisée. Une transposition s'avère nécessaire, car il ne saurait être question, sauf exception, de prétendre représenter exactement les décisions prises ou à prendre, avec toutes leurs modalités d'application.

Fondamentalement, cette transposition pose des problèmes assez analogues à ceux que nous avons vus à propos de l'agrégation des variables exogènes (chapitre 6). Nous n'avions pas insisté alors sur la distinction entre variables instruments et variables prises pour données. En macroéconomie, les premières s'identifient avec les variables représentant la politique des pouvoirs publics ; leur agrégation présente quelques aspects singuliers par rapport à celle des variables données ; elle n'en est pas plus simple pour autant. Or nous avions vu que c'est bien l'agrégation des variables exogènes qui est la source des difficultés.

Le problème explique d'ailleurs pourquoi, en macroéconomie appliquée, les techniciens travaillent avec des modèles assez détaillés pour leur permettre de situer les points d'impact des mesures considérées et de ne pas caricaturer à l'excès la nature de celles-ci. Malgré cela, la transposition reste nécessaire.

Il est commode d'appeler « objectifs intermédiaires » ces grandeurs par lesquelles les macroéconomistes représentent les instruments dont disposent les pouvoirs publics. Les valeurs retenues pour ces grandeurs peuvent en effet être données comme objectifs à atteindre par ceux qui ont en charge l'exécution de la politique économique. Regarder comment ces notions s'appliquent aux principaux modes d'action des autorités permettra de mieux comprendre cette dénomination et présentera aussi un intérêt propre.

C'est pour la politique monétaire, c'est-à-dire pour les mesures concernant la monnaie et le crédit, que les choses sont le plus claires. Les macroéconomistes ont en général admis que les autorités monétaires fixaient le montant de la quantité de monnaie ou « masse monétaire », désignée traditionnellement par M. L'hypothèse peut recevoir autant d'interprétations qu'il y a de définitions possibles de cette quantité de monnaie ; mais c'est secondaire. L'essentiel, c'est de constater que la banque centrale n'a pas le contrôle direct de M. Elle ne peut décider ni du montant des dépôts qu'entreprises et particuliers feront dans les banques, ni même des quantités de billets émis par elle qu'ils détiendront. C'est par voie indirecte que la banque centrale agira, principalement en intervenant sur la distribution des crédits par les banques ; or, selon l'adage « les crédits font les dépôts », la clientèle détiendra d'autant plus de monnaie qu'elle disposera de davantage de crédits. La banque centrale a divers moyens d'action, utilisés alternativement ou conjointement : à certaines époques et dans certains pays, il est admis qu'elle puisse imposer un contrôle direct du montant de crédits que chaque banque sera autorisée à accorder ; beaucoup plus communément, elle peut faire varier les liquidités disponibles des banques en modifiant le montant des réserves qu'elles doivent déposer chez elle ; elle peut aussi agir sur le coût du crédit, en intervenant sur le marché où s'échangent les titres de crédit ou en modifiant ses conditions pour refinancer certains crédits, c'est-à-dire pour racheter aux banques les créances correspondantes. Quelle que soit la technique employée, si la politique monétaire porte sur M, la banque centrale surveillera la quantité de monnaie, observera l'écart entre la quantité effective et l'objectif qui lui avait été assigné, rectifiera en conséquence son action. Ainsi, la quantité de monnaie apparaîtra aux autorités bancaires comme un objectif, mais non comme l'objectif final qui est évidemment celui de la politique économique, la désinflation ou la croissance par exemple. Pour le gouvernement soucieux d'atteindre ce résultat, la valeur de M sera au contraire l'instrument.

Cette conception de la politique monétaire ne s'impose d'ailleurs pas nécessairement. Il arrive aussi que le macroéconomiste identifie le taux d'intérêt comme instrument de cette politique ; celui-ci apparaît alors comme l'objectif intermédiaire dont la banque centrale cherchera à réaliser la valeur choisie. Il faut d'ailleurs préciser de quel taux d'intérêt il s'agit : généralement, un taux représentatif d'une partie importante du marché, et que la banque ne fixe pas mais qu'elle influence de façon claire, donc un taux à court terme plutôt qu'à long terme. Les techniques employées par la banque ne diffèrent d'ailleurs pas de celles qu'elle utiliserait pour agir sur la masse monétaire ; mais l'objectif intermédiaire n'est plus le même. Les spécialistes disent que la politique des taux s'oppose à celle des masses.

La caractérisation de la politique budgétaire de l'État, sous son double aspect – dépenses et recettes – est encore moins immédiate. Dans certains modèles, on se contente d'introduire le montant des dépenses totales de l'ensemble des administrations publiques, ainsi que le montant de leurs recettes totales. Mais, outre le fait que l'État n'intervient que partiellement et indirectement sur les autres administrations publiques, les décisions budgétaires sont loin de toujours fixer le montant des dépenses et des recettes qu'elles concernent. Les montants figurant au budget sont beaucoup plus souvent des prévisions de ce que les décisions impliqueront : prévisions des rentrées fiscales en fonction de la législation et des barèmes des impôts, prévisions des dépenses occasionnées par telle ou telle réglementation, mais aussi, il est vrai dans de nombreux cas, plafonds de crédits alloués à des services dépensiers. L'objectif intermédiaire peut ainsi être caractérisé par deux agrégats – les montants globaux des recettes et des dépenses des administrations publiques – parfois même simplement la différence entre ces deux montants, c'est-à-dire le déficit des administrations.

Mais d'autres objectifs intermédiaires peuvent être retenus, par exemple le taux moyen d'imposition des revenus ou tel autre paramètre relatif aux barèmes fiscaux, tel le taux normal de la TVA. Dans certains cas, il s'agit quasiment de l'instrument réglementaire à la disposition des autorités budgétaires ; mais même alors, celles-ci auront encore à en définir complètement le champ et les modalités d'application.

Des remarques analogues concernent les instruments et les objectifs intermédiaires de la politique des prix et des revenus, à laquelle il est fait plus ou moins recours selon les circonstances. Les macroéconomistes se contenteront souvent de fixer forfaitairement l'impact recherché de l'action gouvernementale par rapport aux évolutions spontanées tantôt du niveau général des prix, tantôt du taux moyen des salaires. Ce faisant, ils devront bien entendu retenir des objectifs raisonnables, à la portée de l'action administrative telle qu'elle opère dans le pays concerné ; pour cette raison ces objectifs seront souvent modestes.

Quoi qu'il en soit, le macroéconomiste caractérisera les mesures de politique économique par des valeurs à donner à certaines grandeurs qu'il traite comme instruments et qu'il assigne comme objectifs intermédiaires à ceux qui auront à exécuter la politique retenue. Il revient au macroéconomiste de calculer les effets de ces mesures. C'est alors qu'il utilisera un modèle.

Nous n'avons pas, pour le moment, à limiter notre attention à un type de modèle plutôt qu'un autre. Ce peut être un modèle économétrique constitué par de nombreuses équations et destiné à expliquer et prévoir les évolutions d'une économie particulière. Ce peut être un petit modèle théorique visant à bien poser les termes du choix de telle ou telle politique dans un cadre défini de façon abstraite. De toute façon, grâce aux variantes qu'il permet de calculer, le modèle indique comment la variation des instruments du macroéconomiste affecte la valeur de certaines variables résultats, cela pour tout jeu de valeurs particulières prises par les variables données.

Préparation des arbitrages

Pour les politiques macroéconomiques, comme pour beaucoup d'autres activités, le problème ne consiste pas seulement à bien prévoir les résultats des diverses options ouvertes ; mais aussi, à savoir choisir entre elles. C'est pourquoi il importe que nous nous interrogions sur la répartition des rôles entre économistes et décideurs. Elle soulève deux types de questions : la position des économistes vis-à-vis du choix des objectifs et la division du travail entre économistes, chargés de l'étude des politiques, et politiques ou administrateurs préoccupés de leur mise en œuvre.

De longue date, comme je l'ai dit dès le début de ce chapitre, on a insisté sur le fait que, contribuant à la préparation des politiques économiques, l'économiste n'avait pas à prendre parti sur les objectifs mais uniquement à étudier les moyens grâce auxquels ces objectifs pourraient être au mieux atteints. Cette proposition fondamentale a cependant été rejetée par certains. Il importe de voir pourquoi leurs arguments ne semblent pas fondés.

Avant toute autre chose, il faut éviter un malentendu. Accepter la division des tâches au moment de l'étude des politiques économiques n'implique pas que la science économique n'ait jamais à se préoccuper du choix des objectifs. Ce choix est évidemment un sujet fort valable pour une réflexion intellectuelle. Il concerne les finalités de l'activité humaine collective et intéresse donc philosophes et sociologues. Mais, manquant de familiarité avec l'aspect économique des choses, ceux-ci ont besoin de l'aide des économistes [8]. Un ensemble de questions doit ainsi être étudié en vue de donner à la réflexion des bases solides. Ces questions n'isolent pas toujours l'aspect économique de sorte que les économistes doivent avoir le souci de ne pas en négliger les autres aspects.

Proche des préoccupations de la politique macroéconomique, se situe en particulier le besoin de mieux connaître la nature et l'importance des avantages ou des inconvénients induits par l'évolution économique : la croissance, le chômage, l'inflation. Bien des informations factuelles manquent à cet égard. Même les cadres conceptuels, grâce auxquels des appréciations synthétiques peuvent être portées, méritent l'attention. On sait qu'aucune mesure du « Revenu national » ne réussira jamais à caractériser le niveau de satisfaction des besoins qu'une collectivité atteint ; mais on aimerait mieux savoir comment compléter les agrégats publiés par les comptables nationaux. Tout le monde estime que l'inflation doit être évitée, ou au moins contenue dans d'étroites limites ; mais la définition et la mesure des coûts de l'inflation sont encore bien mal appréhendées.

Ce qui précède étant admis, certains économistes ont, de plus, contesté la position orthodoxe selon laquelle, lors de l'étude des politiques économiques, les techniciens doivent

8. C'est un des principaux messages de S.-C. Kolm dans *Philosophie de l'économie*, Le Seuil, Paris, 1986.

s'abstenir d'exprimer un avis sur le choix des objectifs ou même peuvent le faire [9]. Les arguments donnés autrefois par ces contestataires ont perdu de leur force, en raison de la généralisation d'une pratique qui, justement, vise à adopter la position orthodoxe. Ainsi, on a pu écrire que le langage des économistes contient des connotations émotives et, qu'en conséquence, les avis donnés ne respectent pas l'exigence de neutralité, même quand ils prétendent annoncer les effets de décisions alternatives sans prendre parti entre elles. La banalisation des rapports entre techniciens et décideurs, l'émergence de normes de rédaction dans les équipes d'économistes, où des opinions variées cohabitent d'ailleurs souvent, enfin la diffusion de l'éducation économique facilitent l'obtention d'une neutralité toujours plus nette des avis exprimés.

Pour bien comprendre les conditions effectives d'application des études relatives aux politiques économiques, il faut encore tenir compte de ce que, le plus souvent, ces politiques poursuivent simultanément plusieurs objectifs qui apparaissent quelque peu contradictoires entre eux. On cherche par exemple à réaliser une croissance assez rapide pour permettre une amélioration sensible des niveaux de vie et de l'emploi ; mais on veut simultanément contenir ou résorber l'inflation, le déficit extérieur ou la dette publique ; on s'aperçoit alors qu'aucune des variantes possibles ne l'emporte sur les autres pour toutes ces préoccupations à la fois ; celle qui permet la meilleure croissance implique, plus que d'autres, un déficit extérieur et un déficit public importants, ou bien une inflation rapide.

Cette constatation, qui ne surprendra pas, exprime le fait que la politique économique est sujette à des choix, qu'elle doit arbitrer entre divers objectifs. L'apport des études macroéconomiques consiste à bien informer sur les conséquences de ces choix. Mais les économistes n'ont pas à proposer les poids que les divers objectifs devront recevoir au moment du choix. L'arbitrage revient aux décideurs.

9. Sur les discussions à ce sujet, voir par exemple K. Klappholz, « Value judgments and economics », *British Journal for the Philosophy of Science*, vol. 15 (1964), p. 95-114, reproduit dans D. Hausman, ed., *The Philosophy of Economics – An Anthology*, Cambridge University Press, 1984.

La division des tâches n'implique pas, cependant, que le macroéconomiste doive nécessairement arrêter son travail après avoir calculé un ensemble suffisant de variantes, ou même des équations donnant les valeurs des variables objectifs en fonction de celles des instruments. Il peut avoir à intervenir au-delà pour trois raisons : d'abord, son aide technique peut s'avérer utile à quiconque veut tirer parti de ses résultats ; ensuite, les grandeurs endogènes sur lesquelles il a porté son attention peuvent correspondre imparfaitement aux véritables objectifs de la politique économique ; enfin, on caractérise rarement bien la politique économique en la traitant comme agissant à chaque fois sans considération de ce qu'elle devra aussi agir ultérieurement ; le macroéconomiste ne doit donc pas seulement étudier une décision isolée dont les conséquences seraient données par ses variantes ; il doit aussi étudier la nature et l'effet de règles d'action qui seraient suivies systématiquement dans l'avenir. Examinons d'abord les deux premiers de ces points ; le troisième sera repris dans le chapitre 16.

On peut imaginer que le décideur, disposant d'un jeu de variantes, les examine et choisisse directement celle qui lui convient le mieux. Mais ce n'est pas nécessairement ainsi que les choses se passent. Le décideur peut avoir le sentiment que le mieux serait intermédiaire entre deux ou plusieurs des variantes présentées. Il peut aussi trouver difficile d'examiner tous les chiffres qui lui sont fournis. Il peut préférer décrire à un technicien comment il souhaite arbitrer ; il peut, par exemple, donner au technicien une idée des poids qu'il attribue respectivement aux divers objectifs. Le macroéconomiste désigne alors lui-même la meilleure variante et, éventuellement, en détermine une nouvelle répondant mieux aux préférences du décideur. Insister sur les techniques qui peuvent être employées à cet effet aurait peu d'utilité pour notre réflexion à ce stade. J'en donnerai un aperçu dans la section suivante.

Le macroéconomiste peut aussi avoir à traduire en termes opérationnels les résultats relatifs aux grandeurs instruments. Les valeurs de ces grandeurs peuvent être directement données comme « objectifs intermédiaires » aux gestionnaires compétents. Mais la transposition laisserait place à trop d'arbitraire si elle n'était pas effectuée par celui qui a la meilleure connaissance du modèle retenu, des phénomènes macroéconomiques en cause et des particularités de leur représentation par le modèle. S'il s'agit notamment de désagréger une grandeur instrument, la tentation naturelle du gestionnaire pourrait être de retenir les valeurs les plus commodes pour les divers instruments à sa disposition, valeurs qui, prises toutes ensemble, respecteraient la lettre de la recommandation du macroéconomiste mais ne seraient pas conformes aux hypothèses de la modélisation. Par exemple, si celui-ci a conclu à un certain montant de dépenses budgétaires, le responsable de la préparation du budget peut être tenté de retenir les modifications qu'il fera accepter le plus aisément, souvent celles qui ont le moins d'incidence réelle ou dont l'incidence peut être différée. Dans ces cas, il convient de faire participer le macroéconomiste à la transcription opérationnelle de ses recommandations.

De même, le macroéconomiste peut avoir à poursuivre son travail au-delà de la problématique retenue pour la construction du jeu des variantes, c'est-à-dire qu'il peut avoir à étudier les conséquences de ses résultats pour des grandeurs que sa modélisation n'a pas fait intervenir. Il peut s'agir de grandeurs moins agrégées, s'il faut étudier, par exemple, comment divers groupes sociaux seront affectés par une modification de la fiscalité ou de la politique salariale, ou comment les marchés des diverses grandes catégories de biens et de services réagiront à une dévaluation. Il peut s'agir aussi de grandeurs dérivées, comme la dette publique ou la dette extérieure sur lesquelles les politiques budgétaires et monétaires ont de fréquentes incidences. Il peut s'agir encore d'évolutions ultérieures à l'horizon de la projection : sans reprendre tout le travail avec un horizon plus lointain, on souhaite examiner si les résultats ne portent pas en germe des difficultés à terme, par exemple, pour l'équilibre des régimes de protection sociale ou la modernisation de l'équipement du pays.

Règles d'action

Pour bien comprendre les problèmes logiques que peut poser le choix des politiques économiques, il était utile de dégager clairement les conceptions qui précèdent ; mais il serait opportun aussi de les mettre à l'épreuve sur des modélisations simplifiées. Nous le ferons dans le chapitre 16. Une brève présentation a néanmoins sa place ici, comme résumé de ce qui précède et comme point de départ de la définition des règles d'action.

Nous avons rencontré deux types principaux de grandeurs : les instruments et les résultats. Désignons les premiers par z_j ($j = 1, 2 \ldots m$) et les seconds par y_i ($i = 1, 2 \ldots n$). Un modèle du système économique permet de calculer la valeur des résultats y_i en fonction de celle des instruments z_j. Une variante se caractérise par le choix de certaines valeurs des instruments et en déduit les valeurs correspondantes des résultats y_i. Certes, le modèle fait intervenir d'autres variables exogènes qui sont simplement prises pour données et éventuellement prévues ; il fait aussi intervenir d'autres variables endogènes que celles faisant l'objet des préoccupations des pouvoirs publics. Mais nous pouvons, à ce stade, faire abstraction de ces variables supplémentaires et considérer le modèle comme déterminant simplement la valeur des y_i en fonction de celle des z_j. Si y et z représentent les vecteurs ayant respectivement pour composantes les y_i et z_j, le modèle peut s'écrire alors formellement :

$$(15) \qquad y = f(z)$$

La politique économique vise à arbitrer au mieux entre ce qui peut être obtenu comme résultats. Cet arbitrage peut être représenté comme la maximisation d'une fonction numérique U (y) particulière, dite « fonction objectif » ou encore « fonction de préférence des autorités ». Dans ce type de réflexion, on considère d'habitude, mais ce n'est pas nécessaire, que les autorités souhaitent atteindre simultanément certaines valeurs y_i^* des y_i et que leur objectif est de minimiser soit $(y_1 - y_1^*)^2$ s'il y a une seule variable résultat y_1, soit, plus généralement, une fonction quadratique positive des écarts $(y_i - y_i^*)$ par rapport aux valeurs souhaitées ; la fonction U (y) est alors l'opposé de cette fonction quadratique.

Quoi qu'il en soit, la politique économique est conçue comme devant maximiser U (y) sous la contrainte (15).

C'est un problème mathématique bien défini et j'admettrai qu'il a une solution. Bien entendu, celle-ci dépend de tout ce qui intervient dans la définition du cas d'espèce, par exemple des valeurs des grandeurs exogènes données et des valeurs souhaitées comme résultats. On peut alors dire que le problème conduit à la détermination d'une règle d'action spécifiant comment les valeurs à retenir pour les instruments dépendent des valeurs prises par les autres grandeurs pertinentes. Pour simplifier, je peux écrire :

(16) $z = g\ (y^*)$

règle d'action qui spécifierait les valeurs des instruments en fonction des seules valeurs désirées des résultats (donc pour des valeurs spécifiées des grandeurs exogènes données).

Cette façon de présenter la politique économique et le choix de ses règles d'action fait évidemment abstraction de difficultés. Trois d'entre elles méritent d'être mentionnées. Premièrement, les modèles effectivement employés ne sont pas purement déterministes, comme le voudrait l'écriture (15) ; ils reconnaissent l'existence d'aléas importants dans les conséquences du choix de valeurs particulières des instruments. Deuxièmement, le modèle résulte bien d'une étude du fonctionnement du système économique ; mais ma présentation et les présentations traditionnelles laissent entendre que cette étude peut être menée à bien préalablement à la définition de la politique économique, suivant les procédés de modélisation que nous avons examinés jusqu'ici ; tel est bien d'ailleurs l'usage en macroéconomie appliquée. Mais, a-t-on fait valoir, cette façon de poser le problème suppose que les comportements des entreprises et des individus puissent être bien spécifiés indépendamment de la politique économique, alors que ces agents ont connaissance de cette politique et peuvent adapter leurs comportements en conséquence. Troisièmement, et cela aggrave d'ailleurs l'importance de la remarque précédente, la politique économique doit être conçue dans la durée : les problèmes qu'elle aura à résoudre l'an prochain et les années ultérieures dépendent de ce qu'elle fera cette année, ils devraient donc être pris en compte dès maintenant, ce qu'une formulation purement statique néglige.

Nous serons mieux à même d'examiner les conséquences

de ces difficultés quand nous aurons étudié les modèles macroéconométriques qui servent à la préparation des décisions publiques. Nous allons néanmoins terminer ce chapitre par l'examen d'un petit exemple théorique qui rappelle le type de problématique économique à l'intérieur duquel se discutent les décisions des pouvoirs publics et qui tient déjà compte des incertitudes.

Selon les versions les plus macroéconomiques des théories keynésiennes, la production nationale est égale en permanence à la demande de biens et services s'adressant aux producteurs nationaux. Mais cette demande est d'autant plus faible que le taux d'intérêt est plus élevé, car cela rend plus coûteux le recours au crédit, donc l'investissement ou le stockage, et provoque une appréciation de la monnaie qui freine les exportations et favorise les importations. Cette relation peut être exprimée ainsi :

$$(17) \qquad Q = A - ar + \varepsilon_1$$

où Q est la production, r le taux d'intérêt, A et a des constantes et ε_1 une variable aléatoire représentant l'effet de toutes les incertitudes agissant sur la production en dehors de celles pouvant l'affecter par l'intermédiaire du taux d'intérêt.

Il est commode de ramener l'objectif des pouvoirs publics à une valeur souhaitée Q* du volume de la production. Cette valeur résulte à vrai dire d'un arbitrage : viser une production élevée, donc une demande de biens élevée, c'est courir le risque d'accélérer la hausse des prix ; mais viser une production faible c'est courir le risque d'aggraver le chômage. Cet arbitrage une fois fait, on supposera que l'objectif des pouvoirs publics s'exprime par la minimisation de « la perte » :

$$(18) \qquad V = E\,(Q - Q^*)^2$$

où E désigne l'espérance mathématique.

Supposons d'abord que la politique économique agisse par l'intermédiaire du taux d'intérêt, donc que l'instrument soit ici r. On voit immédiatement que si ε_1 a une espérance mathématique nulle et une variance σ_1^2, la perte s'écrit :

$$(19) \qquad V = (A - ar - Q^*)^2 + \sigma_1^2$$

(la parenthèse élevée au carré est une variable certaine une fois choisi le taux d'intérêt r ; elle est donc égale à son espérance mathématique). La minimisation de (19) conduit à la règle d'action suivante :

(20) $$r = \frac{1}{a}[A - Q^*]$$

Plus les facteurs autonomes de la demande seront stimulants, c'est-à-dire plus A sera élevé, plus le taux d'intérêt devra l'être aussi. Mais plus la production souhaitée sera importante, plus faible devra être le taux d'intérêt.

Le problème est un petit peu moins simple si la politique économique s'exerce par l'intermédiaire de la masse monétaire plutôt que par celui du taux d'intérêt, qui est alors déterminé par l'équilibre du marché de la monnaie. L'équivalent du modèle général (15) n'est plus l'équation (17) mais un système à deux équations qui juxtapose à (17) la condition de l'équilibre monétaire soit :

(21) $$M = B - br + c\,Q + \varepsilon_2$$

où M est la masse monétaire, B, b et c des constantes et ε_2 une variable aléatoire représentant les incertitudes affectant la demande de monnaie. L'équation tient compte du fait que cette demande est d'autant plus forte que la production, donc les revenus, est plus élevée et que le taux d'intérêt est plus faible.

Le modèle constitué par (17) et (21) peut être résolu pour exprimer la production en fonction de l'instrument, qui est maintenant M :

(22) $$Q = D + e\,M + \varepsilon_3$$

avec :

(23) $$D = \frac{b\,A - a\,B}{b + a\,c} \quad e = \frac{a}{b + a\,c} \quad \varepsilon_3 = \frac{b\,\varepsilon_1 - a\,\varepsilon_2}{b + a\,c}$$

La perte prend alors la forme :

(24) $$V = (D + e\,M - Q^*)^2 + \sigma_3^2$$

où σ_3^2 est la variance de ε_3. La règle d'action est donc :

$$(25) \qquad M = \frac{1}{e}\,[Q^* - D]$$

Plus l'objectif sur la production est élevé plus la masse monétaire devra l'être ; en revanche, plus les facteurs autonomes de la demande de biens seront stimulants et plus faible devra être la quantité de monnaie.

Cet exercice permet aussi d'envisager le choix entre les deux instruments – le taux d'intérêt ou la masse monétaire – c'est-à-dire entre les deux règles d'action (20) ou (25). Il est clair, en effet, que la perte sera σ_1^2 avec la règle (20) et σ_3^2 avec la règle (25). L'expression de ε_3 donnée par (23) montre que, suivant les cas, ce sera tantôt σ_1^2 tantôt σ_3^2 qui sera le plus faible. Plus précisément le calcul montre que σ_3^2 est le plus grand quand :

$$(26) \qquad \sigma_2^2 > c\,(c + \frac{2b}{a})\,\sigma_1^2$$

Ainsi σ_1^2 est le plus faible et il convient d'agir sur le taux d'intérêt plutôt que sur la masse monétaire si les aléas intervenant sur la demande de biens sont très faibles par rapport à ceux intervenant sur la demande de monnaie ; mais l'inverse peut se produire, surtout si la demande de monnaie est plus sensible aux taux d'intérêt que ne l'est la demande de biens ($b > a$) : dans ce cas les effets des aléas de la demande de biens sont quelque peu amortis par les réactions qu'ils induisent sur le taux d'intérêt à travers le marché de la monnaie.

Nous nous arrêterons là. Mais on peut aller plus loin et envisager l'opportunité de retenir un autre objectif intermédiaire que le taux d'intérêt ou la masse monétaire, par exemple une combinaison linéaire de ces deux grandeurs. Il est alors possible de démontrer que, en choisissant bien les poids de cette combinaison linéaire, on peut avoir une perte (18) plus faible qu'avec l'une et l'autre des deux possibilités que nous avons considérées [10].

10. Voir par exemple D.E. Roper and S.J. Turnovsky, « On optimum monetary aggregate for stabilization policy », *Quaterly Journal of Economics,* septembre 1980. Sur ces questions voir aussi P. Artus, *Macroéconomie,* Presses Universitaires de France, 1989, chapitre 12.

Chapitre 15

Modèles macroéconométriques

Les équipes chargées de la prévision et de l'étude des politiques économiques ont pris l'habitude de construire et d'utiliser des modèles s'appliquant au pays concerné, voire à un ensemble de pays simultanément. Les valeurs des paramètres de ces modèles, parfois même d'autres particularités de leurs équations, résultent d'une induction économétrique sur les séries temporelles macroéconomiques relatives à ce pays, ou cet ensemble de pays, observé sur une certaine période, vingt ans par exemple.

Le rôle joué par ces modèles justifie que nous les examinions d'un peu près tout en nous abstenant d'entrer dans les détails. De manière à éviter les ambiguïtés, on considérera d'abord un petit modèle souvent utilisé dans l'enseignement en raison de sa simplicité ; cela permettra de voir comment un modèle s'élabore et s'exploite. Puis, on parcourra l'histoire du mouvement qui a conduit à la diffusion de la méthode communément utilisée aujourd'hui. Enfin, on examinera quelques traits généraux de la pratique actuelle.

Un modèle prototype

La première décision du modélisateur consiste à savoir quelles grandeurs le modèle doit expliquer pour en prévoir l'évolution, en fonction de diverses hypothèses portant notamment sur la politique économique. Dans tous les cas intervient au moins une grandeur caractérisant le volume de la production. Mais dans la pratique la liste des grandeurs qu'on veut expliquer est longue.

Le premier modèle que L. Klein présenta en 1950, pour justifier l'approche qu'il devait promouvoir ultérieurement, avait pour objectif de prévoir le volume du revenu national R_t de l'année t aux États-Unis (aux prix de 1934)[1]. Il devait alors représenter la détermination de ce volume. Il formula quatre hypothèses à cet effet, conduisant aux quatre équations suivantes.

(1) La production est égale au volume de la demande globale, dans laquelle il faut distinguer la consommation C_t, l'investissement I_t et la demande des administrations G_t. La production est évaluée par le produit national net, par définition égal à la somme du revenu R_t et des impôts indirects T_t ; d'où :

$$(1) \qquad R_t + T_t = C_t + I_t + G_t$$

(2) La consommation est fonction du pouvoir d'achat du revenu ; mais la propension à consommer diffère suivant que l'on considère les revenus salariaux ou les profits. Soit P_t le volume de ces derniers, W_{1t} celui des salaires privés et W_{2t} celui des salaires versés par les administrations. La « fonction de consommation » prend alors la forme

$$(2) \qquad C_t = \alpha_0 + \alpha_1 (W_{1t} + W_{2t}) + \alpha_2 P_t + \eta_{1t}$$

où α_0, α_1 et α_2 sont trois paramètres à déterminer et η_{1t} une perturbation aléatoire.

(3) L'investissement net dépend d'une part, du volume du capital en début d'année K_{t-1}, d'autre part, des profits réalisés durant l'année et l'année précédente :

$$(3) \qquad I_t = \beta_0 + \beta_1 P_t + \beta_2 P_{t-1} + \beta_3 K_{t-1} + \eta_{2t}$$

où β_0, β_1, β_2 et β_3 sont des paramètres et η_{2t} une perturbation aléatoire.

(4) La masse des salaires privés (en pouvoir d'achat de 1934) dépend du volume de la production la même année et l'année antérieure ; elle augmente régulièrement en raison du progrès technique et de la hausse de productivité induite. L. Klein écrit :

$$(4) \qquad W_{1t} = \gamma_0 + \gamma_1 (R_t + T_t - W_{2t}) + \gamma_2 (R_{t-1} + T_{t-1} - W_{2,t-1}) + \gamma_3 t + \eta_{3t}$$

1. L. Klein, *Economic Fluctuations in the United States, 1921-1941*, J. Wiley, New York, 1950.

avec les paramètres γ_0, γ_1, γ_2, γ_3 et la perturbation aléatoire η_{3t}.

Ainsi, pour expliquer l'évolution de R_t, diverses variables ont été introduites. Elles ne sont d'ailleurs pas indépendantes les unes des autres, non seulement à cause des hypothèses (2), (3) et (4), mais aussi en raison de deux égalités comptables imposées par les définitions :

(5) $R_t = W_{1t} + W_{2t} + P_t$

(6) $K_t = I_t + K_{t-1}$

Il faut encore préciser quelles sont les variables dont le modèle prétend déterminer l'évolution et quelles sont celles qu'il prend au contraire comme exogènes. Il y a au total dix variables et six équations entre elles : Klein considère comme exogènes les trois variables relatives à l'activité des administrations, T_t, G_t, W_{2t}, et bien entendu le temps t. Le modèle est alors bien défini.

L'opération consistant à formuler ainsi le modèle s'appelle « spécification ». Elle est l'expression d'une théorie des phénomènes concernés, en l'occurrence une théorie keynésienne simple que complètent quelques idées sur la genèse et le rôle de la distribution des revenus, empruntées à l'économiste polonais M. Kalecki. La spécification est bien entendu une opération cruciale pour la validité du modèle. Dans chaque cas d'espèce, doivent être discutés le choix des variables exogènes, chacune des équations et la structure générale des causalités admises.

Afin d'illustrer celle-ci, il est commode de faire usage de schémas fléchés, sinon entre toutes les variables au moins entre certains blocs dans lesquels on peut classer les variables. Le cas d'espèce comporte assez peu de variables pour qu'on puisse dresser un schéma fléché complet ; sans le faire, la figure 1 en retient ce qui concerne les liaisons causales entre variables endogènes de la période t ; le schéma complet ferait aussi intervenir les liaisons avec les variables exogènes et avec les variables endogènes de la période t – 1, dites variables endogènes prédéterminées ; on note que le schéma interprète les équations (5) et (6) comme déterminant respectivement P_t et K_t.

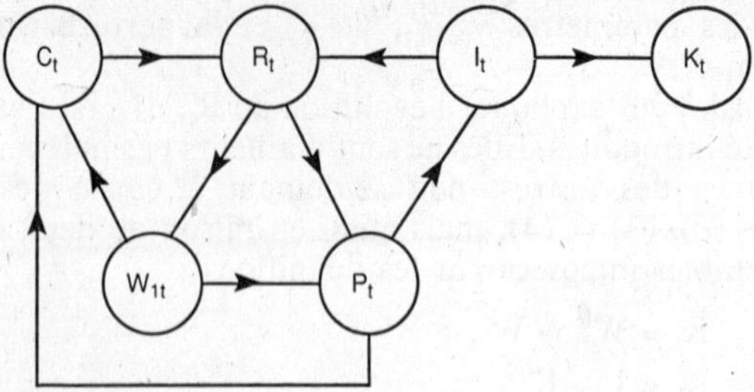

Figure 1

Avant d'en venir à la phase d'estimation économétrique, il convient de voir comment on peut exprimer le modèle dans une forme plus compacte, analogue aux formes utilisées dans le chapitre 12 sur le travail économétrique.

Soit alors y_t le vecteur des variables endogènes, z_t celui des variables exogènes et η_t celui des perturbations aléatoires. Afin de nous conformer aux usages du calcul matriciel, écrivons ces vecteurs comme des matrices-colonnes :

$$(7) \qquad y_t = \begin{bmatrix} C_t \\ I_t \\ W_{1t} \\ R_t \\ P_t \\ K_t \end{bmatrix} \qquad z_t = \begin{bmatrix} T_t \\ G_t \\ W_{2t} \\ t \\ 1 \end{bmatrix} \qquad \eta_t = \begin{bmatrix} \eta_{1t} \\ \eta_{2t} \\ \eta_{3t} \\ 0 \\ 0 \\ 0 \end{bmatrix}$$

(Introduire 1 comme cinquième composante du vecteur des variables exogènes a l'avantage de simplifier les formules générales en évitant d'avoir à y faire figurer séparément des vecteurs de constantes.) Le système des six équations (1) à (6) peut alors être écrit comme :

$$(8) \qquad y_t = B_0\, y_t + B_1\, y_{t-1} + C_0\, z_t + C_1\, z_{t-1} + \eta_t$$

avec deux matrices carrées d'ordre six B_0 et B_1 et deux matrices rectangulaires à 6 lignes et 5 colonnes C_0 et C_1 (notation commode qui ne devrait pas créer de confusion avec C_t désignant le volume de la consommation). Ces matrices traduisent les écritures des équations (1) à (6) ; beaucoup de leurs éléments sont spécifiés comme nuls ou comme ayant une valeur donnée ; d'autres sont des paramètres à estimer. A titre d'exemple, voici la spécification de la matrice B_0 :

$$(9) \qquad B_0 = \begin{bmatrix} 0 & 0 & \alpha_1 & 0 & \alpha_2 & 0 \\ 0 & 0 & 0 & 0 & \beta_1 & 0 \\ 0 & 0 & 0 & \gamma_1 & 0 & 0 \\ 1 & 1 & 0 & 0 & 0 & 0 \\ 0 & 0 & -1 & 1 & 0 & 0 \\ 0 & 1 & 0 & 0 & 0 & 0 \end{bmatrix}$$

On y voit figurer quatre paramètres à estimer ; pour le reste, la matrice est déterminée. On peut aussi noter que les éléments non nuls de la ligne i correspondent à des colonnes j telles que la figure 1 comporte des flèches des j vers i : la variable endogène correspondant à une de ces colonnes j est l'un des déterminants de la variable endogène correspondant à la ligne i.

Notons que l'écriture condensée (8) est dite « forme structurelle » du modèle, par opposition à ce qu'on appelle sa « forme réduite ». Dans celle-ci, l'équation de chaque variable endogène en exprime la valeur en fonction des variables exogènes et des valeurs antérieures des variables endogènes, mais non des valeurs concomitantes des autres variables endogènes, comme c'est le cas dans la forme structurelle. En écriture matricielle, la forme réduite ne fait pas intervenir y_t dans le membre de droite ;

$$(10) \qquad y_t = A_0\, z_t + A_1\, z_{t-1} + D_1\, y_{t-1} + \varepsilon_t$$

où les éléments des trois matrices A_0, A_1 et D_1 peuvent se calculer à partir de ceux de B_0, B_1, C_0 et C_1 (par exemple $A_0 = (I - B_0)^{-1}C_0$) ; de même les éléments du vecteur aléatoire ε_t peuvent se calculer ($\varepsilon_t = (I - B_0)^{-1}\eta_t$). La forme réduite a l'avantage de se prêter directement au calcul des valeurs des variables endogènes de l'année t, une fois connues les valeurs de l'année t – 1 et, pour les seules variables exogènes, celles de l'année t ; elle a l'inconvénient de faire intervenir des expressions compliquées des paramètres significatifs. Il est très rare qu'on en écrive précisément l'expression analytique.

Notons encore qu'on réserve habituellement le nom d'équation structurelle à celles des équations de la forme structurelle qui comportent des paramètres inconnus et des perturbations aléatoires, les équations (2), (3) et (4) de notre exemple. Les autres équations, en l'occurrence (1), (5) et (6), sont dites « équations comptables ». On réduirait la taille du modèle et on le rendrait plus homogène vis-à-vis des termes aléatoires si on éliminait les variables endogènes déterminées par les équations comptables ; mais cela compliquerait l'expression des équations structurelles en fonction de leurs paramètres. Par exemple la matrice B_0 deviendrait :

$$(11) \qquad B_0 = \begin{bmatrix} 0 & \frac{\alpha_2}{1-\alpha_2} & \frac{\alpha_1-\alpha_2}{1-\alpha_2} \\ \frac{\beta_1}{1-\beta_1} & 0 & \frac{-\beta_1}{1-\beta_1} \\ \gamma_1 & \gamma_1 & 0 \end{bmatrix}$$

L'avantage des formules condensées telles que (8) et (10) est de se prêter à une réflexion générale et à l'élaboration d'une méthodologie ; car elles s'appliquent à bien d'autres spécifications, peut-être moyennant l'introduction d'autres valeurs antérieures, y_{t-2}, z_{t-2}, ... et des matrices correspondantes. Leur particularité la plus restrictive réside dans leur linéarité. La construction des modèles macroéconométriques fait souvent intervenir des équations structurelles ou comptables non linéaires. Il y a bien des raisons à cela ; en particulier, un modèle contenant à la fois des valeurs, des volumes et des prix évite rarement des multiplications ou divisions entre variables puisqu'un agrégat en volume est le rapport entre l'agrégat en valeur correspondant et l'indice de son prix (le modèle considéré ici ne contient que des volumes).

Une fois la spécification définie, il importe surtout de déterminer les valeurs numériques des paramètres qu'elle ne précise pas, en l'occurrence les onze coefficients α, β et γ, plus, éventuellement, certains paramètres caractéristiques de la loi de distribution des η_{it}. Cela se fait couramment par estimation à partir des séries temporelles macroéconomiques concernant le pays considéré sur une période assez longue mais récente. L. Klein a ainsi utilisé des données relatives aux 22 années 1920 à 1941 ; comme certaines de ses équations font intervenir deux années successives, t et t – 1, la période considérée donne de fait 21 observations.

Le choix de la méthode d'estimation fait problème, car, par exemple, la théorie des régressions, exposée chapitre 12, ne s'applique pas à chacune des équations structurelles (2) à (4) puisque des variables endogènes figurent dans leurs membres de droite ; quant au système des équations réduites (10), dont la forme peut apparaître plus proche de ce que nous avons rencontré précédemment, il fait intervenir des matrices dont les éléments sont des expressions compliquées des paramètres à déterminer. Mais la théorie économétrique a dégagé des méthodes convenant à ce type de modèle. Appliquant l'une d'elles en particulier, L. Klein a obtenu des valeurs pour les onze coefficients des trois équations structurelles, par exemple :

$$(12) \qquad \alpha_1^* = \underset{(0{,}04)}{0{,}87} \qquad \alpha_2^* = \underset{(0{,}07)}{0{,}02}$$

Entre parenthèses, sous les valeurs des deux estimations, sont donnés leurs écarts types, c'est-à-dire la précision avec laquelle elles estiment respectivement α_1 et α_2 ; on note ainsi que le coefficient des profits dans la fonction de consommation est faible mais estimé sans précision.

Quoi qu'il en soit, le modèle estimé de la sorte se prêtait aux opérations envisagées dans le chapitre précédent. Il permettait le calcul d'une prévision du revenu R_t pour une année postérieure à 1942, à condition qu'on ait su prévoir les opérations des administrations (T_t, G_t, W_{2t}). Il permettait le calcul de variantes portant, par exemple, sur la consommation des administrations. De fait L. Klein examine dans son livre ce que sont les « multiplicateurs » entre une variation de G et les variations simultanées et ultérieures de R.

Histoire d'une technique

Il est inutile de pousser plus avant l'étude de cet exemple, évidemment fort simpliste par rapport aux modèles macroéconométriques en usage de nos jours. En 1950 on en était encore à essayer de comprendre les possibilités de cette approche. Dans son ouvrage L. Klein présentait d'ailleurs et estimait un autre modèle beaucoup plus gros où intervenaient douze équations structurelles et un nombre nettement plus grand de variables.

L'idée de construire de tels modèles était sans doute venue à l'esprit de plusieurs chercheurs. Mais elle n'avait été mise en œuvre pour la première fois qu'en 1936 par J. Tinbergen sur l'économie des Pays-Bas. Appelé un peu plus tard à la Société des Nations, qui se préoccupait de promouvoir la compréhension des facteurs ayant pu provoquer la dépression, J. Tinbergen précisa sa méthode et l'appliqua notamment au cas des États-Unis. L'ouvrage en deux volumes qu'il écrivit alors et publia en 1939 fut largement lu [2].

Mais il ne suscita pas l'enthousiasme. On a déjà eu l'occasion de voir, au début du chapitre 12, que Keynes fit un compte rendu très sceptique de l'ouvrage et de sa méthode d'analyse. Plus surprenant encore fut son faible écho durant les années 1940 à la Cowles Commission : dont le rôle fut déterminant pour le progrès de la méthodologie économétrique, comme nous l'avons vu dans le chapitre 13, dont L. Klein était membre lors de la préparation de son livre de 1950, et dont une des personnalités dominantes était T. Koopmans, Hollandais lui aussi, qui avait travaillé auprès de J. Tinbergen dix ans plus tôt.

Ce fait surprenant a sans doute une double explication. D'une part, les membres influents de la Cowles Commission n'étaient pas tous convaincus que les économistes pouvaient avoir l'ambition de traiter scientifiquement les phénomènes les plus macroéconomiques. Les raisons de ce scepticisme étaient plus compréhensibles que celles de Keynes : c'était la complexité des phénomènes et la pauvreté des moyens d'observation et d'analyse accessibles pour en traiter. Les économètres de la Cowles Commission ne voulurent pas décourager le jeune Klein, mais certains n'y croyaient guère [3].

2. Pour des références et de nombreux compléments sur l'histoire du mouvement, voir chapitres 1 et 2 de P. Artus, M. Deleau et P. Malgrange, *Modélisation macroéconomique,* Economica, Paris 1986. A l'époque J. Tinbergen présenta sa méthode en français dans *Les fondements mathématiques de la stabilisation du mouvement des affaires,* Hermann, Paris, 1938.

3. Dans un entretien récent, L. Klein a rapporté que J. Marschak, directeur de recherche à la Cowles Commission, l'avait beaucoup poussé

T. Koopmans s'exprima d'ailleurs plus tard sur ce sujet [4]. D'autre part, les membres de la Cowles Commission s'intéressaient alors surtout à la définition de méthodes adéquates pour les estimations et les tests ; or les procédures économétriques adoptées par J. Tinbergen leur paraissaient inadéquates. Celui-ci calculait une régression usuelle pour estimer les coefficients de chaque équation structurelle de son modèle ; or, dans les modèles à équations multiples tels que le sien, cette technique devait donner des estimations biaisées. C'est justement pourquoi les chercheurs de la Cowles Commission proposaient de nouvelles méthodes d'estimation ; certains d'entre eux interprétaient la recherche de L. Klein comme devant surtout montrer que ces méthodes étaient applicables, même avec des modèles d'une certaine taille.

Mais comme il arriva en d'autres occasions, par exemple lors du développement des comptes nationaux, l'audace intellectuelle jointe à l'obstination et au travail persévérant finirent par convaincre de l'utilité de cette approche nouvelle. L. Klein reconsidéra ses modèles et leur analyse. Avec l'un de ses étudiants, A. Goldberger, il présenta en 1955 un modèle révisé [5] qui servit beaucoup directement et fut aussi le point de départ de nombreuses constructions s'inspirant du souci tantôt d'essayer des spécifications de nature un peu différente tantôt de retenir une agrégation moins poussée [6]. L. Klein lui-même contribua à la mise en place de modèles économétriques analogues dans divers pays.

Le modèle de Klein-Goldberger contient douze équations structurelles, dont certaines reprennent plus en détail l'analyse de la demande globale, telle qu'elle figure dans le prototype de la section précédente, mais dont d'autres

---

à construire « un nouveau modèle de Tinbergen » pour l'économie américaine. Cependant Tinbergen est rarement cité dans les écrits de Marschak datant de cette époque que je connais. Voir « ET Interview – Professor Lawrence R. Klein », *Econometric Theory*, December 1987.

4. Voir l'alinéa du bas de la page 375 et du haut de la page 376 dans *Scientific Papers of Tjalling C. Koopmans*, Springer-Verlag, Heidelberg, 1970.

5. L. Klein and A. Goldberger, *An Econometric Model of the United States, 1929-1952*, North Holland Pub. Co., Amsterdam, 1955.

6. Tout ceci est fort bien décrit dans l'ouvrage de P. Artus, M. Deleau et P. Malgrange, *op. cit.*

expliquent la détermination du niveau général des prix et celle du taux moyen des salaires, ou encore la demande de monnaie. Les progrès de la méthodologie économétrique et des techniques de calcul font qu'un tel modèle apparaît comme maniable en 1955. Le développement de l'informatique dans les années suivantes ouvre la voie à des possibilités bien plus vastes, des modèles à plusieurs centaines d'équations structurelles devenant accessibles.

Il est remarquable que la France ait été l'un des derniers grands pays où un modèle construit selon cette approche ait vu le jour. Il fallut attendre le milieu des années 1970 avec, il est vrai, l'apparition directe de gros modèles, par exemple METRIC et ses quelque 400 équations structurelles. Ce retard de vingt ans surprend d'autant plus que la France fut l'un des pays où la demande gouvernementale d'analyses macroéconomiques quantitatives fut la plus forte. Aussi bien pour la préparation des plans à moyen terme des deux décennies 1960 à 1980, que pour les budgets économiques annuels, les administrations économiques avaient à présenter de nombreuses projections et de nombreuses variantes.

Ce cas, que j'ai vécu de près, est intéressant en lui-même, mais aussi plus généralement en tant que révélateur des difficultés d'implantation de l'analyse économique objective dans notre pays. En effet, l'absence de modèle explicite ne signifiait pas l'existence d'une méthodologie alternative rigoureuse. Dans l'élaboration des projections et de leurs variantes, bien des idées intervenaient sur les phénomènes macroéconomiques et sur les ordres de grandeur des effets qu'ils mettaient en jeu. Mais ces idées n'étaient pas explicitées ni même appliquées de manière lucide et cohérente. Le processus d'élaboration des projections avait ainsi pour l'utilisateur davantage la nature d'une boîte noire que si un modèle explicite avait été employé ; il était de plus sujet à un certain arbitraire de la part de chacun de ceux qui y contribuaient.

L'apparition de véritables modèles macroéconométriques fut d'ailleurs précédée par une phase de modélisation qui eut pour motivation et pour résultat d'expliciter les hypothèses du travail de projection. A partir de 1965 environ, les techniciens construisirent divers modèles qui rendaient compte des interdépendances et des déterminants principaux et qui formalisaient ainsi le travail effectué. Mais la valeur des coefficients des équations apparaissant dans ces modèles n'était pas le résultat d'une procédure systématique d'estimation.

Cette longue réserve vis-à-vis d'une technique qui fut plus rapidement acceptée ailleurs semble s'expliquer par la conjonction d'un retard dans l'évolution des idées sur l'analyse des phénomènes économiques, de doutes sur les potentialités de l'économétrie et de préventions idéologiques.

On peut dire que le retard remonte loin en arrière, dans la mesure où le besoin de statistiques économiques quelque peu extensives ne fut pas fortement ressenti dans notre pays avant la dernière guerre mondiale. En 1950, 1960 et même encore en 1970, les bases d'information pour la construction de modèles macroéconométriques étaient encore faibles, ne comportant que des séries macroéconomiques annuelles assez courtes et incomplètes. De fait, la mise au point du modèle trimestriel METRIC suivit de près celle des comptes nationaux trimestriels. Ce retard statistique était le reflet d'un retard plus général des conceptions dominantes de l'analyse économique, pendant l'entre-deux-guerres, dans l'opinion publique et chez la majorité des économistes : une approche littéraire peu systématisée, n'ayant guère besoin de mesures précises, semblait suffire à la plupart ; quelques personnalités plus soucieuses de quantification trouvaient chez nous moins d'écho qu'ailleurs. Peu à peu les idées évoluèrent au cours des cinquante dernières années, mais moins rapidement qu'à l'étranger.

L'apparition de l'économétrie et son ambition de traiter les questions macroéconomiques brûlaient les étapes d'une évolution qui nulle part n'était très avancée. On en a vu diverses manifestations dans les chapitres 12 et 13. L'anecdote suivante, racontée par J. Tinbergen récemment, est révélatrice. A l'aide de données statistiques sur l'Angleterre, le jeune Tinbergen avait procédé à une estimation de la propension marginale à consommer, dont on connaît le rôle dans la théorie keynésienne. Il rendit visite à Keynes et lui présenta son résultat. La réaction du maître manifestait un surprenant manque d'intérêt puisqu'il se contenta de dire :

« C'est bien que vous ayez trouvé le nombre correct [7]. » J'ajoute, pour éviter toute ambiguïté, que Keynes n'a jamais fourni aucune preuve de la validité de son évaluation tout intuitive. Une telle attitude d'indifférence vis-à-vis des recherches ayant pour objet l'estimation des principaux effets macroéconomiques se rencontra longtemps en France. Même ceux qui défendaient la référence aux budgets économiques étaient souvent inconscients du fait que les résultats des projections dépendaient des ordres de grandeur de ces effets.

Enfin, le développement de la macroéconométrie à l'étranger était généralement regardé avec suspicion dans notre pays. Les économistes libéraux lui attribuaient l'ambition de vouloir maintenir, voire renforcer, l'économie dirigée et la planification. A l'opposé, ceux qui souhaitaient de profondes transformations structurelles se méfiaient de techniques qui prétendaient fonder l'analyse des problèmes présents sur une étude laborieuse du passé dont elles risquaient de favoriser le prolongement. De gauche pour les uns, de droite pour les autres, l'économétrie paraissait suspecte, d'autant qu'on la qualifiait volontiers d'« anglo-saxonne » sans voir qu'elle était née autant en Hollande et en Norvège qu'aux États-Unis.

La pratique actuelle

Sans chercher à être précis on peut dire qu'existe aujourd'hui en France une dizaine de modèles macroéconométriques, en service les uns dans les administrations économiques, les autres dans des instituts indépendants. Dans le monde, c'est d'une centaine au moins dont il faut parler. Certains portent même sur un ensemble de pays simultanément. Ils sont tous conçus pour le calcul de projections et l'étude des conséquences de changements dans l'environnement ou la politique économique. Quelques précisions complémentaires sont utiles pour toute réflexion sur le rôle de cet outil.

7. « ET Interview : Professor J. Tinbergen », *Econometric Theory*, April 1987.

La première question concerne la filiation théorique de la spécification. Les premiers modèles élaborés au début des années 1950 partaient de la théorie keynésienne selon laquelle la production était déterminée par la demande globale de biens et services. Ils comportaient donc des équations relatives aux diverses composantes de cette demande ; ils y adjoignaient des équations visant surtout à rendre compte des évolutions du niveau général des prix et du taux moyen des salaires. Près de quarante ans plus tard, on peut dire que la conception de la plupart des modèles n'a pas fondamentalement changé. Ils sont devenus beaucoup plus détaillés et plus éclectiques ; ils attribuent un plus grand rôle à la formation des offres et traduisent de ce fait des réactions à long terme assez classiques ; mais l'équilibre temporaire par lequel ils représentent la situation de chaque période élémentaire, trimestre ou année, reste de type principalement keynésien.

Il est bien entendu très difficile de rendre compte brièvement de la nature des spécifications retenues. Elles varient d'un modèle à l'autre ; leurs auteurs considèrent souvent avoir introduit d'importantes innovations. Même pour un modèle particulier, la multiplicité des équations fait que toute caractérisation simple est caricaturale. Il y a cependant assez de similitudes pour que des ouvrages présentant la méthode puissent décrire assez précisément les traits communs aux spécifications de la plupart des modèles.

Ainsi, dans l'ouvrage de P. Artus, M. Deleau et P. Malgrange *(op. cit.)*, après la description de divers modèles américains et français, deux chapitres sont consacrés à un traitement « du contenu économique » des modèles macroéconométriques, dans une perspective englobant l'ensemble des modèles. Comme les auteurs l'écrivent : « L'étude générale de cette question serait... très difficile s'il y avait autant de théories sous-jacentes que de modèles. Elle est rendue possible par l'existence de fait d'un schéma macroéconomique dominant qui inspire la plupart des travaux de modélisation. » Ils expliquent alors comment ce schéma peut être compris en partant d'abord du modèle keynésien du multiplicateur, en passant ensuite au modèle keynésien complet (qui traite de l'équilibre monétaire dont la détermination rétroagit sur celle des opérations réelles – modèle souvent dit « IS-LM »), en distinguant d'ailleurs alors les cas de changes fixes ou flexibles, puis en considérant la détermination des prix et des salaires, en examinant enfin de plus près les spécifications usuelles des équations structurelles jouant le rôle le plus stratégique pour le fonctionnement du modèle.

Tout modèle macroéconométrique peut ainsi être conçu comme la transposition opératoire d'un modèle théorique. Le premier est beaucoup plus compliqué que le second, mais il cherche à en respecter l'esprit et la logique d'ensemble. On peut d'ailleurs vérifier par le calcul de variantes que les deux modèles conduisent aux mêmes effets macroéconomiques principaux. Le modèle théorique offre alors une image simplifiée du modèle macroéconométrique, dont il permet de comprendre le comportement, et donc de ne pas avoir à l'accepter comme une incompréhensible boîte noire.

On peut même parler aujourd'hui d'un dispositif à trois niveaux plutôt qu'à deux. A la base figure le modèle théorique et au-dessus le modèle macroéconométrique avec ses centaines d'équations. Mais entre les deux existe aussi un modèle économétrique simplifié, par exemple un Mini-DMS correspondant au modèle DMS. Le modèle réduit, lui aussi estimé par ajustement économétrique, est beaucoup plus aisé à utiliser, car il contient moins de variables exogènes dont les valeurs doivent être précisées à chaque fois et, surtout, sa résolution implique moins d'équations, donc des calculs beaucoup plus légers. Il peut être utilisé tantôt pour une recherche systématique visant à dégager ses propriétés variantielles ou dynamiques, donc aussi les propriétés vraisemblables du gros modèle, tantôt pour répondre directement à des demandes qui ne mettent pas en jeu des particularités propres au gros modèle, tantôt même pour dégrossir une réponse qui ne pourra être bien donnée que par la résolution ultérieure du gros modèle.

Il faut en effet bien garder présentes à l'esprit les raisons qui expliquent la taille des modèles en service. C'est, en partie, pour éviter les erreurs d'agrégation dont on sait qu'elles peuvent affecter tout travail macroéconomique ; mais c'est, bien davantage encore, pour rendre le modèle apte à répondre au plus grand nombre de questions. On analyse très mal comment une hausse ou une baisse du prix de l'énergie affecte la croissance, l'inflation et l'emploi, si ni le prix de l'énergie ni sa consommation par grandes catégories d'utilisations ne figurent parmi les variables du modèle ; on analyse très mal comment une modification importante d'un barème fiscal affecte les comportements et la distribution des revenus réels si les impôts correspondants sont noyés dans une masse plus vaste de recettes publiques.

Bien entendu, les équipes de macroéconomistes qui travaillent sur un modèle ont souvent à traiter une question à laquelle il ne peut pas directement répondre car il n'inclut pas les grandeurs qu'elle implique, aussi grand fût-il ; ces équipes procèdent alors à des analyses en amont ou en aval du modèle, souvent les deux. Par exemple, si le modèle n'isole pas les produits énergétiques, une étude préalable permet une première évaluation de l'impact d'une hausse brutale de leur prix sur les prix des divers agrégats de biens et services et sur les termes de l'échange (rapport du prix des exportations à celui des importations). Le modèle peut alors être employé pour déterminer l'effet du choc sur les grands équilibres macroéconomiques : la croissance de la production et de l'emploi, la hausse induite des salaires, donc aussi la hausse des prix s'ajoutant à l'impact préalablement évalué, la variation du solde de la balance des paiements, celle du pouvoir d'achat du revenu disponible, etc. Mais une étude supplémentaire reste nécessaire si l'on s'intéresse à l'effet sur les revenus réels de diverses catégories sociales, car le modèle ne fournit pas ce résultat. Ainsi on utilise le modèle pour ce qu'il sait faire et qui est indirectement pertinent vis-à-vis de la question posée. Bien entendu, les analyses annexes, en amont et en aval, ne peuvent pas tenir compte de toutes les interdépendances que seul un modèle plus détaillé aurait permis de faire intervenir.

En somme, confrontés à des questions souvent complexes, les macroéconomistes ont plus de lucidité dans leur démarche qu'on ne le penserait si on les imaginait empêtrés dans leurs énormes modèles. Les propriétés du modèle principal leur sont devenues familières, grâce à la théorie dont le modèle s'inspire et aux importantes recherches exploratoires, la plupart sur un modèle réduit. Ils savent bien que leur modèle n'a pas réponse à tout et qu'ils doivent souvent lui apporter une assistance adéquate pour le mettre en œuvre. Le souci de lucidité les a conduits à se méfier de résultats chiffrés qu'ils ne sauraient pas expliquer par un raisonnement littéral. Présentant les résultats de leurs modèles, ils se font un devoir de les accompagner d'un exposé qui en décrit l'origine, telle qu'ils l'ont comprise.

Il faut aussi savoir que la pratique a évolué en fonction de la nature des problèmes que la politique économique cherchait à résoudre et pour lesquels on s'adressait aux techniciens. Dans l'après-guerre c'était surtout ceux de la régulation conjoncturelle et même, dans un premier temps, celui du niveau de la demande globale qui permettrait le plein-emploi sans inflation. C'est bien pourquoi la variable endogène principale des premiers modèles de L. Klein était le volume de la production ou du revenu national, supposé s'ajuster parfaitement à celui de la demande globale.

Mais, en dehors des États-Unis, on eut tout de suite conscience de l'importance des échanges avec l'extérieur, qui n'étaient absolument pas explicités dans ces premiers modèles. Les autres pays savaient leurs économies « ouvertes », donc que ces échanges y jouaient un rôle majeur. Cet aspect devint de plus en plus crucial au fur et à mesure que s'intensifièrent les échanges de toute nature. Il fallut donc modéliser les exportations et les importations, voire les mouvements internationaux de capitaux et les transferts avec l'extérieur.

Longtemps cela put se faire sous l'hypothèse de taux de change fixes, les changements des parités étant rares et pouvant être traités comme des phénomènes exogènes. A partir de 1971, le régime des changes flottants introduisit une complication nouvelle, car on pouvait penser que toute modification notable de l'équilibre économique était susceptible de réagir sur les taux de change. Mais, ces réactions elles-mêmes étaient d'autant plus difficiles à modéliser que les marchés de change étaient sujets à des vagues spéculatives en hausse ou en baisse. Pour l'analyse à court terme, les organismes officiels choisirent de s'en tenir à l'hypothèse conventionnelle de maintien des parités du moment. Mais d'autres hypothèses, de taux de change endogènes, furent retenues soit pour les travaux à moyen terme, soit même pour ceux à court terme effectués par des instituts privés.

Les difficultés des quinze dernières années eurent pour conséquence de déplacer les centres d'intérêt des études du court terme au plus long terme. Les déséquilibres grandissants du marché du travail, souvent aussi des budgets publics, voire des balances des paiements, ou encore l'endettement des entreprises et des États, obligèrent à considérer souvent des horizons à cinq ou dix ans et non plus à un ou deux. On prit d'ailleurs conscience du fait que les politiques antérieures avaient souvent eu la vue trop courte quand elles s'étaient attachées à améliorer le futur immédiat sans prendre conscience qu'elles pouvaient, ce faisant, aggraver la situation dans un avenir plus lointain.

Cet intérêt porté au moyen terme signifia aussi qu'il fallait prêter une attention accrue à l'évolution de l'offre, c'est-à-dire aux déterminants de la croissance des capacités de production, des parts de marché, des besoins en main-d'œuvre par unité produite, etc. La modélisation de ces aspects d'abord négligés était, il faut en convenir, plus incertaine que celle des effets à court terme ; elle était néanmoins essentielle.

Enfin, les problèmes apparurent de plus en plus comme ceux, non seulement de politique à adopter dans chaque pays, mais aussi de coordination des politiques nationales. L'imbrication croissante des économies créait une solidarité croissante dont les pouvoirs publics furent de plus en plus conscients ; ils cherchèrent donc à établir une coordination plus étroite, tantôt par une concertation sur leurs politiques économiques et monétaires, tantôt par la création d'institutions unifiantes, tel le Système Monétaire Européen. Les modélisateurs se trouvèrent ainsi confrontés à la nécessité de savoir répondre à ces nouvelles préoccupations.

En somme, les modèles eurent à s'enrichir successivement de variables et de relations supplémentaires que l'évolution des problèmes obligeait à considérer. Ces extensions se réalisèrent en symbiose avec des développements théoriques consacrés aux mêmes questions et qu'ils contribuèrent à préciser et à orienter. Cette symbiose est elle-même la preuve, d'une part que la construction des modèles macroéconométriques n'est dissociable ni de l'élaboration des théories ni des progrès de la connaissance inductive, d'autre part que ces modèles constituent un instrument dont la finalité dépasse le calcul de projections requises pour la préparation des politiques économiques ; c'est aussi un instrument du progrès de la connaissance scientifique.

A ce titre, on ne se limite pas au calcul de variantes prospectives ayant pour objet la détermination d'effets macroéconomiques complexes à propos desquels les modèles théoriques restent insuffisants. Pour la compréhension des évolutions passées, on juge utile de calculer des variantes rétrospectives censées montrer ce qui se serait passé si tel événement ne s'était pas produit : si le prix de l'énergie n'avait pas augmenté en 1973 ou en 1980, si le cours du dollar en monnaies européennes n'avait pas connu dans la première moitié des années 1980 une période de surévaluation, si la politique des salaires en France avait été différente, etc. Les résultats obtenus de la sorte ne valent évidemment pas plus que les modèles ayant servi à les obtenir ; mais ils valent mieux que les assertions tirées de raisonnements simples qui considèrent une partie seulement des interdépendances connues, donc une partie seulement des équations des modèles.

Revenant maintenant à l'étude des politiques économiques, nous devons noter que la pratique donne peu de place à la recherche systématique de l'optimisation. Nous avons vu dans le chapitre précédent qu'il pouvait être commode pour les responsables d'exposer aux techniciens les priorités de la politique économique et les poids à donner aux divers objectifs s'ils s'avèrent contradictoires, les techniciens ayant alors à déterminer les meilleures valeurs à donner aux instruments.

Dans une telle conception, le modèle macroéconométrique rassemble l'ensemble des contraintes ; si on lui adjoint une fonction objectif complètement spécifiée, on se trouve devant un problème mathématique classique d'optimisation. De fait, la fonction objectif et le modèle ont un caractère dynamique, puisque les valeurs des mêmes grandeurs dans différentes périodes y interviennent. Pour les mathématiciens, il s'agit alors d'un problème dit de contrôle optimal. Les techniques d'optimisation et de contrôle à mettre en œuvre sur les modèles macroéconométriques ont effectivement été étudiées, mais leur application effective fut rare [8].

Dans mon expérience je ne peux guère citer que les travaux pour le Commissariat Général du Plan quand, en 1980, les syndicats demandèrent que les techniciens déterminent une politique de maximisation de l'emploi à moyen terme. L'ensemble des variantes déterminées préalablement servit alors à représenter un ensemble de situations possibles sur lequel une optimisation fut réalisée [9].

Dans la pratique les modèles macroéconométriques servent donc essentiellement « en simulation » plutôt qu'« en optimisation » [10]. Les questions les plus sérieuses qui peuvent être soulevées à leur sujet consistent à savoir si leurs simulations fournissent un guide fiable pour la politique économique. Telles sont les questions vers lesquelles nous allons maintenant nous tourner.

8. Voir par exemple chapitre 9, § 3.3 et 3.4 dans E. Malinvaud, *Théorie macroéconomique,* vol. 2, Dunod, Paris, 1982.

9. Une brève présentation figure dans l'ouvrage de P. Artus, M. Deleau et P. Malgrange *(op. cit.),* § 10.3, qui décrit aussi un travail antérieur dit « Optimix ». Pour plus de détails, voir J.-L. Brillet, P. Malgrange, J. Maurice et J.-P. Puig, « Planification et optimisation : l'expérience française », *Prévision et analyse économique,* 1987.

10. Sur la pratique française on peut encore se reporter à P. Zagamé, « L'expérience française de modélisation économétrique : bilan et perspective », *Revue d'économie politique,* septembre-octobre 1987.

Chapitre 16

Critique des modèles

Le chapitre précédent a présenté une méthodologie proposée il y a quarante ans, puis enseignée et diffusée, enfin largement appliquée depuis deux ou trois décennies. Dès l'origine elle avait suscité des réserves, de la part de quelques économistes tels M. Friedman, qui se trouvèrent renforcées au cours des vingt dernières années par des critiques de diverses natures.

La plupart de ces critiques furent présentées comme beaucoup plus destructives qu'elles ne le sont vraiment. Mais elles ont mis en valeur des aspects significatifs de la méthodologie, soulevé des questions pertinentes à son sujet ou même des problèmes que pose tout choix de politique économique. Elles ont, de plus, véhiculé des idées sur le fonctionnement effectif de nos économies, idées dont l'origine est souvent ancienne mais dont l'expression a été rendue beaucoup plus rigoureuse. Il convient donc d'étudier ces critiques, sans toutefois se laisser entraîner par des développements théoriques trop techniques ou particuliers.

Le sujet de ce chapitre ne doit d'ailleurs pas être interprété comme aussi étroit que le titre le suggère. Du fait qu'ils servent de support à une méthode explicite, les modèles macroéconométriques suscitent des critiques dont le véritable champ serait plus vaste si elles devaient être acceptées : étudier ce qu'il faut en retenir, c'est s'interroger sur toute tentative de rendre rigoureuse l'étude des politiques économiques. Soucieux d'éviter la dispersion, je me référerai cependant le plus souvent aux modèles macroéconométriques.

Notre examen sera organisé autour de quatre questions : les modèles ont-ils une précision suffisante ? La méthodologie reconnaît-elle correctement l'influence des anticipations des entreprises et des ménages ? Un changement de politique économique ne justifierait-il pas une révision de la structure du modèle qui prétend en analyser les effets ? Les politiques macroéconomiques ne devraient-elles pas être astreintes à suivre des règles fixes plutôt que d'être fréquemment révisées de façon discrétionnaire, selon ce que suggère la méthodologie ? Mais la discussion débordera souvent le cadre strict de ces questions.

Précision des modèles macroéconométriques

Visant à réguler l'activité en faisant face aux accidents et aléas qui agissent sur l'environnement des entreprises et des ménages, la politique macroéconomique réussira d'autant mieux qu'elle sera éclairée par un diagnostic plus exact de l'évolution spontanée et par une évaluation plus rigoureuse des effets à attendre de mesures alternatives. Vis-à-vis de ce double souhait, quelles sont les performances des modèles macroéconométriques ?

Conscients de l'importance de la question, les praticiens s'interrogent souvent à cet égard. Ils publient régulièrement des comptes rendus de comparaisons entre les réalisations observées et les prévisions à diverses dates pour la même époque [1]. Ils ont même mis au point à cet effet des méthodes d'analyse et des indicateurs repérant la nature et l'importance des erreurs observées en moyenne sur une certaine durée [2].

On peut distinguer trois causes d'erreur, dont nous avons d'ailleurs déjà constaté l'existence quand nous avons examiné les prévisions économétriques effectuées à l'aide d'une simple régression (chapitre 14, pages 495 à 501). Les erreurs sont dues en partie à des aléas qui paraissent inhérents aux phénomènes et qu'on n'a pas l'espoir de réussir à expliquer, donc à prévoir ; c'est l'effet des termes aléatoires η_{jt} figurant dans les équations structurelles du modèle (voir l'équation

1. Voir par exemple A. Fonteneau, « La fiabilité des prévisions macroéconomiques à court terme : douze ans d'expérience française (1970-1981) », *Observations et diagnostics économiques,* n° 2, 1982.
2. Voir H. Theil, *Economic Forecasts and Policy,* North Holland Pub. Co., Amsterdam, 1958

générale (8) du chapitre 15). Les erreurs proviennent aussi, en partie, d'inexactitudes dans la représentation des dépendances principales par les équations structurelles : celles-ci souffrent d'erreurs de spécification et d'estimation qui se répercutent sur la qualité des prévisions. Enfin, les erreurs des prévisions des grandeurs endogènes du modèle sont dues, en partie, aux erreurs de prévision des valeurs à donner aux grandeurs exogènes non contrôlées (taux de change, prix du pétrole, volume de la demande mondiale s'adressant aux producteurs nationaux, etc.).

Pour mieux connaître la qualité du modèle, on peut effectuer une autre série de comparaisons qui élimine la dernière cause d'erreur. L'évolution constatée de chaque grandeur endogène est alors rapprochée non de la prévision qui en avait effectivement été faite, mais de celle à laquelle le modèle aurait conduit si l'évolution des grandeurs exogènes avait été parfaitement prévue ; on parle alors parfois de « prévision ex-post ».

Dans le même ordre d'idées, on peut encore se référer à des prévisions obtenues par quelque autre procédé, de façon à voir si elles sont meilleures. Outre l'utilisation d'un modèle macroéconométrique différent, il n'y a que deux autres procédés : ou bien on extrapole l'évolution des grandeurs grâce à une méthode précise ; ou bien on fait appel aux prévisions de conjoncturistes qui ont analysé l'ensemble des informations à leur disposition mais n'ont pas explicité les moyens par lesquels ils en ont déduit leurs résultats. De fait, le premier de ces deux procédés est le plus généralement employé, car les conjoncturistes ne fournissent que peu de prévisions chiffrées et s'en tiennent le plus souvent à des assertions qualitatives.

L'ensemble des preuves aujourd'hui disponibles [3] fait apparaître que la précision atteinte est certes moins bonne que celle qu'on pouvait espérer et même assez médiocre, mais aussi qu'elle est nettement meilleure que celle qui aurait résulté de pures extrapolations, tout au moins quand on considère des projections à un an ou plus. A quelques

3. Voir V. Zarnowitz, « On the accuracy and properties of recent macroeconomic forecasts », *American Economic Review*, May 1978 ; R. Fildes, « Quantitative forecasting – the state of the art : econometric models », *Journal of the Operational Research Society*, July 1985.

mois d'échéance il semble bien que la méthode empirique des conjoncturistes l'emporte souvent sur les résultats que donnerait l'application directe des modèles, car elle conduit à être plus attentif aux particularités de la situation courante.

L'appréciation des qualités prévisionnelles réelles des modèles amène d'ailleurs à s'interroger sur l'opportunité de la tendance qui, de 1960 à 1980 environ, a conduit à l'élaboration de modèles de plus en plus gros. La raison en était de traduire moins grossièrement certains comportements et certaines interventions des pouvoirs publics, de façon à limiter l'ampleur des approximations à accepter, notamment pour l'étude des mesures politiques envisagées. Mais cette évolution a rendu l'emploi des modèles plus lourd, malgré les progrès de l'informatique. Il est à craindre que cet alourdissement n'ait pas été compensé par un gain appréciable de précision.

Il est clair que la valeur de la méthode économétrique ne dépend pas seulement de ses performances prévisionnelles, car elle permet aussi, et surtout, de calculer les effets à attendre de diverses décisions de politique économique [4]. Même si, dans la phase prévisionnelle de l'étude des politiques, de pures extrapolations suffisaient, elles ne renseigneraient pas sur l'opportunité d'infléchissements de l'action des autorités monétaires et budgétaires. Or rares sont ceux qui ont prétendu que cette action n'avait aucun effet (nous reviendrons sur ce point).

Mais il arrive que l'utilisation de la méthode économétrique fasse l'objet de réserves, par manque de confiance dans sa fiabilité pour l'estimation des effets des mesures politiques. Nous verrons un peu plus loin certaines critiques précises de ce genre. L'attitude en question est cependant plus générale et repose souvent sur l'intuition plus que sur un raisonnement précis ou des preuves factuelles. Certains craignent que les modèles surestiment les effets de relance

4. Plus généralement, la valeur prédictive d'une science se mesure à sa capacité à prévoir non pas des événements, avec tout ce qu'ils ont de contingent, mais des « faits » débarrassés de tout ce qui est étranger au phénomène que la théorie concernée prétend traiter. Voir C.G. Granger, « Épistémologie économique » dans *Encyclopédie économique*, Economica, Paris, 1990.

d'une politique budgétaire expansionniste, ou qu'ils sous-estiment les avantages à attendre d'une restauration des marges de profit, ou encore qu'ils orientent abusivement la politique des changes vers la dévaluation.

Il est difficile de se prononcer sur le bien-fondé de telles réserves ou craintes, reposant sur l'intuition. Il faut les garder présentes à l'esprit et voir, au fur et à mesure que l'expérience s'accumule, quelle place leur donner, si elles ne devraient pas même être renversées (par exemple, s'il s'avérait que les modèles tendent à sous-estimer les effets de relance de l'expansion budgétaire). On peut cependant en dire un peu plus dès à présent.

D'une part, les modèles sont moins extrêmes et moins simplistes dans leurs conclusions que les théories dont ils s'inspirent. Ils ont ainsi montré que « le multiplicateur » était nettement moins élevé qu'on ne l'avait d'abord dit, qu'une politique de restauration des profits déprimait dans un premier temps l'activité économique, que toute dépréciation du change avait certains effets pervers.

D'autre part, depuis quinze ans les préoccupations de politique économique se sont déplacées du court vers le moyen terme : il est donc plus difficile d'y répondre, puisque la détermination des effets à moyen terme est moins aisée que celle des effets à court terme. Et il faut reconnaître que, pour certains effets à moyen terme, différents modèles actuellement en usage conduisent à des résultats différents, non seulement par leurs ordres de grandeur, mais même parfois par leur sens de variation.

La difficulté est d'autant plus sérieuse que les conséquences de mesures politiques, prévues par les modèles, se présentent comme une combinaison complexe d'effets élémentaires intervenant dans les diverses équations structurelles et n'ayant pas tous la même constante de temps. Qu'on pense à l'équation relative aux variations de l'investissement, qui joue souvent un rôle crucial : la pression de la demande de biens sur la capacité de production, ou l'aisance du crédit, doivent faire vite sentir leur effet ; au contraire, une modification des coûts et des prix ne joue à plein que si elle est perçue comme durable et si ses conséquences sur les modes de production et les plans à long terme des entreprises en ont été tirées, ce qui exige du temps.

On peut craindre, justement, que l'estimation des équations structurelles se trouve biaisée en faveur de la reconnaissance des effets à court terme et au détriment de celle des effets à moyen terme. Il peut y avoir deux raisons à cela, expliquant l'une et l'autre une moindre précision dans l'estimation des effets à moyen terme que dans celle des effets à court terme ; or cette moindre précision signifie aussi une moindre chance de passer les tests usuels, donc de reconnaissance. Premièrement, les facteurs qui agissent vite agissent aussi, le plus souvent, directement, tandis qu'une action lente est souvent le signe d'une action indirecte, passant à travers des maillons intermédiaires influencés par d'autres causes incomplètement identifiées ou évaluées. Deuxièmement, une action lente est aussi répartie sur un certain nombre de périodes, donc plus diluée ; l'estimation de son effet total est gênée par les aléas affectant toutes ces périodes, elle est donc moins précise que si l'effet avait été limité à la période où l'action s'est produite.

On voit bien, à l'examen de ces craintes, à propos de la fiabilité des modèles, que c'est en fait tout l'état de la connaissance macroéconomique qui est en cause, et non une méthodologie particulière destinée à mettre cette connaissance au service de l'étude des politiques à adopter. Le progrès dans la maîtrise des évolutions économiques est ainsi lié à celui des théories comme à celui des nombreuses investigations inductives auxquelles les économètres se livrent par ailleurs. Il n'est pas surprenant de le constater ; mais le faire aide à placer dans leur véritable perspective les développements qui vont suivre.

Endogénéisation des anticipations et neutralité des politiques de la demande

Le mouvement critique vis-à-vis des modèles macroéconométriques a concentré ses feux, il y a une quinzaine d'années, sur le traitement des anticipations des ménages et des entreprises. Il a aussi avancé une thèse sur l'impact des politiques économiques, qui serait souvent inexistant ou peu durable : d'ou, diverses propriétés dites « de neutralité ». Nous devons bien distinguer ici ces deux aspects, l'un et l'autre intéressants mais conduisant à des conclusions de portée différente. Il nous faut en profiter pour examiner l'idée selon laquelle la meilleure modélisation devrait reposer sur l'hypothèse d'anticipations rationnelles.

(1) Il est reconnu depuis longtemps que les comportements des agents dépendent de leurs anticipations du contexte économique futur. Toute décision impliquant une épargne ou un investissement, même au sens large comme le choix d'un emploi, repose sur quelque idée de l'avenir. En général, la spécification des équations structurelles des modèles l'admet, mais considère, d'une part, que les anticipations ne sont pas directement observables, d'autre part, qu'elles s'adaptent en fonction de l'évolution passée des grandeurs sur lesquelles elles portent (c'est le cas des « anticipations adaptatives » définies dans le chapitre 4). Ainsi, la variable représentant l'anticipation de telle grandeur, le revenu futur par exemple, est remplacée par une fonction des valeurs passées et de la valeur courante de cette grandeur, le revenu effectif en l'occurrence. La prise en compte des anticipations est donc en quelque sorte implicite et repose en outre sur une hypothèse assez simpliste.

On peut évidemment accepter l'idée que la formation des anticipations est importante et qu'elle peut faire intervenir d'autres éléments que le passé de la grandeur sur laquelle elle porte. Sans révolutionner la connaissance macroéconomique et ses méthodes, il serait souhaitable d'observer plus systématiquement les anticipations, d'étudier plus activement leurs lois de formation et de les introduire plus explicitement dans les modèles macroéconométriques. Tout cela est déjà fait peu ou prou, mais devrait l'être davantage [5].

5. On reconnaît aujourd'hui que les anticipations concernant la hausse du niveau général des prix sont influencées par d'autres facteurs que l'évolution passée de ce niveau : par exemple le rythme de la croissance de la production, l'évolution des prix de l'énergie et des matières premières, certaines caractéristiques de la politique économique en matière de monnaie, de budget de l'État ou de prix et de salaires. Cependant, ces anticipations n'obéissent pas non plus aux lois qu'impliquerait l'hypothèse d'anticipations rationnelles. Voir à cet égard

(2) Pour comprendre les idées beaucoup plus spécifiques acceptées par tout un courant de pensée, il faut distinguer divers types de politique économique. Nous considérerons ici d'abord la politique budgétaire puis la politique monétaire.

Étudions, en particulier, l'impact qu'un allégement des impôts personnels exercerait sur la demande de biens par les ménages. La thèse d'un impact nul a été avancée. Ce serait même D. Ricardo, le grand économiste anglais du début du XIXe siècle, qui l'aurait formulée le premier. Voici le raisonnement.

Tout ménage programme ses dépenses sur son existence en fonction de ses ressources présentes et de ses revenus futurs. Apprenant que les impôts vont être réduits, pour tout le monde, il en déduit que les budgets publics en seront détériorés d'autant, ce que les opérations financières devront compenser. Par exemple, s'il y avait déjà un déficit public, de nouveaux emprunts devront être lancés, puis remboursés plus tard et il faudra en payer les intérêts entre-temps. Un jour ou l'autre cette détérioration devra être compensée par un mouvement inverse : pour réduire le service de la dette publique, il faudra relever les impôts. Dans l'attente de ce moment, le ménage constitue une épargne particulière qu'il pourra mobiliser le moment venu ; il la place par exemple en emprunts publics. Le calcul est aisé : pour couvrir le supplément d'impôt qui interviendra plus tard, cette épargne doit être juste égale à l'allégement actuel des impôts, si bien que la demande actuelle de biens et services ne doit pas varier.

Il est clair que ce raisonnement fait intervenir un ensemble d'hypothèses dont trois au moins ne vont pas nécessairement de soi. Premièrement, un niveau élevé de rationalité et de perspicacité. Deuxièmement, une absence de contraintes financières (comme avec la théorie dite du cycle de vie) ;

M.H. Pesaran, « Formation of inflation expectations in British manufacturing industries », *Economic Journal,* December 1985 ; B.W. Brown and S. Maital, « What do economists know ? An empirical study of experts' expectations », *Econometrica,* March 1979 ; M.C. Lovell, « Tests of the rational expectations hypothesis », *American Economic Review,* March 1986.

or, une certaine proportion de ménages, notamment parmi les jeunes dont les besoins sont importants et les anticipations de revenus futurs élevées, ne peuvent pas consommer autant qu'ils le souhaiteraient parce qu'ils ne peuvent pas emprunter assez pour cela ; pour eux, un allégement des impôts est équivalent à un desserrement de la contrainte financière et permet de réaliser un plan de dépenses compatible avec un relèvement des impôts au moment où ils auraient été prêts à rembourser les emprunts qui leur sont refusés. Troisièmement, le ménage admet que, mis à part ceux rapportés par l'épargne spécialement constituée à cette occasion, ses revenus futurs seront indépendants de la décision budgétaire d'allégement ; ce qui revient à admettre que cette décision n'aura pas d'effet sur l'évolution du revenu national réel ; or, si elle stimule une demande de biens déficiente, la décision provoquera une augmentation de la production nationale, donc des revenus réels, une diminution du chômage, entraînant un relèvement des revenus des chômeurs en même temps qu'une diminution des indemnités de chômage à financer par ailleurs. Pour que cette troisième hypothèse soit parfaitement rationnelle, il faudrait que ces effets favorables éventuels soient ultérieurement compensés par des effets défavorables, de sorte qu'en longue période la politique de la demande n'ait aucun effet ; c'est une hypothèse aisément faite par les économistes les plus classiques, mais rejetée par les véritables keynésiens.

En d'autres termes, la validité du raisonnement, donc celle de la thèse de neutralité de la politique fiscale, ne peut être établie sans preuves factuelles supplémentaires. Il convient de vérifier qu'une augmentation du déficit public n'a aucun effet sur la demande de biens et services et, en particulier, d'étudier comment elle affecte les décisions des ménages. Simultanément d'ailleurs, on pourra se demander si les ménages prennent en compte les variations de l'autofinancement des entreprises privées, car un raisonnement analogue à celui de Ricardo peut être avancé à cet égard : une augmentation de l'autofinancement devrait se traduire à due concurrence par une appréciation de la valeur des entreprises, donc de la richesse des ménages ; cela devrait les inciter à réduire leur épargne. Suivant cette idée, certains pourraient en venir à dire qu'une politique de restauration des profits est neutre vis-à-vis de l'accumulation du capital.

Quelques travaux économétriques ont porté sur l'influence que les décisions des pouvoirs publics et des entreprises exercent sur les décisions d'épargne des ménages ; ils semblent indiquer qu'il y a bien une certaine interdépendance entre ces décisions, mais beaucoup plus faible que ne le suggèrent ces raisonnements, notamment celui concluant à la neutralité de la politique budgétaire [6]. Les travaux économétriques portant directement sur les principales grandeurs macroéconomiques conduisent également à douter de la neutralité attribuée à la politique budgétaire. Nous y reviendrons dans la section suivante.

(3) Des propriétés de neutralité de la politique monétaire, reposant sur certaines hypothèses relatives à la formation des anticipations, ont aussi été formulées. Elles ont placé l'évolution du niveau général des prix au centre de leur analyse, une augmentation de la masse monétaire étant censée se répercuter en augmentation proportionnelle du niveau général des prix sans produire d'effet sur les grandeurs réelles. Mais les propriétés de neutralité peuvent être plus ou moins fortes [7].

Le point de départ réside dans la réflexion, plus ou moins formalisée, selon laquelle les lois de comportement et autres relations structurelles intervenant dans la détermination des grandeurs économiques, seraient homogènes par rapport aux prix et aux grandeurs nominales ; multiplier par un même nombre tous ceux-ci ne devrait donc avoir aucun effet sur les grandeurs réelles. L'homogénéité des lois de comportement résulterait elle-même de l'absence d'illusion monétaire

6. En dehors des tests globaux, dont il sera question plus loin, on peut se reporter à E. Malinvaud, « Pure profits as forced saving », *The Scandinavian Journal of Economics*, 1986, nº 1.

7. La présentation qui suit est évidemment très simplifiée puisqu'il s'agit d'idées et de théories qui ont été abondamment discutées. On en trouve l'exposé dans la plupart des ouvrages de théorie macroéconomique. Une source très complète sur ce sujet est fournie par la récente encyclopédie *The New Palgrave – A Dictionary of Economics*, Macmillan, London, 1987. On pourra notamment consulter les articles « Quantity theory of money » de M. Friedman, « Neutrality of money » de D. Patinkin, « Monetarism » de P. Cagan.

des agents, qui ne seraient soumis qu'à des contraintes homogènes par rapport aux grandeurs nominales et poursuivraient des objectifs portant sur des grandeurs réelles, sauf en cas d'illusion monétaire justement.

De cette propriété d'homogénéité, on a déduit que le niveau général des prix devait être proportionnel à la quantité de monnaie, c'est-à-dire à la valeur de la masse monétaire. En ajoutant que les autorités monétaires contrôlent la quantité de monnaie, on en vient à la conclusion que, ce faisant, elles contrôlent aussi le niveau général des prix, mais rien d'autre. C'est, dans son expression la plus simpliste, la « théorie quantitative de la monnaie ».

Mais quel est le domaine de validité de cette théorie ? La majorité des économistes pense qu'elle s'applique bien aux phénomènes à long terme. Toutes choses égales d'ailleurs, deux politiques se traduisant par deux valeurs différentes de la masse monétaire provoqueraient, après un laps de temps, deux valeurs proportionnelles du niveau général des prix sans laisser de trace dans les grandeurs réelles [8]. Mais la majorité des économistes pense aussi que, à court terme, la politique monétaire a des effets réels.

En termes simples, ceux-ci peuvent être décrits ainsi. Accélérer la croissance de la masse monétaire aurait pour effet immédiat de stimuler la demande de biens et services, grâce notamment à une plus grande liquidité de l'économie se traduisant par une distribution plus libérale du crédit et par des taux d'intérêt plus faibles. Cette stimulation aurait à la fois un effet favorable sur la production et l'emploi, et un effet inflationniste, l'importance respective de ces deux effets pouvant d'ailleurs varier suivant l'état de la conjoncture au moment où ils se produisent.

Pour intégrer en un tout cohérent la neutralité à long terme et l'existence d'effets à court terme, on invoque la formation des anticipations des agents ainsi que le processus de détermination du niveau général des prix. Dans une

8. Il est habituel, dans les discussions relatives à la théorie quantitative de la monnaie, de raisonner comme si les autorités monétaires déterminaient directement la quantité de monnaie. L'hypothèse est retenue ici, bien qu'elle puisse être considérée comme peu réaliste dans certains contextes, ainsi que nous l'avons vu dans le chapitre 14, pages 501-505.

situation conjoncturelle moyenne, le niveau des prix se conformerait aux anticipations des agents, les décisions de majoration des prix et des taux de rémunération prenant ces anticipations en compte, sans être autrement motivées par l'état de la conjoncture. Une forte pression de la demande de biens, stimulée par exemple par un accroissement de la masse monétaire, se traduirait en revanche par une inflation plus rapide que celle anticipée et simultanément, par un niveau élevé de la production. Mais cette hausse de prix augmenterait les besoins de liquidité, de sorte que la stimulation initiale se trouverait réduite. A la suite de révisions successives des prix et des anticipations, on aboutirait finalement, après un certain temps, en l'absence de variations nouvelles de la quantité de monnaie, à une situation conjoncturelle moyenne avec un niveau général des prix qui se serait adapté à cette quantité.

Bien que ces idées soient largement partagées, elles ne font pas l'unanimité. D'un côté, des économistes considèrent que les effets réels à court terme peuvent laisser des traces durables : une période d'expansion peut stimuler l'investissement, l'esprit d'entreprise, l'offre de travail d'une manière quasiment irréversible ; une période de marasme peut avoir les effets inverses ; si la politique monétaire a été responsable soit de l'expansion soit du marasme, son rôle à long terme sur l'économie réelle n'a pas été neutre. D'un autre côté, certains économistes estiment que, même à court terme, la politique monétaire est neutre, au moins quand elle a été anticipée par les agents.

Je ne considérerai pas davantage ici la première de ces deux thèses opposées, pour laquelle je devrais me référer aux questions systémiques de la fin du chapitre 7 et aux déséquilibres durables évoqués au chapitre 8. En revanche, je vais examiner la thèse d'une éventuelle neutralité à court terme.

(4) Pour le faire, un minimum de formalisme est nécessaire, en termes duquel seront exprimées d'une part les idées de la majorité des économistes, d'autre part l'hypothèse d'anticipations rationnelles. Il n'échappera pas que cette modélisation vise à la plus grande simplicité. Un compte-rendu des nombreux développements théoriques des

deux dernières décennies exigerait bien davantage, mais n'est pas indispensable à la réflexion méthodologique de ce livre.

Comme il y a un évident avantage de simplicité à travailler avec des équations linéaires, on considérera les logarithmes des variables. Ainsi m_t sera le logarithme de la masse monétaire M_t à la date t ; de même p_t sera le logarithme du niveau général des prix et y_t celui du volume de la production nationale. On retiendra que les prix et la production réagissent en fonction d'un indicateur d_t de la pression de la demande de biens et services ; plus précisément, on posera les deux équations suivantes :

(1) $$p_t = p_t^a + \alpha\, d_t$$

(2) $$y_t = \bar{y} + \beta\, d_t$$

où p_t^a désigne la valeur anticipée de p_t et $\bar{y}$ le logarithme du volume qu'aurait la production si la pression de la demande était normale, c'est-à-dire si l'indicateur d_t était nul (par simplicité, on admet que $\bar{y}$ est constant, donc on néglige la croissance tendancielle caractérisant la production dans une économie réelle) ; les deux coefficients α et β sont positifs. L'indicateur d_t doit être rattaché à l'aisance des liquidités ; celle-ci s'apprécie en fonction de besoins de liquidités dont on peut admettre, en première approximation, qu'ils sont proportionnels au niveau général des prix ; en somme une spécification simple et naturelle consiste à poser :

(3) $$d_t = m_t - p_t - \mu$$

le nombre μ caractérisant le volume de la quantité de monnaie qui répondrait aux besoins de liquidités. Dans une théorie macroéconomique un peu plus élaborée on ne se satisferait pas d'une équation aussi sommaire : il faudrait faire intervenir, en particulier, le taux d'intérêt. Mais cette équation suffira ici.

Considérant les équations (1) à (3), nous pouvons d'abord retrouver le raisonnement précédent sur la neutralité à long terme de la politique monétaire. Imaginons que, après une modification initiale, la masse monétaire reste constante $m_t = m$. La stationnarité de l'environnement économique suggère que, à la longue, le niveau anticipé des prix deviendra égal au niveau effectif, cette propriété devant résulter de toute hypothèse raisonnable sur la formation des anticipations (on pourrait l'étudier, par exemple, sous l'hypothèse d'anticipations adaptatives). L'équation (1) implique alors que l'indicateur d_t tende vers zéro et que dans l'équation (3) p_t tende vers la constante $m - \mu$, donc que le niveau général des prix de long terme soit proportionnel à la masse monétaire M.

Souvent faite aujourd'hui en macroéconomie, l'hypothèse d'anticipations rationnelles revient à admettre :

(i) que les agents forment leurs anticipations sur la base de toutes les informations à leur disposition ;

(ii) qu'ils connaissent et tiennent pour vrai le modèle de l'économie sur lequel on travaille, tandis que leur information est précisément celle identifiée par le modèle comme disponible à la date t (voir ci-dessous ce qu'il faut entendre par là).

Examinons ces deux implications dans le cadre du petit modèle défini par les équations (1), (2) et (3). Symboliquement, l'information disponible à la date t peut être représentée par I_t. A la date $t - 1$, l'anticipation p_t^a du niveau des prix qui prévaudra à la date t est ainsi fonction de I_{t-1}.

(4) $$p_t^a = \varphi (I_{t-1})$$

Les agents, est-il supposé, peuvent observer les grandeurs macroéconomiques ; donc l'information disponible I_{t-1} contient au moins p_{t-1}, y_{t-1}, d_{t-1}, m_{t-1}. Par ailleurs, les agents admettant la validité des équations (1), (2) et (3), ils en déduisent :

(5) $$p_t = (1 - \gamma)\, p_t^a + \gamma\, m_t - \gamma\mu$$

où :

(6) $$\gamma = \frac{\alpha}{1 + \alpha}$$

Pour prévoir p_t les agents sont ainsi amenés à chercher à prévoir ce que sera la masse monétaire à la date t, donc m_t.

Le modèle est habituellement complété d'un côté par une hypothèse sur ce qui peut être prévu de l'évolution de m_t, de l'autre par la spécification de la relation d'anticipation (4). Une version simple consiste à admettre que les autorités monétaires acceptent un certain taux de croissance de la masse monétaire comme opportun en moyenne, mais ajoutent à ce taux des changements erratiques, en plus ou en moins, totalement imprévisibles. En logarithmes, cela donne :

(7) $m_t = m_{t-1} + g + \varepsilon_t$

où g est une constante et ε_t une variable aléatoire d'espérance nulle. Cette « règle monétaire » conduit à distinguer dans m_t deux parties, la valeur anticipée m_t^a normalement égale à $m_{t-1} + g$ et la variation non anticipée ε_t :

(8) $m_t = m_t^a + \varepsilon_t$

Effectivement, on admet d'ordinaire que la loi de formation des anticipations consiste à prévoir chaque grandeur par l'espérance mathématique qu'en donne le modèle. L'équation (4) prend alors la forme :

(9) $p_t^a = E\,(p_t \,/\, I_{t-1})$

La valeur anticipée du niveau général des prix est l'espérance mathématique de ce niveau, conditionnellement à l'information disponible. Il est clair que I_{t-1} contient en particulier tout ce qu'il faut pour la connaissance de m_t^a.

Dans le cas particulier de notre modèle on déduit de (5) et (8) la loi suivante de détermination du niveau général des prix :

(10) $p_t = (1-\gamma)\,p_t^a + \gamma\, m_t^a - \gamma\mu + \gamma\varepsilon_t$

or l'espérance mathématique de ε_t conditionnellement à I_{t-1} est nulle ; donc (10) implique directement :

(11) $E\,(p_t \,/\, I_{t-1}) = (1-\gamma)\,p_t^a + \gamma\, m_t^a - \gamma\mu$

Tenant compte de (9) on en déduit la valeur suivante de p_t^a :

(12) $p_t^a = m_t^a - \mu \qquad p_t = m_t^a - \mu + \gamma\,\varepsilon_t$

De même (3) et (2) impliquent :

(13) $d_t^a = 0 \qquad y_t^a = \bar{y} \qquad y_t = \bar{y} + \beta\,(1-\gamma)\,\varepsilon_t$

Enfin (3), (8) et (12) impliquent :

(14) $d_t = (1 - \gamma)\ \varepsilon_t$

Ces équations très simples ont deux caractéristiques notables qui se retrouvent dans de nombreux modèles macroéconomiques à anticipations rationnelles. D'une part, les valeurs anticipées des variables ne dépendent pas de leur sensibilité effective à la pression de la demande. Par exemple, la valeur anticipée du niveau des prix ne dépend pas de la valeur du coefficient α de l'équation (1) ; seule la valeur effective du niveau des prix en dépend.

D'autre part *la variation anticipée de la masse monétaire n'a pas d'effet sur la pression de la demande et le volume de la production ;* elle se répercute en totalité sur le niveau des prix ; cela apparaît d'une part sur l'équation (14) et la dernière des équations (13), d'autre part sur la dernière des équations (12). Même à court terme il y a donc neutralité de la politique monétaire, dans la mesure où les agents l'ont correctement prévue.

(5) Quelle force démonstrative peut avoir le petit modèle que nous venons de considérer ? Répondre à cette question a une portée beaucoup plus grande qu'on pourrait le croire, car certains économistes tirent leur conviction sur l'inefficacité des politiques économiques keynésiennes, de raisonnements ou de modèles qui ne sont guère moins simples.

L'avantage de ces modèles réside dans l'endogénéisation des anticipations. Mais celle-ci est réalisée dans un cadre si spécial qu'on peut se demander si, finalement, la représentation des phénomènes n'est pas détériorée par rapport à celle qu'offrent les modèles macroéconomiques où les anticipations apparaissent comme exogènes. Une formule telle que l'équation (9) condense en effet en une seule expression analytique diverses hypothèses inégalement admissibles, depuis certaines qui peuvent paraître évidentes, jusqu'à d'autres qui sont très douteuses. Il y a une certaine ambiguïté à insister sur les premières sans reconnaître la faiblesse des dernières. Regardons-y de plus près.

– Les agents agissent sur la base des informations à leur disposition. Certes !

– Les agents déterminent leurs comportements en fonction de l'espérance mathématique des grandeurs incertaines.

Des puristes pourraient discuter cette hypothèse qui revient à remplacer des variables aléatoires par les variables certaines que sont leurs espérances mathématiques et à poursuivre le raisonnement comme si les secondes étaient équivalentes aux premières. Dans d'autres contextes le procédé pourrait conduire à des résultats assez inexacts. Dans celui-ci il devrait simplifier utilement les choses sans risque réel de distorsion.

– L'information des agents, sur les valeurs à attendre d'une grandeur qui les intéresse, ne provient pas uniquement d'observations sur ses valeurs antérieures mais aussi d'autres données. Cela est exact dans la plupart des cas ; mais il reste à savoir quelles données sont pertinentes pour la prévision de la grandeur en cause et comment cette prévision est déterminée.

– S'agissant des grandeurs macroéconomiques, telles que le niveau des prix, les agents forment leurs prévisions sur la base d'idées assez complètes concernant le fonctionnement de l'économie, disons sur la base d'une théorie macroéconomique. C'est douteux pour beaucoup d'agents. Certes, une pénurie généralisée, ou un relèvement massif des taux de salaires, amène la plupart des gens à prévoir une hausse des prix ; mais dans les cas normaux beaucoup reconnaissent être trop ignorants pour faire autre chose qu'extrapoler grossièrement ce qu'ils ont constaté et infléchir cette extrapolation en fonction de ce qu'ils entendent dire autour d'eux. Ceux qui ont vraiment une théorie en tête ne sont qu'une minorité et on doit chercher à savoir s'ils sont assez influents pour que leur prévision soit celle dont on parle.

– La théorie sous-jacente aux anticipations des agents s'applique bien aux phénomènes réels. Une telle hypothèse est évidemment ambitieuse. On peut la trouver d'autant plus contestable qu'on constate souvent, malheureusement, la coexistence de théories plus ou moins contradictoires entre elles.

– L'auteur du modèle macroéconomique en cause a bien compris les phénomènes réels et en présente la théorie exacte. Cette hypothèse, facile à admettre par l'auteur du modèle, a moins de force pour ceux avec lesquels il entre en contradiction. Elle complique toute recherche d'un accord. Elle est d'autant plus cruciale que les modèles les plus souvent employés dans ce type de discussions ne sont pas beaucoup plus élaborés que celui considéré ici, et qu'il a été aisé de montrer que d'autres modèles simples conduisaient au rejet de la neutralité de la politique monétaire [9].

Comme sur d'autres questions, c'est le recours à l'observation qui devrait finalement décider du réalisme des idées exprimées par les protagonistes du débat sur le rôle des anticipations rationnelles et sur la neutralité des politiques monétaires. Les tests peuvent d'abord concerner la formation des anticipations. Comme nous l'avons vu dans le chapitre 4, page 138, et rappelé dans le renvoi (5), p. 540, les hypothèses les plus courantes, notamment celles d'anticipations adaptatives ou d'anticipations rationnelles, expliquent médiocrement les prévisions formulées, même pour une question aussi simple que l'évolution du niveau général des prix au cours des prochains mois.

Quelques tests ont également été pratiqués directement sur les propriétés de neutralité. Disposant, par exemple, de séries trimestrielles relatives au volume du produit national brut et à la masse monétaire, l'économètre doit encore construire une série estimant la masse monétaire anticipée ; il le fait par une régression établissant la liaison empiriquement observée entre l'évolution constatée de la masse monétaire et celle de certaines grandeurs relatives aux trimestres antérieurs : la masse monétaire elle-même, comme dans l'équation (7), mais aussi d'autres grandeurs puisque la règle monétaire peut être plus systématique que (7) et faire intervenir notamment le taux d'intérêt, caractéristique des tensions sur les liquidités, et le taux d'utilisation des capacités, caractéristique des tensions sur l'appareil productif, grandeurs connues des autorités monétaires qui peuvent les prendre en compte dans leurs décisions. A ce jour, les tests apparaissent peu favorables à la thèse de la neutralité : ils établissent d'une part, qu'aux États-Unis les fluctuations de la masse monétaire ont affecté le volume de la production, d'autre part, qu'aucune différence significative n'apparaît

9. Voir par exemple S. Fisher, « Long term contracts, rational expectations and the optimum money supply rule », *Journal of Political Economy,* 1977, p. 191-206 ; W. Buiter, « The macroeconomics of Dr. Pangloss : a critical survey of the new classical macroeconomics », *Economic Journal,* 1980, p. 34-50.

entre les effets des deux composantes, anticipée et non anticipée, qu'on peut distinguer dans l'évolution de la masse monétaire quand on applique le procédé décrit ci-dessus [10].

Sensibilité des comportements aux choix de politique économique

En insistant sur l'influence de la formation des anticipations sur les effets des politiques économiques, la section précédente nous a écartés de l'examen des modèles macroéconométriques et nous a conduits à l'étude de théories beaucoup plus schématiques. Nous avons vu que les résultats n'en étaient guère convaincants. Cependant cette discussion attire notre attention sur une question : les modèles macroéconométriques retiennent-ils bien dans leur spécification toutes les chaînes causales par lesquelles passent les effets de la politique économique ? S'ils ne le font pas, par exemple parce qu'ils négligent les dépendances passant par la formation des anticipations, alors ils risquent de donner une estimation biaisée de ces effets.

Prétendre qu'il y a là un problème, c'est évidemment prendre une position beaucoup plus modérée qu'affirmer une théorie particulière. Mais reconnaître l'existence du problème a conduit divers économistes à en tirer des conclusions différentes sur la meilleure méthodologie à suivre pour connaître les effets des décisions gouvernementales. On rencontre trois attitudes : certains prétendent trouver la solution dans la réflexion théorique, d'autres dans l'analyse des données, d'autres enfin, parmi lesquels je me range, considèrent que la difficulté ne disqualifie pas le recours aux modèles macroéconométriques, mais requiert que leur spécification y soit tout particulièrement attentive. Examinons d'un peu plus près la question.

La reconnaissance de cette difficulté a reçu un nom dans la littérature macroéconomique : « la critique de Lucas ». Ce

10. F.S. Mishkin, « Does anticipated monetary policy matter ? An econometric investigation », *Journal of Political Economy*, February 1982 ; R. Frydman and P. Rappoport, « Is the distinction between anticipated and unanticipated money growth relevant in explaining aggregate output ? », *American Economic Review*, September 1987.

nom vient du titre d'un article, annonçant qu'on ne pouvait guère avoir confiance dans les résultats des modèles macroéconométriques : « L'évaluation des politiques macroéconomiques : une critique [11]. » L'auteur y considère un changement du régime déterminant la politique économique : par exemple, la substitution d'une règle à une autre en politique monétaire. Sa critique consiste essentiellement à dire qu'un modèle économétrique s'appliquant avant le changement ne peut pas bien en estimer les effets, car le changement va altérer les comportements représentés par les équations du modèle : constatant le changement, les divers agents vont s'y adapter si bien que la représentation antérieure de leur comportement devient caduque.

Cette critique soulève un vrai problème. On souhaiterait donc que des tests établissent sa portée. Dans certains cas, bien identifiés, de changement de règles de la politique économique, quelles modifications a-t-on constatées dans les comportements des entreprises et des ménages ? L'histoire moderne donne des exemples de tels changements : le passage d'un contrôle des masses (la quantité de monnaie ou la base monétaire) à un contrôle des taux d'intérêt, la création du Système Monétaire Européen, l'introduction, en 1983, de nouvelles règles pour la fixation des salaires en France, etc.

Or, je ne connais pas d'études qui se soient donné pour objet d'identifier comment les comportements individuels avaient été modifiés à ces occasions. Je ne peux pas dire que l'hypothèse d'absence d'effet direct ait été corroborée, mais elle n'a été falsifiée que faiblement et dans des cas peu nombreux. Bien entendu, des effets indirects résultent normalement de ce que le changement de règles a provoqué un nouveau mode d'évolution de certaines grandeurs exogènes, donc aussi de nouvelles évolutions des grandeurs endogènes, qui se sont notamment répercutées sur toutes les anticipations adaptatives. Mais tout cela peut fort bien s'être passé sans modification des comportements retenus par les modèles.

11. R. Lucas, « Macroeconomic policy evaluation : a critique », dans K. Brunner and A. Meltzer, ed. *The Phillips curve and labor markets,* North Holland Pub. Co., Amsterdam, 1976.

Une autre voie, pour évaluer la portée réelle de la critique de Lucas, consiste à chercher si une influence directe et significative des grandeurs caractérisant la politique économique peut être décelée sur les diverses lois de comportement. Quelques travaux l'ont fait pour l'influence du déficit public sur l'épargne des ménages, comme nous l'avons vu à propos de la thèse affirmant la neutralité de la politique budgétaire. Ce devrait être fait plus systématiquement. Pour le moment on ne peut pas en conclure à l'existence d'influences directes très importantes.

Pour pallier l'absence de preuves empiriques substantielles, Lucas propose de recourir à des modèles théoriques du type de celui examiné dans la section précédente. Or nous avons vu que les justifications de ces modèles étaient fort contestables. Dans le même esprit mais sans la même sophistication, d'autres tirent argument de la critique de Lucas pour douter de l'utilité de toute intervention gouvernementale sur l'économie, s'en remettant ainsi à des idées qui ont certes une origine ancienne en économie, mais dont la validité est sujette à caution, notamment dans ce contexte.

L'alternative par l'analyse des données

L'autre alternative à l'usage des modèles macroéconométriques révèle, chez ceux qui y ont recours, une attitude opposée de défiance systématique vis-à-vis de toute idée a priori. Elle consiste à établir et à exploiter des autorégressions vectorielles, dans l'esprit de l'analyse des données, que nous avons considérée lors de l'étude de l'induction économétrique (chapitre 13, pages 467 à 471). Nous pouvons mieux comprendre maintenant certaines des raisons avancées en faveur de cette alternative.

Les modèles macroéconométriques juxtaposent des équations représentant chacune un comportement, une contrainte ou une loi d'ajustement. Le système entier fait intervenir un nombre, le plus souvent élevé, de variables exogènes et endogènes. Mais peu de variables figurent dans chaque équation et ce fait permet que l'estimation atteigne une certaine précision. Ainsi, dans le prototype considéré au début du chapitre précédent, le système écrit sous la forme

(8) lie les valeurs prises par deux vecteurs, le premier ayant pour composantes les six variables endogènes et le second les cinq variables exogènes. Mais il y a dans le système moins de coefficients à estimer que son écriture ne le suggérerait, car beaucoup de ces coefficients sont supposés nuls, comme le fait apparaître, par exemple, la forme de la matrice B_0 donnée par l'équation (9) (sur trente coefficients cette matrice n'en contient que quatre à estimer).

Cette caractéristique des modèles tient à la genèse théorique de leur justification. Par exemple, la première ligne de B_0 provient de la loi stipulée pour caractériser le comportement de consommation des ménages (équation (2) du chapitre 15). Cette équation ne fait intervenir que trois autres variables, car il est supposé que, par exemple, ni l'investissement ni la consommation des administrations ne motivent directement les décisions de consommation des ménages. Mais cette supposition peut paraître douteuse à certains car dans les anticipations de leurs revenus, les ménages peuvent être influencés par ce qu'ils constatent être l'investissement des entreprises et les dépenses des administrations. Prendre en compte systématiquement de tels doutes pourrait conduire à admettre que chaque variable doit figurer dans toutes les équations structurelles, et ce avec un coefficient a priori indéterminé [12].

Si l'on suit cette voie, on en vient à considérer que les équations structurelles perdent leur intérêt. Seule importerait alors la relation d'ensemble entre variables exogènes et endogènes, ce que nous avons appelé la forme réduite du modèle (équation (10) du chapitre 15). De plus la spécification du modèle sous cette forme laisserait les matrices de coefficients libres de prendre n'importe quelle valeur ; l'estimation n'aurait à retenir aucune contrainte.

On peut même pousser le doute plus loin : la distinction entre variables endogènes et exogènes fait partie de la spécification. Les valeurs prises par les variables exogènes sont supposées ne pas être affectées par les valeurs des variables endogènes ou, ce qui revient au même, par les

12. Afin de simplifier l'argumentation, ma présentation néglige la présence d'équations comptables. Elle ne s'applique littéralement que si celles-ci ont été éliminées.

valeurs des chocs aléatoires intervenant dans la détermination de ces variables, les η_{it} ou les ε_{it}. Or, cette supposition peut elle aussi être contestée pour certaines variables exogènes, voire pour toutes si on laisse aller son imagination.

Prêtons une attention particulière aux variables représentant les instruments de la politique économique. Une politique non totalement inactive peut être amenée à réagir à l'évolution économique ; ce sera même nécessairement le cas si elle suit une règle requérant que les valeurs des instruments varient d'une façon donnée en fonction de l'état de la conjoncture. Si l'on tient compte de l'existence de telles règles, et si on les fait figurer dans les équations du modèle, les soi-disant instruments deviennent des variables endogènes.

Si toutes les variables sont endogènes, donc peu ou prou simultanément déterminées, alors les vecteurs de variables exogènes doivent disparaître de l'écriture générale des modèles. La forme réduite entre précisément dans la catégorie des spécifications justifiant les autorégressions vectorielles, tout au moins si le modèle est linéaire, ce qui peut toujours constituer une première approximation (l'équation (10) du chapitre 13 se substitue alors à l'équation (10) du chapitre 15).

Le recours aux autorégressions vectorielles macroéconomiques peut être considéré de trois points de vue assez distincts suivant les ambitions qu'il cherche à satisfaire : soit comme technique de prévision, soit comme procédé pour une meilleure connaissance des phénomènes, soit comme méthode en vue de caractériser les effets des mesures de politique économique. Dans tous les cas il faut se souvenir que la technique n'est applicable qu'avec un assez petit nombre de séries temporelles et de retards figurant dans la formule d'autorégression.

Utiliser de telles autorégressions pour des prévisions permet, en principe, de faire mieux qu'avec des extrapolations indépendantes des diverses séries, puisqu'on tient compte des corrélations concomitantes ou retardées entre celles-ci. Mais la qualité de la prévision dépend de la validité d'une hypothèse : l'invariance du processus stochastique multidimensionnel régissant la détermination des grandeurs mesurées par les séries en cause, invariance qui doit alors durer du début de la période d'observation à la fin de la période de prévision. L'intuition et la pratique suggèrent qu'elle est souvent réalisée approximativement pour la dynamique à court terme, mais guère pour les dépendances à moyen et long terme, car interviennent alors des variables non retenues dans l'autorégression. C'est pourquoi je me suis cru autorisé à conclure, dans le chapitre 13, que cette technique avait des qualités intermédiaires entre celles des travaux traditionnels de conjoncture et celles de la modélisation économique.

S'agissant de la connaissance des phénomènes, les autorégressions ne peuvent prétendre faire plus que dégager les liaisons temporelles permanentes, ce qui n'est pas négligeable mais renseigne néanmoins fort peu sur l'ensemble des causalités, dont on a toute raison de penser qu'elles sont diverses et la plupart complexes. Inapte par construction à intégrer les connaissances sur les mobiles et les contraintes microéconomiques, la pure analyse des données macroéconomiques ne permet pas d'aller bien loin, car la base d'information à sa disposition est bien pauvre vis-à-vis de la complexité des phénomènes en cause. C'est d'ailleurs cette même difficulté qui explique le défaut d'invariance dont souffre toute tentative de prévision mécanique à moyen terme.

Pour comprendre comment on utilise les autorégressions en vue de caractériser certains effets de la politique économique, on peut prendre un exemple, qui a d'ailleurs une certaine pertinence pour les questions relatives à la neutralité éventuelle de la politique monétaire. Reprenons donc la formule donnée dans le chapitre 13 pour caractériser la structure aléatoire dont l'autorégression vectorielle offre en quelque sorte une estimation, soit :

$$(15) \qquad x_t = \sum_{\tau=1}^{h} A_\tau X_{t-\tau} + c + \varepsilon_t$$

Considérons le cas où le vecteur x_t a trois composantes, les logarithmes du niveau des prix, du volume de la production et de la masse monétaire. Supposons qu'on ait ajusté le système (14) sur les séries trimestrielles des valeurs prises par ces trois grandeurs au cours d'une trentaine d'années, avec pour horizon h = 6. Comment utiliser les résultats en vue d'éclairer certains effets de la politique économique ?

En l'occurrence, on pense évidemment aux effets de la politique monétaire. On est ainsi amené à introduire l'idée d'une certaine antériorité causale de la masse monétaire par rapport aux deux autres grandeurs et à essayer de caractériser ses conséquences. Ainsi, une hypothèse de nature théorique est introduite, qu'on peut d'ailleurs soumettre à un test du type de ceux examinés à la fin du chapitre 13. Pour étudier les effets des variations imposées à la masse monétaire, on ne va pas modifier directement la troisième composante de x_t, mais plutôt celle de ε_t. En d'autres termes, on va considérer une décision des autorités monétaires qui, à la date T + 1 par exemple, introduirait une déviation par rapport à l'évolution que cette masse aurait suivie sans cela et calculer les effets de cette déviation sur les trois grandeurs dont l'évolution simultanée est décrite par l'autorégression vectorielle. Voyons plus précisément comment le calcul sera mené.

Pour une prévision ne supposant aucune anomalie de la politique monétaire, on aurait admis $\varepsilon_{3t} = 0$ pour tout $t > T$ (T étant le dernier trimestre observé). On va plutôt retenir ici : $\varepsilon_{3,T+1} = \sigma_3$ et $\varepsilon_{3t} = 0$ pour $t > T + 1$ où σ_3 est l'écart type estimé de ε_{3t} sur la période d'observation. Mais, ce faisant, on va aussi tenir compte de la corrélation observée dans le passé entre ε_{3t} et ε_{1t}, ε_{2t} ; on va donc prévoir les valeurs de ces erreurs qui devraient correspondre aux ε_{3t} ; la théorie des régressions conduit à retenir :

$$\text{(16)} \qquad \begin{array}{ll} \varepsilon_{1,T+1} = \rho_{13}\,\sigma_1 & \varepsilon_{2,T+1} = \rho_{23}\,\sigma_2 \\ \varepsilon_{1t} = \varepsilon_{2t} = 0 & \text{pour} \quad t > T + 1 \end{array}$$

σ_1 et σ_2 étant les écarts types estimés de ε_{1t} et ε_{2t}, tandis que ρ_{13} et ρ_{23} sont leurs coefficients de corrélation estimés avec ε_{3t}. Ces valeurs étant fixées, il suffit d'utiliser le système (14), où les matrices A_τ sont remplacées par leurs estimations, pour calculer les effets à attendre du choc monétaire supposé se produire en T + 1.

On peut faire le calcul à partir des valeurs antérieures des x_{it}. Mais pour bien isoler les effets du choc, il est plus instructif de le faire à partir d'une situation hypothétique

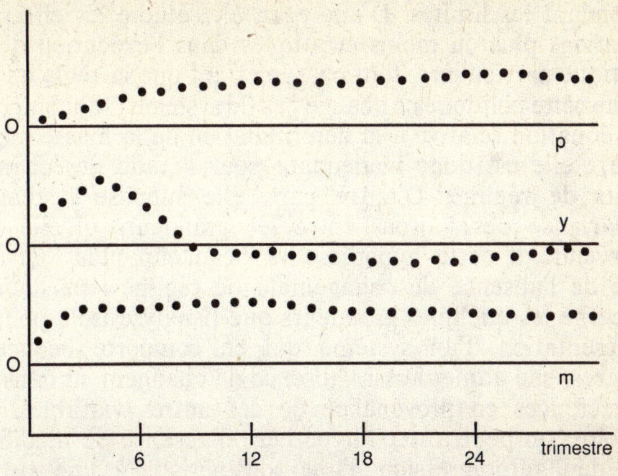

où les x_{it} seraient égaux à leurs valeurs tendancielles et de calculer les déviations, résultant du choc, par rapport aux valeurs tendancielles futures. Les résultats peuvent alors être présentés graphiquement d'une manière suggestive.

La figure ci-dessus est tirée d'une analyse portant sur des données des États-Unis [13]. On y constate qu'une perturbation positive de la masse monétaire provoque une lente hausse du niveau général des prix, en partie acquise après deux ans et passant par un maximum plat après quatre ans. La hausse du volume de la production est nette la première année, mais disparaît après deux ans. Quant à la masse monétaire elle-même, elle manifeste un peu d'inertie au début et retourne très lentement vers sa tendance par la suite. On peut trouver dans ces résultats suggestifs une confirmation empirique approximative de la thèse d'une neutralité à long terme de la politique monétaire. Toutefois, les résultats des autorégressions sont à ce jour trop peu nombreux et trop peu concordants pour constituer une véritable preuve en faveur de cette thèse.

La réflexion sur cette méthode et ses résultats en montre

13. Les résultats sont empruntés à un travail dans lequel interviennent aussi le taux de chômage, le taux de salaire et le niveau des prix à l'importation. Voir C. Sims, « Macroeconomics and reality », *Econometrica*, janvier 1980.

cependant les limites. D'une part, elle étudie les effets de variations plus ou moins erratiques dans l'exécution d'une politique particulière, tout en admettant que la règle qu'applique cette politique ne change pas (le système (14) comporte une équation relative à la détermination de la masse monétaire) ; elle est donc inadéquate pour l'étude des changements de régime. D'autre part, elle suppose justement l'invariance des liaisons entre les grandeurs qu'elle fait intervenir, et cette hypothèse va beaucoup plus loin que celle de l'absence de changement de régime : puisqu'elle concerne les quelques grandeurs que l'analyse isole pour la représentation d'un système qui en comporte beaucoup d'autres, elle admet aussi l'absence de changement dans les interférences en provenance de ces autres variables. En principe, on peut tester l'hypothèse d'absence de modification de l'autorégression d'une sous-période à une autre ; mais l'ajustement est habituellement trop imprécis pour que ce test ait une réelle puissance.

Règles ou politiques discrétionnaires ?

Présentant dans la seconde section de ce chapitre certaines idées modernes, j'ai été conduit à supposer que la politique monétaire suivait une règle de nature dynamique (celle définie par l'équation (7) avait été prise pour exemple). Comment cette règle peut-elle être déterminée ? Dans le chapitre 14, j'avais posé en termes statiques la logique du choix d'une politique économique. Rien ne s'oppose à ce qu'on poursuive le type d'analyse introduit alors, en tenant compte explicitement de l'enchaînement temporel des phénomènes économiques. Cela a été fait et a permis de définir des procédures grâce auxquelles peuvent être déterminées des règles de contrôle optimal (la détermination fait intervenir de lourds calculs d'optimisation). Présenter ici ces travaux nous entraînerait trop loin. En revanche, il convient de considérer certaines questions générales qui ont été débattues à propos de ces règles.

Le point de départ est une interrogation sur les fondements de cette idée, que les pouvoirs publics devraient respecter des règles fixes, qui non seulement seraient choisies une fois pour toutes, mais ne comporteraient en outre aucune adaptation des valeurs des instruments aux fluctuations de la conjoncture. Par exemple, les décisions budgétaires devraient assurer l'équilibre permanent du budget de l'État ; ou encore les décisions monétaires devraient avoir pour objectif un taux de croissance constant de la masse monétaire. Cette idée est ancienne, puisqu'elle inspirait les conceptions classiques que beaucoup remirent en question dans l'entre-deux-guerres. La diffusion des idées keynésiennes allait au contraire dans le sens d'une politique de régulation conjoncturelle activiste, la politique économique devant délibérément stimuler la demande globale de biens et de services quand celle-ci montrait des signes de faiblesse et que le chômage devenait préoccupant. Les modèles macroéconométriques étaient construits précisément en vue d'éclairer cette action et de lui donner la plus grande efficacité possible. Les deux dernières décennies ont été caractérisées par une certaine défiance vis-à-vis des politiques activistes et par le retour à des conceptions plus classiques. Il importe ici surtout de comprendre les raisons de cette évolution des idées et de dégager ainsi les différentes considérations que l'étude des politiques économiques doit faire intervenir.

Un premier groupe de raisons, c'est l'incapacité supposée des gouvernements à remplir efficacement la fonction qu'on leur attribue. L'argumentation peut alors être plus ou moins radicale. Certains mettent simplement en avant la médiocre précision des prévisions macroéconomiques, ou les lenteurs inhérentes aux décisions budgétaires astreintes à un contrôle parlementaire, pesant dans certains pays, ou encore la maladresse des autorités qui s'inquiéteraient toujours trop tard (de la dépression quand celle-ci se termine, de la surchauffe quand elle épuise ses effets) et dont l'action serait alors inintentionnellement déstabilisatrice. C'est ce qu'on reproche à la politique du « stop and go » : les autorités tantôt arrêteraient la croissance quand elle ralentirait spontanément, tantôt la laisserait filer quand il faudrait la modérer. D'autres critiquent la conception d'un État dévoué au bien public : motivés par des soucis électoraux, les gouvernements feraient passer au second plan le rôle que les idées keynésiennes voulaient leur faire jouer ; ils se serviraient de ces idées quand ils en ont besoin pour dissimuler leurs véritables motivations, et uniquement dans ce cas ; la prospérité économique du pays ne serait pas leur objectif ; elle serait d'autant mieux assurée que l'État serait passif et tiendrait une place modeste (théorie dite « du choix public », *public choice* en anglais).

D'autres raisons sont de nature plus économique. Les petits pays, très ouverts au commerce international, ont compris depuis longtemps qu'une action de leur gouvernement sur la demande globale affectait beaucoup plus l'équilibre de leurs échanges extérieurs que l'évolution de leur production. Or, le nombre de pays pour lesquels cette considération joue un rôle crucial s'est accru au fur et à mesure que les échanges internationaux s'intensifiaient. Ce phénomène, d'ailleurs tout à fait conforme aux enseignements de la théorie keynésienne pour une économie ouverte, diminue beaucoup l'efficacité des politiques budgétaires et monétaires nationales, puisque celles-ci agissent par l'intermédiaire de la demande globale. La solution que pourrait alors offrir la coordination internationale s'avère difficile à réaliser.

M. Friedman, qui plus systématiquement et explicitement que tout autre contesta les vertus des politiques keynésiennes, a dirigé sa principale critique sur le caractère passager des effets bienfaisants de ces politiques et sur leur propension à nourrir l'inflation. Une stimulation de la demande, expliqua-t-il, soutient bien la production dans un premier temps si celle-ci tend à être déprimée ; mais elle pousse aussi les prix à la hausse, ce qui agit sur les anticipations d'inflation future. Pour les raisons que j'ai évoquées aux pages 544-545, à propos de la neutralité à long terme de la politique monétaire, cet effet sur les anticipations absorbe progressivement l'effet favorable initial. Confrontés à un tel enchaînement, les gouvernements trop soucieux d'éviter le chômage sont conduits à répéter leurs actions stimulatrices, ce qui accélère à chaque fois l'inflation. La seule méthode, selon Friedman, pour éviter cette dérive, c'est d'imposer aux autorités des règles fixes conformes à celles que prônaient les économistes classiques d'autrefois. Friedman a d'ailleurs étudié dans cette optique quelle devait être la valeur du taux fixe de croissance de la masse monétaire.

Tout en reconnaissant le bien-fondé de certaines de ces idées, des macroéconomistes ont cherché à mieux en élucider la logique. Or, cette investigation des problèmes logiques soulevés par la politique macroéconomique a conduit à d'intéressants développements qui doivent nous retenir. A partir de maintenant, nous admettrons d'une part, que le gouvernement recherche le bien public, d'autre part, qu'il a lui aussi une connaissance des phénomènes dont il tire parti intelligemment.

Il faut tout de suite relever l'apparent paradoxe de prétendre qu'un gouvernement doit négliger dans son action ce qu'il sait de la conjoncture courante. Sauf exception peu probable, un décideur a toujours intérêt à tenir compte de toute l'information à sa disposition. Choisir de s'en tenir à une règle fixe c'est s'astreindre d'avance à ne pas réviser son plan d'action quelles que soient les nouvelles informations dont on pourra disposer. Cela ne peut pas être préférable à la stratégie consistant à tirer parti au mieux des informations au fur et à mesure qu'on les obtient.

Mais cette façon de présenter la question ne suffit pas, car elle pousse à ignorer la rétroaction des décisions gouvernementales sur les anticipations et le comportement des agents. Or, la politique économique peut se heurter à un problème de crédibilité qui en affecte l'efficacité. Les règles fixes, adoptées depuis longtemps et maintenues quoi qu'il advienne, ont cet avantage que tout le monde sait à quoi s'en tenir. Au contraire, une politique discrétionnaire engage naturellement l'avenir dans des conditions ambiguës puisqu'il n'est pas exclu que la décision d'aujourd'hui soit annulée demain par une décision inverse.

Certaines façons de poser le problème du choix de la politique conduisent en effet à une stratégie présentant une incohérence temporelle. On le comprend aisément si l'on pense au cas dans lequel un impôt exceptionnel sur le capital ferait partie des décisions possibles. Il est très facile de construire des modèles montrant que, dans certains contextes n'ayant rien d'anormal, la meilleure politique serait une taxation au début et une fois pour toutes du capital antérieurement accumulé ; mais cela fait, la meilleure politique dans un an ou dix ans serait d'introduire à nouveau un impôt exceptionnel sur le capital. Ainsi la « politique optimale » a un caractère incohérent, puisqu'elle conduit à prendre aujourd'hui pour l'avenir une décision qu'elle recommandera demain de réviser. Si les citoyens en sont conscients, ils considéreront l'impôt comme non exceptionnel et modifieront en conséquence leur comportement ; la politique en cause n'apparaîtra plus alors comme optimale. Le cas est moins extrême qu'il ne semble à première vue, car une inflation non anticipée, donc dont il n'a pas été tenu compte dans la détermination des intérêts attachés aux prêts passés, joue à peu près de la même façon : elle agit comme un transfert exceptionnel, d'une part, des créanciers aux débiteurs, l'État en particulier quand il y a une forte dette publique, d'autre part, des détenteurs de monnaie vers les émetteurs, l'État en particulier.

Comme l'effet d'une politique dépend des conséquences qu'en induisent les agents quant au comportement ultérieur du gouvernement, le choix de la meilleure stratégie gouvernementale a une nature logique analogue à celle du choix d'un joueur confronté à un autre joueur. On le comprend bien en réfléchissant sur le petit modèle présenté dans les pages 545 à 549.

Par l'intermédiaire du choix de m_t, les autorités monétaires savent qu'elles agissent sur le volume de la production et sur le niveau général des prix, suivant les équations (1), (2) et (3). Mais cette action dépend des anticipations du niveau général des prix par les agents privés. On peut analyser le problème comme un jeu dans lequel les autorités choisissent m_t et les agents choisissent p_t^a. Les gains des deux joueurs correspondent au degré de satisfaction de leurs objectifs. Les agents cherchent à se tromper le moins possible dans leur prévision des prix. Les autorités voudraient atteindre un niveau élevé de production et une faible hausse des prix ; elles attribuent une pondération à ces deux objectifs, qui sont concurrents comme les équations (1), (2) et (3) le rappellent.

Ce jeu a pour caractéristique de n'être pas joué en un seul coup mais de se répéter période après période. Chacun des deux joueurs tient alors compte de ce qu'il a cru comprendre de la stratégie de l'autre. Par exemple, si le gouvernement a acquis la réputation de lutter systématiquement contre l'inflation, une accélération de celle-ci, ou même de la croissance de la masse monétaire, ne sera pas interprétée, avant un certain temps, comme un changement de politique mais comme un accident qui échappe au contrôle des autorités. Il en ira bien différemment si les pouvoirs publics font preuve de versatilité.

Toute une littérature est apparue récemment autour de ces questions [14]. Il serait prématuré d'en tirer aujourd'hui des conclusions définitives, puisque les résultats vont tantôt dans un sens, tantôt dans un autre. De plus, cette réflexion polarise l'attention sur des représentations extrêmement simplifiées des phénomènes et des aléas qui les affectent ; il faudra s'interroger sur la transposition à des modélisations moins rudimentaires.

Au stade actuel, on peut retenir deux idées simples auxquelles le sens commun apporte son appui. Selon que les autorités ont une réputation plus ou moins bien établie de suivre durablement et avec détermination une ligne de conduite donnée, les réactions des agents diffèrent et une bonne réputation donne plus de pouvoir au gouvernement. Si une telle réputation est aisément acquise avec des règles fixes, telles que celles prônées autrefois par les économistes classiques, elle pourrait l'être aussi, quoique moins aisément, avec une stratégie moins rigide, plus sensible au contexte changeant de l'environnement économique, mais poursuivant avec persévérance des objectifs inchangés.

Conclusions méthodologiques

Alors que la période de remise en cause et de réflexion ouverte il y a près de vingt ans n'est pas encore terminée, il importe de faire le point afin de bien distinguer où se situent les lacunes et les faiblesses de la méthodologie

14. Voir par exemple les trois articles sur « Credibility and macroeconomic policy » dans *European Economic Review*, March 1988.

admise, puis d'en tirer les conclusions appropriées. Il est clair que la réflexion s'est poursuivie bien au-delà des critiques initiales et a conduit à envisager la préparation des politiques économiques sous des angles nouveaux. Essayons donc de dégager des points de repère solides, sans chercher à les justifier à nouveau.

1. Rien dans les résultats obtenus ne justifie la thèse qui nierait l'utilité d'une approche à la fois théorique et inductive des phénomènes économiques. Combiner modélisation et recours aux observations reste bien la méthode efficace pour l'amélioration de nos connaissances. La préparation de la politique économique en a besoin.

2. L'intervention des pouvoirs publics se situe dans un système où chaque agent économique joue son propre rôle. Une bonne discussion des effets à attendre de diverses mesures suppose une bonne représentation du système, donc un modèle qui en retienne les principaux éléments constitutifs, chacun avec ses caractéristiques les plus importantes.

3. Les comportements sont sensibles aux anticipations des agents et celles-ci réagissent plus ou moins aux changements de politique économique. Ce fait, qui complique les études destinées à éclairer les pouvoirs publics dans leurs prises de décisions, doit être présent à l'esprit dès le stade de la modélisation et de la recherche des observations pertinentes.

4. La précision, avec laquelle les conséquences de diverses actions peuvent être estimées, reste malheureusement faible. Entrer dans les détails ne permet pas de l'améliorer sensiblement. Ainsi les modèles les plus utiles sont sans doute moins gros que d'autres construits dans le passé. La maniabilité et la rapidité de résolution d'un modèle valent bien qu'on accepte l'imprécision que cause la nécessité de simplifier la nature des décisions étudiées, car cette imprécision est négligeable par rapport aux autres, inéliminables aujourd'hui.

5. La disposition d'un modèle macroéconométrique construit et estimé avec compétence n'est pas suffisante pour garantir la qualité des recommandations de politique économique. Ces recommandations doivent être conformes à la logique de l'action des pouvoirs publics : l'horizon ne

doit pas être conçu uniquement à court terme ; les rétroactions, prochaines ou plus lointaines, sur les comportements des agents doivent être prises en compte, de même que l'influence des décisions présentes sur les marges de manœuvre futures.

PERSPECTIVES

Chapitre 17

Les voies de la recherche

La réflexion menée depuis le chapitre 3 a concerné successivement les divers problèmes de méthode que pose le progrès des connaissances macroéconomiques. Avant de conclure, nous devons encore prendre du recul afin de considérer certains aspects du contexte général de la recherche.

Je ferai d'abord le point sous forme de regard circulaire sur les chapitres antérieurs. J'essaierai ensuite de répondre à l'attente des lecteurs qui souhaiteraient situer la démarche proposée ici par rapport à ce qu'ils imaginent, abusivement d'ailleurs, être le grand débat entre économistes, celui du choix entre libéralisme et socialisme. Puis, reconnaissant qu'existent néanmoins des oppositions doctrinales entre certains programmes de recherche en macroéconomie, je tenterai d'indiquer ce qu'on devrait en penser. Il nous faudra enfin nous interroger une dernière fois sur l'aptitude de la macroéconomie à expliquer les faits relevant de son domaine. Un tel tour d'horizon pourrait suffire. Cependant, comme ses conclusions ne sont pas de nature à susciter l'enthousiasme spontané des gens pressés, je juge bon d'ajouter quelques exemples illustrant d'autres directions dans lesquelles la recherche en macroéconomie est active et mérite de retenir l'attention.

Faisons le point

Examiner la recherche macroéconomique dans son contexte concret conduit à une conclusion banale, sinon toujours prise au sérieux : la compréhension des phénomènes ne peut résulter que de la combinaison intime entre deux approches, l'une déductive procédant de quelques idées et faits simples communément acceptés à titre de première approximation, l'autre inductive tirant parti d'observations systématiquement collectées. Chacune de ces deux approches et leur articulation se heurtent à des difficultés qui ne doivent pas être dissimulées et qui constituent autant de défis à relever.

Le chercheur se consacrant à l'approche déductive affronte parfois des problèmes sur lesquels il bute. Pour en trouver la solution il doit alors faire appel à des outils abstraits et appliquer quelques propriétés mathématiques générales, peut-être même en démontrer de nouvelles. Cet aspect du travail des économistes leur vaut une certaine considération de la part des autres scientifiques ; il n'a guère été mis en vedette dans ce livre qui a au contraire tenté de simplifier la présentation des résultats purement théoriques. En effet, les difficultés les plus sérieuses de l'approche ne concernent pas le travail déductif lui-même mais plutôt son début et sa fin.

Le choix du modèle, c'est-à-dire des hypothèses de départ, est véritablement crucial. On le voudrait réaliste mais simple, deux conditions qui entrent toujours en conflit. Ce qu'il faut entendre par un modèle réaliste, ou ce qui constitue le meilleur arbitrage entre réalisme et simplicité, n'est pas toujours conçu de la même manière par deux économistes : l'un voudra un modèle général quant au nombre de biens et d'agents, ou quant à leurs caractéristiques, mais il sera prêt à retenir des hypothèses très simples sur le cadre institutionnel et les formes de la concurrence ; l'autre fera un choix inverse, ou tout au moins refusera de choisir les hypothèses institutionnelles de telle manière qu'elles permettent de considérer un ensemble quelconque de biens et d'agents. La pertinence sera dite résider tantôt dans l'étude générale de cas purs, tantôt dans l'investigation de prototypes grâce auxquels d'autres cas se prêtent à l'analyse. Avec le recul du temps la critique mutuelle conduit à l'identification du rôle de chaque modèle et du crédit à accorder à ses conclusions ; mais sur ce point, le jugement collectif des savants évolue parfois.

La portée des résultats obtenus dépend non seulement de la pertinence des hypothèses mais aussi de la nature de ces résultats. Or ceux-ci manquent malheureusement très souvent de spécificité. Les conclusions établies par de pures déductions restent habituellement soit vagues soit négatives, par exemple quand elles démontrent le caractère particulier de propriétés auxquelles les économistes croient depuis longtemps ou celui des conséquences tirées du raisonnement sur grandeurs agrégées.

Ces difficultés culminent à certains nœuds de la modélisation des phénomènes macroéconomiques, là où justement la logique des choses est peu claire en raison de sa complexité. C'est le cas quand il faut reconnaître que les ajustements restent partiels, donc que certains déséquilibres subsistent. Le modèle ne peut alors apparaître convaincant que moyennant un accord sur la perception des traits essentiels des phénomènes.

De ces difficultés il ne faut évidemment pas conclure que le travail déductif soit inutile. Combiné à l'induction, il est au contraire indispensable pour que soient comprises les conséquences des nombreuses interdépendances mises en jeu par l'activité économique. Même conduit isolément, il nous apprend à identifier les questions que ces interdépendances soulèvent et à pénétrer la logique des phénomènes collectifs, notamment de ceux qui se jouent sur les marchés ; il circonscrit les points pour lesquels le recours aux observations est indispensable. Il a ainsi une fonction à la fois éducative et exploratoire de première importance.

Obligée d'opérer sur des données non expérimentales, l'induction, quant à elle, manque de précision. Non seulement elle doit accepter qu'une part importante de la variabilité observée reste inexpliquée et apparaisse à l'économiste comme due à des perturbations, erreurs, chocs ou aléas ; mais aussi elle court le risque d'attribuer à tort à une cause un effet qui relève en partie ou en totalité d'une autre cause non repérée.

Ces difficultés rendent vain l'espoir, souvent entretenu, de découvrir par la pure induction les lois des phénomènes. Sauf pour quelques dépendances à court terme, les corrélations observées directement ont trop peu de permanence. De fait, les enchevêtrements apparaissent obscurs tant qu'on ne les considère pas avec un fil conducteur que seule l'analyse peut fournir.

Combiner déduction et induction, ce qui constitue bien

la voie principale d'accès à la connaissance, n'élimine pas les difficultés mais permet de les surmonter peu à peu. Comme la tâche est laborieuse, on constate souvent l'expression de positions velléitaires qui voudraient s'en abstraire mais qui ne peuvent évidemment mener nulle part. Car comprendre les phénomènes économiques ne peut résulter ni d'une littérature, quelque imaginative qu'elle soit, ni de l'accumulation indéfinie et arbitraire des données.

En économie, la modélisation tient une plus grande place que dans d'autres sciences d'observation. Elle est souvent d'une complexité telle que l'usage des mathématiques en devient inévitable, mais qu'elle peut aussi dérouter certains et en laisser d'autres sceptiques. Seule une familiarité avec la discipline permet d'apprécier les raisons justifiant le recours à tel modèle et à telle base de données pour l'étude de tel phénomène et pour l'élaboration d'une théorie le concernant.

Entre deux courants doctrinaux

Pour bien des gens encore, les économistes se classeraient aisément en fonction de leur position sur le spectre des préférences politiques. Il y aurait deux grandes familles opposées et, à l'intérieur de chacune d'elles, des partis, factions, groupes et tendances. L'importance des questions économiques dans la vie des sociétés et l'histoire de l'économie politique expliquent qu'une telle vision puisse avoir largement cours. Mais celle-ci nuit beaucoup au progrès de la connaissance objective, notion d'ailleurs refusée par certains extrémistes. Il est donc catastrophique que, la plupart du temps, les médias véhiculent cette vision et que l'enseignement lui-même la conforte souvent.

Comme on l'a vu au cours de ce livre, les recherches macroéconomiques portent sur tout un ensemble de questions conceptuelles, logiques ou factuelles qui existent indépendamment de ce qu'on peut regretter ou souhaiter par ailleurs concernant l'organisation de la société. C'est à ces questions que les chercheurs consacrent leur activité, une activité que l'on peut, justement en raison de cette indépendance, qualifier de scientifique. L'éducation économique du public et des jeunes ne peut vraiment se réaliser que par la transmission des résultats acquis ; ces résultats consistent aussi bien en concepts et modes de raisonnement reconnus comme adéquats qu'en lois ou propriétés considérées comme établies. La transmission est paralysée quand les considérations politiques y interviennent hors de propos, ou même déjà quand elle utilise une grille de présentation donnant le rôle principal aux écoles, voire aux grands économistes nommément désignés.

Mais, dira-t-on, certaines recherches ne trouvent-elles pas leurs motivations et leurs inspirations dans des doctrines qui, concernant l'ensemble de la société, traduisent aussi des préférences politiques ou au moins y conduisent ? A cette question, portant sur *certaines* recherches et formulée en termes prudents, la réponse est évidemment affirmative. La recherche macroéconomique n'est pas parfaitement orthogonale à la dimension idéologique. Qu'en est-il donc vraiment aujourd'hui ? Il faut tenter d'en rendre compte.

Concentrons l'attention sur l'opposition entre les deux grandes doctrines, appelées, pour faire court, libéralisme et socialisme. Elles expriment, vis-à-vis de l'organisation de la société, deux conceptions différentes quant aux effets des interventions publiques sur l'économie. D'un côté, la plupart de ces interventions, sinon toutes, seraient plus nuisibles qu'utiles, qu'il s'agisse des lois et règlements entravant la liberté des relations économiques, ou de la gestion directe de certaines activités par l'État et les autres collectivités publiques, ou a fortiori de toute planification nationale effective. De l'autre, la puissance publique aurait de multiples raisons et de multiples occasions d'intervenir pour améliorer le fonctionnement du système économique et ses performances.

Il est d'abord clair que l'analyse des effets de deux régimes bien définis et représentatifs de l'opposition en cause dépasse la compétence des seuls économistes. Il revient par exemple à d'autres de juger l'argument des libéraux selon lequel, en cherchant à intervenir sur l'économie, l'État est nécessairement conduit à restreindre de façon dommageable les libertés des citoyens, ou l'argument des socialistes selon lequel les libertés formelles des régimes libéraux auraient pour conséquence de moindres libertés réelles que celles assurées par certains régimes socialistes.

Il est clair aussi que, même une fois bien caractérisés tous les effets de deux régimes alternatifs, le choix entre eux implique une appréciation globale sur la base de critères qui ne relèvent pas non plus de la compétence des économistes. Qu'il s'agisse de choisir entre libertés et prospérité, entre égalité et efficacité, entre stabilité et dynamisme, deux éthiques collectives différentes peuvent aboutir à des jugements opposés.

L'analyse des effets économiques des divers systèmes d'organisation occupe évidemment les économistes. La théorie de l'allocation des ressources, considérée comme justiciable d'une approche microéconomique, lui donne une grande place. L'évolution des recherches y est particulièrement intéressante à suivre, car elle aide à comprendre le contexte dans lequel se situent les recherches macroéconomiques actuelles.

Depuis les origines de l'économie politique l'efficacité d'un régime de libres marchés a été au centre des investigations. Peu à peu les questions y ont pris une forme plus précise et plus pure, les discours apologétiques ou critiques disparaissant progressivement de la véritable recherche. Il est bien apparu que des propriétés d'efficacité pouvaient être établies rigoureusement sous certaines conditions et qu'elles avaient même une certaine robustesse vis-à-vis des généralisations successives auxquelles la théorie donna lieu quand elle s'intéressa à la dimension temporelle de l'activité économique ou aux incertitudes qui l'affectent. Mais leurs conditions de validité apparurent aussi très restrictives à certains égards. Nous avons considéré les questions de stabilité à la fin du chapitre 7 ; nous pourrions également nous interroger sur la nature de la concurrence existant effectivement dans les marchés et sur les tendances susceptibles de se manifester à cet égard, avec d'ailleurs des conclusions présentant dans ce cas aussi une certaine complexité. J'insisterai plus particulièrement maintenant sur ce qui a été appelé « les déficiences du marché » : pour la fourniture des services collectifs, pour les activités donnant naturellement lieu à des monopoles en raison des économies d'échelle, pour les cas dans lesquels l'information est inégalement répartie, etc., le libre jeu des marchés conduit à une utilisation inefficace des ressources ; par des règlements, des taxations ou subventions, des prises en charge directes, l'État peut améliorer l'efficacité. De même le jeu de la concurrence peut conduire à plus d'inégalité qu'on ne le juge souhaitable ; la fiscalité et les transferts publics peuvent constituer des correctifs opportuns, même s'ils impliquent une certaine perte d'efficacité.

Simultanément était étudiée la possibilité d'une planification étatique efficace, soit de l'ensemble de l'économie, soit d'un secteur public. La difficulté principale réside dans le fait que tout organisme central est mal informé des conditions techniques de la production et de l'utilité des consommations dans les multiples secteurs et endroits où elles ont lieu. Il faut donc concevoir un système de collecte de l'information pertinente, sans oublier d'ailleurs que les divers agents économiques peuvent avoir intérêt à envoyer des informations inexactes en vue d'influencer la décision des autorités centrales. Cette étude, difficile à synthétiser, a fait apparaître que des procédures de planification, très variées dans leurs principes, pouvaient être imaginées, certaines utilisant largement des mécanismes de marché et les stimulants qu'ils comportent. Sous des conditions bien définies, on a pu démontrer l'efficacité de telles procédures. L'ironie de ces résultats réside en ceci, que ce sont souvent les mêmes conditions, relatives au contexte objectif des productions et consommations, qui rendent efficaces la libre concurrence et une planification centrale bien conçue.

Par ailleurs, l'expérience des nombreux pays dans lesquels le secteur public et la réglementation économique sont importants a conduit à prendre conscience de ce que certains ont appelé « les déficiences de l'État », pour faire pendant aux déficiences du marché. Ces déficiences résultent d'un mélange de difficultés dues d'une part à l'absence de stimulants adéquats pour que l'intervention publique poursuive en permanence le bien public, en s'adaptant notamment aux changements du contexte, d'autre part aux problèmes d'information et d'organisation à l'intérieur de structures étatiques nécessairement lourdes. Même la réalisation des objectifs redistributifs du socialisme s'est révélée très incomplète malgré de lourdes fiscalités.

Ainsi, pour la majorité des économistes modernes, le choix entre libéralisme et socialisme s'est dépassionné. On sait qu'il convient de s'en remettre le plus souvent au marché et aux stimulants privés ; mais que la puissance publique ne doit pas non plus se désintéresser de l'économie. La question devient celle du meilleur compromis. Il y a certes encore place pour une grande diversité d'opinions, mais plus pour le manichéisme d'autrefois.

Un tel arrière-plan idéologique moins conflictuel est sous-jacent à la plupart des recherches macroéconomiques. L'objectif consiste à comprendre la détermination de la croissance, de l'emploi et de l'inflation, afin de mieux savoir quand et comment la politique économique devrait intervenir. C'est cet objectif qui a été précisé ici dans les chapitres 1 et 2, puis poursuivi à travers la réflexion sur sa mise en œuvre. Mais il est vrai aussi que, aux deux extrêmes opposés de la profession, existent deux courants de pensée qui inspirent d'importantes recherches et procèdent de visions opposées entre elles sur la meilleure organisation de la société.

Avant d'en dire un peu plus sur ces deux courants, je dois insister à nouveau sur le fait que la macroéconomie profite en tout état de cause de leurs recherches respectives, mais aussi sur ce que leurs résultats peuvent recevoir finalement des interprétations ayant peu de chose à voir avec les idées d'origine. Ainsi je dois déplorer l'attitude, parfois rencontrée, qui consiste à ignorer les recherches de l'un ou l'autre bord par crainte d'en être contaminé, ou l'attitude, également rencontrée, qui consiste à les combattre systématiquement sans tenter de les comprendre. Il y a certes un peu partout des travaux médiocres qui ne valent pas d'être pris en considération ; mais c'est une autre affaire.

Le courant libéral en macroéconomie, parfois qualifié de « monétarisme », se caractérise par le préjugé selon lequel l'État devrait s'abstenir de prétendre influencer le cours de l'évolution économique globale, faute de quoi ses interventions s'avéreront plus nuisibles qu'utiles. La seule demande adressée aux pouvoirs publics consiste à veiller au respect des règles du jeu permettant le libre fonctionnement des marchés. Au milieu de ce siècle, le courant libéral eut surtout maille à partir avec le programme de recherche keynésien, alors dominant, et avec ses prétentions de parvenir à la régulation conjoncturelle de l'activité économique. On lui doit d'avoir bien posé la question des conséquences à long terme des politiques activistes et d'avoir défini un premier système conceptuel pour étudier ces conséquences.

Depuis une vingtaine d'années ce courant a pris une autre orientation avec de plus jeunes économistes qui sont partis de l'idée que, dans les économies occidentales, les marchés étaient continuellement et parfaitement apurés, ce que leurs prédécesseurs ne prétendaient pas [1]. Une école active s'est constituée sous le label de « Nouvelle macroéconomie classique », dont l'essor aux États-Unis a été favorisé par la prime à l'originalité accordée dans le système universitaire de ce pays et par le dynamisme, l'expertise mathématique et la compétence théorique de ces économistes. Dans une première phase, elle s'est surtout attachée à trouver des raisonnements pour établir que les politiques de la demande globale, qu'elles soient budgétaires ou monétaires, n'avaient pas d'impact sur l'activité, au moins quand elles étaient anticipées. Plus récemment, elle a construit des modèles censés faire apparaître que les fluctuations effectives de l'activité économique pouvaient s'expliquer uniquement par des perturbations réelles, par exemple le progrès technique, et que ces fluctuations représentaient la meilleure réaction possible aux perturbations en cause (théorie dite « des cycles réels » [2]). C'est rarement sur le plan de la pure logique qu'on prendra cette école en défaut, plutôt sur celui du réalisme de ses hypothèses et de ses conclusions.

A l'opposé du spectre idéologique tout un courant contestataire reproche à la science économique constituée, parfois de faire l'apologie de l'état de choses existant, ce qui semble un peu vieux jeu, plus souvent de ne pas prêter assez attention à certains défauts de cet état de choses et surtout d'avoir des ambitions trop étroites et de prétendre, à tort, isoler les phénomènes économiques des phénomènes sociaux

1. Pour des références à jour et une bonne présentation voir par exemple B. McCallum, « New classical macroeconomics : a sympathetic account », *Scandinavian Journal of Economics*, 1989.

2. Voir P.-Y. Hénin, « Une macroéconomie sans monnaie pour les années 90 ? Revue critique des travaux théoriques et empiriques sur les cycles réels », *Revue d'économie politique*, nº 4, 1989.

et politiques qui les entourent et les expliqueraient. Ce courant se rattache de façon plus ou moins lâche à la pensée marxiste : y confluent l'école anglaise de Cambridge, l'école radicale américaine et l'école française de la régulation. Il se divise sur les fondements de la théorie économique ou économico-sociale. De même, les divergences seraient fortes si, en cette fin de siècle, devaient être précisément définis les modes d'intervention de la puissance publique et les principes des politiques économiques à conduire. Au stade actuel, et s'agissant des phénomènes macroéconomiques, les recherches qui s'en inspirent attribuent une grande importance à la description, se situant ainsi à proximité de l'histoire, tout en admettant la nécessité de la quantification et ne répugnant pas aux travaux économétriques destinés à caractériser la description. Des hypothèses générales et synthétiques, qui permettraient de comprendre et de prévoir l'évolution macroéconomique, sont recherchées et formulées. Ces recherches contribuent ainsi à notre connaissance empirique et proposent des hypothèses théoriques. Malheureusement celles-ci paraissent souvent encore provisoires, incomplètement spécifiées et peu corroborées.

Débats entre docteurs

Quelles sont les questions vraiment débattues entre macroéconomistes si elles ne concernent pas uniquement, ou même principalement, l'opposition entre libéralisme et socialisme ? Comme il est normal dans toute science, les chercheurs travaillent sur les questions en suspens ; puisqu'elles sont alors incertaines, les réponses données par les uns ou les autres diffèrent souvent. Ainsi les débats portent-ils sur les thèmes les plus divers que suscitent les demandes adressées à la discipline et l'évolution des recherches. Nombre de ces débats ont été évoqués au cours des chapitres précédents. Mais en dresser un panorama peut encore s'avérer utile.

Parfois, certes, il s'agit de déterminer la part de validité d'une théorie inspirée par l'idéologie libérale ou socialiste, telle la théorie des cycles réels. Mais les questions à élucider sont alors posées dans des termes que tout économiste reconnaît comme adéquats ; elles ont d'ailleurs une portée plus large que la validité de la théorie en discussion. Par exemple, il faut savoir si l'hypothèse d'équilibre des marchés est admissible, un point considéré dans le chapitre 10, si les conditions techniques de la production sont sujettes à des fluctuations erratiques importantes ou surtout à des évolutions lentes, si le degré de concordance de la théorie avec des « faits cycliques stylisés [3] » fournit une preuve suffisante de validité. De même, ce n'est pas seulement pour justifier un système économique plutôt qu'un autre que l'on cherche à tester l'hypothèse d'efficacité des marchés boursiers par opposition à celle de l'existence de vagues spéculatives (voir chapitre 10). C'est encore une question d'intérêt très général que d'apprécier dans quelle mesure l'épargne des agents privés réagit aux variations du déficit des administrations publiques, par anticipation des variations de la pression fiscale future nécessaire pour assurer le service de la dette publique [4].

Parfois la question en débat est même fort intéressante pour la construction de la théorie macroéconomique, quoiqu'elle n'ait pas du tout les implications idéologiques que certains protagonistes lui attribuent. Ce fut le cas des problèmes théoriques soulevés par la querelle entre les deux Cambridge évoquée dans le chapitre 3 : il s'agissait alors de problèmes d'agrégation, notamment celui de savoir si, en régime de concurrence parfaite, le taux de profit était une fonction décroissante d'une mesure agrégée de l'intensité capitalistique. Quoique certains aient laissé entendre le contraire, la réponse à la question ne pouvait ni confirmer ni infirmer l'idée d'une injustice distributive inhérente au capitalisme. Savoir en quoi le raisonnement sur des fonctions de production globales expose à des erreurs d'agrégation n'en reste pas moins une question importante.

3. La théorie des cycles réels utilise l'expression comme s'appliquant aux variances, corrélations et autocorrélations des séries macroéconomiques après élimination de leurs tendances longues.

4. L'existence supposée d'une variation compensatoire intégrale a été avancée comme argument pour prétendre qu'aucun effet sur la demande globale ne résulterait d'une politique de déficit public délibéré, contrairement à ce que la théorie keynésienne enseigne. C'est une des thèses de la théorie des anticipations rationnelles, dont l'inspiration est notoirement « monétariste » (voir pages 542-543).

Des thèmes théoriques sont évidemment aussi débattus sans aucune motivation idéologique, et même de plus en plus souvent. Ainsi certains croient pouvoir affirmer que la concurrence monopolistique génère à elle seule des effets macroéconomiques analogues à ceux étudiés par la théorie keynésienne ; d'autres prétendent que de tels effets supposent encore une certaine rigidité des prix que la concurrence monopolistique n'implique pas. La question importe car cette forme de concurrence peut être considérée à bon droit comme une bonne approximation de la réalité tandis que l'hypothèse de rigidité des prix et des taux de rémunération apparaît à beaucoup comme suspecte : elle manque, estime-t-on alors, de justification théorique probante et de preuves factuelles incontestables.

Nombre de sujets débattus concernent l'explication des phénomènes observés : la section suivante en traitera. Afin de les situer dans le panorama actuel, il suffit d'évoquer la recherche des causes de l'évolution observée des taux de change, des taux d'intérêt réels à long terme, de la demande de monnaie. Dans ces divers cas, on éprouve de la difficulté à s'accorder sur une explication car les données ne valident dans leur ensemble aucune des thèses simples que suggère la réflexion théorique.

C'est aussi à des analyses factuelles contradictoires que l'on procède pour élucider diverses questions sur le rôle des politiques économiques. Par exemple, certains économistes doutent de la possibilité de ralentir l'inflation par une politique des prix et des revenus. Les cas d'échec de tentatives de ce type sont nombreux. Existe-t-il des cas de réussite ? Quelles conditions favorables étaient alors réunies ? La difficulté à répondre tient à ce que l'effet des politiques en cause n'est jamais ni très manifeste ni observé dans les conditions d'une expérience scientifique : les gouvernements qui ont eu une politique des prix et des revenus ont le plus souvent aussi eu une politique monétaire et budgétaire restrictive ; le rythme de hausse des prix a aussi été influencé par des circonstances exogènes dont l'effet doit être simultanément estimé (par exemple, baisse des prix internationaux du pétrole et des matières premières).

Les débats suscités par des options de politique économique ne sont pas toujours centrés sur l'examen de résultats économétriques. Ils peuvent reposer sur une modélisation plus ou moins explicite. Ainsi, certains économistes estiment qu'une unification monétaire n'est pas réalisable avant que les taux d'inflation des pays concernés se soient égalisés ; l'argument, c'est qu'existe alors une forte rigidité des comportements et institutions conduisant à tel rythme d'inflation plutôt que tel autre, et que cette rigidité interdit la brusque variation du taux d'inflation que l'unification monétaire impliquerait si elle précédait la convergence des rythmes nationaux de hausse des prix. D'autres économistes pensent au contraire que, sous certaines conditions, la décision d'unification monétaire est assez crédible pour s'imposer aux comportements et aux institutions des pays à inflation rapide et pour y susciter les changements requis ; la brusque baisse des rythmes d'évolution nominale aura cependant des effets sur le volume de la demande de biens, sur les recettes fiscales, sur les gains de la banque centrale, etc., tous effets qu'il faut étudier de près pour déterminer les mesures à prendre en appui de l'unification monétaire.

A examiner ainsi ce qui se passe à l'intérieur de la discipline on voit se dégager une tout autre image que celle d'une opposition entre écoles. Cette image, que la presse et l'enseignement diffusent trop souvent, est due en partie, il faut le reconnaître, à de mauvaises habitudes dans la profession : trop d'économistes prennent plaisir à se mettre en vedette et exagèrent alors ce qui peut les distinguer de leurs collègues. De même le système universitaire, aux États-Unis surtout, valorise trop l'originalité et pas seulement dans les bons travaux de recherche, ce qui serait parfaitement légitime, mais aussi dans ceux qui prétendent renouveler prématurément tout un corpus scientifique et le type d'application qui en est fait. Des modes intellectuelles naissent et prospèrent ainsi, que tous n'acceptent évidemment pas ; cette situation se prête au sensationnel et entretient l'image d'oppositions entre écoles.

La meilleure preuve de l'inexactitude de cette image réside dans la similitude de ce que font les économistes censés appartenir à ces diverses écoles lorsqu'ils deviennent des responsables de la politique macroéconomique. Ni les thuriféraires français de « l'autre logique économique », ni ceux américains de « l'économie de l'offre » n'ont vraiment changé, quand ils sont arrivés aux affaires, les modalités antérieurement adoptées pour l'étude des politiques. Il y a donc bien un acquis scientifique et méthodologique commun et c'est ce qui importe le plus.

L'explication des faits

On attend de la macroéconomie une explication des phénomènes vécus : pourquoi la croissance ou l'inflation ont-elles été particulièrement rapides dans telle région durant telle période ? Pourquoi le chômage des vingt dernières années ? Et pourquoi de telles différences dans son intensité selon les pays ? A de telles questions, les réponses assez assurées pour être qualifiées d'objectives restent partielles. Savoir ce qu'il en est aide à apprécier l'état de la discipline.

Que la connaissance objective reste assez limitée en macroéconomie est déjà apparu à plusieurs reprises dans cet ouvrage, notamment au chapitre 10 à propos de la validation des grandes hypothèses servant de base aux théories, au chapitre 12 (pages 446-447) à propos de l'une des déconvenues auxquelles est exposée la caractérisation économétrique des comportements, au début du chapitre 16 à propos de la fiabilité des prévisions obtenues à l'aide de modèles macroéconométriques. Il ne s'agit donc maintenant que de compléter la liste des défis que la recherche relève.

Avant d'en venir au véritable sujet, il est bon de se rappeler ce que signifie « expliquer une évolution vécue ». C'est ainsi une fois encore sur un point méthodologique qu'il convient de s'arrêter.

En général, expliquer consiste à offrir une hypothèse qui aide à comprendre le monde, et qu'on soumet évidemment à des tests de validité. Certaines explications ont une nature telle qu'elles manquent de pouvoir prédictif ; c'est le cas de la théorie de l'évolution en biologie. Mais pour ce dont il est maintenant question, une explication doit dire que certains faits B ont une antériorité causale par rapport au fait A à expliquer ; ainsi l'hypothèse explicative doit être prédictive : si B ne s'était pas produit, A ne se serait pas produit non plus. Nous avons vu dans le chapitre 10 (pages 373 à 376) combien de telles hypothèses étaient fréquentes en macroéconomie.

Dans le choix entre explications alternatives du même phénomène, la préférence va normalement à une hypothèse qui a bien passé le test de la confrontation avec toutes les observations pertinentes ; entre diverses hypothèses remplissant cette condition, la préférence doit aller à celle qui a le plus de puissance, c'est-à-dire qui donne les prédictions les plus spécifiques pour la classe la plus étendue de circonstances outre celles caractérisant le cas d'espèce.

Le plus souvent, l'explication est récursive : A a été causé par B, qui a été causé par C, et ainsi de suite ; B apparaît comme la cause immédiate et C comme une cause en amont. Pour bien décrire l'hypothèse explicative, il est courant d'utiliser un schéma fléché semblable à celui de la figure 5 du chapitre 10. Le test de l'hypothèse peut en principe porter sur n'importe lequel des chaînons causaux qu'elle suppose. Mais il semble qu'une stratégie naturelle et efficace pour la découverte consiste à étudier d'abord les causes immédiates, jusqu'au moment où un degré suffisant de corroboration est atteint à ce niveau, en s'abstenant alors de prétendre connaître ce que sont les causes en amont. Telle est la stratégie courante dans les sciences mûres : la grande majorité des chercheurs se consacrant à un sujet sont d'accord sur l'explication jusqu'à un certain point en remontant la chaîne causale et les efforts de recherche se concentrent sur le chaînon précédent, celui à propos duquel il n'y a pas d'accord ni peut-être même d'idée clairement formulée.

Cette stratégie inspire ainsi de nombreuses recherches macroéconomiques explicatives. Elle a été explicitement recommandée pour l'étude de la croissance économique par S. Kuznets qui, pendant toute sa vie, s'est consacré à ce sujet [5]. Pour expliquer la croissance il fallait selon lui porter d'abord l'attention sur quatre aspects et sur leurs rapports réciproques : l'évolution de la population, le progrès des connaissances techniques, l'exploitation par le pays de son

5. Voir l'essai « Vers une théorie de la croissance économique » dans S. Kuznets, *Croissance et structures économiques,* Calmann-Lévy, Paris, 1972.

potentiel de croissance, les conflits ou la coopération entre nations. La tâche des économistes était, plus particulièrement, de comprendre pourquoi un pays réussissait plus ou moins bien à exploiter son potentiel de croissance défini par sa population et l'état des techniques. A ce niveau, il était crucial d'identifier les rôles respectifs de l'accumulation du capital et de l'esprit d'entreprise. Mais avant d'en venir là il fallait d'abord examiner soigneusement les déterminants immédiats de la croissance de la production : variation du volume des divers facteurs de production et rythme d'augmentation de la productivité résiduelle. Cette première phase devait appliquer une méthodologie qui a été examinée dans le chapitre 7.

Telle est la stratégie qui a été adoptée dans de nombreux travaux sur l'évolution passée, en particulier par J.-J. Carré, P. Dubois et E. Malinvaud quand ils ont cherché à expliquer la remarquable croissance de l'économie française durant « les trente glorieuses » [6]. C'est aussi pour contribuer à cette stratégie que sont effectuées de multiples recherches sur des aspects plus circonscrits des phénomènes à long terme : le degré de substituabilité du capital au travail dans la conception ou l'exploitation des équipements, la productivité comparée du travail des diverses qualifications, les déterminants des efforts faits par les entreprises pour l'investissement ou pour la recherche et le développement, etc. Il faut bien reconnaître que, pour le moment, cette stratégie ne permet pas d'aller très loin dans l'identification des causes en amont des plus immédiates, ces dernières étant souvent appelées « facteurs physiques de la croissance ».

Devant la difficulté à suivre une telle démarche progressive, la tentation existe de prendre un raccourci en proposant une hypothèse synthétique ayant la prétention de couvrir tout un ensemble de cas par une même explication à vaste portée. Un exemple en est fourni par la thèse de M. Olson selon laquelle, dans les sociétés non perturbées, le dynamisme économique serait progressivement émoussé par la multiplication des groupes de pression, ce qui provoquerait une rigidification progressive ainsi qu'une perte d'efficacité [7].

6. *La croissance française : un essai d'analyse économique causale de l'après-guerre,* Le Seuil, Paris, 1972.

7. M. Olson, *Grandeur et décadence des nations,* Bonnel, Paris, 1982.

L'évolution dans chaque pays serait ainsi rationalisée à partir de l'histoire de ses groupes de pression. Bien que dans le premier chapitre, présentant sa méthodologie, Olson tienne à ne pas rejeter la démarche courante beaucoup plus analytique, il estime clairement qu'une théorie explicative plus utile est obtenue en court-circuitant le fastidieux travail de ceux qui s'attachent à l'étude précise de la productivité et de chacun de ses déterminants les plus proches.

Le problème, avec de telles explications synthétiques qui ne manquent pas d'attrait, c'est qu'elles ne sont jamais formulées précisément. Dès qu'on s'attache à les rendre rigoureuses, on s'aperçoit qu'elles supposent la validité de nombreuses relations causales qu'il faudrait tester individuellement, ce qui ramènerait à la démarche analytique que, justement, elles aimeraient pouvoir éviter. Il vaut mieux considérer les thèses telles que celle d'Olson comme offrant des conjectures stimulantes à un stade exploratoire des recherches, ou même, plutôt, comme offrant des références intéressantes en vue de la spécification précise d'ensembles de conjectures concernant les aspects sur lesquels elles attirent l'attention.

Afin de mieux apprécier les potentialités de la démarche récursive et la capacité de la macroéconomie à expliquer les faits, il est opportun de regarder les choses de plus près sur un cas particulièrement significatif, celui du chômage européen des années 1975 à 1990.

Tous ceux qui se sont vraiment consacrés à l'étude du phénomène ont accepté en premier lieu l'hypothèse que ce chômage révélait bien un excès de l'offre sur la demande de travail. Dans le chapitre 10, j'ai tenté de montrer quelles difficultés affectaient le test de validité de cette hypothèse. Néanmoins, en l'occurrence, les choses sont assez nettes pour que le doute paraisse exagéré. De même, a été retenue l'idée que l'explication du déséquilibre était à rechercher dans l'insuffisance de la demande de travail, car, dans une économie fonctionnant de façon correcte, l'évolution de la demande globale de travail doit suivre celle de l'offre globale (l'effet des inadéquations entre structure des offres et structure des demandes est incorporé, on le sait, dans le chômage frictionnel dont la croissance est restée très inférieure à celle du chômage global).

Il y a aussi accord sur l'hypothèse selon laquelle l'insuffisance de la demande de travail a trois causes immédiates : les désordres de l'économie mondiale depuis 1971, la concurrence accrue du Japon et des pays nouvellement industrialisés, une très mauvaise réaction des économies européennes à la situation nouvelle dans laquelle elles se trouvaient au milieu des années 1970. Mais en quoi et pourquoi cette réaction fut-elle mauvaise ? C'est sur cette question que les opinions des experts commencent à diverger. On peut schématiser les choses en parlant de trois thèses, qui ne sont d'ailleurs pas mutuellement incompatibles ; certains économistes considèrent que toutes trois doivent intervenir dans une explication complète, d'autres sont plus catégoriques.

La première thèse voudrait que l'importance du chômage européen soit due à des politiques économiques trop restrictives dans l'ensemble. Certes, des politiques nationales de relance ont été décidées à l'occasion, mais elles ont été alors plus que compensées, dit-on, par l'austérité qui prévalait ailleurs. Cette thèse attribue souvent à la division européenne le biais dépressif ainsi imposé à la demande globale de biens et services ; elle met parfois en accusation la République fédérale d'Allemagne en raison des excédents de sa balance des paiements internationaux.

La seconde thèse fait état de l'« Eurosclérose » : les institutions qui régissaient les systèmes économiques européens dans les décennies 1970 et 1980 y auraient été responsables de très grandes rigidités. Or, précisément à l'époque, les transformations de l'économie mondiale imposaient une réorientation des systèmes productifs de nos pays où devaient s'opérer d'importantes restructurations et où il eût fallu que l'esprit d'entreprise saisît vite les opportunités offertes par les nouvelles technologies et les nouveaux marchés.

La troisième thèse porte sur les taux de profit rapportés par la production. Des niveaux trop élevés des taux de salaire réel durant les années 1970 et des taux d'intérêt réel durant les années 1980 auraient provoqué une grave détérioration des taux de profit au moins jusqu'en 1985. Le stimulant aurait dès lors été insuffisant pour les investissements nécessaires à la réorientation du système productif ; beaucoup d'entreprises auraient même manqué des moyens financiers requis.

Examiner pourquoi l'accord ne s'est pas encore fait, entre macroéconomistes, sur la place à attribuer à chacune de ces trois thèses nous entraînerait évidemment loin et dépasserait l'objectif méthodologique de cet ouvrage. On imagine aisément qu'il y a là matière à de nombreuses études, plus ou moins factuelles. En revanche, on peut faire une remarque intéressante sur la poursuite des recherches explicatives une fois admise la validité de l'une ou l'autre de ces thèses : s'interrogeant sur les causes plus en amont, le macroéconomiste est conduit à considérer des facteurs qui ne sont plus exclusivement économiques.

Supposons, par exemple, qu'on retienne la troisième thèse et qu'on se demande pourquoi les salaires réels étaient trop élevés durant les années 1970. Une hypothèse explicative pourrait se formuler à peu près comme suit : une longue période de croissance depuis la dernière guerre mondiale avait conduit à des anticipations qui, peu à peu, étaient devenues exagérément favorables. Employeurs et salariés en étaient arrivés à considérer comme acquis que chaque année verrait se concrétiser une importante augmentation du pouvoir d'achat. Ces anticipations, et les attentes qu'elles nourrissaient, ignoraient l'effort d'adaptation que la transformation de l'économie mondiale imposait aux pays européens. La dérive des salaires réels, par rapport au ralentissement qui eût alors convenu, fut encore aggravée par le malaise social qui s'était développé dès la fin des années 1960. Tester cette hypothèse explicative exigerait non seulement de la confronter à tous les travaux économétriques sur les variations des salaires réels, mais aussi de vérifier ce qu'elle affirme à propos des anticipations durant la période en cause, des attentes des salariés, du malaise social, etc. On en viendrait ainsi à sortir peu à peu de l'économie *stricto sensu.*

Cet exemple illustre donc aussi le choix de stratégie scientifique proposé dans le chapitre 1, où il a été conseillé à la macroéconomie de se concentrer sur les phénomènes de son ressort plutôt que d'ambitionner l'explication du développement politico-socio-économique dans son intégralité. Comme on l'a recommandé alors, il ne faut ni avoir une conception étroite de l'économie, ni négliger de faire intervenir à bon escient des facteurs non économiques ; mais il y a tant à faire en macroéconomie que les spécialistes de la discipline doivent pour le moment concentrer leurs efforts afin d'élucider les nombreuses questions encore en suspens dans leur domaine naturel de compétence.

Quelques directions de recherche

En terminant, il peut être opportun d'illustrer encore une fois la richesse des recherches actuelles en macroéconomie par trois exemples qu'on pourrait qualifier de programmes. Ceux-ci ne prétendent évidemment pas être représentatifs de l'activité scientifique dans la discipline. Ils visent plutôt à compléter ce qui précède en vue de rappeler la perspective actuelle dans laquelle cette activité se situe.

a) Succession des générations

Le premier exemple concerne la succession des générations, qui tient évidemment une grande place en démographie mais à laquelle les économistes n'accordaient sans doute pas assez d'attention il y a vingt ou trente ans. Pour traiter de l'épargne ou de l'offre de travail, ils avaient tendance à raisonner sur le cas d'un individu représentatif dont les choix étaient considérés sans que soient spécifiés son âge, ses charges de famille, etc.

Les travaux économétriques sur données individuelles ont dû vite tenir compte des caractéristiques démographiques des personnes concernées, en même temps que du contexte économique dans lequel elles se trouvaient placées. Il s'est avéré que certains changements de ce contexte avaient des effets nettement différents suivant le sexe, l'âge ou le nombre d'enfants de la personne. Ainsi comprit-on que l'évolution des structures démographiques devait intervenir dans de nombreux travaux appliqués. Elle le fait d'autant plus que l'opinion publique est devenue sensible à certaines difficultés que le vieillissement de la population peut susciter, notamment pour les régimes de retraite et de sécurité sociale.

Pour l'analyse de l'épargne, une hypothèse importante avait été formulée dès 1954 par F. Modigliani et R. Brumberg, celle dite du « cycle de vie », selon laquelle un ménage épargne en fonction de ses ressources et de ses besoins sur l'ensemble de sa vie [8]. Mais, encore aujourd'hui, il reste fort à faire pour clarifier les effets d'au moins trois considérations qui influent beaucoup sur les conséquences à tirer de l'hypothèse. Comme ailleurs, la clarification doit combiner au mieux la modélisation et le recours à des données adéquates. Premièrement, les plans de financement que les ménages conçoivent sont souvent sujets à des contraintes de liquidité, c'est-à-dire qu'ils ne peuvent comporter des emprunts que dans des limites plus ou moins étroites. Deuxièmement, les ménages doivent tenir compte des incertitudes qui affecteront la durée de leur existence, l'importance de leurs besoins, le coût réel de leurs emprunts, la rémunération réelle de leurs épargnes, le pouvoir d'achat de leurs autres revenus. Troisièmement, les ménages peuvent souhaiter léguer à leurs descendants ou à d'autres. Enfin il faut prendre la mesure des déviations par rapport à l'hypothèse même, car l'observation révèle des écarts systématiques par rapport à ce qu'impliquerait l'idée que chaque ménage planifie son épargne et sa consommation sur l'ensemble de sa vie [9].

La caractérisation de l'offre de travail pose des problèmes analogues puisqu'elle relève aussi de décisions portant souvent sur une longue durée. On s'intéresse notamment de nos jours à évaluer son degré de substitution intertemporelle : certaines personnes, notamment des femmes, pourraient souhaiter consacrer leur temps tantôt au travail rémunéré tantôt à des activités ménagères, culturelles ou de loisir, suivant ce que sont les conditions économiques ; leur décision pourrait dépendre de leurs anticipations, en particulier quant à l'évolution des salaires et des prix. Quelle est l'importance réelle de ce phénomène ?

Mais bien connaître les comportements des générations successives ne suffit pas. Il faut aussi tenir compte de ce que plusieurs générations coexistent et échangent entre elles.

8. Pour la formulation de cette hypothèse et le point actuel à son sujet, on pourra lire par exemple la conférence Nobel de F. Modigliani, « Life cycle, individual thrift, and the wealth of nations », *American Economic Review*, June 1986.

9. Voir R. Thaler, « Anomalies : saving, fungibility and mental accounts », *Journal of Economic Perspectives*, Winter 1990.

C'est un des aspects des interdépendances économiques, un aspect qu'il peut être important de bien modéliser pour la compréhension de certains phénomènes. De plus les générations jeunes d'aujourd'hui savent qu'elles partageront plus tard leur sort avec des générations plus jeunes encore, et ce fait peut être lui aussi important.

C'est pourquoi les théories générales formalisées représentent, de plus en plus de nos jours, le secteur des consommateurs et travailleurs comme constitué par une suite indéfinie de « générations imbriquées ». Poser explicitement cette structure, afin d'analyser simultanément les comportements individuels et leurs interdépendances, rend souvent la théorie macroéconomique plus transparente et plus probante qu'elle ne le serait autrement, par exemple si elle se contentait de spécifier a priori certains taux d'épargne, se conformant ainsi à une pratique qui a une longue histoire. L'étude des modèles à générations imbriquées renouvelle ainsi certaines théories, comme celle relative à la stabilité de la croissance, que nous avons évoquée à la fin du chapitre 7.

b) Formes de la concurrence

Un second exemple concerne la nature de la concurrence et la structure du monde des entreprises, un thème dont il a été question en particulier à la fin des chapitres 3 et 4. Les difficultés de la modélisation sont à ce sujet considérables, puisque la concurrence prend des formes multiples et que les entreprises servant les divers marchés s'y trouvent dans des positions respectives fort variées. La théorie microéconomique, amenée à considérer et analyser de nombreux cas, se prête mal à l'agrégation. Le raisonnement macroéconomique, devant rester assez simple, impose des schématisations qui forcent inévitablement la réalité. On ne trouvera jamais de réponse parfaite à la question de savoir comment le faire au mieux. Mais la recherche vise à renseigner sur la pertinence des modèles simplifiés actuels et à en suggérer de nouveaux.

Les questions se posent souvent à propos de l'hypothèse de concurrence parfaite, fréquemment retenue en raison de l'aisance avec laquelle on en déduit des spécifications des lois de comportement les plus importantes. Or elle se heurte immédiatement à l'objection d'irréalisme. C'est donc à préciser la portée de cette objection que nombre de recherches se consacrent.

D'importants travaux empiriques concernent d'abord les structures, notamment la concentration des entreprises qui servent un marché donné. Parmi leurs nombreux résultats figure la confirmation de l'idée d'une concentration significative et même celle d'une concentration qui a crû, beaucoup moins vite cependant qu'on ne le dit souvent. La question suivante consiste à connaître les conséquences de cette confirmation : quelles conduites suivent les entreprises dans des marchés ainsi servis par peu de producteurs ? Quelles performances y réalisent-elles ?

Trois voies de recherche en traitent. La première se situe dans la continuité de l'approche empirique : souvent à l'aide d'investigations économétriques, elle cherche, par exemple, à analyser comment les politiques tarifaires, les profits, les efforts de recherche, etc., dépendent de la concentration du secteur auquel les entreprises appartiennent. La seconde fait appel à des expérimentations destinées à aider la compréhension des stratégies que deux ou quelques entreprises en concurrence adoptent, voire de la stratégie retenue par un monopoleur. Bien qu'il soit impossible de fournir un résumé fidèle des résultats obtenus suivant ces deux voies, je peux faire état de ce qu'elles font souvent apparaître des déviations moins fortes qu'on ne l'aurait pensé, par rapport aux conduites et performances de la concurrence parfaite.

La troisième voie prête attention à la concurrence potentielle, dont il est dit qu'elle peut être aussi efficace que la concurrence effective. Bien qu'une entreprise soit seule à fournir son marché, elle peut avoir des raisons pour éviter de se comporter comme le monopoleur de la théorie et ne pas exploiter à fond ses apparentes possibilités de profit, car son marché est « contestable », selon l'expression employée aujourd'hui. En cas de comportement de monopole, il serait possible à une autre entreprise d'entrer, même temporairement, sur le marché afin d'y réaliser des profits tout en pratiquant des prix plus bas. Cette menace suffirait à interdire un comportement de pur monopole ; l'essentiel serait la possibilité de libre entrée sur le marché. Bien entendu, ce petit raisonnement demande à être précisé ; la menace ne peut être effective que si le concurrent n'a pas à engager à fonds perdus et de façon irréversible des sommes trop importantes et si le monopoleur n'a pas la possibilité d'une contre-attaque effective et immédiate. En somme, il y a encore place pour des « monopoles naturels » ; néanmoins, pour bien comprendre les conduites, il ne faut pas négliger l'existence de concurrences potentielles.

La modélisation macroéconomique, obligée de simplifier, peut être amenée à considérer ce qui a été dénommé depuis longtemps la concurrence monopolistique : chaque entreprise est confrontée à une fonction de demande non parfaitement élastique (mais plus élastique que l'observation de la concentration des entreprises aurait pu le laisser penser). Cependant la concurrence, effective ou potentielle, a pour effet que l'entreprise ne peut pas réaliser de profits anormaux. Cela a pour conséquence qu'elle produit en temps normal une quantité inférieure à celle correspondant au moindre coût.

Cette vision de la concurrence monopolistique est actuellement revivifiée par tout un courant théorique motivé par la considération de la diversité possible des qualités, modèles ou marques pour les mêmes biens. Jamais substituts parfaits, les qualités choisies par les divers producteurs assurent à chacun un marché particulier dont la demande n'est pas totalement élastique. Il y a libre entrée sur le marché mais avec un coût fixe d'installation ou des rendements d'échelle qui limitent le nombre des entreprises susceptibles de produire dans des conditions rentables.

c) Relations contractuelles

Un troisième exemple de recherches actives concerne les relations contractuelles et le fonctionnement des marchés. Il s'agit, dans ce cas aussi, de tout un ensemble de questions, parmi lesquelles j'en retiendrai trois : comment caractériser la relation contractuelle liant un fournisseur à son client ou un employeur à son employé ? Quel est le bon niveau pour le marchandage collectif des salaires ? Les marchés qui organisent le mieux les échanges, par exemple les marchés boursiers, sont-ils aussi macroéconomiquement efficaces ?

La loi de l'offre et de la demande, et plus généralement

les théories économiques, ont été élaborées à l'aide d'une conception de l'échange des biens et services selon laquelle chaque opération serait indépendante de toutes les autres, sauf pour les conditions classiques imposées par les comportements de production et de consommation ainsi que par l'équilibre des divers marchés. Or il est clair que de nombreuses relations contractuelles, explicites ou implicites, régissent, parfois même étroitement, toute une série d'échanges : beaucoup de clients s'en remettent à leur fournisseur habituel, beaucoup de salariés font carrière longtemps chez un même employeur. De nombreuses clauses de telles relations ne sont quasiment jamais renégociées et restent implicites. Reconnaître la place qui revient à ce type de contrats à long terme, en comprendre la logique dans chaque cas, en tirer les conséquences, notamment pour la rigidité des prix et des salaires, voilà autant de thèmes pour de nombreuses recherches.

La détermination des salaires constitue sans doute le domaine où la frontière entre l'économie et les autres disciplines sociales est le plus floue et le moins étanche. Le macroéconomiste doit clairement s'intéresser aux facteurs sociaux qui peuvent expliquer les comportements des salariés et des employeurs en matière de rémunérations, ainsi qu'à l'organisation des négociations salariales ; il le fait depuis longtemps dans les études appliquées, souvent d'ailleurs en se fiant à son bon sens. De plus en plus, les recherches théoriques et inductives essaient d'appréhender cet aspect des phénomènes. En particulier, le rôle des syndicats de salariés est analysé en liaison avec le nombre de leurs adhérents et avec leur centralisation plus ou moins poussée ; à un extrême les salaires sont négociés avec le patronat au niveau central par un syndicat dominant, l'État intervenant alors plus ou moins ; à l'autre extrême, chaque employeur négocie avec chaque salarié sur un marché libre du travail. Clairement, des différences institutionnelles de ce type, entre pays, ou entre secteurs à l'intérieur d'un même pays, ont des incidences qu'on cherche justement à bien caractériser.

Les bourses de marchandises ou de valeurs constituent des cas presque purs de marchés dont la théorie postule le plus souvent l'existence, d'autres marchés en étant d'ailleurs assez proches. Bien comprendre la détermination des cours de ces bourses a un intérêt qui dépasse celui des biens ou titres qui y sont échangés. En réalisant l'égalisation continuelle et immédiate entre offres et demandes, ces marchés ont une efficacité microéconomique indéniable. Mais la question a été posée de savoir si les cours n'y étaient pas plus volatils que ne l'exigerait une adaptation optimale aux irrégularités et perturbations du contexte objectif. Question de nature empirique, mais susceptible d'avoir d'importantes répercussions sur la confiance attribuée aux mécanismes de marché et sur l'opportunité de leur régulation par les pouvoirs publics. C'est bien pourquoi j'ai cité dans le chapitre 10 la reconnaissance d'une éventuelle volatilité excessive des cours parmi les grandes hypothèses dont la validité devrait être testée. C'est le thème de recherches actives qui ont d'ailleurs montré que, déjà, la spécification de cette hypothèse exigeait un bon niveau de rigueur conceptuelle.

La caractéristique commune des trois exemples de recherches que je viens de considérer dans ce dernier chapitre est d'exiger autant un approfondissement théorique qu'un effort d'observation et d'induction. La nécessité de combiner ces deux approches apparaît ainsi comme un leitmotiv de ce livre.

Conclusion

Cet ouvrage a surtout cherché à faire le point sur la macroéconomie en tant que discipline scientifique. Elle avait été l'objet d'un engouement certain et d'ailleurs excessif il y a trente ans. Elle a déçu quand sont survenues les difficultés économiques des années 1970 et que nos concitoyens n'y ont pas trouvé le remède indolore qu'ils espéraient. Elle n'en reste pas moins une discipline active, concernant un ensemble de phénomènes, visant à faire progresser leur compréhension et à améliorer leur maîtrise, utilisant des méthodes qui paraissent en général adaptées aux conditions dans lesquelles elle opère.

Certes, nous macroéconomistes en savons beaucoup moins qu'on le souhaiterait et que nous le souhaiterions. Il arrive donc que d'autres ou certains d'entre nous aient des doutes sur la pertinence de notre méthodologie. Mais j'ai la conviction qu'aucune véritable alternative n'existe. Notre démarche est laborieuse ; elle est perfectible dans beaucoup de ses modalités ; mais par nature elle convient à l'étude des effets globaux de l'activité économique exercée par une multitude d'individus et une diversité d'entreprises et d'organismes.

Les étroites limites de nos connaissances et la conscience des efforts déjà fournis pour en savoir plus nous dictent l'attitude à adopter dans nos témoignages : empreints d'une certaine modestie dans leur prétention scientifique afin de bien faire apparaître les incertitudes qui subsistent ; fermes aussi afin de ne pas donner à nos auditeurs l'illusion de pouvoir trouver ailleurs de meilleures réponses aux questions qui les préoccupent.

La recherche macroéconomique doit combiner observation et réflexion. L'observation doit puiser à toutes les sources d'information disponibles ; mais celles-ci sont habituellement pauvres et disparates ; elles ne pourraient conduire à aucune conclusion si une modélisation ne venait ordonner leurs apports. Le choix du modèle est toujours délicat et doit donc rester révisable.

Ainsi, obligée de tenir compte de multiples données et d'explorer divers modèles, sans perspective de découvertes importantes mais seulement de modestes progrès dont seule l'accumulation est significative, se devant d'éviter les annonces tapageuses, la recherche macroéconomique est une ascèse.

Index des auteurs cités

Index des matières

Table

Troisième partie : Induction

Quatrième partie : Prescriptions

Cinquième partie : Perspectives

COMPOSITION : IMPRIMERIE FLOCH À MAYENNE.
IMPRESSION : B.C.A. À SAINT-AMAND.
DÉPÔT LÉGAL : FÉVRIER 1993. N° 19093 (92/652).

Collection Points

SÉRIE ÉCONOMIE

E1. L'Or jaune et l'Or noir, *par Jean Carrière*
E2. Les Travailleurs face au capitalisme
par Culture et Liberté
E3. La Population mondiale, *par Jean-Marie Poursin*
E4. Keynes, *par Michael Stewart*
E5. Vocabulaire économique et financier
par Yves Bernard et Jean-Claude Colli
E6. L'Inflation mondiale et les Firmes multinationales
par Charles Levinson
E7. Les Grands Économistes, *par Robert L. Heilbronner*
E8. Comprendre l'économie, *par Éliane Mossé*
E10. L'Agriculture française, *par Joseph Klatzmann*
E11. Le Budget de l'État, *par Jean Rivoli*
E12. Comprendre les statistiques
par Michel Louis Lévy
E15. Tout savoir – ou presque – sur l'économie
par John Kenneth Galbraith et Nicole Salinger
E16. Comprendre les théories économiques
1. Clés de lecture
par Jean-Marie Albertini et Ahmed Silem
E17. Comprendre les théories économiques
2. Petit guide des grands courants
par Jean-Marie Albertini et Ahmed Silem
E18. Histoire du capitalisme, *par Michel Beaud*
E19. Abrégé de la croissance française
par Jean-Jacques Carré
Paul Dubois et Edmond Malinvaud
E20. Les Riches et les Pauvres, *par Éliane Mossé*
E21. Théories de la crise et Politiques économiques
par André Grjebine
E22. Les Grandes Économies
par Yves Barou et Bernard Keizer
E23. Les Économies planifiées, *par Pawel H. Dembinski*
E24. L'Entreprise du 3e type
par Georges Archier et Hervé Sérieyx
E25. L'Agriculture moderne, *par Claude Servolin*
E26. La Crise… et après
Comprendre la politique économique, t. 2
par Éliane Mossé
E27. Les Finances du monde
par Jean-Yves Carfantan

E28. L'Ère des certitudes
Comprendre la politique économique, t. 1
par Éliane Mossé

E29. La Politique économique, *par André Grjebine*

E30. La Comptabilité, une clé pour l'économie
par Jean-François Bougeard

E31. Introduction à l'économie
par Jacques Généreux

Collection Points

SÉRIE ODILE JACOB

OJ1. Biologie des passions, *par Jean-Didier Vincent*
OJ2. Le Sexe et la Mort, *par Jacques Ruffié*
OJ3. Le Français et les Siècles, *par Claude Hagège*
OJ4. L'Homme agressif, *par Pierre Karli*
OJ5. Le Cœur à l'ouvrage, *par Michel Rocard*
OJ6. Le Non-dit des émotions, *par Claude Olievenstein*
OJ7. C'est de l'homme qu'il s'agit, *par Jean Bernard*
OJ8. Les Artisans de l'hérédité, *par Philippe Kourilsky*
OJ9. De près et de loin
par Claude Lévi-Strauss et Didier Eribon
OJ10. Les Indomptables
par Ginette Raimbault et Caroline Eliacheff
OJ11. L'Art de naître, *par Alexandre Minkowski*
OJ12. Les Fureurs de la Terre, *par Claude Allègre*
OJ13. La Diététique du cerveau, *par Jean-Marie Bourre*
OJ14. Les Secrets du gène, *par François Gros*
OJ15. L'Empreinte des sens, *par Jacques Ninio*
OJ16. Pré-ambules, *par Yves Coppens*
OJ17. Que vive la République, *par Régis Debray*
OJ18. L'Attachement, les débuts de la tendresse
par Hubert Montagner
OJ19. L'Illusion psychosomatique, *par Robert Dantzer*
OJ20. Espaces d'une vie, *par Ricardo Bofill*
(en collaboration avec Jean-Louis André)
OJ21. Les Jardiniers de la folie, *par Édouard Zarifian*
OJ22. Matière à pensée
par Jean-Pierre Changeux et Alain Connes
OJ23. Casanova, *par Jean-Didier Vincent*
OJ24. Ce que j'espère, *par Paul Milliez*
OJ25. La Famille incertaine, *par Louis Roussel*
OJ26. L'Ingénierie du vivant, *par François Gros*
OJ27. Gros Temps sur la planète
par Jean-Claude Duplessy et Pierre Morel
OJ28. Le Malheur des autres, *par Bernard Kouchner*
OJ29. L'un est l'autre, *par Elisabeth Badinter*
OJ30. Le Maître des horloges, *par Philippe Delmas*
OJ31. L'Histoire continue, *par Georges Duby*
OJ32. L'Éthique et la Vie, *par France Quéré*
OJ33. L'Autre Europe, *par Jacques Rupnik*
OJ34. Le garçon qui n'arrêtait pas de se laver
par Judith Rapoport

Collection Points

SÉRIE ESSAIS

DERNIERS TITRES PARUS

86. Lectures du désir, *par Raymond Jean*
87. Le Traître, *par André Gorz*
88. Psychiatrie et Antipsychiatrie, *par David Cooper*
89. La Dimension cachée, *par Edward T. Hall*
90. Les Vivants et la Mort, *par Jean Ziegler*
91. L'Unité de l'homme, *par le Centre Royaumont*
    1. Le primate et l'homme
    par E. Morin et M. Piattelli-Palmarini
92. L'Unité de l'homme, *par le Centre Royaumont*
    2. Le cerveau humain
    par E. Morin et M. Piattelli-Palmarini
93. L'Unité de l'homme, *par Centre Royaumont*
    3. Pour une anthropologie fondamentale
    par E. Morin et M. Piattelli-Palmarini
94. Pensées, *par Blaise Pascal*
95. L'Exil intérieur, *par Roland Jaccard*
96. Sèmeiotiké, recherches pour une sémanalyse
    par Julia Kristeva
97. Sur Racine, *par Roland Barthes*
98. Structures syntaxiques, *par Noam Chomsky*
99. Le Psychiatre, son « fou » et la psychanalyse
    par Maud Mannoni
100. L'Écriture et la Différence, *par Jacques Derrida*
101. Le Pouvoir africain, *par Jean Ziegler*
102. Une logique de la communication
    par P. Watzlawick, J. Helmick Beavin, Don D. Jackson
103. Sémantique de la poésie, *par T. Todorov, W. Empson*
    J. Cohen, G. Hartman, F. Rigolot
104. De la France, *par Maria-Antonietta Macciocchi*
105. Small is beautiful, *par E. F. Schumacher*
106. Figures II, *par Gérard Genette*
107. L'Œuvre ouverte, *par Umberto Eco*
108. L'Urbanisme, *par Françoise Choay*
109. Le Paradigme perdu, *par Edgar Morin*
110. Dictionnaire encyclopédique des sciences du langage
    par Oswald Ducrot et Tzvetan Todorov
111. L'Évangile au risque de la psychanalyse, tome 1
    par Françoise Dolto
112. Un enfant dans l'asile, *par Jean Sandretto*

113. Recherche de Proust, *ouvrage collectif*
114. La Question homosexuelle, *par Marc Oraison*
115. De la psychose paranoïaque dans ses rapports avec la personnalité, *par Jacques Lacan*
116. Sade, Fourier, Loyola, *par Roland Barthes*
117. Une société sans école, *par Ivan Illich*
118. Mauvaises Pensées d'un travailleur social *par Jean-Marie Geng*
119. Albert Camus, *par Herbert R. Lottman*
120. Poétique de la prose, *par Tzvetan Todorov*
121. Théorie d'ensemble, *par Tel Quel*
122. Némésis médicale, *par Ivan Illich*
123. La Méthode
     1. La nature de la nature, *par Edgar Morin*
124. Le Désir et la Perversion, *ouvrage collectif*
125. Le Langage, cet inconnu, *par Julia Kristeva*
126. On tue un enfant, *par Serge Leclaire*
127. Essais critiques, *par Roland Barthes*
128. Le Je-ne-sais-quoi et le Presque-rien
     1. La manière et l'occasion, *par Vladimir Jankélévitch*
129. L'Analyse structurale du récit, Communications 8 *ouvrage collectif*
130. Changements, Paradoxes et Psychothérapie *par P. Watzlawick, J. Weakland et R. Fisch*
131. Onze Études sur la poésie moderne, *par Jean-Pierre Richard*
132. L'Enfant arriéré et sa mère, *par Maud Mannoni*
133. La Prairie perdue (Le Roman américain), *par Jacques Cabau*
134. Le Je-ne-sais-quoi et le Presque-rien
     2. La méconnaissance, *par Vladimir Jankélévitch*
135. Le Plaisir du texte, *par Roland Barthes*
136. La Nouvelle Communication, *ouvrage collectif*
137. Le Vif du sujet, *par Edgar Morin*
138. Théories du langage, Théories de l'apprentissage *par le Centre Royaumont*
139. Baudelaire, la Femme et Dieu, *par Pierre Emmanuel*
140. Autisme et Psychose de l'enfant, *par Frances Tustin*
141. Le Harem et les Cousins, *par Germaine Tillion*
142. Littérature et Réalité, *ouvrage collectif*
143. La Rumeur d'Orléans, *par Edgar Morin*
144. Partage des femmes, *par Eugénie Lemoine-Luccioni*
145. L'Évangile au risque de la psychanalyse, tome 2 *par Françoise Dolto*
146. Rhétorique générale, *par le Groupe* μ
147. Système de la mode, *par Roland Barthes*
148. Démasquer le réel, *par Serge Leclaire*
149. Le Juif imaginaire, *par Alain Finkielkraut*

150. Travail de Flaubert, *ouvrage collectif*
151. Journal de Californie, *par Edgar Morin*
152. Pouvoirs de l'horreur, *par Julia Kristeva*
153. Introduction à la philosophie de l'histoire de Hegel
par Jean Hyppolite
154. La Foi au risque de la psychanalyse
par Françoise Dolto et Gérard Sévérin
155. Un lieu pour vivre, *par Maud Mannoni*
156. Scandale de la vérité, *suivi de* Nous autres Français
par Georges Bernanos
157. Enquête sur les idées contemporaines
par Jean-Marie Domenach
158. L'Affaire Jésus, *par Henri Guillemin*
159. Paroles d'étranger, *par Élie Wiesel*
160. Le Langage silencieux, *par Edward T. Hall*
161. La Rive gauche, *par Herbert R. Lottman*
162. La Réalité de la réalité, *par Paul Watzlawick*
163. Les Chemins de la vie, *par Joël de Rosnay*
164. Dandies, *par Roger Kempf*
165. Histoire personnelle de la France, *par François George*
166. La Puissance et la Fragilité, *par Jean Hamburger*
167. Le Traité du sablier, *par Ernst Jünger*
168. Pensée de Rousseau, *ouvrage collectif*
169. La Violence du calme, *par Viviane Forrester*
170. Pour sortir du XXe siècle, *par Edgar Morin*
171. La Communication, Hermès I, *par Michel Serres*
172. Sexualités occidentales, Communications 35
ouvrage collectif
173. Lettre aux Anglais, *par Georges Bernanos*
174. La Révolution du langage poétique, *par Julia Kristeva*
175. La Méthode
2. La vie de la vie, *par Edgar Morin*
176. Théories du symbole, *par Tzvetan Todorov*
177. Mémoires d'un névropathe, *par Daniel Paul Schreber*
178. Les Indes, *par Édouard Glissant*
179. Clefs pour l'Imaginaire ou l'Autre Scène
par Octave Mannoni
180. La Sociologie des organisations, *par Philippe Bernoux*
181. Théorie des genres, *ouvrage collectif*
182. Le Je-ne-sais-quoi et le Presque-rien
3. La volonté de vouloir, *par Vladimir Jankélévitch*
183. Le Traité du rebelle, *par Ernst Jünger*
184. Un homme en trop, *par Claude Lefort*
185. Théâtres, *par Bernard Dort*
186. Le Langage du changement, *par Paul Watzlawick*
187. Lettre ouverte à Freud, *par Lou Andreas-Salomé*

188. La Notion de littérature, *par Tzvetan Todorov*
189. Choix de poèmes, *par Jean-Claude Renard*
190. Le Langage et son double, *par Julien Green*
191. Au-delà de la culture, *par Edward T. Hall*
192. Au jeu du désir, *par Françoise Dolto*
193. Le Cerveau planétaire, *par Joël de Rosnay*
194. Suite anglaise, *par Julien Green*
195. Michelet, *par Roland Barthes*
196. Hugo, *par Henri Guillemin*
197. Zola, *par Marc Bernard*
198. Apollinaire, *par Pascal Pia*
199. Paris, *par Julien Green*
200. Voltaire, *par René Pomeau*
201. Montesquieu, *par Jean Starobinski*
202. Anthologie de la peur, *par Éric Jourdan*
203. Le Paradoxe de la morale, *par Vladimir Jankélévitch*
204. Saint-Exupéry, *par Luc Estang*
205. Leçon, *par Roland Barthes*
206. François Mauriac
1. Le sondeur d'abîmes (1885-1933), *par Jean Lacouture*
207. François Mauriac
2. Un citoyen du siècle (1933-1970), *par Jean Lacouture*
208. Proust et le Monde sensible, *par Jean-Pierre Richard*
209. Nus, Féroces et Anthropophages, *par Hans Staden*
210. Œuvre poétique, *par Léopold Sédar Senghor*
211. Les Sociologies contemporaines, *par Pierre Ansart*
212. Le Nouveau Roman, *par Jean Ricardou*
213. Le Monde d'Ulysse, *par Moses I. Finley*
214. Les Enfants d'Athéna, *par Nicole Loraux*
215. La Grèce ancienne, tome 1
par Jean-Pierre Vernant et Pierre Vidal-Naquet
216. Rhétorique de la poésie, *par le Groupe* µ
217. Le Séminaire. Livre XI, *par Jacques Lacan*
218. Don Juan ou Pavlov, *par Claude Bonnange et Chantal Thomas*
219. L'Aventure sémiologique, *par Roland Barthes*
220. Séminaire de psychanalyse d'enfants, tome 1
par Françoise Dolto
221. Séminaire de psychanalyse d'enfants, tome 2
par Françoise Dolto
222. Séminaire de psychanalyse d'enfants
tome 3, Inconscient et destins, *par Françoise Dolto*
223. État modeste, État moderne, *par Michel Crozier*
224. Vide et Plein, *par François Cheng*
225. Le Père : acte de naissance, *par Bernard This*
226. La Conquête de l'Amérique, *par Tzvetan Todorov*
227. Temps et Récit, tome 1, *par Paul Ricœur*

228. Temps et Récit, tome 2, *par Paul Ricœur*
229. Temps et Récit, tome 3, *par Paul Ricœur*
230. Essais sur l'individualisme, *par Louis Dumont*
231. Histoire de l'architecture et de l'urbanisme modernes
1. Idéologies et pionniers (1800-1910), *par Michel Ragon*
232. Histoire de l'architecture et de l'urbanisme modernes
2. Naissance de la cité moderne (1900-1940)
par Michel Ragon
233. Histoire de l'architecture et de l'urbanisme modernes
3. De Brasilia au post-modernisme (1940-1991)
par Michel Ragon
234. La Grèce ancienne, tome 2
par Jean-Pierre Vernant et Pierre Vidal-Naquet
235. Quand dire, c'est faire, *par J. L. Austin*
236. La Méthode
3. La Connaissance de la Connaissance, *par Edgar Morin*
237. Pour comprendre *Hamlet*, *par John Dover Wilson*
238. Une place pour le père, *par Aldo Naouri*
239. L'Obvie et l'Obtus, *par Roland Barthes*
240. Mythe et Société en Grèce ancienne, *par Jean-Pierre Vernant*
241. L'Idéologie, *par Raymond Boudon*
242. L'Art de se persuader, *par Raymond Boudon*
243. La Crise de l'État-providence, *par Pierre Rosanvallon*
244. L'État, *par Georges Burdeau*
245. L'Homme qui prenait sa femme pour un chapeau
par Oliver Sacks
246. Les Grecs ont-ils cru à leurs mythes ?, *par Paul Veyne*
247. La Danse de la vie, *par Edward T. Hall*
248. L'Acteur et le Système, *par Michel Crozier et Erhard Friedberg*
249. Esthétique et Poétique, *collectif*
250. Nous et les Autres, *par Tzvetan Todorov*
251. L'Image inconsciente du corps, *par Françoise Dolto*
252. Van Gogh ou l'Enterrement dans les blés
par Viviane Forrester
253. George Sand ou le Scandale de la liberté, *par Joseph Barry*
254. Critique de la communication, *par Lucien Sfez*
255. Les Partis politiques, *par Maurice Duverger*
256. La Grèce ancienne, tome 3
par Jean-Pierre Vernant et Pierre Vidal-Naquet
257. Palimpsestes, *par Gérard Genette*
258. Le Bruissement de la langue, *par Roland Barthes*
261. Voici le temps du monde fini, *par Albert Jacquard*
259. Relations internationales
1. Questions régionales, *par Philippe Moreau-Defarges*
260. Relations internationales
2. Questions mondiales, *par Philippe Moreau-Defarges*